U0828321

济宁年鉴

2018 · JINING YEARBOOK

济宁市人民政府 主办
济宁市地方史志办公室 编

方志出版社
Publishing House of Local Records

图书在版编目（CIP）数据

济宁年鉴．2018／济宁市地方史志办公室编．—北京：方志出版社，2018.6

ISBN 978-7-5144-3102-5

Ⅰ．①济… Ⅱ．①济… Ⅲ．①济宁—2018—年鉴 Ⅳ．①Z525.23

中国版本图书馆CIP数据核字（2018）第131204号

济宁年鉴（2018）

编　　者：济宁市地方史志办公室
责任编辑：王　品

出 版 人：冀祥德
出 版 者：方志出版社
地址　北京市朝阳区潘家园东里9号（国家方志馆4层）
邮编　100021
网址　http://www.fzph.org
发　　行：方志出版社图书经销中心
电话（010）67110500
经　　销：各地新华书店
印　　刷：山东黄氏印务有限公司

开　　本：889×1194　1/16
印　　张：23.25
字　　数：839千
版　　次：2018年6月第1版　2018年6月第1次印刷
印　　数：0001~3000册

ISBN 978-7-5144-3102-5　**定价：**400.00元

·版权所有　翻印必究·

济宁市地方史志编纂委员会

（2018年）

名誉主任：傅明先

主　　任：石光亮

第一副主任：吴霁雯

副 主 任：刘　辉　高　涛　贺　雷　张言申　杨富强　徐继红　孙爱民　王志泉　贺永红　宫振华　张树礼

委　　员：胡克军　崔　康　姜居军　徐辑方　周光全　高广立　王亚栋　李克学　任广德　程福华　刘鹭岩　朱运旭　祝清荣　侯圣军　郭庆林　宋　科　刘文峰　张洪雷　朱勇志　闫百川　张　弢　焦　华　吴　琼　胡良民　许　伟　杨凤东　李　丽　董学琛　徐兴华　杨福雪　刘继芳　玄志祥　陆亚东　苗兴华　何锡明　张　玗　温伟宁　陈晓霞　陈玉星

《济宁年鉴（2018）》

主　　审：吴霁雯

副 主 审：贺　雷

主　　编：张树礼

编　　辑：何飞飞　王　凯

编 辑 说 明

一、《济宁年鉴（2018）》的编写以马克思列宁主义、毛泽东思想、邓小平理论、“三个代表”重要思想、科学发展观、习近平新时代中国特色社会主义思想为指导，坚持辩证唯物主义和历史唯物主义的立场、观点和方法，全面、系统、准确地记述全市自然、政治、经济、文化、社会等方面的情况，反映各级党委、政府的主要工作和各部门、各行业取得的重大成就，为广大读者了解和研究济宁提供基本资料。

二、《济宁年鉴（2018）》主要收录了2017年度发生在济宁行政区域内的大事要闻，记载全市改革发展的新举措、新发展，有些资料适当上溯或下延，反映济宁优势和特点，具有重要现实意义和存史价值。

三、本卷年鉴共设36个栏目，详见目录。主体内容划分为栏目、分目、条目三个层次。栏目为年鉴内容的最大单元，分目设置一般照顾到现行管理体制，按行业和地区设置，条日为最小单元，一般分为两种类型，一类为事业发展概况，一类为大事、要事专题。卷首设置重要政务活动图片，个别栏目插有随文图片。

四、本卷年鉴稿件大部分由市直各部门、各单位和各县市区供稿，部分稿件由本刊编辑部辑录整理。主要数据以统计公报为准，因个别供稿单位统计口径不同等原因，有的数据在不同条目中不尽一致，使用时请注意出处。

五、为方便读者查阅，本卷年鉴配备双重检索系统，卷首刊有中英文目录，卷末配有综合主题索引。

济宁市地图

审图号：鲁SG(2018)084号
山东省地图院　编制　2018年6月

济宁市第十七届人民代表大会第二次会议

2018年1月18日至20日，济宁市第十七届人民代表大会第二次会议召开。

①|②
③

①济宁市委书记王艺华主持第十七届人民代表大会第二次会议开幕式
②济宁市委副书记、市长傅明先作《政府工作报告》
③济宁市人大常委会副主任陈颖作常委会工作报告

中国人民政治协商会议第十三届济宁市委员会第二次会议

2018年1月17日至20日，中国人民政治协商会议第十三届济宁市委员会第二次会议召开。

济宁市政协主席张继民在市政协十三届二次会议上作常委会工作报告

济宁各地2017

任城区

◎ 总面积883.97平方公里 ◎ 地区生产总值601.22亿元
◎ 常住总人口102.15万人 ◎ 公共财政预算收入61.69亿元

兖州区

◎ 总面积648.2平方公里 ◎ 地区生产总值576.55亿元
◎ 常住总人口55.32万人 ◎ 公共财政预算收入44.44亿元

曲阜市

◎ 总面积815平方公里 ◎ 地区生产总值450.35亿元
◎ 常住总人口65.59万人 ◎ 公共财政预算收入25.39亿元

泗水县

◎ 总面积1118.11平方公里 ◎ 地区生产总值182.36亿元
◎ 常住总人口55.23万人 ◎ 公共财政预算收入8.22亿元

邹城市

◎ 总面积1616平方公里 ◎ 地区生产总值968.64亿元
◎ 常住总人口115.35万人 ◎ 公共财政预算收入75.13亿元

微山县

◎ 总面积1779.8平方公里 ◎ 地区生产总值449.85亿元
◎ 常住总人口65.14万人 ◎ 公共财政预算收入32.73亿元

鱼台县

◎ 总面积654.2平方公里 ◎ 地区生产总值182.43亿元
◎ 常住总人口45.32万人 ◎ 公共财政预算收入10.01亿元

金乡县

◎ 总面积887.67平方公里 ◎ 地区生产总值221.93亿元
◎ 常住总人口64.68万人 ◎ 公共财政预算收入13.97亿元

嘉祥县

◎ 总面积971.6平方公里 ◎ 地区生产总值225.61亿元
◎ 常住总人口70.47万人 ◎ 公共财政预算收入13.49亿元

汶上县

◎ 总面积899.1平方公里 ◎ 地区生产总值284.51亿元
◎ 常住总人口70.38万人 ◎ 公共财政预算收入13.60亿元

梁山县

◎ 总面积964平方公里 ◎ 地区生产总值285.30亿元
◎ 常住总人口75.14万人 ◎ 公共财政预算收入14.60亿元

济宁高新技术产业开发区

◎ 总面积255平方公里　◎ 地区生产总值530.7亿元

◎ 常住总人口26.2万人　◎ 公共财政预算收入38.1亿元

济宁太白湖新区

◎ 总面积438平方公里　◎ 地区生产总值17.02亿元

◎ 常住总人口11万人　◎ 公共财政预算收入10.4亿元

济宁经济技术开发区

◎ 总面积150平方公里　◎ 地区生产总值67.9亿元

◎ 常住总人口13.5万人　◎ 公共财政预算收入3.3亿元

济宁名片

孔孟之乡

运河之都

文化济宁

全国社会治安综合治理优秀市

全国双拥模范城

全国卫生城市

全国科技进步先进市

全国绿化模范城市

国家园林城市

国家级创建创业型试点城市

国家知识产权示范创建市

国家最具竞争力的低碳产业基地城市

全国电子商务百强市

全国无偿献血先进城市

全国“城市双修”试点市

国家级装配式建筑示范城市

全国公共建筑能效提升重点市

全国“平安农机”示范市

中国城市公益慈善百强榜18强

中国楹联文化市

数字济宁 2017

◎ 土地总面积1.12万平方公里
◎ 常住人口837.59万人
◎ 地区生产总值4650.57亿元
◎ 第一产业增加值497.97亿元
◎ 第二产业增加值2122.16亿元
◎ 第三产业增加值2030.44亿元
◎ 三次产业结构比例10.7：45.6：43.7
◎ 人均地区生产总值55595元
◎ 粮食总产575.6万吨
◎ 规模以上工业企业2733家，实现主营业务收入6270.03亿元，利税755.64亿元，利润468.86亿元
◎ 固定资产投资（不含农户）完成3473.5亿元
◎ 社会消费品零售总额2259.19亿元
◎ 进出口总额414.4亿元
◎ 出口240.9亿元
◎ 进口173.4亿元
◎ 合同利用外资34.6亿元
◎ 境外投资11.9亿美元
◎ 高速公路通车里程328公里
◎ 水路通航里程1100公里
◎ 私人汽车保有量110.32万辆
◎ 邮政业务量19.58亿元
◎ 一般公共预算收入385.71亿元
◎ 公共财政预算支出569.73亿元
◎ 旅游消费总额688.07亿元
◎ 国家级科技企业孵化器6家
◎ 国家级工程实验室3个
◎ 国家级农业科技园区2家
◎ 众创空间国家级16家
◎ 省级科技企业孵化器17家
◎ 省以上工程技术研究中心71家
◎ 省级农业科技园区9家
◎ 国家级非遗代表性项目17个、传承人11人
◎ 省级非遗代表性项目61个、传承人37人
◎ 全国重点文物保护36处
◎ 各类卫生机构6917个，医疗床位48701张
◎ 各项社会保险基金收入217亿元
◎ 海绵城市19.1平方公里
◎ 气代煤电代煤工程完成5.97万户
◎ 城镇居民人均可支配收入32420元
◎ 农村居民人均可支配收入14845元

目　录　　Contents

目　录

Contents

目 录

Contents

中国人民政治协商会议济宁市委员会

Jining Municipal Commission of Chinese People's Political Consultative Conference

目　录

Contents

社会团体

Mass Organizations

目　录

军　事

Military Affairs

法　治

Legal System

Contents

经济管理与监督

Economic Management and Supervison

目 录

农 业

Agriculture

Contents

工　业

Industry

目 录

Contents

目 录

资源管理·环境保护

Resource Management · Environmental Protection

商 贸

Commerce

Contents

目 录

财政·税务
Finance · Revenue

金融·证券·保险
Finance · Securities · Insurance

科学技术
Science

Contents

目 录

Contents

目　录

Contents

特　载

政府工作报告

——2018年1月18日在济宁市第十七届人民代表大会第二次会议上

傅明先

一、2017年工作回顾

过去一年，全市上下以习近平新时代中国特色社会主义思想为指导，在省委、省政府及市委坚强领导下，按照“一二五八”目标思路，团结拼搏，真抓实干，经济社会发展取得新成绩。预计实现地区生产总值4620亿元、增长7%。一般公共预算收入385.7亿元、增长3%，扣除省市减税降费政策等因素增长13.9%。固定资产投资3474亿元、增长8.4%。规模以上工业利润、利税增长36%、31%，为10年来最高。存贷款余额首次突破5000亿元、3000亿元。新增境内外上市企业4家、挂牌企业75家，结束了6年无新增主板上市公司历史。常住人口城镇化率提高1.8个百分点、达到57.1%，增幅连续5年居全省前列。PM2.5浓度在京津冀“2+26”通道城市最低。为民所办十件实事全面完成。成功创建国家卫生城市，全国文明城市创建在2017年省级测评中获得第1名，城市形象、市民素质明显提升。

一年来，主要做了以下工作：

（一）加快新旧动能转换，新的经济增长点加速形成

供给侧改革成效明显。压减煤炭产能36万吨。房地产去库存1194万平方米，去化周期处于合理区间。综合为企业降成本77亿元，减免高新技术企业和小微企业税收70.1亿元，为历年来最高。实体经济新增贷款278.8亿元，同比多增123.3亿元。工业品销售率达到98.6%。规模以上工业企业资产负债率下降1.2个百分点。

传统产业提档升级。实施“千亿技改”“百企护航”等六大工程，完成技改投资1149亿元、增长22.9%，制造业利润、利税同比增长28.5%、23%。如意集团荣获中国质量奖提名奖。新增规上服务业企业275家，总数居全省第2位。新认证国家“三品一标”农产品61个，新增省级标准化生产基地19处。农作物综合机械化水平达到85%，获评全国“平安农机”示范市。济宁国家农科园通过验收，金乡入选首批国家现代农业产业园。

“四新经济”蓬勃发展。高新技术产业产值增长10.8%、提高6个百分点。信息产业加快发展，营收增长15%，高新区获批省三大大数据产业集聚区，华为云计算数据中心一期建成。电商交易额达到1600亿元、增长25%。编制完成新旧动能转换总体方案，实施首批“四新四化”项目364个，新开工亿元以上项目738个、同比增加410个，比亚迪产业基地开工建设，比克电池项目落户济宁，中建国际示范园进展顺利。落地开工PPP项目43个，是全省唯一获国务院表彰的市。

园区发展提速增效。出台加快园区发展实施意见，每年列支2亿元支持园区发展。新建园区道路210公里、基础配套工程173个、公共服务平台93个。园区增加值、固定资产投资增长10%、13%，高于全市3个、4.6个百分点。

（二）强化三大动力支撑，发展活力持续迸发

重点领域改革有序实施。深化行政执法体制改革，11个领域实现综合执法。128家市管企业完成公司制改制。完成规范化改制企业484家，是省定任务2倍。教育、卫生体制改革逐步深化，城市和县级公立医院全部建立法人治理结构。

“放管服”改革纵深推进。实施项目审批流程再造，推行“四个一”模式，削减行政权力事项50项，审批时限比法定时限缩短一半。推进“互联网+电子政务”，90%行政审批事项实现网上办理。健全“十张清单”制度，构建信用信息“一网三库一平台”，在全省率先形成贯通市县乡村的公共服务事项目录。

创新型城市加快建设。新增国家高新技术企业148家、省级以上科技创新平台30个，国家纺纱工程技术研究中心建成使用，全省首个环境类院士工作站落户济宁。新引进院士6人、入选省级以上人才工程44人，集聚海内外高层次人才2586人，高新区获批国家创新人才培养示范基地。

对外开放取得突破。实现进出口总额414.4亿元、增长15.2%，增幅6年最高。新设外商投资企业33家，实际利用外资增长17.9%。完成境外投资80.6亿元、居全省第1位。

（三）致力于城乡协调发展，重大工程重点项目提速推进

精致城市建设成效明显。实施重点城建项目179个、竣工107个，改造老旧小区121个、竣工107个，开工棚改7.2万户、建成6.9万户，超额完成省定任务。新开工地下综合管廊9.4公里，建成海绵城市19平方公里。新建公园绿地23处，升级改造主次干道106条、背街小巷203条，打通断头路25条。入选全国“城市双修”试点市、全国首批装配式建筑示范市、全国公共建筑能效提升重点市，城市规划工作是全省唯一受住建部表彰的市。

城乡环境面貌持续提升。完成美丽乡村建设总规编制，建成省级美丽乡村示范村45个、市级55个，在全省考核中位居前列。改造农村厕所49.4万户，开展城乡供水一体化试点，基本实现天然气“镇镇通”。曲阜市、金乡县成功创建国家园林城市，尼山镇入选全国特色小镇。

重大交通项目快速推进。跨湖高速、董梁高速、鲁南高铁等牵动性工程开工建设。机场迁建通过国家立项评估，基本具备开工条件。日兰高速济宁连接线、北二环东延竣工通车。泗河堤防主体工程全部完工。西二环、济宁大道西延加快实施。环湖大道东线微山段全面启动。胡集港等“七大港口”提速推进。城际公交实现“县县通”，镇村公交通达率、覆盖率分别达到100%和95%。

（四）实施五大攻坚，防风险筑底线取得新成效

生态环境持续改善。实施大气污染防治集中攻坚，整改突出环境问题1433个，完成燃煤锅炉超低排放改造176台、气代煤电代煤6万户，2069家“散乱污”企业、6006台燃煤小锅炉全部“清零”，秸秆禁烧工作受到省政府表彰。“蓝繁”天数同比增加27天，PM2.5、空气质量综合指数改善23.3%、11.5%，均居全省第1名；健全“治用保”水污染治理体系，开展面源污染专项治理，南四湖非法采砂全部清除，是中央环保督察转办信访案件最少的市之一，是中央环保督察组对山东反馈意见中唯一表扬的市。国家森林城市创建扎实推进，新造林20.9万亩，修复湿地10.6万亩，治理水土流失9.1万亩、采煤塌陷地2.3万亩。

安全生产态势平稳。严格落实部门、属地、企业责任，深入推进“素质固安”工程，持续强化“大快严”集中整治，狠抓化工产业安全生产转型升级，事故起数、死亡人数同比下降61.5%、34.2%，异地安监执法、安全责任边界厘清等经验做法全省推广。

金融风险防控有力。规范政府举债融资行为，开展互联网金融风险专项整治，严厉打击恶意逃废金融债务违法犯罪，“一企一策”制定担保圈应对预案，金融生态环境持续改善。

脱贫攻坚精准有效。“六大脱贫攻坚行动”统筹推进，投入扶贫资金2.9亿元，510个贫困村实现“五通十有”。实施产业扶贫项目208个，建设扶贫车间143个，梁山黄河滩区脱贫迁建工程全面启动，全市3.66万农村贫困人口实现脱贫，获省年度考核第1名。

社会大局和谐稳定。突出抓好十九大、“一带一路”峰会等重大活动安保维稳，实行战时指挥部机制，实现“六个不发生”目标，是全省六个先进市之一。深入开展矛盾纠纷大排查大化解专项行动，化解矛盾纠纷2560件。深化“天网工程”建设，加强公共安全监管，刑事、治安、火灾警情同比下降17.7%、22.4%、7.2%，平安济宁建设取得新成效。

（五）提高民生保障水平，群众幸福感获得感不断增强

就业创业量质齐升。全面落实就业创业扶持政策，就业补贴资金支出2.7亿元，新增城镇就业7.5万人、高技能人才9300人，就业创业培训7.7万人，2个创业孵化基地获评省级创业示范平台。

社保体系日趋完善。连续13年提高企业退休人员养老金标准，城乡低保实现“十二连增”。职工和居民大病保险最高报销额由45万元提高至65万元。新增养老床位5000张，获批全国居家和社区养老服务改革试点市、省医养结合示范先行区，跻身中国城市公益慈善百强榜18强、居全省第1位。

办学条件显著改善。大班额三年行动计划圆满完成，累计完成投资102.3亿元，新改扩建学校187所，竣工318.2万平方米，新增学位19.7万个，城镇小学、初中、高中大班额比例分别由2015年的51.6%、53.6%、61.4%下降到35.1%、40.4%和31.7%。14个县市区全部通过国家义务教育发展基本均衡县验收。职业教育和高等教育办学水平不断提升，曲阜师范大学新区启动建设，济宁医学院医药工程学院入驻高新区。

文化建设成果丰硕。省政府正式出台曲阜传统文化示范区建设规划。完成历史文化名城保护规划修编。曲阜市获评十大“中国年度文化影响力城市”。“三孔”彩绘、尼山圣境、鲁国故城遗址公园进展顺利，孔子博物馆、市文化中心主体完工。新改扩建村级综合文化服务中心3400处，实现二级文化馆县级全覆盖。文化产业增加值增长17.6%。

健康济宁扎实推进。市中医院新院试运营，市立医院开工建设。实施精准医疗“同质化”服务模式，建成医联体30个。70%妇幼健康服务机构、80%乡镇卫生院和社区卫生服务中心达到规范化标准。食品药品安全监管不断强化。国防动员、人民防空、民兵预备役、国家安全、外事侨务、统计、物价、粮食、地震、体育等工作进一步加强，广播电视、民族宗教、公积金、史志、档案、气象、老龄、残疾人和妇女儿童等事业取得新进步。

一年来，我们不断加强政府自身建设，严守党的政治纪律政治规矩，思想上政治上行动上同以习近平同志为核心的党中央保持高度一致。严格落实政府系统全面从严治党主体责任，扎实推进“两学一做”学习教育常态化制度化，干部作风不断转变。自觉接受人大法律监督和政协民主监督，办理议案建议170件、政协提案660件，办复率100%。自觉遵守中央八项规定精神，强化审计监督，坚决纠正“四风”，严惩腐败行为，树立了清正廉洁政府形象。

这些成绩的取得，是市委正确领导、科学决策的结果，离不开市人大、市政协的监督支持，凝聚着干部群众的心血汗水。在此，我谨代表市人民政府，向全市各族人民，向离退休老领导老同志，向驻济部队指战员、武警官兵、公安干警和人大代表、政协委员，向关心支持济宁改革发展的港澳台同胞、海外侨胞和国际友人，

表示衷心感谢和崇高敬意！

我们也清醒地看到，在发展道路上还面临不少困难和问题。主要是：新旧动能转换还不够快，发展质量效益还不够高。城乡建设还存在一些短板，承载能力有待增强。生态环境建设任重道远，安全生产、信访稳定、金融风险防控压力较大，脱贫攻坚成果还需持续巩固。县市区发展不平衡问题仍比较突出。民生事业与群众对美好生活的新期待还有不小差距。政府职能转变还不到位，作风建设还需要进一步加强。对此，我们一定高度重视，采取有力措施，切实加以解决。

二、2018年主要任务

今年是贯彻党的十九大精神的开局之年，是决胜全面建成小康社会的关键一年。做好今年政府工作，我们要把学习贯彻党的十九大精神作为首要政治任务，以习近平新时代中国特色社会主义思想为指导，加强党对经济工作的领导，坚持稳中求进工作总基调，统筹推进“五位一体”总体布局和协调推进“四个全面”战略布局，认真落实省第十一次党代会决策部署，按照市委“一二五六”目标思路，以供给侧结构性改革为主线，以新旧动能转换重大工程为统领，扎实做好稳增长、促改革、调结构、惠民生、防风险各项工作，努力实现高质量发展，为决胜“两个全面”战略部署奠定坚实基础。主要预期目标为：地区生产总值增长7%以上，一般公共预算收入增长6%左右，固定资产投资增长8%左右，社会消费品零售总额增长10%左右，城镇和农村居民人均可支配收入分别增长8%和8.5%左右。重点做好六个方面的工作。

（一）加快新旧动能转换，建设现代化经济体系

实施乡村振兴战略。坚持农业农村优先发展，编制完成乡村振兴战略五年规划。深化农业供给侧结构性改革，大力调整农业结构，因地制宜扩大特色产业规模，提高金乡大蒜、邹城食用菌、微山湖大闸蟹、鱼台大米小龙虾等优质品牌比重，新认定“三品一标”50个，打响“济宁礼飨”农产品公共品牌。开展粮食绿色高产高效创建，推进农作物生产全程机械化，粮食产量稳定在500万吨以上。大力发展农业“新六产”，培育休闲、创意农业，加快济宁、邹城国家农科园建设，新认定市级农业产业化龙头企业50家、农民示范合作社100家。提升美丽宜居乡村建设水平，推动全国特色小镇、重点示范镇加快发展，每个县市区重点培育1个示范镇，完成美丽乡村示范带和1500个村庄规划，建成美丽乡村达标村152个，覆盖率达到60%以上。实施济宁东部电网改造提升工程。启动农村清洁供暖三年行动计划，加快天然气“村村通”工程建设。推进城乡供水一体化发展，有效解决农村饮水安全。抓好“厕所革命”，全面完成农村无害化厕所改造任务。建设“四好”农村公路500公里，完善农村基础设施管理长效机制。加强农村公共文化建设，组织千场大戏进农村、万场演出惠民生、公益电影放映等文化惠民活动，村级综合文化服务中心基本实现全覆盖。大力开展移风易俗活动，让文明乡风吹遍乡村每个角落。培育农村人才队伍，探索建立高层次人才志愿服务基层制度，做好村和城市社区“两委”换届选举工作，深入推进农村“双创”活动，吸引在外务工人员、大学生回乡创业，培育新型职业农民2000人，造就一支懂农业、爱农村、爱农民的农村工作队伍。

聚力发展先进制造业。制造业是我市转型振兴的重要支撑，必须把推动制造业高质量发展作为强市之基，深入实施“中国制造2025”济宁行动计划，全力推进产业转型升级。主攻“四新四化”。实施新一轮千亿技改工程，市级层面筛选100个重大项目集中跟进，支持如意、华勤、太阳纸、东宏等优势企业向产业链价值链高端攀升。鼓励煤炭企业加快转型升级，推进安全绿色发展，支持兖矿清洁煤开发推广。启动“企业上云”行动，拓展物联网、大数据、云计算等现代信息技术在制造业全产业链集成运用，打造10条智能生产线，培育10个两化融合示范企业、10个智能装备产品、20个“上云”标杆企业，推动传统生产模式向“制造+服务”转型。做大做强六大千亿级产业。信息产业，深入实施“6501”三年行动计划，拓展与华为、中兴合作领域，启动5G通信网络设施布局，加快济宁大数据中心和运河软件产业园建设，集中扶持高端光伏、LED、光通信、大数据、集成电路、智能终端等优势产业加快发展。高端装备制造产业，围绕工程机械、数控机床、精密制造、机器人、轨道交通等重点领域，突破关键技术、核心部件，健全协作配套体系，形成完备产业集群。支持高新区高效传动与智能铲运机械创新型产业集群加快发展。化工新材料产业，加快化工产业安全生产转型升级，推动化工产业向高端化、精细化、集聚化迈进；以凯赛、利特纳米、益大新材料等龙头企业为主导，建设绿色尼龙、石墨烯、针状焦等高端产业园。新能源汽车产业，依托比亚迪、比克电池、联诚等龙头企业，引进电机、电控等产业链项目，支持梁山专用车、重汽商用车加大新能源汽车研发生产，规划建设新能源汽车产业园，形成整车生产能力。高档纺织服装产业，以如意集团为引领，支持纺织服装企业向服务制造型发展，加快建设全国知名时尚纺织智造基地。新医药产业，以国家级生物技术产业基地为依托，扶持鲁抗、辰欣、希尔康泰等龙头企业加快发展，构建以高端制剂、中成药等为主导的产业体系，打造现代生物医药基地。强化园区主体。按照产城融合理念，厘清园区边界，提升规划水平，实现总规和专项规划全覆盖。完善基础设施及公共服务配套，加快园区智能化建设，重点打造2个示范智慧园区。设立50亿元产业发展引导基金，每个园区明确2-3个主导产业，形成主业突出、特色鲜明、协调配套的产业格局。加快园区体制机制创新步伐，激发园区发展生机与活力，努力把园区打造成“四新四化”的主战场，区域经济的增长极，产城融合的示范区。严格落实分类考核、分类推进政策，激励园区争先进位。支持兖州工业园、邹城开发区争创国家级开发区。鼓励大型企业围绕产业链兴建专业园区。打造强企方阵。启动“雁阵计

划”，对年销售收入在50亿元以上“头雁”企业，建立市级领导“一对一”帮扶机制，鼓励企业全球配置资源，力争2家企业营收过500亿元、4家过100亿元。对销售收入过10亿元“隐形冠军”企业，集成要素资源重点支持，打造“雁阵”企业群体。加大中小微企业和科技型初创企业培育力度，重点破解融资、研发、人才等共性难题，对首次纳入规上企业统计范围的中小微企业给予支持奖励，逐步形成“头雁引领、雁阵跟进、群雁齐飞”格局。集聚资源要素。加大金融对实体经济支持，深化政银企对接，推进“个转企、小升规、规改股、股上市”，完成改制企业230家以上，新增“四上”企业1100家以上。鼓励有条件的企业发债融资，建立完善“投贷联动”机制，服务更多创新创业型企业。强化用地保障，让好的项目享受好的资源。严格耕地保护，严查违法占地，促进节约集约用地。实施“十百千”品牌培育工程，新增中国驰名商标、山东名牌产品10个以上。强化质量管理和知识产权保护，鼓励社会团体、行业组织、企业参与国家标准、行业标准修订。加强企业家队伍建设，组织科技型、成长型企业负责人赴境外培训，优选企业高管到高校研修、到世界500强企业总部学习锻炼，推行青年企业家“导师制”，做好接班企业家队伍培养，以一流企业家队伍打造一流企业。构建“敢亲”“真清”新型政商关系，保护企业家合法权益，为企业家干事创业营造良好环境。

提质发展现代服务业。大力发展生产性服务业。发挥“水陆铁空”交通运输优势，加快建设兖州北站物流园、现代粮食物流园、济矿梁山物流园等综合物流园区。推进传统商贸业转变经营模式，促进电子商务规范发展，支持亿矿网、蜗牛货车等本土电商做大做强，实现县域电商产业园全覆盖，交易额增长20%以上。加快发展研发设计、检验检测等科技服务业，推动服务业与制造业深度融合。繁荣发展生活性服务业。以创建国家全域旅游示范区为抓手，积极推进“旅游+”融合发展，突出抓好环微山湖生态旅游经济带规划建设，加快南阳古镇、济安台文化街区、济州古城等项目进度，整体提升乡村旅游发展水平，旅游消费总额增长10%以上。建立多主体供给、多渠道保障、租购并举住房制度，保持房地产市场平稳健康发展。融合发展医疗保健、养生康复等医疗服务业，建设鲁南生态康养基地。完善服务业发展政策。发挥任城区、邹城市省级服务业综合改革试点示范作用，落实服务业发展优惠政策，放宽市场准入，鼓励社会资本投向市政公用、家政服务、教育医疗等产业。培育服务业“四大载体”，抓好重点城区、园区、企业和项目建设，打造现代服务业发展新引擎。

（二）突出重点领域关键环节，持续推进改革创新扩大开放

加强供给侧结构性改革。以提高供给质量为主攻方向，大力破解无效供给，坚决淘汰落后产能和工艺，支持企业增品种、提品质、创品牌，提升核心竞争力。稳妥做好去产能工作，完成煤炭消费减量任务。因地制宜、分类施策加大去库存力度。全面落实支持国企改革、非公经济发展政策措施，有效降低企业人工成本、制度性交易成本、融资成本、用能成本。

深化重点领域改革。深入推进“放管服”改革，实施行政审批再提速、政务服务再优化等“六大工程”，力争80%以上审批事项实现“最多跑一次”。建立全市统一的政务大数据平台，部门主要政务信息资源实现共享。推进财税体制改革，调整完善市县财政体制，规范一般性转移支付管理。完成国家和省农村集体产权制度改革试点县任务，市级改革试点扩大到所有涉农乡镇。市属经营性国有资产全部纳入统一监管体系。支持高新区建设全面深化改革先行区。

提升创新发展能力。实行更加积极、更加开放、更加有效的人才政策，扎实推进国家创新型城市和省级人才改革试验区建设，支持园区建设“双创”基地。突出企业创新主体地位，引导企业联合大院大所大学共建产学研平台。实施鲁西科学发展高地人才支持计划和“创新行动·智绘济宁”三年行动计划，完善顶尖人才引进“一事一议”政策，新引进创新创业领军人才20名、高技能人才5000名、院士2名以上。强化科技型企业扶持，加大减税降费力度，建立投融资支持体系和风险分担机制，营造一流创新创业环境。

构建开放新格局。坚持世界眼光、国际标准，以海纳百川的胸襟、敢为人先的气魄，以改革开放40周年为新起点，全力推进新一轮高水平对外开放。深度融入“一带一路”建设，支持煤炭、建材、化工、纺织等优势产能“走出去”，以增强核心竞争力为目标，开展境外并购重组，发展服务外包、信息技术、文化旅游等服务贸易。积极争取设立兖州直通“中欧班列”站点。坚持把招商引资作为发展的生命线，按照“招大引强选优”思路，注重招商引资与招才引智相结合，围绕建链补链强链，大力开展产业招商、以商招商、资本招商，探索“房东+股东”模式，规划建设一批标准化厂房，培育一批专业化招商人才，密切与世界500强、中国500强企业对接，办好珠三角、长三角和欧美、日韩、香港等境内外招商活动，集中突破龙头企业引进，着力抓好产业项目落地，力争到位市外国内资金400亿元以上，利用外资增长10个百分点以上。

（三）加快推进新型城镇化，建设精致宜居幸福城市

优化城镇体系结构。坚持中心城区突破、都市区融合、城乡一体发展思路。在中心城区布局上，统筹生产、生活、生态“三生”空间，优化产业布局，完善服务功能，加快环城生态绿带、环城路网规划建设，做大做强中心城区。在都市区融合上，按照生态、产业、设施、组织“四个一体化”发展路径，不遗余力推进“济兖邹曲嘉”加快融合。以大运河为纽带，推进太白湖新区、经开区、任城区、嘉祥县联动发展；以泗河为廊道，加速兖州区、高新区和邹西大工业板块紧密对接。在城乡一体发展上，突出城市片区、专业新城、特色小镇、美丽乡村4个重点，抓好项目规划建设，推动老城

区、新城区、功能区和城乡协调发展。

扎实推进城市“双修”。实施城区绿化三年行动计划，今年新增绿化面积278万平方米，完成凤凰台公园、儿童公园主体建设。加快环城塌陷地治理，实施“五河”提升工程，逐步形成“一环八水绕济宁，十二明珠映古城”水城风貌。提升教育、医疗、文化等公共服务水平，加快打造15分钟生活圈。依托棚改做好老城区功能疏解“减法”和公共空间“加法”文章，改造老旧小区64个，开工棚改项目97个、5.8万套。推进“大交通”“微循环”和慢行系统规划建设，改造主次干道13条，打通断头路19条；开工建设王母阁路跨线桥，车站南路、火炬路跨线桥完成主体工程。完善市政基础设施，新增城区天然气用户1万户。建成海绵城市9平方公里、综合管廊8公里、雨污分流30公里。

完善市域大交通体系。开工建设济宁新机场、机场高速、鲁南高铁西段，完成跨湖高速、董梁高速、环湖大道东线路基桥涵，推进都市区“一环六联”快速路网建设，力争新外环建成通车。改造提升京杭运河主航道、湖西航道。

构建全域大生态系统。统筹山水林田湖草生态建设，完成山体修复3.2万亩，治理采煤塌陷地3.8万亩，保护修复湿地10万亩。泗河闸坝全面开工建设。启动引汶补源入济和引黄工程。全面攻坚城区、城郊、山区、镇村等重点区域绿化，新造林15万亩以上。扎实做好国家森林城市迎查验收工作。实施南四湖自然保护区、南水北调东线生态带、黄河生态带水系绿化，高标准建设生态廊道。

提高精细化管理水平。严格落实导则，健全“标准化、规范化、数字化”城市管理长效机制。推行道路保洁“以克论净”模式，加快数字城管智慧化升级，增强城市服务保障能力。完善城市智能交通体系，提升疏堵保畅水平。强力推进违法建设拆除、餐饮油烟治理、渣土管理等攻坚行动，全面实施餐厨垃圾集中收运处理。下功夫规范提升物业管理水平，努力实现社区物业管理全覆盖。大力整治脏乱差现象，打造洸河路等10条示范街。巩固国家卫生城市创建成果，矢志不渝推进全国文明城市创建。

（四）发挥文化资源优势，加快建设首善之区文化强市

打造儒家文化传播高地。依托孔子研究院、孟子研究院等儒学机构，引进一批儒学大家，培养一批青年人才，形成一批权威成果。办好国际孔子文化节、尼山世界文明论坛等重大活动，提升儒学研究推广话语权。争取知名高校在我市设立国学分校。加强干部政德教育基地建设，提升办学质量规模，增强对外影响力。

打造文化产业发展高地。积极推进曲阜传统文化示范区规划建设，尼山圣境一期建成开放。挖掘运河文化内涵，争创全国首批运河文化建设示范市。大力发展文化创意、数字传媒等新兴产业，推进爱奇艺“双创”基地建设，搭建文创产业“五大平台”，建设创意文化产业园，力争文化产业增加值突破200亿元。

打造精神文明道德高地。常态化开展儒学六进、道德提升等七大工程，推动优秀传统文化深入人心。广泛开展精神文明创建，培育150个示范单位、200个示范村居、1.2万个示范户，评选一批道德模范、济宁好人。加强文艺人才队伍建设，培育文化名人，创作文艺精品。建成市文化中心。抓好第二轮修志工作。

（五）聚焦守底线防风险，保持全市大局和谐稳定

筑牢安全生产防线。坚持源头防范和系统治理，持续开展“大快严”专项整治，严格落实“三个必须”，持之以恒实施“素质固安”工程，大力提高防灾救灾能力，确保全市安全生产形势持续稳定。

提升生态环境质量。牢固树立“绿水青山就是金山银山”绿色发展理念，坚决抓好中央环保督察整改工作。打赢蓝天保卫战，持续开展集中攻坚，力争PM2.5、PM10浓度和重污染天数分别再降10%，让“济宁蓝”成为城市新名片。深入实施“水十条”，严格落实“河长制”“湖长制”，打造“治用保”污水治理升级版。全面落实“土十条”，开展重污染土壤治理和修复试点，搞好固体废物管理和综合利用。严控“双高”行业，万元GDP能耗下降3.66个百分点以上，完成第二次污染源普查，推动形成绿色发展方式和生活方式，努力使济宁的天更蓝、地更绿、水更清、空气更清新。

巩固脱贫攻坚成果。建立专项扶贫、行业扶贫和社会扶贫大格局，关注老弱病残等特殊贫困群体，聚焦湖区、滩区、山区等重点区域，注重扶贫与扶志、扶智相结合，激发贫困人口内生动力。加大财政投入，拓宽增收渠道，建立长效机制，保证现行标准下的脱贫质量，做到脱真贫、真脱贫、防返贫。

强化金融风险防控。加强薄弱环节监管，稳妥推进企业风险化解，严厉打击逃废金融债务、非法集资等违法违规金融活动，加大互联网金融风险整治，大力压降不良贷款，维护良好金融生态环境。强化政府债务限额管理和全口径监测，妥善化解存量，严格控制增量，建立长效机制，确保债务率保持合理水平。

加强社会治理创新。做好社会治安、信访维稳、网络舆情等工作，确保社会大局和谐稳定。坚持法德兼治，抓好“七五”普法，全面提升尊法学法守法用法意识和能力。深化军民融合发展，争创全国双拥模范城“八连冠”。提升民族宗教、外事侨务和防震减灾等各项工作水平。

（六）顺应人民对美好生活向往，提高保障改善民生水平

推动更高质量就业。实施更加积极就业政策，推进创新创业，新增城镇就业7万人，扶持创业1.4万人。建立全方位公共就业服务体系，健全职业培训、创业扶持、就业援助机制，强化对城镇失业人员、高校毕业生、农民工等重点群体就业帮扶。实施劳动技能提升工程，职业技能培训6万人。

完善社会保障体系。实施全民参保计划，强化社保

扩面征缴，落实基本养老保险待遇合理调整机制，实行居民基本医疗保险市级统筹，推行职工长期护理保险。积极推进全国居家和社区养老服务改革试点市、省医养结合示范先行区建设，新建城市社区日间照料中心30个，村级互助养老院100个，新增养老服务床位5000张，提升养老服务质量。

办好人民满意教育。建立消除大班额长效机制，完成“全面改薄”收尾任务，新改扩建中小学校60所，新增校舍面积60万平方米、学位3万个，努力解决中小学生课外负担重、“择校热”等突出问题。扩增高中阶段教育资源，优化中职和普通高中比例。大力发展学前教育，抓好普惠性幼儿园建设，新改扩建幼儿园60所。实施特殊教育二期提升计划，完善困难学生资助体系。加强教师队伍培训管理，弘扬优秀师德师风，提高教育教学质量。推进名校带动战略，加大优质教育资源引进力度，支持驻济高校建设，完善职业教育和培训体系，提升高等教育办学水平。

推进健康济宁建设。加快市立医院建设，完成市中医院新院配套工程。健全分级诊疗和药品供应保障制度，全面实施药品“两票制”。启动济宁卫生学校新校区建设。适应两孩生育高峰，增加产科、儿科医护人员和床位设施。推进基层医疗卫生机构标准化创建，90%以上乡镇卫生院和社区卫生服务中心达到标准，家庭医生签约服务覆盖率达到40%以上。深化计划生育管理服务改革，出生人口性别比稳中有降。强化“食安济宁”建设，全域推进“双安双创”工作。

三、全面加强政府自身建设

新时代要有新气象新作为。做好政府工作，必须持续强化自身建设，提高政治站位，增强抓改革促发展能力，建设担当实干、作风清廉干部队伍，奋力开创政府工作新局面。

旗帜鲜明讲政治。深入学习贯彻党的十九大精神，增强“四个意识”，强化“四个看齐”，更加自觉以习近平新时代中国特色社会主义思想武装头脑、指导实践、推动工作，更加自觉同以习近平同志为核心的党中央保持高度一致。扎实推进“两学一做”学习教育常态化制度化，开展“不忘初心、牢记使命”主题教育，不断提高政治觉悟和政治能力。坚持党对一切工作的领导，坚决贯彻市委决策部署，确保各项工作落实、落细、落地。

依法行政履职责。坚持依宪施政、依法行政，把政府工作全面纳入法治轨道。严格执行市人大及其常委会决议决定，自觉接受市政协民主监督，提高议案建议和政协提案办理质量。健全重大行政决策程序，加强调查研究，强化统计监测，实现政府决策科学化、社会治理精准化。深化行政执法和监督体系改革，落实执法责任制和责任追究制，让权力在阳光下运行。

勇于担当重实干。坚持“干”字当头、“实”字托底，不驰于空想、不骛于虚声，一步一个脚印，踏踏实实干好工作，切实做到“说了算、定了干、按期完”。完善容错纠错机制，为担当者担当，为干事者撑腰。自觉加强政治、业务知识学习，提升干部队伍专业化素养，不断增强改革发展能力。下决心精简会议文件，集中全部精力抓落实、促发展。严格绩效管理，加大监督检查，全面整治庸政懒政怠政，努力打造真心为民、务实高效的服务型机关。

从严治政筑底线。自觉遵守《准则》《条例》，严格落实中央八项规定实施细则精神，驰而不息纠正“四风”，“三公”经费零增长。健全廉政风险防控机制，聚焦公共权力、公共资源、公共资金、扶贫攻坚、工程招投标等重点领域，严查不正之风和腐败问题，营造风清气正的政治生态。

实干成就梦想，奋斗赢得未来。让我们更加紧密地团结在以习近平同志为核心的党中央周围，在中共济宁市委坚强领导下，撸起袖子加油干，不断推动济宁更高质量、更有效率、更加公平、更可持续发展，为实现“两个全面”任务目标、谱写新时代济宁社会主义现代化建设新篇章而努力奋斗！

大 事 记

1月

3日

嘉祥县被农业部批准认定为国家首批区域性良种繁育基地，为全国五个大豆区域性良种繁育基地之一，山东省唯一一个大豆良种繁育基地。

4日

济宁市新机场、鲁南客专场站等城市重大基础设施项目方案汇报会召开。根据全市发展规划和市委、市政府决策部署，市有关部门对全市区域交通设施、城市道路、公园绿地等重要城市基础设施开展前期研究和方案设计。经过部门协作、专家咨询、方案比选和专家论证等程序，济宁曲阜机场迁建、鲁南高铁沿线场站、南郊动植物园升级改造、西部苗圃升级改造、济安桥路老运河桥改造等工程方案编制完成。

5日

市委、市政府召开全市平安建设工作会议，学习贯彻习近平系列重要讲话精神，落实中央和省社会治安综合治理创新的部署要求，总结工作，表彰先进市。委书记、市人大常委会主任马平昌讲话，市委副书记刘中会主持。

△ 市政府召开视频会议，安排部署大气污染防治、安全生产、“地条钢”整治三项重点工作。市委副书记、市长傅明先主持并提出要求。

6日

全省煤炭清洁利用和散煤治理工作现场会在济宁市召开。副省长张务锋出席会议并讲话。市委书记、市人大常委会主任马平昌陪同考察，市委副书记、市长傅明先致辞。会上，济宁市、德州市、兖矿集团作典型发言。会前，与会人员先后到济宁市智慧环保平台、兖矿集团济二煤矿煤场标准化建设现场、济宁市清洁煤炭储备配送中心等地实地考察。

10—11日

国家卫生城市技术评估专家组组长、黑龙江省卫计委党组成员、副主任邵玉滨率队对济宁市创建国家卫生城市工作进行技术评估。市委书记、市人大常委会主任马平昌主持汇报会，市委副书记、市长傅明先作工作汇报。

12日

全市经济工作会议召开。市委书记、市人大常委会主任马平昌主持会议并讲话，市委副书记、市长傅明先对2017年全市经济工作做具体部署，市委副书记刘中会传达全省经济工作会议精神。

13日

由市政府主办的“城市讲堂”——济宁市规划建设管理业务培训班在运河宾馆举行。中国城镇化促进会副主席、住建部村镇司原司长李兵弟围绕城镇规划作首期专题讲座。市委副书记、市长傅明先出席并对济宁市城镇规划工作提出要求。

18日

市委常委班子召开2016年度专题民主生活会，以学习贯彻党的十八届六中全会精神为主题，围绕“两学一做”学习教育要求，重点对照《关于新形势下党内政治生活的若干准则》和《中国共产党党内监督条例》，结合思想和工作实际，进行自我检查、党性分析，开展批评和自我批评，牢固树立“四个意识”，推动全面从严治党向纵深发展。省委常委、秘书长于晓明到会指导并讲话。市委书记、市人大常委会主任马平昌主持会议，代表市委常委班子作对照检查并讲话。

19日

省委常委、常务副省长孙伟在济宁市主持召开座谈会，征求对省政府工作、《省政府工作报告》的意见和建议。市委常委、常务副市长于永生出席座谈会并发言。

20日

市政府党组召开2016年度民主生活会，以学习贯彻十八届六中全会精神为主题，围绕“两学一做”学习教育要求，重点对照“准则”和“条例”，结合思想和工作实际，进行党性分析，开展批评和自我批评。市委副书记、市长、市政府党组书记傅明先主持。

△ 市委副书记、市长傅明先主持召开市政府第64次常务会议，讨论《政府工作报告》（征求意见稿）。

21日

全市领导干部大会在圣都国际会议中心召开，宣布省委关于济宁市委主要负责人职务调整的决定。受省委委派，省委组织部副部长惠新安宣布中共山东省委关于济宁市委主要负责人调整的决定：王艺华任中共济宁市委委员、常委、书记兼市委党校校长；免去马平昌的济宁市委书记、常委和市委党校校长职务。马平昌、王艺华分别讲话，市委副书记、市长傅明先主持。

25日

市委召开常委会议，传达贯彻中央和省委政法工作会议精神，对全市政法工作做出进一步安排部署，听取市第十三次党代会、市十七届人大一次会议和市政协十三届一次会议筹备情况汇报。市委常委出席会议，市人大常委会、市政府、市政协等市级领导及市直有关部门主要负责人列席会议。

2月

2日

市委常委会召开会议，研究讨论《市第十三次党代会报告（讨论稿）》；传达学习全国宣传部长会议、全省宣传文化工作会议、全国全省文明家庭表彰大会和全省组织部长会议精神，研究贯彻落实意见。市委书记王艺华主持会议。

3日

市委、市政府召开2016年度全市科学发展综合考核总结表彰暨干部作风建设大会，表彰2016年度科学发展综合考核先进集体和先进个人，贯彻落实中央和省、市委作风建设各项规定要求。市委书记王艺华讲话。市委副书记、市长傅明先主持。

4日

中国共产党济宁市第十二届委员会第十二次全体会议举行。出席会议的市委委员36人，市委候补委员6人。会议由市委常委会主持。会议决定，中国共产党济宁市第十三次代表大会于2017年2月15日在济宁召开。全会讨论并通过十二届委员会向市第十三次党代表大会的报告，决定将报告提请市第十三次党代表大会审查；讨论并通过十三届市委、市纪委换届人事安排方案；讨论并投票通过济宁市出席省第十一次党代表大会代表候选人预备人选及其他有关事项。

9日

出席省十二届人大六次会议的济宁代表团举行第二次全体会议，审议省人大常委会工作报告和《山东省地方立法条例（草案）》。市委书记王艺华主持。市委副书记、市长傅明先，市人大常委会主任马平昌，市人大常委会党组书记、第一副主任周洪发言。

13日

市委常委会召开会议，传达学习全省“两会”精神，研究讨论《十二届市纪委工作报告（讨论稿）》。市委书记王艺华主持会议。

△ 市委召开市级老干部会议，通报市级领导班子换届人事安排方案和济宁市出席省第十一次党代会代表候选人有关情况。市委书记王艺华主持会议。市委常委、组织部长孔凡萍通报市级领导班子换届人事安排方案等有关情况。

△ 市委副书记、市长傅明先主持召开市政府第66次常务会议，研究大气、水、危废处置工作方案和“环境保护工作职责”。

△ 全市宣传文化工作暨第一届文明家庭表彰大会召开，传达全省宣传文化工作会议精神、全省文明家庭表彰大会精神，表彰先进、总结工作、分析形势，安排部署2017年宣传思想文化工作。市委书记王艺华会前听取汇报并对做好全市宣传文化工作提出要求。市委常委、宣传部长李昌文讲话，副市长吴霁雯主持。

△ 市政协十二届三十四次主席会议召开，市政协主席刘成文主持并讲话。会议传达学习省政协十一届五次会议精神；听取关于十三届市政协委员安排情况的说明并审议通过十三届市政协委员协商名单；听取并审议通过撤销十二届市政协有关委员职务的决定（草案）；听取关于十三届市政协第一次会议筹备情况和“两个报告”（草案）起草情况的说明，审议通过“两个报告”，并推举报告人；审议通过关于召开市政协十三届一次会议的决定（草案）及大会建议议程、日程；审议通过有关人事事项；审议通过市政协十二届二十八次常委会议议程、日程（草案）；听取市政协各专委会书面工作报告。

14日

中国共产党济宁市第十三次代表大会主席团第一次会议在声远舞台举行。王艺华主持会议。会议开始前，石光亮作关于主席团会议召集人建议名单的说明。会议推选出12人组成的大会主席团常务委员会；通过大会副秘书长名单；通过代表资格审查委员会关于代表资格的审查报告；通过大会日程；通过大会秘书处组织机构。

△ 中国共产党济宁市第十三次代表大会在声远舞台举行预备会议。石光亮主持会议。中国共产党济宁市第十三次代表大会共选出代表508人，出席预备会议的代表495人。会议以举手表决的方式通过中国共产党济宁市第十三次代表大会主席团和秘书长名单、代表资格审查委员会名单、大会议程。

△ 市政协十二届二十八次常委会议举行。市政协主席刘成文出席并讲话。刘成文、蒙建华分别主持会议。会议传达学习省政协十一届五次会议精神（书面）；听取关于十三届市政协委员安排情况的说明并审议通过十三届市政协委员名单；听取并审议通过关于撤销陈军、黄国成十二届市政协委员职务的决定；听取关于市政协十三届一次会议筹备情况和“两个报告”（草案）起草情况的说明，审议通过“两个报告”，并推举报告人；审议通过关于召开市政协十三届一次会议的决定及大会建议议程、日程；审议通过有关人事事项；听取市政协各专委会书面工作报告（书面）。

15日

中国共产党济宁市第十三次代表大会在声远舞台开幕。傅明先主持开幕式。大会共有代表508名，实到498名。王艺华代表中共济宁市第十二届委员会向大会作题为《践行发展新理念撸起袖子加油干为全面建成小康全面转型振兴而奋斗》的报告。

16日

中国共产党济宁市第十三次代表大会主席团在运河宾馆召开第二次会议。傅明先主持会议。会议听取大会秘书处材料组关于代表讨论十二届市委和十二届市纪委工作报告情况的汇报。王艺华代表十二届市委作关于十三届市委委员、候补委员和十三届市纪委委员候选人预备人选安排方案及济宁市出席省第十一次党代会代表候选人预备人选酝酿推荐情况的说明。会议通过提交各代表团酝酿的十三届市委委员、候补委员和十三届市纪委委员候选人预备人选名单、提交各代表团酝酿的济宁市出席省第十一次党代会代表候选人预备人选名单、提交各代表团酝酿讨论的《中国共产党济宁市第十三次代表大会选举办法（草案）》。会议还审议了大会关于十二届市委和十二届市纪委工作报告的决议（草案）。

△ 中国共产党济宁市第十三次代表大会主席团在运河宾馆举行第三次会议。石光亮主持会议。会议听取各代表团酝酿十三届市委委员、候补委员和十三届市纪委委员候选人预备人选名单及济宁市出席省第十一次党代会代表候选人预备人选名单情况的

汇报、各代表团酝酿大会选举办法（草案）情况的汇报。

17日

市第十三次党代会主席团在运河宾馆举行第四次会议。石光亮主持会议。会议听取十三届市委委员、候补委员和十三届市纪委委员候选人及济宁市出席省第十一次党代会代表候选人预选结果的汇报、讨论十二届市委和十二届市纪委工作报告决议（草案）情况的汇报。

18日

中国共产党济宁市第十三次代表大会完成各项议程，在声远舞台闭幕。王艺华主持大会闭幕式。到会的502名代表以无记名投票方式选举出由52名委员、10名候补委员组成的中共济宁市第十三届委员会、由40名委员组成的中共济宁市第十三届纪律检查委员会、出席省第十一次党代会代表50名。

△ 中国共产党济宁市第十三届委员会第一次全体会议在运河宾馆举行。王艺华、傅明先先后主持会议。会议选举产生中共济宁市第十三届委员会常务委员会委员、书记、副书记；通过中共济宁市纪律检查委员会第一次全体会议选举产生的中共济宁市纪律检查委员会书记、副书记名单。

△ 中国共产党济宁市第十三次代表大会主席团在声远舞台举行第五次会议。石光亮主持。会议听取总监票人和大会秘书处组织组负责人关于大会选举结果的汇报。根据《中国共产党地方组织选举工作条例》的规定，市委、市纪委第一次全体会议的选举由大会主席团各委托一名新当选的委员主持。会议提议并通过王艺华为市委十三届一次全会召集人，范晓丽为市纪委十三届一次全会召集人。

19日

市委召开2016年度抓基层党建工作述职评议会议。会上，各县市区委书记，济宁高新区、太白湖新区、济宁经济技术开发区党工委书记，市委市直机关工委、市委非公有制经济组织党工委、市社会组织党工委、市国资委党委书记，围绕落实管党治党责任、推动基层党建工作各项任务落实进行述职，市属高校党委书记作书面述职。市委书记王艺华主持会议并作点评讲话。

21日

中共济宁市委召开民主协商会议，向各民主党派市委、市工商联负责人和无党派代表人士通报市委拟向市十七届人大一次会议、市政协十三届一次会议推荐的有关人选情况，进行民主协商，听取意见和建议。市委书记王艺华讲话，市委副书记石光亮主持，市委常委、组织部长孔凡萍受市委委托就省委、市委关于市“两会”人事安排情况作说明。

22日

市人大常委会召开党组扩大会议，通报市十七届人大一次会议有关人事安排情况。市委书记王艺华出席会议并讲话，市人大常委会党组书记、第一副主任周洪主持，市委常委、组织部长孔凡萍通报市十七届人大一次会议有关人事安排情况。

△ 市政协十三届一次会议预备会议在声远舞台召开。会议由市政协主席刘成文主持。会议通报市政协十三届一次会议筹备情况，通过市政协十三届一次会议议程、大会主席团名单；通过张继民为大会主席团会议主持人、张言申为大会秘书长；通过市政协十三届一次会议提案审查委员会成员名单。

23日

中国人民政治协商会议第十三届济宁市委员会第一次会议在声远舞台开幕。戴伟娟宣布大会开幕。刘成文代表政协第十二届济宁市委员会常务委员会向大会作常委会工作报告。

△ 省水利厅厅长刘中会、省南水北调工程建设管理局局长刘建良率领调研组到济宁市就泗河治理等工作进行调研。市委书记王艺华和市委副书记、市长傅明先在圣都国际会议中心会见刘中会、刘建良一行。

24日

济宁市第十七届人民代表大会第一次会议在声远舞台开幕。王艺华主持大会并宣布大会开幕，市长傅明先代表市人民政府向大会作《政府工作报告》。

26日

市第十七届人民代表大会第一次会议举行第二次全体会议。会议听取市人大常委会党组书记、第一副主任周洪作济宁市人大常委会工作报告，听取市中级人民法院院长冯爱冰作济宁市中级人民法院工作报告，听取市人民检察院代理检察长宋晓磊作济宁市人民检察院工作报告。陈颖主持会议。

27日

中国人民政治协商会议第十三届济宁市委员会第一次会议，完成各项议程，在声远舞台闭幕。大会首先举行第二次全体会议（选举会议）。会议选举产生政协第十三届济宁市委员会主席、副主席、秘书长和常务委员。闭幕大会由陈希忠主持。大会通过政协第十三届济宁市委员会第一次会议政治决议、关于政协第十二届济宁市委员会常务委员会工作报告的决议和关于政协第十二届济宁市委员会常务委员会提案工作报告的决议。

28日

济宁市第十七届人民代表大会第一次会议完成各项议程，在声远舞台闭幕。大会主席团常务主席王艺华主持大会。大会首先举行第三次全体会议。会议选举孙博为市人大常委会主任，陈颖、王宝海、陈国华、张玉华、杜昌华为市人大常委会副主任，高涛为市人大常委会秘书长，选出市人大常委会委员；选举傅明先为市人民政府市长，于永生、吴霁雯、周凤文、张胜明、田卫东、任庆虎为市人民政府副市长；选举冯爱冰为市中级人民法院院长，宋晓磊为市人民检察院检察长，按照《地方组织法》有关规定，新选出的市人民检察院检察长，须报经省人民检察院检察长提请省人民代表大会常务委员会批准；表决通过济宁市第十七届人民代表大会第一次会议关于济宁市人民政府工作报告的决议、关于济宁市2016年国民经济和社会发展计划执行情况与2017年计划的决议、关于济宁市2016年预算执行情况和2017年预算的决议、关于济宁市人民代表大会常务委员会工作报告的决议、关于济宁市中级人民法院工作报告的决议、关于济宁市人民检察院工作报告的决议；表决通过市十七届人大各专门委员会组成人员人选名单。

△ 市委副书记、市长傅明先主持召开市第十七届人大一次会议政府第1次常务会议，传达市第十七届人大一次会议精神，研究市政府领导分工，安排部署《政府工作报告》重点工作责任分工。

3月

1日

市委常委会召开会议，学习《中国共产党党委（党组）理论中心组学习规则》和中共中央组织部印发的《党委（党组）讨论决定干部任免事项守则》，研究讨论市委常委会2017年工作要点和进一步加强市委常委会自身建设的意见。市委书记王艺华主持会议。

2日

宁夏回族自治区党委常委、固原市委书记纪峥率领固原市党政考察团到济宁市，就农业供给侧结构性改革、农业产业化、乡村旅游发展等进行学习考察。市委书记王艺华会见纪峥一行。

6日

全市老年体育工作会议召开。会议总结2016年济宁市老年体育工作，研究部署2017年老年体育任务。市委副书记石光亮出席会议并讲话，副市长吴霁雯主持会议。

△ 市政协召开主席（扩大）会议。市政协主席张继民主持会议并讲话。会议传达学习全国政协十二届五次会议、市第十三次党代会、市“两会”精神；研究讨论市政协两个专委会更名的意见（草案）；研究讨论主席、副主席、秘书长分工和各专委会领导班子组成初步意见；书面印发政协各专委会工作职责和政协机关各专门工作机构工作职责；听取市政协办公室、研究室、委员工作室及各专委会工作室2017年工作打算，并研究部署市政协近期工作。

7—9日

市委副书记、市长傅明先赴华为松山湖基地、比亚迪集团开展招商活动。

9—10日

省委统战部副部长、省宗教工作领导小组调研检查组组长牟强带队到济宁市，就济宁市贯彻落实全国、全省宗教工作会议精神情况进行调研检查并召开座谈会。

13日

市委党校举行2017年春季开学典礼。市委书记、市委党校校长王艺华讲话，市委常委、组织部长孔凡萍主持。

13—15日

省委农村工作领导小组副组长王军民到济宁市调研。先后到微山县、鱼台县、金乡县、嘉祥县和梁山县的部分村庄和农田水利项目现场，察看农村改厕、美丽乡村建设和农田水利建设情况。到润峰电力公司、美晶米业公司、兴隆果蔬食品公司等企业进行现场考察，就加快转变农业发展方式，推动农业提质增效提出要求。

14日

省委常委、组织部长杨东奇围绕推进“两学一做”学习教育常态化制度化、加快干部政德教育基地建设等到济宁市调研。市委常委、济宁高新区党工委书记白山介绍济宁高新区有关工作情况，市委常委、组织部长孔凡萍陪同调研。

15日

全市建设国家森林城市工作推进会议召开。市委书记王艺华会前作出批示，市委副书记、市长傅明先在市主会场出席会议并讲话，市委副书记石光亮主持。会上，市政府与部分县市区政府、市直有关部门签订《2017年创建国家森林城市责任书》。

△ 全市安全生产工作会议召开。市委书记王艺华在会前作出批示，市委副书记、市长傅明先在市主会场出席会议并讲话。会上，通报2016年度全市安全生产情况；表彰先进；市政府与各县市区签订安全生产目标责任书、与市直有关部门签订安全生产管理承诺书；部分县市区政府、部门代表作典型发言、表态发言。市委常委、常务副市长于永生主持会议。

16日

市委常委会召开会议，传达学习十二届全国人大五次会议和全国政协十二届五次会议精神，研究贯彻落实意见；传达贯彻2016年度市委书记抓基层党建工作述职评议会议精神；听取全市关心下一代工作情况汇报；研究讨论《关于进一步加强招商引资工作的意见（讨论稿）》。市委书记王艺华主持会议。

17日

市委常委会召开会议，研究讨论深入推进农业供给侧结构性改革实施意见等农业农村工作，传达贯彻全省统战部长会议和全省党内法规工作会议精神。市委书记王艺华主持会议。

△ 水利部副部长田学斌率国家防总黄河流域防汛抗旱检查组到济宁市检查指导工作，副省长王随莲，市委书记王艺华陪同检查。

△ 市政协召开党组会议，传达学习十二届全国人大五次会议、全国政协十二届五次会议精神和市委常委会议精神，研究贯彻落实意见。市政协党组书记、主席张继民主持并讲话。

20日

中共中央政治局委员、中央党的建设工作领导小组副组长、中央新疆工作协调小组副组长张春贤在济宁市就推进“两学一做”学习教育常态化制度化进行调研。

△ 省关工委常务副主任郭兆信就基层关工委组织建设和“五老”队伍建设情况到济宁市调研，并出席邹城市“五老”志愿者颁证仪式。

22日

济宁市召开关心下一代工作会议。会前，市委常委会议专题听取全市关心下一代工作汇报；市委书记王艺华提出要求。会上，市关工委主任祝金焕做工作报告。市委副书记石光亮到会讲话。

△ 市委副书记石光亮在曲阜会见泰国曼谷市长阿萨汶·康蒙一行。

23日

十三届济宁市委第一轮巡察工作动员部署会召开。传达贯彻十届省委第十五轮巡视工作动员部署会和全省巡察工作座谈会精神，安排部署十三届市委首轮巡察工作。

△ 市扶贫开发领导小组第四次全体会议召开，传达学习习近平总书记、汪洋副总理近期关于扶贫开发重要讲话精神，安排部署全市下步精准扶贫工作。市委副书记石光亮出席并讲话。副市长周凤文主持会议。

24日

日照市委副书记邹斌芳带领日照市考察团到济宁市考察美丽乡村建设情况。市委副书记石光亮陪同考察并出席座谈会。

21—25日

济宁市党政考察团先后到四川省成都市、重庆两江新区、湖南省长沙市、湖北省武汉市学习考察。市委书记王艺华，市委副书记、市长傅明先，市委常委、宣传部长、曲阜文化建设示范区党工委书记李昌文，市委常委、济宁高新区党工委书记白山，市委常委、秘书长李长胜，市人大常委会副主任王宝海，副市长吴霁雯、张胜明、田卫东，市政协副主席陈希忠参加考察活动。

26日

山东绿色化工产业技术创新战略联盟成立大会暨院士进园区活动在邹城市举办。省科技厅厅长刘为民、市委副书记石光亮出席。

27日

泰安市委书记王云鹏和市委副书记、市长李希信率泰安市党政考察团在济宁市考察文化产业发展、传统产业改造升级、新兴产业培育、城市及园区建设。

28日

山东省“一圈一带”产业投资基金暨济宁市圈带新兴产业发展基金启动仪式在圣都国际会议中心举行，同时签署系列相关合作协议。市委书记王艺华，省发改委主任、省区域办主任张新文，市委副书记、市长傅明先出席仪式。

△ 市委书记王艺华在香港大厦会见中建交通建设集团有限公司董事长周宇騉一行。

△ 市政协十三届一次主席会议召开，市政协主席张继民主持并讲话。会议审议政协济宁市委员会关于进一步加强自身建设的意见（草案）、济宁市政协2017年工作要点（草案）及2017年协商工作计划（草案）；听取市政协十三届一次会议提案审查立案情况的汇报；审议政协济宁市委员会常务委员会关于设置专门委员会的决定（草案）及有关事项；审议市政协十三届一次常委会议议程、日程（草案）。会议决定，市政协十三届一次常委会议于2017年3月30日在济宁召开。

29日

市委市政府召开全市招商引资工作会议。安排部署新一年招商引资任务。市委书记王艺华讲话，市委副书记、市长傅明先主持会议。

△ 塞尔维亚总统托米斯拉夫·尼科利奇一行到济宁市参观访问。中国驻塞尔维亚大使李满长，副省长孙立成，市委书记王艺华陪同。

30日

全市农村工作暨扶贫开发工作会议召开。贯彻落实中央和全省农村工作会议、扶贫开发工作会议精神，安排部署新一年工作任务，市委书记王艺华出席并讲话，市委副书记、市长傅明先主持，市委副书记石光亮宣读表彰通报。

△ 市委常委会召开会议，学习《中国共产党工作机关条例（试行）》，听取2017年创建全国文明城市工作、全市干部驻村联户及第一书记工作情况汇报，传达贯彻全省加强换届风气监督工作座谈会议精神。市委书记王艺华主持会议。

△ 济宁市召开创建全国文明城市推进会议。市委书记王艺华讲话，市委副书记、市长傅明先主持会议，省文明办副主任王龙飞出席并讲话。会上，宣读《济宁市2017年创建全国文明城市工作实施意见》和《关于2016年度文明城市测评反馈问题的通报》。任城区、市城市管理局、市交警支队作表态发言；会前有关部门签订《济宁市创建全国文明城市责任书》。

△ 政协第十三届济宁市委员会常务委员会第一次会议召开。市政协主席张继民出席会议并讲话。张继民、陈希忠分别主持会议。会议传达学习全国“两会”和省政协十一届二十五次常委会议精神；审议通过政协济宁市委员会常务委员会关于进一步加强自身建设的意见；审议通过济宁市政协2017年工作要点；审议通过济宁市政协2017年协商工作计划；听取市政协十三届一次会议提案审查立案情况的报告；审议通过政协济宁市委员会常务委员会关于设置专门委员会的决定；审议通过有关人事事项。

31日

全市干部驻村联户工作暨第一书记下派动员会议召开。深入贯彻中央和省委有关部署要求，对干部驻村联户和新一轮第一书记驻村帮扶工作进行安排部署。市委书记王艺华作重要讲话。会上，表彰了2015—2016年度驻村联户工作先进集体和先进个人，部分先进集体和先进个人代表作典型发言。

△ 省政府召开电视电话会议，由国家煤矿安监局副局长李万疆宣讲《中共中央国务院关于推进安全生产领域改革发展的意见》。市委副书记、市长傅明先，市委常委、常务副市长于永生，副市长张胜明及相关部门、单位的负责人在济宁分会场收看会议实况。

△ 市政府与中国进出口银行山东省分行就加快外向型经济发展签署战略合作协议。市委副书记、市长傅明先出席并会见中国进出口银行山东省分行行长李忠元一行。

30—31日

团省委书记陈必昌一行到济宁市调研，并与各县市区团委书记进行座谈。

31—4月1日

全国政协副主席卢展工率领全国政协调研组就“坚定文化自信，讲好中国故事”到济宁市进行专题调研。全国政协常委、教科文卫体委员会主任张玉台，省政协副主席雷建国，市委书记王艺华，市政协主席张继民出席会议。调研组实地考察尼山圣境项目建设现场，听取项目规划建设情况汇报。在孔子研究院，调研组参观“大哉孔子展”，详细了解孔子研究院在学术研究成果、人才队伍建设等方面的情况。在随后召开的座谈会上，调研组听取济宁市委书记王艺华代表市委、市政府所做的全市文化建设情况汇报，并围绕“坚定文化自信、讲好中国故事”主题进行座谈交流。

4月

7日

省政协副主席赵润田在基层联系点梁山县开展调研。市委书记王艺华出席座谈会。市政协主席张继民主持座谈会并汇报市政协工作。座谈会上，听取济宁市和梁山县相关工作汇报。

8日

2017中国食用菌行业大会暨（山东·邹城）国际食用菌博览会开幕。中国食用菌协会会长顾国新，农业部总农艺师孙中华，市委书记王艺华，国际蘑菇学会主席格雷格·西莫，全国农技推广中心主任刘信，省农业厅副厅长褚瑞云，市委常委、秘书长李长胜，副市长任庆虎及来自各地的专家、知名企业代表出席开幕式。

10日

市委书记王艺华在运河宾馆会见中国地方志指导小组秘书长冀祥德一行。

11日

国网山东省电力公司与市政府签署战略合作协议，“十三五”期间，将投资105亿元建设济宁坚强智能电网，统筹各级电网协调发展。

12日

市委常委班子召开专题民主生活会，对照省委第六巡视组对济宁市巡视“回头看”反馈的意见，深入剖析检查，提出整改措施，抓好整改落实。

△ 市委书记王艺华在圣都国际会议中心会见中国工程机械工业协会会长祁俊一行。祁俊一行将出席在济宁市召开的中国工程机械工业协会五届二次会员代表大会暨第十五届中国工程机械发展高层论坛。

△ 市委副书记、市长傅明先主持召开市政府第2次常务会议，研究市“两会”期间议案建议提案情况及办理意见等工作。

13—14日

全国健康促进工作会议暨2017年健康中国行宣传活动启动会在济宁市召开。国家卫生计生委副主任王贺胜讲话并为山东站授旗，省人大常委会副主任温孚江、市委书记王艺华分别致辞，国家卫生计生委宣传司司长毛群安主持会议。

14日

西部发展控股有限公司、GAP公司与济宁经济技术开发区签署合作协议，围绕节能环保、新能源汽车、棚户区改造、特色小镇建设等开展合作。市委书记王艺华在签约前会见西部发展控股有限公司董事局主席陈远东一行。市委副书记、市长傅明先参加会见并出席签约仪式。

16日

首届山东·济宁牡丹文化旅游节开幕。国家林业局副局长刘东生讲话，中国油用牡丹专家委员会主任委员李育材，中国工程院院士尹伟伦，市委书记王艺华，省林业厅厅长刘均刚，市委常委、秘书长李长胜出席，副市长任庆虎致辞。

17日

北京海淀科技园建设股份有限公司与济宁经开区签署战略合作协议，围绕节能环保、新能源汽车、棚户区改造、特色小镇建设等开展合作。市委书记王艺华，市委副书记、市长傅明先会见北京海淀科技园建设股份有限公司董事长孙洁腾、总经理栾京亮一行并出席签约仪式。

18日

省人大常委会副主任夏耕率调研组到济宁市就《山东省风景名胜区条例（草案修改稿）》进行调研。市委书记王艺华在座谈会上致辞，市委副书记、市长傅明先陪同调研。

23日

全国政协副主席王家瑞率调研组围绕“将建设‘大运河经济带’上升为国家战略”主题到济宁市调研。全国政协常委、提案委员会副主任千以胜，全国政协提案委员会副主任李宏随同调研；省政协副主席赵润田，市委书记王艺华，市委副书记、市长傅明先，市委副书记石光亮陪同活动。

24日

市委常委会会议暨市委全面深化改革领导小组第二十五次会议召开，学习《习近平同志在中央全面深化改革领导小组第三十三次会议上的讲话》，研究讨论《中共济宁市委全面深化改革领导小组2017年工作要点（讨论稿）》。市委书记王艺华主持会议。

△ 市委常委会召开会议，传达全国创建文明城市工作经验交流会精神，部署济宁市创城攻坚冲刺工作。市委书记王艺华主持会议。

25—26日

全市建设国家森林城市暨春季造林绿化现场推进会议召开。市委副书记石光亮出席会议并讲话。会议通报全市建设国家森林城市暨春季造林绿化工作进展情况，指出主要存在问题，并对下步工作作出安排。

26日

市政府与比亚迪股份有限公司战略合作暨山东比亚迪云轨生产基地项目签约仪式在山东大厦举行。副省长王书坚出席签约仪式，市委书记王艺华、比亚迪股份有限公司董事长兼总裁王传福分别致辞；市委副书记、市长傅明先主持。

△ 2017孟子故里（邹城）母亲文化节开幕式在邹城市孟子大剧院举行。国家文化部原部长王蒙，国家相关部委、部队、高校在职和原领导孟晓驷、王治国、杨慎、孟宪来、李殿仁、张建华，陈来、孟晓苏、陆文虎、丁汝俊、朱晓征、管昌平；省政协原副主席、孟子研究院特聘院长王志民，省委宣传部副部长刘致福，副巡视员张卫华，省直部门在职和原领导王信、陈清华、魏艳菊、周胜阔、张守富，高述群、王维新；市委副书记石光亮，市委常委、宣传部长李昌文，市政协副主席、市妇联主席倪丽君出席开幕式。管昌平代表第十届全国人大常委会副委员长、全国妇联原主席、中国关心下一代工作委员会主任、中华母亲节促进会名誉会长顾秀莲，农工党中央原副主席，全国妇联原副主席，中华母亲节促进会会长汪纪戎向活动的成功举办表示祝贺。

△ “国家优秀传统文化传承发

展示范区双创园区”揭牌仪式在邹城市孟子湖新区举行。省委宣传部副部长刘致福，副巡视员张卫华，市委副书记石光亮，市委常委、宣传部长李昌文出席仪式。

28日

市委常委会召开会议，传达学习习近平总书记在广西考察、在中央政治局第四十次集体学习时重要讲话精神，传达学习李克强总理考察山东时重要讲话精神，传达学习省十二届人大七次会议精神及省委书记、省人大常委会主任刘家义，省委副书记、省长龚正讲话精神，传达学习全省新旧动能转换重大工程启动工作电视会议精神。市委书记王艺华主持会议。

△ 济宁市召开庆祝“五一”国际劳动节大会。市委书记王艺华出席会议并讲话。市委副书记、市长傅明先主持。会上，表彰市“五一劳动奖状”、市“工人先锋号”和市“五一劳动奖章”获奖者。

△ 市委常委会召开会议，传达学习全省推进“两学一做”学习教育常态化制度化工作座谈会精神及省委书记刘家义，省委副书记、省长龚正，省委常委、组织部长杨东奇讲话精神，研究讨论《中共济宁市委、济宁市人民政府关于建立考核激励和容错纠错机制敢于为担当者担当为负责者负责的实施意见（讨论稿）》。市委书记王艺华主持会议。

5月

2—3日

市委副书记、市长傅明先先后到兖州区、曲阜市和邹城市，围绕工业园区建设进行实地调研。

3日

市委书记王艺华先后到曲阜师范大学、济宁学院、济宁医学院进行调研。了解三所本科高校建设发展情况，并代表市委市政府向全市青年致以节日的问候，向全市广大教育工作者、青年工作者致以诚挚的问候。

△ 济宁市举行纪念“五四运动”98周年暨中国共产主义青年团成立95周年大会。市委副书记石光亮讲话。会上表彰济宁青年五四奖章获得者、“最美青年”代表、五四红旗团委等。杰出青年代表作了发言。

4日

山东重工集团董事长谭旭光带领集团高层到济宁市考察。市委书记王艺华主持座谈会。市委副书记、市长傅明先出席。

△ 全市第二次安委会全体成员单位（扩大）电视会议召开，贯彻全国电气火灾综合治理工作电视会议、全省危险化学品安全综合治理电视会议精神，分析安全生产形势，安排部署下步安全生产工作。市委副书记、市长傅明先出席并讲话。

△ 济宁市召开美丽乡村标准化建设推进会议，调度美丽乡村标准化建设进展情况，分析存在的问题，研究部署推进措施。市委副书记石光亮讲话。副市长田卫东主持会议。

5日

全市推进“两学一做”学习教育常态化制度化工作座谈会在运河宾馆召开。深入学习贯彻习近平总书记关于推进“两学一做”学习教育常态化制度化的重要指示精神，认真落实中央和全省工作座谈会精神，总结全市2016年“两学一做”学习教育开展情况，对推进“两学一做”学习教育常态化制度化进行部署。市委书记王艺华到会作重要讲话。市委副书记、市长傅明先主持会议。

△ 全市国有企业党的建设工作会议召开。深入贯彻落实全国、全省国有企业党的建设工作会议精神，分析国有企业党的建设工作形势，研究部署今后一个时期全市国有企业党的建设工作。市委书记王艺华讲话。市委副书记、市长傅明先主持。

7日

市委副书记、市长傅明先到嘉祥县调研小麦病虫害防治工作。

8日

市委常委会召开议军会议，学习贯彻习近平总书记关于国防和军队建设的重要论述，听取国防和军队调整改革有关情况汇报，研究济宁市支持国防和军队改革发展的有关工作。市委书记、济宁军分区党委第一书记王艺华主持会议并讲话。

△ 市委常委会召开会议，传达贯彻省委、省政府关于脱贫攻坚有关工作部署；学习《中共山东省委办公厅印发〈关于推进“两学一做”学习教育常态化制度化的实施方案〉的通知》，研究讨论济宁市《关于推进“两学一做”学习教育常态化制度化的实施意见（讨论稿）》；学习《中共山东省委办公厅印发〈关于当前意识形态领域情况的通报〉的通知》。市委书记王艺华主持会议。

△ 中央党校第42期中青一班学员干部政德教育培训开班式在孔子研究院举行。省委组织部副部长、老干部局局长厉彦林，市委书记王艺华分别致辞，中央党校培训部中青一班副局级组织员王建华主持开班式。

9日

2017中国（济宁）“一带一路”国家经贸合作洽谈会举行。中国国际贸易促进委员会副会长张伟，中国国际贸易促进委员会山东省委员会党组书记宿华，市委副书记、市长傅明先出席并致辞。副市长张胜明主持会议。会上，发布济宁市对外经贸合作情况；亚美尼亚、阿塞拜疆、哈萨克斯坦、吉尔吉斯斯坦、蒙古、巴基斯坦、俄罗斯相关代表介绍了本国投资环境和对外合作重点领域；集中签署6个分别涉及政府、企业、工商组织的合作项目。与会嘉宾参观考察了如意集团科技中心和山推股份总装车间。

10日

市委、市政府召开济宁市创建全国文明城市攻坚冲刺动员会议。市委书记王艺华讲话，市委副书记、市长傅明先主持。会上，通报了全市创城工作情况，3个单位做了表态发言。

△ 在收看了省防汛抗旱总指挥部成员扩大视频会议后，市委副书记、市长、市防汛抗旱总指挥部总指挥傅明先就全面开展隐患排查整改、突出抓好重点区域防汛、强化应急保障和值班备勤工作提出要求。

10—12日

省政协副主席陈光带领调研组到济宁市，就加强乡村环境整治工作进行调研。市政协主席张继民，市政协副主席倪丽君陪同调研。

11—15日

第十三届中国（深圳）国际文化产业博览交易会在深圳市会展中心举行，济宁市携19家本土文化产业企业组成的济宁文产军团亮相深圳文博会。济宁市被组委会授予“优秀展示奖”“优秀组织奖”两项大奖，展厅孔子像被组委会收藏永驻文博会。

12日

市委常委会召开会议，传达贯彻全省卫生与健康大会精神和省委书记刘家义讲话精神、全省高校思想政治工作会议精神和省委书记刘家义讲话精神、全省基层党建工作重点任务推进会议精神，传达全国老干部工作“双先”表彰大会和全省老干部局长会议精神，研究讨论《关于进一步加强和改进离退休干部工作的意见（讨论稿）》，研究讨论《济宁市全面实行河长制工作方案（讨论稿）》、《中共济宁市委巡察工作规划（2017-2021年）（讨论稿）》。市委书记王艺华主持会议。

△ 邹城市第二季度招商引资重点产业项目集中签约仪式在圣都国际会议中心举行，11个投资过亿元大项目签署合作协议。中华全国供销合作总社监事会副主任汤益诚、中国循环经济协会副会长李新民；市委书记王艺华，市委常委、秘书长李长胜出席签约仪式。副市长张胜明主持。

16日

全国人大常委、教科文卫委员会副主任，致公党中央副主席严以新率领调研组在济宁市调研京杭大运河黄河以北段复航及沿线水资源利用工作。省政协原副主席李殿魁、市政协主席张继民参加座谈会。

19日

市森林公安局城郊分局被公安部授予全国公安优秀基层单位，成为全省唯一获此殊荣的单位。

21日

市政府领导及相关负责人分率12个小组，对城区36条次干道进行徒步巡查，查找道路硬件设施、绿化设置、沿街门面及单位等环境卫生方面存在的问题，督促责任单位提高整修标准和质量，加快完成道路绿化美化、路面修补等项工作。市委副书记、市长傅明先带队巡查。

22日

市委市政府召开全市金融工作座谈会。分析当前金融工作形势，研究探讨增强金融服务实体经济能力、促进金融业发展的政策措施，在支持济宁科学发展转型发展中实现共兴共荣。市委书记王艺华讲话。

23日

全市全面实行河长制工作动员部署视频会议召开，印发工作方案，公布市级重要河湖名录及河长设置。市委书记王艺华，市委副书记、市长傅明先任济宁市总河长，市委副书记石光亮，市委常委、常务副市长于永生，副市长任庆虎任副总河长。

23—24日

省政协副主席许立全率领调研组到济宁市就“深化高等教育改革，重视培养实用技能型人才”和“发挥民主监督在全面从严治党中的作用”进行调研，并召开座谈会进行座谈交流。市委书记王艺华，市政协主席张继民，市领导白山、于永生、陈希忠陪同调研或参加座谈会。

24日

市委常委会召开会议，学习习近平总书记在“一带一路”国际合作高峰论坛开幕式上的讲话和在会见全国公安系统英雄模范立功集体表彰大会时的讲话精神；学习省委书记刘家义在金融运行情况座谈会上的讲话精神；研究部署加强意识形态领域工作；学习《国务院办公厅关于创新管理优化服务培育壮大经济发展新动能加快新旧动能接续转换的意见》，听取全市新旧动能转换有关工作开展情况的汇报；研究部署对台工作；传达贯彻中宣部社会主义核心价值观融入社会生活现场经验交流会精神；听取关于济宁市省级人才改革试验区建设有关情况的汇报。市委书记王艺华主持会议。

25日

市委书记王艺华在泗水县调研推进“两学一做”学习教育常态化制度化、脱贫攻坚、水利防汛工作。

△ 市委副书记、市长傅明先带领市直相关部门负责人在微山视察全市港航重点项目建设，围绕提升内河水运发展的质量效益和现代化水平进行调研。

26日

市委副书记、市长傅明先主持召开市政府第3次常务会议，专题研究部分行业“十三五”规划。

△ 市政协召开党组会议。市政协主席、党组书记张继民主持并讲话。张继民就学习习近平总书记在“一带一路”国际合作高峰论坛开幕式上的讲话，做好意识形态工作，加强对委员的教育管理等提出要求。

27日

淮海财金研究院成立仪式暨首届淮海财金论坛在万达嘉华酒店举行。仪式上，王艺华和王邵军共同为淮海财金研究院揭牌；市政府与山东财经大学签署了战略合作协议；任城区与山东财经大学财政税务学院、部分金融机构签署了合作协议或入驻协议。

△ 全市人民防空工作会议召开，贯彻落实全国、全省人防会议精神，总结经验，分析形势，安排部署下步任务。

6月

1日

省环境保护督察组第二组督察济宁市情况反馈会召开，省环境保护督察组组长解世增通报督察意见，市委书记王艺华作表态讲话，市委副书记、市长傅明先主持会议。

△ 济宁市棚户区改造工作推进会议在运河宾馆召开。会议主要通报1-5月份全市棚户区改造工作进展情况，当前存在的问题、下步工作措施和倒排工期任务计划。会议由市政府秘书长贺雷主持，副市长田卫东通报全市棚户区改造工作进展情况。住房城乡建设部住房保障司司长曹金彪到会指导工作。市委副书记、市长傅明先出席会议并讲话。

1日—2日

省国资委调研组到济宁市调研新旧动能转换重大工程推进落实情况。市委书记王艺华与省国资委主任张斌围绕实施新旧动能转换，推进国资国企改革，加强国企党建等工作进行座谈交流。

5日

市委常委会召开会议，学习习近平总书记在中央政治局第四十一次集体学习时的讲话精神；学习全省“两学一做”学习教育有关文件；研究部署省环保督察组第二组督察济宁市反馈意见整改工作；传达全省科技奖励大会精神和省委副书记、省长龚正讲话精神，听取济宁市国家创新型试点城市建设情况汇报，研究讨论《关于实施六大工程、培育科技沃土加快创新型城市建设的实施意见（讨论稿）》；传达贯彻全省宣传部长会议精神和全省干部监督工作座谈会会议精神。市委书记王艺华主持会议。

5—6日

全国人大常委会委员、致公党中央副主席闫小培到济宁市调研党派对外联络和社会服务工作开展情况。市委书记王艺华会见闫小培一行。

5—7日

省政协常委、民族宗教委员会主任孙传宏，省政协常委、民族宗教委员会副主任史遵衡带领部分委员到济宁市开展以“看发展、看变化，强责任、强素质、强能力”为主题的“两看三强”活动。市政协主席张继民，市政协副主席郭洪敏陪同考察。

6日

全国人大常委会委员、全国人大华侨委员会副主任委员令狐安率调研组在济宁市开展华侨权益保护工作专题调研。全国人大华侨委员会委员周天鸿、符兴参加调研。省人大常委会副主任温孚江，市委书记王艺华，市委副书记、市长傅明先，市委常委、秘书长李长胜，市人大常委会副主任陈颖陪同。

7日

全市信访维稳工作会议召开，传达全省信访工作会议精神，通报情况，分析形势，安排部署信访维稳工作。市委书记王艺华讲话。

8日

市委副书记、市长傅明先主持召开市政府第4次常务会议，研究残疾人事业发展、水文管理等项工作。

9日

全市科技奖励暨国家创新型城市建设动员大会召开，表彰为济宁市科技事业和现代化建设做出突出贡献的科技工作者，安排部署科技创新和国家创新型城市建设工作。市委书记王艺华为2015年度、2016年度济宁市科学技术最高奖获得者杨玉岭、卢秀莲颁奖并作重要讲话。市委副书记、市长傅明先主持会议。

10日

市政协召开十三届四次主席会议。会议听取市政协十三届二次常委会议初步议程、日程确定情况的汇报；听取市政协十三届二次常委会议筹备工作进展情况的汇报；听取全市上半年经济和社会发展情况通报准备情况的汇报；听取市政协《关于加快智能制造产业发展、推动工业转型升级的调查与建议》工作进展情况的汇报；听取市政协《关于增强优秀传统文化自信、推动儒家文化普及化大众化的调研报告》工作进展情况的汇报；听取市政协十三届二次常委会议发言题目和人员确定情况的汇报等。市政协主席张继民主持会议并讲话。

14日

出席省第十一次党代会的济宁代表团举行全体人员会议，酝酿各项候选人预备人选名单，讨论大会选举办法（草案）；推荐监票人；讨论十届省纪委工作报告。副省长王书坚，市委书记王艺华，市委副书记、市长傅明先，省人大常委会代表资格审查委员会主任委员马平昌，市委副书记石光亮，市政协主席张继民，市委常委、市纪委书记范晓丽，市委常委、组织部部长孔凡萍出席。

17—18日

由团省委、省委宣传部、省文明办、省委高校工委等主办的2017年齐鲁学子青春国学荟在曲阜举行。本次“青春国学荟”形成以“赛、论、礼、习、研、典”为主体框架的活动体系，活动主要包括：第四届山东省青少年“国学达人”挑战赛决赛、颁奖典礼、中华优秀传统文化齐鲁论坛、孔子故里行四大活动。

19日

全市招商引资工作调度会召开，贯彻落实省第十一次党代会精神，调度2017年招商引资工作。市委书记王艺华到会讲话。市委副书记、市长傅明先主持。

20日

在收看全省加强环保工作紧急电视会议后，济宁市就做好环保重点工作进行安排部署。市委副书记、市长傅明先主持济宁分会场会议并提出要求。

21日

市委常委会召开会议，分析研究省对济宁市反馈2016年度经济社会发展综合考核结果及整改措施，传达省委组织部关于2017年度各市经济社会发展综合考核工作的有关精神。市委书记王艺华主持会议。

23日

市政协召开“围绕党政中心工作，切实履职尽责”专题座谈会。全国政协副秘书长、民革中央副主席刘家强，市政协主席张继民，副主席陈希忠、王建华，秘书长张言申出席。

△《全国爱卫会关于命名2015—2017周期国家卫生城市（区）的决定》公布，济宁市被全国爱国卫生运动委员会正式命名为“国家卫生城市”。

25日

市委理论学习中心组围绕“加快新旧动能转换促进经济转型升级”主题进行集体学习研讨。国务院发展研究中心副主任王一鸣作专题辅导报告，市委书记王艺华主持。市委理论学习中心组成员参加学习研讨。

26日

市委常委会召开会议，学习《以钉钉子精神抓落实——以习近平同志为核心的党中央着力推进全面深化改革落实工作纪实》、李克强总理在贯彻新发展理念培育发展新动能座谈会上的讲话精神、省委书记刘家义在省委十一届一次全体会议上的讲话精神、中央和省关于扎实做好生态环境保护工作的通报通知精神；传达学习省委书记刘家义，省委副书记、省长龚正关于安全生产工作的批示和讲话精神及有关会议精神，研究贯彻落实意见；学习省委副书记、省长龚正，省委农村工作领导小组副组长王军民在全省农村集体产权制度改革工作领导小组第一次（扩大）会议上的讲话精神、中共山东省委关于十届省委巡视工作情况的通报精神、中共山东省委办公厅《关于贯彻〈中国共产党党委（党组）理论学习中心组学习规则〉实施办法》。市委书记王艺华主持会议。

27日

由中国视协、中国影协、中国杂协、中国舞协联合主办的山东省全国文艺家协会会员深入学习贯彻习近平总书记文艺工作座谈会重要讲话精神专题研讨班在济宁市开班。中国文联副主席郭运德出席开班仪式，中国视协驻会副主席兼秘书长张显作动员讲话；市委书记王艺华、省委宣传部副部长刘致福分别致辞，省文联副主席姬德君主持。

27—28日

省人大常委会检查组到济宁市就《环境保护法》《固体废物污染环境防治法》贯彻实施情况进行执法检查。市委书记王艺华陪同活动。市委常委、常务副市长于永生汇报情况。市人大常委会副主任陈颖主持座谈会。

11—29日

中国文联副主席赵实围绕弘扬中华优秀传统文化主题到济宁市考察，中国文联副主席、中国民协主席、省文联主席潘鲁生，中国民协副主席兼秘书长邱运华，市委书记王艺华，省文联党组书记于钦彦，市委常委、宣传部部长李昌文陪同考察。

30日

济宁市召开化工产业安全生产转型升级专项行动动员部署电视会议，全面启动专项行动。市委书记王艺华出席并作安排部署。市委副书记、市长傅明先主持会议。会议宣读关于成立专项行动领导小组的通知，通报全市安全生产情况，解读专项行动总体工作方案。

△ 省关工委常务副主任张少军到济宁市调研驻济宁高校关工委党史国史教育工作，并召开座谈会听取意见建议。市委书记王艺华出席座谈会并致辞。

7月

3日

省委省政府重点工作推进情况视频会议在济南召开，围绕学习贯彻党的十八届六中全会精神，深入贯彻落实省第十一次党代会部署要求，结合各部门各市县工作实际，推动全面从严治党向纵深发展。市委书记王艺华，市委副书记、市长傅明先，市委副书记石光亮，市政协主席张继民在济宁分会场收听收看视频会议。

4日

市委副书记、市长傅明先主持召开市政府第5次常务会议，研究化工产业安全生产转型升级、农业转移人口市民化、港口和船舶污染物接收转运及处置设施建设等工作。

10—12日

市委、市政府组织为期三天的2017年年中全市现场观摩。2017年年中全市现场观摩总结会议召开，总结上半年经济社会发展工作，分析当前形势，安排部署下半年工作任务。市委书记王艺华出席会议并讲话。市委副书记、市长傅明先安排有关工作，市委副书记、济宁高新区党工委书记石光亮主持。会上通报7月10日至12日现场观摩评比结果。

13日

全国制造业与互联网融合发展深度行（山东站）暨第二届中国制造业与互联网融合发展高峰论坛主论坛在济宁高新区举行。来自全国700多名业内人士共商制造业与互联网深度融合发展之路。市委副书记、市长傅明先，省经信委副主任李世瑛致辞。

14日

全市环保突出问题整改“百日攻坚”行动电视会议召开。市委书记王艺华作动员讲话。市委副书记、市长傅明先主持。会上，市委常委、市纪委书记范晓丽通报市纪委、市监察局关于省环保督察组和环保部大气强化督察组督察问题问责情况；市委常委、常务副市长于永生宣读“百日攻坚”行动方案。

△ 市政协召开“增强优秀传统文化自信，推动儒家文化普及化大众化”专题议政会。市政协主席张继民讲话，副市长吴霁雯听取意见建议，市政协副主席陈希忠主持。会上，市文广新局介绍全市“增强优秀传统文化自信，推动儒家文化普及化大众化”的工作情况；市政协委员代表、群众代表分别发言，提出意见建议，并与有关部门负责人进行交流协商互动。

17日

济宁市创建全国文明城市工作总攻决战动员会议召开。市委书记王艺华出席会议并讲话，市委副书记、市长傅明先主持。

18日

市政协十三届五次主席会议召开，会议传达学习省政协十一届常委会第二十六次会议、全省基层政协工作座谈会、全省政协宣传干部培训班和全市创建全国文明城市工作总攻决战动员会议精神，研究贯彻落实意见；审议市政协《关于加快智能制造产业发展、推动工业转型升级的调查与建议（草案）》；审议市政协《关于增强优秀传统文化自信，推动儒家文化普及化大众化的专题调研报告（草案）》；审议有关人事事项；审议市政协十三届常委会第二次会议议程、日程（草案）。市政协主席张继民主持并讲话。

19日

省委书记刘家义到济宁市调研。先后考察济宁干部政德教育基地、孔子研究院、辰欣药业股份有限公司、山东如意科技集团有限公司、竹竿巷、济宁城市展示馆，对济宁市经济社会发展取得的成绩表示肯定。强调要深入贯彻落实习近平总书记系列重要讲话和视察山东重要讲话、重要指示批示精神，把思想和行动统一到省第十一次党代会部署上来，加快推进新旧动能转换，不断提高发展质量效益，促进全省经济社会持续健康发展。市委书记王艺华，市委副书记、市长傅明先陪同调研。

20日

十三届市委第二轮巡察工作动员部署会议召开，会议对第一轮巡察工作进行回顾总结，部署第二轮巡察工作。会上传达市委书记王艺华听取第一轮巡察工作汇报时的重要讲话精神。市委常委、市纪委书记范晓丽出席并讲话，市委常委、组织部长孔凡萍主持会议。

20—21日

全市学习省党代会精神专题培训班举办，深入学习贯彻省第十一次党代会精神。市委书记王艺华，市委副书记、市长傅明先分别做报告，省委党校教授谭建对报告精神作了解读，市委副书记、济宁高新区党工委书记石光亮作总结讲话。

21日

曲阜文化建设示范区与北京爱奇艺科技有限公司战略合作协议签署暨爱奇艺优秀传统文化双创示范基地揭牌仪式在山东大厦举行。省委常委、宣传部部长孙守刚出席签约仪式；市委书记王艺华，爱奇艺创始人、首席执行官龚宇分别致辞；省经信委主任钱焕涛，省文化厅厅长、省中华文化标志城规划建设办公室主任王磊出席，市委副书记、市长傅明先主持仪式。

22—24日

省委省政府督查组就化工产业安全生产转型升级专项行动重点工作落实情况到济宁市督查。市委副书记、济宁高新区党工委书记石光亮出席汇报会。省经信委副巡视员赵树岭带队。市委常委、政法委书记张辉主持反馈会。

25日

全市脱贫攻坚现场会议在嘉祥县召开，会议总结上半年工作，交流经验做法，查找问题不足，部署下步任务。市委副书记、市扶贫开发领导小组副组长石光亮出席会议并讲话。副市长、市扶贫开发领导小组副组长任庆虎主持。

△ 政协第十三届济宁市委员会常务委员会第二次会议举行。市政协主席张继民出席会议并讲话。副市长田卫东通报全市上半年经济社会发展情况。张继民、陈希忠分别主持会议。会议传达学习中共山东省第十一次代表大会精神和省政协十一届常委会第二十六次会议精神；审议通过市政协《关于加快智能制造产业发展、推动工业转型升级的调研与建议》、市政协《关于“增强优秀传统文化自信，推动儒家文化普及化大众化”的调研与建议》《政协济宁市委员会联系委员办法》；举行会议发言；审议通过有关人事事项。

26日

副省长王随莲到济宁市调研落实河长制工作。市委书记王艺华，市委副书记、市长傅明先陪同。

△ 市委书记王艺华在圣都国际会议中心会见到济宁市参加2017·中央企业助力济宁新旧动能转换座谈会暨项目签约仪式的有关央企负责人。中国交通建设股份有限公司总经济师、投资事业部总经理赵喜安，中建交通建设集团有限公司董事长周宇騉，中铁（山东）投资有限公司董事长于伟等参加会见。

27日

省委副书记、济南市委书记、省副总河长王文涛先后到任城区长沟泵站、梁济运河太白湖新区段入湖口点、南四湖微山县段二级坝枢纽、微山岛调研。市委书记王艺华，市委副书记、市长傅明先陪同调研。

△ 全国卫生城镇和健康城市工作经验交流会在威海召开，对2015—2017周期新命名的国家卫生城市（区）颁发奖牌，济宁市获得“国家卫生城市”授牌。

28日

由民进山东省委、山东运河经济文化研究中心共同主办，以“深化供给侧结构性改革与推进京杭大运河人文自然资源的保护与开发”为主题的山东省第三届运河论坛暨运河人文自然资源保护与开发研讨会在微山县举行。

△ 市委常委会召开会议，传达学习省委书记刘家义在省委常委会会议上的讲话精神和有关文件，学习省委副书记、省长龚正在省政府第五次全体会议上的讲话精神，研究讨论《中共济宁市委关于进一步深入学习贯彻省第十一次党代会精神的决议（讨论稿）》和《市委常委会工作报告（讨论稿）》。市委书记王艺华主持会议。

△ 市委理论学习中心组暨“两学一做”专题学习研讨会召开，围绕“学习贯彻习近平总书记关于总体国家安全观重要论述”主题进行集体学习研讨。国防大学战略教研部副主任、少将唐永胜教授做报告，市委书记王艺华讲话。

△ 省商务厅厅长佘春明带领省商务厅调研组到济宁市考察调研商贸流通、电子商务、外贸进出口等工作情况，推进全省商务系统“三重三大”活动开展。市委书记王艺华，市委副书记、市长傅明先，市委副书记石光亮出席座谈会。

29日

中国共产党济宁市第十三届委员会第三次全体会议举行。出席会议的有市委委员45人、市委候补委员9人。市纪委常委和有关方面负责人列席会议。市第十三次党代会基层一线代表列席会议。会议由市委常委会主持，王艺华作讲话。全会深入学习贯彻山东省第十一次党代会精神，传达学习省委书记刘家义在济宁调研时的讲话精神，听取和讨论市委书记王艺华受市委常委会委托所做的工作报告，审议通过《中共济宁市委关于进一步深入学习贯彻省第十一次党代会精神的决议》。

31日

市委常委会会议暨市委理论学习中心组集体学习研讨会召开，传达学习习近平总书记在省部级主要领导干部“学习习近平总书记重要讲话精神，迎接党的十九大”专题研讨班上的重要讲话精神，同时传达学习7月28日省委常委会会议关于学习习近平总书记在省部级主要领导干部专题研讨班上重要讲话精神的有关要求和省委《关于认真学习宣传贯彻习近平总书记在省部级主要领导干部专题研讨班上重要讲话精神的通知》有关精神。市委书记王艺华主持会议。

8月

1日

市政协十三届六次主席会议召开。会议传达学习习近平总书记在省部级主要领导干部“学习习近平总书记重要讲话精神，迎接党的十九大”专题研讨班上重要讲话精神、《中共山东省委关于认真学习宣传贯彻习近平总书记在省部级主要领导干部专题研讨班上重要讲话精神的通知》、中国共产党济宁市第十三届委员会第三次全体会议精神。市政协主席张继民主持会议并讲话。

2—3日

省人大常委会副主任张新起带领执法检查组一行到济宁市就贯彻实施《中华人民共和国安全生产法》和《山东省安全生产条例》情况进行执法检查。市委书记王艺华陪同活动。

3日

市政府召开专题会议，市委副书记、市长傅明先按照中央和省委省政府最新要求，就贯彻落实京津冀及周边地区大气污染防治协作小组第十次会议精神，完成各项环保重点工作作出安排部署。

5日

团中央书记处书记徐丰在济宁市进行“走进青年、转变作风、改进工作”调研活动。市委书记王艺华陪同调研。

7—9日

市委书记王艺华，市委副书记、市长傅明先率领济宁市党政考察团到济南市、青岛市、烟台市、泰安市学习考察。省委副书记、济南市委书记王文涛会见考察团一行。济南市委副书记、市长王忠林，青岛市委副书记、市长孟凡利，烟台市委副书记、市长张永霞，泰安市委书记王云鹏，泰安市委书记王云鹏，泰安市委副书记、市长李希信等分别陪同考察。

10日

中央第三环境保护督察组进驻山东省并全面开展督察工作。在收看中央第三环境保护督察组督察山东省工作动员视频会议后，市委书记王艺华就贯彻落实会议精神，做好迎接中央环保督察保障工作作出安排部署。市委副书记、市长傅明先主持济宁分会场会议。

△ 济宁市关心下一代工作委员会全体会议召开。会上，传达学习《市委关于调整济宁市关心下一代工作委员会组成人员的通知》，研究部署全市关心下一代工作，市委老干部局、团市委、市教育局、市司法局代表市关工委成员单位作表态发言。市委副书记、市关工委主任石光亮到会讲话。

11日

市委常委会召开会议，传达学习习近平总书记、李克强总理关于生态文明建设的重要指示精神和省委书记刘家义，省委副书记、省长龚正关于环保工作的批示精神，传达学习贯彻国家、省有关环保会议、文件精神；传达全省脱贫攻坚推进会议精神，研究贯彻落实意见。市委书记王艺华主持会议。

△ 市委副书记、市长傅明先主持召开市政府第六次常务会议，研究企业投资项目审批流程再造、生态环境保护“十三五”规划、自然保护区突出问题整治和管理保护、城市绿化条例等项工作。

14—17日

济宁市经贸代表团参加省政府在香港举办的2017香港山东周系列活动，并举办集中招商，取得丰硕成果。市委副书记、市长傅明先率团参加活动。

15日

济宁市党政考察团赴泰安、济南、烟台、青岛四市学习考察总结会议召开，交流学习收获和体会，动员全市上下学习先进、对标看齐，坚定不移干实业，推动济宁发展争先进位、走在前列。市委书记王艺华主持会议并讲话。

△ 徐州市委书记张国华率领徐州市党政代表团到济宁市考察。市委书记王艺华、市委副书记石光亮陪同考察。

△ 全市脱贫攻坚推进会议召开，学习贯彻习近平总书记在深度贫困地区脱贫攻坚座谈会上的重要讲话及相关会议精神，安排部署下步脱贫攻坚工作。市委书记王艺华就精准做好五个方面的工作、坚决打赢脱贫攻坚战提出要求。市委副书记石光亮主持会议。

15—16日

省供销社党组书记、理事会主任侯成君带队到济宁市调研深化供销社综合改革及助力精准扶贫工作。市委书记王艺华出席座谈会。

17—18日

市委副书记、市长傅明先带队到中兴通讯股份公司、深圳市比克电池公司、富士康科技集团、比亚迪股份公司考察走访，广泛对接洽谈，推动更多项目尽快落地。

21日

济宁市创建全国文明城市工作调度会议召开，动员全市上下按照“补齐短板、全面达标”的要求，紧紧抓住问题、整改和问责三个导向，突出重点，聚焦难点，以更大的力度、更快的行动、更实的作风做好创城各项工作，确保在国家“大考”中取得更好成绩。市委书记王艺华出席会议并讲话。市委副书记、市长傅明先主持。

△ 市委常委会召开会议，传达学习省委省政府领导在近期召开的省委常委会会议、省管党政主要领导干部专题培训班上的讲话精神及重点工作部署要求，研究贯彻落实意见；研究全市新旧动能转换重大工程总体方案、经济开发区建设发展、孔子文化节筹备等项工作。市委书记王艺华主持会议。

22日

济宁市老干部情况通报会召开，向老领导、老干部通报2017年以来工作情况，介绍下半年工作打算。市委书记王艺华讲话，市委副书记石光亮主持。

23日

2017国际孔子文化节筹备工作动员会议召开。市委副书记石光亮作动员讲话。市委常委、宣传部部长李昌文主持会议。副市长吴霁雯宣读《2017中国（曲阜）国际孔子文化节实施方案》。

25日

市委理论学习中心组暨“两学一做”专题学习研讨会召开。市委书记王艺华主持并讲话，市委副书记、市长傅明先，市委副书记石光亮，市委理论学习中心组成员和有关领导干部出席会议。会上，大家集体学习《习近平总书记的成长之路》《习近平总书记在福建的探索与实践》系列报道、中央关于加强党内法规制度建设和加强新形势下党的督促检查工作两个《意见》、省委书记刘家义在省委理论学习中心组集体学习研讨时的讲话精神等文件，并结合思想和工作实际进行交流发言。

28日

中共济宁市委召开党外人士座谈会，通报2017年以来全市经济社会发展情况，就事关济宁发展全局的重大问题和下步工作听取市各民主党派、工商联、无党派人士的意见建议。市委书记王艺华出席会议并讲话。市委常委、统战部部长白山主持。

△ 山东如意科技集团有限公司举行国家纺纱工程技术研究中心·国家级企业技术中心·国家级工业设计中心·如意科技时尚中心启用仪式暨如意集团建业45周年庆典大会。中国纺织工业联合会会长孙瑞哲，市委书记王艺华出席。市委副书记、济宁高新区党工委书记石光亮，如意控股集团董事局主席邱亚夫分别致辞。

29日

济宁市新旧动能转换暨经济开发区创新发展工作会议召开，安排全市新旧动能转换和经济开发区创新发展工作任务，市委书记王艺华出席会议并讲话，市委副书记、市长傅明先主持。

30日

省委常委、宣传部部长孙守刚在曲阜主持召开调度会，听取2017中国（曲阜）国际孔子文化节、第八届世界儒学大会筹备工作情况。省委宣传部副部长徐向红，市委书记王艺华，市委副书记石光亮出席会议。

△ 市十七届人大常委会第五次会议在运河宾馆举行。市人大常委会主任孙博主持会议并讲话。在通过会议的议程和日程后，会议听取市政府关于2017年上半年国民经济和社会发展计划执行情况的报告、关于2017年上半年全市预算执行情况的报告、关于全市国家森林城市创建工作情况的报告和关于《济宁市烟花爆竹燃放管理条例（草案）》的说明；宣读有关人事任免议案。

9月

1日

市委党的建设领导小组会议召开。会议学习《全面从严治党向基层延伸——以习近平同志为核心的党中央抓基层强基础纪实》，学习省委书记刘家义在省委党的建设领导小组会议上的讲话精神，传达全省城市基层党建工作经验交流座谈会精神，研究讨论济宁市《关于规范提升城市基层党建工作的意见（讨论稿）》和《济宁市贯彻〈中国共产党党委（党组）理论学习中心组学习规则〉实施细则（讨论稿）》，研究部署下步工作。市委书记、市委党的建设领导小组组长王艺华主持会议。

△ 市委常委会召开会议，传达贯彻落实有关环保工作会议精神，研究落实省委省政府做好党的十九大安保维稳工作通知精神的意见，研究讨论全面深化改革、党的建设、加强市委常委会自身建设、城市基层党建、党委（党组）理论学习中心组学习等工作。市委书记王艺华主持会议。

△ 市委全面深化改革领导小组召开第二十九次会议，会议学习习近平总书记在中央全面深化改革领导小组第三十八次会议上的讲话精神、省委书记刘家义在省委全面深化改革领导小组第三十五次会议上的讲话精神。研究讨论《济宁市行业协会商会与行政机关脱钩实施方案（讨论稿）》《关于推进价格机制改革的实施意见（讨论稿）》《济宁市群团改革方案（讨论稿）》《济宁市总工会改革实施方案（讨论稿）》《共青团济宁市委改革实施方案（讨论稿）》《济宁市妇联改革实施方案（讨论稿）》《济宁市科协系统改革实施方案（讨论稿）》。会议对贯彻落实中央和省委关于全面深化改革的安排部署，做好当前和今后一个时期的改革工作做出安排。市委书记、市委全面深化改革领导小组组长王艺华主持会议。

△ 济宁市创建全国质量强市示范城市工作推进会在曲阜召开。会议传达济宁市委王艺华书记、市政府傅明先市长对会议和创建全国质量强市示范城市工作的批示，通报济宁市创建全国质量强市示范城市工作开展情况，与创城成员单位代表、县市区政府代表签订创城工作目标责任书。与会人员现场观摩山东东宏集团有限公司、曲阜游客服务中心、曲阜市三孔旅游服务公司的标准引领、质量提升、品牌及检验检测平台建设等方面工作。副市长张胜明出席会议并讲话。

△ 济州古城与运河文化研讨会召开。原省级老领导何法祥、南兵军、穆振河、李殿魁出席。市委副书记石光亮致辞，副市长田卫东出席。研讨会上，与会人员就济州古城建设和运河文化保护传承利用进行深入交流探讨。

4日

济宁市召开电视会议，贯彻落实京津冀及周边地区秋冬季大气污染防治攻坚座谈会精神，安排部署全市秋冬季大气污染综合治理攻坚行动和中央环保督察保障工作。市委书记王艺华就此作出批示，市委副书记、市长傅明先出席并讲话。

4—7日

市委书记王艺华率队赴深圳开展招商考察，走访大企业，推进重大合作项目。王艺华先后考察比亚迪股份有限公司、中国科学院深圳先进技术研究院、中兴通讯股份有限公司、中建国际投资（中国）有限公司、华为技术有限公司、深圳市怡亚通供应链股份有限公司和深圳市比克电池有限公司等大企业。

6日

市委副书记、市长傅明先在泗水县和兖州区调研。深入查看园区企业发展和平台建设情况，听取相关汇报，对泗水县和兖州区工业产业发展和园区工作给予肯定，市直相关部门负责人就解决园区发展问题提出意见建议。

7日

市委副书记、市长傅明先主持召开市政府第7次常务会议，研究秋冬季大气污染防治、国企改革、“多证合一”改革、畜牧业绿色生态发展等项工作。

△ 市政协十三届八次主席会议召开。市政协主席张继民主持会议并讲话。会议传达学习市委常委会议关于环保工作精神和全市秋冬季大气污染综合治理攻坚行动暨中央环保督查工作推进电视会议精神、关于全市做好党的十九大安保维稳工作的通知；审议通过市政协十三届三次常委会会议议程、日程（草案）；听取市政协十三届四次常委会议议程安排和大会发言安排情况的汇报、关于济宁市“政协委员县域发展行”助推鱼台经济跨越发展活动方案情况的汇报、关于开展组织精准扶贫攻坚脱贫任务特别视察实施方案的汇报、市直部门对标目标计划及市政协机关贯彻意见。会议决定，市政协十三届三次常委会议于2017年9月12日在济宁召开。

△ 市政协召开老干部情况通报会，通报2017年以来全市经济社会发展情况和市政协工作情况，听取老干部对做好政协工作的意见建议。市政协主席张继民出席并讲话。市政协副主席陈希忠主持，秘书长张言申通报工作情况。

8日

济宁市召开农村集体产权制度改革工作会议，传达精神、交流经验、部署任务。市委副书记石光亮出席会议并讲话。副市长任庆虎主持会议。

8—9日

中共中央政治局委员、中央精神文明建设指导委员会副主任郭金龙在济宁市调研。省委书记刘家义会见郭金龙一行。中央文明办专职副主任夏伟东，省委常委、宣传部部长孙守刚，省委常委、秘书长胡文容，市委书记王艺华，市委副书记、市长傅明先陪同考察。

10日

全市庆祝第33个教师节大会召开，表彰教育战线涌现出的先进集体和先进个人。市委书记王艺华出席会议并讲话。市委副书记石光亮主持会议。

12日

市委理论学习中心组暨“两学一做”专题学习研讨会举行，集体学习环保部部长李干杰在京津冀及周边地区2017—2018秋冬季大气污染防治综合治理《攻坚行动方案》宣贯座谈会上的讲话精神。市委书记王艺华主持会议并讲话。环保部第五宣贯组组长、环保部环境影响评价司司长崔书红，省环保厅厅长王安德分别讲话。

△ 政协第十三届济宁市委员会常务委员会第三次会议召开。市政协主席张继民主持并讲话。市委常委、常务副市长于永生通报全市大气污染防治及秋冬季突出问题综合治理攻坚行动情况。

12—13日

省政府参事杜昌文、省政协常委孙义福带领省调研组一行到济宁市调研水资源保障工作。市委书记王艺华、副市长任庆虎陪同调研。

13日

市委书记王艺华接见全国纪检监察系统先进工作者、市纪委信访室主任孟昭硕，并对孟昭硕先进事迹作出批示。

13—14日

市政协对全市精准扶贫攻坚脱贫任务情况开展特别视察。市政协主席张继民，副主席陈希忠、倪丽君、王建华分别带队到泗水、梁山、嘉祥、汶上视察。

15日

市委书记王艺华与在济宁市考察的中国农业科学院党组成员、人事局局长贾广东座谈，就深入推进农业供给侧结构性改革，提高农业科技水平，加快建设现代农业等进行深入交流。

15—17日

由团中央、山东省人民政府等联合主办，团省委、济宁市人民政府等承办的第二届中华学子青春国学荟在曲阜举行。团中央书记处书记傅振邦，市委书记王艺华，团省委书记陈必昌，市委副书记石光亮出席有关活动。第二届中华学子青春国学荟在曲阜开展了“国学达人”挑战赛全国总决赛、中华传统文化齐鲁论坛、中华学子“三礼”示范教育暨孔子故里行、“奔跑吧，国学达人”主题户外训练营暨国学社团青春汇等活动，并参观了孔子研究院。

17日

第十三届中国（梁山）专用汽车展览会在梁山国际会展中心开幕。省政协原副主席李殿魁、市委书记王艺华、副市长张胜明出席开幕式。

18日

济宁市召开驻济部队全面停止有偿服务工作军地协调领导小组会议，深入学习贯彻习近平总书记关于军队和武警部队全面停止有偿服务工作的重要指示精神，传达学习驻鲁部队全面停止有偿服务工作军地协调领导小组会议精神和省委书记刘家义讲话精神，深入分析形势，研究解决问题，确保全面停止有偿服务工作按照上级要求的时间节点顺利完成。市委书记王艺华出席会议并讲话。

△ 市委党的建设领导小组第二次会议召开，学习贯彻习近平总书记关于意识形态工作的重要论述，学习省委书记刘家义在省委理论学习中心组学习研讨时的讲话精神，就济宁市意识形态工作、市委党的建设领导小组相关职责及工作制度进行研究。市委书记、市委党的建设领导小组组长王艺华主持会议。

20日

第八届世界儒学大会在孔子研究院开幕。全国人大常委会副委员长王胜俊，省委书记、省人大常委会主任刘家义致辞并为2017年度世界儒学研究杰出人物蔡仁厚、郭齐勇颁发纪念牌。省委常委、宣传部部长孙守刚主持开幕式，中国艺术研究院院长连辑，省人大常委会副主任柏继民，山东大学校长樊丽明，全国政协常委王新陆，市委书记王艺华，市委副书记石光亮出席。第八届世界儒学大会由文化部、省政府主办，中国艺术研究院、省文化厅、市政府、孔子研究院等单位承办。会议期间将举办两场主题演讲、六场圆桌论坛、三场专题论坛等活动。34个国家和地区、100多个儒学研究机构与学术团体的600多位专家学者及嘉宾，将围绕“儒家思想与人类命运共同体”主题，交流切磋世界各国儒学研究最新成果，从中华文化中探求当下全球治理的思想智慧，促进人类命运共同体建设。

20—21日

全国生态文明建设现场推进会在浙江省安吉县召开。会上，环保部命名表彰了全国13个“绿水青山就是金山银山”实践创新基地和46个国家生态文明建设示范市县，曲阜市被授予第一批“国家生态文明建设示范市”称号。

25日

市委常委会召开会议，传达学习习近平总书记在会见全国社会治安综合治理表彰大会与会代表时的重要讲话精神和全国社会治安综合治理表彰大会精神；传达贯彻省委、省政府重点工作推进情况视频会议精神，学习省委书记刘家义讲话精神和省委副书记、省长龚正主持讲话精神。市委书记王艺华主持会议。

△ 市委副书记、市长傅明先主持召开市政府第八次常务会议，学习贯彻《中共中央办公厅国务院办公厅印发〈关于深化环境监测改革提高环境监测数据质量的意见〉的通知》，研究深化农村改革、加快农业“新六产”发展、加强食品安全等项工作。

△ 市委副书记、市长傅明先主持召开市政府党组会议，集体学习习近平总书记关于意识形态工作的重要论述、省委书记刘家义在省委理论学习中心组学习研讨时的讲话和省委《关于当前全省意识形态领域情况的通报》。

26—27日

省政协副主席赵润田到济宁市，就制定提案公开办法开展调研。市政协主席张继民、副主席王建华陪同。

27日

以“用儒家文化讲好中国故事”为主题的2017中国（曲阜）国际孔子文化节开幕式暨第十二届“联合国教科文组织孔子教育奖”颁奖典礼在孔子文化会展中心举行。全国政协副主席王家瑞出席开幕式并宣布2017中国（曲阜）国际孔子文化节开幕。省委副书记、省长龚正，国家旅游局副局长魏洪涛，国家文物局副局长刘曙光，中国联合国教科文组织全委会副秘书长周家贵致辞。省政协副主席雷建国，省政府秘书长王华，市委书记王艺华，市委副书记、市长傅明先，市委副书记石光亮，市政协主席张继民出席。开幕式上举行第二届国际中学生儒学辩论大会“少年孔子奖”颁奖仪式，省文化厅厅长王磊，省旅游发展委主任于凤贵，市委副书记、市长傅明先，省教育厅副巡视员荆戈为“少年孔子奖”获奖者颁奖并赠送孔子像。

△ 全市维护稳定工作视频会议召开，深入学习贯彻习近平总书记系列重要讲话精神，贯彻落实全国社会治安综合治理表彰大会精神，进一步学习贯彻省委书记刘家义在省委省政府重点工作推进情况视频会议上的讲话精神和省委副书记、省长龚正主持讲话精神以及全省信访工作专题会议精神，部署推动平安济宁、法治济宁建设。市委书记王艺华出席会议并讲话。市委常委、政法委书记张辉主持。

28日

丁酉年公祭孔子大典在曲阜孔庙大成殿前举行，纪念孔子诞辰2568年。全国政协副主席王家瑞；省委副书记、省长龚正，省政协副主席雷建国，省人大常委会原副主任卢洪；国家旅游局副局长魏洪涛，国家文物局副局长刘曙光，中国联合国教科文组织全委会副秘书长周家贵，中央直属工委原副书记、中华孔子学会儒商会长何虎林，中国冶金地质总局副局长丁传锡；市委书记王艺华，市委副书记、市长傅明先，市委副书记石光亮，市政协主席张继民；联合国教科文组织驻华代表处代表裴伯庸，第十二届“联合国教科文组织孔子教育奖”获奖代表；国际友人、知名专家学者、孔子后裔、工商界代表、曲阜市有关领导等代表向孔子敬献花篮。龚正恭读丁酉年祭文。

29日

全市卫生与健康暨计划生育目标管理奖惩兑现大会召开，贯彻落实全国、全省卫生与健康大会精神，安排部署全市卫生与健康以及计划生育工作。市委书记王艺华出席并讲话，市委副书记、市长傅明先主持会议。

△ 辰欣药业股份有限公司首次公开发行股票上市仪式在上海证券交易所举行，标志着辰欣药业正式登陆A股市场，成为济宁市第7家境内上市公司。市委副书记、济宁高新区党工委书记石光亮出席仪式并敲响开市锣。市委常委、常务副市长于永生致辞。

△ 驻济宁省政协委员就济宁市中级人民法院工作和县市区工业企业、文化旅游项目建设、山区扶贫开发、美丽乡村建设等情况开展视察活动。市政协主席张继民，省政协常委赵树国、韩军，市政协副主席李良品、王建华参加活动。

30日

济宁市暨任城区公祭烈士活动在济宁烈士陵园举行。市委书记王艺华，市委副书记、市长傅明先，市委副书记石光亮，市政协主席张继民出席。

△ 市委书记王艺华在圣都国际会议中心会见芬兰凯米拉公司全球纸浆与造纸化学品部总裁凯尔姆，并出席芬兰凯米拉公司与兖州天成万丰公司合资项目签约仪式。

△ 市政协召开“焦化行业污染治理与可持续发展”专题协商议政会。市政协主席张继民出席会议并讲话。会上，市经信委、市环保局分别介绍有关情况，市县两级政协委员和有关方面专家与政府有关部门负责人进行深入交流，提出许多富有建设性的意见和建议。

10月

6日

济宁市召开安全生产视频会议，贯彻落实省委省政府和市委主要领导关于加强节日期间安全生产的批示精神，进一步安排部署各项工作。市委副书记、市长傅明先出席并提出要求。

8日

市政府十七届二次全体（扩大）会议暨全市秋冬季大气污染综合治理攻坚行动推进会议召开。市委副书记、市长傅明先出席并讲话。会上播放国庆节日期间环保暗访专题片，通报前9个月环保重点工作进展情况，环保部驻济宁巡查组负责人对秋冬季大气污染综合治理工作提出要求。

9日

市委常委会召开会议，传达贯彻全省党的十九大安保维稳工作视频会议精神，研究讨论做好全市党的十九大安保维稳工作从严问责有关文件，总结梳理年度工作要点和任务目标，安排部署下步工作。市委书记王艺华主持会议。

10日

省委副书记、济南市委书记王文涛到济宁市在京流动党员党委考察调研驻京党建工作。市委书记王艺华陪同考察。

10—11日

省政协副主席翟鲁宁带领调研组到济宁市就互联网监管工作进行专题调研，并召开座谈会进行座谈交流。市委书记王艺华、市政协主席张继民陪同。

13日

市委常委会召开会议，学习中办关于中央政治局贯彻执行中央八项规定有关文件精神；传达贯彻全省开放型经济发展大会精神，学习省委书记刘家义，省委副书记、省长龚正讲话精神；研究讨论《济宁市营造更优营商环境若干意见（讨论稿）》；听取全市化工产业安全生产转型升级专项行动工作进展情况汇报。市委书记王艺华主持会议。

△ 市派驻县市区党的十九大安保维稳督导组组长副组长会议召开，贯彻落实全省党的十九大安保维稳工作视频会议精神，对市委市政府派驻督导组进一步明确包保责任、细化督导内容、严肃工作纪律，动员督导组切实发挥好指挥督导作用，督促基层压实维稳责任，坚决实现“六个不发生”的目标，为党的十九大胜利召开营造良好社会环境。市委书记王艺华讲话。市委副书记、市长傅明先主持。

△ 市政协十三届九次主席会议召开。市政协主席张继民主持会议并讲话。会议传达学习省政协十一届常委会第二十七次会议精神；审议市政协《关于焦化行业污染治理与可持续发展的建议案（草案）》《关于全市精准扶贫攻坚脱贫任务情况的特别视察报告（草案）》《市政协十三届四次常委会会议议程和日程（草案）》《政协济宁市委员会特聘专家管理办法（草案）》；对将提交市委和市政协党组研究的有关文件进行讨论。

16日

市委常委扩大会议召开，传达学习党的十八届七中全会精神和习近平总书记关于脱贫攻坚工作的批示、省委省政府“两办”通知精神，研究贯彻落实意见。市委书记王艺华就做好脱贫攻坚工作作出批示。市委副书记、市长傅明先主持会议。

16—17日

中共山东省驻上海单位党委成员、山东省政府驻沪办经济投资中心主任孙向军，上海代代传承文化传媒有限公司董事长陈列丰一行到济宁市考察投资文化产业项目。市政协主席张继民，副市长吴霁雯，市政协副主席倪丽君陪同考察并出席座谈会。

27日

全市领导干部会议召开，传达学习党的十九大和十九届一中全会精神，贯彻落实全省领导干部会议精神，对学习宣传贯彻十九大精神作出安排部署，市委书记王艺华传达党的十九大和十九届一中全会精神，就学习宣传贯彻十九大精神和贯彻全省领导干部会议精神作了讲话。市委副书记、市长傅明先主持会议。

△ 政协召开党组会议。市政协党组书记、主席张继民主持并讲话。会议传达学习党的十九大精神和省、市关于学习贯彻十九大精神的安排部署，对全市政协学习宣传贯彻党的十九大精神工作进行研究安排；对提交市委研究的有关文件和市政协党组关于进一步加强市政协党的领导和党的建设工作的意见进行讨论。

28日

由山东创新教育研究院等单位主办，济宁市政府、山东教育电视台等单位承办的“寻找乡村教育家”活动颁奖盛典暨“乡村教育家高峰论坛”在曲阜举行。教育部原副部长刘利民致辞，中国教育学会名誉会长、北京师范大学资深教授顾明远，市委书记王艺华，省教育厅厅长左敏为获奖人员颁奖。市委常委、常务副市长于永生致辞，山东创新教育研究院院长赵福庆主持典礼。

30日

政协第十三届济宁市委员会常务委员会第四次会议召开。市政协主席张继民出席会议并讲话。张继民、陈希忠分别主持会议。会议传达学习党的十九大精神；审议通过《政协济宁市委员会关于深入学习宣传贯彻党的十九大精神的决议》、市政协《关于焦化行业污染治理与可持续发展的建议案》、市政协《关于全市精准扶贫攻坚脱贫任务情况的特别视察报告》，举行会议发言。

31日

市委副书记、市长傅明先主持召开会议，分析前三季度全市经济运行情况，研究市政府11月、12月份重点工作计划，安排部署下一步工作。

11月

1日

济宁深圳比克电池有限公司在圣都国际会议中心签署合作协议。市委书记王艺华，深圳比克电池有限公司董事长李向前，市委常委、秘书长李长胜，副市长张胜明出席签约仪式。

2—3日

省人大常委会委员、农业与农村委员会主任委员战树毅率领调研组到济宁市调研生态循环农业发展情况。市委书记王艺华出席座谈会并致辞。

3日

中国共产党济宁市第十三届委员会第四次全体会议举行。出席全会的有市委委员43人、市委候补委员10人。市纪委委员和有关方面负责人列席会议。全会由市委常委会主持。市委书记王艺华讲话。全会深入学习贯彻党的十九大和十九届一中全会精神，习近平总书记在十九届中共中央政治局会议、第一次集体学习和军队领导干部会议上的重要讲话精神，《中共中央关于认真学习宣传贯彻党的十九大精神的决定》精神，省委常委会会议、全省领导干部会议、省委十一届二次全体会议和省委书记刘家义的讲话精神，《中共山东省委关于深入学习贯彻党的十九大精神的决议》精神；听取和讨论王艺华受市委常委会委托作的工作报告；审议通过《中共济宁市委关于深入学习贯彻党的十九大精神的决议》。

4日

市委副书记、市长傅明先主持召开市政府第9次常务会议，研究2018年政府投资项目计划、政务信息系统整合共享、露天非煤矿山管理等工作。

7日

市委副书记、市长傅明先视察泗河综合开发济宁高新区段堤顶路建设现场，就确保按期完成2017年施工任务，提前谋划、科学安排好2018年工程建设提出具体要求。

△ 北部战区空军与济宁市在圣都国际会议中心举行座谈会，共同商讨联合开展部队全面停止有偿服务工作。北部战区空军保障部部长刘晓锋少将，市委副书记、市长傅明先出席并讲话。

7—9日

济宁市举行美丽乡村建设现场观摩会，对全市14个县级美丽乡村示范片区进行实地观摩。市委副书记石光亮、市人大常委会副主任杜昌华、市政协副主席倪立君出席。

8日

市管领导干部党的十九大精神专题学习班（第一期）在市委党校举行。市委书记王艺华就此作出批示，市委副书记、市长傅明先作首期辅导报告，市委副书记石光亮主持。

10日

市委副书记、市长傅明先主持召开专题会议，深入学习贯彻党的十九大精神，落实中央和省委、省政府关于黄河滩区居民迁建的决策部署，针对济宁市实际情况，研究解决工作中的困难和问题，安排部署下一步工作。

△ 市委副书记、市长傅明先主持召开会议，研究农田水利基本建设、“十三五”消防事业发展《规划》及市社会福利中心二期市场化运营、城际公交增加线路等民生重点工作。

△ 由山东省农村科技促进中心、市科学技术局、金乡县人民政府和山东农业大学园艺科学与工程学院联合主办，鲁南产权技术交易中心、金乡县科学技术局承办的首届中国大蒜产业创新发展高端论坛在金乡县举行。论坛开幕式上，全国首个大蒜种质资源创制基地及山东省首个大蒜工程技术研究中心揭牌成立。

11日

济宁市学习贯彻党的十九大精神宣讲团成立暨宣讲工作动员会议举行，市委书记王艺华出席会议并讲话。市委常委、宣传部部长、曲阜文化建设示范区党工委书记李昌文主持。

△ 市委常委会召开会议，传达学习习近平总书记在瞻仰上海中共一大会址和浙江嘉兴南湖红船时的重要讲话精神；传达学习省关于加强换届风气监督有关精神；研究讨论济宁市《关于加强市纪委派驻机构建设的实施意见（讨论稿）》和《向市一级党和国家机关派驻纪检机构的方案（讨论稿）》；研究讨论济宁市《关于加强企业家队伍建设的意见（讨论稿）》。市委书记王艺华主持会议。

△ 济宁高新区在红星爱琴海城市综合体项目奠基仪式现场设主会场，举行2017年第四季度重大项目集中开工仪式。市委副书记、市长傅明先出席。

12日

全市经济开发区现场调度会议在鱼台召开，贯彻落实全市经济开发区创新发展工作会议精神，总结交流经验，安排部署下步任务。市委书记王艺华会前就开发区建设工作作出批示，市委副书记、市长傅明先出席并讲话。

△ 市政协召开十三届十次主席会议。市政协主席张继民主持并讲话。会议传达学习习近平在瞻仰中共一大会址时的重要讲话精神、省政协十一届二十八次常委会议精神和中共济宁市委十三届四次全体会议精神，讨论审议了市政协11月至12月“四重工作”计划，部署市政协领导带队重点调研任务。

13日

市委书记、市委党校校长王艺华在市管领导干部党的十九大精神第二期专题学习班作辅导报告。市委常委、市纪委书记范晓丽主持开班式。

14日

国务院南水北调办副主任陈刚带领调研组到济宁市调研指导南水北调水质保障等工作。市委书记王艺华，省水利厅党组成员、省南水北调局局长刘建良，副市长任庆虎陪同。

16日

省国土资源厅厅长李琥带领调研组到济宁市，就市国土资源局党的十九大精神贯彻落实情况和地质环境治理、矿产资源管理等工作进行调研。市委书记王艺华，副市长周凤文陪同相关活动。

17日

市政府与上海代代传承文化传媒有限公司战略合作框架协议签约仪式举行，就建设中国传统文化人才教育基地项目开展合作。中共山东省驻上海单位党委成员、山东省政府驻沪办经济投资中心主任孙向军，上海代代传承文化传媒有限公司董事长陈列丰一行出席签约仪式。市政协主席张继民主持，副市长张胜明致辞。

△ 中央文明委印发《关于表彰第五届全国未成年人思想道德建设工作先进城市（区）和第四届先进单位、先进工作者的决定》，济宁团市委荣获第四届全国未成年人思想道德建设工作先进单位称号，全国共青团系统仅3家获此殊荣。

18日

在北京开幕的“第十四届东亚实学国际高峰论坛”上，曲阜被授予干部学国学全国示范区基地。

19日

市委理论学习中心组暨“两学一做”专题学习研讨会召开，深入学习贯彻党的十九大关于文化建设的新部署新要求。会上，集体学习党的十九大报告第七部分《坚定文化自信，推动社会主义文化繁荣兴盛》和中办、国办关于实施中华优秀传统文化传承发展工程的意见精神，重温四年前习近平总书记视察济宁重要讲话精神，大家结合思想和工作实际谈了认识和体会。市委书记王艺华主持会议并讲话，市政协主席张继民出席。市委理论学习中心组成员和有关市领导参加学习研讨。

20日

市委常委会召开会议，传达学习中共中央政治局关于加强和维护党中央集中统一领导的若干规定和中共中央政治局贯彻落实中央八项规定的实施细则有关文件精神，研究讨论《关于推进新旧动能转换加快农业“新六产”发展的实施方案（讨论稿）》。市委书记王艺华主持会议。

△ 由中广联广播新闻节目工作委员会、中国国际广播电台华语中心、济宁市人民政府、山东广播电视台主办的“儒学大赏——首届全球华语广播大型联合采访”活动在曲阜市启动。中国广播电影电视社会组织联合会副会长王求，市委书记王艺华；中广联广播新闻节目工作委员会会长杜嗣琨，省委宣传部副部长王世农，山东广播电视台总编辑李翠芳，市委常委、宣传部部长、曲阜文化建设示范区党工委书记李昌文出席。

△ 市委全面深化改革领导小组召开第三十一次会议，深入学习党的十九大报告全面深化改革的有关论述，学习中央和省委省政府关于全面深化改革的一系列会议精神、文件精神，市委书记、市委全面深化改革领导小组组长王艺华主持会议。

21日

全市政协提案工作经验交流会暨双向评议会议召开。会上，部分提案承办单位、县市区政协、民主党派市委、政协委员代表作交流发言；对2017年提出的提案质量和提案办理工作质量进行双向评议。市政协主席张继民出席会议并讲话。市政协副主席王建华主持。

25日

济宁市在如意集团召开“深入学习贯彻习近平总书记视察济宁重要讲话精神加快新旧动能转换推进资源型城市转型工作座谈会”，深入学习党的十九大精神，重温总书记视察山东视察济宁重要讲话精神，总结四年来学习贯彻落实成效，进一步研究加快新旧动能转换、推进济宁资源型城市转型发展的思路措施。市委书记王艺华出席会议并讲话。市委常委、常务副市长于永生主持座谈会，副市长张胜明出席。

△ 首届全国儒家文化国际传播（曲阜）论坛在曲阜举办。市委书记王艺华出席开幕式并致辞，山东广播电视台台长、山东大学新闻传播学院院长吕芃作主旨演讲，中国孔子基金会秘书长王大千、山东省文化厅副厅长王廷琦、中国人民大学新闻学院教授郭庆光分别致辞，市委常委、宣传部部长、曲阜文化建设示范区党工委书记李昌文主持，大众报业集团副总编辑杨晓洲出席。

△ 全国政协社会和法制委员会副主任施芝鸿到济宁市调研油用牡丹产业发展情况。副省长于国安，国家林业局副局长刘东生，市委书记王艺华陪同调研。

26日

根据省委统一安排和省委书记刘家义的要求，深入学习贯彻党的十九大和习近平总书记视察曲阜重要讲话精神座谈会在曲阜孔子研究院举行，深入学习贯彻党的十九大精神，重温总书记视察曲阜重要讲话精神，以习近平新时代中国特色社会主义思想为指导，进一步研究弘扬优秀传统文化、建设首善之区的思路措施，加快推进弘扬优秀传统文化的“济宁实践”，切实当好中国先进文化的积极引领者和践行者、中华优秀传统文化的忠实传承者和弘扬者。国务院侨办原副主任张伟超出席座谈会，市委书记王艺华主持并讲话。

△ 以“全面建成小康全面转型振兴——砥砺奋进新征程·精彩济宁”为主题的大型图片展在曲阜孔子研究院举行。展览反映近年来特别是习近平总书记视察济宁四年来全市发生的新变化，取得的新成就。

12月

1日

全市开放型经济国有企业改革非公有制经济发展暨重点项目现场观摩总结会议召开，以习近平新时代中国特色社会主义思想为指导，深入学习贯彻党的十九大精神，贯彻落实全省开放型经济发展大会、全省国有企业改革发展工作会议和全省支持非公有制经济健康发展工作会议精神，结合重点项目现场观摩情况，总结工作、分析形势，动员全市做好当前及今后一个时期的经济工作。市委书记王艺华出席会议并讲话。市委副书记、市长傅明先主持会议，市委副书记石光亮通报全市重点项目现场观摩评比结果。

4日

市委党的建设领导小组第三次会议召开，深入学习贯彻习近平总书记在党的十九大报告中关于新时代党的建设重要论述，学习中央政治局委员、中组部部长陈希关于党的建设和组织工作的要求，和省委书记刘家义在省委党的建设领导小组第三次会议上的讲话精神，传达省委办公厅、省政府办公厅关于开展扶贫领域腐败和作风突出问题专项治理的《工作方案》，听取济宁市开展全市扶贫领域腐败和作风突出问题专项治理情况汇报，听取市管企业党建、学校党建、“两新”组织党建和市直机关党建工作情况汇报，研究济宁市党委（党组）网络意识形态工作责任制《实施细则（讨论稿）》，对落实新时代党的建设新要求、做好下步党建工作进行部署。市委书记、市委党的建设领导小组组长王艺华主持会议。

△ 市委副书记、市长傅明先主持召开市政府第11次党组会议，传达学习中央、省委近期重要文件和会议精神，研究贯彻落实意见。会上集体学习中共中央政治局《关于加强和维护党中央集体统一领导的若干规定》《贯彻落实中央八项规定实施细则》和省委书记刘家义在省委常委会会议上关于前三季度经济社会发展形势的讲话、省委《关于加强省级人大、政府、政协领导班子换届风气监督的实施方案》。

5日

市委常委会召开会议，学习习近平总书记署名文章《弘扬“红船精神”走在时代前列》，传达中央、省有关文件和会议精神，研究讨论《济宁市深化国家监察体制改革试点工作实施方案》。市委书记王艺华主持会议。

△ 中国共产党济宁军分区第七次代表大会在完成各项议程后闭幕。市委书记、济宁军分区党委第一书记王艺华出席会议并讲话，济宁军分区党委书记、政委许向农主持闭幕式。会议以党的十九大精神为指导，认真学习贯彻习近平新时代中国特色社会主义思想，认真学习贯彻习近平强军思想，全面回顾总结军分区第六次党代会以来的建设成就和经验，研究确定今后五年的目标思路，选举产生军分区第七届党的委员会和新一届纪律检查委员会。

△ 市扶贫开发领导小组召开第五次全体会议，深入学习贯彻党的十九大精神，全面落实中央和省关于脱贫攻坚的新要求，对当前重点工作进行安排部署。市委副书记石光亮到会讲话。副市长任庆虎主持会议。

△ 工行济宁分行与工商局合作，为济宁市某企业办理第一张全程电子化登记电子营业执照。

6日

市委副书记、市长傅明先主持召开市政府第10次常务会议，研究安全生产事故应急救援、社会救助、农产品品牌建设等项工作。

△ 市政协召开十三届十一次主席会议。市政协主席张继民主持会议并讲话。会议传达市委党的建设领导小组第三次会议和全市重点项目现场观摩总结会议精神；听取并讨论市政协十三届五次常委会初步议程，拟定于12月下旬召开；听取并讨论各调研组、各委室工作完成情况与2018年工作思路措施；讨论市政协常委会向全委会提出的工作报告提纲和常委会提案工作报告提纲；审议《关于加强社区乡（镇）卫生机构建设提高基层诊疗服务水平的视察报告（草案）》；传达全省政协经济委员会工作会议精神；听取提案工作“双向评议”情况；传达全省政协委员工作座谈会议精神；听取市政协十三届二次会议秘书处筹备工作安排情况。

7日

市政府召开全市大气污染治理视频会议，市委副书记、市长傅明先要求以最严厉措施开展“大快严”行动。市委常委、常务副市长于永生主持会议。

△ 市台湾同胞投资企业协会第三届会员大会召开，选举新一届协会长和领导机构。市委副书记石光亮致辞。

△ 全市脱贫攻坚现场会议在金乡县召开。市委副书记石光亮出席并讲话。副市长任庆虎主持。会上，通报全市脱贫攻坚11月份督查情况，部分县（市、区）、成员单位作典型发言。

8日

济宁市创建山东省食品安全先进市暨全域推进“双安双创”工作动员大会召开，深入学习贯彻党的十九大精神，认真贯彻落实省委、省政府相关工作部署，动员全市争创山东省食品安全先进市和农产品质量安全市，深化“食安济宁”建设，提升食品安全保障水平。市委书记王艺华出席并作动员讲话，市委副书记、市长傅明先主持。

△ 全市村和城市社区“两委”换届选举工作动员部署会议举行，深入贯彻落实全省村和城市社区“两委”换届选举工作动员部署会议精神，安排部署全市村和城市社区“两委”换届选举工作。市委书记王艺华出席会议并讲话。市委副书记石光亮主持。

△ 2017第三届中国品牌经济年会暨鲁西名优特食品博览会在济宁市举行。市委副书记、济宁高新区党工委书记石光亮出席年会并致辞。会上对2017年工信部产业集群区域品牌培育试点单位、首批入围市“十百千”品牌培育试点代表单位授牌，并举行系列签约仪式。

12日

全市十九大安保维稳工作总结会议举行，深入学习贯彻党的十九大精神，全面总结十九大安保维稳工作，表彰先进，对进一步做好全市社会稳定工作进行安排部署。市委书记王艺华出席会议并讲话。市委副书记、市长傅明先主持，市委副书记石光亮宣读表彰通报。

△ 全市深化国家监察体制改革试点工作部署推进会议召开，深入贯彻落实党的十九大精神，对济宁市深化国家监察体制改革试点工作作动员部署。市委书记、市深化国家监察体制改革试点工作小组组长王艺华出席会议并讲话。

△ 济宁市海外联谊会第五届会员大会召开。会前，市委书记王艺华发来贺信。市委副书记石光亮出席会议并讲话。市委常委、统战部部长白山主持。白山向大会作市海外联谊会第四届理事会工作报告。大会通过《济宁市海外联谊会章程（修改草案）》，选举产生市海外联谊会第五届会员大会会长、副会长、秘书长、理事和监事，白山当选为新一届会长；聘请王悦来、孔德墉为第五届会员大会名誉会长并向他们颁发聘书。

12—13日

省委常委、常务副省长李群在济宁市围绕贯彻落实省委、省政府《关于支持非公有制经济健康发展的十条意见》进行督导检查。市委书记王艺华，市委副书记、市长傅明先分别陪同。

14日

市委召开征求意见座谈会，深入学习贯彻党的十九大精神，听取对市委市政府工作的意见建议，以习近平新时代中国特色社会主义思想为指导，分析当前形势，统筹谋划2018年工作，推动中央和省委省政府各项决策部署落实落地。市委书记王艺华出席会议并讲话，市委副书记、市长傅明先主持。

15日

市委常委会召开会议。会议传达学习习近平总书记在中央政治局第二次集体学习时的重要讲话精神、习近平总书记关于进一步纠正“四风”、加强作风建设重要批示精神、省委省政府重点工作推进落实情况视频会议精神；学习省委书记刘家义在省委理论学习中心组集体学习研讨时的讲话；传达全省基层政协工作座谈会精神；研究讨论《关于进一步加强全市基层政协工作的意见（讨论稿）》和《关于加强和改进人民政协民主监督工作的实施意见（讨论稿）》；传达学习省委常委、常务副省长李群在济宁督查非公有制经济发展时的讲话精神；研究讨论全市《关于推进新一轮高水平对外开放的实施意见（讨论稿）》《济宁市“十三五”时期文化改革发展规划纲要（讨论稿）》《关于加强全市金融人才队伍建设的实施办法（讨论稿）》《济宁市国有文化资产管理理事会组建方案（讨论稿）》《济宁广电传媒集团组建方案（讨论稿）》和《关于进一步深化文化市场综合执法改革的实施意见（讨论稿）》。市委书记王艺华主持会议。

21—22日

市十七届人大常委会第八次会议在运河宾馆举行。受市人大常委会主任孙博委托，副主任陈颖主持会议。在通过本次会议的议程和日程后，会议听取审议关于召开济宁市第十七届人民代表大会第二次会议的决定（草案）；听取市政府关于全市新旧动能转换信息产业发展情况的报告、市政府关于提请批准2017年市级预算调整方案的议案、关于《济宁市城市绿化条例（草案）》审议结果的报告、关于2016年度市级预算执行和其他财政收支审计查出问题整改情况的报告、关于市十七届人大一次会议以来代表建议办理情况的报告；宣读人事任免议案。会议分组对有关决定、报告、议案进行讨论。在分组审议的基础上，对会议表决事项进行满意度测评；表决通过关于召开济宁市第十七届人民代表大会第二次会议的决定、《济宁市城市绿化条例（草案表决稿）》、济宁市人民代表大会常务委员会关于批准2017年市级预算调整方案的决议、市政府关于市十七届人大一次会议以来代表建议办理情况的报告（草案）、市人大常委会向市十七届人大二次会议提交的工作报告（草案）、市人大内司委关于市十七届人大一次会议主席团交付审议的1号议案审议结果的报告（草案）、市人大城环委关于市十七届人大一次会议主席团交付审议的2号议案审议结果的报告（草案）、人事任免事项。

22日

市委副书记、市长傅明先主持召开专题会议，研究支持济宁经济开发区加快发展事宜。

△ 由中国孟子研究院、孟氏宗亲联谊会联合主办的孟子圣像落成揭幕仪式暨丁酉年冬至祭孟典礼在孟子研究院举行。

23日

市政府与国网电动汽车服务公司、山东省电力公司签订战略合作协议，打造规划合理、车桩相随、智能高效的充电基础设施体系，共同推进济宁创新发展持续发展。签约前，市委书记王艺华与国网电动汽车服务公司董事长、党委书记江冰，山东省电力公司总经理孙可奇座谈。市委副书记、市长傅明先出席签约仪式并讲话。

△ 第四届邹鲁文化城市座谈会在邹城市召开，来自福建、浙江、海南等11省近40座邹鲁文化城市百余名代表共商共议邹鲁文化发展大计。省政协原副主席、孟子研究院特聘院长王志民教授作总结讲话。座谈会为期两天，由中共邹城市委、邹城市人民政府和中国孟子研究院主办，以“邹鲁文化与中国梦”为主题，以“坚定文化自信、推动社会主义文化繁荣兴盛”为总要求，旨在加强全国各地具有邹鲁文化名城美誉城市之间的沟通交流，共同探讨弘扬邹鲁文化精神与时代价值。会上，举行《邹鲁文化丛书》首发式和《天下邹鲁》大型电视专题片开机仪式，并为邹城文化城市和相关单位赠授《邹鲁文化丛书》，举行专家主题演讲和文化交流研讨。

24日

济宁爱尔眼科医院开业典礼暨爱尔慈善光明行活动启动仪式举行。标志着中国首家IPO上市医疗机构、全球最大的连锁眼科医疗机构爱尔眼科正式入驻济宁。

25日

济宁市召开扶贫领域腐败和作风突出问题专项治理领导小组会议，梳理总结，分析问题，对下步工作再动员再部署。市委副书记石光亮出席并讲话。市委常委、市纪委书记范晓丽通报情况。市委常委、组织部部长孔凡萍主持会议。

26日

经党中央、国务院批准，中央第三环境保护督察组向山东省委、省政府进行反馈。督察组组长马中平通报督察意见，省委书记刘家义作表态发言，省委副书记、省长龚正主持反馈会。市委书记王艺华，市委副书记、市长傅明先在济南主会场参加会议；市委副书记石光亮，市政协主席张继民在济宁分会场收看反馈会实况。8月10日至9月10日，中央第三环境保护督察组对山东省开展环境保护督察，并形成督察意见。

△ 济宁市正式开通济宁至泗水、微山、梁山3县4条城际公交线路，由济宁交运集团所属城际公交集团有限公司承担运营任务。至此，济宁市主城区至所有县市区城际公交全部贯通。

27日

市委常委会召开会议，传达中央经济工作会议、全省经济工作暨金融工作会议精神和中央第三环境保护督察组督察山东情况反馈会精神，研究贯彻落实意见；学习省委有关文件，研究讨论市委有关文件；听取弘扬优秀传统文化等工作汇报。市委书记王艺华主持会议。

28日

全市经济工作暨金融工作会议召开，深入学习贯彻党的十九大精神，全面贯彻落实中央经济工作会议、全国金融工作会议和全省经济工作暨金融工作会议精神，总结2017年工作，研究部署2018年经济工作和今后一个时期金融工作任务。市委书记王艺华，市委副书记、市长傅明先讲话，市委副书记石光亮传达有关会议精神。

29日

市委常委会召开会议，学习《中共中央关于印发〈中国共产党党务公开条例（试行）〉的通知》；传达贯彻全省组织部长会议精神；研究讨论《政府工作报告（征求意见稿）》《市人大常委会工作报告（草案）》、《市政协常委会工作报告（草案）》《济宁市中级人民法院工作报告（征求意见稿）》《济宁市人民检察院工作报告（征求意见稿）》；听取济宁市关于中央第三环保督察组督察山东省情况反馈整改方案的汇报、关于2018年全市及市本级财政收支预算安排有关情况的汇报。市委书记王艺华主持会议。

△ 市政府与中国铁塔山东省分公司签署战略合作协议，加速推动“网络强国”“宽带中国”战略及智慧济宁落地实施。市委副书记、市长傅明先，中国铁塔山东省分公司党委书记、总经理张权出席仪式。

△ 市政协召开十三届十二次主席会议。市政协主席张继民主持会议并讲话。会议传达中央经济工作会议、全市经济工作会议暨金融工作会议精神；讨论审议十三届市政协常委会工作报告（草案）和提案工作报告（草案）；讨论审议召开市政协十三届二次会议的决定（草案）及大会议程、日程（草案）；审议市政协“两个报告”报告人名单（草案）和市政协十三届二次会议秘书长、副秘书长名单（草案）、召集人名单（草案）、列席人员（单位）名单（草案）；审议市政协十三届五次常委会议程、日程（草案）；审议通过有关人事事项；听取关于规划建设济宁政协文史馆有关工作的汇报。

（市史志办整理）

济宁概况

建置沿革

【地理位置】 济宁市位于鲁西南腹地，地处黄淮平原与鲁中南山地交接地带。市境最北端是梁山县小路口镇孙楼村，为北纬35°57′；最南端是微山县高楼乡柳新养殖场，为北纬34°26′；最东端是泗水县泉林镇历山火车站，为东经117°36′；最西端是梁山县黑虎庙镇高堂村，为东经115°52′；南北长167公里，东西宽158公里，总面积为10684.9平方公里。东邻临沂市，南连枣庄市和江苏省徐州市，西与菏泽市接壤，北与泰安市毗连，西北端则与河南省濮阳市隔黄河相望。济宁市人民政府驻任城区。

【历史沿革】 夏商时期，伏羲氏后裔中的有仍氏部族在境内建立了“仍国”（又称有仍国）。西周分封时，仍国被封为任国（古仍、任字异音同）。至秦前，还先后出现了卞、奄、郕、焦、缗、留、厥、鲁、茅、郕等10多个小国。秦初，置任城县于原任国。汉置任城国。魏晋南北朝时期，改为任城郡，郡治设今任城区；同时，迁任城县治于此。金天德年间，济州治由巨野迁于任城。元初，济州升为府，并更名为济宁。后升为济宁路。明代，济宁路降为州，属兖州府。清初，改为直隶州，直隶山东省；雍正年间改为州；乾隆时复为直隶州。民国初年，改为县。1946年1月，济宁第一次解放，始设济宁市，市政府驻原济宁县城。9月，国民党军队占领济宁。1948年7月，济宁重获解放，复设济宁市。

【行政区划】 新中国成立以来，济宁的行政区划有多次较大的变动。1949年分属于鲁中南行署的尼山、台枣两个专区。1950年行署撤销后，尼山、台枣两专区合并为滕县专区，辖16个县市。1953年滕县专区与湖西专区合并，改为济宁专区，辖14个县市。1958年曾与菏泽合并，辖17个县市。1959年济宁、菏泽两个专区又在原来的基础上分开，辖8县1市。1961年峄县改为枣庄市，归省直属。1978年又将滕县划归枣庄市。1978年底济宁地区辖10县1市。1983年10月，济宁改为省辖地级市，辖9县2区。1986年曲阜县撤县设市。1989年12月梁山县划归济宁市。1992年，兖州县、邹县分别撤县设市。1993年12月市郊区改名为任城区。2013年11月，经国务院批准，撤销市中区、任城区，设立新的任城区；撤销兖州市，设立济宁市兖州区。截至2017年年底，济宁市辖任城区、兖州区、金乡县、嘉祥县、鱼台县、微山县、泗水县、汶上县、梁山县9个县（区），代管曲阜市、邹城市，156个乡镇、街道。

济宁市行政区划一览表

表－1

行政区划代码	县市区	乡、镇、街道名称	乡、镇、街道(个)
370811000	任城区	古槐街道、济阳街道、阜桥街道、越河街道、南苑街道、观音阁街道、安居街道、唐口街道、金城街道、仙营街道、柳行街道、许庄街道、洸河街道、李营街道、南张街道、廿里铺街道、接庄街道、长沟镇、石桥镇、喻屯镇	街道17镇3
370812000	兖州区	鼓楼街道、酒仙桥街道、龙桥街道、黄屯街道、王因街道、兴隆庄街道、新兖镇、大安镇、新驿镇、颜店镇、漕河镇、小孟镇	街道6镇6
370826000	微山县	夏镇街道、昭阳街道、傅村街道、韩庄镇、欢城镇、鲁桥镇、南阳镇、留庄镇、两城镇、马坡镇、赵庙镇、张楼镇、微山岛镇、西平镇、高楼乡	街道3镇11乡1
370827000	鱼台县	谷亭街道、滨湖街道、鱼城镇、王鲁镇、张黄镇、清河镇、王庙镇、李阁镇、老砦镇、唐马镇、罗屯镇	街道2镇9
370828000	金乡县	金乡街道、高河街道、鱼山街道、王丕街道、胡集镇、霄云镇、羊山镇、鸡黍镇、马庙镇、司马镇、化雨镇、兴隆镇、卜集镇	街道4镇9
370829000	嘉祥县	嘉祥街道、卧龙山街道、万张街道、纸坊镇、梁宝寺镇、疃里镇、马村镇、金屯镇、大张楼镇、马集镇、孟姑集镇、仲山镇、老僧堂镇、满硐镇、黄垓镇	街道3镇12
370830000	汶上县	汶上街道、中都街道、苑庄镇、寅寺镇、郭楼镇、南站镇、南旺镇、次邱镇、康驿镇、郭仓镇、义桥镇、白石镇、刘楼镇、杨店镇、军屯乡	街道2镇12乡1

续表

行政区划代码	县市区	乡、镇、街道名称	乡、镇、街道(个)
370831000	泗水县	泗河街道、济河街道、金庄镇、泉林镇、星村镇、柘沟镇、杨柳镇、中册镇、苗馆镇、泗张镇、高峪镇、圣水峪镇、华村镇	街道2镇11
370832000	梁山县	梁山街道、水泊街道、小路口镇、韩岗镇、杨营镇、拳铺镇、小安山镇、馆驿镇、韩垓镇、寿张集镇、黑虎庙镇、马营镇、赵堌堆乡、大路口乡	街道2镇10乡2
370881000	曲阜市	鲁城街道、书院街道、时庄街道、小雪街道、吴村镇、姚村镇、陵城镇、尼山镇、王庄镇、息陬镇、石门山镇、防山镇	街道4镇8
370883000	邹城市	钢山街道、千泉街道、凫山街道、峄山镇、看庄镇、香城镇、张庄镇、城前镇、田黄镇、大束镇、中心店镇、北宿镇、唐村镇、太平镇、郭里镇、石墙镇	街道3镇13
合计	11县市区	全市共有156个乡镇(街道),其中街道48个、镇104个、乡4个。	

（郑　超）

自然环境

【地质地形】 济宁市地质构造单元属华北地区鲁中南台隆。东部为鲁南尼山穹窿区，北部为鲁中台隆的南缘，西部为断凸地垒，中南部为断凹地堑。地质构造始成于中生代中、晚期的燕山运动，完成于新生代第二纪的喜马拉雅山运动。境内构造运动塑造了形态各异的构造地形，大致为断裂构造、褶皱构造和尼山穹窿构造三个类型。境内各界地层均有发育，从老到新为前古生界地层，古生界寒武、奥陶、石炭、二叠系地层、中生界侏罗系地层，新生界第三、第四系地层。前古生代岩石主要为中高级变质的泰山群杂岩，其次为太古代早期和燕山期侵入的岩浆岩。古生界寒武系岩石主要为中薄层灰岩、泥灰岩和夹页岩；奥陶系岩石主要为白云质灰岩、泥灰岩和纯灰岩；石炭系则以灰色页岩为主；二叠系为砂岩、砂质页岩、粘土质页岩及泥质页岩夹数层煤。中生界岩石为细砂石和砂砾石，局部有泥灰岩。新生界有第三系和第四系地层构成。第三系为砂岩、砂砾岩及泥岩，顶部发育钙质土或钙质结核层；第四系地层则为未固结的松散岩石矿物颗粒所构成。

（市史志办）

【气候特征】 济宁市位于鲁西南地区，属暖温带大陆性季风气候，高空在西风带和副热带高压交替控制下，近地层受冬季风和夏季风交替影响，其气候具有四个方面的特点：季风盛行，四季分明；光照充足、降水集中、雨热同季、无霜期长；冬冷夏热，春温多变，秋高气爽；偶有灾害，四季均有灾害性天气发生，但灾害发生频率较低，主要灾害性天气有暴雨（雪）、雷电、寒潮、大风、干旱、大雾、高温、低温、冰雹等。

济宁地区平均年降水日数为68天，历年平均降雨量674.1毫米，各县（市、区）平均降水量在580.4毫米（梁山）~747.9毫米（微山）之间，年降雨最多1247.0毫米（2003年，鱼台），最少268.5毫米（1988年，邹城）。

济宁地区历年平均气温14.2℃。年内1月最冷，平均−0.6℃，7月最热，平均27.0℃。各县（市、区）平均气温在13.6℃（梁山）~14.9℃（邹城）之间。

2017年济宁市平均年降雨量841毫米，各县（市、区）平均降水量在573.3毫米（汶上）~1018.2毫米（微山）之间，年平均气温 15.4 ℃，年内1月最冷，平均1.4℃，7月最热，平均28.8℃。各县（市、区）平均气温在14.2℃（梁山）~16.4℃（微山）之间。

（王　丽）

【土壤植被】 济宁市土壤类型分为：棕壤、褐土、砂姜黑土、潮土、水稻土。现有土壤面积767870.97公顷，其中：棕壤144000.03公顷，褐土226628.17公顷，砂姜黑土36255.93公顷，潮土277917.47公顷，水稻土83069.37公顷。

济宁市属暖温带落叶阔叶林植被区，植被种类约200科、1000属、3500种。地带性植被为落叶阔叶林，丘陵区分布温性次生针叶林。平原地区自然植被已被栽培农作物所代替，丘陵区分布最广的是经济林及灌丛、草丛，湖区为湿生水生植被。

（徐保民）

【河湖水系】 济宁境内大部分属淮河流域，只有北部少数乡镇属黄河流域。在古代泗河水系和京杭运河水系的基础上，受自然和人为因素影响，境内形成了以南四湖为集水中心的现代水系。境内河流共有流域面积50平方公里及以上的117条，河湖堤防总长度3511.4公里。直接入湖河流53条，其中湖东28条，湖西25条。

南四湖是中国北方最大的淡水湖，由微山、昭阳、独山、南阳四个湖泊串联组成，亦称微山湖。南四湖承接苏、鲁、豫、皖4省34个县（市、区）31700平方公里的来水，呈西北—东南走向，南北长126公里，东西宽5～25公里，周边长311公里，湖面面积1266平方公里，兴利库容18.82亿立方米，防洪库容41.21亿立方米；1958年以后建成二级坝水利枢纽工程，南四湖被分为上下两级湖，二级坝以北称上级湖，以南为下级湖。

黄河流经梁山县4个乡镇，呈西南东北流向，河段全长31.21公里，主河槽宽400～800米，河道宽1500～8000米。济宁市所辖黄河抗洪工程堤防39.492公里，其中黄河堤长24.433公里。

大汶河流经汶上县北部边境，东起琵琶山，西至小汶河戴村拦河坝，全长15.318公里，河滩最宽处200米，最窄处50米。

东平湖库区总面积627平方公里，其中，老湖区面积209平方公里，设计蓄洪水位46.0米（大沽基面），库容39.79亿立方米。库区涉及梁山县的面积为235.4平方公里，汶上县3.5平方公里，均为新湖区面积。堤防涉及梁山县长度46.35公里和汶上县长度5.5公里。

（满颖慧）

自然资源

【土地资源】 济宁市土地总面积1.12万平方公里（111.87万公顷），其中农用地面积77.06万公顷（耕地60.53万公顷、永久基本农田50.05万公顷），占总面积的68.9%；建设用地18.95万公顷，占总面积16.9%；未利用地15.86万公顷，占总面积的14.2%；人均耕地面积0.0727公顷，低于全省0.0807公顷的平均水平。地处黄淮海平原与鲁中南山地的过渡地带，地貌类型复杂，地势东高西低。自东向西依次为低山丘陵、山前冲积扇平原、湖泊洼地、河流冲积平原。平原面积占全市土地总面积的65.6%；低山丘陵占土地总面积的23.8%；湖泊占土地总面积的10.6%。土壤类型丰富，主要有棕壤、褐土、潮土、砂姜黑土、潜育水稻土五种类型。

【矿产资源】 济宁市矿产资源丰富，已发现和探明储量的矿种40种，探明储量矿产主要有19种。煤炭资源集中分布于中、西部平原地区，全市累计查明煤炭资源储量151.58亿吨，保有资源储量132.23亿吨，保有基础储量41.44亿吨，保有可采储量23.00亿吨，全市含煤面积达3920平方公里，占全市土地总面积的三分之一以上。微山县境内的郗山稀土矿是华东地区唯一的轻稀土矿产地，稀土元素以铈、镧、镨为主，是国内重要的轻稀土原料矿区，稀土氧化物保有资源储量23.32万吨，据预测周边12平方公里范围内均有稀土，资源开发利用潜力巨大。铁矿是济宁市唯一的黑色金属矿产，多数矿石品位较低，保有资源量24.92亿吨，主要分布在兖州、汶上、泗水、邹城、金乡。

（李海斌）

【水资源】 济宁市地处南四湖流域下游，境内南四湖承接苏、鲁、豫、皖4省34个县市区31700平方公里的来水，地表水资源丰富，地下水资源受地形地貌影响，市内各区域分布极不均匀。东部山区，地下水多以岩溶水或裂隙水的形式赋存于地下，量小且难以开采；而黄泛平原区、滨湖平原区、山前冲积平原区地下水含水砂层较厚，地下水资源相对丰富。其中，山前冲积平原区地下水含水砂层颗粒较粗，地下水补给、排泄条件好，地下水赋存量较大。

济宁市多年平均降水量694.8毫米，平均水资源总量为46亿立方米，其中地表水资源量为28.3亿立方米，地下水资源量17.7亿立方米，人均占有水资源量558立方米，在全省相对较丰，但仅占全国平均水平的四分之一。

（满颖慧）

【生物资源】 济宁市属暖温带落叶阔叶林植被区，共有藻类植物8门、11纲、20目、46科、115属；维管植物108科、333属、538种。维管植物中有国家I、II、III级保护植物9种，其中I级分别为银杏、水杉、莼菜，II级为水蕨、粗梗水蕨、中华结缕草、莲、野大豆，III级为膜荚黄耆；列入《中国珍稀濒危植物红皮书》植物2种，列入《濒危野生动植物种国际贸易公约》植物1种，列入“山东稀有濒危植物”10种，分别为野鸢尾、玫瑰、芡实、石血、徐长卿、列当、桔梗、连翘、透骨草、玉竹，山东特有植物4种。

全市动物资源总计有35目80科321种（包括水生动物），有湿地鸟类17目47科205种，脊柱动物门中有鱼类9目15科80种；兽类有5目9科18种，两栖类有1目4科7种，爬行类有3目5科11种，环节动物门中有8种，浮游动物中枝角类有44种，桡足类27种；蠕形动物中轮虫类141种。

微山湖生物资源丰富，自然鱼类约50种，隶属于7目14科，最主要的经济鱼类有鲫鱼、鲤鱼、红鳍原鲌、短颌鲚、乌鳢、泥鳅、鳜鱼、黄颡鱼等，年捕捞产量约2万–3万吨。其他水生经济动、植物资源亦很丰富，主要有克氏螯虾、日本沼虾、中华米虾、秀丽白虾、田螺、鳖、芦苇、菰、蒲、莲、芡、菱等，动物资源中，以日本沼虾、克氏螯虾、田螺数量最多，植物资源中以芦苇、蒲、莲产量最高。微山湖还是鸟类的主要分布区，水鸟数量居全省之首，主要包括留鸟、夏候鸟、冬候鸟、旅鸟等。

（张晓东　市渔业局）

自然灾害

2017年，济宁市遭受风雹、洪涝、雪灾等自然灾害，兖州、微山、鱼台、金乡、嘉祥、泗水、梁山等多个县区不同程度受灾。

5月23日，受西风槽影响，济宁市西北向南出现雷雨大风天气，并伴有7到8级阵风，受余波影响，5月24日下午，梁山县又突遭大风袭击。两日大风天气导致兖州区（小孟镇、龙桥街道等7个镇街）、微山县（鲁桥镇、南阳镇）、梁山县（馆驿镇、小安山镇）的小麦出现不同程度倒伏，给受灾地区造成一定经济损失。此次灾害造成受灾人口77565人，农作物受灾面积8805.69公顷，其中成灾面积3583.23公顷，因灾造成直接经济损失3856.46万元，其中农业经济损失3856.46万元。

6月2日至3日，全市自西向东出现雷雨大风天气，导致兖州区颜店镇、大安镇等4个镇街部分小麦倒伏，泗水县泗河街道、星村镇等9个乡镇小麦大面积倒伏，部分蔬菜、西瓜大棚倒塌，给受灾地区造成一定经济损失。此次灾害造成受灾人口75789人，农作物受灾面积5850.29公顷，其中农作物成灾面积1019.13公顷；倒损房屋20间，其中倒塌1间、严重损坏14间、一般损坏5间；因灾造成直接经济损失2446.69万元，其中农业损失2227.99万元。

据统计，2017年，各类自然灾害共造成22万余人（次）受灾；农作物受灾面积22702.21公顷，其中成灾面积4699.82公顷；因灾直接经济损失9092.3万元，其中农业直接经济损失8827.8万元。

（郑　超）

人口民族

【人口】 全市常住人口837.59万人，比上年增加2.15万人。其中城镇人口478.43万人，农村人口359.16万人。全年出生人口13.52万人，出生率16.14‰；死亡人口4.01万人，死亡率4.79‰；全年净增加人口9.51万人，自然增长率为11.35‰。

（市统计局综合科）

【民族】 济宁市有42个少数民族，6.87万人，占全市总人口的8.2‰。其中，回族5.75万人，占少数民族人口的83.7%。少数民族人口在全市各县市区均有分布，并呈现城镇多、农村少的特点。全市有少数民族万人以上县（市、区）1个，民族工作重点乡镇（街道）17个，少数民族人口占50%以上的民族村居、社区18个，少数民族百人以上村居、社区48个。

（市民宗局）

国民经济和社会发展

【概况】 全市实现地区生产总值（GDP）4650.57亿元，按可比价格计算，比上年增长7.1%。分产业看，第一产业增加值497.97亿元、增长4.4%，第二产业增加值2122.16亿元、增长6.6%，第三产业增加值2030.44亿元、增长8.3%；分行业看，工业增加值1855.96亿元、增长6.6%，批发和零售业507.22亿元、增长6.5%，交通运输、仓储和邮政业206.29亿元、增长9.5%，住宿餐饮业89.56亿元、增长7.5%，金融业196.63亿元、增长6.2%，房地产业127.35亿元、增长5.5%，其他服务业882.16亿元、增长9.8%。三次产业对GDP增长贡献率分别为6.7%、43.9%和49.4%。人均地区生产总值55595元（按年平均汇率折合8234美元），按可比价格计算，增长6.6%。结构调整不断加快，三次产业结构由上年的11.0：45.9：43.1调整为10.7：45.6：43.7。

全市市场主体总量达55.32万户、增长8.95%，注册资本金9016.44亿元、增长26.16%。其中内资企业9033户、增长1.93%，外商投资企业800户、增长2.83%，私营企业12.84万户、增长17.62%，个体工商户40.04万户、增长6.69%。“四上”企业增至7128家、新增1133家，其中工业新增418家、房地产开发经营及建筑业新增103家、批零住餐业新增338家、服务业新增274家。

全市常住人口837.59万人，比上年增加2.15万人。其中城镇人口

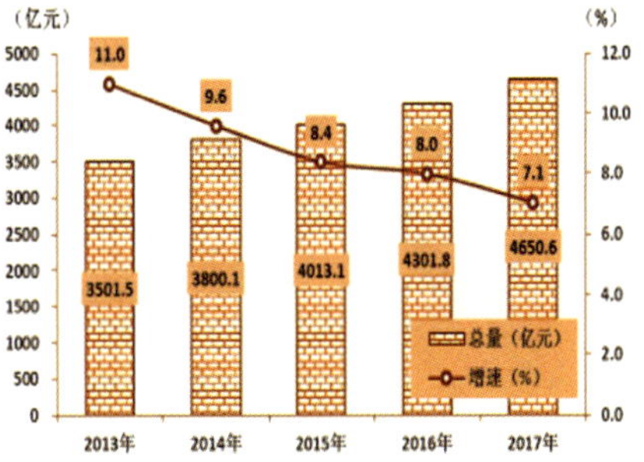

地区生产总值总量及增速

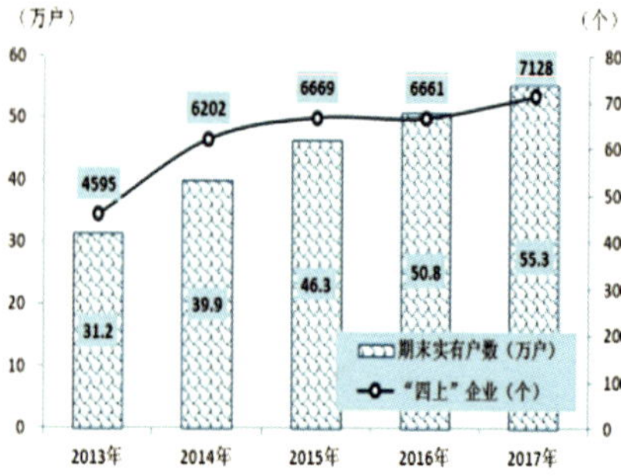

市场主体、“四上”企业

478.43万人，农村人口359.16万人。

【农林牧渔业】 全市实现农林牧渔业增加值518.33亿元、增长4.7%。其中农业344.99亿元、增长5.3%，林业7.63亿元、增长5.7%，牧业120.58亿元、增长3.3%，渔业24.77亿元、下降4.3%，农林牧渔服务业20.36亿元、增长15.6%。农、林、牧、渔及农林牧渔服务业增加值比例为66.6∶1.5∶23.3∶4.8∶3.9。

全年粮食作物播种面积1105.1万亩、减少15.1万亩，经济作物411.1万亩、减少8.9万亩，蔬菜瓜果面积295.2万亩、增加4.3万亩。粮食总产575.6万吨、减少2.0%，单产520.9公斤、减少0.6%。其中夏粮269.4万吨、减少1.2%，秋粮306.2万吨、减少2.6%。棉花产量5.3万吨、减少19.3%，油料产量16.7万吨、减少2.4%。园林水果产量29.1万吨、增加10.5%。肉类总产量61.0万吨、增加0.5%，禽蛋总产量35.0万吨、增加1.0%，奶类总产量10.6万吨、减少0.8%，水产品总产量33.1万吨、基本持平。

实施国家森林城市创建工作，全市林木覆盖率31.3%、提高0.5个百分点。完成造林面积21万亩，新建完善绿色通道637.3公里、2.5万亩，完成湿地保护修复10万亩。市级以上湿地公园增至35处，其中国家级（含试点）6处、省级18处。林业产业健康发展，新发展经济林8.4万亩，新育苗完成3万亩，新发展林下经济12.5万亩。

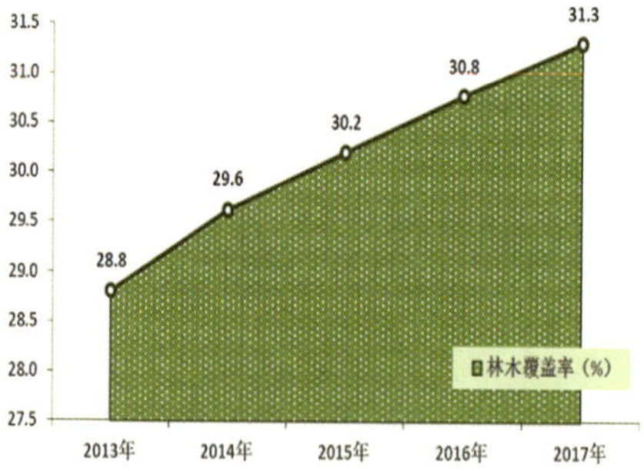

林木覆盖率

全市农业机械总动力876.68万千瓦，增长4.3%。农用大中型拖拉机5.02万台、增长5.41%，联合收获机3.5万台、增长4.38%，拖拉机配套农具21.69万台、增长2.3%。农作物耕种收综合机械化水平达85%，其中小麦机播率、机收率分别为96.78%、99.75%，玉米机播率、机收率分别为99.53%、97.1%。农田总灌溉面积496.55千公顷、增长0.44%，其中有效灌溉面积473.93千公顷、增长0.25%，节水灌溉面积305.23千公顷、增长8.94%，综合灌溉水有效利用系数达0.64。

深入推进粮食绿色高产高效创建，新增示范方26.8万亩，规模达到251万亩。规模以上农业龙头企业1026家，其中市级以上重点企业589家。评定20处市级现代农业示范园区。实施“一村一品”强村富民工程，省级示范村发展到26个、国家级11个。农民专业合作社、家庭农场总数达到14457家。实施化肥农药零增长行动，新增水肥一体化面积8.53万亩。建设农业标准化生产基地，累计认定省级标准化生产基地77处、启动实施市级第一批优质安全示范区创建项目7处、认证“三品一标”农产品537个。

【工业和建筑】 规模以上工业企业发展到2733家，其中营业收入过百亿元企业6家。规模以上工业增加值同比增长7.14%。在37个规模以上工业行业大类中，有31个行业实现增长、增长面为83.78%。按门类分，制造业增长6.35%、实现增加值占规模工业的63.50%，电力、燃气及水的生产和供应业增长0.29%、占比为6.52%；按经济类型分，国有企业增长14.87%，集体企业下降26.18%，股份合作制企业下降14.70%，股份制企业增长6.27%，外商及港澳台商投资企业增长12.36%，其他经济类型企业增长91.68%；按轻重工业分，轻工业增长3.26%，重工业增长10.62%，轻重工业增加值之比为29.8∶70.2。

工业经济总量扩张，效益快速增长。规模以上工业企业实现主营业务收入6270.03亿元、增长15.84%，利税755.64亿元、增长29.97%，利润468.86亿元、增长34.68%。企业亏损面为4.39%、较上年缩减1.20个百分点，亏损额15.47亿元、下降23.6%。

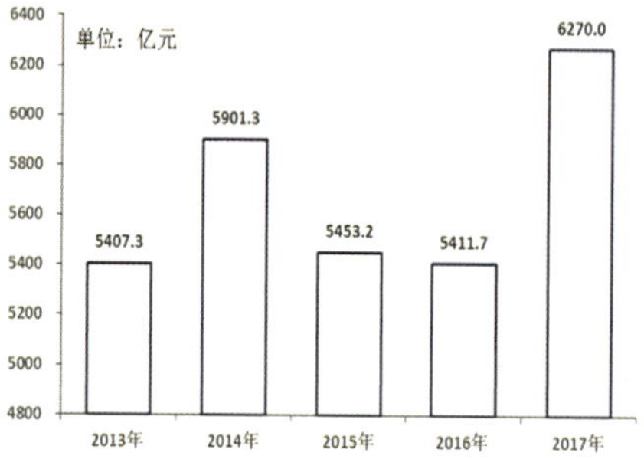

规模工业主营业务收入

全市高新技术企业实现产值1899.22亿元、增长10.66%，占规模以上工业总产值的比重为30.87%、比上年提高1.0个百分点。汽车制造、计算机通讯和其他电子设备制造业产值分别增长34.84%和12.7%。

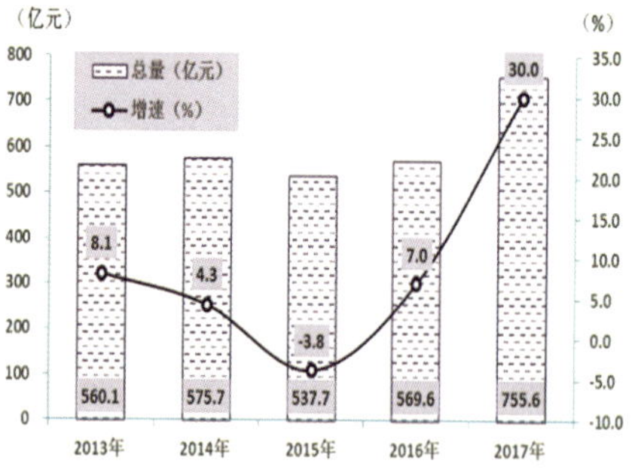

规模工业利税

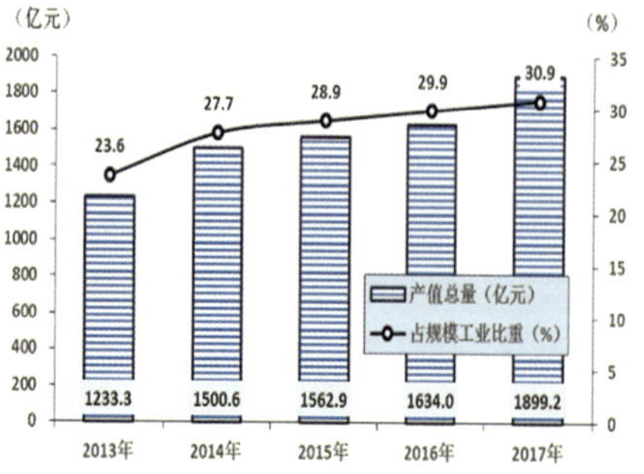

高新技术企业产值

全市列统总承包和专业承包的建筑业企业453家、增加18家，完成总产值734.7亿元、增长11.8%，实现增加值267.1亿元、增长6.8%。

【固定资产投资】 全市固定资产投资（不含农户）完成3473.5亿元、增长8.4%。其中，第一产业52.2亿元、下降23.3%，第二产业1809.6亿元、增长8.4%，第三产业1611.8亿元、增长9.9%。三次产业投资结构由上年的2.2∶52.8∶45.0调整为1.5∶52.1∶46.4。高新技术产业投资完成481.7亿元、增长12.6%，占全部投资的13.9%，较上年提升0.4个百分点。工业投资完成1801.0亿元、增长10.5%，其中工业技改1149.0亿元、增长22.9%，制造业1630.8亿元、增长7.4%。民间投资完成2847.2亿元、增长6.2%。基础设施投资完成520.2亿元、增长40.6%。

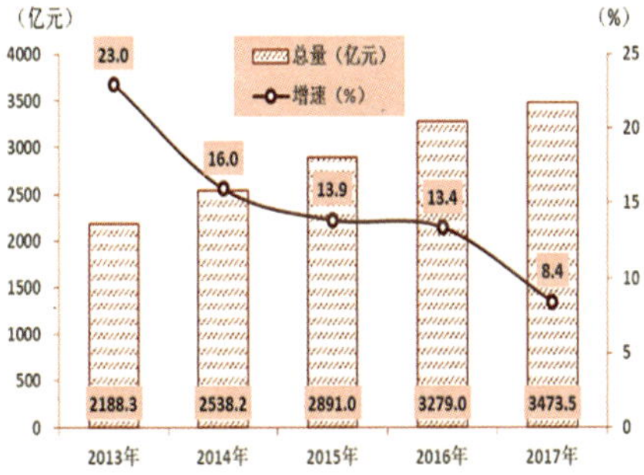

固定资产投资

房地产开发投资完成403.2亿元、增长10.8%，其中住宅投资305.5亿元、增长9.7%。商品房施工面积4495.2万平方米、增长13.3%，竣工面积713.7万平方米、增长26.9%；销售面积942.5万平方米、增长11.8%，其中住宅销售面积808.0万平方米、增长6.8%；商品房销售额444.0亿元、增长23.7%，其中住宅销售额376.1亿元、增长18.2%；商品房待售面积211.2万平方米、下降18.0%。

全市在建项目4666个、比上年增加812个，其中在建亿元以上项目1183个、增加405个。新开工项目3941个、比上年增加830个，其中新开工亿元以上项目738个、增加410个。投产项目3380个、增加366个。

【国内外贸易和旅游】 全市限额以上批发零售住宿餐饮企业1885家，亿元以上商品交易市场29处。全年实现社会消费品零售总额2259.19亿元、增长9.0%。按城乡市场统计，城镇实现1690.90亿元、增长8.2%，乡村568.29亿元、增长11.6%；按消费形态统计，批发和零售业实现1998.97亿元、增长8.6%，住宿和餐饮业260.22亿元、增长12.5%。在限额以上企业商品类值中，粮油、食品类零售额比上年增长10.8%，服装鞋帽针纺织品类增长7.7%，日用品类增长12.5%，体育娱乐用品类增长2.3%，家用电器和音像器材类增长16.8%，文化办公用品类增长23.0%，家具类增长10.6%，建筑及装潢材料类增长9.6%，石油及制品类增长9.4%，汽车类下降2.7%。

全市完成进出口总额414.4亿元、增长15.2%，其中出口240.9亿元、增长7.5%，进口173.4亿元、增长27.9%。按企业性质分，国有企业出口23.9亿元、增长12.7%，外商企业52.3亿元、下降0.9%，民营企业162.7亿元、增长9.8%；按贸易方式分，一般贸易出口190.3亿元、增长14.2%，加工贸易50.4亿元、下降12.2%；按目的地分，出口亚洲107.2亿元、增长2.5%，欧洲48.4亿元、增长19.2%，北美洲39.4亿元、增长21.2%，非洲15.9亿元、下降3.2%，南美洲19.6亿元、下降12.8%；按商品类别分，农产品出口72.5亿元、下降0.1%，纺织服装25.9亿元、增长8.4%，机电产品63.9亿元、增长30.3%，高新技术产品2.66亿元、增长28.6%。

全年合同利用外资34.6亿元、增长119.5%，实际到账外资40.1亿元、增长17.9%。其中制造业到账外资28.5亿元、增长7.6%，批发和零售业到账外资4.29亿元、净增4亿元。

积极对接"一带一路"拓展海外发展空间，全年境外投资11.9亿美元、下降65.1%。对外承包新签合同额14781万美元，完成营业额21388万美元，分别增长208.9%、121.0%，派出各类劳务人员7302人、增长3.5%。

实现旅游消费总额688.07亿元、同比增长14.65%，接待游客总人数6761万人次、增长10.24%。其中国内游客消费646.17亿元、增长14.67%，接待国内游客6728.21万人次、增长10.33%；入境游客消费15849.24万美元、增长3.95%，入境游客人数32.79万人次、下降5.17%；城乡居民出游前后旅游消费31.23亿元、增长18.29%，城乡居民人均出游次数3.43次、增长11.17%。旅游市场主体逐步壮大，新增AAA级以上景区17家，A级以上景区达到119家；新增山东省文化主题饭店6家，新增四星级饭店2家，星级饭店达到49家；新增旅行社8家，新增具有出境旅游业务的旅行社4家，旅行社达到143家。

【交通运输和邮政快递】 完成交通基础设施投资76.01亿元、增长13.95%，其中公路建设投资59.16亿元。新建改建公路里程631公里，年末公路总里程达19599公里，其中高速公路里程328公里，一级公路659公里。公路旅客营运车辆1020辆、34755客位，公路货物营运车辆11.62万辆、134.36万载重吨。水路通航里程1100公里，拥有各类营运船舶8000余艘，水上运力规模达730万载重吨。济宁曲阜机场全年保障航班8097架次、增长39.8%，新开通8条航线，开行往返航线数16条、通航城市26个，旅客吞吐量97.1万人次、增长55.6%，货邮吞吐量2247吨、增长23.9%。私人汽车保有量110.32万辆、新注册登记14.44万辆，私人轿车保有量72.70万辆、新注册登记9.29万辆。

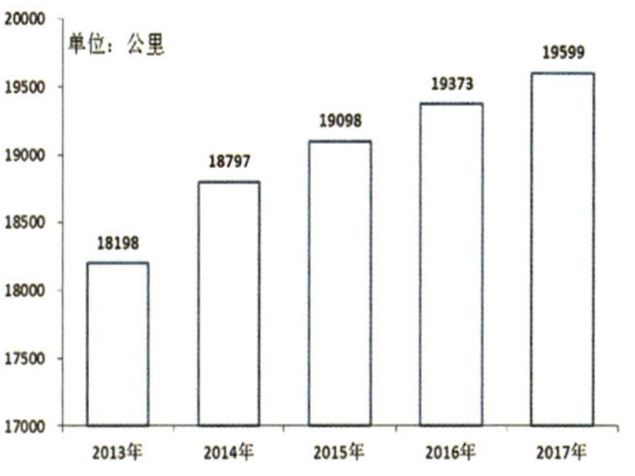

公路总里程

邮政业务量完成19.58亿元、增长39.4%，业务收入14.72亿元、增长23.7%。规模以上快递服务企业业务量完成5945万件、增长32.3%，业务收入完成5.66亿元、增长28.6%。

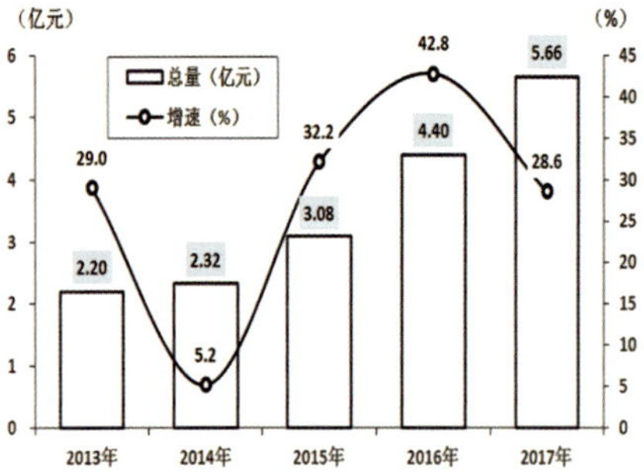

快递业务收入

【财政、金融和保险】 一般公共预算收入完成385.71亿元、增长3.0%，其中税收收入267.0亿元、增长7.5%，税收占比同口径提高3.2个百分点。公共财政预算支出569.73亿元、增长2.5%。金融机构本外币存款余额5021.55亿元、较年初增加409.44亿元，其中住户存款3065.71亿元、增加261.77亿元。贷款余额3158.04亿元、较年初增加278.77亿元，其中非金融企业及机关贷款2238.52亿元、增加101.99亿元。新增境内外上市企业4家、挂牌企业75家。

全市保险金额55847亿元、是上年同期的1.6倍，其中人身险5532亿元，财产险50315亿元。各类保费收入177.43亿元、增长9.9%。其中财产险52.11亿元、增长10.5%，人身险125.32亿元、增长9.6%。

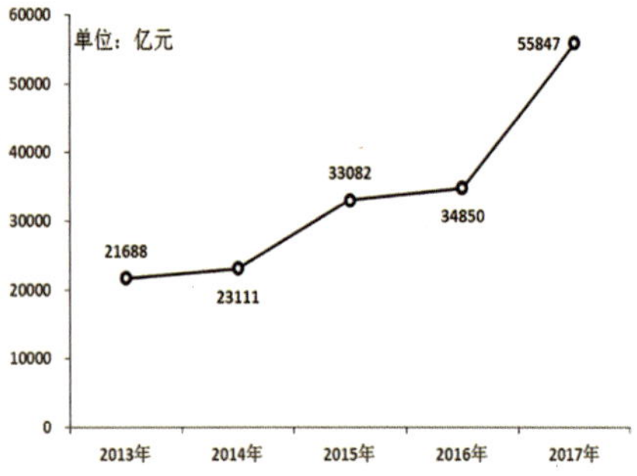

保险金额

【教育、科学技术和文化体育】 全市共有各级各类学校3359所，在校生153.16万人。其中普通高校7所，在校研究生4048人，本专科生11.25万人；成人高校2所，在校生2.71万人；中等职业学校（不含技工学校）20所，在校生4.79万人；普通高中39所，在校生13.15万人；普通初中254所，在校生28.69万人；小学1051所，在校生65.37万人；特殊教育学校13所，在校生3121人；学前教育幼儿园1973所，在园幼儿26.49万人。义务教育适龄儿童少年入学率达99%以上，初中毕业生升学率98%。全市新改扩建公办幼儿园67所。创建省级示范性中等职业学校1所，省级规范化中等职业学校1所。发放助学金及助学贷款2.5亿元，资助经济困难学生8.35万名。深入实施学生营养改善计划，投入营养餐补助2亿元，受惠学生69万人。实施解决城镇普通中小学大班额工程，累计完成学校建设187所，新增校舍面积318万平方米，新增学位19.8万个、教师11363名。实施全面改善义务教育薄弱学校基本办学条件工程，校舍累计开工面积227.2万平方米，竣工面积119.5万平方米；运动场地累计开工260.1万平方米，竣工257.6万平方米。

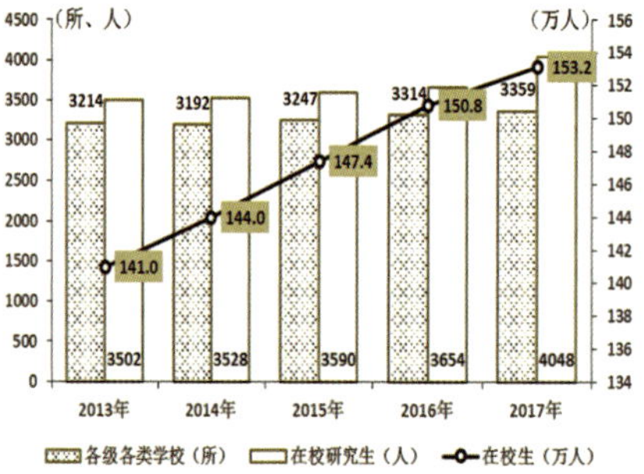

各级各类学校、在校生

获国家科技进步二等奖2项，省科学技术奖2项。认定国家高新技术企业148家，总数达到319家。市级工程技术研究中心新增69家，4家省级工程技术（示范）研究中心绩效评估被评为优秀等次。国家级工程实验室3个，省以上工程技术研究中心71家，市级461家。国家级科技企业孵化器达到6家、省级17家，其中省级新增8家；众创空间国家级、省级分别达16家、45家，分别新增2家、10家。新增31家省级“农科驿站”，国家级农业科技园区达到2家、省级9家、市级85家，省级以上农业科技园区实现县区全覆盖，数量居全省第一位。大型科学仪器设备入网设备新增380台（套），仪器原值7.3亿元，完成“创新券”网上预约2780单。全年申请发明专利2676件、授权563件，万人有效发明专利达到2.54件。完成技术合同登记 1605项，合同金额20.59亿元，技术合同交易额18.19亿元，增长均20%以上。6家机构获批省级科技成果转移转化服务机构备案。

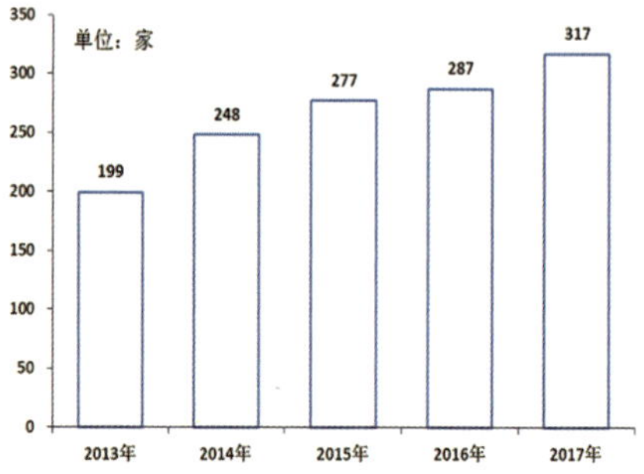

国家高新技术企业

年内引进海内外高层次人才2586人、高技能人才9261人，新引进院士6人，新增备案省级院士工作站5家。6人成功申报泰山产业领军人才，其中创业类1名、创新类3名、高效生态农业类2名。3人入选农业科技人才储备项目，2人入选国家创新人才推进计划，2人入选国家“万人计划”。济宁高新技术产业开发区管委会入选国家级创新人才培养示范基地。

全市公共图书馆建成“尼山书院”12个，建成乡村（社区）儒学讲堂2649个，开展各类国学活动2.2万余场，参与群众180余万人次。完善国家、省、市、县四级非遗项目名录体系，入选第三批省级非物质文化遗产生产性保护示范基地2家，入选第五批国家级非遗代表性传承人5人，第五批省级非遗代表性传承人8人，评选公布第五批市级非遗代表性传承人31人；共有国家级非遗代表性项目17个、传承人11人，省级项目61个、传承人37人，市级项目210个、传承人165人。共建成县（乡、村）历史文化展示场馆（所）197处，1个县、4个乡镇、18个村入选全省县及县以下历史文化展示示范点。村（社区）综合文化服务中心达标5598

个、达标率96.19%。专业艺术表演团体（不含民营）12个，艺术表演场所11个，公共图书馆13个（含市图书馆1个，县市区文化馆11个，济宁高新区科技中心图书馆1个），文化馆12个（含市群众艺术馆1个，县市区文化馆11个）。其中国家一级图书馆5个、一级文化馆9个。出版报纸5种、杂志8种。广播人口综合覆盖率为99.27%，无线广播覆盖率为99.20%，电视人口综合覆盖率98.59%，无线电视覆盖率为98.59%。全国重点文物保护36处，省级文物保护单位247处，市级文物保护单位378处，文物保护机构20个。全市共有档案馆13个，开放各类档案信息近20万卷（件）。

培养发展各级社会体育指导员1.8万人，市县两级体育社团达98个。国际比赛获金牌1枚、铜牌2枚，国内比赛获金牌13枚、银牌11枚、铜牌8枚，省内比赛获金牌42.5枚、银牌39枚、铜牌49枚。

【卫生和社会保障】 建成“互联网+分级诊疗”网络覆盖3774家医疗机构，基层医疗卫生机构与三级医院影像、心电等数据实时传输，累计完成诊断48.14万例，其中2017年完成远程会诊20.1万例。初步统计各类卫生机构6917个，其中医院192个，基层医疗卫生机构6594个（含村卫生室、门诊部、诊所、卫生所、医务室等），专业公共卫生机构118个，其他13个。各类卫生人员78586人，其中卫生技术人员57099人。卫生技术人员每千人口执业（助理）医师2.56人、千人口注册护士3.00人。医疗床位48701张，其中医院36430张，基层医疗卫生机构10769张，千人口医疗机构床位数5.81张。

全市收养性社会服务机构床位2.65万张、增长18.8%，收养人员1.80万人、增长2.8%。城镇建立各种社区服务机构979个，社区服务中心382个。全年接受社会捐赠3.96亿元。城市社区老年人日间照料中心174个、新增31个，农村互助养老院849个、新增109个，民办养老服务机构67个、新增4个，养老服务床位5.4万张、新增5022张。城乡低保标准分别提高到每人每月520-570元、345-380元。农村特困人员救助供养基本生活标准为每人每月470元；照料护理标准按照生活自理能力和服务需求分为三档，一档每人每月340元、二档170元、三档100元。城市低保对象1.5万户、2.8万人，投入城市低保资金1.3亿元；农村低保对象12万户、20.3万人，投入农村低保资金5.5亿元；农村特困人员1.8万人，投入供养资金1.1亿元。投入医疗救助资金1.11亿元，救助住院困难群众30305人。

深入实施全民参保计划，全市参加养老保险599.2万人，医疗保险803.4万人，失业保险83万人，工伤保险99.5万人，生育保险73.9万人。各项社会保险基金收入217亿元，养老、医疗、失业等保险待遇持续提高。

【城乡建设、环境和安全生产】 全市常住人口城镇化率提高1.8个百分点、达到57.1%。开工城建重点项目179个、完工107个、开工率93.7%，年度完成投资71.29亿元。整治城区小街巷230条，新建改建垃圾中转站7座、公厕28座，新建续建道路绿化34条，完成城区29处公园和绿地建设，绿化整治裸露地7.1万平方米，城区新增绿化面积263.8公顷，绿化率达38.2%。打通断头路25条，新开工地下综合管廊9.4公里，建成海绵城市19.1平方公里。运行城市生

活污水处理厂23座，日处理能力101万吨，调试运行3座，日处理能力7万吨，均执行一级A排放标准，城市污水集中处理率达到96%以上。天然气“镇镇通”通气率达到96.2%。气代煤电代煤工程超额完成19.4%、省下达5万户任务完成5.97万户（其中气代煤5.86万户、电代煤1080户）。农村厕所改造超额完成55.2%、省下达31.82万户改厕任务完成49.4万户。

全年化学需氧量、氨氮、二氧化硫、氮氧化物排放量分别削减2.54%、3.01%、6.0%、6.0%。PM2.5浓度、改善幅度三项均居京津冀“2+26”通道城市前列。20个国控、省控断面均优于地表水三类水质标准，南四湖流域水环境质量连续15年得到改善。城市饮用水源达标率100%。266个建筑工地纳入四级视频监控系统，安装PM10监测微站321台；煤矿企业、储煤场、港口码头全部安设防风抑尘网，安装视频监控和在线监测设施164台套。176台燃煤机组（锅炉）全部完成超低排放改造。取缔或改造燃煤小锅炉6006台，760家加油站完成三次油气回收改造任务。完成全市重污染天气应急预案修订工作，将全市14个行业、481家企业、866个扬尘源纳入重污染天气应急响应管理。关闭搬迁禁养区内畜禽养殖场（户）7222家，引导畜牧业绿色生态发展，建成生态养殖示范场447处。120家重点排水企业、16处省级以上工业集聚区的18家污水处理厂均实现在线装置与环保部门联网。全面开工建设国家“十三五”规划人工湿地项目工程，新建人工湿地3处，修复及新建湿地达48处、26万亩。新建覆盖每个镇街的空气自动监测站156个、空气自动监测微站175个、面源PM10监测点位998个、监控视频4958路；2069家“散乱污”企业全部完成清理取缔或改造提升任务，其中清理取缔1319家、改造提升750家。核发109张国家排污许可证，圆满完成国家、省目标任务。

全年各类生产安全事故67起，死亡73人。亿元GDP生产安全事故死亡人数0.0157人，工矿商贸企业就业人员10万人生产安全事故死亡人数1.012人，煤矿百万吨死亡人数0.025人。

【就业、居民生活和物价水平】 全年新增城镇就业7.5万人、比上年增长4.9%，城镇登记失业率3.1%。新一轮就业创业政策红利持续释放，年内组织就业创业培训7.7万人，发放创业担保贷款9.3亿元，扶持创业1.3万人。

全市居民人均可支配收入23847元、增长9.1%，人均消费支出14582元、增长7.7%。其中，城镇居民人均可支配收入32420元、增长8.1%，人

均消费支出19287元、增长6.0%；农村居民人均可支配收入14845元、增长9.0%，人均消费支出9641元、增长9.4%。城镇居民人均住房建筑面积40.44平方米，农村居民人均住房建筑面积44.83平方米。

居民消费价格总水平（CPI）同比上涨1.1%。八大类消费价格呈现“七升一降”格局。“七升”为衣着上涨0.3%、居住上涨0.4%、生活用品及服务上涨2.6%、交通和通信上涨1.2%、教育文化及服务上涨3.5%、医疗保健上涨6.8%、其他用品及服务上涨1.7%，“一降”为食品烟酒下降0.9%。

工业生产者出厂价格上涨9.6%、较上年扩大10.3个百分点，工业生产者购进价格上涨13.4%、较上年扩大13.8个百分点。

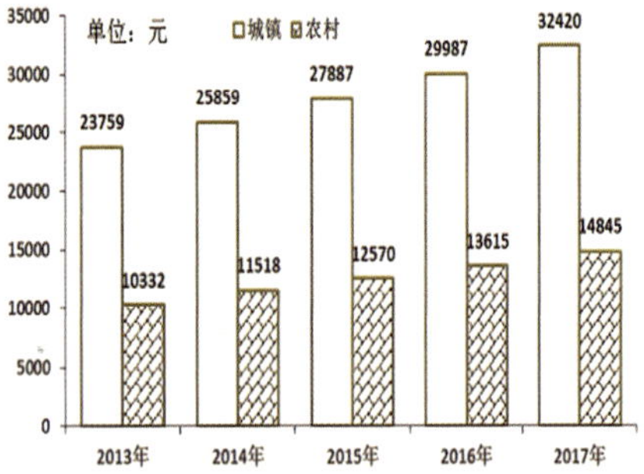

城乡居民人均可支配收入

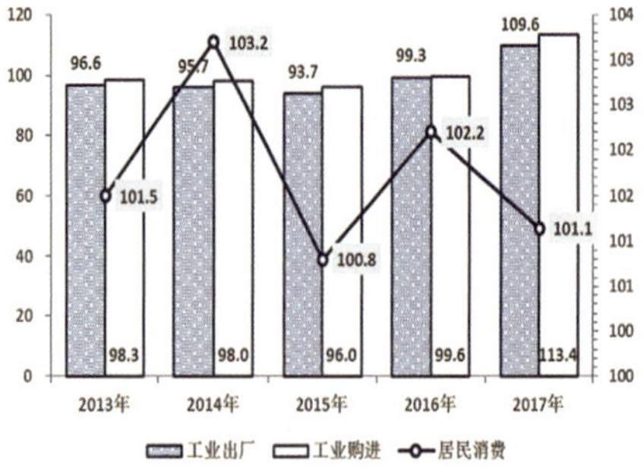

居民消费、工业品出厂购进价格指数

主要农产品产量统计表

表－2

产品名称	计量单位	绝对数	比上年增长(%)
粮食	万吨	575.6	−2
#夏粮	万吨	269.4	−1.2
秋粮	万吨	306.2	−2.6
棉花	万吨	5.3	−19.3
油料	万吨	16.7	−2.4
#花生	万吨	16.6	−2.4
瓜菜	万吨	810.7	11
#蔬菜	万吨	716.8	13.6
水果	万吨	29.1	10.5
肉类	万吨	61.0	0.5
奶类	万吨	10.6	−0.8
禽蛋	万吨	35.0	1.0
水产品	万吨	33.1	—
肉猪出栏头	万头	497.5	0.6
生猪年末存栏	万头	242.6	−14.9
羊年末存栏	万只	162.6	−18.1

主要工业产品产量统计表

表－3

产品名称	计量单位	绝对数	比上年增长(%)
发电量		385.7	−6.2
挖掘、铲土运输机械	台	12530	76.7
变压器	亿千瓦小时	556.0	−20.3
通信及电子网络用电缆	万对千米	1.9	−41.0
电力电缆	万千米	2.3	−42.2
石墨及碳素制品	万吨	116.5	−5.9
橡胶轮胎外胎	万条	1200.0	38.6
烧碱(折100%)	万吨	46.0	−8.7
纱	万吨	59.7	6.3
布	亿米	3.0	9.4
服装	万件	6851.3	18.2
机制纸及纸板	万吨	489.8	14.7
焦炭	万吨	600.3	−5.5
白酒	万千升	6.1	12.2
啤酒	万千升	10.9	−17.9
钢材	万吨	30.4	−30.3
改装汽车	辆	42079	7.9
水泥	万吨	981.9	−0.2

居民消费价格指数变动情况一览表

表－4　　单位：%

指 标	2017年
居民消费价格总指数	101.1
#服务项目价格指数	101.5
消费品价格指数	100.9
#食品烟酒	99.1
粮食	101.1
鲜菜	91.0
畜肉	94.1
水产品	103.5

续表

指标	2017年
蛋	96.5
鲜果	103.3
衣着	100.3
居住	100.4
生活用品及服务	102.6
交通和通信	101.2
教育文化及服务	103.5
医疗保健	106.8
其他用品和服务	101.7

每百户居民耐用消费品拥有量情况一览表

表-5

指标名称	单位	数量		
		全体居民	城镇居民	农村居民
1.家用汽车	辆	36	41	31
2.摩托车	辆	32	19	47
3.助力车	辆	138	134	142
4.洗衣机	台	100	103	96
5.电冰箱(柜)	台	96	99	93
6.微波炉	台	29	44	11
7.彩色电视机	台	114	112	116
8.其中:接入有线电视	台	71	75	67
9.空调	台	109	144	70
10.热水器	台	98	101	94
11.其中:太阳能热水器	台	92	91	92
12.洗碗机	台	1	1	1
13.排油烟机	台	54	84	19
14.固定电话	线	18	30	6
15.移动电话	部	234	248	218
16.其中:接入互联网	部	98	113	80
17.计算机	台	64	87	38
18.其中:接入互联网	台	45	65	23
19.照相机	台	29	43	13
20.中高档乐器	架	4	7	0
21.健身器材	台	3	5	0

（市统计局）

精神文明建设

【文明城市创建】 坚持创建惠民理念和问题、整改、问责“三个导向”，推进创建全国文明城市工作。对主次干道、商业大街、背街小巷、社区小区内的路面及设施进行全面硬化修缮，整修道路133条，整治背街小巷270条，维修人行道39万平方米。实行网格化管理和“路长制”，实现建成区创建无缝隙全覆盖。创新服务社区群众新模式，在城市社区开展“三会一访”活动，解决群众身边的实际困难和问题1.2万多个。加强公益广告建设，建设社会主义核心价值观、优秀传统文化主题大街14条、主题公园（广场）11个、主题小广场（小区）112个、主题街巷32条，建设景观式永久性公益广告小品1.7万多个。11月，全省宣传贯彻党的十九大精神公益广告工作会议在济宁市召开。构建创城办日常检查、新闻媒体持续曝光、市民群众监督评议、第三方模拟测评相结合的“四位一体”督查模式，研发“济宁文明随手拍”微信矩阵、“创城巡查系统”，形成全民参与、动态监控、即时处置的工作运行机制。在2017年省级文明城市测评中，济宁市居全省第1名。

11月8—9日，全省宣传贯彻党的十九大精神公益广告工作会议在济宁召开，图为与会人员观摩太白湖新区京杭佳苑社区。

【公民道德素质提升】 推进公民文明出行专项行动，制定《公民文明出行专项行动实施方案》，重点治理公共交通、公共秩序、公共环境三个方面的不文明行为。开展“济宁好人”评选宣传，推荐“身边好人”线索33.1万余条，评选“济宁好人”120名，其中49人入选“山东好人”，6人被评为“中国好人”。评选第六届全市道德模范30名、提名奖获得者40名，4人获省级道德模范称号。编印《全市道德模范宣传》《济宁好人小传》。深化诚信建设制度化，印发《2017年诚信建设制度化工作方案》，打造诚信文化一条街2条，设置宣传栏27处，集中宣传各类诚信典型、诚信故事、市级诚信“红黑榜”，将市级以上文明单位、市级以上道德模范和“中国好人”“山东好人”“济宁好人”的基本信息和市级诚信“红黑榜”信息集中录入济宁市市级公共信用信息平台。推进志愿服务制度化，建成济宁志愿服务网，注册全市志愿服务组织1938个，建成区注册志愿者281950人，服务总时长超过400万小时。推进文明旅游工作。开展“我们的节日”主题活动。开展网络文明传播活动，济宁文明网加入中国文明联盟网站，微信公众号拥有固定粉丝13341人，“文明济宁”客户端上线，网络文明传播志愿者队伍不断扩大。

【乡村文明行动】 印发《济宁市农村移风易俗工作实施意见》，召开全市移风易俗工作现场推进会议。对全市

7月17日，济宁市创建全国文明城市工作总攻决战动员会议召开

移风易俗工作进行2次群众满意度电话调查、3次实地督导。推广“汶上模式”，实施“以文化人”工程，组织《新编小二黑结婚》在全市巡演。把移风易俗工作作为年度精神文明考核能否确定为“好”等次、能否参评文明村镇、文明单位的先决条件。全市所有村居都将移风易俗具体要求纳入《村规民约》，红白理事会实现村居全覆盖，组织开展培训6790人次，评选先进红白理事会101个，移风易俗工作群众满意度达到97.55%。组织参加山东省移风易俗微电影大赛，济宁市获优秀组织奖。推进城乡环卫一体化工作，城乡环卫一体化群众满意度达到97.35%。23个村被评为第五批省级“乡村文明家园”建设示范村。

【未成年人思想道德建设】 印发《关于进一步健全完善学校、家庭、社会“三结合”教育网络的实施意见》，组织开展清明祭英烈、学雷锋做美德少年、童心向党、向国旗敬礼等活动，评选济宁市“美德少年”122名。在全市中小学校开展“经典诵读进校园”“传统美德进校园”“民俗民艺进校园”等各类主题活动。开展乡村学校少年宫建设，新建成全市乡村学校少年宫信息化管理平台，完成对所有县市区系统管理工作的线上培训，151所中央、省级项目全部纳入动态管理，新增1个中央项目落地泗水。组织实施全市乡村学校少年宫成果展示活动，在全省乡村学校少年宫成果展示活动中，济宁市获优秀组织奖。济宁市获全省未成年人思想道德建设工作先进城市称号，市教育局、团市委获全国未成年人思想道德建设工作先进单位称号。

【群众性文明创建】 印发《关于进一步深化文明单位创建工作的意见》《济宁市深化文明行业创建活动试点工作实施方案》，启动文明行业创建试点工作，2017年新增市级以上文明单位、文明村镇、文明社区分别为206个、177个、42个，撤销、注销172个。开展“美在我家”主题活动，市文明委制定《济宁市文明家庭管理办法》，评选第二届全市文明家庭101户。开展文明校园创建，评选首批市级文明校园117所，31所学校获第一届省级文明校园荣誉称号，52所学校获省级文明校园提名，济宁市霍家街小学和济宁学院附属中学获第一届全国文明校园荣誉称号。

（市文明办）

太白湖新区社会主义核心价值观主题公园一景

生态文明建设

【概况】 济宁市推进生态济宁建设行动计划，全市呈现经济持续增长、污染稳定下降、生态逐步改善的局面。传统产业调整振兴成效显著，服务业总量扩大结构优化，信息产业继续保持高速发展态势。生态环境质量持续改善，相继迎接省环保督察、中央环保督察、环保部大气强化督查的检验，2017年1—10月份，全市大气环境主要污染物PM2.5、PM10、SO_2、NO_2浓度改善率分别为13.6%、13.4%、34.3%、12.5%；PM2.5浓度、改善率、空气质量综合指数三项指标均居京津冀“2+26”通道城市前列。在环保部秋冬季大气综合治理攻坚阶段总结现场会上，济宁市作了典型经验发言。完成2017年度重点行业排污许可证核发任务。18个国控断面全部达到国家规划水质目标，南四湖流域水环境质量连续14年得到改善。城乡环境面貌明显改善，全市地下综合管廊累计完工10.3公里，累计建成海绵城市35.83平方公里；建成区污水集中处理率达到96%以上，生活垃圾处理率达到100%；农村改厕完成45.83万户。人居环境安全进一步提升，森林覆盖率达到31.3%，建成区绿化覆盖率达到42.46%，人均公园绿地面积增加到14.73平方米。

【生态文明建设工作机制】 把生态文明建设工作列入决策目标、执行责任、考核监督“三个体系”。成立由市委、市政府主要领导任“双组长”的生态济宁建设领导小组，统筹做好牵头抓总、组织协调、调度督查等工作。市委常委会、市政府常务会、市长办公会定期听取环保等生态文明建设工作汇报，市委、市政府各位领导常态化带队开展督导调度、明察暗访，市人大、市政协多次开展特别视察、专题调研等活动。市直部门按照职责划分24条工作线分线作战，各县（市、区）都建立治污攻坚机制，将治污任务和责任分解落实到乡镇（街道）、村居、企业，构建起党委领导、政府负责、人大、政协监督、部门齐抓共管、市县乡村上下联动的生态文明建设工作大格局。将环境质量逐年改善作为区域发展的约束性要求，纳入领导干部政绩考核内容，制定出台济宁市环境保护工作考核办法、问责办法，严格落实环保考核、生态补偿等相关制度办法。在全国率先实现所有乡镇空气自动监测站全覆盖，对各县（市、区）的环保工作情况和乡镇（街道）大气环境质量进行每月一考核、一排名、一通报。坚持“分级管理、属地为主，党政同责、一岗双责、失职追责”的原则，细化环保量化问责办法，明确“散乱污”企业清理取缔、电代煤和气代煤工程、燃煤小锅炉“清零”等9类环保督查或巡查问题情形，每一项都细化问责到人。组建督察组常态化督导巡查，对进展缓慢的部门单位及时提醒、跟踪督办；整改不到位的，问责处理。2017年全市共约谈县（市、区）主要领导6人、分管领导30人、乡镇（街道）负责人48人，问责242人。

【经济结构转型升级】 按照“一二五六”工作目标和要求，坚持“工业强市”不动摇，以全面实施中国制造2025济宁行动计划、加快新旧动能转换为主线，以建设省信息技术产业基地为牵动，推动全市经济转型跨越发展。新旧动能转换加快。前三季度，制造业利税、利润分别增长20.8%和26.7%，高于全省平均10.4个和14.1个百分点。29个制造业行业中，27个主营收入实现增长，机械、化工和造纸利润翻番。新材料、新能源、高端装备等新兴产业发展迅速，高新技术产业产值增长7.3%，占比达到30.8%，比年初提高0.9个百分点。落实中国制造2025济宁行动计划，印发《新旧动能转换工程工作方案》和《加强企业家队伍建设的意见》，召开新旧动能转换经验交流会、强化技术改造暨“6501”培育工程推进会，组织50余名企业家赴深圳、菏泽等地考察学习，举办10个国内外专题班、培训企业家3000余人次。新增省级企业技术中心18家、泰山产业领军人才5人，争取新产品新技术类省级技术创新计划项目287项，中国产学研合作创新大会上，圣琪生物获“产学研合作创新成果”二等奖，兖矿集团、荣信煤化获“中国产学研合作创新示范企业”。开展十百千品牌培育工程，打造“好品济宁”平台，汶上服装纺织、兖州农机装备入选国家产业集群区域品牌创建试点示范，济宁市入选省级装备制造支柱产业集群。信息产业高速增长。前三季度，全市信息产业企业达到735家，完成主营业务收入436.9亿元、增长43.7%，在建重点项目50个、总投资350亿元。信息产业招商办公室签约项目3个、总投资15亿元。电子商务交易额、网络零售额分别增长30%和33%。实施“6501”培育工程，重点突破300个企业、项目、智能产品和智能生产线。举办第二届中国制造业与互联网融合发展高峰论坛，1000多家企业参会，新浪、凤凰等主流媒体刊发信息67.4万条。召开第二届中国（济宁）工业电商大会，邀请省内200余家企业参展参会，落户企业10余家。化工产业加快转型。成立市化工产业安全生产转型升级专项行动领导小组，设立专门办事机构和6个工作组，出台《总体工作方案》。整治各类安全隐患，排查整改化工生产企业隐患2494项，危险化学品运输企业隐患133项，危险品储存、经营、使用企业隐患5040项。运用环保倒逼机制推进转型升级、提质增效，化工行业利税、利润分别增长81.6%和1.2倍。供给侧改革成效明显。工业产品销售率达到98.9%、居全省第6位，钢材、焦炭产量分别下降23%和0.3%。统筹推进企业降本减负，为规模以上企业印发《扶持企业发展政策》3500册，争取各类新旧动能转换扶持资金1.2亿元，减免高新技术企业国地税1.47亿元，企业研发费用加计扣除5.66亿元，百元主营业务收入成本降为84.8元、同比减少1.2元，制造业贷款余额比年初增加24.6亿元，同比增加36.1亿元。实施“百企护航”计划，完成改制企业382家，辰欣药业、东宏管业在上交所主板上市，兖矿集团、如意科技、太阳纸业和华勤集团入选2017中国企业500强和山东企业100强，润峰集团、荣信煤化等5家企业入选2017山东民营企业100强，如意科技列入工信部服务型制造示范企业。推进智慧城市建设。在任城区、兖州区、济宁高新区、太白湖新区、济宁经济技术开发区等城区建设免费WIFI项目，采取“政府购买服务，企业投资建设，第三方监测服务”模式，采用业界最新的技术标准建设，保证高带宽和用户体验，保证“爱济宁”无线网络3~5年的技术领先性，为用户提供优质、安全、不限时长的免费上网服务。完成91处热点区域WIFI建设并免费开放。服务业持续快速稳定发展。服务业总量扩大结构优化，前三季度，服务业增加值完成1543.9亿元，同比增长8.9%。结构调整进一步推进，服务业增加值占GDP比重达到44.5%，比上年同期提高0.3个百分点。服务业投资快速增长，前三季度，全市服务业完成投资1358.5亿元，同比增长20.2%。服务业“转动能”作用凸显，1—8月份，全市规模以上服务业企业达到1373家，共实现营业收入234.2亿元，同比增长17.0%。包含互联网和相关服务、软件信息技术服务业、商务服务业等12个行业大类的其他营利性服务业营业收入增速达到23.4%。

【现代农业】 大力发展生态农业。全市新建26.8万亩粮食绿色高产创建示范方，全年粮食总产达到575.6万吨。农业结构优化调整，共建成400万亩蔬菜、130万亩大蒜、60万亩花生、50万亩辣椒、45万亩大豆、9800万平方米食用菌等特色优质农产品生产基地，其中大蒜出口量居全国首位，邹城成功举办中国食用菌大会，嘉祥县被评为首批“国家五大区域大豆良种繁育基地”，金乡县被评为首批“国家现代农业产业园”。新增规模以上农业龙头企业47家。认定市级生态循环农业示范点100个，建设规模以上生态循环农业示范基地140多个、面积达到30万亩；创建国家、省级休闲农业示范单位53个，微山县获批“省级休闲农业和乡村旅游示范县”。加快省级整建制农产品质量安全市创建步伐，新增省级农业标准化生产基地19处，新认证农产品“三品一标”61个，泗水县获“国家农产品质量安全县”称号，县级追溯平台实现全覆盖，农产品抽检合格率达98.9%。与浙江大学农业品牌研究中心开展战略合作，发布济宁市农产品品牌标识“济宁礼飨”，金乡县获首批“国家特色农产品优势区”、首批“中国百强农产品区域公用品牌”，利生食品、汶上芦花鸡等9种产品被列入2017年省级知名农产品目录。推动绿色畜牧业发展。新认证20家无公害畜产品企业，通过产地认证累计达到101家。印发《济宁市畜牧业绿色发展规划（2017—2020年）》《济宁市加快推进畜牧业绿色生态发展实施方案》；列支4000万元，规划建设美丽生态养殖场（小区），实施非禁养区升级改造示范工程，以“五化（绿化、美化、亮化、生态化、安全化）”为创建目标，打造6处美丽生态养殖小区、50处美丽生态养殖场。新创建国家级、省级畜禽标准化示范场20处，市级35处；新增花园式牧场和家庭生态养殖场35处。汶上芦花鸡新增为全省第二批知名农产品区域公用品牌，梁山“黑猪牌”黑猪肉系列等3个产品新增为知名农产品企业产品品牌。加强渔业生态资源保护力度，在南四湖及其贯通河道、大中型水库实施禁渔制度，坚持上下级湖各5万亩的两个常年禁渔区，同时在南四湖区设立荷花禁采期和禁采区。印发《关于禁渔工作的通告》，明确禁渔工作的时限要求、目标任务。开展测水配方、放鱼养水工程，举办第六届太白湖放鱼节，依据“生态优先和质量优良”“自然增殖和数量控制”“经济回报”三项原则，重点投放鲢鳙鱼、草鱼、鲤鱼等品种。通过“以渔养水”的生态模式对湿地进行有效维护，梁山县、微山县、金乡县、太白湖新区、任城区、曲阜市、邹城市、嘉祥县等10个县（市、区）实施放鱼养水工程，共计放流苗种约865万尾。2017年，济宁市在南四湖及城市水系共计放流鲢鳙鱼、鲤鱼、草鱼等各种鱼类3559万尾。

【改善环境质量】 开展大气污染防治。按照“导则引领、专家把脉、数据支撑、网格管控、上下联动、严厉问责”24字方针，全面落实“抑尘、压煤、控车、除味、错峰、应急”六大综合治理措施。防治扬尘污染。督导市直有关部门对扬尘污染源开展全面排查，严格落实行业技术导则；将全市266个建筑工地纳入四级视频监控系统，安装PM_{10}监测微站321台；煤矿企业、储煤场、港口码头全部安设防风抑尘网，安装视频监控和在线监测设施164台套；关停商品混凝土企业54家。严控燃煤污染。将省定燃煤电厂机组超低改造范围扩大到10蒸吨以上锅炉，全市176台燃煤机组（锅炉）全部完成超低排放改造。取缔或改造燃煤小锅炉6006台，在上年推广清洁型煤21万吨的基础上，2017年推广40万吨，市财政列支4000万元进行价格奖补。推进“气代煤电代煤”工程，市财政每户补贴4000元，县级财政按1：1进行配套，超额完成省政府下达的5万户改造任务。严控机动车污染。实施“车、油、路”全方位管控。加强对机动车环检机构的运行监管，对15家违规环检机构进行查处。开展城区柴油车辆专项整治，严厉查处尾气超标、超限超载、道路遗撒等违法行为，查处未添加车用尿素、不正常使用DPF设施车辆681辆，处罚“冒黑烟”车16472起。加大加油站整治力度，全市377家高速公路、国道、省道沿线加油站全部按要求销售车用尿素，760家加油站完成三次油气回收改造任务。整治挥发性有机物污染。市级挥发性有机物重点治理项目76家，全部完成治理任务。确立30家企业作为市级重点项目开展泄漏检测与修复（LDAR）工作。30家企业均按期完成检测任务。推动工业企业错峰生产与运输。加大采暖季工业企业生产调控力度，对焦化、铸造、水泥等7个行业，204家企业实行错峰生产；推动各类建筑施工工地落实“封土行动”。完善重污染天气应急响应体系。完成全市重污染天气应急预案修订工作，以污染源排放清单为基础，将全市14个行业、481家企业、866个扬尘源纳入重污染天气应急响应管理。强化预警会商、应急处置和联防联控，落实《济宁市重污染天气应急预案》及《应急响应“七步法”》，确保减排、督导、驻厂“三同时”。巩固提升水污染防治成果。全面落实“河长制”，开展面源水污染防治攻坚行动，全力保障重要水源地、河道水系及南水北调水质安全。严格落实水污染防治责任。以“河长制”为依托，建立市、县、乡、村四级河长体系，实现全市范围内的河道、湖泊、水库等各类水域河长制管理全覆盖。分解落实国家和省相关目标任务，督促市直有关部门制定各行业方案和县（市、区）制定辖区重点河流稳定达标方案。对龙拱河、西支河、东鱼河、洙赵新河、蓼沟河等重点河段治理工作加强督导，针对部分不能稳定达标的河流，约谈问责有关责任单位和县（市、区），找准水质波动的症结，开展清淤疏浚、截污导流、生态修复等综合整治工作。开展水面源污染治理攻坚战。先后组织河道排查整治、渔业养殖整治、城区黑臭水体整治、非法小码头取缔、沿湖沿河畜禽养殖清理等系列行动。关闭搬迁禁养区内畜禽养殖场（户）7222家，引导畜牧业绿色生态发展，建成生态养殖示范场447处。提升工业污染防治水平。对污水处理厂实施除磷脱氮提标改造，41家污水处理厂全部加装总氮总磷在线装置，外排水全指标达到一级A排放标准。全市120家重点排水企业、16处省级以上工业集聚区的18家污水处理厂均实现在线装置与环保部门联网。加强人工湿地水质净化工程建设及运行管理。推动国家“十三五”规划人工湿地项目工程全面开工建设，新建人工湿地3处，全市修复及新建湿地达52处、30万亩。建立人工湿地运行管理的有效模式，保障人工湿地正常运行，发挥人工湿地综合效益。强化饮用水水源保护。制订《济宁市城市饮用水水源地环境保护规划》，完成水源一级保护区内4处畜禽养殖点、6个工业企业、3处村庄的关停搬迁工作；完善水源地保护区标志，完成县级以上水源地标志规范化设置工程。开展土壤环境污染防治工作。实施危废、固废规范化整治行动。制定《全市危险废物环境管理突出问题综合整治方案》，召开全市危险废物工作会议，部署危险废物监管的重点工作。强化对固废、危废企业环保达标情况的日常监管，全市50余家重点产废和经营企业安装视频监控系统，大部分实现与县级平台联网。积极推进危废处置设施建设。制定《济宁市危险废物处置利用设施建设指导方案》。“十三五”期间在全市规划建设1~2家危险废物综合处置利用设施，统筹规划1处危险废物集中填埋处置设施。鱼台县张黄化工园区20万吨/年危废综合处置利用项目建设中，已具备基本收储能力，2018年建成试运营，填埋场环境影响评价已批复。启动土壤污染防治工作。启动土壤污染状况详查工作。对搬迁污染企业场地实施评估和修复，开展污染耕地的修复试点。强化造纸、建材等15个重点行业治污减排专项治理，实现重金属、有毒有害化学品等风险全程管控。加强农业面源污染防治。印发《全市农业面源污染综合防治工作方案》《秸秆综合利用、化肥、农药科学使用技术导则》《济宁市2017年农药监管工作方案》。实施化肥农药零增长行动，落实测土配方施肥、果菜有机肥替代化肥行动，大力推广水肥一体化技术，全市新增水肥一体化面积8.53万亩，超额完成全年考核任务，金乡县获批“2017年国家果菜有机肥替代化肥示范县”。加大农药废弃物回收处置和销毁力度，全市农药经营门市部共设置农药废弃物回收桶500余个，回收剧毒高毒农药包装物343公斤。开展废旧地膜回收，推广双降解生态地膜，推进泗水、金乡地膜污染防治项目建设，建设废旧地膜回收站点4处。

【构建生态安全格局】 围绕森林、湿地、河湖、农田、城市、地质六大生态系统建设，构建布局合理、结构稳定、功能完善、覆盖全市域的大生态体系。以全国绿化模范城市创建为抓手，深入实施重点工程。构建“城、乡、路、山、水、田”一体化绿化格局，打造“一核九星、四区三带、三网多片”总体布局。2017年，全市完成造林20.85万亩，其中荒山绿化3.52万亩、水系绿化2.13万亩，新建更新完善农田林网33.7万亩、绿色通道664.3公里，全市林木覆盖率达到31.3%；完成湿地保护修复10.02万亩。推进水生态建设。改造洸府河、大运河等河流生态景观，完成泗河综合开发堤防工程，编制《河湖库生态保护与建设专项规划》。开展水土流失治理。完成水土流失治理面积60.6平方公里，其中整修、新建梯田1715公顷、栽植经济林2457公顷、营造水保林789公顷、封育治理687公顷、其他387公顷，建设塘坝、谷坊等小型水利水保工程53处，完成土石方量157万方，总投资5866万元。泗水县、邹城市被列入2018—2020年国家水土保持重点建设工程，总投资达7500余万元。推进矿山地质环境调查。投入资金269万元，对全市非煤矿山地质环境问题进行核实调查，解译遥感图斑466个，调查各类非煤关闭及废弃矿山377个，调查破损山体379处、露天采坑179处、工业广场35处、固体废弃物14处，初步划分了矿山地质环境影响分区及治理分区。推进塌陷地治理。下发《关于下达2017年度采煤塌陷地治理任务目标的通知》，将全年2.2万亩治理任务分解落实至有关县（市、区）。全市共完成治理项目20个，总投资7.39亿元，治理面积2.36万亩。构建环境安全防控体系。立足预防、预警和应急三大环节，认真落实风险评估、隐患排查、事故预警、应急处置四项工作机制，层层设防，建立全方位环境安全防控体系。严格落实“超标即应急”和“快速溯源法”工作程序，妥善处置各类突发环境事件。制定《济宁市环境安全隐患大排查、快整治、严执法集中行动方案》。落实《济宁市重污染天气应急预案》《济宁市南水北调工程沿线突发涉水环境事件应急预案》《济宁市突发环境污染事件应急预案》，参加全省应急演练比武活动，增强环保系统快速反应、组织协调和妥善处理突发环境事件的能力。开展环境风险评估和隐患排查整治专项行动，以重金属、危险废物为重点，对化工、危险化学品企业和重点风险单位进行经常性隐患排查，建立动态管理档案，对存在的风险及时治理、即时消除。

【改善农村环境】 争取中央农村环境综合整治资金7558万元，涉及8个县（市、区），计划建设农村饮用水源地保护、农村生活污水处理以及非规模化畜禽养殖污染防治项目，实施美丽乡村标准化建设四年行动计划。打造45个省级、55个市级美丽乡村示范村。印发《关于推进美丽乡村标准化建设的意见》《美丽乡村标准化建设行动计划（2017—2020年）》《济宁市省级市级美丽乡村示范村建设项目管理办法》，组织召开全市美丽乡村建设工作会议。截至2017年年底，市级示范片区累计达到23个，县级示范片区14个。新建、改建农村公路715公里；建设85处文化大院、90处文化广场；改造危房3830户；投资2.76亿元，解决21万农村居民饮水安全问题；建成乡村儒学讲堂1058个，开展活动1.4万余场；市级文明卫生示范户达到5000余户，好媳妇、好婆婆等家庭优秀角色达到6600余名。推进乡村旅游提档升级。强化政策资金扶持，印发《济宁市乡村旅游发展提档升级行动方案》，编制《济宁市全域旅游发展规划》。争取省旅游发展专项资金410万元，扶持发展项目13个。发放市级乡村旅游发展专项资金680万元，扶持发展项目27个。投资95万元，实施微山湖旅游区旅游标识系统提升工程。开展标准化创建，泗水等闲谷艺术粮仓当选全国第三批“中国乡村旅游创客示范基地”。新增省级旅游强乡镇7个、特色村40个、农业旅游示范点24个、精品采摘园18个、好客山东星级农家乐31个、开心农场18个。疏堵结合，狠抓秸秆禁烧工作。市、县两级及时充实调整农作物秸秆禁烧工作领导小组力量，组建秸秆禁烧工作办公室。在秸秆禁烧重点时段，市委、市政府主要领导和分管领导到一线督查指导，形成党委、政府统一领导，有关部门齐抓共管，秸秆禁烧办公室统筹指挥，县乡村主体负责的秸秆禁烧工作攻坚体系。2017年夏秋季秸秆禁烧期间，全市未发现环境卫星监控通报核实的火点。

【执法监管与督查问责机制】 深化环境监管网格化工作体系。探索“互联网+环保”新路径，按照“一网、两线、三面、多点”的基本架构，建设济宁智慧环保监管责任体系。建立起“线上千里眼监控、线下网格员联动”的新型环保监管模式。线上实现对全市环境质量及污染源排放情况的实时监测、动态分析、不间断管控；全市共新建覆盖每个乡镇（街道）的空气自动监测站156个、空气自动监测微站175个、面源PM_{10}监测点位998个、监控视频4958路。线下设立县级环境监管网格14个、乡镇（街道）网格162个，招聘专职网格员918名；配备巡逻车、执法记录仪等执法设备，强化业务培训，实行“一员三档”，配套建立24小时值班值守、线上线下联勤联动、现场包保巡查、问题清单“周通报、月排名”、督导检查及绩效考核等“五大”保障机制。严格执法大力整治突出环境问题。先后组织开展“大接访”“大快严”“地毯式”环保执法系列集中攻坚行动，对违法排污保持高压严打态势。落实环保部大气强化督查案件整改任务。开展“地毯式”执法排查整治。5月起开展为期四个月的环保执法“地毯式”集中行动，共检查企业6644家，发现问题4384个，全部建立台账，逐一督办解决。推进“散乱污”企业清理，全市2069家“散乱污”企业清理取缔1319家，改造提升750家。每月开展一轮异地执法检查活动，组织开展17轮、立案查处环境违法企业310家。截至2017年年底，全市各级各部门共开展环保检查52万家次，查处违法企业1.9万家，共处罚款6842.83万元；全市移送公安机关环境违法案件共103件，行政拘留97人，刑事拘留7人，判刑4人，取保候审2人。

（刘利文　郭　翠）

2017年度济宁市组织机构及负责人

市级领导班子

中共济宁市委员会

书　　记：马平昌（1月止）
　　　　　王艺华（1月起）
副 书 记：傅明先
　　　　　刘中会（1月止）
　　　　　石光亮（1月起）
常　　委：孙　博（2月止）
　　　　　张　辉
　　　　　范晓丽（女）
　　　　　李昌文
　　　　　白　山
　　　　　许向农（2月止，11月起）
　　　　　于永生
　　　　　李长胜
　　　　　孔凡萍（女）
秘 书 长：李长胜
副秘书长：陈国华（正县级，4月止）
　　　　　张玉华（正县级，4月止）
　　　　　刘　辉（正县级）
　　　　　程大志（正县级，10月止）
　　　　　张宪常（正县级，4月起）
　　　　　颜廷洲（正县级，4月止）
　　　　　崔悦亮（正县级，4月止）
　　　　　任向北（正县级）
　　　　　高广立（正县级，4月止）
　　　　　王业成（正县级）
　　　　　高　涛（正县级）
　　　　　刘有山（正县级）
　　　　　孔　伟（正县级，7月起）
　　　　　樊庆显（8月起正县级）

济宁市人民代表大会常务委员会

主　　任：马平昌（2月止）
　　　　　孙　博（2月起）
副 主 任：周　洪（正厅级，2月止）
　　　　　陈　颖（女）
　　　　　殷允岭（2月止）
　　　　　商建设（2月止）
　　　　　罗心光（2月止）
　　　　　王宝海（2月起）
　　　　　陈国华（2月起）
　　　　　张玉华（2月起）
　　　　　杜昌华（2月起）
党组书记：马平昌（3月止）
　　　　　周　洪（3月止）
　　　　　孙　博（3月起）
副 书 记：商建设（3月止）
秘 书 长：高　涛
副秘书长：申万民（正县级）
　　　　　侯端峰（正县级）
　　　　　李　辉（正县级）

济宁市人民政府

市　　长：傅明先
副 市 长：于永生
　　　　　张继民（2月止）
　　　　　吴霁雯（女）
　　　　　周凤文
　　　　　秦存华（援疆，1月止）
　　　　　张胜明
　　　　　田卫东
　　　　　任庆虎（1月起）
党组书记：傅明先
副 书 记：于永生
秘 书 长：杜昌华（4月止）
　　　　　贺　雷（4月起）
副秘书长：贺　雷（正县级，4月止）
　　　　　马树华（正县级）
　　　　　张　玕（4月止）
　　　　　卞延军
　　　　　徐　锋
　　　　　张发堂

中国人民政治协商会议济宁市委员会

主　　席：刘成文（2月止）
　　　　　张继民（2月起）
副 主 席：戴伟娟（女）
　　　　　郭洪敏
　　　　　李良品
　　　　　蒙建华（2月止）

曹景群（2月止）
陈希忠
倪丽君（女，2月起）
王建华（2月起）
班　博（女，2月起）
党组书记：刘成文（3月止）
张继民（3月起）
副 书 记：蒙建华（3月止）
秘 书 长：张言申
副秘书长：李亦军（正县级）
孙克民（正县级，7月止）
刘兆泉

中共济宁市纪律检查委员会

书　　记：范晓丽（女）
常务副书记：邓　炜（12月止）
王铁军（12月起）
副　书　记：王福岱
李艳秋（女）
秘　书　长：屈新华
常　　委：屈新华（正县级，2月止）
韩常立
狄峻青（女）
张玉学
杜彦峰
于　涌（2月起）

市委工作部门

市委办公室

主　　任：陈国华（4月止）
刘　辉（4月起）
副 主 任：刘昭立（3月止）
张　敏（女）

市委、市政府信访局

局　　长：高　涛
副 局 长：董洪波（4月止）
董义栋
王秋霞（女）
刘　铁（9月起）
党组书记：高　涛

市委组织部

部　　长：孔凡萍（女）
常务副部长：马文胜（8月止）
副　部　长：王建华
徐继红（正县级）
张茂瑞（正县级）
李功川

市委老干部局

局　　长：徐继红
副 局 长：程继立（正县级）
韩贵省（9月止）
汤　斌
李玉国

市委宣传部

部　　长：李昌文
常务副部长：孙爱民
副　部　长：段向阳（正县级，4月止）
于庆军（正县级）
曹　广

市委统战部

部　　长：刘中会（1月止）
白　山（3月起）
常务副部长：王衍安
副　部　长：王成玉（正县级）
王　原（女）
梁建坤
韩利峰

市委政法委员会（市社会管理综合治理委员会办公室）

书　　记：张　辉
常务副书记：赵广方
副　书　记：鲍洪祥（正县级）
刘长军
张彦生

市社会管理综合治理委员会办公室

主　　任：鲍洪祥
副 主 任：王　健

市委政策研究室

主　　任：高广立（4月止）
樊庆显（8月起正县级）
副 主 任：樊庆显（8月止）
李明法
李邦田

市委台湾工作办公室（市政府台湾事务办公室）

主　　任：王广军（4月止）
副 主 任：张长军
孙晋强
孔　兵

市委市直机关工作委员会

书　　记：颜廷洲（4月止）
张宪常（4月起）
副　书　记：陈　鹏（正县级）
李怀磊
纪工委书记：李　建

市机构编制委员会办公室

主　　任：王志泉
常务副主任：张奎珍（女，正县级）
副　主　任：刘　鹏
钟显玉

市政府工作部门

市政府办公室

主　　任：贺　雷
副 主 任：齐广林
刘佳琦
范秀瑞
宋恩岱
姚　宁（女）
黄崇民
党组书记：杜昌华（4月止）
贺　雷（4月起）
副 书 记：贺　雷（正县级，4月止）

市政府研究室

主　　任：马树华
副 主 任：范秀瑞
宋恩岱

市发展和改革委员会

主　　任：贺永红（女）
副 主 任：董亚宁（正县级，4月止）
刘继芳（4月止）
赵锦堂（9月起正县级）
张学华
周　媛（女，9月起）
党组书记：贺永红（女）
副 书 记：董亚宁（正县级）

市物价局

局　　长：王美华
副 局 长：马保国
裴　虎
张启文
党组书记：王美华

市经济和信息化委员会

主　　任：周光全
副 主 任：陈夫靖
莫传新
蒋金键（9月起）
党委书记：周光全
总工程师：任传新

市中小企业局

局　　长：杜宏春
副 局 长：谢云良
王建宇
杭　伟（女）
党组书记：杜宏春

市教育局

局　　长：闫志强（4月止）

高广立（4月起）
副 局 长：郝　民
刘加庚（正县级）
伊立峰
党委书记：闫志强（4月止）
高广立（4月起）

市科学技术局

局　　长：王亚栋
副 局 长：李连习
王金栋
马红卫
党组书记：王亚栋

市知识产权局

局　　长：钱宝光（女）
副 局 长：王保国
仲崇斌

市民族宗教事务局

局　　长：李克学
副 局 长：高化启（8月止）
王　政
沙东娟（女）

市公安局

局　　长：周凤文
副 局 长：马世耀（正县级）
李　泉（正县级）
岳义国（正县级，4月止）
宋昭君（正县级）
政　　委：赵士斌（4月止）
党委书记：周凤文
副 书 记：赵士斌（正县级，4月止）
王保军（正县级，4月止）

市监察局（与市纪律检查委员会合署）

局　　长：王福岱（12月止）
副 局 长：韩常立（12月止）
相广灿（12月止）
狄峻青（女，12月止）
张玉学（12月止）

市民政局

局　　长：李逢记（4月止）
任广德（4月起）
副 局 长：范继珍（正县级，4月止）
闫　永
李　玲（女）
于彦柱
党组书记：李逢记（4月止）
任广德（4月起）

市司法局

局　　长：程福华
副 局 长：国庆启（正县级）
随善健（正县级，4月止）
鲍业军（正县级）
尹林壮
党委书记：程福华
副 书 记：国庆启（正县级）

市财政局

局　　长：宫振华
副 局 长：许一新
杨奉月
党组书记：宫振华
副 书 记：王玉留（正县级）

市人力资源和社会保障局

局　　长：王建华
副 局 长：刘西波
徐恩礼
任宪民
党委书记：王建华
副 书 记：刘鹭岩（正县级）

市国土资源局

局　　长：李继凯（4月止）
朱运旭（4月起）
副 局 长：李殿宏
马敬杰
侯成之（1月起）
党委书记：李继凯（2月止）
朱运旭（4月起）

市城乡规划局

局　　长：祝清荣
副 局 长：冯集鹏（6月止）
麻金钰
田宏欣（9月起）
党组书记：祝清荣

市住房和城乡建设局

局　　长：侯圣军
副 局 长：仲爱华（正县级）
朱　勇（9月止）
冯奎周
党委书记：侯圣军

市城市管理局

局　　长：郭庆林
副 局 长：曹建军（正县级，4月止）
张世龙
岳耀寅
党委书记：郭庆林

市交通运输局

局　　长：宋　科
副 局 长：徐玉金
李效忠
韩道坤
李胜军（兼，8月起）
党委书记：宋　科

市港航局

副 局 长：渠怀淦（正县级）
吴海平
时均林
总会计师：吴海平
总工程师：高永刚
党委书记：宋　科

市水利局

局　　长：刘文峰
副 局 长：刘继慧（正县级）
孔祥利
臧建设
党委书记：刘文峰
总工程师：袁文亮

市农业局

局　　长：曹　旭（4月止）
张洪雷（4月起）
副 局 长：程高岫（正县级）
葛金文
相广灿（12月起）
李长江
党委书记：张洪雷
副 书 记：程高岫（正县级）

市渔业局

局　　长：杜西平
副 局 长：魏昌彦
张宏秋
党组书记：杜西平

市林业局

局　　长：朱勇志
副 局 长：徐西胜
王增河
徐建国
党组书记：朱勇志

市商务局

局　　长：闫百川
副 局 长：于淑琴（女）
姚彦臣
李怀阳（9月起）
党委书记：闫百川

市文化广电新闻出版局

局　　长：张　弢
副 局 长：蔡同芝（女）
徐　伟
申华荣（女）
党委书记：张　弢

市文物局（中华文化标志城规划建设济宁工作委员会办公室）

局长（常务副主任）：丁海燕（女）

副 局 长（副主任）：杨义堂
杜维海
党 组 书 记： 丁海燕（女）

市文化市场综合执法局

局　　长：董洪波（4月起正县级）
副 局 长：刘奉军
樊存常
张延龄
党组书记：董洪波（4月起正县级）

市卫生和计划生育委员会（市中医药管理局）

主任（局长）：焦　华
副　主　任：张作辉
周庆华
刘　健
党 委 书 记：焦　华

市食品药品监督管理局（市食品安全委员会办公室）

局　长（主任）：吴　琼
副局长（副主任）：王富裕
樊存甫
朱秀娟（女）
党　组　书　记：吴　琼

市审计局

局　　长：胡良民
副 局 长：王岱峰（8月止）
孙　进
苏桂双
总审计师：王忠东
党组书记：胡良民
副 书 记：王岱峰（8月止）

市环境保护局

局　　长：许　伟
副 局 长：潘荣钧（正县级，4月止）
王卫星
孟青松
高广勇（9月起）
党组书记：许　伟
副 书 记：潘荣钧（正县级，4月止）

市旅游发展委员会

主　　任：杨凤东
副 主 任：李　楠
郑庆军
党组书记：杨凤东

市政府外事侨务办公室

主　　任：刘　健（4月止）
李　丽（女，4月起）
副 主 任：阮林敬
李兴存
李华光
党组书记：李　丽（女）

市体育局

局　　长：董学琛
副 局 长：班建新（正县级）
邵　波（正县级）
薛为安
曹中平
夏　杰
党组书记：班建新

市统计局

局　　长：徐兴华
副 局 长：王敦广
李长华（女）
孙海运
总统计师：王敦广
党组书记：徐兴华

市工商行政管理局

局　　长：闫程稳（4月止）
杨福雪（4月起正县级）
副 局 长：杨福雪（4月止）
曲洪德
刘运良
常寰斌
赵海林
党组书记：闫程稳（4月止）
杨福雪（4月起正县级）
副 书 记：杨福雪（4月止）

市质量技术监督局

局　　长：朱运旭（4月止）
刘继芳（4月起正县级）
副 局 长：仇爱国
王世功（3月止）
鲁树兵
田　军
张艳果
党组书记：朱运旭（4月止）
刘继芳（4月起正县级）
副 书 记：仇爱国

市安全生产监督管理局

局　　长：玄志祥
副 局 长：常衍雷
张培川
陈庆学
党组书记：玄志祥

市政府法制办公室

主　　任：陆亚东
副 主 任：宋忠逵
李瑞林
高　雷
党组书记：陆亚东

市人民防空办公室

主　　任：苗兴华
副 主 任：刘振海（8月止）
马德国
靖殿军
王忠锋（兼，8月止）
韩亚明（兼，8月起）
总工程师：刘振海（8月止）
党组书记：苗兴华

市粮食局

局　　长：信登攀（4月止）
董亚宁（4月起）
副 局 长：林　华
张新广
党委书记：信登攀（4月止）
董亚宁（4月起）

市政府国有资产监督管理委员会

主　　任：何锡明
副 主 任：马　平（8月止）
刘　艳（女）
李新全
党委书记：何锡明

市煤炭局

局　　长：于海燕（4月止）
张　玗（4月起正县级）
副 局 长：侯馨芳
侯鲁军
贺庆亮
党委书记：于海燕（4月止）
张　玗（4月起正县级）

市政府派出机构

济宁高新技术产业开发区

管委会主任：尤卫平（副厅级，6月止）
副　主　任：刘章箭（正县级）
颜　明（正县级，4月止）
李　岩（8月止）
李世平（8月止）
党工委书记：白　山（6月止）
石光亮（6月起）
副　书　记：尤卫平（6月止）
刘章箭（正县级）
颜　明（正县级，4月止）
鹿洪超（正县级）
殷　锋
纪工委书记：车莉莉（女）
工 会 主 任：秦秋来

济宁太白湖新区
管委会主任：曹广州
副　主　任：马　磊（女）
　　　　　　张成俊
　　　　　　王利生
党工委书记：展　鑫
副　书　记：曹广州（正县级）
　　　　　　刘昭立（3月起）
纪工委书记：饶爱平

济宁经济技术开发区
管委会主任：陈秋生
副　主　任：李家鹏
　　　　　　李　朋
　　　　　　徐茂盛
党工委书记：李金礼
副　书　记：陈秋生（正县级）
　　　　　　王洪强（3月起）
纪工委书记：张　奇（3月起）

市政务服务中心管理办公室
主　　任：林　晋
副　主　任：胡方耐
　　　　　　杜传允
　　　　　　杨　凯
党组书记：林　晋

曲阜文化建设示范区
推进办公室主任：杜庆节（1月止）
副　主　任：吕　斌
　　　　　　王士虎
党工委书记：李昌文
副　书　记：杜庆节（正县级，1月止）

市属事业单位和经济组织

市委党校
校　　长：马平昌（1月止）
　　　　　王艺华（1月起）
常务副校长：孙　琪（7月起）
副　校　长：李　晗（4月止）
　　　　　　胡齐鲁
　　　　　　王　峰
　　　　　　李忠业（12月起）
　　　　　　刘　忠（2月止）
　　　　　　胡克军
党委书记：孙　琪（8月起）
副　书　记：陈伟阳
工会主席：李忠业（12月止）
　　　　　季召革（12月起）

市委讲师团
团　　长：曹顶峰
副团长：褚　毅

市老龄工作委员会办公室
主　　任：毕冠锋（4月止）
　　　　　孙山连（4月起正县级）
副主任：孙山连（4月止）
　　　　贾天峰
　　　　李长青
党组书记：毕冠锋（4月止）
　　　　　孙山连（4月起正县级）

市投资促进局
局　　长：丰家雷（3月起）
副局长：王玉峰（女，6月止）
　　　　谢关锋
　　　　代　超
党组书记：丰家雷（3月起）
副书记：丰家雷（正县级，3月止）

济宁日报社
社　　长：陈玉星
副社长：赵　炜
总　　编：王英峰
副总编：李　飚
党委书记：陈玉星
副书记：王英峰（正县级）
工会主席：张为亮

市委党史研究室
主　　任：崔　康（4月止）
副主任：李仲波
　　　　樊翠云（女）

市委、市政府接待处
处　　长：任向北
副处长：翟耀东（正县级，4月止）
　　　　李冠军
　　　　冯战春
党委书记：任向北
副书记：翟耀东（正县级，4月止）

济宁干部政德教育学院
院　　长：李敬学
副院长：邱印江
　　　　崔德路
党委书记：陈鲁起

市农业机械管理局
局　　长：孟庆光
副局长：李　杰
　　　　颜　峰
党委书记：孟庆光

市畜牧兽医局
局　　长：张京跃（4月止）
　　　　　王红岩（4月起正县级）
副局长：王红岩（4月止）
　　　　程功库
　　　　颜世旺（8月起）
党组书记：张京跃（4月止）
　　　　　王红岩（4月起正县级）
总兽医师：马云省

市住房公积金管理中心
主　　任：刘东升
副主任：王凤勤
　　　　陈　刚
　　　　孟　剑
　　　　赵德胜
总会计师：陈　刚
党组书记：刘东升

市档案局
局　　长：张宪常（4月止）
副局长：姜居军
　　　　梁　辉
党组书记：张宪常（4月止）

市地震局
局　　长：王宏伟（女）
副局长：王鲁宁
　　　　杨　萍（女）
党组书记：王宏伟（女）

市供销合作社
理事会主任：王春明
副　主　任：王存才
　　　　　　王忠兵
　　　　　　薛　聪
监事会主任：朱　林
副　主　任：卢成林
　　　　　　欧金灯
党委书记：王春明
副书记：朱　林（正县级）
工会主任：郁忠骏

市政府投融资管理中心
副主任：夏传强
　　　　金锐社
总会计师：金锐社

市公共资源交易服务中心（市政府采购中心）
主　　任：孙方一
副主任：高善长
　　　　张福民
　　　　陈庆贤
党组书记：孙方一

市机关事务管理局
局　　长：温伟宁
副局长：张宜祥
　　　　田明军

渠慎重
党组书记：温伟宁

市金融工作办公室（市地方金融监督管理局）

主　　任（局长）：董　宏
副主任（副局长）：刘　立
　　王秋华（9月起）
　　赵劲松（9月起）
党组书记：董　宏

孔子研究院

院　　长：杨朝明
副 院 长：刘续兵
　　陈晓霞（女）
党委书记：李大友（6月止）
纪委书记：胡志平

市孔子文化节办公室

主　　任：刘　辉
副 主 任：华　治
　　赵相恩
　　杜忠海

济宁广播电视台

台　　长：张作昌
副 台 长：徐晋民
　　周　波
　　马汉涛
　　李　刚
总 编 辑：李景中
总工程师：杨　波
党委书记：张作昌

孟子研究院

副 院 长：袁汝旭
党委书记：赵永和

市法院、检察院

市中级人民法院

院　　长：冯爱冰
副 院 长：吕文柱（正县级）
　　李良品
　　钱欣红（女，正县级）
　　毕鹏程（正县级，10月止）
　　贾庆忠（正县级）
党组书记：冯爱冰
副 书 记：吕文柱（正县级）
　　钱欣红（女，正县级）

市人民检察院

检 察 长：林树果（2月止）
　　宋晓磊（2月起副厅级）
副检察长：李　斌（正县级）
　　王宜海（正县级，11月止）
　　孔凡学（正县级）
　　田　生（正县级）
　　张　斌（正县级）
党组书记：林树果（1月止）
　　宋晓磊（1月起副厅级）
副 书 记：李　斌（正县级）
　　王宜海（正县级，11月止）

市人大、政协、纪委

市人大专门委员会及办事机构

法制委员会：

主 任 委 员：商建设（2月止）
　　王宝海（2月起）
副主任委员：武法强（2月止）
　　班建宁
　　赵新安（2月止）
　　崔悦亮（2月起）

内务司法委员会：

主 任 委 员：商建设（2月止）
　　陈国华（2月起）
副主任委员：徐建设（2月止）
　　张西周（2月止）
　　刘召见（2月止）
　　赵士斌（2月起）
　　赵　胜（2月起）

财政经济委员会：

主 任 委 员：罗心光（2月止）
　　陈国华（2月起）
副主任委员：马　堃（女，2月止）
　　王保清（2月止）
　　陈宝栋（2月止）
　　颜廷洲（2月起）
　　曹　旭（2月起）

教育科学文化卫生委员会：

主 任 委 员：殷允岭（2月止）
　　张玉华（2月起）
副主任委员：郑仲逊（2月止）
　　柳庆春（2月止）
　　周立华（2月止）
　　刘凡营（2月止）
　　杜沪宁（2月止）
　　于海燕（2月起）
　　崔　康（2月起）

城乡建设与环境资源保护委员会：

主 任 委 员：罗心光（2月止）
　　陈　颖（女，2月起）
副主任委员：周福存（2月止）
　　赵绍业（2月止）
　　李新才（2月止）
　　周中稳（2月止）
　　李茂彬（2月起）
　　段向阳（2月起）

农业与农村委员会：

主 任 委 员：商建设（2月止）
　　杜昌华（2月起）
副主任委员：李中月（2月止）
　　张景玉（2月止）
　　李茂彬（2月止）
　　张黎明（2月止）
　　信登攀（2月起）
　　李逢记（2月起）

民族侨务外事委员会：

主 任 委 员：殷允岭（2月止）
　　陈　颖（女，2月起）
副主任委员：潘献华（女，2月止）
　　亓　彬（2月止）
　　秦佑镇（2月止）
　　骆　军（女，2月止）
　　刘　健（2月起）
　　杜　林（2月起）
　　马相智（2月起）

代表资格审查委员会：

主 任 委 员：王宝海（3月起）
副主任委员：高　涛（3月起）
　　马文胜（3月起，8月止）

办公室：

主　　任：申万民
副 主 任：彭　静（女）
　　靳　亚
　　张文华

研究室：

主　　任：李　辉
副 主 任：朱仰民

人事代表工作委员会：

主　　任：赵永刚（4月止）
副 主 任：蒋　慧（女）
　　高　畅

预算工作委员会：

主　　任：孔祥勇
副 主 任：江昌峰
法制工作委员会：
主　　任：陈秀海
副 主 任：马　琳（女）

内务司法工作室：

主　　任：李念玉
副 主 任：宋秋玲（女）

财政经济工作室：
主　　任：倪宝凤
教育科学文化卫生工作室：
主　　任：李华景
副 主 任：孙　梅（女）
城乡建设与环境资源保护工作室：
主　　任：王洪平
副 主 任：贾庆华（正县级）
农业与农村工作室：
主　　任：管建友
副 主 任：杨　霞（女）
民族侨务外事工作室：
主　　任：李　敬
副 主 任：王新江

市政协专门委员会及办事机构

提案委员会：
主　　任：曹景群（2月止）
　　　　　王建华（3月起）
副 主 任：丁　冲（2月止）
　　　　　王志安（2月止）
　　　　　郭秋亚（2月止）
　　　　　毕冠锋（3月起）
　　　　　王保军（3月起）
　　　　　马树华（3月起）
　　　　　吕瑞国
　　　　　班　博（女，2月止）
　　　　　徐　莉（女，2月止）
　　　　　李会省（3月起）
　　　　　刘有山（3月起）
　　　　　张　璇（女，3月起）
经济和农业农村委员会：
主　　任：倪丽君（女，3月起）
副 主 任：付学华（2月止）
　　　　　张玉民（2月止）
　　　　　张德泮（2月止）
　　　　　张明生（2月止）
　　　　　李素真（女，2月止）
　　　　　张修占（2月止）
　　　　　寻峻峰（女，3月起）
　　　　　翟耀东（3月起）
　　　　　王黎明（3月起）
　　　　　马云省（3月起）
人口资源环境委员会：
主　　任：蒙建华（2月止）
　　　　　班　博（女，2月起）
副 主 任：时爱东（女，2月止）
　　　　　尹逊习（2月止）
　　　　　秦　云（女，2月止）
　　　　　王道雨（2月止）
　　　　　李　敬（2月止）
　　　　　马云省（2月止）
　　　　　随善健（3月起）
　　　　　潘荣钧（3月起）
　　　　　刘海涛（3月起）
　　　　　孔祥利（3月起）
教科文卫体委员会：
主　　任：陈希忠
副 主 任：李振华（2月止）
　　　　　谢克俭（2月止）
　　　　　莫成伟（2月止）
　　　　　孙美荣（女，2月止）
　　　　　王广军（3月起）
　　　　　闫程稳（3月起）
　　　　　徐祥放
　　　　　吕爱玲（女，2月止）
　　　　　张作记（2月止）
　　　　　张　璇（女，2月止）
　　　　　程守栋（3月起）
　　　　　张修占（3月起）
　　　　　吴　婧（女，3月起）
　　　　　王祥生（3月起）
社会法制委员会：
主　　任：李良品
副 主 任：张怀亮（2月止）
　　　　　王元杰（2月止）
　　　　　刘晓波（2月止）
　　　　　张学峰（2月止）
　　　　　葛艳玲（女，2月止）
　　　　　冯　刚（3月起）
　　　　　徐　俐（女，3月起）
　　　　　李　玲（女，3月起）
　　　　　王潇夏（女，3月起）
港澳台侨外事和民族宗教委员会：
主　　任：郭洪敏
副 主 任：王　超（2月止）
　　　　　李传武（2月止）
　　　　　赵培玉（2月止）
　　　　　赖伙成（2月止）
　　　　　钟声远（3月起）
　　　　　岳义国（3月起）
　　　　　刘兆泉
　　　　　严美珍（女，3月起）
文史资料和学习委员会：
主　　任：戴伟娟（女）
副 主 任：朱爱国（2月止）
　　　　　张建新（2月止）
　　　　　王宗启（3月起）
　　　　　李　晗（3月起）
　　　　　孙业旺
　　　　　陈庆廷（2月止）
　　　　　刘要武（3月起）
办公室：
主　　任：李亦军
副 主 任：张　静（女）
　　　　　李文凯
研究室：
主　　任：张天祯
副 主 任：荆　波
委员工作室：
主　　任：冯　刚（7月止）
副 主 任：岳晓霞（女）
提案工作室：
主　　任：吕瑞国
人口资源环境工作室：
主　　任：寻峻峰（女，7月止）
教科文卫体工作室：
主　　任：徐祥放
社会法制工作室：
副 主 任：付　强
港澳台侨外事和民族宗教工作室：
副 主 任：葛　林
文史资料工作室：
主　　任：孙业旺
老干部处：
主　　任：吴洪福

市纪委内设机构

办公室主任：冯国庆（9月止）
　　　　　　王广亮（12月起）
组织部部长：于　涌
宣传部部长：安国华（12月止）
　　　　　　刘　明（12月起）
研究室主任：杨明奇
党风政风监督室主任：程绪庭
信 访 室 主 任：孟昭硕
案件监督管理室主任：朱　雨（12月止）
第一纪检监察室主任：
　　　　　　成祥茂
第二纪检监察室主任：
　　　　　　曾凡军（9月止）
第三纪检监察室主任：
　　　　　　李明涛（12月止）
　　　　　　周光征（12月起）
第四纪检监察室主任：
　　　　　　赵裕坤（12月止）
　　　　　　蔡　泉（12月起）
第五纪检监察室主任：孙晶伟
第六纪检监察室主任：
　　　　　　蔡　泉（12月止）
　　　　　　赵裕坤（12月起）
第七纪检监察室主任：

李明涛（12月起）
纪检监察干部监督室主任：
王广亮（12月止）
机关党委专职副书记：
周光征（12月止）

市纪委派驻机构

第一纪检组
组　长：闫先千
副组长：马崇宁
孔爱菊（女）
范晓帆（9月起）

第二纪检组
组　长：王炳良
副组长：赵　军（12月止）
李永宽
张炳祥

第三纪检组
组　长：齐建新
副组长：刘　明（12月止）
王敏彦
陈敬东
严庆利

第四纪检组
组　长：李　强
副组长：张　军
荣兆德
钱立安

第五纪检组
组　长：崔　峰
副组长：魏洪星（12月止）
李永杰
谭旭东

第六纪检组
组　长：王力军（12月止）
张华岳（12月起）
副组长：李占强
王修峰
靳泽明

第七纪检组
组　长：李　青
副组长：武洪建（12月止）
张再立
吕洪生
陈恒林（12月起）

第八纪检组
组　长：李　健
副组长：韩剑力
韩广河（12月止）
王广飞
毕咏梅（女）

第九纪检组
组　长：武洪建（12月起）

第十纪检组
组　长：安国华（12月起）

市纪委驻市中级人民法院纪检组
组　长：朱　雨（12月起）

市纪委驻市人民检察院纪检组
组　长：吴凯声（正县级，12月起）

市纪委驻市公安局纪检组
组　长：陈秋岭（12月起）

市纪委驻市教育局纪检组
组　长：魏洪星（12月起）

市纪委驻市卫生和计划生育委员会纪检组
组　长：赵　军（12月起）

市纪委驻市政府国有资产监督管理委员会纪检组
组　长：韩广河（12月起）

市委巡察机构

市委巡察工作领导小组办公室
主　任：韩常立（9月起正县级）
副主任：刘洪涛（9月起）
范晓帆（9月起）

第一巡察组
组　长：李运恒（9月起正县级）

第二巡察组
组　长：韩贵省（9月起正县级）
副组长：曾凡军（9月起，11月去世）

第三巡察组
副组长：胡广洲（9月起）

第四巡察组
组　长：徐继瑞（9月起正县级）
副组长：逄爱武（9月起）

第五巡察组
组　长：冯国庆（9月起正县级）
副组长：程善伟（9月起）

社会团体

市总工会
主　　席：罗心光（3月止）
张玉华（8月起）
常务副主席：岳秀银（女）
副 主 席：赵　胜（正县级，4月止）
王厚忠
段成军
肖　冬（兼）
范继珍（兼）
党组书记：岳秀银（女）
副 书 记：赵　胜（正县级，4月止）

团市委
书　　记：赵　鑫（女）
副 书 记：佀传周
田卫锋
李雪梅（女）
张明洁（女，兼，12月起）
丁春晖（兼，12月起）
党组书记：赵　鑫（女）

市妇女联合会
主　　席：倪丽君（女）
副 主 席：梁　莲（女）
张玲利（女）
蒋晓燕（女）
党组书记：倪丽君（女）

市科学技术协会
主　　席：籍　峰
副 主 席：何　波
金曙霞（女）
李国玉
张学生（兼）
司传平（兼）
刘德胜（兼）
孙　琪（兼）
程高岫（兼）
李　岩（兼）
王金栋（兼）
孟祥军（兼）
孙树印（兼）
党组书记：籍　峰

市文学艺术界联合会
主　　席：周长征
副 主 席：李　君
侯　健
党组书记：周长征

市社会科学界联合会
主　　席：徐辑方
副 主 席：陈庆廷
徐　琰
张延根（兼）
王胜利（兼）
孟宪昌（兼）
冯铭成（兼）
党组书记：徐辑方

市归国华侨联合会
主　　席：王新颜（女，4月起正县级）
副 主 席：王新颜（女，4月止）

王元晨（女，兼）
奚伟祖（兼）
崔相民（兼）
杨全力（兼）
胡春吉（兼）
王保平（兼）
马　磊（女，兼）
钟周平（兼）
郑向宇（兼）
党组书记：王宗启（4月止）
王新颜（女，4月起正县级）

市工商业联合会（民间商会）

主　　席：陈　颖（女，4月止）
李克学（4月起）
副 主 席：王成玉（正县级）
焦军道
王　浩
李庆义（兼）
刘洪彬（兼，4月起）
倪奉尧（兼，4月起）
王利民（兼，4月起）
司相芳（兼）
丁　行（兼）
程永席（兼，4月起）
侯成安（兼，4月起）
宋新省（兼，4月起）
赵华盛（兼，4月起）
胡桂花（女，兼）
杜振新（兼）
杜亚中（兼，4月起）
杜月野（兼）
郑兆国（兼）
任　鹏（兼）
王潇夏（女，兼）
李全民（兼，4月起）
王井春（兼，4月起）
郭经田（兼，4月起）
陈　梅（女，兼，4月起）
赵之玉（兼，4月起）
崔金声（兼，4月起）
陈洪庆（兼，4月起）
何兆广（兼，4月起）
党组书记：王成玉
秘 书 长：焦军道（4月止）
王　浩（4月起）

市残疾人联合会

理 事 长：张修占
副理事长：韩广伟
王若迅（女）
李　萍（女）
罗　朋（兼）
党组书记：付洪亮

市红十字会

常务副会长：钟声远（4月止）
李　君（女，4月起）
副　会　长：李　君（女，4月止）
王相柱
薛凤勤
党 组 书 记：钟声远（4月止）
李　君（女，4月起）

民主党派

民主建国会济宁市委员会

主　　委：吴霁雯（女）
副 主 委：张修占
周中稳
于安玲（女）
杨　峰
李爱国
秘 书 长：刘训阔

民主同盟会济宁市委员会

主　　委：郭洪敏
副 主 委：张黎明
张玉忠
刘　霁
孙　冰（女）
刘小颖（女）
吴　婧（女）
秘 书 长：刘小颖（女）

九三学社济宁市委员会

主　　委：陈　颖（女）
副 主 委：刘要武
杨冬林
李长华（女）
王祥生
赵长地
褚福梅（女）
秘 书 长：李洪海

民主促进会济宁市委员会

主　　委：李良品
副 主 委：杨朝明
刘海涛
汪　林
李素真（女）
李　玲（女）

致公党济宁市委员会

主　　委：班　博（女）
副 主 委：孔祥利
赵广红（女）
王振星
程秀兰（女）
高广勇
秘 书 长：禹连书

（市委组织部）

中国共产党济宁市委员会

综　述

【组织概况与党的建设】　截至2017年年底，全市共有党员484408名，基层党委1028个，党总支1542个，党支部19674个，年内新发展党员5903名。把学习宣传贯彻习近平新时代中国特色社会主义思想和党的十九大精神作为首要政治任务。坚持全面覆盖，分领域、分层次、分类别组织开展学习，市委主要领导带头到所在支部、基层单位宣讲，推动习近平新时代中国特色社会主义思想和党的十九大精神进企业、进农村、进机关、进校园、进社区。各级培训主渠道举办培训班112期，轮训干部1.56万人次，在全市形成学习贯彻习近平新时代中国特色社会主义思想的热潮。严格落实管党治党工作责任。先后召开全市基层党建工作重点任务推进会、城市街道社区区域化党建工作现场会、市直机关党建专题会和座谈会、国有企业党建工作会议，对各领域党建工作进行全面安排部署。加强意识形态领域突出问题和风险点排查、分析和掌控，掌握意识形态工作的领导权、管理权、话语权。推进"两学一做"学习教育常态化制度化。结合济宁实际确定"建过硬支部、做合格党员、当干事先锋"主题，建立县乡党委和部门党组（党委）书记抓"两学一做"学习教育责任清单。开展"万名书记讲党课"活动，强化理论武装，教育引导党员干部树牢"四个意识"，自觉地在思想上政治上行动上同以习近平为核心的党中央保持高度一致。全面推行党员亮化记分管理、农村（社区）党员划片定岗联户等制度，列出18条合格党员标准和7条先锋党员标准，激励党员发挥先锋模范作用。全面加强基层党组织建设。树立"党的一切工作到支部"导向，启动实施"基层党建规范提升年"活动，深化拓展"基层党组织服务能力提升工程"，2017年市县财政用于基层党建的预算投入达到8.2亿元，村均组织运转经费达到11.4万元，建成党建示范区32个。顺利完成县乡领导班子换届和村（社区）"两委"换届。推进城市区域化党建，建设56处区域性党群服务中心，全市48个街道全部成立"大工委"，207个城市社区全部成立社区"大党委"，26个有城市社区的街道全部推行网格化管理，成立网格党支部986个、党小组2459个。成立在京流动党员党委，将995名党员全部纳入组织管理。对"两新"组织党建重覆盖，非公企业、社会组织党组织覆盖率分别达到86%、79%。加强党风廉政建设和作风建设。在全市开展"解放思想大讨论、遵规守纪大教育、干部作风大提升"三大活动，在全省率先开展市委巡察工作，强化政治巡察，开展扶贫领域专项巡察，11个县市区全部启动巡察工作。制定出台《关于建立考核激励和容错纠错机制敢于为担当者担当为负责者负责的实施意见》。

【重大决策与主要工作】　2017年，济宁市把加快新旧动能转换作为统领全市经济社会发展的重大工程，确立并实施"一二五六"的目标思路和推进措施，围绕全面建成小康、全面转型振兴"两个全面"目标，着力建设淮海经济区中心城市、鲁西科学发展排头城市、转型发展先行城市、弘扬优秀传统文化示范城市、宜居宜业幸福城市"五个城市"，实施创新驱动、工业强市、文旅突破、开放带动、城乡一体、生态立市"六大战略"。地区生产总值达到4650.57亿元、增长7.1%，一般公共预算收入385.71亿元、增长3.0%，固定资产投资3473.53亿元、增长8.4%；城乡居民人均可支配收入32420元、14845元，分别增长8.1%、9.0%。聚焦聚力发展新兴产业，把加快新旧动能转换作为全市"一号工程"。确定重点培育的高端装备制造、能源化工、信息、纺织服装、文化旅游、现代农业、新材料、医药健康、现代金融、现代物流十大产业，打好新旧动能转换首轮攻坚战。三次产业比例调整为10.7∶45.6∶43.7。实施新兴产业培植壮大行动，重点发展信息产业、生物医药、节能环保、新能源、新材料等新兴产业，培育建设一批新兴产业集群、骨干企业和示范基地。高新技术产业产值1899.22亿元，增长10.66%，增速较上年提高5.78个百分点。实施中国制造2025济宁行动计划，启动"千亿技改工程"，对装备制造、能源化工、纺织服装、食品、造纸等传统优势产业逐行业逐企业制定精细化、智能化改造方案，新增"四上企业"超过1000家，新增量居全省第2位。农业"新六产"加快发展，打造"济宁礼飨"农产品区域公用品牌，全年粮食总产达到575.6万吨，新增省级农业标准化生产基地21处，成功创建"国家现代农业产业园"1处。实施"蓝天、碧水、净土"行动，加快建设生态绿色济宁。牢固树立"绿水青山就是金山银山"的理念，以高于省定标准治水、治气、减排、增绿。成立由市委市政府主要负责人任"双组长"的生态济宁建设领导小组，市委常委会每月听取一次环保工作汇报，市政府每周召开一次专题会议。在全省率先启动大气污染防治地方立法工作，《济宁市大气污染防治条例》于2017年1月1日起施行。研究制定21项水、大气污染防治技术行业导则，配套出台实施方案、考核办法，纳入导则体系进行整治的4384个污染源全部整改到位。编制完成济宁市大气污染排放清单，建立动态更新的排放清单云平台管理系统。打造“治用保”水污染防治升级版，煤矿、电力、机械制造和商品浆造纸四大主导产业外排废水全部达到接纳水体的水环境质量标准。积极探索“互联网+环保”新路径，建设济宁智慧环保监管平台，实现线上监控与线下监管有机融合。始终保持对违法排污的高压态势。在环保部前11轮大气强化督查活动中，受到环保部通报表扬。在京津冀“2+26”大气污染传输通道城市中连续获得$PM_{2.5}$浓度最低、改善幅度最大“双第一”。弘扬优秀传统文化，推进文化强市首善之区建设。实施优秀传统文化六进普及、道德提升、文明创建等七大工程，创建儒韵民风示范村（社区）170个，建成乡村儒学讲堂1205处，在全市推行图书馆+书院、“孔子学堂”、尼山书院公开课、儒学进乡村等公共文化服务模式，加快推进曲阜文化建设示范区、孔子学院总部体验基地和儒学人才高地建设。落实省委对干部政德教育工作的指示要求，完善课堂教学、现场教学、体验教学、礼乐教学“四位一体”教学模式，组建110余人师资队伍，济宁干部政德教育学院一期工程投入使用，国家行政学院、中国浦东干部学院分别在济宁设立现场教学点、教学研究基地。成功举办第34届国际孔子文化节、第8届世界儒学大会，推出国际中学生儒学辩论大会、全国大学生论语大会。实施“文旅突破”战略，文化产业增加值增幅居全省前列。孔子博物馆主体工程竣工，尼山圣境一期工程完工并试运营。挖掘大运河历史文化资源，编制大运河文化带建设规划，推动以竹竿巷片区为主的“运河记忆”历史文化街区规划建设，启动建设运河总督衙门、济州古城等项目，推动济宁进入大运河文化带国家示范工程。加大民生投入力度，全市民生相关领域支出达到449.5亿元，占财政支出的78.9%。推进“大众创业万众创新”工程。发放创业担保贷款6.77亿元、扶持创业5583人，新增就业6.6万人。实施“六大脱贫攻坚行动”，全市财政专项扶贫资金达到2.9亿元，实施产业扶贫项目208个，发放小额扶贫信贷资金4.4亿元，3.4万农村贫困人口实现脱贫，基本完成总体脱贫任务。推动解决城镇中小学“大班额”问题和“全面改薄”工作，累计完成投资102.3亿元，建成学校187所，新增学位19.7万个，城镇小学、初中、高中大班额比例分别由2015年的51.6%、53.6%、61.4%下降到35.1%、40.4%和31.7%。实施“学生营养改善计划”，“万名保健医生进农户”覆盖所有行政村。实施美丽乡村“百村示范”行动，推行农村垃圾分类减量化试点，完成改厕29.6万户。把文明城市创建作为精神文明建设的重要内容，全面落实网格化管理、道路“路长制”。在2017年省级测评中济宁市取得全省第一。把做好全国两会、省第十一次党代会、党的十九大等安保维稳工作作为重大政治任务，启动“战时”指挥部机制，坚持正向激励和严格问责相结合，是十九大期间全省“零非访、零集访、零涉军上访”的六个市之一。围绕“安全生产责任落实年”主题，严格落实属地管理、行业监管和企业主体责任，在25个重点行业领域全面推行分级分类监管和安全标准化达标工作。全市发生各类生产安全事故起数、死亡人数同比分别下降61.5%、34.2%。全面防范各类金融风险。强化政府举债融资管理，确保将全市政府债务控制在省下达的考核目标之内。加大化解担保圈风险、处置不良贷款和打击恶意逃废金融债务工作力度，全市未发生系统性区域性金融风险。

【改革与创新】 积极有序推进各项改革。全年召开市委全面深化改革领导小组会议9次，审议通过27项重点改革方案。供给侧结构性改革深入推进，去降补任务得到较好落实，六大耗能行业增加值下降3%，全市减免税收70.1亿元，关停小火电机组、商品房去库存、企业规范化改制等工作扎实推进。打造“放管服”改革升级版，实施行政审批流程再造，市级行政许可事项压减率达到61%，审批时限比法定时限缩短一半。推进农村集体产权制度改革，全市195个试点村全部完成任务。群团改革有序推进，市县两级全部出台群团改革“1+4”方案。金融改革发展取得重大进展，存贷款余额分别突破5000亿元、3000亿元，新增境内外上市企业4家，挂牌企业47家，结束6年无企业主板上市的历史。创新型城市加快建设。新增国家高新技术企业148家、省级以上科技创新平台30个，国家纺纱工程技术研究中心建成使用，全省首个环境类院士工作站落户济宁。新引进院士6人、入选省级以上人才工程44人，集聚海内外高层次人才2586人，高新区获批国家创新人才培养示范基地。新增省级以上科技研发创新平台和企业孵化器30家。招商引资项目建设持续推进。召开大规模招商引资工作会议，成立市投资促进委员会，把2017年作为招商项目落地年，围绕十大优势产业组建了10个产业招商办公室，实行定向招商、精准招商。比亚迪云轨、爱奇艺“双创”示范基地、深圳比克电池产业园、第三代半导体新材料等重大项目相继落户济宁。全年储备PPP项目109个、签约落地43个，是全省唯一获国务院表彰的市。

（沈传宁）

重要会议

【市委全体会议】 **市委十二届十二次全体会议** 2月4日在济宁运河宾馆召开。会期半天。会议议题：讨论审议十二届市委向市第十三次党代会的报告草案；酝酿通过十三届市委、市纪委人事安排建议方案；投票通过济宁市出席省第十一次党代会代表候选人预备人选；审议通过《中共济宁市委十二届十二次全体会议公报（草案）》。出席人员：市委委员、候补委员。列席人员：不是市委委员、候补委员的县市区委书记、县市区长，济宁高新区、太白湖新区、济宁经济技术开发区、曲阜文化建设示范区党工委书记和管委会（推进办公室）主任。

市委十三届一次全体会议 2月18日在济宁运河宾馆召开。会期半天。会议议题：选举十三届市委常委；选举十三届市委书记、副书记；选举新一届市纪委常委；选举市纪委书记、副书记。出席人员：市委委员、候补委员。列席人员（第二阶段）：市纪委委员。

市委十三届二次全体会议 3月16日在济宁运河宾馆召开。会期半天。会议议题：研究决定省级党员领导、省级党内老干部和济宁市出席党的十九大代表候选人初步人选推荐名单。出席人员：市委委员、候补委员。

市委十三届三次全体会议 7月29日在济宁运河宾馆召开。会期半天。会议议题：进一步深入学习贯彻省第十一次党代会精神，传达学习刘家义在济宁调研时重要讲话精神；听取市委常委会上半年工作报告；审议通过《中共济宁市委关于进一步深入学习贯彻省第十一次党代会精神的决议（草案）》；审议通过《中共济宁市委十三届三次全体会议公报（草案）》。出席人员：市委委员、候补委员。列席人员：不是市委委员和候补委员的市人大常委会副主任，市政府副市长，市政协副主席；市人大常委会、市政府、市政协秘书长，市纪委常委，市委副秘书长；各功能区管委会主任；市直各部门、单位党组（党委）书记；部分市第十三次党代会基层一线代表。

市委十三届四次全体会议 11月3日在济宁运河宾馆召开。会期1天。会议议题：深入学习贯彻党的十九大和省委十一届二次全体会议精神，审议通过《中共济宁市委关于深入学习贯彻党的十九大精神的决议（草案）》；听取市委常委会工作报告；审议通过《中共济宁市委十三届四次全体会议公报（草案）》。出席人员：市委委员、候补委员。列席人员：不是市委委员和候补委员的市人大常委会副主任，市政府副市长，市政协副主席；市人大常委会、市政府、市政协秘书长，市委副秘书长；太白湖新区、济宁经济技术开发区管委会主任；市直各部门、单位党组（党委）书记，市属高等院校党委书记，有关企业党委书记；市纪委委员，济宁经济技术开发区纪工委书记。

【市委常委会会议】 **1月21日** 市委召开十二届245次常委会会议。传达学习十八届中央纪委七次全会和省纪委十届八次全会精神，研究贯彻落实意见；传达贯彻全省维稳工作会议精神。

1月25日 市委召开十二届246次常委会会议。研究讨论《政府工作报告（征求意见稿）》；听取市第十三次党代会、市十七届人大一次会议和市政协十三届一次会议筹备情况汇报；传达贯彻中央和省委政法工作会议精神；听取2016年度全市科学发展综合考核情况汇报；研究市人大、市政协常委换届人事安排建议等事项；听取市财政局关于2017年全市及市本级财政收支预算有关情况的汇报。

2月2日 市委召开十二届247次常委会会议。研究讨论《市十三次党代会报告（讨论稿）》；传达贯彻全国宣传部长会议、全省宣传文化工作会议和全国全省文明家庭表彰大会精神；传达贯彻全省组织部长会议精神；研究部署2月份工作；听取关于出席省第十一次党代会代表候选人初步人选推选考察和市第十三次党代会有关筹备工作情况的汇报。

2月13日 市委召开十二届249次常委会会议。传达学习全省“两会”精神，研究贯彻落实意见；研究讨论省委第六巡视组对济宁市巡视“回头看”情况反馈整改落实意见；听取2017年政府投资项目建议计划的汇报；研究讨论《市纪委十二届工作报告》。

3月1日 市委召开十三届1次常委会会议。听取关于表彰2016年度“党管武装好书记”有关情况汇报；研究十三届市委常委分工及市级领导联系县市区方案；研究讨论《中共济宁市委关于进一步加强市委常委会自身建设的意见（讨论稿）》；学习《中国共产党党委（党组）理论中心组学习规则》；学习《中共中央组织部关于印发〈党委（党组）讨论决定干部任免事项守则〉的通知》；研究讨论《中共济宁市委常委会2017年工作要点（讨论稿）》；研究部署3月份工作。

3月16日 市委召开十三届2次常委会会议。传达学习十二届全国人大五次会议和全国政协十二届五次会议精神，研究贯彻落实意见；传达贯彻全省领导干部报告个人有关事项专题培训会议精神；研究讨论《关于进一步加强招商引资工作的意见（讨论稿）》；听取全市关心下一代工作情况汇报；研究讨论《济宁市各级党委、政府及有关部门环境保护工作职责（讨论稿）》；传达贯彻2016年度市委书记抓基层党建工作述职评议会议精神。

3月17日 市委召开十三届3次

常委会会议。传达学习《省委办公厅、省政府办公厅关于2016年贯彻落实中央八项规定精神加强作风建设情况的报告》；传达贯彻全省党内法规工作会议精神；研究讨论《关于深入推进农业供给侧结构性改革的实施意见（讨论稿）》《关于表彰全市美丽乡村建设工作先进集体和先进个人的通报（讨论稿）》和《关于表彰2016年度全市涉农乡镇（街道）镇域经济社会发展工作先进单位的通报（讨论稿）》；听取2017年全市脱贫攻坚工作汇报；传达贯彻全省统战部长会议精神。

3月30日 市委召开十三届4次常委会会议。学习《中国共产党工作机关条例（试行）》；听取2017年创建全国文明城市工作汇报；听取全市干部驻村联户及第一书记工作情况汇报；传达贯彻全省加强换届风气监督工作座谈会议精神（书面）；研究部署4月份工作。

4月24日 市委召开十三届8次常委会会议。学习《习近平同志在中央全面深化改革领导小组第三十三次会议上的讲话》；研究讨论《中共济宁市委全面深化改革领导小组2017年工作要点（讨论稿）》；传达全国创建文明城市工作经验交流会精神，听取全市创城工作进展情况汇报。

4月28日 市委召开十三届9次常委会会议。传达学习习近平总书记在广西考察时重要讲话精神；传达学习习近平总书记在中央政治局第四十次集体学习时重要讲话精神；传达学习李克强总理考察山东时重要讲话精神；传达学习山东省第十二届人民代表大会第七次会议精神及刘家义、龚正讲话；传达学习全省新旧动能转换重大工程启动工作电视会议精神；传达学习全省推进“两学一做”学习教育常态化制度化工作座谈会精神及刘家义、龚正、杨东奇讲话；研究讨论《中共济宁市委、济宁市人民政府关于建立考核激励和容错纠错机制敢于为担当者担当为负责者负责的实施意见（讨论稿）》；研究讨论《关于印发〈2016—1017年度县市区人口和计划生育目标管理责任书执行情况考核方案〉和〈2016—2017年度市直部门人口和计划生育目标管理责任书执行情况考核方案〉的通知（讨论稿）》；研究讨论《2017年重点项目工作方案（讨论稿）》；研究部署5月份工作。

5月8日 市委召开十三届11次常委会会议。听取国防和军队调整改革有关情况汇报；传达刘家义、龚正关于做好社会稳定和安全生产工作批示精神；传达贯彻省委省政府关于脱贫攻坚有关工作部署（传达学习全省扶贫开发领导小组第七次全体会议和刘家义批示、龚正讲话精神；听取全省黄河滩区脱贫迁建座谈会议精神）；学习《中共山东省委办公厅印发〈关于推进“两学一做”学习教育常态化制度化的实施方案〉的通知》，研究讨论济宁市《关于推进“两学一做”学习教育常态化制度化的实施方案（讨论稿）》；传达贯彻全省保密工作会议精神；学习《中共山东省委办公厅印发〈关于当前全省意识形态领域情况的通报〉的通知》。

5月12日 市委召开十三届12次常委会会议。传达贯彻全省卫生与健康大会精神和刘家义讲话；传达贯彻全省高校思想政治工作会议精神和刘家义讲话；传达贯彻全省基层党建工作重点任务推进会议精神；传达全国老干部工作“双先”表彰大会和全省老干部局长会议精神，研究讨论《关于进一步加强和改进离退休干部工作的意见（讨论稿）》；研究讨论《济宁市全面实行河长制工作方案（讨论稿）》；研究讨论《中共济宁市委巡察工作规划（2017—2021年）（讨论稿）》；学习《中共中央关于部分纪检监察干部违纪案件及其教训警示的通报》。

5月24日 市委召开十三届14次常委会会议。学习习近平总书记在“一带一路”国际合作高峰论坛开幕式上的讲话；学习习近平总书记在会见全国公安系统英雄模范立功集体表彰大会时的讲话精神；学习刘家义在金融运行情况座谈会上的讲话；学习刘家义在省委理论学习中心组学习研讨时的讲话和中共中央办公厅印发《关于当前意识形态领域形势的通报》的通知；学习《国务院办公厅关于创新管理优化服务培育壮大经济发展新动能加快新旧动能接续转换的意见》，听取济宁市新旧动能转换有关工作开展情况的汇报；传达贯彻省委对台工作会议精神；传达贯彻中宣部社会主义核心价值观融入社会生活现场经验交流会议精神；听取关于济宁市省级人才改革试验区建设有关情况的汇报；听取关于与山东高速科技发展集团有限公司合作加快济宁市鸿翔公路勘察设计研究院发展的汇报；听取关于完善济宁市公交投入和运营补贴机制的情况汇报。

6月5日 市委召开十三届16次常委会会议。学习习近平总书记在中央政治局第四十一次集体学习时的讲话精神；学习《关于2016年全省“两学一做”学习教育总结报告》；传达刘家义、龚正批示精神和省环境保护督察组第二组督察济宁市反馈意见，研究整改落实意见；传达全省新的社会阶层统战工作会议精神，研究讨论《我市关于加强新的社会阶层人士统战工作的实施意见（讨论稿）》；传达省委办公厅、省政府办公厅《关于开展排查安全隐患防范四类风险专项行动的通知》和全省信访工作会议精神，研究讨论济宁市《信访工作责任制实施细则（讨论稿）》；传达全省科技奖励大会精神和龚正讲话，听取济宁市国家创新型试点城市建设情况汇报，研究讨论《关于实施六大工程、培育科技沃土加快创新型城市建设的实施意见（讨论稿）》；传达贯彻全省宣传部长会议精神；传达贯彻全省干部监督工作座谈会议精神；听取关于建设新型公务用车平台完善公务出行保障配套措施的汇报；听取关于济宁市与齐鲁交通发展集团合作及日兰高速曲阜东互通立交工程进展情况的汇报；研究部署6月份工作。

6月18日 市委召开十三届17次常委会会议。传达学习中国共产党山东省第十一次代表大会精神，研究贯彻落实意见。

6月21日 市委召开十三届18次常委会会议。听取济宁市2016年度全省经济社会发展综合考核有关情况汇报。

6月26日 市委召开十三届19次常委会会议。学习《以钉钉子精神抓落实——以习近平同志为核心的党中央着力推进全面深化改革落实工作纪实》；学习《李克强总理在贯彻新发展理念培育发展新动能座谈会上的讲话》；学习《刘家义同志在省委十一届一次全体会议上的讲话》；学习《中共中央办公厅、国务院办公厅关于甘肃祁连山国家级自然保护区生态环境问题督查处理情况及其教训的通报》和《省委办公厅、省政府办公厅关于认真贯彻中办发电〔2017〕13号文件精神扎实做好生态环境保护工作的通知》；学习《龚正、王军民同志在全省农村集体产权制度改革工作领导小组第一次（扩大）会议上的讲话》；学习《中共山东省委关于十届省委巡视工作情况的通报》；学习中共山东省委办公厅《关于贯彻〈中国共产党党委（党组）理论学习中心组学习规则〉实施办法》；听取全市计划生育工作情况的汇报。

7月20日 市委召开十三届21次常委会会议。传达学习刘家义在济宁调研时讲话精神，研究贯彻落实意见；研究讨论《市委办公室、市政府办公室关于进一步加强重点信访维稳工作的十条贯彻落实意见（讨论稿）》。

7月28日 市委召开十三届23次常委会会议。学习《刘家义同志在省委常委会会议上的讲话》《中共山东省委关于加强省委常委会自身建设的意见》《中国共产党山东省委员会工作规则》《中国共产党山东省委员会常务委员会议事决策规则》《中共山东省委常委会及其成员职责清单（试行）》；学习《龚正同志在省政府第五次全体会议上的讲话》；研究讨论《中共济宁市委关于进一步深入学习贯彻省十一次党代会精神的决议（讨论稿）》；研究讨论《市委常委会上半年工作报告（讨论稿）》和市委十三届三次全体会议日程安排；研究讨论《济宁市健全完善社会治安综合治理领导责任制实施细则（讨论稿）》；听取有关财政工作汇报；研究部署8月份工作。

7月31日 市委召开十三届24次常委会会议。传达学习习近平总书记在省部级主要领导干部“学习习近平总书记重要讲话精神，迎接党的十九大”专题研讨班开班式上的重要讲话精神，传达学习7月28日省委常委会会议精神和《中共山东省委关于认真学习宣传贯彻习近平总书记在省部级主要领导干部专题研讨班上重要讲话精神的通知》。

8月11日 市委召开十三届25次常委会会议。传达习近平总书记、李克强总理关于生态文明建设的重要指示精神；听取京津冀及周边地区大气污染防治协作小组第十次会议精神及贯彻落实意见，研究讨论《济宁市大气污染防治工作督查问责办法（试行）》；传达刘家义、龚正关于环保工作的批示精神和《省委办公厅、省政府办公厅关于对环保部通报我省菏泽、德州部分企业撕毁封条违法生产事件问责处理情况的通报》；汇报中央第三环保督察组督察山东省工作动员会议、省委省政府重点工作推进情况视频会议、全省环保突出问题综合整治攻坚动员大会精神及贯彻落实意见。传达全省脱贫攻坚推进会议（包括中央纪委扶贫领域监督执纪问责工作电视电话会议、全省组织部门抓党建促脱贫攻坚推进会议）精神，研究贯彻落实意见。

8月21日 市委召开十三届26次常委会会议。学习《刘家义同志在省委常委会会议上关于上半年经济社会发展形势的讲话》；学习《刘家义、龚正、杨东奇、陈辐宽同志在省管党政主要领导干部专题培训班上的讲话》；学习《省委、省政府印发〈关于激励干部担当作为干事创业的意见（试行）〉的通知》；传达省事业单位改革领导小组扩大会议精神，研究贯彻落实意见；研究讨论《济宁市加快推进新旧动能转换重大工程总体方案（2017—2021年）（讨论稿）》；研究讨论济宁市《关于加快新旧动能转换推进经济开发区改革创新开放发展的意见（讨论稿）》《济宁市经济开发区建设发展考核办法（讨论稿）》；听取2017中国（曲阜）国际孔子文化节筹备情况汇报；听取关于全域推进食品安全示范城市创建和农产品质量安全县创建工作情况的汇报；听取济宁殡仪馆选址及规划设计方案的情况汇报。

9月1日 市委召开十三届27次常委会会议。传达贯彻落实《京津冀及周边地区2017—2018年秋冬季大气污染综合治理攻坚行动方案》工作座谈会精神和省政府常务会议有关环保工作精神；传达学习《省委办公厅、省政府办公厅关于全省做好党的十九大安保维稳工作的通知》，研究贯彻落实意见；听取全市党建责任落实情况汇报；研究讨论《关于调整市委全面深化改革领导小组及专项小组组成人员建议方案》和《关于调整市委党的建设领导小组组成人员建议方案》；研究讨论《中国共产党济宁市委员会工作规则（讨论稿）》《中国共产党济宁市委员会常务委员会议事决策规则（讨论稿）》《中共济宁市委常委会及其成员职责清单（试行）（讨论稿）》；传达全省城市基层党建工作经验交流座谈会精神，研究讨论济宁市《关于规范提升城市基层党建工作的意见（讨论稿）》；研究讨论《我市贯彻〈中国共产党党委（党组）理论学习中心组学习规则〉实施细则（讨论稿）》；听取关于调整理顺全市非公有制经济组织和社会组织党建工作领导体制情况汇报；听取关于成立济宁市在京流动党员党委工作情况汇报；听取关于做好党费收缴工作专项检查中清理收缴的党费使用管理工作情况汇报；研究部署9月份工作。

9月25日 市委召开十三届28次常委会会议。学习《中共山东省委办公厅关于认真学习贯彻习近平总书记重要指示进一步做好信访工作的通知》，传达贯彻全省信访工作专题会议精神；传达贯彻全国社会治安综合治理表彰大会精神；学习《中共中央办公厅、国务院办公厅印发〈关于深化环境监测改革提高环境监测数据质量的意见〉的通知》；学习《中共中央办公厅、国务院办公厅关于印发〈统计违纪违法责任人处分处理建议办法〉的通知》；学习《中共山东省委实施〈中国共产党问责条例〉办法》；传达贯彻省委、省政府重点工作推进情况视频会议精神，学习《刘家义书记在省委、省政府重点工作推进情况视频会议上的讲话》；传达全省第二轮第一书记工作总结暨第三轮工作推进会议精神，研究贯彻落实意见；传达全省迎接十九大新闻舆论和意识形态工作专题会议精神，研究贯彻落实意见；传达全省人大代表、政协委员推荐提名工作座谈会精神，研究贯彻落实意见；听取2017年省区域战略推进专项资金“切块”资金安排建议汇报；研究讨论济宁市《关于加快推动国有企业改革的十二条实施意见（讨论稿）》。

10月9日 市委召开十三届29次常委会会议。传达贯彻全省党的十九大安保维稳工作视频会议精神；研究讨论全市《关于党的十九大会议期间安保维稳工作从严问责的通知（讨论稿）》；学习《关于省委常委会2017年工作要点上半年贯彻落实情况的报告》；研究部署10月份工作。

10月13日 市委召开十三届30次常委会会议。学习《中共中央办公厅印发〈关于五年来中央政治局贯彻执行中央八项规定并以此带动全党加强作风建设情况的报告〉的通知》；传达贯彻全省开放型经济发展大会精神，学习《刘家义、龚正同志在全省开放型经济发展大会上的讲话》；传达贯彻全省非公有制经济组织和社会组织党建工作推进会精神；传达贯彻全省抓党建促村级集体经济发展工作推进会精神；研究讨论《济宁市生态修复和城市修补工作实施方案（讨论稿）》；研究讨论《济宁市主城区城市基础设施配套费征收使用管理办法（讨论稿）》；研究讨论《关于支持非公有制经济健康发展的实施意见（讨论稿）》；研究讨论《济宁市营造更优营商环境若干意见（讨论稿）》；研究讨论《济宁市加快推进畜牧业绿色生态发展实施方案（讨论稿）》；听取全市化工产业安全生产转型升级专项行动工作进展情况汇报；听取关于G327曲阜张阳至任城长沟段项目包采用政府和社会资本合作（PPP）模式的汇报。

10月26日 市委召开十三届31次常委会会议。传达学习中国共产党第十九次全国代表大会和中国共产党第十九届中央委员会第一次全体会议精神，研究贯彻落实意见。

11月2日 市委召开十三届32次常委会会议。传达10月27日中共中央政治局会议、中共中央政治局第一次集体学习和10月26日习近平总书记出席军队领导干部会议时的重要讲话精神；传达10月26日省委常委会会议、全省领导干部会议和10月29日省委常委会会议精神；传达学习《中共山东省委关于深入学习贯彻党的十九大精神的决议》《中国共产党山东省第十一届委员会第二次全体会议公报》和省委书记刘家义在全会上的讲话精神；传达中国共产党山东省第十一届纪律检查委员会第二次全体会议精神；研究讨论中国共产党济宁市第十三届委员会第四次全体会议有关文件；传达全省美丽乡村建设现场会议精神，研究贯彻落实意见；听取济宁市2017年度综合考核体系修订情况的汇报；研究讨论《济宁市弘扬优秀传统文化工作方案（讨论稿）》《落实“四个讲清楚”推动儒家文化走出去工作方案（讨论稿）》；听取济宁市关于建立市委法律顾问制度的情况汇报；听取市委党校工作情况汇报；听取济宁市关于做好省委管理的领导班子成员分工调整报备有关问题的汇报；听取廉政谈话有关问题整改方案的情况汇报；听取全市财政收入有关情况的汇报；研究部署11月份工作。

11月3日 市委召开十三届33次常委会会议。听取中共济宁市委十三届四次全体会议各组分组讨论情况。

11月11日 市委召开十三届35次常委会会议。传达学习习近平总书记在瞻仰上海中共一大会址和浙江嘉兴南湖红船时的重要讲话精神；传达学习《中共山东省委办公厅印发〈关于加强省级人大、政府、政协领导班子换届风气监督的实施方案〉的通知》和省纪委机关、省委组织部《关于在省级人大、政府、政协领导班子换届中进一步加强换届风气监督的通知》；研究讨论济宁市《关于加强市纪委派驻机构建设的实施意见（讨论稿）》和《关于全面落实市纪委向市一级党和国家机关派驻纪检机构的方案（讨论稿）》；研究讨论济宁市《关于加强企业家队伍建设的意见（讨论稿）》；研究讨论《济宁市关爱公安民警十项措施（讨论稿）》。

11月20日 市委召开十三届37次常委会会议。传达学习《中共中央印发〈中共中央政治局关于加强和维护党中央集中统一领导的若干规定〉的通知》；传达学习《中共中央办公厅、国务院办公厅关于印发〈中共中央政治局贯彻落实中央八项规定实施细则〉的通知》；学习《中共中央办公厅关于印发〈党的十八大以来中央巡视工作总结〉的通知》；传达贯彻全国推开国家监察体制改革试点工作动员部署电视电话会议精神；传达学习《省宗教工作领导小组关于印发〈中央统一战线工作领导小组贯彻落实中央关于宗教工作重大决策部署实地调研检查的反馈意见整改落实方案〉的通知》；研究讨论《关于推进新旧动能转换加快农业“新六产”发展的实施方案（讨论稿）》；听取关于引汶补源入济工程PPP运作有关情况的汇报。

12月1日 市委召开十三届39次常委会会议。学习《刘家义书记在省委常委会会议上关于前三季度经济社会发展形势的讲话》；传达贯彻全省市委组织部长、统战部长和省直有关单位负责人会议精神；讨论《王艺华同志在全市开放型经济、国有企业改革、非公有制经济发展暨重点项目现场观摩总结会议上的讲话》；汇报济宁市全国和省人大代表、政协委员初步人选有关情况；通报全市重点项目现场观摩评比结果。

12月5日 市委召开十三届40次常委会会议。学习习近平总书记署名文章《弘扬“红船精神”走在时代前列》；传达学习习近平总书记关于反邪教工作的重要批示和中央、省委有关会议精神，研究贯彻落实意见；学习《中共中央、国务院关于营造企业家健康成长环境弘扬优秀企业家精神更好发挥企业家作用的意见》；学习《刘家义同志在全省十九大安保维稳工作总结会议上的讲话》；学习《省委办公厅、省政府办公厅印发〈关于深化统计管理体制改革提高统计数据真实性的实施意见〉的通知》；传达贯彻全省推开国家监察体制改革试点工作动员部署视频会议和全省市及部分县深化国家监察体制改革试点工作实施方案会审会议精神，研究讨论《济宁市深化国家监察体制改革试点工作实施方案》；传达贯彻全省扶贫领域腐败和作风突出问题专项治理工作推进视频会议精神；传达贯彻全省村和城市社区“两委”换届选举工作动员部署会议精神；听取济宁市关于党的十九大安保维稳工作表扬奖励情况的汇报；听取关于推广应用纯电动公交车情况的汇报；究部署12月份工作。

12月15日 市委召开十三届41次常委会会议。传达学习中共中央政治局会议精神（分析研究2018年经济工作）；传达学习习近平总书记在中共中央政治局第二次集体学习时的重要讲话精神；传达学习《中共中央办公厅印发习近平总书记关于进一步纠正“四风”、加强作风建设重要批示的通知》；学习《刘家义、王文涛、陈辐宽同志在省委、省政府重点工作推进落实情况视频会议上的讲话》；学习《刘家义同志在省委理论学习中心组集体学习研讨时的讲话》；传达全省基层政协工作座谈会精神，研究讨论《关于进一步加强全市基层政协工作的意见（讨论稿）》和《关于加强和改进人民政协民主监督工作的实施意见（讨论稿）》；传达学习省委常委、常务副省长李群在济宁督查非公有制经济发展时的讲话精神；研究讨论济宁市《关于推进新一轮高水平对外开放的实施意见（讨论稿）》；研究讨论《济宁市“十三五”时期文化改革发展规划纲要（讨论稿）》；研究讨论《济宁市国有文化资产管理理事会组建方案（讨论稿）》；研究讨论《济宁广电传媒集团组建方案（讨论稿）》；研究讨论济宁市《关于进一步深化文化市场综合执法改革的实施意见（讨论稿）》；研究讨论《关于加强全市金融人才队伍建设的实施办法（讨论稿）》。

12月27日 市委召开十三届44次常委会会议。传达中央经济工作会议和全省经济工作暨金融工作会议精神，研究贯彻落实意见；传达中央第三环境保护督察组督察山东省情况反馈会精神，研究贯彻落实意见；学习《中共山东省委常委会关于坚决维护和服从以习近平同志为核心的党中央集中统一领导的规定》；学习《中共山东省委常委会贯彻落实中央八项规定精神实施办法》；学习《中共山东省委关于加强省委常委会自身建设的意见》《中国共产党山东省委员会常务委员会议事决策规则》《中共山东省委常委会及其成员职责清单（试行）》；研究讨论《中共济宁市委常委会关于坚决维护和服从以习近平同志为核心的党中央集中统一领导的规定（讨论稿）》；研究讨论《中共济宁市委常委会进一步贯彻落实中央八项规定精神实施办法（讨论稿）》；研究讨论《中共济宁市委关于进一步加强市委常委会自身建设的意见（讨论稿）》；传达贯彻山东省第十二届精神文明建设“文艺精品工程”表彰座谈会精神；听取关于进一步加强弘扬优秀传统文化工作建议的汇报；听取关于河道总督署复建选址工作有关情况的汇报；听取关于2017年度党员领导干部民主生活会有关情况汇报。

12月29日 市委召开十三届45次常委会会议。学习《中共中央关于印发〈中国共产党党务公开条例（试行）〉的通知》；传达贯彻全省组织部长会议精神；研究讨论《政府工作报告（征求意见稿）》；研究讨论《市人大常委会工作报告（草案）》；研究讨论《市政协常委会工作报告（草案）》；研究讨论《市政协常委会工作报告（草案）》；研究讨论《济宁市人民检察院工作报告（征求意见稿）》；听取关于2018年全市及市本级财政收支预算安排有关情况的汇报；听取济宁市关于中央第三环境保护督察组督察山东省情况反馈整改方案的汇报。

（市委办公室）

办公室工作

【服务中心工作】 市第十三次党代会服务保障工作。完成会场布置、食宿安排、车辆调度、食品卫生、安全保卫、水电保障等工作，起草党代会报告。推动党的十九大和省党代会精神学习宣传贯彻。在会议召开前，下发通知对收听收看会议盛况做出安排；在会议召开特别是省党代会召开期间，抽调精干力量驻会服务，做好保障工作；会议闭幕后，及时下发通知、制定方案提出要求，开展市委重要会议活动、宣传宣讲的服务保障工作。完成全市安保维稳会议等会议组织筹备工作，协调市委领导督导暗访活动，统筹市委机关大院安保维稳工作，开展安全保密工作专项行动。市委办公室被评为“全市信访工作先进集体”。参与全国文明城市创建工作。组织筹备全市创建全国文明城市工作推进、攻坚冲刺动员等会议，为市委领导到基层调研、督导创城活动提供服务保障。落实创城工作路长制，所有机关干部到包保社区和路段做好沿街秩序、卫生保洁、文明引导和氛围营造等工作，督促整改各类问题33项。开展巡视“回头看”整改工作。起草整改落实《分工方案》《工作方案》，将反馈意见逐一细化分解、明确责任，建立整改问题清单、任务清单、责任清单“三张清单”。多次组织召开整改调度推进会。累计起草各类方案、报告、讲话、通知、汇报材料等50余份，形成整改台账7套。组织两次全市重点项目现场观摩会议。

【"三服务"水平提升】 围绕大局抓决策参谋。综合文字工作，提高调查研究、以文辅政、决策参谋的能力和水平，起草市委领导讲话、工作报告、情况汇报、署名文章等各类综合文稿600余篇，开展调研、考察4次，形成参考性资料6篇，编发《济办通报》60期、《参阅》4期、《工作情况交流》2期，在省级以上报刊发表市委主要领导署名文章及经验性文章5篇。信息调研工作，抓好分析建议类信息报送，做好紧急信息和网络舆情工作，对重大舆情及时报送、汇总研判、客观评估，全年编发《今日信息》213期、《济宁信息》105期，上报省委办公厅信息241期、2100余条。常委秘书室工作，全年筹备常委会会议50次，审核把关议题材料410余份，起草《会议纪要》33期，组织筹备市委理论学习中心组集体学习研讨、全面深化改革领导小组会议及党的建设领导小组会议13次。围绕大局抓督查落实。围绕市委重大决策和重点工作的贯彻落实，加大精准督查力度，开展决策督查75次，办理领导批示295件，形成督查材料85期。组织开展"同业对标、争先进位，力争前列、确保上游"活动，组织14个县市区（功能区）、100个市直部门、14个省级开发区和30家重点企业制定《争先进位计划表》《对标目标计划表》，填报形成7套233张表格。围绕大局抓综合协调。会务活动工作，审核下发会议活动电报通知170余期，筹办市党代会、市委全会、孔子文化节等会议活动90余次，组织市党政考察团赴成都重庆长沙武汉和泰安济南烟台青岛学习考察活动，完成张春贤、卢展工、刘家义、龚正等上级领导到济宁市视察调研活动50余次，市委主要领导和有关领导走访慰问调研活动120余次。公文处理工作，审核印发市委、市委办公室文件479件，其中，济发、济办发、济室字文件84件、同比减少44.4%，实现"零差错"目标。严把收文关口，办理上级来文405件、请示件52件、报告件25件，办理其他来文60余件，处理各类信息简报、文件资料5万余份。清退2016年度中央和省、市委文件近7万份，连续26年密级以上文件无短缺。推动开展党内法规工作，聘任5名法律顾问和8名专家库成员，建立市委法律顾问制度，承办全省（西南片区）党内法规工作座谈会。市委农工办推进农村各项改革和镇域经济社会考核工作，启动实施美丽乡村标准化建设行动计划，美丽乡村覆盖率达到57%，全市美丽乡村建设工作持续走在全省前列。市维稳办建立健全全市维稳信息常态化报告机制，参与市重大安保维稳指挥部工作，做好重点利益群体稳控工作，推进社会稳定风险评估工作。市维稳办被表彰为全市十九大安保维稳工作先进集体。围绕大局抓运行保障。值班工作，构建全市值班"一盘棋"格局，严格落实24小时昼夜值班制度，编发《今日活动》247期、《值班报告》158件、《维稳安保情况》136期。机要工作，全年收发办理明密电报2300余份，实现"无事故、无差错、无错情"的工作目标。保密工作，推动党管保密责任落实，举办两期专题培训班，在市县党校主体班次开设保密课，保密自查自评督查工作实现县市区和市直部门全覆盖。人事工作，细化分解办公室重点工作事项和业务工作目标，建立室务会会议制度和理论学习中心组学习制度。选派干部学习培训，共有32人、46人次脱产参加各类培训班。增设法规科和保密局宣传法规科、技术检查科，增加正科级领导职数3名，新考录选调生1名、遴选公务员1名、招考事业编工作人员5名。落实老干部政治生活待遇，实行定期走访制度，丰富老干部的精神文化生活。行政管理工作，健全工作制度，细化工作流程，提高行政管理工作规范化、精细化水平。推动市专用通信局机构、队伍和设施建设。车队主动适应公车改革的新情况，加强与公车服务平台的工作协调，完成车辆保障任务。选派优秀干部驻泗水县石佛村开展帮扶工作，全年协调各类涉农资金180多万元。

【干部队伍建设】 制定推进"两学一做"学习教育常态化制度化《实施方案》和活动配档表、机关党组织书记抓"两学一做"学习教育《责任清单》，先后组织各类集中学习30余次，组织支部开展主题党日4次。开展十九大精神的学习宣传，分专题开展学习研讨，邀请专家作宣讲报告，开展"微党课"轮讲活动，组织十九大报告知识测试。加强机关党支部和党员队伍建设。严格落实党建工作主体责任，建立《党建工作责任清单》《党风廉政建设责任清单》。开展过硬支部建设，研究出台加强党支部组织生活标准化建设的《实施意见》、建立健全主题党日制度的《意见》、党员亮化记分管理工作的《实施意见》，整理汇编《机关党组织工作制度》，对各项工作进行制度规范。办公室机关第一支部被评为"先进基层党组织"。加强党风廉政建设和作风建设。推进"解放思想大讨论、遵规守纪大教育、干部作风大提升"活动，全面落实"一岗双责"制度，班子成员认真履行党风廉政建设责任制，带头遵守廉政准则，严格执行个人重大事项报告等制度，自觉联系服务基层群众。

（市委办公室）

政研工作

【综合文稿质量提升】 起草贯彻落实党的十九大精神、省第十一次党代会精神、市第十三次党代会报告和市委领导讲话、工作报告、中央和省重要会议发言等各类综合文稿300多份，工作汇报、情况介绍260多份，为领导提供决策性分析资料40多份，在山东卫视、《大众日报》《山东通讯》等省级以上报刊发表文章和新闻稿件10多篇，审核把关市委常委会会议纪要44期，市委重大会议、市委重大活动等新闻稿件500余篇。为《山东年鉴》《省情手册》《中共济宁年鉴》《济宁年鉴》提供多篇稿件。突出发挥宣传推介作用，打造《济宁通讯》和《领导参阅》两张名片，强化精品意识，编辑《济宁通讯》12期，编发《领导参阅》11期。

【调查研究成效提升】 对接上级政策调查研究。研究谋划全面转型振兴、全面建成小康社会等工作，为市委决策提供重要依据。围绕中心工作调查研究。对资源型城市转型发展、弘扬优秀传统文化等全市经济社会发展中的重点问题调研，形成《我市经济转型产业升级情况的调研报告》《济宁与徐州发展比较内因分析“三五七”》等调研报告。围绕热点难点调查研究。形成《关于建立考核激励和容错纠错机制敢于为担当者担当为负责者负责的调研报告》《坚持正向激励和从严要求并重 为乡镇（街道）基层干部“松绑减压”》等调研报告。注重调研成果转化。推动重大课题研究成果中的新观点新思路新举措进讲话、进方案、进文件，转化为市委的决策部署和政策措施。《关于深入学习贯彻党的十九大精神的决议》《关于进一步加强市委常委会自身建设的意见》等以市委市政府文件印发。

【干部队伍建设】 把“建过硬支部、做合格党员、当干事先锋”作为重要载体，不断强化党员干部党性意识、责任意识、底线意识，班子成员认真履行党风廉政建设责任制，自觉规范从政行为。全室所有干部积极落实创建全国文明城市“路长制”，发现并帮助解决包保路段宣传氛围、基础设施、环境秩序等方面存在的问题，劝阻各类不文明行为。开展驻村联户工作，多次到汶上县军屯乡王家庄村走访慰问，协调资金近20万元、体育器材11套，实施村庄道路硬化、农田水利设施建设、文化大院建设。

（沈传宁）

组织工作

【习近平新时代中国特色社会主义思想和党的十九大精神宣传教育】 突出关键少数，举办市管领导干部党的十九大精神专题学习班5期，培训1715人。指导县市区举办轮训班44期，培训县管领导干部1.3万余人。坚持全面覆盖，分领域、分层次、分类别组织开展学习，市委主要领导带头到所在支部、到基层单位宣讲，推动习近平新时代中国特色社会主义思想和党的十九大精神进企业、进农村、进机关、进校园、进社区。

【“两学一做”学习教育】 坚持领导带头、以上率下，印发《关于把市委常委所在支部建设成示范过硬支部的通知》，发挥示范引领作用。坚持传导压力、明晰责任，建立县乡党委和部门党委（党组）书记抓“两学一做”学习教育责任清单制度，开展5次专项督查。坚持解放思想、提升实效，创新出台基层党支部组织生活“十条标准”，落实主题党日、领导干部讲党课等制度，推动党内组织生活规范化、经常化。

【干部队伍建设】 加强干部教育培训，全年在市委党校举办各类班次39期、培训3102人次，到复旦大学等知名院校举办高端班次30期、培训1773人次。完成筹备召开市第十三次党代会和市人代会、市政协会有关工作，完成全国和省人大代表、政协委员推荐提名工作。完成市县乡领导班子换届选举，推进高职高专院校党委换届。加强综合分析研判，开展市直部门单位干部工作专题调研。选派干部到县乡、到省直部门、到中央和省金融单位挂职锻炼，提升履职尽责能力。开展援疆工作，两人被评为全国援疆先进个人。抓好换届风气监督，在全省作典型发言。深化“双向约谈”和干部调整“回访约谈”，发现问题及时解决。落实“凡提四必”要求，防止干部“带病提拔”。加强干部正向激励，会同有关部门制定《关于建立考核激励和容错纠错机制敢于为担当者担当为负责者负责的实施意见》，修订完善全市综合考核体系。

【基层党建】 开展“基层党建规范提升年”活动，分领域抓基层打基础。部署开展村和城市社区“两委”换届选举工作，统筹推进基层党组织建设。在农村全面推开村级审计督查，推动“村霸”专项整治，实施“治病清零”行动，软弱涣散党组织得到有效转化；创新开展“基层党建示范区”建设，创建带动作用强的示范区

7月19日，省委书记刘家义到任城区越河街道竹竿巷社区调研基层党建工作

32个；聚焦抓党建促脱贫攻坚，市县两级共选派785名第一书记，覆盖全市所有省定扶贫工作重点村和软弱涣散村；扶持发展村级集体经济，减少集体经济“空壳村”802个。在城市把城市基层党建列为市委书记突破项目，制定《关于规范提升城市基层党建工作的意见》，全面推行街道“大工委”、社区“大党委”管理体制，以城市基层党建引领城市社会治理，省委书记刘家义给予高度评价，中组部《组工信息》刊登这一做法。在非公有制经济组织和社会组织实施“红帆领航”行动，开展“六好”示范点创建。在机关实施规范化建设“三年行动计划”，推动市直部门设立机关党建科，打造机关党建品牌。在国有企业实施“四强四规范”工程，发挥国有企业党委（党组）领导作用。健全完善“1+3”党建责任制度体系，强化党委（党组）抓基层党建主体责任。创新基层党组织设置，市、县全部成立在京流动党员党委，构建“精细化管理、信息化推进、融入式提升”的工作格局，做法在《新华社内参选编》刊发。推动基层党建传统优势与信息技术有机融合，用好“灯塔——党建在线”平台，加快建设全市智慧党建平台，打造“济宁组工”微信公众号，有4.3万多人关注；制作的教育课件《压不弯的脊梁》，被评为2017年度全国党员干部现代远程教育优秀课件一等奖。

【人才创新发展】 以人才发展体制机制改革为总牵动，统筹推进“省级人才改革试验区”“儒学人才高地”“鲁西科学发展高地人才支持计划”三大板块建设。用好省专项支持政策，配套制定16项市级突破性措施，集中力量抓落实，省级人才改革试验区建设取得新成效，济宁高新区成功创建“国家创新人才培养示范基地”。实施儒学研究名家引进等5个专项计划，发挥儒学高端人才作用，开展“翻译中国”、《孟子》七篇解读等重大活动，推出一批高水平研究成果，儒学研究传播话语权得到有效提升。紧贴产业发展需求，创新领军人物、企业家和实用技能人才引进培养，新增泰山产业领军人才等省级以上人才48人、科技部“星创天地”等省级以上平台32家。将人才工作列为落实党建工作责任制的重要内容，建立县市区委书记抓人才工作责任清单，推动“一把手”抓“第一资源”。完善党委联系服务专家制度，出台高层次人才服务绿色通道实施办法，对专家人才实行“点单式”免费体检，人才发展环境持续优化。

【干部政德教育】 发挥文化资源独特优势，打造干部政德教育特色品牌。积极对上争取，将干部政德教育列入省委常委会工作要点，写进省第十一次党代会报告。不断优化教学体系，新打造10多堂精品课程，对近30处现场教学点深化提升。加强教材编撰工作，成立干部政德教育丛书编委会，杨东奇担任编委会主任，出版《干部政德教育现场教学讲解词》《论语译注》。推进孔子博物馆、孟子研修区、曾子广场等培训阵地建设，干部政德教育基地“一院多区”办学格局不断完善。全年承接中央党校、国家行政学院、中国浦东干部学院和省委党校等各类班次370余期，培训学员2.1万余人，干部政德教育培训规模和品牌影响力大步提升。

（市委组织部）

宣传工作

【十九大精神和习近平新时代中国特色社会主义思想学习宣传】 突出抓好十九大精神的学习宣传，市委宣讲团开展集中宣讲50余场、直接受众2万余人。面向基层开展十九大精神宣讲活动，推出“百姓儒学宣讲团”“湖上流动宣讲团”等经验做法。深化习近平总书记系列重要讲话精神的学习宣传，市委中心组开展集中学习42次，开展集体学习研讨10次，举办专题报告会6场。实施理论研究工程，首次设立济宁市重大理论与现实问题研究课题，确定立项9个课题并全部结项。结合学习宣传贯彻党的十九大精神，举办总书记视察济宁四周年系列活动。

【意识形态领域管控】 严格落实意识

7月29日，市委宣传部、市双拥办、济宁军分区政治工作处、济宁广播电视台联合举办“强军梦 双拥情”庆祝建军90周年文艺演出

形态工作责任制，完善意识形态工作联席会议制度，制定印发《济宁市党委（党组）网络意识形态工作责任制实施细则》《关于规范济宁市党员干部网络行为的实施意见》。建立健全意识形态工作责任制考核督查制度，强化意识形态领域分析研判，推动意识形态工作责任制各项任务落实，确保全市意识形态安全。

【舆论管控引导】 组织开展贯彻落实省市党代会精神、创建全国文明城市、新旧动能转换、生态文明建设、精准扶贫等系列主题宣传40余个，孔子文化节、世界儒学大会等重大活动宣传圆满完成。提升报道质量，2017年在省级以上主流新闻媒体发稿8000余篇，其中头版头条稿件（含综合头条）100余篇。突出抓好互联网建设管理，加强和改进网上正面宣传，成功举办第十一届中国网络媒体济宁行活动。开展净化网上舆论环境专项整治活动，在全省率先上线运行济宁市全媒体辟谣平台。加强城市品牌整体宣传推介，打造系列精品外宣项目，举办2017国际中学生儒学辩论大会、2017“飞越济宁”航拍摄影大赛、“传承和弘扬中华优秀传统文化”微电影微视频创作大赛，开展《儒学经典300句》系列文化产品开发利用活动，举办“儒学大赏——首届全球华语广播大型联合采访活动”。

【首善之区建设】 实施善行义举四德榜普及提升工程，全市6482个村居建榜全覆盖，建设学校、机关、企业榜1.2万余个。指导县市区积极创建全省四德工程建设示范县（市、区），7个县市区创建成功，数量居全省前列。健全完善先进典型挖掘、培树、激励机制，宣传推出全市“榜上有名”先模人物20人、“济宁好人”120名，3人入选全省善行义举四德榜榜上有名先模人物、49人入选“山东好人”、6人入选“中国好人”。重点推出全省岗位学雷锋“最美人物”刘惠、“齐鲁最美青年”赵淑珍等一批先进典型。扎实推进优秀传统文化推广普及，深化儒韵民风示范村（社区）创建，全市建成乡村（社区）儒学讲堂2649处，开展儒学培训传播活动2.2万余场，“图书馆+尼山书院”模式在全省推广。优秀传统文化创造性转化、创新性发展成果凸显，成立国家优秀传统文化传承发展示范区“双创”园区，与爱奇艺公司签订战略合作协议并成立爱奇艺优秀传统文化双创示范基地。

【精神文明创建】 文明城市创建工作取得显著成效，济宁市在2017年省级文明城市测评中排名全省第一。开展群众性精神文明创建活动，社会文明程度不断提升。加强未成年人思想道德建设，获评全省未成年人思想道德建设先进市，2家单位获全国未成年人思想道德建设先进单位。深化拓展文明家庭创建，24户家庭入选首届省级文明家庭。开展文明校园创建工作，31所学校荣获首届省级文明校园称号，2所学校荣获首届全国文明校园称号。深化乡村文明行动，实施“以文化人”工程，全市所有村将移风易俗具体要求纳入《村规民约》，红白理事会实现村居全覆盖。

【文化改革发展】 深化文化体制改革，研究制定《2017年济宁市文化体制改革和发展工作要点》《济宁市文化领域供给侧结构性改革实施方案》等政策文件。实施“文化+”系列行动，支持重点文化企业做大做强，全市2016年度文化及相关产业增加值达到177.47亿元，居全省第6位。不断加强文化企业、项目和园区（基地）建设，2家企业入选省重点文化企业，4个项目入选省重点文化项目，2个园区入选重点文化产业园区。以“活化经典 融入生活”为主题，成功举办第二届“创意济宁”文化产品设计大赛。加强文艺精品创作生产，全市4件作品入选省第十二届“文艺精品工程”，10件作品入选省第十届“泰山文艺奖”。

【干部队伍建设】 推进“两学一做”学习教育常态化制度化，组织开展“喜迎十九大、党员当先锋”主题党日活动等。开展干部驻村联户工作，为帮扶村、联建村、困难群众解决生产生活问题。实施重点文化人才培养工程，评选济宁文化名家30人。做好优秀文化人才推荐工作，29人入选第四批“齐鲁文化之星”。

（薛建岐　张　猛）

统战工作

【十九大精神学习宣传贯彻】 制定《全市统一战线学习宣传贯彻党的十九大精神实施方案》，组织召开全市统一战线学习贯彻党的十九大精神座谈会，听取市各民主党派、工商联、统战团体学习贯彻情况。策划开展主题宣讲，深入民主党派、非公企业、宗教团体、社会组织共300余家，举办专题培训21场、座谈交流33次，在统战团体组织、党外代表人士、统战工作安排上实现三个“全覆盖”。领导带头学习宣讲，11月26日，市委常委、统战部部长白山出席市管领导干部党的十九大精神第五期专题学习班，对全市市管党外干部和市属高校县级领导干部进行专题辅导，其他部领导班子成员也都分领域开展主题宣讲活动，增强统一战线学习贯彻十九大精神的思想自觉、行动自觉。

【统战工作力量聚合】 健全完善大统战工作格局，将民族宗教工作纳入全市经济社会发展综合考核和县市区综合评价体系，联合市编办等四部门下发《关于进一步加强县级宗教工作机构建设的通知》，明确县级宗教工作机构在政府序列中保留名称。组织开展统战工作力量大调研，对全市党外知识分子联谊会、社会组织联合会、有关协会、商会、社会组织、宗教团体、孔孟颜曾宗亲联谊会等进行调研，收集意见建议80余条，具体问题17个，为解决统战工作力量短板问题找到突破口。指导市伊斯兰教协会平稳换届。召开市工商联（总商会）第十三次代表大会，选举产生新一届领导班子和领导机构，先后召开总商会建设工作、市异地商会建设工作座谈会，筹备建立市总商会“公共秘书处”，打造“商会之家”。加强党外代表人士队伍建设，先后举办党外代表人士、党外中青年干部、民族宗教代表人士等培训班，市县两级共培训2000余人次，选调7名党外代表人士参加第二批实践锻炼。

【凝心聚力行动】 鼓励和引导市各民主党派、工商联和无党派人士开展专题调研，2017年两会期间，共提交提案议案317件，其中重点提案议案95件。推进政党协商工作，开展各类协商活动11次，其中市委主要领导主持召开的协商活动3次。举办“情系海联·共谋发展”恳谈会，促进济宁市与港澳台海外的经贸合作。推进全市统一战线“同心扶贫攻坚行动”，210家民营企业与143个贫困村建立帮扶对子，累计投资金额1565.4万元。对接“泛海助学山东行动”，向520名贫困大学生资助260万元。联合济南光彩明天儿童眼科医院开展“情系齐鲁·同心义诊”活动，为县区2750余名适龄儿童检查视力，并对筛查出的313名弱视儿童进行免费治疗。贯彻三级宗教工作会议精神，成立全市民族宗教工作领导小组，出台《关于加强和改进新形势下宗教工作的实施意见》，宗教工作领域重点难点问题得到改善。协助市级爱国宗教团体加强自身建设，每年给予各市级宗教团体活动经费3万元。召开市海外联谊会第五届会员大会，选举产生新一届领导机构。探索在统一战线领域开展“和合”教育，完成全国伊斯兰教界代表人士学习班、中央统战部宗教界人士研究生班等到济宁市的实践教学工作，完成中国香港山东青年会参访团、第三期鲁台中华教育论坛等到济宁市的参访工作。

【工作品牌打造】 实施“一县一品”创建活动，制定《全市基层统战“一县一品”创建工作实施方案》，确立27个“一县一品”创建项目。开展民族工作“找差距、树品牌、争先进”活动，在少数民族村居、企业、宗教团体确立13个精品示范点。贯彻落实省委省政府《关于支持非公有制经济健康发展的十条意见》，起草《支持非公有制经济健康发展实施意见》《营造更优营商环境若干意见》，以市委文件印发。开展非公有制经济“百企护航”暨“千名干部进千企，结对帮扶促发展”活动，为企业排忧解难。12月12日至13日，省委常委、常务副省长李群到济宁督导检查支持非公有制经济健康发展工作，对济宁工作取得的成效给予充分肯定。抓好新的社会阶层人士统战工作，研究制

8月10日，全市统战部长座谈会暨“一县一品”创建工作推进会在邹城召开

定《关于加强新的社会阶层人士统战工作的实施意见》。打造“同心驿家”工作品牌，设计品牌LOGO，建立6处实践创新基地，组织开展“同心驿家·读书会”“同心驿家·微课堂”等活动，引导新阶层代表人士参与社会服务活动。

【自身建设】“两学一做”学习教育活动持续推进，落实建设过硬支部要求，设立机关党建科，实施党员亮化记分管理，用好“灯塔党建在线”平台，将学习教育活动由线下向线上延伸。开展驻村帮扶工作，部领导带头做好驻村联户工作，多次到包驻村、“第一书记”村调研指导。支持“第一书记”工作，协调资金65万元用于整修排水沟、硬化路面、铺设自来水管等基础设施建设。统战调研宣传信息水平稳步提升，8个统战课题纳入全市社会科学规划研究项目课题指南，并与山东师范大学、济宁学院合作开展课题调研，其中《山东省新的社会阶层人士现状调研及统战策略研究》课题在省社科规划办立项。充实统战理论调研宣传工作力量，建立94个统战调研宣传联系点和93名联络员队伍。加大宣传信息稿件报送力度，在省级以上刊物发表各类宣传稿件45篇，信息32条。

（李　芳　张黎明）

对台工作

【对台交流】举办“台湾青少年孔孟文化行”活动。4月20日至25日，台湾青少年孔孟文化行活动在济宁、梁山、曲阜、邹城等地举办。中国台湾远东科技大学校长王元仁率12名师生参加。参访团先后到山东理工职业学院、济宁职业技术学院、曲阜远东职业技术学院进行交流，签署合作备忘录。活动期间，师生参观高新区山东省信息产业基地展示中心、水泊梁山、曲阜“三孔（孔府、孔庙、孔林）”、邹城“两孟（孟府、孟庙）”。协助省台办开展“相约齐鲁情系中华”——2017鲁台青年交流季活动。2017年，省台办在全省开展“鲁台青年交流季”活动，济宁市先后接待“中华儿女文化体验营”“第二届台湾鲁籍学生齐鲁情夏令营”“台湾泰雅学堂参访团”“两岸中学生山东成人礼参访团”“两岸清华大学师生参访团”等15个台湾青少年团组，共400余人。举办第五届海峡两岸（嘉祥）曾子思想暨礼孝文化研讨会。11月9日至11日，2017年海峡两岸（嘉祥）曾子思想暨礼孝文化研讨会在宗圣曾子故里嘉祥县举办。活动期间，举办曾子思想暨礼孝文化研讨会、嘉祥投资说明暨手套产业经贸交流会，台湾曾氏宗亲举行祭祀曾子活动。举办“中华传统文化与两岸社会发展研讨会”和两岸春季祭孔活动。4月1日，“中华传统文化与两岸社会发展研讨会”在曲阜孔子研究院举行，研讨会的主题为“传统文化与现代教育”。中国国民党副主席陈镇湘，孔子第79代嫡长孙孔垂长参加活动。4月2日，丁酉年尼山春季祭孔大典在曲阜尼山举行，孔垂长参加并担任主祭。汶上县经贸文化交流团、嘉祥县经贸交流团、济宁市基层交流团、梁山县经贸交流团等赴台团组到台湾友好社区开展活动，和基层中国民众座谈。2017年，市台办先后接待新党主席郁慕明、副主席李胜峰，“台湾孔子后裔参访团”“台湾新人类文明文教基金会参访团”“台湾澎湖基层参访团”等重点人士和团组。市台办配合上海市台办、上海市台协在曲阜孔庙前举行两岸青年京沪骑行主题交流活动。严格审批和规范因公赴台交流。组织开展经贸交流活动和基层交流活动。

【对台经贸】举办“两岸台商孔孟故里行”活动。9月26日至29日孔子文化节期间举办“两岸台商孔孟故里行”涉台经贸活动。活动期间，组织台商参加孔子文化节开幕式和祭孔大典，举行“两岸台商孔孟故里行”活动启动仪式，4个台商投资项目在启动仪式上签约。与会台商赴兖州区、邹城市、嘉祥县、济宁高新区进行参观、考察、洽谈。组织参加第二十三届鲁台经贸洽谈会。9月1日至4日，第二十三届鲁台经贸洽谈会在潍坊举办，市委常委、统战部部长白山率领近60人参加会议。市领导参加宴请台湾嘉宾、开幕式暨“新动能新机遇新发展”高峰论坛以及展示展览活动，其他人员分专题参加活动。在现代农业合作洽谈会上，邹城市推介农业招商项目；在两岸康养产业合作洽谈会上，市民政局将全市储备的养老项目推介给台商；在两岸旅游产业合作对接会上推介邹城市旅游特色小镇项目、青山景区基础设施建设项目、宝相寺景区融资合作项目等。完成济宁市台资企业协会换届工作，组织台商与市公安局出入境管理支队开展联谊活动。12月7日，市台协会召开第三届会员大会，选举产生新一届台协会领导机构。同日，组织台商和市公安局出入境管理支队开展“同胞心·警企情”联谊活动。组织有关县市区台办和中国台湾产业园区、两岸交流示范点负责人赴泰安参观学习。11月3日，市台办组织一行10人到泰安考察学习。先后考察山东省海峡两岸（肥城）有机农业示范基地，山东省海峡两岸交流示范点肥城市台湾商业中心、春秋古城，泰安市泰山花园社区等，听取有关情况介绍。启动“送法律、进台企”活动。11月2日，市台办组织6名济宁市台资企业法律顾问团成员，深入金乡县、嘉祥县的6家台资企业，与台商座谈交流，了解企业生产经营情况，宣传涉企法律知识，回答企业有关法律方面的咨询。11月8日至9日，为常住济宁的14名台商、台籍员工进行每年一度的免费健康查体。

【对台宣传和调研】2017年，市台办

在各类媒体发表涉台宣传稿件300篇次，其中国家级15篇次、省级30篇次、市级60篇次、其他194篇次。完成《发挥儒家文化优势　努力做好台湾基层民众和青少年工作》《对台工作平台的地位和作用》两篇调研报告。

（王明萧）

信访工作

【概况】 2017年，济宁市到市到省进京上访同比下降15%，进京越级访数量持续下降。三级“两会”“一带一路”高峰论坛、党的十八届七中全会及党的十九大等会议期间，全市没有发生任何有影响的信访问题。获得全省信访工作先进集体、称号；1人获全省信访工作先进个人二等功，2人获全市信访工作先进个人三等功；1人获全省十九大安保维稳工作先进个人二等功，1人获全市十九大安保维稳工作先进个人二等功，2人获全市十九大安保维稳工作先进个人三等功，1人获全省十九大安保维稳工作先进个人嘉奖；1人被评为全国信访系统优秀信访督查专员， 1人被评为全市优秀党务工作者。

【党建和党风廉政建设】 强化党建引领，推动“两学一做”学习教育常态化制度化。把党建和党风廉政建设工作摆在突出位置，严格落实党组主体责任、“一把手”第一责任人职责和班子成员“一岗双责”责任制，局长与局班子成员，局班子成员与机关各科室长层层签订责任书，做到 “四个明确”，即：明确指导思想、原则和目标要求，明确党建活动的总体安排、方法步骤，明确党支部每个阶段的工作重点、教育目的，明确各项工作的责任领导和责任人，构建目标清晰、责任到位、上下同心、齐抓党建的良好运行机制。把推进“两学一做”学习教育常态化制度化作为全面从严治党的战略性、基础性工程，制定《关于推进全市信访系统“两学一做”学习教育常态化制度化的实施方案》和配档表，落实“四有措施（有学习计划、有学习资料、有学习记录、有心得体会）”时间节点和落实责任。每周四集体学习，采取自学后集中开展主题党员活动、书记讲党课、大讨论等形式，学习党的十八届六中全会和十九大精神以及习近平总书记系列重要讲话精神，学习上级有关信访工作政策和法律法规。落实局班子成员双重组织生活制度，开展集中研讨学习、专题党课、召开民主生活会、互提意见建议，全部按时间节点落实整改，并及时向市纪委机关、市委组织部作情况反馈。全局参加党风党纪教育党课、辅导等专题教育的人员达到120人次。严格遵守中央八项规定和省、市实施办法，修订完善《财务管理制度》《关于严肃上下班工作纪律的通知》《差旅费管理办法》等各项规章制度。全年共组织廉政学习13次，开展廉政谈心谈话活动30多人次，上廉政党课2次。

【矛盾纠纷排查】 从5月份开始，在全市组织开展为期4个月的矛盾纠纷大排查大化解活动。市县乡村逐级落实排查化解责任，每位市级领导牵头抓好分管部门、分管系统的矛盾纠纷排查化解工作，县市区“一把手”亲自抓、分管领导靠上抓，各乡镇街道落实科级干部包管区、管区干部包村、村干部包户逐级签字确认的工作机制，建立纵到底、横到边、全覆盖、无缝隙的矛盾纠纷排查化解网络。市信访局每周调度通报排查化解情况，对矛盾隐患排查化解不到位、发生到市到省进京上访的，严肃处理。

【信访积案化解】 对2014年以来未办结的信访案件全部拉出清单，逐一明确责任单位、包案领导、办结时限，实行台账销号制度，推动化解。市、县信访部门落实“三到位一处理”要求，综合采取领导包案、部门联动、信访听证、帮扶救助等措施，推动化解。出台《济宁市化解信访积案激励办法》，对积案化解有功人员给予记功奖励；对371件疑难复杂案件，提请市级领导包保化解。2017年共召开疑难复杂案件化解协调会167次、信访听证会79次，使用信访专项资金1200余万元。全市3211件信访积案，化解2986件，化解率93%，其中市级领导包案化解359件，信访维稳形势明显好转。

【畅通信访渠道】 落实领导干部公开接访制度，三级“两会”“一带一路”、党的十九大等会议期间，市、县、乡三级每天都安排1名党政负责人公开接待到访群众，约访重点信访人员。全市信访系统充实加强一线接访力量，重点时段取消休假、放弃休息日，全力做好矛盾纠纷化解工作。

【信访维稳】 加强驻京值班工作，坚持“京地两条线、全市一盘棋”，重点敏感时期抽调骨干力量进京值班。全面加强督导检查，市信访局成立5个督导组，对信访问题突出的县市区和乡镇进行实地督导，督促整改；市、县信访部门联合纪检、公安等部门采取明察暗访形式，对重点人员稳控、领导干部接访情况进行实地督查，确保各项措施落实到位。全面加强信息调度通报，建立每日信息“两调度、一通报”制度，及时调度汇总通报情况，为领导科学决策提供依据。

【规范信访秩序】 制定《济宁市信访业务规程及文本》，汇编成册，修订完善处理群众来访、办理群众来信、网上信访办理、督查督办、复查复核等5项工作规程，受理告知书、处理意见书、送达回证等9种规范文本，形成信访标准化模版，使市、县、乡三级信访部门和职能部门的信访干部在办理信访案件时有章可循、有据可依。开展进京走访专项治理，印发《关于进一步加强进京越级访治理工作的实施意见》，对每一起进京越级访由联席办及时进行“点对点”通报，要求相关单位一周内上报“五个一”工作措施落实情况。每月对各县市区越级访情况进行排名，全市通报。全年编发通报334期。加强市委、市政府门口信访值班力量，由原来的2人增加到7人，在明确局1名副县级领导集中靠上的基础上，班子成员轮流到门口值班。

【文明城市创建和驻村帮扶】 参与济宁“国家文明城市”创建工作，开展道路巡查、文明劝导等工作。开展驻村帮扶和联建工作，为驻村干部加装空调和热水器，配备必要生活用品，营造良好工作条件。坚持领导干部联系点驻村调研制度，组织局机关全体人员到联建的新驿镇西西村集中开展“农户大走访、问题大排查”活动，征求各类意见建议100余条，解决群众困难70余件次，组织为全体村民免费体检。筹措资金30余万元，对帮扶的颜店镇后北肖村2条中心大街进行硬化、绿化和亮化，对村办公场所进行整修改造。

（市信访局）

保密工作

【党管保密责任落实】 保密工作被纳入2017年市委常委会工作要点，将保密教育纳入党委中心组学习内容和全市领导干部培训体系，将责任制履行情况纳入领导班子、领导干部综合考核体系。市委理论学习中心组举办学习贯彻习近平总书记关于总体国家安全观重要论述专题报告会，并进行集体学习研讨。5月8日，市委常委会专题听取全市保密工作情况汇报，以市委文件印发《济宁市加强和改进保密工作实施细则》。市编办批复同意成立保密局内设机构，设立法规宣传科、技术检查科，设科长、副科长各1名，市委保密办招考1名保密技术干部。

【保密宣传教育培训】 组织全市中管干部和省管干部参加全省保密教育轮训工作。市委将参加全省保密教育轮训工作列为重要活动，多次与省局汇报协调，制定活动方案，由市委书记带队，63名领导干部全部参会。向副厅级领导和保密委成员赠阅《党政干部和涉密人员保密常识必知必读》《保密技术防范常识》《保密法》《保密法实施条例》《红色往事》等书籍420多套，向机关单位保密干部和涉密人员赠阅《机关单位保密自查自评工作指导手册》《党政机关工作人员保密须知》《保密工作概论》等书籍500多套，全市共征订保密警示教育片200多套。推动保密教育由市委党校向县市区全面延伸。在上年市委党校主体班次开设保密课的基础上，2017年在县市区委党校主体班次全部开设保密课，接受保密培训的班次达到64个、各级领导干部3500多人次。举办保密教育专题培训班。9月，在南京大学保密学院举办为期7天60人的保密工作骨干培训班，12月初举办为期2天200多人参加的保密管理干部、涉密人员、保密科技专家、保密师资“四支队伍”专题培训班。加大保密宣传力度。开展“保密观”微信公众号推广工作，印制发放大幅彩色宣传海报1000多份，实现全市党政机关办公场所全覆盖。在《手机报》上增加“保密观”栏目，每周向党员、干部推送2期保密常识、保密知识，覆盖人群达到150多万人。

【保密自查自评和督查】 联合市委宣传部、市国家安全局、市公安局、市网信办组成联合督查组，对26个重点市直部门单位进行重点督查，下发整改通知书并整改到位。制定《济宁市保密自查自评督查工作方案》，创新督查工作模式，在县市区开展互查互评活动，将11个县市区和3个功能区划分为3个片区，市县保密局组成3个督查组进行实地相互督查，探索推行“听、看、查、问、点、评、改、建”八节点督查工作法。共下发整改通知书120多份。对市直机关单位制定常态化督查方案，按照每周4~5个部门的进度实施督查，共督查市直机关单位123个。各机关单位安装防护设备160多套。

【保密管理】 对机关单位定密管理进行专项督导检查，下发规范定密工作通知和实施导则。加强信息公开保密审查工作，开展信息公开保密审查专题培训，对互联网门户网站、政务微博、微信公众号开展保密专项检查，从源头上防范失泄密案件的发生。与军分区、公安、国安、发改等部门成立联合督查组，对重要军事设施周边环境安全保密督查工作进行现场督查，并督促抓好整改。开展高考、中考、自学考试以及各类专业技术职称考试的保密工作，确保考试安全。

（市委保密局）

党校工作

【教学培训】 举办主体班次44期，培训党员干部4818人次。干部政德教育班培训62期4058人次。山东省公务员特色实践教育基地和山东省公务员局培训基地在济宁市委党校挂牌。举办社会培训53期5000余人次。省委党校在职研究生招生139人。主体班次党性教育、党的基本理论与党性教育课程平均占比分别达到27.23%、78.72%。新开设济宁军分区国防教育基地等3个现场教学基地。开设新专题25个，专题更新率达到34.72%。市委常委、市政府等领导99人次走上济宁市委党校讲台，课时占比平均达到29.36%。评选出6堂市级精品课和18名市级优秀教学奖，有5名教师获得全省党校系统优秀教学奖。

3月3日，中共济宁市委党校举行2017年春季开学典礼

【科研工作】 关注现实问题，开展理论研究。完成各级各类课题项目29项。出版《新时代中国特色社会主义思想研究》等专著3部。发表省级以上理论文章10篇。获得全省党校系统优秀科研成果一等奖2项、二等奖2项、三等奖1项，市社科一等奖2项，省法学会优秀成果一等奖1项。为全市党校系统课题结项35项，十八届六中全会专项课题结项30项，省委党校十九大专项课题立项70项。加强智库建设。全年开展调研活动120余人次，撰写调研报告21篇，获市领导签批4项。调研课题《发挥儒家文化优势，提高政德建设水平》在《中国社会科学院要报·专供信息》第309期上刊发，《农村党支部书记培养规律研究》在河南濮阳市举办的淮海经济区党校交流会上荣获唯一的一等奖。参与省市重大科研活动。与市扶贫开发领导小组办公室、济宁运河电厂就相关课题进行合作。完成市委组织部委托大型调研课题《全市基层党组织建设研究》。举办高层次的哲学学术年会。在市委宣传部、市社联联合开展的“习近平谈治国理政思想研讨会”等活动中，获一等奖5项，二等奖6项，三等奖3项。

【党建工作】 严格落实党建工作责任制。建立校党委统一领导，党委书记负总责，党委成员分工负责，支部书记具体抓落实的工作格局。建立报告述职制度。党委定期听取专题汇报，研究解决重点难点问题，班子成员定期进行述职述廉、民主生活会对照检查。推进“两学一做”学习教育制度化常态化。制定出台《中共济宁市委党校关于推进“两学一做”学习教育常态化制度化的实施方案》。加强机关党建规范化建设。落实“三会一课”、组织生活会等制度。

【宣讲工作】 邀请中央党校、省委党校等上级党校专家教授作辅导报告20余场次；组成宣讲组到部门、单位宣

7月20—21日，省党代会精神专题培训班在中共济宁市委党校开班

讲省市党代会、十九大精神等60余场次，受众人数达到5万余人次；在电视、报纸等媒体开设省市党代会、十九大精神专题讲座近20次，发表理论文章40余篇。

【管理工作】 加强教学管理。落实《集体备课制度》等各项教学管理制度，特别是在“学术研究无禁区，课堂讲授有纪律，公开言论守规矩”上实行零容忍。加强科研管理。出台《高层次科研成果深化研究经费资助管理暂行办法》等科研管理制度，做到调研课题从立项、调研、报送、结项等严格管理。加强学员管理。先后修订学籍管理等10余项学员管理制度。开展学员入学教育、组织党性分析等活动；开展“党性教育、警示教育和革命传统教育”活动。

【队伍建设】 加大党员干部培养锻炼力度。先后选派159人次到中央党校、省委党校等学习培训。选派2人担任驻村书记。壮大管理和师资队伍。接收军转安置干部1名，提拔正科级干部2名；党校教师高级岗位设置比例由35%提高到45%；外聘教师达到46人。加强作风建设，开展制度建设年活动，研究制定《党委会议事规则》等60余项制度。先后集中开展“严纪律、正作风、强素质、树形象”和“五个一”等主题教育。

【行政后勤】 协调资金近80万元对校园环境进行改造；投入100余万元完成消防、电缆更新等设施改造；投入50余万元更新空调、电脑等办公办学设备。组织春秋两季开学典礼、党代会、十九大精神等大型会务活动近20场次；对外接待参观考察等活动近500人次；印制文件材料3000多份，整理档案600多条，形成各类文字材料50多万字；安全行车近16万公里；全年安保无事故。电化教学保障近6000课时；发布文字图片信息700余条；开设济宁市情、“十九大”图书专架；开通知网和《学习贯彻党的十九大精神专题库》，累计检索、浏览、下载近7000次。

【党务政务活动】 组织党委理论中心组学习12次，各党支部组织学习达160课时。组织开展“弘扬‘红船精神’走在时代前列”等主题党日活动54次、党课辅导报告会8次；组织全校中层以上干部赴泰安、潍坊市委党校学习考察；开展文明劝导服务300余人次，上街执勤近2000小时；参加“慈善一日捐”“我为农家书屋献爱心”等活动。

【党风廉政建设】 开展廉政建设宣教活动。累计宣讲40余次，受众近3万人次；组织专家教授撰写反腐倡廉理论文章近50篇；开设廉政教育课程近600课时，专题讲座达到30多场；组织学员定期前往济宁看守所、里能监狱、鲁西南战役纪念馆等教学基地接受警示和革命传统教育。

【驻村帮扶】 为驻村制定发展规划，捐赠部分环卫垃圾桶、牲畜消毒用品，建立“致公爱心书屋”并捐赠图书3000余册，投资1.2万元修复村“天网”工程。为第一书记村、联建村贫困户送近3万元慰问品。协调专项资金10万元支持驻村农田灌溉工程。

（孙其瑞　李士法）

党史工作

【党史编研】 编纂出版《济宁滨湖稻改纪实》《邹西会战纪实》两部口述史专著，两书合计80万字。编纂出版《中共济宁年鉴（2017）》，全书共100万字，150幅图片。完成《济宁地区社会主义建设时期口述史》有关征编工作，审阅修改66篇文稿、35万余字。完成省社会科学规划管理领导小组部署的《邹西会战》专题研究任务，形成4.6万字的《邹西会战之回望》专题研究报告。完成省委党史研究室部署的《山东省社会主义建设时期市(地)、县（委书记）口述历史》《中共山东年鉴》(2017卷)《山东改革开放实录》等济宁承担的征编任务，共计150余万字。

【宣传教育】 创建“中共济宁历史网”，2017年12月初正式上线运行，主要由4大板块、9个栏目组成，重点宣传推介全市的红色资源，展示全市党史系统工作动态和工作成果。

【重要活动】 参与全市创建全国文明城市活动，完成“路长制”包保太白路段的值班、文明劝导以及包保网格阜桥街道枣店阁社区的值班督导等工作。设计“喜迎十九大、共筑中国梦”“协调推进‘四个全面’践行‘五大发展理念’——实现济宁全面转型振兴”专题展览，先后在妇女儿童活动中心广场、文化广场、新世纪广场等地进行巡展，历时1个多月，约2万余名党员干部群众自发参观展览。

【资料征集】 集中征集文字、图片、音像、实物等资料，重点征集滨湖稻改、邹西会战等党史专题图片500余幅，文字200余万字，采访重要历史事件亲历者10人，形成视频资料300余分钟。

【驻村帮扶】 协调资金200余万元，为梁山县杨营镇刘普桥村、鱼台县王庙镇常店村硬化村主要干道以及小街巷2.6公里，新建村委办公场所1处、500余平方米，综合整治村坑塘3个，帮扶工作典型经验在新华网、山东新闻网全文刊发。每月组织全体干部职工入户走访困难群众，帮助解决实际困难。与常店村开展共建活动，赠送农村致富实用书籍，解决村路灯用电等实际困难。

（胥建利）

档案工作

【法制建设】 市档案局与市金融办、市人行联合开展金融企业业务档案督导检查活动。开展“文件材料归档月”活动，做好市直部门文件材料归档指导和检查工作。建立县级综合档案馆建设工作督查通报机制和包保督办县市区制度。

【业务建设】 在全市范围内组织开展山东省档案工作科学化管理规范测评活动，组织测评示范单位20家、先进单位59家。召开全市档案工作暨档案馆建设推进会议，对全市国家综合档案馆建设工作进行重点安排部署，从省档案局争取省财政下拨的县级国家综合档案馆建设奖补资金3000万元。

4月11日，全市档案工作暨档案馆建设推进会议召开

【档案开发利用】 接收市政府办公室、市委政法委等单位移交进馆档案11956卷（件），接收破产企业（山东樱花纺织集团有限责任公司）档案5697卷（件、册、盒）；接收公务礼品档案60件。全年共接待查档860人次，提供利用档案资料2960卷（件、册）次。将7年来档案利用实例挑选编印《档案与政府信息利用实例汇编》。精选部分馆藏书画作品，编印《济宁市档案馆馆藏档案书画珍品集》。全年完成35家单位近500件政府公开信息接收、整理工作。编发《档案资政参考》4期、《济宁档案工作》15期（其中特刊3期），编印《济宁运河档案——朱批奏折集萃》。

【安全保障】 对各类风险隐患进行全面排查，逐一提出治理管控措施。与全市12家综合档案馆（1家市级、11家县级档案馆）签订安全责任书。实施《档案安全风险告知制度》，持续提高档案安全风险防范能力。修订印发济宁市档案馆《档案安全责任制》和《突发事件应急处置预案》，确保档案在保管环节上的实体安全和利用环节上的信息安全。

【信息化建设】 全面建成区域目录中心，以民生档案信息资源为主体，采取脱机备份报送的方式，分3期完成覆盖各区县档案馆的区域目录中心建设。利用争取的51万元国家档案局专项资金完成革命历史档案的征集、复制，并完成第二期民国档案2万条文件级目录报送工作。在邹城市召开全市档案业务及信息化工作现场观摩会，先后观摩北宿镇、钢山街道、邹城市档案馆现场，推广精准扶贫档案工作、档案信息区域管理系统的成功经验。

【档案宣传】 以“6·9国际档案日”为契机，在广场、公园、科技馆等地举办专题巡回展览；在《山东商报》、鲁网开设专栏，刊登优秀征文28篇；在市文化广场“百姓大讲堂”举办档案知识讲座；组织鲁网小记者团到市档案馆参观；面向未成年人开展征集“青少年人生寄语”活动；邀请市书法家协会14名会员现场创作并接收进馆书画作品28幅。

【干部队伍建设】 组织局部分干部和部分县市区档案局长赴上海交通大学参加档案干部素质能力提升班；组织3人参加为期3个月的全省档案开放鉴定培训班；召开全市档案宣传工作暨档案宣传员培训会议，邀请鲁网高级记者授课；举办档案业务培训班，各县市区档案局和市直机关企事业单位档案员共计200余人参加培训；在全市选拔34名业务水平高、实践能力强、创新成果多的专家，2人被省档案局评为省级专家。

（董万黎　张德保）

老干部工作

【概况】 截至2017年年底，全市共有离休干部2863名，平均年龄88.10岁。其中，享受厅局级待遇31名，县处级待遇953名，一般干部1879名；抗日战争时期参加工作479名，解放战争时期参加工作2384名；机关972名，事业924名，企业967名；市直910名，县市区1953名。2017年，省委督导组对济宁市贯彻落实中办发〔2016〕3号和鲁办发〔2016〕37号文件精神情况进行督导检查，济宁市荣获全省第3名。

【顶层设计】 市委、市政府将济宁老年大学升级改造事项列入“2017年市政府为民所办十件实事”，改善提升老干部学习活动条件。从省财政争取奖补资金1800万元，用于支持全市6个财政困难县改建、新建老干部学习活动场所。市委办公室、市政府办公室制定印发《关于进一步加强和改进离退休干部工作的意见》。

【思想政治建设】 通过印发资料、辅导报告、微型党课、主题党日等形式，组织离退休干部党员学习党章党规，深入贯彻党的十九大精神和省第十一次、市第十三次党代会精神，做“四讲四有”合格党员的模范。印发《关于进一步规范组织离退休干部开展活动的通知》，规范落实好老干部阅读文件、参加重要会议和重大活动、通报情况、参观学习等政治待遇，组织原市级老干部赴鱼台县、嘉祥县视察经济社会发展情况。在全市离退休干部党组织中开展“怎样做一名合格离退休干部党员”大讨论、“优秀离退休干部党组织活动日”大评选等主题活动，加强对离退休干部党员的教育引导。围绕纪念建党96周年、建军90周年、迎接和庆祝党的十九大召开等，组织老干部参加全省离退休干部书画摄影、诗词创作、文艺会演、知识竞赛等文体活动。

【组织建设】 完善离退休干部党工委运行机制，建立县市区离退休干部党工委书记抓离退休干部党建工作专项述职评议制度。深化服务型离退休干部党组织建设，召开全市服务型离退休干部党组织建设观摩会，组织离退休干部党员通过担任党建指导员、老干部工作联络员、群众服务员、政策宣讲员、文明劝导员等形式，发挥离退休干部党组织在服务老干部、服务他人、服务社区、服务社会中的作用。谢立亭离退休干部正能量宣传党小组被评为“全国老有所为楷模”。制定出台《关于健全完善离退休干部党组织工作经费保障机制的意见》《关于做好离退休干部党组织书记工作补助发放工作的通知》，根据服务管理党员人数，计划从2018年1月1日起，每年为每个离退休干部党组织发放2000—4000元不等的工作经费，每月为每位离退休干部党组织书记发放至少200元的工作补助。

6月28日，全市服务型离退休干部党组织建设观摩会在任城区召开

【正能量活动】 制定《深入推进离退休干部为党和人民事业增添正能量活动实施方案》，以“畅谈十八大以来变化、展望十九大胜利召开”为主要内容，组织老干部开展“传承传统·不忘初心”主题教育活动、“齐鲁夕阳红·五彩中国梦”主题文体活动、“畅谈十八大以来发展变化，建言十九大胜利召开”专题调研活动、“夸夸我家这五年”主题征文活动、“寻找身边的正能量老干部”典型宣传活动等五大活动。在全市范围内评选表扬28个“最美老干部志愿者”、10个“最佳老干部志愿服务组织”、7个“最佳老干部志愿服务项目”。支持市老摄影家协会、市老年人体育协会、市老科学技术工作者协会、市关心下一代工作委员会等涉老团体开展活动。在全省离退休干部志愿服务工作经验交流会上，济宁市做典型发言。

（张振河）

机关党建

【思想政治建设】 将"两学一做"纳入"三会一课"、党委中心组学习及主题党日活动重要内容，先后开展2次督导调研，及时总结经验做法，建立长效机制。向市直机关党组织和党员发放各类学习资料3万余册，举办党的十九大精神报告会、党组织书记和党员骨干培训班等。打造党员学习交流平台和教育培训阵地，创办《济宁机关党建》刊物，宣传党的政策理论，交流机关党建工作经验做法，为总结、展示机关党建工作成效，讲好济宁机关党建故事、传播济宁机关党建好声音搭建平台。发挥新媒体优势，在城区公共服务场所宣传机关党建及先进党组织和优秀共产党员事迹。开设"新时代 新思想"机关大讲堂，开办内部讲堂，打造市直机关党员教育培训特色品牌。

【基层组织建设】 实施市直机关党支部规范化建设三年行动计划，印发《关于建设过硬支部的意见》及《验收办法》，从组织建设、政治学习、落实制度、服务群众、纪律作风、发挥作用等6个方面提出要求，明确20条具体验收标准。向市直机关党组织返还清理收缴党费670余万元，通过召开工作推进会、现场观摩会、举办演讲比赛，形成"建过硬支部、做合格党员、当干事先锋"的局面。完善和落实机关党建制度，提升基层组织建设规范化水平。修订完善党的议事决策管理制度、"三会一课"制度、组织生活会制度、谈心谈话制度、党员教育管理制度、党员学习制度、主题党日、机关党建督查考核等各项制度。实施"三百工程"，市直机关共申报过硬支部163个，命名党建品牌75个、共产党员先锋岗87个。"七一"前夕评选表彰市直机关50个基层党组织、110名优秀共产党员和49名党务工作者。

【服务中心工作】 联合市创城办印发《关于发挥市直机关带头作用深入推进全国文明城市创建工作的通知》，制定市直机关文明出行、文明规范宣讲等活动方案，在市直机关开展文明规范大宣讲及志愿服务活动。加强机关精神文明建设，投资3万余元在市委办公区打造党建文化、廉政文化、儒家文化及精神文明宣传长廊。坚持抓党建促脱贫，指导市直机关开展驻村联户和精准扶贫工作。与市河长制办公室联合开展市直机关"党员爱心护河"行动，与文广新局等单位联合开展"我为农家书屋献爱心" 捐书惠民活动。先后参与市十三次党代会精神及市委常委会2017年工作要点落实情况、"两学一做"学习教育、机关党建工作情况及十九大期间安保维稳的督导检查工作。

11月22日，市直机关"建过硬支部 做合格党员 当干事先锋"演讲比赛在济宁广播电视台演播大厅举行

【机关作风建设】 开展"解放思想大讨论、遵规守纪大教育、干部作风大提升"活动。开展机关作风和行风评议监督工作，对2016年度"双评"活动中群众提出的196条意见建议梳理汇总成95条，以市委、市政府督查室和市直机关工委名义向54个市直部门单位反馈，通过实地督查和材料调度相结合的方式督导整改、抓好落实。对2017年"双评"评议内容、方法步骤、组织形式等方面进行创新，出台《2017年度全市"双评"实施细则》，首次将市纪委牵头举办的政风行风热线活动纳入"双评"评价体系，创新网上评议和集中评议方式，确保评议结果客观、公平、公正。发挥群众监督评议团作用，围绕创城等重点工作开展专项巡查和日常监督；联合市公安局、市环保局等8家单位开展"群众监督进机关"活动。

【机关群团工作】 与市总工会、市财政局联合出台《关于加强市直机关事业单位工会经费管理的意见》。服务机关青年，开展"青年之声·青年有约"市直机关单身青年联谊活动。助力全国森林城市创建，开展市直机关青年干部职工义务植树活动。丰富机关文化生活，举办"文化机关·彩墨济宁"书画摄影展等。联合市总工会、市人社局开展市直机关服务改革发展"金点子"创意大赛活动，共提报各类"点子"近千个。举办市直机关第七届运动会，共108支代表队、7000余名运动员参赛，参赛人数及规模创历届之最。

（吴计建）

机构编制管理

【“放管服”改革】 削减行政许可事项，先后2次削减市级行政权力事项50项。全面建立包括行政审批目录清单、行政权力目录清单、政府部门责任清单、行政审批中介服务清单、公共服务事项目录清单、随机抽查事项清单、年检事项目录清单、取消证明盖章类材料目录清单、村（社区）保留证明材料清单、“零跑腿”和“只跑一次”事项清单在内的“十张清单”制度，明确政府权责边界。开展削权减证、流程再造、精准监管、体制创新、规范用权“五大行动”，创新实施一窗受理、一城通办、一体审批、一网流转“四个一”工程，推进政务服务办理“最多跑一次”改革，编制公布市级首批380项“零跑腿”和“只跑一次”事项清单，全面推行“在线咨询、网上申请、网上审批、网端推送、快递送达”的办理模式，市级90%审批事项实现网上办理，网上按期办结率达到99%。

【重点领域改革】 综合行政执法体制改革全面推开。市级层面保留16支独立执法队伍，各县（市、区）普遍采用“1+7”改革模式，实现市级部门内综合执法、县级跨部门跨领域综合执法，基本构建“大监管”工作格局。开展市县政府部门“三定”规定修订工作。按照加快职能转变、突出主责主业、严控机构编制总量的要求，修订政府部门“三定”规定，科学界定部门职责，优化内设机构设置和编制配备，完善协调配合机制。推进司法体制改革、监察体制改革、盐业体制改革，落实基层安监、建筑质量监管、环保机构力量，优化调整市县人才、宗教等部门（单位）的机构编制。

【事业单位改革监管】 制定全市《分类推进事业单位改革重点任务分工》，明确改革重点、任务要求和时间节点。对生产经营类事业单位，采取“转企、撤销、扎口管理”等方式分类分步推进改革，全部改革任务完成过半。对公益类事业单位，重点强化公益属性，激发动力活力。在全市31家公立医院和1家科研院所建立法人治理结构，推动改革单位健全理事会架构，按照新的体制机制运行。对承担行政审批中介服务职能事业单位，区分类别和运转情况，分类实施“转企改制、剥离中介服务职能、明确过渡期限和脱钩方案”等措施。统筹开展事业单位绩效考核和“双随机、一公开”抽查，加大对事业单位监管力度，规范事业单位管理运行。

10月24日，省编办督导组到济宁督导重点领域体制改革和控编减编工作

【机构编制管理创新】 严格遵守机构编制管理权限，从严从紧审批机构编制。凡需增设机构的，一律按照“撤一建一”或整合优化的原则设置；凡要求增加编制的，首先在本部门、本系统范围内调剂解决。全面完成“僵尸”事业单位集中清理工作，市县两级清理“僵尸”事业单位110个，腾出收回的编制重点用于安全生产、脱贫攻坚、教育医疗、市场监管、环境保护等关键领域，充分发挥机构编制资源使用效益。强化机构编制监督检查，推动违规行为预防和问题整改。实施15个市直部门机构编制评估工作，实现市直部门机构编制评估五年全覆盖。加快“互联网+机构编制”工作步伐，升级改版门户网站，开发启用全市统一的实名制管理信息公示模块，落实实名制数据专管制度，发挥实名制对控编减编、编制动态管理的基础性作用。

【自身建设】 打造“精编简政、服务发展”党建品牌。围绕“两学一做”主题，结合“解放思想大讨论、遵规守纪大教育、干部作风大提升”三大活动，组织党员干部深入学习党的十九大精神、党章党规和习近平总书记系列重要讲话精神，增强“四个自信”，强化“四个意识”。按期完成机关党支部换届，重新划分党小组，修订完善机关党建工作制度，全面规范“三会一课”、民主生活会、组织生活会、发展党员、民主评议党员、谈心谈话、党费收缴管理等各项工作。把好干部“20字”标准落实到干部建设的各个方面，定期举办“廉洁道德讲堂”，严格党员亮化记分管理，筑牢党员干部拒腐防变的思想防线；开设“机构编制讲堂”，开展“好书荐读”活动，拓展驻村帮扶工作。

（毛国栋）

孔子文化节活动

【活动情况】 2017中国（曲阜）国际孔子文化节（第34届孔子文化节，简称孔子文化节）系列活动成功举办。

1. 2017中国（曲阜）国际孔子文化节开幕式暨第十二届“联合国教科文组织孔子教育奖”颁奖典礼。9月27日在曲阜孔子文化会展中心剧场举行，全国政协副主席王家瑞宣布文化节开幕；省委副书记、省长龚正，国家旅游局副局长魏洪涛，国家文物局副局长刘曙光，中国联合国教科文组织全委会副秘书长周家贵先后致辞；联合国教科文组织裴伯庸致辞并宣布第十二届“联合国教科文组织孔子教育奖”获奖名单；省政协副主席雷建国、中国联合国教科文组织全委会副秘书长周家贵、济宁市委书记王艺华为哥伦比亚亚美尼亚市信息通信技术秘书处、巴基斯坦公民基金会、南非FunDza扫盲信托机构颁发“孔子教育奖”。

2. 丁酉年祭孔大典。9月28日在曲阜孔庙举行，省委副书记、省长龚正恭读祭文，全国政协副主席王家瑞等3500余人参加。丁酉年祭孔大典主要包括迎宾开城、开庙仪式、启户仪式、敬献花篮、恭读祭文、行鞠躬礼等环节。

3. 第八届世界儒学大会。9月20至21日在曲阜举行，全国人大常委会副委员长王胜俊出席开幕式致辞，并为2017年度世界儒学研究杰出人物授牌；省委书记刘家义出席开幕式并致辞；文化部部长雒树刚出席大会并发表主旨演讲；中国艺术研究院院长连辑出席大会开幕式并致辞。来自哲学、史学、文学、政治学、文化学等领域的近500名代表出席，大会围绕“儒家思想与人类命运共同体”主题举办一系列活动，集中研讨儒家思想与人类共同命运之间的关系，以及儒家思想与人类的共同价值、礼乐文明与当代社会的价值重构等问题。

4. 第八届世界儒学大会青年博士论坛。9月27日至28日在孔子研究院

9月27日晚，2017中国（曲阜）国际孔子文化节开幕式文艺演出举行

9月28日，祭孔大典乐舞表演

9月27日，第八届世界儒学大会开幕式在孔子研究院举行

举行。孔子学院总部国家汉办政策研究处处长、世界汉学大会理事会秘书长王甬出席论坛开幕式并致辞，来自近20个国家和地区的专家学者和青年博士共150余人参加。

5. 中国研学旅游推广联盟成立大会。9月26日至28日在曲阜举行，国家旅游局、省政府指导，省旅游委、市政府主办。大会以“走进孔子，感悟中国”为主题，国家旅游局副局长魏洪涛、省旅游委主任于风贵等500余人参加。

6. 联合国教科文组织全民教育国际研讨会。9月27日在圣都国际会议中心召开，中国联合国教科文组织全国委员会副秘书长周家贵、联合国教科文组织驻华代表处教育官员裴伯庸、省教育厅副巡视员荆戈、市人大常委会副主任张玉华出席，围绕“孔子思想与全民教育”进行探讨。

7. 海内外知名儒商东方圣城行。9月27日至28日在圣都国际会议中心举办，市政府主办，副市长张胜明、市政协副主席倪丽君出席，200余家企业和商会行业协会参加。

8. 世界500强跨国公司高管东方圣城行。9月26日至28日在圣都国际会议中心举办，省商务厅副厅长张维克致辞，来自11个国家和地区的世界500强跨国公司、境外知名商协会组织、境外知名金融资本机构高管代表参加。

9. 两岸台商孔孟故里行。9月26日至29日在曲阜阙里宾舍举办，省台办、市政府主办，省台办副巡视员王清玉出席，来自台湾岛内和福建、江苏、广西、上海等地的68名台商参加。

10. 济宁数字创意发展峰会论坛。9月28日在济宁香港大厦举办，由中国创新设计产业战略联盟、市政府主办，中国工程院院士徐志磊及来自多所著名高校、科研院所专家、教授围绕“创新设计引领数字文化产业发展”，对济宁市科技与文化融合、数字创意产业发展提出具体建议。

11. 相关系列活动。统筹组织第二届中华学子青春国学荟、海外侨领文化之旅、讲好中国故事——第二届齐鲁故事大赛、首届孟学组织联席会

9月27日，中国研学旅游推广联盟成立大会在曲阜举行

9月27日，第二届国际中学生儒学辩论大会颁奖典礼举行

9月28日，万仞宫墙前，2568人齐声诵读《论语》经典语句

议暨“孟子思想的当代价值与传播”研讨会、2017济宁国学大会、全国书画名家作品学术大展、“儒风瓷韵”全国名家绘瓷展览、2017任城任子文化峰会暨国学经典儿童电视剧《孝经》开机仪式、纪念孔子诞辰2568年《鸟虫篆》书画名家邀请展、“为爱行走——尼山站”活动、儒家文化与太极养生、儒医高峰论坛暨第六届济宁市中医膏方养生文化节、孔子礼乐与书画艺术全国名家作品展陈、文化惠民展演等10余项相关系列活动。

【弘扬儒家文化】 本届孔子文化节围绕弘扬优秀传统文化，突出宣传孔子品牌，举办具有东方圣城特色的文化、艺术、学术、旅游、经贸活动。“孔子教育奖”颁奖典礼增加获奖者致敬孔子像、宣读颁奖词环节。开幕式文艺演出，以家齐、国治、天下大同的理念讲述中国故事。祭孔大典参照明代等历代祭孔制式，对大典的程序、礼仪、乐舞、礼器、乐器等反复论证、认定，推出相对规范的曲阜公祭孔子大典礼制，程序紧凑，细节完善。

9月21日，第八届世界儒学大会主题演讲会议在曲阜举行

9月27日，第十二届联合国教科文组织“孔子教育奖”颁奖典礼在曲阜举行

【宣传报道】 各新闻媒体共刊播有关文化节的稿件980余篇，转载转发7万余次。央视新闻联播播出《多地举行活动纪念孔子诞辰2568周年》《第八届世界儒学大会在曲阜开幕》2条简讯。海内外首次实现同步直播，新华社在Facebook、Twitter两大海外社交平台连续推出2场现场直播报道，Facebook直播超过110万人次。

【群众参与】 以曲阜市为中心，开展“敬先师、诵经典”活动，以经典诵读活动为载体，选拔2568名学生、职工代表、群众代表参加丁酉年祭孔大典、诵读《论语》。孔子文化节期间，发挥“市民大舞台”“百姓大舞台”文化阵地作用，开展系列文化惠民演出。

【主要成果】 在中国研学旅游推广联盟成立大会上，市旅游委与去哪儿网、腾讯旅游签订合作协议，三孔旅游服务公司与台湾雄狮旅行社签订合作协议；市旅游委与俄罗斯塔甘罗格市签订旅游合作协议。在海内外知名儒商东方圣城行活动中，精密机械加工、生物医药生产基地、供应链智慧生态城、物流基地等19个项目在会上签约。世界500强跨国公司高管“东方圣城行”，共签约项目13个，总投资67.9亿元，外资金额34.2亿元，包括战略合作框架协议2个、外商投资项目合作协议10个(世界500强项目8个)、跨境电商贸易平台合作项目协议1个，涉及能源、高端制造、文化旅游、粮油加工、商贸物流、电子商务等多个领域。两岸台商孔孟故里行活动，5个项目成功签约，4个项目达成合作意向。

（王永军　孔　冉）

干部政德教育

【概况】 济宁干部政德教育学院于2016年4月经山东省编办批复设立，为中共济宁市委直属事业单位，由中共济宁市委组织部代管，是山东省委组织部重点打造的特色干部教育培训基地之一。学院领导班子包括党委书记1名、院长1名、副院长2名。学院下设办公室、机关党建部（组织人事部）、教务部、培训部、对外交流合作部、教学研究部（政德研究中心）、后勤保障部等7个部室。学院共有编制50名，2017年在编人员20人。

【领导支持】 十八届中央政治局委员张春贤、郭金龙分别于3月、9月到干部政德教育基地考察指导工作。6月，中组部干部教育局、党员教育和干部测评中心的全体党员干部先后到济宁市开展干部政德教育专题考察体验活动。12月，国家行政学院人事局和研究室全体党员到济宁开展干部政德教育培训。7月19日，省委书记刘家义专题调研干部政德教育工作。省委将干部政德教育工作列入省委常委会工作要点，统筹规划指导，写进省第十一次党代会报告，提出“用好济宁干部政德教育基地等资源，加强理想信念教育、党性教育、道德教育”。省委常委、组织部长杨东奇多次到济宁专题考察调研，并担任干部政德教育丛书编委会主任。

【教学体系建设】 坚持以优秀传统文化创造性转化、创新性发展“双创”方针为指导，邀请传统文化、党建、干部教育培训等方面的专家，成立课题组，多次召开高层专家研讨会、领导干部座谈会，围绕教学体系交流研讨、集中攻关，推进党性理想信念教育与优秀传统文化教育的融合互鉴，形成课堂教学、现场教学、体验教学、礼乐教学等“四位一体”的教学模式。重点打造《弘扬优秀传统文化 提升文化自信》等10多堂精品课程，全年共组织举办93堂专题课教学，先后有35名泰山学者、尼山学者等知名专家学者到济宁为政德教育授课和提供咨询；完善提升曲阜“三孔”、周公庙、颜庙、孔子研究院和邹城“两孟”、嘉祥曾庙等23处现场教学点，优选配备50余名现场教学教员和10余名导学；出版发行《干部政德教育现场教学讲解词》《论语译注》等系列辅助教材，汇编印制《习近平总书记关于传承和弘扬中华优秀传统文化重要论述》《习近平总书记引用儒家经典摘编》等学习资料；在曲阜市、邹城市开发建设的10多处“优秀传统文化传承体验村居”教学点广泛用于体验教学；汇集地方传统曲艺打造提升组合剧目《儒风雅韵》，拍摄制作《政德基地 正德圣地》专题纪录片，广泛用于礼乐教学；完成干部政德教育21处现场教学点教学视频的拍摄制作，配合“灯塔——党建在线”网站开发设立网上展馆，对干部政德教育工作进行专题展示。同时，选聘儒学

10月16—18日，中央党校第43期中青一班56名学员到济宁市开展干部政德教育培训

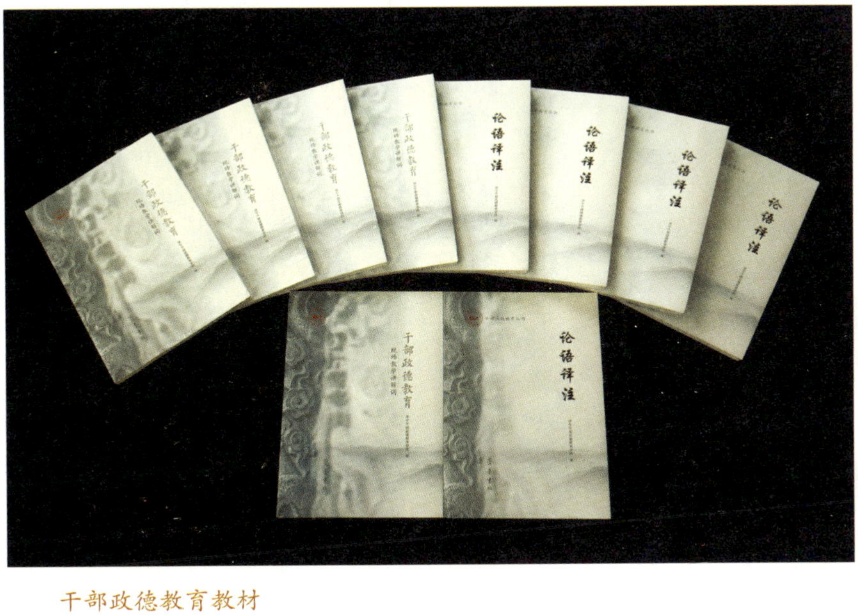

干部政德教育教材

专家、领导干部、乡土人才等作为兼职教师，建立102人的第一批干部政德教育师资库，通过专题培训、跟班听课、集体备课、外出考察等形式，培训骨干师资100余人次。

【阵地平台建设】 4月，济宁干部政德教育学院正式启用并办班培训，不断优化改造设施设备，加快相关配套设施建设，优化提升教学培训功能，保证教学正常运转。指导邹城市启动政德教育中心一体化建设，打造儒家文化研修区，指导嘉祥县推进以曾子书院为中心的儒家文化体验区建设，对接孔子学院总部体验基地和孔子博物馆，策划建设儒家文化和政德教育体验馆，优化形成"一院多区"的办学格局。

【品牌影响力提升】 制定出台《关于加强干部政德教育师资规范管理工作的通知》《关于统一干部政德教育培训工作有关标准的通知》等规范性文件，加强对市县两级承办的各类班次统一审批、统一标准、统一监管。全年共承接中央党校、国家行政学院、中国浦东干部学院、全国组织干部学院、中直机关党校等各类培训班次378期，培训学员2.1万余人，其中县处级以上干部4500余人。加强济宁本地干部政德建设，全年组织举办106期全市各级各系统干部的政德教育培训班，培训济宁干部5500余人。承接中国浦东干部学院斐济高级公务员研修班等外籍学员培训班，传播儒家思想，展现大国文化自信。新华社、中央电视台新闻联播《光明日报》、山东电视台、《大众日报》等主要媒体先后作了深度报道，引发社会各界广泛关注。

（胡　宾）

扶贫工作

【概况】 2017年，济宁市坚持精准扶贫精准脱贫基本方略，基本完成全市脱贫攻坚任务。全年实现省定扶贫标准下36564人贫困人口脱贫，其中国家扶贫标准以下贫困人口8663人，超额完成全市34358人（其中国家扶贫标准以下贫困人口5265人）的年度减贫目标，全市扶贫开发工作成效考核获全省第一名。出台的《困难家庭精神病人医疗救助办法》及《实施方案》在全省转发推广；泗水县彩票公益金扶贫项目代表山东省接受国家验收取得优异成绩，获得2000万元奖励资金。有1家单位和5名个人分别被评为全省脱贫攻坚先进集体、先进个人。

【领导机制建设】 市委调整加强市扶贫开发领导小组，市委书记和市长任组长，市委副书记、市政府分管副市长任副组长，成员单位增加到46个。市委常委会带头学习习近平总书记关于扶贫工作的重要讲话、重要指示批示，研究解决重大问题。召开全市农村工作暨扶贫开发工作会议、2次领导小组全体会议和全市脱贫攻坚推进会议、3次脱贫攻坚现场会议，高规格、高强度、高密度部署推进。市委书记王艺华与各县市区委书记签订2017年度脱贫攻坚责任状，对集中攻坚和巩固提升的县（市、区）分类明确内容，把责任压实压到位。市级领导按照每人包保10户贫困户的责任分工，带头到基层蹲点调研。市领导小组成员单位向市委市政府递交承诺书，将行业扶贫任务细化实化。

12月7日，全市脱贫攻坚现场会在金乡县召开

【"三位一体"大扶贫格局构建】 深入推动专项扶贫、行业扶贫、社会扶贫"三位一体"大扶贫格局。2017年全市筹集各级财政专项扶贫资金2.9亿元，其中省级及以上资金5592万元、市级财政安排1亿元、县市区投入1.3亿元，统筹用于产业扶贫、金融扶贫、保险扶贫和公益扶贫。加大涉农资金整合，按照20%以上的比例，共整合24个部门7001万元涉农资金。强化金融扶贫，实行"政府、银行、担保、保险"多元化贷款模式，全市共发放小额扶贫信贷资金5.12亿元，支持贫困人口10437人。市县两级选派785名第一书记驻村抓党建促脱贫，实现扶贫工作重点村全覆盖，其中市派第一书记项目投入资金1660万元。市直各部门、单位发挥部门职能和行业资源优势，推动"1+6+30"扶贫政策体系落实落地，全市510个省定扶贫工作重点村"五通十有"建设任务全面完成。开展

“百企帮百村”“青春扶贫”“巾帼脱贫”行动，推行“村级互助+居家养老+孝心基金”养老扶贫模式，搭建“微公益”组织、爱心小屋、扶贫超市等载体平台，更多的资金、资源向贫困村、贫困户聚集。

【产业扶贫】 发展瓜果蔬菜、花卉苗木、特色养殖等农业产业，采取折股量化的方式将扶贫资金投入设施农业、光伏、电商、乡村旅游，通过“龙头企业+贫困户”“合作社+贫困户”“企业+基地+贫困户”等方式，强化新型农业经营主体与贫困户利益联结，降低市场风险、保障项目收益，让贫困群众及时享受产业发展红利。2017年省市财政专项资金下达后，全市共实施产业扶贫项目208个，其中“种养加”项目87个、光伏项目34个、旅游项目12个，其他类型项目75个，项目总投资1.34亿元，扶持建档立卡贫困户1.5万户、3.3万人，截至8月底全部完工，有164个项目见效收益。在全市创建50个产业扶贫基地，每个奖补资金10万元，发挥典型引路、示范带动作用。

【就业扶贫】 开展免费就业创业培训、按月举办精准扶贫招聘会、建设“就业扶贫车间”、开发公益性岗位，实现就业一人、脱贫一户。全市开展贫困户就业技能培训6700余人，政府提供公益性岗位2810个，建设“就业扶贫车间”103个，贫困劳动力转移就业8000余人。扶持残疾人就业扶贫基地80处，安置辐射带动残疾人就业1000余名。5家企业获评“全国就业扶贫基地”。

【保障性扶贫】 围绕“两不愁、三保障（稳定实现扶贫对象不愁吃、不愁穿，保障其义务教育、基本医疗和住房）”，持续细化政策供给，提高保障水平，兜住民生底线。推进农村低保与扶贫开发政策有效衔接。依据县市区经济发展水平，将农村低保提高到每人每月345元、375元、380元三个档次，低保线超过省定贫困线；对落实低保政策后、年人均收入仍达不到省定扶贫标准的贫困家庭，通过临时救助方式一次性补足差额。推进健康扶贫工程。建立保健预防、医疗机构减免、基本医疗、大病保险、医疗救助、扶贫特惠保“六重医疗保障”，安排资金2413万元，在全市实施包括医疗商业补充保险在内的“扶贫特惠保”，确保贫困群众个人累计负担费用低于医疗总费用的10%。聚焦困难家庭精神病人群体，先后制定印发《济宁市困难家庭精神病人医疗救助办法》《〈济宁市困难家庭精神病人医疗救助办法〉实施方案》，对困难家庭精神病人提供免费定期巡诊、免费常规检查、基本控制性精神药物治疗救助和住院治疗救助，实施药物救助6700人，落实住院治疗救助875人。两个文件被《山东脱贫攻坚简报》第103期全文转发、全省推广。危房改造任务全面完成。全市摸排出4420户危房改造任务，截至9月底全面完成，其中列入省计划的3830户建档立卡贫困户危房改造全部完工，采用其他方式保障住房安全的590户任务全部安置到位。教育扶贫，共资助建档立卡贫困学生10896名，免除普通高校建档立卡家庭经济困难学生学费256万元，为1.9万名大学生办理生源地信用助学贷款1.5亿元。520名家庭贫困学生纳入“泛海助学山东行动”，每人资助5000元。

3月30日，全市农村工作暨扶贫开发工作会议召开

【督导考核】 由市扶贫办牵头，建立300余人的扶贫督查人才资源库，开展月督查、月排名、月通报，对排名靠后的县市区和乡镇一并约谈，共约谈6名乡镇党委书记。把脱贫攻坚纳入市委巡察范围，对扶贫任务重的20个乡镇实现巡察全覆盖；把审计贯穿脱贫攻坚全过程，对市扶贫办本级和20个重点乡镇进行全面审计。对各个层面发现反馈的问题，建立问题清单，把第三季度作为“整改落实季”，各类问题基本整改到位。12月初，市委、市政府两办印发《关于开展全市扶贫领域腐败和作风突出问题专项治理的实施方案》，强化监督执纪问责，严肃查处违规违纪问题，针对普遍性问题建章立制。对2014年以来14.2万建档立卡贫困户和510个省定扶贫工作重点村全面开展精准评估；在县市区自评基础上，市里委托第三方机构，按照每个县市区不低于贫困户总户数、扶贫工作重点村总村数20%的比例进行抽查评估。

（张　恒）

济宁市人民代表大会常务委员会

综　述

济宁市第十七届人民代表大会及其常务委员会于2017年2月选举产生。市十七届人大常委会组成人员名额为51名，市十七届人大一次会议时为39名，分别为：常委会主任1名，副主任5名，秘书长1名，委员32名。济宁市人民代表大会设7个专门委员会：法制委员会；内务司法委员会；财政经济委员会；教育科学文化卫生委员会；城乡建设与环境资源保护委员会；农业与农村委员会；民族侨务外事委员会。常委会设副秘书长3名。常委会机关设8室3委2处，即：办公室，研究室，人事代表工作委员会，预算工作委员会，法制工作委员会，内务司法委员会工作室，财政经济委员会工作室，教育科学文化卫生委员会工作室，城乡建设与环境资源保护委员会工作室，农业与农村委员会工作室，民族侨务外事委员会工作室；信访处，老干部处。机关共设24个科。2017年，市十七届人大常委会召开常委会会议12次，审议通过地方性法规2部，开展视察调研、执法检查39次，听取审议工作报告14项，开展满意度测评9次，提出审议意见10项，作出决议决定9项，督办代表议案建议170件，完成市十七届人大一次会议确定的各项任务。

【党的领导】 以习近平新时代中国特色社会主义思想为统领，牢固树立“四个意识”，自觉增强“四个自信”。充分发挥常委会党组作用，保证市委决策部署在人大工作中得到贯彻落实。坚持重大问题集体讨论决定，重要事项及时请示报告。围绕市委确定的“一二五六”战略目标，科学谋划常委会工作的总体思路、基本要求和主要任务。围绕大局履行职责。坚持党对立法工作的领导，科学确定重点立法项目，年度立法计划经市委批准后实施，立法过程中的重大问题及时向市委报告。坚持党管干部原则与人大依法任免相统一，实行任前法律知识考试、作供职报告和任后颁发任命书、组织宪法宣誓制度，任免国家机关工作人员90人次。参与重点工作。参与文明城市创建，严格落实“路长制”，建立健全常态化巡查机制，组织各级人大代表开展专题视察。落实市级领导包保重点项目责任分工。落实干部驻村联户、第一书记下派工作部署，包保的125个困难户全部实现脱贫。参与党的十九大、“一带一路”高峰论坛、省党代会等重大活动期间安保维稳工作。按照全国人大常委会决定和市委部署，积极做好组建市监察委员会的相关工作。配合新一届全国人大代表的提名推荐工作及新一届省人大代表的提名推荐和选举准备工作。

【经济转型升级】 推动新旧动能转换。将促进新旧动能转换、信息产业发展作为推动经济转型升级的突破口，纳入年度监督重点，开展集中视察、专题询问。围绕推进全市新型科技金融体系建设，听取审议工作报告，提出审议意见并进行满意度测评，推动科技金融工作深入开展、科技金融深度融合。专题调研“放管服”改革、国有资产经营监管和国资国企改革、质量强市等工作。推动计划预算执行。听取审议计划预算执行情况报告、审计工作报告，审查批准市本级财政决算、预算调整方案，审议批准政府债务限额。深化全口径预算审查监督，建立预算审查监督联络员制度，推进全市预算联网监督工作。组织预算编制审查，对部门预算执行情况、政府投资项目进展情况跟踪监督，对2018年21个部门单位预算编制和35个政府投资项目进行调研预审。编印预算审查监督指引，推动政府细化报审内容。

【维护群众利益】 关注生态建设。围绕创建国家森林城市，对绿化重点工程进行督导，组织开展森林城市创建工作视察，听取审议工作报告。对环保法和济宁市大气污染防治条例开展执法检查。以“地下水资源保护”为主题开展环保世纪行活动。关注民生热点。对棚户区改造工作进行专题视察。按照创建食品安全先进市的部署，组成调研组，专题视察食品安全监管工作，推进“食安济宁”建设。对城镇普通中小学大班额问题、土地流转规范管理、城市总体规划执行、精准扶贫、水稻机械化生产及秸秆综合利用、防范电信诈骗、消防工作等开展视察调研。关注社会事业。调研中医药服务能力提升工程，听取审议工作报告、进行满意度测评。专题调研全市旅游工作，推动“文旅突破”战略实施。跟踪监督校园周边环境综合整治。对外事、城市管理、重大交通基础设施建设、文体惠民工程、养老服务等开展视察调研。

【法治济宁建设】 坚持立法引领。发挥人大在立法中的主导作用，发挥基层立法联系点作用。扩大立法参与，向社会公布法规草案，广泛听取意见。制定的济宁市烟花爆竹燃放管理条例，经省人大常委会批准公布，于2018年1月1日施行。制定的济宁市城市绿化条例，经常委会两次审议通过，报省人大常委会审批。重视法律监督。坚持执法检查前学法制度。对残疾人保障法开展执法检查；为促进山东省法律援助条例实施，组织开展执法检查；对动物防疫法、济宁市城镇容貌和环境卫生管理条例等开展执法检查。修订规范性文件备案审查办法，依法对济宁市城市河道管理办法等3件政府规章、关于促进建筑业加快发展的意见等19件规范性文件进行备案审查。推进司法体制综合配套改革，全面落实司法责任制。落实市委关于支持人民法院基本解决执行难问题的意见，采取专题视察、听取审议报告、跟踪督办等方式，推动完成基本解决执行难任务目标。专题调研全市检察机关侦查监督工作。坚持常委会领导轮流接访制度，落实重大活动信访值班任务。全年共接待群众来访52起71人次、接受处理群众来信126件。

【保障代表依法履职尽责】 履职培训工作。举办全市人大代表培训班，256名初任市人大代表参加培训。举办乡镇、街道人大负责人培训班，集中培训155名乡镇人大主席、街道人大工委主任。服务保障工作。全市组建市人大代表小组68个、县乡人大代表小组625个。指导建设代表小组活动室，推动建设代表履职信息平台。健全常委会组成人员联系代表、邀请代表列席常委会会议、参与常委会和专门委员会活动、参与监督评议“一府两院”工作等制度。共邀请76名全国、省、市人大代表参加视察调研和执法检查，邀请58名代表列席常委会会议。议案建议工作。市十七届人大一次会议以来，代表提出的2件议案和168件建议都按时办理完毕并答复代表，代表建议办结率达到100%，已经解决或基本解决的83件，正在解决或列入规划逐步解决的78件，代表满意率达到98.6%。

【自身建设】 强化理论武装。党组出台意见，常委会形成决议，动员全市各级人大深入学习宣传贯彻十九大精神。推进“两学一做”学习教育常态化制度化，开展“解放思想大讨论”“遵规守纪大教育”“作风建设大提升”活动。举办立法法、监督法、预算法等专题讲座10次，参加全国、省人大各类培训15次。注重效能建设。制定修订党组议事规则、常委会议事规则、加强自身建设的意见、机关管理制度等37项。开展“争创过硬支部、争当先锋党员”主题活动。加强宣传研究。坚持人大新闻发言人制度，升级改版信息网站，运行微信公众号。完成省人大理论研究课题的结项和申报工作。组织济宁人大新闻奖、优秀调研论文评选，向省人大推荐参评作品获奖7篇。常委会被评为全省人大宣传工作先进单位。

重要会议

【市十七届人大一次会议】 2月24日至28日举行。大会实有代表536名，528名市人大代表出席会议。会议听取审议市人民政府市长傅明先所做的市政府工作报告，市人大常委会第一副主任周洪所做的市人大常委会工作报告，市中级人民法院院长冯爱冰所做的市中级人民法院工作报告，市人民检察院代理检察长宋晓磊所做的市人民检察院工作报告。会议书面印发并审查、批准《济宁市2016年国民经济和社会发展计划执行情况与2017年计划草案的报告》《济宁市2016年预算执行情况和2017年预算草案的报告》。审议市十六届人大五次会议以来代表议案建议办理情况的报告，审议市十六届人大五次会议主席团交付审议的两件议案办理结果审议情况的报告。会议选举孙博为市人大常委会主任，陈颖、王宝海、陈国华、张玉华、杜昌华为市人大常委会副主任，高涛为市人大常委会秘书长，选出市人大常委会委员；选举傅明先为市人民政府市长，于永生、吴霁雯、周凤文、张胜明、田卫东、任庆虎为市人民政府副市长；选举冯爱冰为市中级人民法院院长，宋晓磊为市人民检察院检察长，按照《地方组织法》的有关规定，新选出的市人民检察院检察长，须报经省人民检察院检察长提请省人民代表大会常务委员会批准；表决通过六项报告的决议，表决通过市十七届人大各专门委员会组成人员人选名单。根据《全国人民代表大会常务委员会关于实行宪法宣誓制度的决定》的有关规定，大会选举和通过的市人大常委会主任、副主任、秘书长、委员和各专门委员会委员，市人民政府市长、副市长，市中级人民法院院长，进行宪法宣誓。大会期间，共收到10人以上代表联名提出的议案37件。经大会秘书处议案组和市人大各专门委员会认真审议，将《关于制定济宁市烟花爆竹燃放管理条例的议案》《关于制定济宁市城市绿化管理条例的议案》作为大会议案处理，其余35件议案作为代表建议、批评和意见处理，连同代表提出的其他126件建议、批评和意见，一并交有关部门研究处理。

【常委会会议】 **市十七届人大常委会第1次会议** 3月21日召开。市人大常委会组成人员37人出席会议。市人大常委会主任孙博主持会议并讲话，副主任陈颖、陈国华、张玉华、杜昌华，秘书长高涛出席会议。会议传达学习十二届全国人大五次会议精神；审议通过《济宁市人大常委会2017年工作要点》《济宁市人大常委会关于加强自身建设的意见》《济宁市人大常委会组成人员守则》。市委常委、常务副市长于永生，副市长周凤文，市中级人民法院院长冯爱冰，市人民检察院代理检察长宋晓磊列席会议。

市十七届人大常委会第2次会议 4月21日召开。市人大常委会组成人员35人出席会议。市人大常委会副主任王宝海主持会议并讲话，副主任陈颖、陈国华、张玉华、杜昌华，秘书长高涛出席会议。会议听取审议关于补选山东省第十二届人民代表大会代表的议案和关于提请决定济宁市第十七届人大常委会代表资格审查委员会组成人员的议案；审议通过市人大常委会关于补选山东省第十二届人民代表大会代表的决定和市人大常委会关于通过济宁市第十七届人大常委会代表资格审查委员会组成人员的决定。

市十七届人大常委会第3次会议 4月27日召开。市人大常委会组成人员36人出席会议。市人大常委会副主任王宝海主持会议并讲话，副主任陈颖、陈国华、张玉华、杜昌华，秘书长高涛出席会议。会议听取审议市政府关于《中华人民共和国残疾人保障法》贯彻实施情况的报告和市中级人民法院关于全市法院执行工作情况的报告；审议通过济宁市人大常委会议事规则和济宁市人大常委会人事任免办法，审议决定部分人事任免事项。市委常委、市政府常务副市长于永生，市中级人民法院院长冯爱冰、市人民检察院检察长宋晓磊列席会议。

市十七届人大常委会第4次会议 6月29日召开。市人大常委会组成人员35人出席会议。市人大常委会副主任陈颖主持会议并讲话，副主任王宝海、陈国华、张玉华、杜昌华，秘书长高涛出席会议。会议听取和审议市政府关于2016年市级财政决算的报告、关于2016年度市级预算执行和其他财政收支情况的审计工作报告、关于提请批准2017年全市政府债务限额的议案、关于全市新型科技金融体系建设工作情况的报告和关于贯彻实施《中华人民共和国环境保护法》情况的报告。表决通过济宁市人大常委会关于批准2016年市级决算的决议和关于批准2017年全市政府债务限额的决议，对市政府关于全市新型科技金融体系建设工作情况和贯彻实施《中华人民共和国环境保护法》情况进行满意度测评。市委常委、市政府常务副市长于永生，市中级人民法院院长冯爱冰列席会议。

市十七届人大常委会第5次会议 8月30日召开。市人大常委会组成人员35人出席会议。市人大常委会主任孙博主持会议并讲话，副主任王宝海、陈国华、张玉华、杜昌华，秘书长高涛出席会议。会议听取审议市政府关于2017年上半年国民经济和社会发展计划执行情况的报告和2017年上半年全市预算执行情况的报告；听取审议市政府关于全市国家森林城市创建工作情况的报告并进行满意度测评；审议市政府关于提请审议《济宁市烟花爆竹燃放管理条例（草案）》的议案；审议市人大常委会主任会议关于提请审议《济宁市人民代表大会常务委员会规范性文件备案审查办法修正案（草案）》的议案，表决通过有关决定；审议通过人事任免事项。市政府副市长周凤文、任庆虎，市中级人民法院院长冯爱冰，市人民检察院检察长宋晓磊列席会议。

市十七届人大常委会第6次会议 10月31日召开。市人大常委会组成人员34人出席会议。受市人大常委会主任孙博委托，副主任陈颖主持会议并讲话，副主任陈国华、张玉华、杜昌华，秘书长高涛出席会议。会议听取审议市政府关于《山东省法律援助条例》贯彻实施情况的报告、关于全市中医药服务能力提升工程进展情况的报告和关于全市棚户区改造工作情况的报告，分别进行满意度测评；审议并表决通过《济宁市烟花爆竹燃放管理条例》。市政府副市长田卫东，市中级人民法院院长冯爱冰、市人民检察院检察长宋晓磊列席会议。

市十七届人大常委会第7次会议 11月6日召开。市人大常委会组成人员35人出席会议。市人大常委会副主任王宝海主持会议并讲话，副主任陈颖、陈国华、张玉华、杜昌华，秘书长高涛出席会议。会议传达中共济宁市委十三届四次全体会议精神；审议通过《济宁市人民代表大会常务委员会关于认真学习宣传贯彻中国共产党第十九次全国代表大会精神的决议（草案）》。

市十七届人大常委会第8次会议 12月21日至22日召开。市人大常委会组成人员34人出席会议。市人大常委会副主任陈颖主持会议并讲话，副主任王宝海、陈国华、张玉华、杜昌华，秘书长高涛出席会议。会议审议通过关于召开济宁市第十七届人民代表大会第二次会议的决定；听取审议市政府关于全市新旧动能转换信息产业发展情况的报告，开展专题询问；听取审议市政府关于提请批准2017年市级预算调整方案的议案，通过相关决议；表决通过《济宁市城市绿化条例》；听取审议市政府关于2016年度市级预算执行和其他财政收支审计查出问题整改情况的报告，对部分部门单位的整改情况进行满意度测评；听取审议市政府关于市十七届人大一次会议以来代表建议办理情况的报告（草案），市人大常委会向市十七届人大二次会议提交的工作报告（草案），市人大内司委关于市十七届人大一次会议主席团交付审议的1号议案审议结果的报告（草案）和市人大城环委关于市十七届人大一次会议主席团交付审议的2号议案审议结果的报告（草案）；表决通过有关人事任免案；书面印发市政府对市十七届人大常委会第一次会议关于《〈山东省法律援助条例〉贯彻实施情况的报告》《全市中医药服务能力提升工程进展情况的报告》《全市棚户区改造工作情况的报告》审议意见办理情况的报告。市委常委、常务副市长于永生，市政府副市长张胜明，市中级人民法院院长冯爱冰，市人民检察院检察长宋晓磊列席会议。

人大各专门委员会

【法制委员会】 《济宁市烟花爆竹燃放管理条例》经省人大常委会批准，将于2018年1月1日施行；《济宁市城市绿化条例》进行第一次审议，待二审通过后报省人大常委会批准；备案审查办法修正案经常委会第五次会议通过后，按规定报省人大常委会备案。

【内务司法委员会】 对中级人民法院执行工作开展监督。对市政府关于《山东省法律援助条例》的贯彻实施情况进行执法检查。对检察院侦查监督、公安局基层派出所建设、电信网络诈骗、道路交通安全、民警训练基地、公安消防、全市精准扶贫和养老等工作开展专题调研。

【财政经济委员会】 对经济运行及政务环境、信息产业发展情况，对部分企业经济发展情况、全市“放管服”改革情况进专题调研。视察全市国有资产经营和监管工作。调研金融支持实体经济、防范金融风险情况、“质量强市”战略实施工作。对全市新旧动能转换信息产业发展工作情况进行视察并开展专题询问。

【教育科学文化卫生委员会】 对科技金融体系建设情况进行视察。对全市中医药服务能力提升工程进展情况进行视察。继续跟踪督办市十六届人大五次会议《关于进一步加强校园周边环境综合治理的议案》（第2号议案）。对全市解决大班额问题工作情况进行专项调研。对文体惠民工程实施情况进行专题调研。对全市食品安全情况进行专题调研。

11月9—10日，市人大常委会副主任陈颖、张玉华带队视察全市新旧动能转换信息产业发展情况

【城乡建设与环境资源保护委员会】 对市十七届人大一次会议2号议案“关于制定《济宁市城市绿化管理条例》的议案”进行重点办理。对全市贯彻落实《中华人民共和国环境保护法》情况进行执法检查。开展棚户区改造工作专题视察。开展《济宁市城镇容貌和环境卫生管理条例》贯彻落实情况专项督导。调研“阳光规划”工作开展情况。调研重大交通基础设施建设及国省干线公路路域环境综合治理工作情况。对全市地下水资源保护工作情况进行环保世纪行调研采访。

【农业与农村委员会】 对全市贯彻实施《中华人民共和国动物防疫法》和《山东省动物防疫条例》情况进行执法检查。视察督导全市国家森林城市创建工作。调研全市推进稻麦两作区水稻机械化生产及秸秆综合利用情况。调研全市农村土地流转规范管理情况。

【民族侨务外事委员会】 重点对全市乡村旅游工作和外事侨务工作进行调研。举办残疾人保障法专题讲座，对全市《中华人民共和国残疾人保障法》实施情况进行执法检查。

（胡　倩）

济宁市人民政府

综　述

2017年，全市GDP完成4620亿元、增长7%。一般公共预算收入385.7亿元、增长3%，扣除省市减税降费政策等因素增长13.9%。固定资产投资3474亿元、增长8.4%。规模以上工业利润、利税增长36%、31%，为10年来最高。存贷款余额首次突破5000亿元、3000亿元。新增境内外上市企业4家、挂牌企业75家，结束6年无新增主板上市公司历史。常住人口城镇化率提高1.8个百分点、达到57.1%，增幅连续5年居全省前列。PM2.5浓度在京津冀“2+26”通道城市最低。为民所办十件实事全面完成。成功创建国家卫生城市，全国文明城市创建在2017年省级测评中获得第1名。

【新旧动能转换】 供给侧改革成效明显。压减煤炭产能36万吨。房地产去库存1194万平方米，去化周期处于合理区间。综合为企业降成本77亿元，减免高新技术企业和小微企业税收70.1亿元，为历年来最高。实体经济新增贷款278.8亿元，同比多增123.3亿元。工业品销售率达到98.6%。规模以上工业企业资产负债率下降1.2个百分点。传统产业提档升级。实施“千亿技改”“百企护航”等六大工程，完成技改投资1149亿元、增长22.9%，制造业利润、利税同比增长28.5%、23%。如意集团荣获中国质量奖提名奖。新增规模以上服务业企业275家，总数居全省第2位。新认证国家“三品一标”农产品61个，新增省级标准化生产基地19处。农作物综合机械化水平达到85%，获评全国“平安农机”示范市。济宁国家农科园通过验收，金乡县入选首批国家现代农业产业园。“四新经济”蓬勃发展。高新技术产业产值增长10.8%、提高6个百分点。信息产业加快发展，营收增长15%，高新区获批省三大大数据产业集聚区，华为云计算数据中心一期建成。电商交易额达到1600亿元、增长25%。编制完成新旧动能转换总体方案，实施首批“四新四化”项目364个，新开工亿元以上项目738个、同比增加410个，比亚迪产业基地开工建设，比克电池项目落户济宁，中建国际示范园进展顺利。落地开工PPP项目43个，是全省唯一获国务院表彰的市。园区发展提速增效。出台加快园区发展实施意见，每年列支2亿元支持园区发展。新建园区道路210公里、基础配套工程173个、公共服务平台93个。园区增加值、固定资产投资增长10%、13%，高于全市3个、4.6个百分点。

【三大动力支撑】 重点领域改革有序实施。深化行政执法体制改革，11个领域实现综合执法。128家市管企业完成公司制改制。完成规范化改制企业484家，是省定任务2倍。教育、卫生体制改革逐步深化，城市和县级公立医院全部建立法人治理结构。“放管服”改革纵深推进。实施项目审批流程再造，推行“四个一”模式，削减行政权力事项50项，审批时限比法定时限缩短一半。推进“互联网+电子政务”，90%行政审批事项实现网上办理。健全“十张清单”制度，构建信用信息“一网三库一平台”，在全省率先形成贯通市县乡村的公共服务事项目录。创新型城市加快建设。新增国家高新技术企业148家、省级以上科技创新平台30个，国家纺纱工程技术研究中心建成使用，全省首个环境类院士工作站落户济宁。新引进院士6人、入选省级以上人才工程44人，集聚海内外高层次人才2586人，高新区获批国家创新人才培养示范基地。对外开放取得突破。实现进出口总额414.4亿元、增长15.2%，增幅6年最高。新设外商投资企业33家，实际利用外资增长17.9%。完成境外投资80.6亿元、居全省第1位。

【城乡协调发展】 精致城市建设成效明显。实施重点城建项目179个、竣工107个，改造老旧小区121个、竣工107个，开工棚改7.2万户、建成6.9万户，超额完成省定任务。新开工地下综合管廊9.4公里，建成海绵城市19平方公里。新建公园绿地23处，升级改造主次干道106条、背街小巷203条，打通断头路25条。入选全国“城市双修”试点市、全国首批装配式建筑示范市、全国公共建筑能效提升重点市，城市规划工作是全省唯一受住建部表彰的市。城乡环境面貌持续提升。完成美丽乡村建设总规编制，建成省级美丽乡村示范村45个、市级55个，在全省考核中位居前列。改造农村厕所49.4万户，开展城乡供水一体化试点，基本实现天然气“镇镇通”。曲阜市、金乡县成功创建国家园林城市，尼山镇入选全国特色小镇。重大交通项目快速推进。跨湖高速、董梁高速、鲁南高铁等牵动性工程开工建设。机场迁建通过国家立项评估，基本具备开工条件。日兰高速济宁连接线、北二环东延竣工通车。泗河堤防主体工程全部完工。西二环、济宁大道西延加快实施。环湖大道东线微山段全面启动。胡集港等“七大港口”提速推进。城际公交实现“县县通”，镇村公交通达率、覆盖率分别达到100%和95%。

【实施五大攻坚】 生态环境持续改善。实施大气污染防治集中攻坚，整改突出环境问题1433个，完成燃煤锅炉超低排放改造176台、气代煤电代煤6万户，2069家“散乱污”企业、6006台燃煤小锅炉全部“清零”，秸秆禁烧工作受到省政府表彰。“蓝繁”天数同比增加27天，$PM_{2.5}$、空气质量综合指数改善23.3%、11.5%，均居全省第1名；健全“治用保”水污染治理体系，开展面源污染专项治理，南四湖非法采砂全部清除，是中央环保督察转办信访案件最少的市之一，是中央环保督察组对山东反馈意见中唯一表扬的市。国家森林城市创建扎实推进，新造林20.9万亩，修复湿地10.6万亩，治理水土流失9.1万亩、采煤塌陷地2.3万亩。安全生产态势平稳。严格落实部门、属地、企业责任，深入推进“素质固安”工程，持续强化“大快严”集中整治，狠抓化工产业安全生产转型升级，事故起数、死亡人数同比下降61.5%、34.2%，异地安监执法、安全责任边界厘清等经验做法在全省推广。金融风险防控有力。规范政府举债融资行为，开展互联网金融风险专项整治，严厉打击恶意逃废金融债务违法犯罪，“一企一策”制定担保圈应对预案，金融生态环境持续改善。脱贫攻坚精准有效。“六大脱贫攻坚行动”统筹推进，投入扶贫资金2.9亿元，510个贫困村实现“五通十有”。实施产业扶贫项目208个，建设扶贫车间143个，梁山黄河滩区脱贫迁建工程全面启动，全市3.66万农村贫困人口实现脱贫，获省年度考核第1名。社会大局和谐稳定。突出抓好十九大、“一带一路”峰会等重大活动安保维稳，实行战时指挥部机制，实现“六个不发生”目标，是全省六个先进市之一。深入开展矛盾纠纷大排查大化解专项行动，化解矛盾纠纷2560件。深化“天网工程”建设，加强公共安全监管，刑事、治安、火灾警情同比下降17.7%、22.4%、7.2%，平安济宁建设取得新成效。

【提升民生保障】 就业创业量质齐升。全面落实就业创业扶持政策，就业补贴资金支出2.7亿元，新增城镇就业7.5万人、高技能人才9300人，就业创业培训7.7万人，2个创业孵化基地获评省级创业示范平台。社保体系日趋完善。连续13年提高企业退休人员养老金标准，城乡低保实现“十二连增”。职工和居民大病保险最高报销额由45万元提高至65万元。新增养老床位5000张，获批全国居家和社区养老服务改革试点市、省医养结合示范先行区，跻身中国城市公益慈善百强榜18强、居全省第1位。办学条件显著改善。大班额三年行动计划完成，累计完成投资102.3亿元，新改扩建学校187所，竣工318.2万平方米，新增学位19.7万个，城镇小学、初中、高中大班额比例分别由2015年的51.6%、53.6%、61.4%下降到35.1%、40.4%和31.7%。14个县（市、区）全部通过国家义务教育发展基本均衡县验收。职业教育和高等教育办学水平不断提升，曲阜师范大学新区启动建设，济宁医学院医药工程学院入驻高新区。文化建设成果丰硕。省政府正式出台曲阜传统文化示范区建设规划。完成历史文化名城保护规划修编。曲阜市获评十大“中国年度文化影响力城市”。“三孔”彩绘、尼山圣境、鲁国故城遗址公园进展顺利，孔子博物馆、市文化中心主体完工。新改扩建村级综合文化服务中心3400处，实现二级文化馆县级全覆盖。文化产业增加值增长17.6%。健康济宁扎实推进。市中医院新院试运营，市立医院开工建设。实施精准医疗“同质化”服务模式，建成医联体30个。70%妇幼健康服务机构、80%乡镇卫生院和社区卫生服务中心达到规范化标准。食品药品安全监管不断强化。国防动员、人民防空、民兵预备役、国家安全、外事侨务、统计、物价、粮食、地震、体育等工作进一步加强，广播电视、民族宗教、公积金、史志、档案、气象、老龄、残疾人和妇女儿童等事业取得新进步。

重要会议

【市政府常务会议】 **市第十六届人民政府第64次常务会议** 1月20日召开。市委副书记、市长傅明先主持，讨论修改《政府工作报告（征求意见稿）》，书面审议《关于济宁市2016年国民经济和社会发展计划执行情况与2017年计划草案的报告（送审稿）》和《关于济宁市2016年预算执行情况和2017年预算草案的报告（送审稿）》。

市第十六届人民政府第65次常务会议 2月3日召开。市委副书记、市长傅明先主持，传达全市科学发展综合考核总结表彰暨干部作风建设大会精神，研究贯彻落实意见和市政府2月份重点工作。

市第十六届人民政府第66次常务会议 2月13日召开。市委副书记、市长傅明先主持，听取全省省会城市群及周边重点城市大气污染联防联控协作小组第三次会议精神及济宁市贯彻落实意见的汇报，审议《济宁市2017年大气污染防治工作方案（讨论稿）》《济宁市2017年水污染防治工作方案（讨论稿）》《济宁市危险废物处置利用设施建设实施方案（讨论稿）》《济宁市各级党委、政府及有关部门环境保护工作职责（讨论稿）》。

市第十七届人民政府第1次常务会议 2月28日召开。市委副书记、市长傅明先主持，传达市第十七届人民代表大会第一次会议精神，研究市政府领导成员分工，安排部署《政府工作报告》重点工作责任分工。

市十七届人民政府第2次常务会

议　4月12日召开。市委副书记、市长傅明先主持，听取关于市“两会”期间议案建议提案情况及办理意见的汇报，审议《济宁市人民政府2017年立法工作计划（草案）》，审议《2017年重点项目工作方案（草案）》，听取全市安全生产工作情况汇报，听取关于全省三年禁毒人民战争动员部署会议精神及贯彻落实意见的汇报，听取关于全省住房制度改革座谈会主要精神及贯彻落实意见的情况汇报，审议《济宁广电传媒集团组建方案（草案）》《济宁市国有文化资产管理理事会组建方案（草案）》。

市十七届人民政府第3次常务会议　5月26日召开。市委副书记、市长傅明先主持，审议《济宁市“十三五”科学技术创新发展规划纲要（草案）》《济宁市实施六大工程培育科技沃土加快创新型城市建设的实施意见》，审议《济宁市“十三五”服务业发展规划（草案）》，审议《济宁市“十三五”金融业发展规划（草案）》，审议《济宁市水利发展“十三五”规划（草案）》，审议《济宁市安全生产“十三五”规划（草案）》，审议《关于支持人民法院基本解决执行难问题的意见（草案）》，听取关于推进“一村（社区）一法律顾问”工作的汇报，听取关于省事业单位改革领导小组扩大会议主要精神及贯彻落实意见的汇报。

市十七届人民政府第4次常务会议　6月8日召开。市委副书记、市长傅明先主持，听取《济宁市土地利用总体规划（2006—2020年）》调整完善情况的汇报，审议《济宁市残疾人事业“十三五”发展规划（草案）》，审议《济宁市水文管理办法（草案）》，听取关于在任城区实施相对集中行政许可权改革有关情况的汇报，审议《济宁市关于在市场体系建设中建立公平竞争审查制度的实施方案（草案）》，审议《鲁南高铁济宁段项目资金支付管理暂行办法（草案）》，审议《济宁市政府性债务风险应急处置预案（草案）》，听取济宁市生活垃圾处理厂整体资产评估有关情况的汇报，听取《山东省财政厅与济宁市人民政府关于德国促进贷款山东理工职业学院购置教学实训设备项目的转贷协议》有关情况的汇报。

市十七届人民政府第5次常务会议　7月4日召开。市委副书记、市长傅明先主持，研究市政府7月份重点工作计划，听取关于全省政府秘书长和办公室（厅）主任座谈会主要精神及贯彻落实意见的汇报，审议《济宁市人民政府2017—2021年立法规划（草案）》《济宁市烟花爆竹燃放管理条例（草案）》，审议《济宁市化工产业安全生产转型升级专项行动总体工作方案（草案）》，审议《关于深化改革推进出租汽车行业健康发展的实施意见（草案）》《济宁市网络预约出租汽车经营服务管理实施细则（草案）》，审议《关于贯彻落实支持农业转移人口市民化若干财政政策的意见（草案）》，审议《济宁市港口和船舶污染物接收转运及处置设施建设方案（草案）》，听取关于保障城乡饮用水水质安全有关情况的汇报，研究济宁儿童公园项目耕地占补平衡问题，听取2017年全市新增政府债务限额有关情况的汇报。

市十七届人民政府第6次常务会议　8月11日召开。市委副书记、市长傅明先主持，审议《济宁市企业投资项目审批流程再造工作实施方案（草案）》，审议《济宁市生态环境保护“十三五”规划（草案）》，讨论《关于切实做好南四湖省级自然保护区突出问题整治和管理保护工作的通知》，审议《济宁市城市绿化条例（草案）》，审议《关于推进价格机制改革的实施意见（草案）》，审议《济宁市行业协会商会与行政机关脱钩实施方案（草案）》，听取关于首届山东文化惠民消费季动员部署会议主要精神及贯彻落实意见的汇报，听取关于济宁殡仪馆选址及规划建筑方案的情况汇报，听取关于济宁市跨线桥PPP项目进展情况汇报，听取关于恢复教师资格考试费有关情况的汇报。

市十七届人民政府第7次常务会议　9月7日召开。市委副书记、市长傅明先主持，听取贯彻落实《京津冀及周边地区2017—2018年秋冬季大气污染综合治理攻坚行动方案》工作座谈会精神和省政府常务会议有关环保工作精神及贯彻落实意见的汇报，审议《济宁市2017—2018年秋冬季大气污染综合治理攻坚行动量化问责办法》；听取全省金融工作座谈会主要精神及贯彻落实意见的汇报；听取全省打击走私工作会议主要精神及贯彻落实意见的汇报；审议《关于加快推进国有企业改革的十二条实施意见（草案）》《贯彻落实〈关于加快推进国有企业改革的十二条实施意见〉分工方案（草案）》；审议《关于推进“多证合一”改革的实施意见（草案）》；审议《济宁市加快推进畜牧业绿色生态发展实施方案（草案）》；听取关于引汶补源入济工程PPP运作有关情况的汇报。

市十七届人民政府第8次常务会议　9月25日召开。市委副书记、市长傅明先主持，听取关于推广应用纯电动公交车、纯电动出租车的情况汇报，听取关于G327曲阜张阳至任城长沟段项目包采用政府和社会资本合作（PPP）模式的汇报，学习《中共中央办公厅、国务院办公厅印发〈关于深化环境监测改革提高环境监测数据质量的意见〉的通知》，听取全省深化统计管理体制改革工作会议精神及贯彻落实意见的汇报，听取关于政府引导基金参股设立园区产业投资基金等子基金的情况汇报，审议《济宁市深化农村改革综合性实施方案（草案）》，审议《关于推进新旧动能转换加快农业“新六产”发展的实施方案（草案）》，审议《济宁市全域推进食品安全先进市创建和农产品质量安全市创建工作实施方案（草案）》《关于加强食品安全工作的意见（草案）》，听取市博物馆新馆展陈设计方案的情况汇报。

市十七届人民政府第9次常务会议　11月4日召开。市委副书记、市长傅明先主持，听取关于2018年政府投资项目建议计划的汇报，听取关于2017年度民生实事完成情况及2018年度民生实事征集情况的汇报，听取全省推进政务信息系统整合共享工作电视会议主要精神及贯彻落实意见的汇报，审议《济宁市露天非煤矿山管理办法（草案）》，听取关于全市棚户区改造项目融资有关情况的汇报。

市十七届人民政府第10次常务会议 12月6日召开。市委副书记、市长傅明先主持，听取关于治理城市道路质量通病工作情况的汇报，审议《济宁市城市道路质量常见问题集中治理行动方案（草案）》《济宁市提升建设工程项目招标投标质量管理办法》，审议《关于促进建筑业加快发展的意见（草案）》，审议《济宁市餐厨废弃物管理办法（草案）》，审议《济宁市生产安全事故应急救援办法（草案）》，审议《济宁市社会救助家庭经济状况核对办法（草案）》，审议《关于加强全市金融人才队伍建设的实施办法（草案）》，审议《济宁市农产品品牌建设实施方案（草案）》《济宁市农产品区域公用品牌战略规划（草案）》，听取关于全市农村集体产权制度改革工作情况汇报，审议《济宁市“十三五”节能减排综合工作方案（草案）》，审议《济宁市老龄事业发展和养老体系建设“十三五”规划（草案）》，听取关于全市征地地上附着物和青苗补偿标准调整工作的情况汇报，听取关于2017年市级服务业发展引导资金安排意见的汇报。

市十七届人民政府第11次常务会议 12月14日召开。市委副书记、市长傅明先主持，讨论修改《政府工作报告（征求意见稿）》，书面审议《关于济宁市2017年国民经济和社会发展计划执行情况与2018年计划草案的报告（送审稿）》和《关于济宁市2017年预算执行情况和2018年预算草案的报告（送审稿）》；听取关于市政府规范性文件清理工作情况的汇报；审议《济宁市城市河道管理办法（草案）》；审议《济宁市居民基本医疗保险办法（草案）》；审议《济宁市职工长期护理保险实施办法（草案）》；听取全市第四次经济普查工作情况汇报；听取关于全省统计管理体制改革专题会议主要精神及贯彻落实意见的汇报；听取关于全省节水农业和水肥一体化现场座谈会主要精神及贯彻落实意见的汇报；听取关于建立市属高职院校生均拨款制度有关情况的汇报。

【市长办公会议】 **第1次** 4月5日召开。市委副书记、市长傅明先主持，听取市政府一季度重中之重工作进展情况汇报，研究市政府4月份重点工作计划，听取关于市城区PPP项目进展情况汇报。

第2次 4月9日召开。市委副书记、市长傅明先主持，听取省委第六巡视组对济宁市巡视“回头看”反馈意见整改落实进展情况汇报。

第3次 4月18日召开。市委副书记、市长傅明先主持，听取《济宁市城市轨道交通建设规划》《济宁都市区快速路实施性规划》编制情况的汇报，审议《关于加强城市停车设施建设管理的实施办法（草案）》《关于培育市级重点镇（特色小镇）的实施方案（草案）》，听取关于贯彻全省人民防空会议主要精神暨济宁市市级机关战时人防疏散基地建设方案的汇报，审议《济宁市全面实行河长制工作方案（草案）》，听取《济宁市矿产资源总体规划（2016—2020年）》编制情况的汇报，听取关于与山东高速科技发展集团有限公司合作加快济宁市鸿翔公路勘察设计研究院发展的汇报，听取关于国家科学技术奖励大会主要精神及济宁市贯彻落实意见的汇报，听取关于全省统计工作会议主要精神及济宁市贯彻落实意见的情况汇报。

第5次 5月18日召开。市委副书记、市长傅明先主持，听取关于新旧动能转换有关情况的汇报，听取关于兖矿集团有关问题的汇报，听取关于建设新型公务用车平台完善公务出行保障配套措施的汇报，听取关于加强政府债务管理有关情况的汇报，审议《加快全市电动汽车充电基础设施建设实施方案（草案）》，听取关于省环保督察及环保部大气强化督查的情况汇报，听取关于省防总成员（扩大）会议和全省全面实行河长制工作动员部署电视会议主要精神及贯彻落实意见的汇报，听取关于全省中小学幼儿园和道路交通安全电视会议主要精神及贯彻落实意见的汇报，听取关于申请2017年北方地区冬季清洁取暖试点城市有关情况的汇报，审议《济宁市公交企业成本规制管理办法（草案）》《济宁市公共交通投入和补贴资金管理办法（草案）》，听取关于支持济宁市省级人才改革试验区有关人才平台创建的情况汇报，听取关于济宁市与比亚迪公司战略合作及孔孟旅游快线（曲阜至邹城）建设有关情况的汇报，听取关于济宁市与齐鲁交通发展集团合作及日兰高速曲阜东互通立交工程进展情况的汇报，研究市政府领导党建工作分工。

第6次 6月4日召开。市委副书记、市长傅明先主持，传达省领导关于济宁高新区崇文学校在建工地“6·1”坍塌事故的指示批示精神和省政府安委会办公室《关于济宁高新区崇文学校在建工地“6·1”坍塌事故的紧急通报》，听取济宁市有关处置情况的汇报，研究部署全市安全生产工作；听取关于省环保督察反馈意见及全市整改工作打算的汇报；研究市政府6月份重点工作计划；审议《济宁曲阜机场净空和电磁环境保护管理规定（草案）》；审议《关于加强企业家队伍建设的意见（草案）》。

第7次 6月19日召开。市委副书记、市长傅明先主持，听取关于全市信息产业发展情况的汇报，听取关于全市招商引资项目进展情况的汇报，听取关于国家安监总局临沂金誉石化有限公司6·5重大爆炸着火事故现场会议主要精神及贯彻落实意见的汇报，学习西安地铁电缆案有关材料，听取全市大跨度空间网架建筑安全工作情况汇报，听取关于全国推进简政放权放管结合优化服务改革电视电话会议主要精神及贯彻落实意见的汇报，研究《济宁市加快推进新旧动能转换总体方案（2017-2021年）（讨论稿）》，听取全市重点项目进展情况汇报，听取省对济宁市经济社会发展综合考核有关情况汇报，听取关于尼山圣境项目融资担保情况的汇报，听取关于审计发现问题的情况汇报。

第8次 7月25日召开。市委副书记、市长傅明先主持，审议《济宁市大气污染防治工作督查问责暂行办法（修订草案）》，听取关于提高中小学班主任津贴标准的汇报，听取环湖大道东线工程太白湖新区段PPP项目实施方案有关情况的汇报，听取市文化中心建设工作有关情况的汇报，听取加快市中医院新院建设运营有关建议的汇报，传达学习国务院办公厅关于西安地铁“问题电缆”事件调查处理情况及其教训的通报，听取全市城市工作会议筹备情况的汇报，听取关于省审计厅采煤塌陷地专项审计问题整改工作的汇报。

第9次 7月29日召开。市委副书记、市长傅明先主持，听取市政府上半年重中之重工作进展情况汇报，研究市政府8月份重点工作计划，审议《关于加快新旧动能转换推进经济开发区改革创新开放发展的意见（草案）》《济宁市经济开发区建设发展考核办法（草案）》，审议《济宁市食品药品安全“十三五”规划（草案）》，听取关于全域推进食品安全示范城市创建和农产品质量安全县创建工作情况的汇报。

第10次 8月3日召开。市委副书记、市长傅明先讲话，市委常委、常务副市长于永生主持，传达贯彻京津冀及周边地区大气污染防治协作小组第十次会议精神，安排部署全市秋冬季大气污染综合治理攻坚行动。

第11次 8月28日召开。市委副书记、市长傅明先主持，审议《全市各级自然保护区内矿业权退出工作方案（草案）》，研究规范南四湖自然保护区畜禽养殖问题；审议《济宁市生态修复和城市修补工作实施方案（草案）》；审议《济宁市主城区城市基础设施配套费征收使用管理办法（草案）》；审议《济宁市营造更优营商环境十六条规定（试行）（草案）》；听取关于2017年省区域战略推进专项资金“切块”资金安排建议的汇报。

第13次 10月13日召开。市委副书记、市长傅明先主持，审议《济宁市2017—2018年秋冬季大气污染综合治理攻坚行动量化问责实施细则（草案）》，听取全市安全生产工作情况汇报，听取关于《济宁港总体规划》修编工作情况的汇报，审议《济宁市关爱公安民警十项措施（草案）》，审议《关于强化企业技术改造和“6501”培育工程加快新旧动能转换的若干意见（草案）》，审议《关于支持非公有制经济健康发展的实施意见（草案）》《关于开展“千名干部进千企，结对帮扶促发展”行动构建“亲”“清”新型政商关系的意见（草案）》，听取《关于加快新旧动能转换推进经济开发区改革创新开放发展的意见》贯彻落实情况的汇报，听取关于全市招商引资工作进展情况的汇报，听取关于全市1—9月份对上争取工作情况汇报，听取关于河道总督署复建选址工作有关情况的汇报，听取关于处置市重点建设资金资产的汇报，听取关于《济宁市2017年国民经济和社会发展计划》部分指标调整建议的汇报。

第14次 10月31日召开。市委副书记、市长傅明先主持，听取关于比克（济宁）新能源产业园合作推进情况的汇报，审议《济宁市人民政府 深圳市比克电池有限公司 济宁新能源汽车及核心零部件产业园项目合作框架协议书》；研究分析前三季度全市经济运行情况，安排部署下步工作；研究市政府11、12月份重点工作计划。

第15次 11月10日召开。市委副书记、市长傅明先主持，听取关于2018年政府投资项目建议计划的汇报，听取关于《2018年度民生实事项目（征求意见稿）》有关情况的汇报，听取关于采取“公建民营”方式运营市社会福利中心二期养老院的情况汇报，听取关于新机场高速公路采用政府和社会资本合作（PPP）模式的汇报，听取关于开通济宁主城区至泗水微山梁山城际公交线路的汇报，听取全市2017年冬至2018年春农田水利基本建设情况汇报，审议《济宁市“十三五”消防事业发展规划（草案）》，听取关于工会经费有关情况的汇报。

第16次 12月4日召开。市委副书记、市长傅明先主持，研究《政府工作报告（征求意见稿）》；听取全市安全生产情况汇报，安排部署元旦春节期间安全生产工作。

第17次 12月8日召开。市委副书记、市长傅明先主持，研究《政府工作报告（征求意见稿）》。

第18次 12月17日召开。市委副书记、市长傅明先主持，听取关于市属企业信访隐患排查情况汇报，听取关于济宁灯泡厂及其权属企业改革改制有关情况的汇报，听取关于鲁泰控股股改上市及太平、鹿洼煤矿采矿权处置等历史遗留问题有关情况的汇报，听取关于市城建投资公司投资济宁银行有关情况的汇报。

第19次 12月24日召开。市委副书记、市长傅明先主持，听取关于2018年全市及市本级财政收支预算安排有关情况的汇报，听取关于2018年全市经济社会发展主要指标建议意见的汇报，审议《济宁市中小学校长职级薪酬发放办法（试行）（草案）》。

（徐西胜）

办公室工作

【内部机构改革】 设立政策法规科，撤销机要科（市政府办公室保密办公室），重新界定文秘科和政策法规科的职责。强化综合科职能。将会议活动科“市政府大型会议及重要活动的会务服务工作；市政府工作会议的计划安排、会议筹备和会务指导协调工作；市政府领导政务活动的协调安排；与市委办公室、市人大常委会办公室、市政协办公室等几大班子办公室的有关工作联系”等工作职能划入综合科。会议活动科更名为政务接待科，专门负责各类政务接待活动。设立秘书六科、秘书七科，秘书一二三四五六七科分别为7位市政府领导一对一提供精准政务服务。重新界定人事科职能，加挂离退休干部科牌子，撤销离退休人员服务科，将原人事科、离退休人员服务科职能划入人事科。承担办公室机关日常运转职能。成立市政府电子政务中心、市长公开电话办公室两个副县级事业单位。

【思想作风建设】 办公室党组研究制订《理论中心组学习计划》和《加强学习提高服务能力的实施意见》，党组中心组以党章党规、习近平总书记系列重要讲话为重点，先后开展集体学习研讨9次。组织开展科长讲堂、外出参观调研、专题党课、主题党日、演讲比赛等各类学教活动20余次。

【决策服务】 全年完成各类调研报告40余件，编发《调查研究》6期、《内部情况通报》45期。新旧动能转换、行政审批流程再造、智慧城市建设、园区发展等调研报告得到市政府主要领导批示，转化为政府决策。全年撰写各类文稿420余篇、配套资料1500余份，收集整理《全市经济社会发展主要指标月报》12期、《政策汇编》56期。全年累计上报信息578篇，被国务院办公厅和省政府办公厅采用186篇，国务院总理、副总理批示5件，省委、省政府领导批示9件，综合考评位次前移。全年办理上级来文来电1761件、请示报告1216件，传阅分发党内文件625个文号，完成2016年度党委机要文件清退和2014年、2015年度公文档案整理移交工作。全年审核市委、市政府及两办文件84件，电报143件，请示报告80件，市政府及办公室文件472件，电报244件，专题会议纪要94件，制发函件158件。

【事务服务】 全年组织筹备市政府常务会议、市长办公会议、市政府专题会议等90余次；组织筹备调研、视察、检查、督导等政务活动70余次。累计编发《政务接待方案》66期、《政务接待快报》599期、《要情速递》137期。组建7个秘书科室，强化文稿审核、调查研究、督导落实、联络协调等职能，建立“一对一”“集中办公”工作模式，为市政府领导提供专业、精准、快速的政务服务。全年累计筹备各类会议700余次，起草把关各类讲话、汇报1300余篇，协调各类调研、检查等活动640余次。全年指导、修编、报备各类应急预案29个，指导和开展应急演练36次，新建示范点2处，成立志愿者服务队3支。严格落实24小时值班值守和领导带班制度，制定《突发事件信息报送模板》，妥善处理“1·5”微山县沉船事件、“6·30”曲阜市汽车爆燃事件、“8·4”嘉祥县孟姑集镇朱庄村杀人案件等各类突发事件185起，上报省政府23条信息。行政许可事项和公共服务事项在市级政务服务平台正式上线运行。抽查政府网站196个，督促整理问题网站65个，关停、并转政府网站447个，在“中国济宁”政府门户网站发布信息5717条，开展“在线访谈”活动19期，市门户网站绩效评估进入全国百强。完成政府投资、企业投资项目审批流程再造改革工作，创新实施集中预审、审批清单、承诺审批、审批代办等制度，一般性政府投资项目审批流程用时提速50%。一般性企业投资项目审批用时提速75%。抓好厉行节约，压缩行政运行成本，“三公”支出同比下降52%。完成办公用房调配维修、会议室改造、院内绿植补栽等工作。扎实开展“国门利剑2017”联合专项行动和打击走私“洋垃圾”专项行动，持续保持反走私高压态势。《济宁市志》经省专家初审，《曲阜市志》《市中区志》完成编修任务；市县两级提前一年实现“一年一鉴全覆盖”。完成全国“两会”期间代表委员的服务及十九大期间信访稳定工作；协助组织“2017济宁（北京）文化旅游产业合作恳谈会”等近20余场次项目和产品推介会，发起成立“北京济宁企业商会”，广泛宣传推介济宁。提升在京流动党员教育管理服务工作水平，依托市政府驻京联络处成立“中共济宁市在京流动党员委员会”，建成1000平方米的党性教育基地，在京995名党员全部纳入组织管理、1.79万在京务工人员全部实现组织联系。

【督促落实】 建立重点工作台账11个，每月形成专报材料。全年组织开展现场督查、暗访活动120余次，制发各类通知通报167件、督办单75件、反馈材料76个、《政务督查》38期。十九大期间成立7个督导组，对14个县（市、区）、110余家高危企业、涉气企业进行高频次夜查，督促整改存在问题28条。全年承接、转办、督办领导批示件483件，办理省政府督查件62件。对2017年民生实事涉及的42项具体任务逐一明确项目内容、工作目标和责任单位，进行全程跟踪调度。全市830件市级议案建议提案全部按时办复，办复率和满意率分别达到100%和99.1%。

【服务群众】 全年受理群众来话来信46.3万余次，按时办结率99.94%，满意度96.95%。认真落实领导干部接听公开电话制度，共有8位市政府领导班子成员、41位部门单位主要负责人接听公开电话，现场受理事项69项、250项，办结率100%。把热点、焦点问题形成周报、月报、季报，累计编发65期，市政府领导批示33次。开展“12345”市长公开电话进社区活动。出台《关于全面推进政务公开工作的实施方案》，首次聘请第三方对全市政务公开工作进行评估。在“中国济宁”政府信息公开平台主动公开政府公文260条，转办政务舆情727件，领导批示135件次。积极做好春节送温暖、支部联建、扶贫走访系列活动，协调有关部门帮助贫困户加快脱贫致富。

【干部队伍建设】 制定进一步加强自身建设的意见，从强化制度建设、严格落实民主集中制等9个方面提出34条措施。优化机构设置，合理划分工作岗位，科学界定工作职责，建立工作补位机制。配合组织部门完成1名正县级干部推荐考察和1名副县级干部试用期满考核工作，公开招录工作人员7名，择优选调工作人员7名。先后安排近60人参加不同类型的培训班、进修班，依托浙江大学和市委党校举办政务信息公开和应急管理专题培训班。制订完善党组议事规则、请示报告、请销假、科室补位、市政府领导调研活动交办事项转办、接待双向约束等规章制度，建立用制度管权、管事、管人的工作机制。做好离退休人员服务工作，定期开展健康查体、走访慰问、召开情况通报会、外出学习考察等活动，离退休人员满意率不断提升。狠抓中央“八项规定”精神和省市委实施办法的落实，出台《关于进一步精减会议压缩文件加强调查研究的若干意见》。严格执行县区政府、市政府部门主要负责人因公因私外出请销假制度。强化督导问责，对进展缓慢、工作不力等问题进行约谈提醒，先后开展约谈4次。

【党的建设】 印发规范党组抓党建工作实施意见、责任清单、责任分工，推动党建工作责任制落实。严格落实组织生活制度，提升“三会一课”、民主生活会、组织生活会的质量和实效，严肃认真开展批评和自我批评。以“建过硬支部、做合格党员、当干事先锋”为载体，认真开展党员亮化计分、“微党课”等工作。认真做好市政府综合系统机关党委工作，制定《基层党支部规范化建设参考标准》，顺利完成市政府综合系统机关党委换届工作。市政府综合系统全年发展党员13名，6个基层党组织被评为先进基层党组织，28名党员被评为优秀共产党员和优秀党务工作者。办公室机关第一党支部荣获先进基层党组织称号。加强党风廉政建设，将党员领导干部党风廉政建设责任制执行情况考核与干部考核、业务目标考核结合进行，把考核结果作为业绩评定、评先树优的重要依据。推进权力运行程序化和公开透明，凡涉及干部人事调整、党务工作、重大经费开支等重要事项，及时召开办公室党组会议或主任办公会议，集体研究决定。严格执行“三重一大”报告、领导干部操办“婚丧嫁娶”有关事项报告、“八项规定”月报等制度规定。

【精神文明建设】 从办公经费挤出8万元用于越河街道创城工作。高标准做好十二网格和应急避难场所创城工作，完成文明宣传和网上申报工作。新建“道德讲坛”会议室，开展“礼让斑马线”“慈心一日捐”“我为农家书屋献爱心”等活动。完成近200余份的材料收集、整理、上报，顺利通过省市文明单位复审。积极帮助干部职工解决个人家庭生活中存在的困难。积极组织文体活动，办公室80余名选手参加机关运动会。

【项目审批流程再造】 “简政放权、放管结合、优化服务”改革的核心是行政审批制度改革，行政审批制度改革的焦点、难点是项目审批流程再造。2017年，市政府办公室聚焦关键环节，分两个阶段实施政府投资项目、企业投资项目审批流程再造，解决审批流程设计不合理、环节复杂导致的周期长、效能低等问题。

政府投资项目审批流程再造。3月17日，《济宁市政府投资项目审批流程再造工作实施方案》印发。实施方案以审批清单制度为核心，设计思路是：一个计划，一套班子，清单式把关，挂图式推进，打包式立项，区域化评估评审，全流程监管，实施集中并行审批“1443”模式。流程再造后，一般性政府投资项目由原63个审批环节压缩到24个，审批用时控制在120个工作日左右，其中行政审批34个工作日，各类中介评估评审、公示招投标、技术审查等并行用时约86个工作日左右，实现提速50%。主要做法有：组建集中领导机构。成立济宁市政府投资项目推进委员会，委员会办公室设在市政府办公室，集中领导政府投资项目建设。集中并行审批模式融集中预审、市县联动、审批问责等系列制度为一体，创新全市政府投资项目管理模式，实现对审批部门、项目单位、中介服务机构、招投标服务机构的工作效能，对审批用时、审批成本、资金使用情况的全流程监管，也是国内政府投资项目审批制度改革的独创做法。清单式审批。在项目进入审批流程前，由市政府组织各相关审批部门填报审批事项、审批环节、审批要件清单。设置审批清单的目的就是要彻底把一切非法定、不必要的审批事项、中介服务等环节在项目进入审批流程前就排除掉。打包式立项和区域化评估评审。对于同一投资主体、工程内容相近的同类型的多个项目实行打包立项，把多个申报材料压简为1个。对于项目地质灾害危险性评估等7个审批或强制性评估事项，在指定的区域范围内提前完成评估评审工作，形成整体性、区域化的评估评审结果并公开。规范中介机构服务。对超时限、质量差、服务费用不合理的中介机构，列入诚信“黑名单”并公开，并在一定时限内依法限制或禁止服务。

企业投资项目审批流程再造。9月6日，《济宁市企业投资项目审批流程再造工作实施方案》印发，标志着项目审批流程再造全面由制度设计层面转入具体实施阶段。实施方案以打造“企业不跑干部跑”服务品牌，创新项目审批全程无偿代办制度为核心，设计思路是：“打造1个品牌，实施5项制度，落实26条措施，实施集中并行审批‘1423’模式，努力实现审批更少、监管更严、服务更优的目标”。流程再造后，一般性企业投资项目审批环节压缩到17个，行政审批用时为28个工作日，实现提速75%。对于企业可依法自主决定的事项，政府不做任何干预。主要做法有：打造“企业不跑干部跑”服务品牌。通过实施项目审批全程无偿代办制度，组建市、县、乡三级项目审批代办服务体系，由“办事群众围着部门跑”转变为“部门围着办事群众转”。个性化审批清单制度。企业提交项目申请书后，由政务服务部门组织填报审批清单。企业凭审批清单办理审批手续、缴纳费用。承诺审批制度。对有利于加快新旧动能转换的“四新”项目，在工程规划、施工许可等审批环节，项目单位向审批部门出具承诺书后，即可启动项目建设，审批部门在规定期限内对企业履行承诺情况进行检查。项目承诺审批制度在鱼台县、邹城市开展试点。

项目流程再造改革推出的审批清单制度、“企业不跑干部跑”审批代办制度、审批收费全下限制度、投资优惠政策无差别对待制度等创新做法，在实践层面率先贯彻省委、省政府的决策部署，“打包式立项”“区域化评估评审”“一会三函”等设计思路在项目审批流程操作层面得以落实，流程再造改革有序深入推进。济宁市专门配套出台项目审批管理问责办法，并通过市政府政务信息平台公开服务电话，主动接受群众的咨询、建议和投诉。市政府办公室起草的《项目审批流程再造改革调研报告》获评2017年度全省政府系统优秀调研成果一等奖，《大众日报》等多家权威媒体多次报道济宁市项目审批流程再造的经验做法。

（徐西胜　高　鹏　孟召华）

调研工作

【调查研究】 市政府印发《2017年度全市政府系统调研课题的通知》，确定市政府重大调研课题6个、专项调研课题50个、决策咨询调研课题4个，明确责任单位和完成时限。按照全省统一部署，聚焦推进新技术、新产业、新业态、新模式，实现产业智慧化、智慧产业化、跨界融合化、品牌高端化，组织开展10项跨部门、跨领域重大专题调研活动，31个市直部门历时三个月形成济宁市新旧动能转换的总体报告。市政府主要领导带领市政府办公室、市商务局、市城乡规划局等部门单位深入县（市、区）、开发区和厂矿企业一线，就全市开发区新旧动能转换和创新发展问题进行调查研究，经过多轮次征求意见和研究论证，形成的《意见》和《考核办法》经市政府常务会、市委常务会研究通过，于8月29日以市委济发〔2017〕15号文印发执行。市政府研究室督查指导县区、部门和特邀研究员完成《关于加快建设区域中心城市的研究报告》等重大调研课题35个。牵头完成领导交办行政审批流程再造、智慧城市建设、大数据产业、云平台建设、政府引导基金运营等重大调研课题17个。全市获得2017年度全省政府系统优秀调研成果奖18个。组织开展2016–2017年度全市政府系统优秀调研成果评选。全年编发《调查研究》12期、《内部情况通报》27期。

【政务服务】 全年起草《政府工作报告》、全市经济工作会议、市政府全体（扩大）会议、全市科学发展现场观摩会等重要会议材料，以及请示汇报、致辞主持词、会议纪要等各类工作材料600多篇，形成配套资料1500余份。全年筹办市长、常务副市长主持召开的各类会议170多次，起草市政府常务会议、市长办公会议及各类专题会议纪要120余篇，编发各类会议要情速递25期，审核把关议题材料300余篇。全年组织筹备市长、常务副市长的调研、视察、检查、督导、慰问、接访等各类政务活动140余次。及时梳理拟制市政府月度重点工作计划，全年起草12期市政府重点工作责任分解方案，明确经济运行、重点项目、招商引资、产业转型、环境保护等重点工作，逐项细化分解，卡紧时间节点，并细化分解到牵头领导、牵头单位和协办单位。

【决策咨询】 每月对全市产业发展、财政收支、城乡建设、生态环保、民生保障等主要发展指标进行调度汇总，全年共编制《济宁市经济社会发展主要指标月报》12期，每期均涉及40多个部门近50多个表格、上万条数据；对全市主要经济指标、工业技改投资、本外币存贷款等部分指标，与省内其他市进行数据对比统计，并会同市发改、统计等部门按月、按季度进行经济形势分析。密切关注国内外发展形势，每天梳理中央、省最新政策动态，广泛收集先进地区的成功做法，全年编印《政策汇编》45期。组织相关部门和县（市、区）系统梳理上报全市新旧动能转换的现状、问题及下步打算，在省党代会前呈报领导，为市政府领导决策提供预判研判参考。

（徐西胜）

政务服务

【概况】 2017年，全市共受理政务服务事项321184件，办结318621件，办结率99.2%，群众满意率98.8%。

【“一窗受理、集成服务”改革】 市政府印发《关于进一步深化放管服改革争创一流政务服务环境实施方案》和《关于落实“一窗受理、集成服务”改革提高政务服务水平实施方案》，全面推行“一窗受理、集成服务”改革，将61家市直部门单位承办的693项行政许可事项和与群众生产生活密切相关的公共服务事项、行政确认类事项、其他权力类事项全部集中进驻到政务服务大厅，整合设置7大综合服务窗口，实行一个窗口受理、一套标准服务、“一站式”办结，在全省率先建立“前台综合受理、后台分类办理、统一窗口出件”政务服务新模式。

【政务服务事项网上办理】 市政务服务中心管理办公室先后印发《关于召开全市其他权力等事项上网运行暨要素梳理培训会议的通知》《关于报送网上政务大厅信息管理员的通知》《关于进一步提高政务服务事项可全

程网办率的通知》，依托省政务服务网，加大网上申报办理力度，在全部完成市级行政许可事项外网办理的基础上，按照政务服务事项“应上尽上”的原则，推进进驻中心的所有项目全部上网运行，截至12月13日，市、县、乡三级公共服务事项全部实现上网运行，行政许可事项网上可申报率达到90%，可全程网办率达70%。强化对政务服务网的运行维护，制定网上政务大厅信息管理员AB角制度，市直部门单位安排专人负责网上事项办理工作，定期充实完善网上政务服务平台内容，回答群众咨询。建设网上自助申报服务区，配置高拍仪等网上申报设备，并安排专人负责对不熟悉网络的申请人完成外网申报。开发建设移动政务APP，健全完善电子监察系统，实行红黄绿预警和月通报制度，强化外网办件监管。提供“政务服务+快递送达”服务，推行“在线咨询、网上申请、网上审批、网端推送、快递送达”办理模式，与中国邮政物流公司EMS签订战略合作协议，实现证照快递送达。

11月22日，市区两级基本建设项目联合办理推进会召开

【基本建设项目联合办理推进机制建立】 成立基本建设项目联合办理推进办公室，办公室设在市政务服务中心管理办公室，由市政务服务中心管理办公室主任担任办公室主任，发改委分管负责人担任副主任，经信、住建、规划、环保、国土、公安、交通、水利、城管、人防等部门分管负责人为成员，具体负责组织协调、监督推进政府常务会议研究确定的基本建设项目的审批工作。建立会商会审和分级协调机制。建立“6+1”“9+x”会商会审机制，根据业主需求为政府和企业投资建设项目从立项到竣工验收整个周期的相关审批及公共服务事项提供指导辅导和帮办代办服务。建立分级协调机制，对推进办难以协调解决的，提请市政府分管领导直至市政府主要领导协调解决。建立项目代办机制。针对市级招商引资项目、外商投资项目和市重点建设及公益性基础设施项目，实行代办服务，为项目单位提供综合受理、“一口咨询”、报批辅导、流程制定、跟踪服务等全过程全方位免费“保姆式”服务。其中，采取政府购买服务方式招聘的25名工作人员于10月1日正式到岗，主要从事受理、咨询、帮办、代办等方面的工作。2017年度，共召开3次联审联办推进会议，推动13个项目的审批。

【政务服务大厅改造升级】 科学划分大厅功能分区，按照“前台综合受理、后台分类审批、统一窗口出件”的模式，在大厅规划设置咨询引导区、前台受理区、后台审批区、公共事务区、网上自助申报区、政策查询区、行政办公区等7个功能区，配置集中审图室、文印中心、资料室等。提升实体大厅的智能化水平，改造提升大厅网络系统，购置更新网络设备、电脑终端，建设排队叫号系统、服务评价系统和智能化办公室系统，配备多台自助电子查询屏、自助取单机和考勤机等。开发建设济宁政务服务APP，移动政务APP，升级“济宁政务服务”微信服务号，配置电脑、打印机、高拍仪等设施设备。对大厅进行全方位的装修改造，为部门单位进驻人员全部更新办公家具、电脑、打印机等必要的办公设施设备，统一提供办公耗材、饮水设施等。升级改造智能化联审联办会议2个，安装液晶显示屏和投影设备。

【政务信息公开】 利用“济宁政务服务”门户网站，中心LED大屏、自助查询平台、服务窗口展示等和“济宁政务服务”微信服务号、济宁政务服务APP等，编发各类信息6000余条。同时，强化咨询引导，安排5人专职负责业务咨询，实行面对面、一对一服务，提升申报成功率。

（市政务服务中心管理办公室）

金融工作

【概况】 2017年，全市银行存贷款规模接连突破5000亿、3000亿大关。截至2017年年底，全市各项存款余额5021.55亿元，比年初增加409.44亿元；各项贷款余额3158.04亿元，比年初增加278.77亿元，同比多增123.31亿元。政银企合作对接实现常态化，2017年市级层面按季度组织召开政银企合作对接会议，累计向银行机构推介重点融资项目（企业）1110个、融资总需求2647.87亿元。截至12月底，全市银行机构为354个重点项目（企业）授信507.41亿元，其中为300个推介项目（企业）提供融资支持245.88亿元。

【金融组织体系健全】 光大银行济宁分行、青岛银行济宁分行正式开业，市级银行业金融机构达到25家。新设立光大证券分支机构，全市证券公司及营业部分别达到14家、24家。中路财险、安邦人寿等5家保险公司获批开业，保险机构达到63家。全市小额贷款公司达到26家，2家小贷公司注册资本达到5亿元。融资性担保公司总数达到25家。

【规模企业改制】 组织召开全市改制工作推进会议，与各县市区签订年度目标责任书，按照省定比例目标的2倍下达济宁市年度企业改制任务。按月通报各县市区企业改制工作情况，推动落实责任、加快进度。下发《关于进一步提升规模企业规范化公司制改制工作成效的通知》，严把改制工作质量关口。2017年，全市共完成改制企业484家，累计完成973家，占全市规模企业改制总任务的81.76%，超出省定时间节点任务目标21.76个百分点。

【对接资本市场】 出台《济宁市上市（挂牌）后备企业资源库管理办法》，将全市100余家优质后备企业纳入资源库动态管理。编印《企业对接资本市场服务指南》，组织开展“走进上交所”“走进深交所”“走进齐鲁股交”系列活动，提高企业对接资本市场的信心和能力。建立证券从业中介机构库，有12家券商、12家会计师事务所、12家律师事务所、4家区域性股权交易中心推荐机构入库管理，为全市企业改制挂牌上市提供服务支撑。强化政策激励效应，年内为54家企业兑现市级挂牌上市扶持资金1630万元。2017年，新增新三板挂牌企业7家、省内区域性股权交易市场挂牌企业68家，累计分别达到27家、137家。辰欣药业、东宏管业、联诚精密、如意集团控股SMCP公司等4家企业先后在境内外实现首发上市，全市上市企业达到12家，实现济宁市一年新增4家上市公司的历史性突破。

6月21日，全市第二季度政银企合作对接会议召开

【地方金融组织】 推进小额贷款公司试点工作，英特力小贷经营模式作为优秀商业模式在全国推广，融通小贷在全省地方金融企业绩效考核中获评第一名。出台《加快发展政府性融资担保机构建设更好服务小微企业和“三农”的意见》，对融资担保机构支持小微企业担保业务奖补507万元。新型农村合作金融试点实现县市区全覆盖，业务规模不断壮大，并在全省经验交流会上作典型发言。

【地区金融形势稳定】 加强对金融形势的分析研判，每月形成《金融运行形势分析报告》，为领导决策提供参考。成立市县化解企业金融风险联合办公室，在省反馈风险企业的基础上，摸排出30家市级风险企业，实行重点监控。从金融机构抽调30名专业人员组建防控企业金融风险专家团队，通过分组包保联系县市区及风险企业，推动风险处置化解。按月通报各县市区及市级银行机构不良贷款情况，并将不良贷款指标纳入市对县市区科学发展考核体系。遏制不良贷款上升势头，全年全市银行业机构累计处置不良贷款89.03亿元。落实处非办集中办公制度，印发《济宁市非法集资案件举报奖励办法》《严禁党政机关、事业单位工作人员参与非法集资活动的十条规定》，加大宣传教育力度，开展防范处置非法集资工作。全年新发非法集资案件、涉案金额、参与集资人数较上年明显下降。

开展互联网金融风险专项整治工作。

【金融人才队伍建设】 举办金融支持实体经济培训班、领导干部金融工作专题培训班、金融领域舆情应对培训班、新型农村合作金融试点培训班等，丰富金融干部队伍知识储备，提高工作能力和水平。协调有关部门，为各县市区地方金融管理机构安排金融研究生进人计划。出台《关于加强全市金融人才队伍建设的实施办法》，加快高层次金融人才引进步伐。做好首届“齐鲁金融之星”和“山东省金融高端人才”的选拔推荐工作，济宁市4人入选“齐鲁金融之星”，1人入选“山东省金融高端人才”。

（马　瑞）

政府法制工作

【建设法治政府】 紧扣法治政府建设任务目标，统筹推进依法行政各项工作。召开全市法治政府建设暨行政执法监督体制机制改革工作会议，统筹推进全市法治政府建设和依法行政工作。召开全市依法行政指导工作座谈会，安排部署法治政府建设考核工作。构建具有济宁特色的政府法律顾问智库体系。县（市、区）政府、各乡镇（街道）普遍建立法律顾问工作机制。召开市政府法律顾问委员会全体会议，审议修订《济宁市政府法律顾问工作规则》，新聘任第二届市政府法律顾问。召开全市政府法律顾问培训班和市政府法律顾问座谈会。全面加强法治政府宣传。在《济宁日报》《城市信报》刊登开辟政府法制专版，联合济宁广播电台推出“法制之声”栏目。编辑出版《济宁政府法制》期刊、《政府法制信息》。市法制办和济宁电视台联合拍摄12集大型法治政府建设专题访谈节目《法治政府面对面》，在济宁电视台综合频道集中播出。

【政府立法工作】 坚持依法科学民主立法，严格规范性文件管理，发挥立法制规的引领推动作用。审查地方立法项目5件，市政府规范性文件24件，一般性文件290件，政府合同41件；向省政府和市人大各报备规范性文件12件；审查县（市、区）政府报备的规范性文件46件、市政府部门报备的规范性文件61件；办理省法制办征求意见文件44件。提高立法质量。年初印发《济宁市人民政府2017年立法工作计划》。出台《济宁市人民政府2017—2021年立法规划》，建立24个项目的立法项目库。完成政府规章项目3件、地方性法规草案项目2件。12月3日，《民主与法制时报》以“环保立法的济宁实践”为题，报道了济宁市地方立法工作的经验做法。抓好规范性文件审查、监督管理工作。制定《济宁市人民政府2017年规范性文件制定计划》，确定计划出台项目20件。加强规范性文件“三统一”工作的监督检查，严格落实备案登记、情况通报等制度。5月，召开全市规范性文件清理工作会议，对全市现行有效的规范性文件进行全面清理。

3月20日，全市法治政府建设暨行政执法监督体制机制改革工作会议召开

【创新行政执法监督】 严格规范执法程序。全面开展行政执法公示制度、执法全过程记录制度、重大执法决定法制审核制度等“三项制度”工作的组织实施，印发工作方案，11月召开全市推行“三项制度”工作会议。组织行政执法人员参加全省公共法律知识网上考试。召开市行政执法监督局与市检察院、市监察局联席会议，研究确定协同开展行政执法监督联动工作的具体措施。加大监督工作力度。针对食品药品、交通、交警和城市管理等重点领域，组织开展专项督查活动，随机抽查市直部门、单位行政处罚案卷。畅通群众投诉渠道，开通投诉举报专线电话，发挥市政府行政执法社会监督员作用，及时发现和纠正行政执法违法行为。开展日常监督和专项督查28次，办结群众投诉举报51件。组织开展行政执法案卷评查活动。按照“放管服”改革要求，梳理各级行政执法部门的执法权限，做好行政许可事项“双随机、一公开”、权力清单、责任清单的合法性审查工作。配合市编办推进综合执法体制改革，加强对基层行政执法的监督指导，规范委托行政执法工作。

【化解行政争议】 以行政复议规范化建设为总抓手，发挥行政复议化解行政争议主渠道作用。坚持“以人为本、复议为民”的宗旨，贯彻落实《行政复议法》，加强行政复议规范化建设。共受理行政复议申请210件，审结184件，其中撤销19件、确认违法14件、责令履行法定职责4件、调解后撤回复议申请47件，综合纠错率达45.7%。畅通行政复议渠道。受理复议申请，宣传行政复议法律法规。坚持行政复议申请立案首问负责制，将复议调解、促进和解贯穿于行政复议案件办理全过程，实现“定纷止争、案结事了”。完善案件审理机制。优化行政复议案件办理流程，规范工作程序，行政复议工作能力和水平不断提升。召开听证会11次，听证案件25起。成立领导小组，在全市范围内开展行政复议规范化建设工作。全面启用“行政复议应诉信息化办案系统”，提高行政复议应诉案件的办理质量和效率。加强行政复议指导监督。制定下发《重大行政复议决定备案办法》，对重大复杂的行政复议案件进行登记备案。对全市行政复议案卷进行集中评议。加大纠错力度，向市政府呈报《关于2017年上半年行政复议纠错情况的报告》。省法制办在济宁召开部分市行政复议规范化建设调研座谈会，介绍推广济宁市行政复议规范化建设的经验做法。

【强化行政应诉】 办理以市政府为被告的一审行政诉讼案件179件。推进行政机关负责人出庭应诉工作。市政府印发《关于行政机关支持司法机关依法行使职权情况的通报》，下发《关于报送行政机关负责人出庭应诉情况的通知》，全市行政机关负责人出庭应诉率达72.3%。加大督导党政机关执行法院生效裁判力度。联合市政法委、市中院，对党政机关不执行人民法院生效裁判有关情况进行专项督查，采取现场督导履行、通报等方式，督促涉案单位履行生效判决。先后督促部分市直部门和县（市区）履行案件46件，涉及标的额2.3亿元，实现至2017年年底涉党政机关未执行案件全部清零的目标。

（市政府法制办公室）

应急管理

【政务值班】 落实各项值班制度。按照《济宁市政府系统应急值守工作规程》，实行24小时值班制度、领导带班制度、双休日和节假日值班督查制度、主副班值班制度，确保值班人员在岗在位。坚持重点时期重要情况、突发事件信息零报告制度。在春节、国庆节等节假日，国家、省、市“两会”召开等重要节点，市政府应急办均提前下发通知，要求各县（市区）、市政府各部门严格落实值班零报告制度。同时，每天汇总全市相关情况并及时向省政府汇报。突出抓好政府系统领导干部外出报备工作。对领导干部外出报备实行台账管理，及时梳理领导干部外出信息，督促请假干部期满按时返岗。落实突发事件信息的汇总、呈报工作。按照有情必报、运转高效、反应迅速、安全保密的原则，及时、准确报送各类突发事件信息。每周汇总突发事件处置进展形成《值班专报》。发挥运转枢纽作用。全年共接处各类电话2万余次，处理各类通知300余件次；编发《今日领导活动》220余期，《值班专报》50余期；安排会议室1000余次；发布雷雨大风等各类灾害预警45次；处理领导干部请假370余次；抽查各县（市区）和市政府各部门主要领导联络畅通情况200余人次，节假日、敏感时期带班领导和值班人员在岗在位情况1500余人次。

【应急处置】 加强区域应急合作。8月，市政府应急办与徐州市、淮北市、宿迁市、宿州市、临沂市、枣庄市政府应急办签订《淮海区域应急合作联动手册》，共同应对面临的新形势和新要求，加强毗邻地区交流与合作，提升跨区域突发事件应急能力。实行应急驾驶员24小时备勤值班。2017年市政府应急办专门招聘3名应急驾驶员，每天24小时轮流值班，并配备专用应急车辆，保证市政府应急办在第一时间赶赴现场。妥善处置包括“1·5”微山县沉船事件、“5·8”兖州区交通事故、“6·1”高新区施工工地坍塌事故、“6·30”曲阜市汽车爆燃事件、“7·20”邹城市工程专用机械致人死亡事件、“8·4”嘉祥县孟姑集镇朱庄村杀人案件、“10·5”微山县船只侧翻事件、“11·24”任城区共建路交通事故等185起突发事件，其中按规定上报省政府16条，省、市政府领导做出批示12次，未发生因处置不及时或处置不当而造成不良后果的情况。

【安保维稳】 坚持市政府办公室领导值班接访制度，充分发挥市政府办、信访局、机关事务局、公安局四部门联动机制，采取“提前预警、热情接待、主动协调、快速疏导、依法处置、规范秩序”的工作方法，劝导上访群众至市信访局群众服务大厅，督促协调解决上访群众反映的合理诉求。协调市机关事务管理局在市政府机关办公区实行出入证制度，在政府大楼门厅入口处增加安检设施，在政府办公区周围安装电子围栏，有效维护办公区的工作秩序。多次召开办公区安保维稳会议，会同公安、消防、事务管理局加大隐患排查整改力度，强化安保维稳措施。

【应急预案体系建设】 加强应急预案体系建设，加快推进各类预案的编制和修订。督导各级各部门抓紧完善各类应急预案并向市应急办报备，整理汇总专项应急预案、部门应急预案等有关预案文件，建立相应数据库。全年指导、修编、报备县（市区）总体应急预案2部，济宁专项应急预案7部，部门应急预案20部。全市已编制、修订、完善各级各类应急预案1431个，其中市级专项应急预案25个，县（市区）总体应急预案14个，市政府各部门应急预案95个。形成以市级总体预案为纲领，市级专项预案、各县（市区）总体预案为主干，部门专项预案和企事业单位、乡镇社区预案为分支的应急预案体系。开展各项应急演练活动，取得良好效果。市政府应急办先后指导开展济宁市危险化学品事故应急救援演练、济宁市突发事件暨防汛抢险医疗救援联合应急演练、济宁市食品安全事故应急演练、大面积停电应急演练、贵和购物广场灭火救援实战拉动演练等各类应急演练活动36次，全市各级各部门开展各类应急演练200余次。

【应急指挥平台建设】按规范推进市应急指挥平台建设工作，要求各县（市、区）、市直有关部门信息报送、值班表、应急预案和数据库系统等应急工作一律通过应急指挥平台模块报送，同时加强对应急值班人员的培训，做好设备维护工作，持续推进平台会场和突发事件现场的联通工作。

【应急保障】 推进应急队伍建设。以公安消防支队为中坚，组建济宁市应急综合救援支队和14个县级综合救援大队；以基层警务、医务为基础，组建82个乡镇应急救援队伍。强化矿山、交通、水利、危化品等重点领域专项救援力量，组建市级专业救援队伍18支1237人。依托济宁市高翔航空基地的6架中小型直升机成立济宁市航空救援队；依托人防、地震等部门，成立3支市级志愿者服务队伍。不断优化应急管理专家队伍成员结构，聘请自然灾害、事故灾难、公共卫生、社会安全、综合管理等5个方面的42名专家。强化应急物资储备。依托市内规模较大、信誉良好的商超，储备救援队伍及人员应急保障供应的生活必需品，满足突发事件情况下救援队伍的应急保供。加强应急管理示范点建设。指导建设山东新众通信息科技有限公司和济宁高新区金色嘉苑社区2个市级应急管理示范点。

【应急宣教培训】 4月10—14日，举办2017年全市应急管理工作专题研讨班，培训全市有关部门应急管理工作分管负责人41人。指导市直部门、县市区开展专题培训，如全市卫计系统应急培训班、邹城市应急管理工作培训班等6个班次培训350余人。结合“5·12”防灾减灾日活动，在人流密集区域开展应急知识宣传。开展以“防灾减灾知识进社区”为主题的宣传活动。依托济宁市FM101.8应急广播频道，扩大全市应急信息覆盖面，提高公众安全意识。

【文明城市创建】 按照市创城办要求，市政府应急办负责对城区9处应急信息发布屏及城区5处二类应急避难场所进行督导检查。在应急信息发布屏宣传整改方面，经市政府应急办多次督导协调，景辰一诺传媒公司对城区9处应急信息发布屏的创城宣传信息发布工作整改到位，达到每处每天每2分钟滚动播出1次公益广告，每次不少于20秒的宣传要求。在南池公园、人民公园、百花公园、新世纪广场、济北新区湿地森林公园等5处二类应急避难场所整改方面，市政府应急办派出6人分别负责避难场所的日常巡查，每人每天至少对负责的场所巡查2次。同时，会同市地震局多次开展对5处避难场所的联合督导。开展日常巡查1000余人次，联合督导30余次。5处场所更换标志牌428块，绿化补植2.53万平方米，更换修补地砖4125平方米、路缘石1956米、防腐木步行道3132平方米、围栏2280米，复新维修条凳218套，清理垃圾约131吨，修缮建筑物墙面1830平方米，修复健身设施40套，新设置非机动车停放点31处，更换修复路灯736盏，设置创城宣传牌556个，投入人工4826人次，场所应急标志设置、功能设施基本完备，创城宣传氛围、公共基础设施维护、不文明行为劝导、环境卫生保洁等有了较大改观。市政府应急办在第二、第三、第四次模拟测评中，均拿到100分。

（市政府应急办）

机关事务管理

【机关建设】 开展学习教育活动。坚持党组中心组理论学习与机关党支部学习同步，深入学习十九大报告、《党章》，深刻领会习近平新时代中国特色社会主义思想丰富内涵，准确理解党的十九大一系列理论观点、战略思想和基本方略。抓实“两学一做”学习教育，深入细致学习习总书记系列讲话；作为2017年局党组书记抓“两学一做”学习教育创新工作，将廉政警示教育、法制教育、红色教育等内容引入日常教育中，做到对照党员标准，边学边查边改。抓实人才队伍根基。注重加强组织建设，提拔任用3名正科级、6名副科级干部。壮大人员队伍，以公开招考、遴选以及转业安置的方式，充实3人。做好幼儿教师招考工作，优化幼儿园师资层次，提升教学力量。重视日常管理工作。提升支部建设水平。局党组扎实履行全面从严治党主体责任，做好人员、经费、场所等保障工作。机关党支部以“七个一”活动为抓手，设立“党员活动室”，开展党员组织关系集中排查，开展主题党日活动。机关党支部被评为市级先进基层党组织。办公保障服务和财务管理工作富有成效。

【业务工作】 重视机关事务管理体制机制研究，推进规章制度建设，建立并完善规范体系。修订《济宁市市级机关通用办公设备和办公家具配置标准（2017版）》。完成2017年度资产配置计划编报，开展2018年度资产配置计划备案、审批。推进“公物仓”管理，提高资产使用效益。完成公车改革涉改取消车辆拍卖，开展新型公务用车平台车辆移交和资产过户工作。加强办公用房使用监管，开展办公用房维修改造和办公用房调剂使用工作。开展门面房公开招租及门面房维修维护工作，加大租金收缴。推进市直机关公有住房集中统一管理。做好公车管理各项基础工作。推进新型公务用车平台建设，完成保留车辆标识化喷涂工作。推进保留车辆信息化和平台化工作，通过财政投资评审，按照政府采购相关程序，采用竞争性磋商采购方式，确定平台信息化管理软件供应商和平台运营服务第三方机构。监管平台建成并投入使用，优化运营平台，督促指导运营公司高标准规划建设平台公车调度中心。出台《市级机关公务用车使用范围》。印发《济宁市公务用车管理平台建设工作方案》，推进县（市区）平台建设。推进示范单位创建，开展第三批示范单位创建工作。山东理工职业学院作为省级能效领跑者单位参加国家级评选，任城区任兴商务中心等21家单位被推荐为节约型公共机构示范创建单位。6月份，全省公共机构节能宣传周启动仪式在济宁市举行。开展能耗统计和能源审计工作，完成公共机构审计面积35万平方米。推进节能宣传绿色行动，拓展公共机构节能宣传新模式，开展节能知识系列学习活动。市委、市政府集中办公区、商业集团办公楼完成各类维修5700余项，保障办公区正常运转。制定出台《济宁市市级机关集中办公区物业服务监督管理办法》，明确物业服务监督管理职责，为市级机关集中办公区物业服务监督管理提供依据。以“防火、防盗、防闯入”为重点，开展安全保卫和消防、应急等工作。加强队伍管理，修订完善《安保服务考评工作实施细则》，抓实安保人员队伍。办好市政府机关食堂，服务好市级周转房。完成邮电新苑幼儿园资产评估、处置、整合和教职工安置、家长解释等善后工作。推进2个新园建设。完成南风花园新园立项、前期设计方案招标，推进装修改造工程招标和设施设备购置。推进济宁市幼儿园（济宁市机关幼儿园太白湖新园）立项。推进精准扶贫工作。将扶贫重点放在教育扶贫、医疗救助等社会救助脱贫上，实现扶贫对象“两不愁三保障”。开展驻村联户和精准扶贫工作，围绕改善农村生活环境，实施村内亮化、街道美化和沟道治理工程，推进美丽乡村建设，9月，马山村被评为“国家级文明乡村”。局帮扶工作组获汶上县“金牌工作组”。参与全国文明城市创建，局机关和幼儿园分别成立创城志愿者服务队伍，到社区、路段开展“我为创城做贡献”为主题的志愿者服务活动。

（张洪峰　刘　楠）

10月10日，济宁市新型公务用车平台建设工作会议召开

7月18—19日，山东省机关事务管理调研组到济宁市调研公共机构节能工作

外事与侨务工作

【因公出国审批】 截至2017年年底，全年共派出因公出访团组95批201人次，压缩不合理出访团组27批63人次，为各级财政节约经费120余万元。出访团组与海外公司、科研机构洽谈签订合同及合作意向33项，合作金额52亿美元。市领导带队支持企业“走出去”开拓市场，推动如意集团、太阳纸业、辰欣药业等在国外发展。文化出访团组在奥地利、巴西、巴基斯坦、尼泊尔等8国开展儒家文化互动交流活动，3所驻济高校与海外大学洽谈中外合作办学。

【“文化外事”品牌建设】 发挥孔孟之乡文化资源优势，高质量做好礼宾接待，2017年接待塞尔维亚总统、美国阿肯色州州长、立陶宛乌田纳市市长、泰国曼谷市长、香港特别行政区驻上海办事处主任、外国驻华使馆签证官代表团、奥中国际经济贸易促进会、美国美东山东总商会、海外杰出青年华裔代表团等外宾侨领50批1020余人次。孔子文化节期间，邀请俄罗斯塔甘罗格市代表团、西班牙圣科洛马-德格拉马内特市代表团、山东省荣誉公民、山东省人民友好使者代表团等多个代表团到访济宁，取得旅游、经贸、文化合作等多项成果。

【侨务工作】 助推侨资企业融入“一带一路”建设，邀请市中级人民法院法官开展法律服务送上门活动，召开侨资企业座谈会为企业“走出去”提供信息和政策支持，动员全市侨资企业参加第九届华商企业科技创新合作交流会，益海嘉里新投资14亿元项目在华交会上成功签约。制定《济宁市人民政府外事侨务办公室海外特邀顾问聘任管理办法》，聘请奥中国际贸易促进会会长倪铁平先生等10名海外侨领担任市外侨办海外特邀顾问。联合省侨办、曲阜外侨办成功举办2017年“中国寻根之旅”夏令营活动。召开全市基层侨务工作现场会，集体观摩侨资企业瑞马集团和全国社区侨务工作示范单位任城区仙营社区，评选表彰2017年度济宁市社区侨务工作示范单位。孔子研究院国侨办华文教育基地揭牌。在全省侨务工作会议上，副市长吴雯雯以《弘扬优秀传统文化 开创侨务工作新局面》为题作典型发言。全省华文教育基地工作经验交流会在曲阜召开，市外侨办在会议上作典型发言。连云港外侨办携下属4县（市区）外侨办主任到济宁学习侨务创建工作的经验和做法。

【对外友好交流】 按照友城工作三年行动计划，制定印发《“友城建设转型升级年”活动实施方案》，组织开展“友城建设转型升级年”活动，积极推动友城工作发展。截至2017年年底，济宁市与16个国家的32个地方政府建立友好城市及友好合作关系城市。其中市级友好城市及友好合作关系城市19对，县级友好城市13对，新与法国弗龙萨克大区签订建立友好合作关系城市协议书，支持曲阜市与尼泊尔蓝毗尼市建立友好合作关系城市。组织开展友城团组特色交流，俄罗斯塔甘罗格市“俄罗斯文化与契诃夫生平展”在济宁市博物馆举行。印发《济宁市人民政府外事侨务办公室关于建立友城工作专办员制度的通知》和《市外侨办关于进一步规范我市与国外城市建立友好合作关系的管理工作的通知》，邀请外交部礼宾司参赞宋炳林到济宁市举办涉外礼宾礼仪知识专题讲座，编印《涉外礼仪指南》和《济宁市友城资料汇编》。

【领事管理】 全年共办理对外邀请212批315人次。在汶上县和市文化广场举办2次预防性领事保护知识宣传。市政府印发《济宁市涉外突发事件应急预案》，规范处理涉外案件的应急处理程序，妥善处理6起涉外领事保护事件。完成与驻华领馆各项衔接工作，加强与泰国驻青岛总领馆、日本驻青岛总领馆、韩国驻青岛总领馆的对接联系。与市商务局、市公安局、市工商局等部门联合，开展规范全市外派劳务市场秩序专项行动。对济宁市在“一带一路”沿线国家开展业务的重点企业、项目进行涉外安全问题摸排，市政府印发《济宁市加强“一带一路”建设境外安全保障工作实施方案》，成立济宁市“一带一路”建设境外安全保障协调小组。

（曾子祥）

公共资源交易服务

【概况】 2017年，市级平台累计完成公共资源交易项目4682项，交易金额343.41亿元，建设工程招投标、政府采购、综合交易、医疗器械耗材采购项目节约资金4.59亿元，产权交易项目增加财政收入4.15亿元。2017年，中心被评为全国公共资源交易平台整合先进单位、全国公共资源交易改革电子平台建设示范单位和全国公共资源交易（地市级）十佳创新型机构。

【公共资源交易运行】 市公共资源交易服务中心与住建、财政、交通运输等行政监督部门密切配合，进场交易项目全部由相关行政监督部门进行审核把关，中心对交易前期合法合规性资料进行查验。会同行政监督部门强化对重点工程建设项目开标、评标环节的监管。在开标环节，新上身份证识别仪器对各投标人代表身份证进行查验，对发现的弄虚作假情形予以废标处理并移交行政监管部门进行处理。在专家抽取环节，要求招标人扩大评标专家抽取范围，政府投资项目原则上抽取外地评标专家，在考虑到评标工作时效性的基础上，除距济宁市较远的地市外，将专家抽取范围在全省其余十几地市中随机确定，降低评标专家与投标人围标串标的可能性，切实维护项目公平进行。评标环节，加强评标室出入管理，建立评标室出入人员登记制度，严格规范评标区管理规程。在全省率先推行电子技术暗标错位评审，提高暗标标书的保密性，防范评标专家与投标人之间串标。

【监管服务制度体系建设】 制定《济宁市提升建设工程项目招标投标质量管理办法》，遏制围标串标、弄虚作假，转包、违法分包及挂靠等违法违规行为。将工程建设项目招标投标与建设工地扬尘污染防治与实行联动。建立建设工地扬尘污染曝光台，对61家因扬尘污染受到处罚的企业进行曝光，将建设工地扬尘污染防治措施纳入评审因素，对因建设工地扬尘污染受到行政处罚的投标单位在评审时进行诚信扣分处理。落实不良行为“曝光”制度，将20余家违法违规投标企业转行政监管部门进行处理，并对有关行政处罚情况进行网上曝光，对6家中介机构的不当行为进行通报曝光。建立法律中介服务机构库。制定采购方案，通过政府集中采购，建立法律中介服务机构库，方便各部门单位聘用法律中介服务机构，促进政府依法、科学、民主决策。

【科技应用】 将信息技术与业务工作深度融合，以提高效率、保障公平、优化环境为目标，完善全程电子化网络交易运行平台，开发运行公共资源交易数据统计分析系统、建设工程电子招标投标网上资格预审系统、竞争性谈判采购全程网上评审系统，形成“互联网+公共资源交易”新模式，推出“电子化交易全国一流”的名片。邀请国家级系统检测机构对市建设工程、产权交易、政府采购、国土出让网上交易系统进行全方位检测，及时发现和排除系统隐患和漏洞。统一市、县公共资源交易系统数据接口，实现市公共资源交易网与中国招标投标公共服务平台、省公共资源交易电子服务平台的互联互通，招标公告信息100%在国家、省平台发布。

【服务流程优化】 编制公共服务事项目录和服务指南，最大限度精简办事程序，减少办事环节，缩短办理时限。及时取消涉企收费，根据有关文件要求，自2017年1月份起取消工程交易服务费和产权交易服务费，每年减轻企业负担600余万元。按照济宁市政府投资项目审批流程再造工作实施方案的要求，建立政府投资项目招投标绿色通道，对政府投资项目实行“全天候、零时限”服务。建立政府投资重点工程项目招标工作联系对接制度，凡是政府投资重点工程项目，提前与招标人主动联系，提前到项目单位了解项目进度，介绍招标采购相关政策和程序，促进招标采购质量提升。同时为做好PPP项目采购进场交易工作，中心组织人员专题研究PPP项目采购、装配式建筑招标相关政策法规，简化进场交易前期资料，对PPP项目政府采购流程及相关要求进行梳理，配合招标采购单位把握交易时间节点，灵活运作，创新方式，提高效率。全面推进依法行政，制定中心2017年度依法行政工作计划，将依法行政工作纳入中心重点工作，坚持依法科学民主决策。2017年下半年，中心组织对全市各县（市区）分中心进行深化“放管服”专项督查，推动全市公共资源交易领域“放管服”改革向纵深开展。

（市公共资源交易服务中心）

史志工作

【领导重视支持】 4月10日，中国地方志指导小组秘书长，中国地方志指导小组办公室党组书记、主任冀祥德到济宁调研指导文化和史志事业，出席济宁市史志编修培训班并授课。省政府办公厅党组成员、省史志办主任刘爱军到济宁调研指导工作3次。11月7日至8日，全省方志理论研讨会在济宁曲阜召开，刘爱军主任出席会议并参加曲阜志书谱牒文化研究会成立仪式，为研究会揭牌。4月15日，市委书记王艺华在史志工作汇报材料上做出批示，指出“做好史志工作责任重大、意义深远”“各级各部门都要重视支持史志工作，加强组织领导，强化工作保障，推动我市史志工作上台阶上水平，在服务全市经济社会发展上实现更大作为”。6月1日，市委副书记、市长傅明先听取史志工作汇报，并对史志事业做出批示，指出“盛世修志，志载盛世”“各级政府和部门都要高度重视史志工作，深入贯彻落实省、市史志事业发展规划纲要，切实做到‘一纳入、八到位’，按时完成第二轮修志、综合年鉴‘一年一鉴’全覆盖、方志馆建设等目标任务，充分发挥史志‘存史、资政、教化’作用，为加快经济文化强市建设做出应有贡献”。副市长吴霁雯就推进史志工作开展和解决工作经费、机构人员、开展修志大会战、方志馆建设等问题做出批示8次。

【加强顶层设计】 1月9日召开全市史志工作会议，将2017年确定为“修志工作突破年”。2月24日，市长傅明先在市十七届人大一次会议政府工作报告中强调“抓好第二轮修志工作”，济宁市史志工作第一次被纳入年度重点工作任务。4月10—12日，举办济宁市史志编修培训班，市、县、乡、村260多名史志工作者

1月9日，全市史志工作会议召开

4月10—12日，济宁市史志编修培训班举办

5月23—24日，济宁市乡镇村志编修现场会议在邹城召开

参加，中国地方志指导小组办公室、省地方史志办公室领导、专家授课。5月23—24日在邹城市召开全市乡镇村志编修现场工作会议，60多名乡镇村志主编参加现场学习。5月2日，以地方史志编纂委员会文件印发《济宁市地方史志专家库管理办法（试行）》，明确地方史志专家选聘程序、权利职责等，第一批面向社会选聘26名专家，在市县两级第二轮修志中发挥重要作用。9月11日，出台《济宁市地方史志编修专家费发放办法》，明确史志编修专家费发放类别、标准、时间节点、质量要求等，保障专家权利，激发工作积极性。调整充实市地方史志编纂委员会，将市直部门负责人、骨干企业负责人纳为编委会成员，加强领导力量，提升影响力和关注度。改进年鉴编纂办法，年鉴组稿方案和初稿广泛征求市级领导和市直部门负责人意见。史志事业各项重点工作被纳入《济宁市文化领域供给侧结构性改革实施方案》。史志编修五大重点工程被纳入《济宁市弘扬优秀传统文化工作方案》，以“加强域情文化研究阐发”为题单独列为一个版块。

【创新思路举措】 创新方志馆建设。在济宁市方志馆到2018年才能建成的情况下，借用济宁高新区图书馆1500平方米区域建设临时方志馆，向社会广泛征集文献资料，馆藏书籍由上年的2万册增加到4万册，展阅书籍由3000册增加到11000册，日接待读者300人以上。创新年鉴编纂及发行方式。市县两级12部年鉴统一出版书号、统一装帧设计、统一印刷标准，以《济宁年鉴丛书（2017）》的形式集中出版发行，提前一年实现一年一鉴“全覆盖”工作目标。突出史志服务现实功能，在2016年首次出版袖珍版地情书《济宁市情概览》的基础上，根据读者反馈意见，将《济宁市情概览》改版为《济宁市情手册》，于4月6日在全省同类刊物中第一家出版发行。将《济宁年鉴》和《济宁市情手册》赠阅范围扩大到县、乡、村三级领导班子成员及各级图书馆、文化活动中心、农家书屋等，实现地情资料赠阅市、县、乡、村四级“全覆盖”。创新史志编修史志队伍建设。在全省17市第一家出台《地方史志专家库管理办法》，建立专家库，成立市志编纂攻坚行动专家工作组、一年一鉴“全覆盖”推进工作组、方志馆建设推进工作组，从市直部门和社会上聘请26名史志编审专家，增强史志编修队伍力量。创新史志编修内容。将《济宁市志（1991—2010）》“儒家文化”“运河文化”“水浒文化”由“节”升格为“篇”，同时编纂《儒家文化志》《济宁运河文化志》《水浒文化志》。依据第二轮修志征集到的丰富资料，加强地情研究阐发，编修《济宁大事记》，启动“老照片”“老街巷”“老商号”“老风俗”等济宁记忆系列文献资料征集活动。《济宁大事记（清末—2016年）》《微山湖老照片》《济宁老照片（清末—1949年）》出版发行。

【狠抓工作推进】 市政府8次发文对史志工作进行督查，以地方史志编纂委员会文件印发督查通知86件，到县（市区）督导16次，到市直部门单位进行现场督导36次，召开座谈会、市志编审意见反馈会38次，每月底以市地方史志编纂委员会文件印发《史志重点任务进展情况通报》。开展修志大会战。将《济宁市志》44个篇目编审任务分工到20名专家，每名专家负责2至3个篇目；对存在困难较多的6个篇目，6名专家靠上，每人牵头一个工作组，集中力量打歼灭战。对修志任务较重的兖州区、汶上县靠上督导；对从未编纂出版过年鉴的嘉祥县进行重点帮助；对方志馆建设进展缓慢的两个县定期督导。为落实省《方志馆建设规范》有关要求，11月27日至12月1日，牵头组织由市文广新局、市城乡规划局参加的考察组，赴广州、深圳、杭州考察学习方志馆规划建设及展陈设计。方志馆建设进入市政府层面推进落实。截至2017年底，济宁史志各项重点工作有序推进。《济宁市志（1991—2010）》完成总纂，12月中旬完成省专家评议。《曲阜市志》完成市级初审；《市中区志》《汶上县志》完成市级初评；《兖州市志》完成稿件收集。市县两级共12部年鉴全部付印。市、县两级方志馆全部落实选址或纳入建设规划。济宁市方志馆确定与图书馆融合建设。县级方志馆中，嘉祥、梁山县进行内部装修，金乡、微山、鱼台完成项目立项，曲阜、汶上推进扩容达标，任城、邹城就与图书馆、档案馆融合建设问题进行磋商，兖州区明确利用档案馆搬迁后的馆舍建设方志馆。乡镇村志编修蓬勃开展，全市启动51部镇志、83部村志、23部行业志编修。邹城《中心店镇志》被纳入中国名镇志文化工程并出版发行。《济宁市对口支援新疆志》完成初稿。《（康熙）济宁州志》完成点校整理，出版发行。《济宁市情网》改版升级。行业志编纂、读志用志工作取得新进展。

【营造良好环境】 强化经费保障。第二轮修志、综合年鉴编纂、旧志整理、对口支援新疆志编修、方志馆文献资料征集等专项经费列入年度财政预算。加强自身建设。对史志办全体人员进行工作分工，建立日志工作制度。加强思想道德建设，市史志办全体人员加入义工服务组织和志愿者服务组织，开展义工和自愿服务活动4次。为联系村协调水利工程建设资金10万元。到金乡县羊山镇鲁西南战役纪念馆、孟良崮战役纪念馆接受革命传统教育，重温入党誓词。组织市县史志系统30多人参加省史志办组织的培训班。组织市史志办骨干到德州、泰安、临沂等地学习先进经验。坚持每周五学习制度，组织开展交流会、研讨会、文献资料征集活动等29次，在市以上媒体刊发宣传稿件117篇。加强史志理论研究，要求每年市史志办每人完成1篇、县（市、区）史志办各完成3篇以上理论文章。在《济宁日报》开设方志理论专版。在全省方志理论研讨会上做工作发言。开通济宁史志微信公众号。积极参加国家文明城市创建活动。出台党建、后勤保障、纪律建设、队伍建设、机关文化建设、精神文明建设等工作制度21项，建立长效工作机制。投入2万多元，在办公楼一至五层建设史志文化长廊。投入20万元，更新办公电子设备、办公桌椅，更换门窗，新设30平方米会议室兼道德讲堂、党员活动室、修志工作室。通过市文明委考核，成功创建市级文明单位。

（市地方史志办公室）

中国人民政治协商会议济宁市委员会

综　述

政协济宁市委员会设8个专门委员会，分别为提案委员会、经济和农业农村委员会、人口资源环境委员会、教科文卫体委员会、社会法制委员会、港澳台侨外事和民族宗教委员会、文史资料和学习委员会、委员联络工作委员会，除委员联络工作委员会外，主任由分管副主席兼任。市政协机关内设10室，分别是办公室、研究室、提案工作室、经济和农业农村工作室、人口资源环境工作室、教科文卫体工作室、社会法制工作室、港澳台侨外事和民族宗教工作室、文史资料和学习工作室、委员联络工作委员会办公室；除委员联络工作委员会办公室为副处级工作机构外，其他9室均为处级工作机构。办公室下设秘书科（督查科）、人事科、行政科、会议活动科和机关党委（机关党建科）5个科级机构和老干部处1个副县级事业机构。研究室下设综合科、宣传和信息科2个科级机构。提案工作室、经济和农业农村工作室、人口资源环境工作室、教科文卫体工作室、社会法制工作室、港澳台侨外事和民族宗教工作室、文史资料和学习工作室、委员联络工作委员会办公室分别下设秘书科（科级）。政协济宁市委员会第十三届市政协委员规模为520名，设置23个界别。截至2017年年底，实有委员487名，常务委员82名。

【政治学习】 坚持讲政治，以迎接中共十九大、学习贯彻中共十九大精神引领政协工作。维护习近平总书记核心地位、领袖权威和以习近平总书记为核心的中共中央权威和集体统一领导。深入学习宣传贯彻中共十九大精神，自觉用习近平新时代中国特色社会主义思想武装头脑指导实践推动政协工作。定期向市委报告工作、请示重要工作事项，出台加强市政协常委会自身建设的意见。

【参政议政】 围绕智能制造产业发展、儒家文化普及化大众化、焦化行业污染治理和可持续发展等问题开展重点调研和专题议政，向市委报送3个《建议案》。开展支持推动招商引资战略实施等6项对口协商活动。开展推动曲阜优秀传统文化传承发展示范区建设等9项界别协商活动。开展加强城区电动车交通管理等4项重点提案办理协商。全年组织开展专题议政会议、调研视察、专家研讨等会议和活动80余个，参与委员、专家1500余人次，委员提交提案808件，60余项履职成果进入各级党政决策。聚焦聚力新旧动能转换，举办《互联网经济发展趋势与智能制造》首期政协讲座，开展“打通军民融合发展通道、培育高端成长型企业”系列视察活动，开展“政协委员县域发展行”活动。聚焦聚力弘扬优秀传统文化，召开“大力弘扬优秀传统文化，助推首善之区文化强市建设”专题议政会，跟踪做好全国政协副主席卢展工在曲阜“坚定文化自信，讲好中国故事”专题调研会、副主席王家瑞专题调研“推动‘大运河经济带’建设上升为国家战略”活动工作，推荐孔子研究院专家参加全国政协专题协商会并作会议发言。聚焦聚力城市发展和生态文明，组织开展创建文明城市专题调研和特别视察，开展“我是政协委员，我为创城献策出力”主题活动，召开市政协常委会会议专题安排参与支持大气污染综合治理攻坚行动工作。

【民主监督】 推动党委政府重大决策部署落实。协助市委制定《关于加强和改进人民政协民主监督工作的实施意见》。围绕国家森林城市创建等开展视察监督，提出意见建议110余条。围绕文明城市建设等重点工作开展连续性特别视察，提出意见建议40余条。以督办提案为抓手实施常态化

2月25日，市政协召开“严守生态红线 提升环境质量”专题议政会

监督，全年立案提案696件，召开全市政协提案工作经验交流会暨双向评议会议。市、县两级推荐380余名政协委员担任特邀监督员，对国家机关、窗口行业、重点工作开展经常性监督和评议活动。开展推进解决城镇中小学大班额工作、加快建设食安济宁等调研视察和协商议政。围绕精准扶贫脱贫攻坚开展特别视察。建立《济宁市政协反映社情民意信息专报》，汇集反映社情民意信息1247条，省政协采用并转送全国政协信息47条，向市委市政府呈送信息29条。支持联系村、包驻村发展致富产业和乡村基础设施建设，引导政协参加单位和委员自觉承担社会责任，全市政协委员个人捐款、捐物3000余万元。

【自身建设】 加强政协委员队伍建设，举办两期履职能力培训班，建立济宁政协通报制度，制定政协委员联系办法和市政协特聘专家管理办法，组建26个委员活动组。加强同各个民主党派、工商联和无党派人士的团结合作。组织参加“山东非物质文化遗产走进香港体验交流”等活动。举办“庆祝香港回归祖国20周年书画展”，开展书画活动进社区、进企业、进学校、进军营、进宗教场所联谊工作。组织开展《济宁人文记忆》丛书编纂工作，征集史料50余万字。《济宁历史文化丛书》被收入国家图书馆地方文献数字库，获全省政协系统优秀文史图书特别奖。

重要会议

【全体委员会议】 **十三届一次会议** 2月23日至27日在济宁举行。应出席委员487名，请假9人，实到委员478名。会议听取并审议批准政协第十二届济宁市委员会常务委员会工作报告、提案工作报告。与会委员列席市人大十七届一次会议，听取并讨论济宁市人民政府工作报告、法院、检察院工作报告，讨论计划、财政工作报告。会议选举张继民为政协第十三届济宁市委员会主席，戴伟娟、郭洪敏、李良品、陈希忠、倪丽君、王建华、班博为政协第十三届济宁市委员会副主席，张言申为政协第十三届济宁市委员会秘书长；选举马云国等82人为常务委员。会议审议通过政协第十三届委员会第一次会议关于十二届市政协常委会工作报告、常委会提案工作报告的决议和市政协十三届一次会议政治决议。王艺华代表中共济宁市委作重要讲话，张继民代表十三届市政协讲话。

【常务委员会会议】 **十二届常委会第二十八次会议** 2月14日举行。应到人员102人，请假9人，实到93人。刘成文、蒙建华分别主持会议。会议传达学习省政协十一届五次会议精神（书面）；听取关于十三届市政协委员安排情况的说明并审议通过十三届市政协委员名单；听取并审议通过关于撤销陈军、黄国成十二届市政协委员职务的决定；听取关于市政协十三届一次会议筹备情况和“两个报告”（草案）起草情况的说明，审议通过“两个报告”，并推举报告人；审议通过关于召开市政协十三届一次会议的决定及大会建议议程、日程；审议通过有关人事事项；听取市政协各专门委员会书面工作报告。

十三届常委会第一次会议 3月30日举行。应到人员91人，请假6人，实到85人。张继民、陈希忠分别主持会议。会议传达学习全国“两会”和省政协十一届二十五次常委会议精神；审议通过政协济宁市委员会常务委员会关于进一步加强自身建设的意见；审议通过济宁市政协2017年工作要点；审议通过济宁市政协2017年协商工作计划；听取市政协十三届一次会议提案审查立案情况的报告；审议通过政协济宁市委员会常务委员会关于设置专门委员会的决定；审议通过有关人事事项。张继民主席作讲话。

十三届常委会第二次会议 7月25日举行。应到人员90人，请假5人，实到85人。张继民、陈希忠分别主持会议。市政府副市长田卫东通报全市上半年经济社会发展情况。会议传达学习中共山东省第十一次代表大会精神和省政协十一届常委会第二十六次会议精神；审议通过市政协《关于加快智能制造产业发展、推动工业转型升级的调研与建议》；审议通过市政协《关于“增强优秀传统文化自信，推动儒家文化普及化大众化”的调研与建议》；审议通过《政协济宁市委员会联系委员办法》；进行会议发言；审议通过有关人事事项。张继民作讲话。

十三届常委会第三次会议 9月12日在举行。应到人员90人，请假9人，实到81人。市政协主席张继民主持并讲话。市委常委、常务副市长于永生通报全市大气污染防治及秋冬季突出问题综合治理攻坚行动情况。会议审议通过《政协济宁市委员会关于参与支持全市秋冬季大气污染综合治理攻坚行动的决定》。

十三届常委会第四次会议 10月30日举行。应到人员90人，请假6人，实到84人。张继民、陈希忠分别主持会议。传达学习党的十九大精神；审议通过《政协济宁市委员会关于深入学习宣传贯彻党的十九大精神的决议》《关于焦化行业污染治理与可持续发展的建议案》《关于全市精准扶贫攻坚脱贫任务情况的特别视察报告》；张继民作讲话。

各专门委员会

【提案委员会】 市政协十三届一次会议期间，共收到提案808件，审查立案696件。邀请有关提案人和群众代表对“加强城区电动车交通管理、加快养老服务业转型升级、多措并举助推中小微企业发展、加强城区公共停车场建设和停车乱收费治理”等4项内容，分别与市公安局、市民政局、市经信委、市住建局等单位开展提案办理协商，推动提案的办理落实。召开全市政协提案工作经验交流会暨双向评议会议。评议结果向受评单位进行反馈、通报。召开市级民主党派、工商联提案工作座谈会，座谈交流提案工作经验，听取市级各党派团体意见建议，安排部署提案征集工作。

【经济和农业农村委员会】 开展“加快智能制造产业发展、推动工业转型升级”重点调研，举办“互联网经济发展趋势与智能制造”讲座，形成《关于加快智能制造产业发展、推动工业转型升级的建议案》。赴4个县（市区）对全市精准扶贫攻坚脱贫工作进行特别视察，形成《关于全市精准扶贫攻坚脱贫任务情况的特别视察报告》。组织委员对全市创建国家森林城市工作、支持推动招商引资战略实施情况、农产品质量安全体系建设情况进行专题视察。组织开展济宁市“政协委员县域发展行”——助推鱼台县经济跨越发展活动，促成中国传统文化人才教育基地项目落户济宁。在全省政协经济委员会工作会议上作《创新履职活动、增强履职实效》的交流发言。

【人口资源环境委员会】 开展“严守生态红线、提升环境质量”“焦化行业污染治理与可持续发展”两项专题协商议政活动。形成《关于焦化行业污染治理与可持续发展的建议案》，厘清全市焦化行业发展的历史脉络、结构梯次、发展潜力和主要问题，提出加速焦化行业新旧动能转换，构建高效、循环、绿色、安全焦化体系的建议，以正式文件形式报市委、市政府领导阅示，部分意见和建议被有关部门列入重点工作计划。召开委员会全体会议，讨论制订专委会年度工作计划，定期开展联系、走访委员活动。

【教科文卫体委员会】 围绕“增强优秀传统文化自信，推动儒家文化普及化大众化”开展重点调研，并召开专题议政会，听取意见建议，形成建议案，推动首善之区文化强市建设。围绕继续推进解决城镇中小学大班额工作、加快推进济宁国家农业科技园区建设、加强社区乡（镇）卫生机构建设提高基层诊疗服务水平开展专题视察。组织医疗卫生界专家委员开展“送医送药”下乡活动，义诊900多人次，免费发放药品6万余元。发挥市政协书画联谊会作用，组织开展庆祝香港回归祖国20周年书画展、庆祝中共十九大胜利召开书画展、第七届全市少儿书画大赛、书画进校园进军营进企业等活动。

【社会法制委员会】 对《企业破产法》贯彻落实情况进行专题视察，围绕审理企业破产案件的主要做法、当前贯彻落实工作面临的形势和困难等方面，形成《关于我市〈企业破产法〉贯彻落实情况的视察报告》。对“医养结合”工作进行专题调研。围绕全市“医养结合”工作开展情况、存在问题等方面，形成《关于全市医养结合工作的调查与建议》。组织开展“打通军民融合发展通道，培育高端成长型企业”视察活动。组织对城市管理方面立法工作情况进行专题视察。组织社法委部分常委、委员就如何发挥政协作用和社法委优势、推进社会法制工作创新进行专题调研，形成《全市社会法制工作创新发展问题调研情况汇报》。

【港澳台外事和民族宗教委员会】 参加“山东非物质文化遗产走进香港体验交流”活动、省政协港澳台侨和外事座谈交流会、省政协民族宗教培训班。开展关于“建立海外联络顾问工作机制，充分发挥海外联络顾问作用”专题调研活动，形成《市政协港澳台侨海外工作顾问聘任工作方案》和《政协济宁市委员会聘任市政协港澳台侨海外工作顾问暂行办法》两个文件。针对市基督教两会提出的问题与有关部门进行深入沟通，促使问题得到解决。赴济宁经济技术开发区和嘉祥县就港澳台侨外事和民族宗教工作进行专题调研，并与市委台办、市侨联、市外办、市民宗局、市级宗教团体等部门和组织开展座谈。针对“优化外侨资企业发展情况，助推外、侨资企业持续发展”开展专题视察并形成视察报告，报市委市政府参考。

【文史资料委员会】 运用研讨会、座谈会、赠书活动等形式，宣传济宁市优秀传统文化。推动文史图书进党校、进干部政德教育学院。在《济宁通讯》开辟“文化济宁”专栏，系统介绍济宁重要历史人物。联合举办“济宁市庆祝中国人民解放军建军90周年主题展”。《济宁历史文化丛书》被正式收入国家图书馆地方文献数字库，被中国政协文史馆收藏，获全省政协系统优秀文史图书评选唯一特别奖，全市政协文史图书获4个一等奖，3个二等奖，4个三等奖。《济宁人文记忆》丛书史料征集稿件50余万字。开展《记忆山东》史料征集工作，《记忆大运河》《记忆黄河》《记忆津浦铁路》征集稿件100余篇、20余万字，图片百余幅。做好政协文史馆筹建前期准备工作，参观中国政协文史馆和郑州政协文史馆。开展“济宁非物质文化遗产的保护利用”和“民间文化场所建设情况”视察。协助省政协文史委开展“地名文化保护工作”考察调研。出台《政协讲座实施办法》，举办“加快智能制造产业发展、推动工业转型升级”首期政协讲座。

（市政协办公室）

中国共产党济宁市纪律检查委员会

综 述

中共济宁市纪律检查委员会与济宁市监察局合署办公，实行一套工作机构，两个机关名称的体制，履行党的纪律检查和政府行政监察两种职能。市纪委监察局机关有人员74名，内设15个职能部门，具体为：办公室、组织部、宣传部、研究室（政策法规室）、党风政风监督室（市政府纠正行业不正之风办公室）、信访室（济宁市国家行政机关工作人员违法违纪举报中心）、案件监督管理室、第一纪检监察室、第二纪检监察室、第三纪检监察室、第四纪检监察室、第五纪检监察室、第六纪检监察室、案件审理室（案件申诉复查室）、纪检监察干部监督室。2016年9月，市机构编制委员会下发《关于设立济宁市廉政教育中心的批复》，设立济宁市廉政教育中心，为市纪委所属公益一类正科级事业单位，经费来源为财政拨款，有人员4名。2017年12月，中共济宁市纪委实现对83家市一级党和国家机关派驻监督全覆盖，设立10个综合派驻纪检组、6个单独派驻纪检组，有人员93名。

【学习贯彻党的十九大精神】 把学习贯彻党的十九大精神作为首要政治任务，先后召开市纪委常委会会议、十三届二次全会对全市纪检监察机关学习贯彻作出部署，在全市纪检监察系统掀起学习宣传贯彻热潮。市纪委理论学习中心组集体学习15次，机关党委组织全体党员集体学习13次，把学习贯彻党的十九大精神和推进“两学一做”学习教育常态化制度化结合起来，研读十九大报告、党章和中央纪委报告，全面深刻理解，准确系统把握。

【强化问责从严治党】 市委带头落实全面从严治党主体责任，全年召开31次常委会会议研究部署党风廉政建设和反腐败工作。实行全面从严治党责任清单制度，明确县（市区）、市直部门党委（党组）领导班子、班子主要负责人、班子其他成员“3张清单”，细化分解主体责任46项、监督责任31项。市纪委常委同各县（市区）委书记和17个市直部门主要负责人进行廉政谈话。10个市直单位主要负责人向市纪委全会现场述责述廉，接受询问和评议。指导各县（市区）开展县级党政班子成员向同级党委常委扩大会或纪委全会述责述廉工作，部分县（市区）开展乡镇党委政府和县直部门主要负责人向县纪委全会述责述廉工作，推进全面从严治党责任向基层延伸。贯彻问责条例和省委实施办法，建立责任追究快速反应工作制度，严格执行“一案双查”。全市实施党内问责735件，问责党组织292个，党员干部521人；查处党政领导干部问责问题491起，处理715人，党政纪处分290人。

【作风建设】 召开作风建设大会，在全市开展“解放思想大讨论、遵规守纪大教育、干部作风大提升”活动，开展工作纪律执行情况监督检查。对违规公务接待、违规配备公车等进行集中整治，在市属企业中开展纠正和查处违规发放薪酬奖金补贴问题工作。全市查处违反中央八项规定精神问题577件，同比增长62.54%；处理947人，同比增长61.33%；党政纪处分415人，同比增长16.25%；通报曝光148批502起845人。制定建立考核激励和容错纠错机制的实施意见。

【扶贫领域专项治理】 实行市纪委常委联系督导重点扶贫乡镇制度，开展“走村居、重监督、助攻坚”扶贫领域涉嫌违纪问题信访举报专项督导活动，对整改落实情况开展“回头看”。实行信访举报工作“红绿灯”督办办法，推行扶贫领域整治查处群

6月30日，全市聚焦扶贫领域整治和查处群众身边不正之风和腐败问题工作座谈会召开

众身边不正之风和腐败问题专项述责试点工作，出台精准扶贫督查问责办法，重点查处贯彻脱贫攻坚决策部署不到位，形式主义、官僚主义等问题。开展专项治理活动，制定治理方案，组织自查自纠和明察暗访，共排查问题线索400个。全市查处群众身边不正之风和腐败问题1059个，处理1489人，党政纪处分839人，分153批通报曝光588起907人。其中，查处扶贫领域问题221起，是上年的3.16倍。

【监督执纪】 全市纪检监察机关共接受信访举报5446件次；处置问题线索5638件、立案3491件、党政纪处分2930人，同比分别增长99.5%、23.9%、6.7%；移送司法机关处理22人。运用“四种形态”处理5706人次，上升82.3%。其中，第一种形态2756人次，占48.3%；第二种形态2254人次，占39.5%；第三种形态328人次，占5.8%；第四种形态368人次，占6.4%。按时完成省委巡视“回头看”反馈意见牵头整改任务，移交的问题线索均按时查结。严明政治纪律和组织纪律，开展换届风气巡回督查，严把党风廉政意见回复关，市纪委回复党风廉政意见76件，涉及1962人次。制定反映市管干部问题线索管理处置暂行办法，加强县（市区）“走读式”谈话场所标准化建设。

【体制机制改革】 组建成立市委巡察机构，制定规划，完善制度，组织开展三轮巡察，前两轮共巡察20个市直部门、9个重点扶贫乡镇，发现问题760个，问题线索150个，收缴追缴资金2.02亿元。第三轮对3所市属高校、11个重点扶贫乡镇和3个市直部门进行巡察。各县（市区）均建立巡察机构。充分发挥派驻监督“探头”作用，市纪委统管派驻纪检组开展“三重一大”事项监督1033次，提出检查建议494条，开展作风检查796次，整改问题256个。全面完成市一级纪委派驻机构全覆盖改革，设立10个综合、6个单独派驻纪检组，实现对全市83家市一级党和国家机关派驻监督全覆盖。

【“儒韵清风、廉洁济宁”品牌创建】 宣传全面从严治党成就经验，在《济宁日报》分专题刊发7期系列述评文章，开设“回眸五年历程、凝聚前进力量”在线访谈。举办党章党规党纪大讲堂。组织“树清廉家风、创最美家庭”主题活动、“党纪在我心中”主题征文。开展“警钟长鸣”警示教育，全市6万余名党员干部赴警示教育基地接受现场警示教育。开通“儒韵清风”公交专线，建设廉政文化一条街。承办中央纪委方正出版社《中华传统八德诠解丛书》出版座谈会。举办孟子思想与党风廉政建设研讨会。按照“聚合资源、突出主题、特色鲜明、注重实效”的原则，指导县（市区）打造廉勤教育精品线路。开展儒家传统文化对全面从严治党现实意义的研究，入选省社科联人文社科年度重点课题。组织拍摄曾子家规专题片，被中央纪委、省纪委网站采用。编印《济宁历史上的清官廉吏》。在部分县（市区）建立廉勤教学大课堂和家风家训展示馆，以家风带党风促政风，倡树廉洁价值观。

【队伍建设】 以“提高政治站位、树起严格自律标杆”为主题开展集中教育活动，通过强化学习培训、查摆整改问题、完善制度规范、举办全市纪检监察系统“让党放心、人民满意”主题演讲比赛、制定进一步加强全市纪检监察干部队伍建设的意见等措施，淬炼忠诚干净担当的干部队伍。常委班子带头严肃党内政治生活，带头讲党课，严格执行民主集中制。重视加强机关党建工作，深入推进“两学一做”学习教育常态化制度化，以“建过硬支部、做合格党员、当干事先锋、树自律标杆”为目标，加强队伍建设，先后有21人受到市委市政府以上级别表彰，市纪委信访室主任孟昭硕被授予“全国纪检监察系统先进工作者”称号。严格选人用人标准，做好纪委换届、监委组建工作，加大干部轮岗交流和培训力度，选调交流干部162人次、培训3500人次。组织3000余人次参与省纪委监督执纪工作规则在线知识测试。强化自我监督，严防“灯下黑”，全市纪检监察系统共谈话函询10人次，组织处理14人，党纪处分6人。

金乡县廉政教育基地

重要会议

【中国共产党济宁市第十二届纪律检查委员会第八次全体会议】 1月23日在济宁举行。全会传达学习十八届中央纪委第七次全体会议、省纪委十届八次全会精神，学习王艺华重要讲话，总结2016年纪律检查工作，部署2017年任务。全会由市纪律检查委员会常务委员会主持。市委书记王艺华出席全会并作重要讲话。市委常委，市人大常委会、市政府、市政协及市法院、市检察院领导及市纪委委员31人出席会议，150人列席会议。全会审议通过范晓丽代表市纪委常委会所作的《提高政治站位，强化使命担当，坚定不移地把全面从严治党引向深入》工作报告。

【中国共产党济宁市第十三届纪律检查委员会第一次全体会议】 2月18日在济宁举行。全会选举产生市纪委书记、副书记及市纪委常委。市纪委书记、副书记当选名单：市纪委书记：范晓丽；市纪委副书记（3名，按省委批准顺序排列）：邓炜、王福岱、李艳秋。市纪委常委当选名单（9名，按姓氏笔画为序排列）：于涌、王福岱、邓炜、杜彦峰、李艳秋、狄峻青、张玉学、范晓丽、韩常立。

【中国共产党济宁市第十三届纪律检查委员会第二次全体会议】 11月4日在济宁举行。全会深入学习贯彻党的十九大和省委十一届二次全会、省纪委十一届二次全会、市委十三届四次全会精神，对全市纪检监察系统学习宣传贯彻党的十九大精神作出安排部署。市纪委委员37人出席会议。市纪委常委会主持会议，市委常委、市纪委书记范晓丽作讲话。

（冯　晨）

2月18日，中共济宁市纪委十三届一次全体会议召开

11月4日，中共济宁市纪委十三届二次全体会议召开

民主党派·工商联

中国国民党革命委员会济宁总支部委员会

2017年，中国国民党革命委员会济宁总支部委员会有党员90人。

【自身建设】 6月23号，民革中央副主席、全国政协驻会副秘书长刘家强接受民革济宁总支主委徐莉的邀请，到济宁市委党校为济宁市民革党员、济宁市及任城区两级人大代表、政协委员，做“围绕党和国家中心工作，人民政协切实履职尽责”的专题讲座。7月1日，民革济宁总支委员会邀请民革中央三农委员会委员、山东省政协委员、民革青岛市委秘书长王夕源到济宁，为全体济宁民革党员培训参政议政有关知识。

【社会服务】 组织“免费为村民送医、送药、送字、送画活动”。为兖州区颜店镇玄庙村100多位村民和济宁柳行社区居民开展查体及健康咨询服务，赠送价值2万余元的药品及140余幅书法、绘画作品。举办“静听花开的声音”大型惠民文艺演出活动。响应济宁市巾帼志愿者“让爱留守，童心向党”活动，民革济宁总支部主委徐莉、任城支部主委曹海红、副主委任红民和民革济宁支部的部分骨干党员到汶上县康驿镇小邵村和汶北社区看望留守儿童，给他们带去价值5000多元的书包、牛奶、文具和艾灸理疗等礼物。以民革等几家党派为主，2016年11月成立济宁教育家协会，主委徐莉代表民革被推选为协会第一副会长。在孔子文化节期间，济宁民革参与组织举办中国首届教师祭孔大典，接待大批来自海内外的爱国组织。六一儿童节，民革济宁市人民医院支部党员郭美玲、卢启秀到嘉祥疃里镇东汤村帮扶并看望汤长铭。10月15日，任城支部看望走访安居东朱庄村社区的部分困难户，并给他们送去价值5000多元的大米、豆油和面粉。

【参政议政】 《关于完善护理人才管理 提升养老机构服务质量建议》《关于大力整治非法办学的建议》《严守生态红线，提升环境质量》3个提案被济宁市列为重点提案。

（中国国民党革命委员会济宁总支部委员会）

中国民主同盟济宁市委员会

【概况】 截至2017年年底，民盟济宁市委会有24个基层支部，其中总支4个，共有盟员784人。民盟济宁市委会是第七届市委会，由委员14人组成，主委郭洪敏，副主委张黎明（驻会）、张玉忠、刘霁、孙冰、刘小颖（兼秘书长）、吴婧。

【教育培训活动】 4月24至28日，组织市委委员和各基层支部主委赴井冈山进行为期一周的理想信念教育。10月19日至20日，在邹城济宁市政德教育基地，为2015年以来入盟的新盟员和骨干盟员70多人进行培训。11月23日，邀请市委党校教授为市委委员各基层支部主委及机关总支全体盟员宣讲十九大报告，中共济宁市委党校基本理论教研部副主任、副教授孙国良主讲。12月7日、8日，组织各支部主委30人到威海党性教育基地进行提高盟性修养教育。机关人员还分别参加盟省委组织的在苏州和上海交通大学进行的培训，接受高水平的政党理论和统战理论教育。

【参政议政】 民盟市委抽调盟员中相关专家学者，会同文化部门专业人士组成调研组，对济宁市优秀传统文化传承弘扬工作进行专题调研，了解优秀传统文化传承弘扬工作开展情况，并通过座谈交流分析存在问题，就下步工作提出意见建议。最后形成《我市传承弘扬优秀传统文化工作调研报告》。在中共济宁市委组织的政党协商会上，民盟市委主委郭洪敏就此进行专题发言，引起与会领导的重视。市政协十三届一次会议期间民盟市委及委员中的盟员共提交提案60件，占提案总数的8.6%，其中民盟市委提案12件，盟员个人提案48件。其中重点提案16件，得到市级领导批示。重视社情民意信息报送，民盟市委报送的信息被省级采用20篇，全国政协采用5篇，均创历年之最，在全省名列前茅。

【基层组织建设】 2017年，有7个支部被评为省级先进支部，25名盟员被评为省级优秀盟员。盟市委利用盟员中艺术人才多的优势，开办书画培训班，由盟员画家王兴顺每周对受训学员进行定期培训，常年坚持的学员达30多人。2017年发展新盟员39名，全部具有中级以上职称或研究生学历。在山东理工职业学院建立民盟支部1个。完成十几个支部的换届。机关建设，重点抓机关的规范化制度化建设，顺利通过市级文明单位验收。

（民盟济宁市委员会）

中国民主建国会济宁市委员会

【概况】 民建济宁市委辖1个总支，25个基层支部、3个小组，有会员576人，平均年龄49.5岁，其中，1名会员当选民建中央委员，123名会员分别担任全国、省、市、县（区）人大代表、政协委员，在职会员政治安排比例达到24%；担任副县级以上领导职务会员13人，全市3名党外正县级实职中有2名民建会员；有各类中高级职称会员330人。

【理论学习】 组织全会学习中共山东省第十一次党代会精神、民建山东省第九次代表大会精神、习近平总书记7·26重要讲话精神；进行坚持和发展中国特色社会主义学习实践活动阶段性总结；总结市委会换届以来的工作成果；嘉祥支部主任王瑞峰在民建省委九届三次常委会暨坚持和发展中国特色社会主义学习实践活动座谈会上作典型发言。曲阜总支、高新区支部、企业支部、邹城支部、市直机关五支部、市直机关六支部等基层组织组织会员学习《不忘合作初心，继续携手前进，为经济文化强省建设做出新贡献》工作报告，全面传达民建山东省第九次代表大会会议精神。9月22日，市委会在邹城市“民建济宁市委会员培训基地”举办八届三次全委（扩大）会议暨领导班子读书会，并组织各支部对开展坚持和发展中国特色社会主义学习实践活动进行经验交流和总结。10月18日，中共十九大召开，民建任城支部、市中支部、曲阜总支、市直六支部、企业支部、邹城支部等基层组织相继开展学习座谈会、培训班。11月12日，民建济宁市委举办干部政德教育培训班，组织领导班子、骨干会员及新会员共50余人集中学习中共十九大会议精神、统一战线相关政策、多党合作优良传统等。

【自身建设】 市委会全面督查民建全国基层组织、市级组织建设研讨会精神的落实情况，指导、配合基层组织换届工作，推进基层组织建设。嘉祥支部组织全体会员赴重庆开展“不忘合作初心，携手继续前进”专题教育活动，并与民建渝中区委九支部缔结友好关系。高新区支部、企业支部会员在邹城市调研生态农业发展情况并召开专题座谈会。市直机关七支部组织召开“学习交流会”。曲阜总支召开第二次会员大会，顺利完成换届工作。

【服务民生】 2017年，民建济宁市委共招商引资10亿元，在扶贫帮困方面投入资金85万元，免费培训人员2000名，服务会员企业26次，帮助会员企业维权2次，年度开展三下乡等活动6次。组织六批次企业家到民建省市委帮扶联系的泗水考察投资项目。民建济宁市委荣获济宁市“扶贫攻坚先进集体”称号。济宁民建会员、山东天久工贸有限公司董事长李宪庆荣获山东省“脱贫攻坚（奉献类）先进个人”；济宁民建会员、欣格瑞（山东）环境科技有限公司董事长田民格荣获济宁市第四届善行义举四德榜“榜上有名”先模人物“爱德之星”；会员、山东绿鑫春生态农业发展公司董事长臧永芝荣获济宁市第六届道德模范、邹城市劳动模范；民建会员、济宁和顺物业有限公司董事长朱少军被授予“济宁市五一劳动奖章”。会员企业、山东圣丰种业科技公司与山农大合作项目《多抗广适高产稳产小麦新品种山农20及其选育技术》获国家科学技术进步二等奖。10月2日，民建济宁市委妇委会参与主办“喜迎十九大乐音暖童心”庆国庆键盘专场音乐会，并在音乐会上全面启动“乐暖童心”扶贫助学仪式；10月20日，民建济宁市委与山东山矿技工学校共建的精准扶贫助学项目——“同心思源班”举行开班仪式，“同心思源班”以技能培训脱贫为切入点，借助民建会员单位——山东山矿技工学校平台，全面启动精准扶贫技能培训活动，并为表现优秀的贫困学生设立奖学金、助学金；11月，在民建济宁市委的积极协助下，中国关心下一代爱心行“苗基金”走进兖州

10月20日，民建济宁市委与山东山矿技工学校共建的精准扶贫助学项目——“同心思源班”开班仪式举行

11月10日，"苗基金"关心下一代爱心行在济宁市兖州区兴隆庄开展关爱下一代公益活动

区兴隆庄街道小疃小学开展爱心行捐赠活动和校园文化活动，民建中央宣传部部长张皎参加活动。民建邹城支部举办"筑梦六一，让爱留守"关爱留守儿童公益活动，救助帮扶20名贫困留守儿童；任城支部组织会员走进金城街道永鑫社区宣传文明创城、开展爱心义诊献活动，为社区30户困难家庭送去油、面等生活用品；企业支部在全国助残日赴嘉华星雨自闭症康复中心慰问和看望老师与孩子们，为中心送去慰问金、慰问品；市直机关五支部组织会员开展"助残主题日"活动；市直六支部开展"精准扶贫.爱心助学"活动，为任城区南门社区和运河社区2名家庭困难的同学分别送去6000元爱心助学金；微山小组会员企业——微山康立医院，关爱救助贫困精神病患者，在微山17个镇（街道）为贫困精神病人免费发放药品、义诊。7月，民建会员——济宁天久工贸有限公司董事长、希望之家创办者李宪庆和嘉祥县残联共同成立全省首家脊髓损伤者希望之家，填补山东省脊髓损伤者希望之家的空白。

【参政议政】 2017年，市委会及会员政协委员共提交提案议案82件，其中18件被列为重点提案。向各级部门提交理论研究成果9项，其中《参政党民主监督实效性的现况、原因分析及对策研究》被省政协立项采用；2017年度政党协商的调研报告《加快新旧动能转换"双引擎"发力助推全市经济转型》获市委书记批示；界别协商调研课题就"济宁装备制造融入'一带一路'课题调研"进行专题调研，形成调研报告。《关于精准帮扶残疾人脱贫的调研报告》的界别协商报告得到市领导批示。在全国"两会"上，全国人大代表、济宁民建会员王书平围绕"农业供给侧改革、农业面源污染问题"提出建议，受到广泛关注。水肥一体化技术研究方面的议案被纳入党委政府决策，落实后收到良好社会效果。《关于加快我市乡村旅游发展的调研报告》被市社科联评为全市优秀调研成果三等奖。8月，协助民建山东省委在济宁开展"农村集体产权制度问题研究"重点调研课题。9月，市委会协助民建广西玉林市委调研组，就"激发民建资本参与PPP项目积极性"和"创意农业发展"等相关问题展开专题调研；4月，民建市委组织相关会员前往济南市调研职业教育发展事宜；10月，民建济宁市委妇委会就"农村产业融合发展"赴泰安实地调研并召开座谈会，形成专题报告获得广泛关注。全年向民建省委、市政协报送社情民意信息56篇，其中，省政协采用7篇。

（民建济宁市委员会）

中国民主促进会济宁市委员会

【概况】 民进济宁市第二届委员会于2016年11月选举产生。第二届委员会组成人员14名，分别为：主委1名，副主委5名，委员8名。设1个专门委员会：参政议政工作委员会。下设1个总支，7个支部。截至2017年12月底，全市共有民进会员216名，其中省政协委员3人，常委1人；省人大代表2人；市政协委员13人，其中副主席1人，常委6人；县（市区）人大代表、政协委员12人。有厅级干部2人，处级干部7人。2017年，高新区支部被评为民进山东省参政议政先进集体；1名会员被民进中央评为民进坚持和发展中国特色社会主义学习实践活动先进个人；4名会员被评为民进山东省参政议政先进个人；市委会机关2人分别被评为市政协信息工作先进个人和全市统战信息工作先进个人。民进济宁市委机关核定行政编制3名，配备驻会领导职数1名、秘书长1名，有驻会副主委1名；内设办公室，承担机关日常工作。

【思想建设】 先后召开主委会议、参政议政工作委员会成立大会传达学习中共十九大会议精神和民进十二大会议精神；高新区支部、曲阜市支部、孔子研究院支部、曲师大总支和下属3个支部、邹城、微山会员等分别召开座谈会做好十九大精神的学习研讨工作，会后各支部会员撰写学习心得体会上报市委会。开展主题教育活动。组织80余名骨干会员参观考察济宁城市规划展示馆、济宁职业技术学院非物质遗产展示馆；组织开展

"我与民进共成长"征文活动，报送征文在济宁民进微信公众平台展示，并积极向民进省委报送，其中获省民进征文一等奖2人，二等奖1人，三等奖2人；征集书画界会员书画作品，向民进省委报送作品4幅，均在北京"同心远航——纪念山东民进地方组织成立六十周年书画精品展"上展出；开展民进代表人士先进事迹材料征集活动，共征集优秀会员事迹13篇报送市委统战部，在济宁民进微信公众平台推出；曲阜市支部开展爱国主义教育活动，组织会员前往台儿庄大战纪念馆缅怀先烈、铭记历史。

【组织建设】 3月19日，召开二届二次全委（扩大）会议，传达学习习近平总书记在全国政协民进农工党九三学社联组会上的重要讲话精神、市第十三次党代会和省市两会精神，回顾总结2016年的工作，安排部署2017年的重点工作任务。7月15日，召开二届三次全委（扩大）会议，学习传达中共山东省第十一次代表大会精神、民进山东省第七次代表大会精神，通过《民进济宁市委关于开展践行社会主义核心价值观主题活动的决定》，总结市委会2016年11月换届以来的工作，研究部署下半年工作任务。11月11日，召开二届一次主委会议，市委主委李良品出席会议并讲话。会议学习习近平在中共中央政治局第一次集体学习时的讲话精神、中央统战部向党外人士通报中共十九大会议精神的讲话、民进中央十三届二十次常委会议精神、民进中央关于学习传达中共十九大精神的决定；通过《在全市民进各级组织和广大会员中开展学习贯彻中共十九大精神的决定》；研究部署参政议政工作委员会成立事宜，讨论通过下半年新发展会员13名。6月19日至22日，李良品、杨朝明、刘海涛、吴兆灵、孙伟、史谦等6位代表参加民进山东省第七次代表大会，李良品当选为民进山东省第七届委员会常务委员、杨朝明当选为民进山东省第七届委员会委员。12月1日至6日，李良品、杨朝明作为正式代表参加中国民主促进会第十二次代表大会，杨朝明当选民进第十四届中央委员会委员。加强组织建设。9月，民进山东省委组织部部长姜军锋一行到济宁调研基层组织建设。通过实地查看基层组织建设情况、召开基层组织建设座谈会，交流组织建设的经验做法、存在困难问题和意见建议。12月，成立民进济宁市委第一个专委会——参政议政工作委员会，建立专门的参政议政主阵地和交流研究平台。加强人才队伍建设。重视代表性人士的培养使用工作，建立具有济宁民进特色、传承弘扬儒家文化、服务参政议政的智库，提高履职能力和协商水平。加强与代表人士的联系，为民进会员担任各级人大代表和政协委员做了大量推荐工作。积极推荐、组织会员参加民进中央、民进省委和省市委统战部举办的各类党外人士培训班，提升会员的理论水平和政治素养。举办2015年至2017年新会员及入会积极分子培训班，60人接受民进会史、参政议政等专题培训；8月，民进山东省委在济宁举办山东民进宣传思想与会史工作研讨班。会议总结近年来全省民进宣传思想与会史工作情况，交流研讨成功经验和做法。

【议政调研】 多次参加中共济宁市委、市政府、市政协及市委统战部召开的协商会、座谈会，就全市经济社会发展的重大决策、重大人事安排等问题参与协商。两会期间，上报《关于巩固文明城市创建成果的建议》等提案15件，有7件被列为市政协重点提案，《关于加强精准扶贫工作的建议》得到市委副书记石光亮批示。向民进省委、市政协上报《关于新建住宅小区同步配建社区综合用房的建议》等社情民意信息40条，一半以上被采用或被再次转报上级。利用新媒体，改版"济宁民进"微信公众号，开设"建言""会员风采""民进史话"等栏目，公众号连续10个月进入"全国民主党派地方组织微信公众号影响力排行榜"100强和"民进地方组织微信公众号影响力排行榜"前10名。创办民进市委《社情民意信息》专刊，年内刊登优秀提议案和社情民意信息19期，呈送民进省委、中共市委、市政府、市政协研究室和相关部门供参考。先后组织调研组到南京参观考察微行掌康养基地，结合济宁实际对济宁康养产业发展建言献策，形成的调研报告《关于做好医养结合规划建设发展康养产业的建议》得到市委书记王艺华批示；赴无锡参观考察东方田园综合体建设情况，走访中共济宁市委农工办交流座谈田园综合体项目，形成调研报告《关于发展田园综合体 促进农村集体土地改革 建设美丽乡村的建议》；到济宁职业技术学院就智能制造专业建设和面临的问题开展调研座谈，形成调研报告《立足现实 政企联动 专注精专 全球导向以智能制造推动工业转型升级》，探索以智能制造推动工业转型升级的路径；市委主委李良品带队赴山推职业中专、高新技工学习、济宁技师学院，对全市技工院校加强人文教育情况进行专题调研，形成调研报告《关于在技工院校加强人文教育的建议》，破解技工院校"重技能培训、轻人文教育"的问题，推动技工院校科学发展，培育现代技工人才。民进市委关于曲阜优秀传统文化示范上升为国家战略的调研报告通过民进省委转报民进中央，示范区纳入国家"十三五"规划纲要，上升为国家战略。支持高新区支部、曲阜市支部、曲师大总支等基层组织开展调研活动，针对当地实际撰写调研报告及时呈报当地党委政府和有关部门，均取得良好成效。组织会员参与民进省委专家组在济宁开展的防治大气污染"气（电）代煤"工作落实情况专项民主监督，对发现的问题及时反映上报。在民进省委开展的城乡居住区配套幼儿园规划建设管理使用情况及城镇普通中小学大班额问题解决情况监督式调研时，发动相关领域会员提供线索、参与调研，发挥协商作用。

【社会服务】 春节前夕开展"春联万家"服务活动，分别在高新区接庄镇西贾村和高新区菱花富贵园社区举办迎新春送春联微公益社会服务；与济宁市中小企业公共服务中心共同主办"民营企业经营、重组并购、挂牌上市中风险防范"论坛，邀请国内知名法律专家以案说法，让法律为企业服务；举办中医义诊·健康社区——全民健康周主题活动，邀请济宁市中西医结合医院名医名家莅临社区，送医药进社区，宣传医疗卫生知识，为广大居民进行健康义诊；结合建军90周年、香港回归20周年等重大纪念活动，和高新区委统战部等在高新区科技中心共同举办“践行社会主义核心价值观，颂唱传统经典——最美童声走进高新区演唱会”，引导青少年广泛诵读、传唱中华经典；高新区支部与玄帝庙村党支部开展结对联建活动，国庆节、中秋节前，市委机关到兖州区颜店镇玄帝庙村开展走访慰问，为15户困难群众送去油、面等生活用品，并与驻村工作组座谈讨论，探索中国共产党基层支部与民主党派基层支部合作共建的新路径。

【会内活动】 加强与会员的经常沟通和交流，加强支部间的日常合作，利用座谈会、学术报告会、联谊会等方式，对会员进行培养和教育。利用微信公众平台在新春前夕、元旦前夕、劳动节、教师节等时间节点发布节日祝福；通过开展辞旧迎新茶话会、年度工作总结座谈会等交流思想，规划下年工作；曲师大总支带队赴日照校区支部看望座谈，加深与曲师大日照校区支部的联系；建立走访老会员制度，各支部深入摸底排查，把走访慰问老会员与帮助困难会员结合在一起，市委会主委和各支部主委在春节期间分别带队走访慰问老会员。积极参与创建全国文明城市，市委会机关负责人带头到弘德老年公寓开展志愿服务活动，下发“我为创城献策出力”活动倡议书，号召全市民进会员为创城贡献智慧和力量。

【联络交流】 4月，市委会机关负责人和部分企业家会员赴淄博民进参加山东省企业家工作委员会工作会议，围绕经济社会发展交流座谈。5月，民进苏州市委副主委陆丽瑾带队一行18人，到济宁调研考察基层组织建设。7月，民进淮南市委主委张天舒率领企业家联谊会会员一行34人，到济宁参观考察，实地查看济宁民进会员企业并进行交流。8月，民进淄博市委主委禚淑萍带队一行12人，赴济宁交流学习，就做好会务工作、在新形势下积极搭建服务平台、充分发挥会员活力、为经济社会发展贡献力量进行深入探讨。10月和12月，中央社会主义学院分两期组织新疆中青年爱国宗教人士班赴曲阜开展传统文化实践教学活动，孔子研究院院长、民进济宁市委副主委杨朝明等为学员讲授儒家文化课程。

（孔令唯）

中国农工民主党济宁市总支部委员会

【概况】 中国农工民主党济宁总支部委员会（以下简称农工党济宁总支），成立于2010年9月，下设5个支部，分别是任城区一支部、任城区二支部、市直一支部、市直二支部、济宁医学院支部。总支领导班子成员4人，其中主委1人，副主委1人，委员2人。设总支秘书1名，总支会计1名。拥有正式党员87人，预备党员5人，入党积极分子5人。党员队伍全部为中高级知识分子，其中副高级职称以上者占62%。100%为大学以上学历，其中博士7人，硕士研究生11人。农工党济宁总支部被评为农工党山东省委坚持和发展中国特色社会主义学习实践活动优秀基层组织；坚持和发展中国特色社会主义学习实践活动组织建设工作先进集体；全省助力扶贫先进基层组织；获市委统战部颁发的2016年度市统战宣传工作先进单位。党员刘连青获山东省预防医学会山东省优秀预防医学科技工作者。党员邢军获农工党山东省开展坚持和发展中国特色社会主义学习实践活动先进个人；获中共济宁市委统战部宣传工作先进个人。党员祝子超获农工党山东省委颁发全省助力扶贫先进个人。党员王梅获省部联合减盐防控高血压项目先进个人，获山东省职工健骨操大赛优秀业务骨干。党员尹淑杰获评济宁市有突出贡献的中青年专家，她的家庭获得山东省文明家庭称号。党员李正昕获山东省基律师协会颁发山东省优秀律师；中共济宁市委政法委颁发的优秀执法监督员。党员胡桂芳荣获中国康复医学会颁发优秀康复治疗师。

12月26日，农工党济宁市任城区第二支部委员会换届大会举行

【组织建设】 5月13日，按照《中国农工民主党章程》和界别结构要求，对农工党济宁市任城区第一支部委员会进行换届选举工作，成立农工党济宁市任城区一支部第二届支部委员会。12月26日，对农工党济宁市任城区第二支部委员会进行换届选举工作，成立农工党济宁市任城区第二支部第二届支部委员会。2017年考察并吸纳10名医药卫生界中青年优秀人才入党。发展预备党员5名，培养入党积极分子5名。

【思想建设】 2017年，按农工党省委部署要求以及参政党建设的目标、原则和相关要求，深入学习中共十八大和十九大以来历次中央全会精神，贯彻落实习近平总书记系列重要讲话精神和治国理政新理念新思想新战略，以领导班子建设为重点，提高政治把握、参政议政、组织领导、合作共事和解决自身问题的能力。为全体党员征订《前进论坛》《齐鲁前进》《中国统一战线》和《山东统一战线》，让党员及时了解中央和省委的精神。11月6日组织全体党员学习中共党的十九大报告，并对如何学习宣传贯彻十九大精神进行安排部署。

【社会活动】 2017年，农工党济宁总支充分发挥自身党派、界别和人才优势，围绕“健康山东——医药卫生关爱、健康扶贫活动”“和谐山东——法律援助活动”“美丽山东——环境保护绿色行动”“弘扬孝爱文化——关注老年人”四个主题开展社会服务和送温暖献爱心活动。全年共计开展各种活动20次。

【参政议政】 全体党员中有省政协委员1名、市政协常委及提案委副主任1名，委员7名，任城区政协常委2名，委员7名。1人受聘市政协社情民意特邀信息员。根据市政协安排，总支完成2017年调研课题《美丽乡村建设转段升级中的几点建议》，向市委书记王艺华作了现场汇报，政协常委会主委张璇代表农工党作重点课题调研汇报《促进家庭医生签约服务》。11月17至19日，农工党省属齐鲁医院、东营、济宁三支部，赴威海开展医养结合联合调研及智慧沙龙活动。12月10日，总支部召开提案和社情民意培训班，邀请市政协提案委原主任宋宝宁作讲解。全年共计上报市提案44篇，重点提案4篇，上报社情民意21篇，市政协采用11篇，省政协采用3篇。

（中国农工民主党济宁总支部委员会）

“关爱老人”健康进社区义诊活动

中国致公党济宁市委员会

【概况】 中国致公党济宁市委员会成立于2013年6月，下设直属第一支部、直属第二支部、直属第三支部、直属第四支部、任城区支部、邹城市支部和高新区支部7个支部。截至2017年底，市委会有主委1名、副主委5名、秘书长1名、委员7名。2013年12月，致公党济宁市委机关成立，负责致公党济宁市委日常工作，机关设行政编制3名，其中驻会领导职数1名、秘书长1名，设办公室，实有人数3名。截至2017年12月，全市共有致公党党员145人。2017年，致公党济宁市委会被致公党中央授予中国致公党坚持和发展中国特色社会主义学习实践活动优秀集体和中国致公党社会服务工作先进集体称号，被致公党省委评为组织建设工作先进集体和社会服务工作先进集体，任城区支部评为参政议政工作先进集体，1名党员获中国致公党社会服务工作先进集体荣誉称号，15名党员被省委会评为创先争优优秀党员，1名机关工作人员获致公党省委优秀机关工作者称号。

【参政议政】 全年共征集提案、社情民意素材148篇。以市委会名义向市政协提交集体提案13件，个人提案32件，其中被列为立项提案40件，有12件被列为重点提案；向致公党省委、市政协上报社情民意信息86篇，其中，全国政协信息采用1篇，市政协采用8篇，市政府采用2篇参加中共市委召开的协商会议、市政府组织的《政府工作报告》征求意见会等会议5次，口头发言提出意见建议12条。完成“关于加强和改进社区医疗服务水平的调查和建议”政党协商课题。完成“筑牢安全监管体系，加快建设‘食安济宁’”市政协年度界别协商课题。完成致公党省委会下达的年度调研课题，形成调研报告7篇。组织开展“围绕政协章程基本遵循，有序开展民主监督工作”理论研究，形成理论研究文章。

【社会服务】 开展“同心·服务社会实践月”活动。到嘉祥县运联小学为全体在校学生进行健康查体和生长发育情况筛查；组织带领金乡县王杰小学全体学生到济宁参观科技馆和济宁渔业科教示范中心；联合市委统战部开展春节走访慰问困难老中共党员；连续四年开展“幸福的黄色小票”助学捐赠活动，向基层小学捐赠书包文具等200件，价值共计1.2万元；发挥“同心·致福”社区服务工作室平台作用，与邮储银行、市文广新局联合开展“您办一张卡 我献一份爱”共建“致公书屋”活动，到邹城市消防支队开展“八一”慰问活动。捐建“致公书屋”11所，捐款捐物价值200万余元，服务群众600人，受益群众约3万人次。建立济宁致公书画院和济宁致公健康学院。

【海外联谊】 加强与海外洪门、致公堂等传统爱国侨团、新生代华侨华人社团及台港澳同胞的联系。全年与日本、韩国、新西兰、加拿大、美国、匈牙利、中国台湾等国家和地区的10余个友好团体近100位友好人士联谊交流，宣传中国共产党领导的多党合作制度。

【自身建设】 全年发展党员13人；新成立高新区支部；完成市直四支部换届工作。截至2017年年底，下设支部7个，党员人数145人。举办年度新党员见面座谈活动。建立健全规章制度。在二届四次全委会上，审议通过《中国致公党济宁市委员会全体委员会议议事规则》等六项规章制度草案。成立致公党济宁市委会监督委员会。二届五次全委（扩大）审议通过《中国致公党济宁市委员会党内监督办法（草案）》和致公党济宁市第一届监督委员会组成人员名单（草案），成立致公党济宁市委监督委员会。成立济宁致公书画院和济宁致公健康学院。经市委二届三次全委会议研究通过成立济宁致公书画院和济宁致公健康学院，并于11月23日举行揭牌仪式，开展“中国梦·致公情”书画联谊活动。举办主题培训班。在市委党校举办为期一周的中共十九大精神专题培训主题班次，来自山东省委党校、济宁市委党校和市委统战部的专家领导围绕中共十九大精神和统一战线理论政策做辅导报告，组织开展现场教学。致公党济宁市委委员和来自各基层支部的党员共76人参加培训。

（赵广红）

九三学社济宁市委员会

【概况】 九三学社济宁市委成立于1987年11月。截至2017年年底，社市委所属县级地方组织1个，直属基层社组织20个，社曲阜市委所属基层组织3个，全市有社员723人。

【思想建设】 中共十九大召开后，社市委召开社市委扩大会议，专题学习十九大报告，对学习宣传贯彻好十九大精神进行安排部署。全市各基层组织召开中共十九大精神学习座谈会，开展全员学习活动。社市委在微信公众号开辟“学习十九大——我学我说”活动专栏，相继登载10篇社员学习心得文章，编发各支社开展学习活动的通讯稿。

11月4日，九三学社济宁市委召开全委扩大会议学习中共十九大精神

【组织建设】 制定《基层组织换届工作方案》，14个支社先后完成换届任务，共选出71名基层组织班子成员，平均年龄44岁，全部具有大学本科以上学历，高级职称37人。6月依托商道会计集团成立综合三（商道会计）支社，12月成立嘉祥县小组。全年发展社员50名，平均年龄39岁，博士3人，硕士12人，大学本科32人。举办基层组织成员全员培训班，对换届后的基层组织骨干进行理论培训和参政议政社情民意信息工作培训，对新进基层组织班子成员和新社

员进行远程培训。完善制度，健全完善社市委会议制度、社员发展程序，修订基层组织活动经费管理制度，制定九三济宁市委“九三楷模”“九三精英”评选办法。

【参政议政】 在2017年市政协十三届一次会议上，社市委向大会共提交提案58件，其中集体提案18件，社内委员个人提案39件，被评为重点提案19件。内容涉及中医药发展、供给侧改革、信息产业、交通拥堵、引水入城、文化旅游、文明城市创建、产业转型升级、科技创新等方面。市政协全会期间，王祥生、周静、孟凡珍3位社员委员的提案在《济宁日报》上作了宣传报道，杨海涛、闫香革2位社员委员接受《大众日报》记者采访。社曲阜市委孙芳撰写的《关于做好城镇化进程中乡村非物质文化遗产保护和利用的建议》作为社省委集体提案提交省政协。在由中共济宁市委书记等市领导参加的市政协举行的专题议政会上，李洪海、王莉、王梦旸3位社员委员的发言得到中共市委书记王艺华的高度评价并被选登在《济宁日报》上，其中李洪海的发言全文刊登在《济宁晚报》上。申报各级调研课题。各基层组织和社员申报社中央、社省委课题14件，综合支社杨海涛撰写的《加快济宁市中医药健康产业发展》被选为市政协界别协商课题并被市委统战部选为政党协商课题。社市委被评为参政议政工作先进集体和信息工作先进集体，杨海涛被评为九三学社中央参政议政工作先进个人，张新忠、孙芳被评为社省委参政议政工作先进个人。

【社会服务】 社市委组织社内外书法家开展写春联送温暖活动，先后到社区、煤矿、商场、黄河滩区等地，为城乡居民、煤矿工人以及春节期间值班的公安干警、环卫工人写春联2000余幅。卫生一支社、卫生三支社、医学院支社分别利用第一人民医院、市中医院、附属医院的医疗资源，组织九三社员专家，坚持每月一次到汶上县军屯乡卫生院开展义诊和技术帮扶活动。兖矿支社、邹城小组组织郭里镇卧龙村下乡义诊活动。社市委成立“九三讲堂”，全年开讲6期。为社员驻村帮扶村庄协调农田水利建设资金8万元。社曲阜市委开展完善县级社会医疗救助基金、农村基层医疗网点中医队伍建设情况的调研活动；农林水支社、科技二支社、曲师大支社、梁山支社、兖州支社开展节日走访老社员活动；农林水支社到市重点工程项目泗河综合开发工地现场进行调研，提出建议；综合三支社在泗水县苗馆镇开展“一对一，手拉手”爱心助学活动；微山县支社开展“相约家庭医生、暖心法律援助、共创文明城市”活动；卫生三支社与马坡卫生院结成帮扶对子；泗水社员组织巾帼志愿者活动；任城区支社社员孟凡珍26年扎根农村卫生工作第一线，先后救助农村五保、孤寡老人百余人次，减免医疗费达26万余元，事迹被市文明办在市群众艺术馆展出，2017年获九三学社中央坚持和发展中国特色社会主义学习实践活动先进个人称号；任城区支社社员李战利被市文明办评为“诚信红榜”人物；微山县支社社员余秋玲作品获省委宣传部“喜迎党的十九大”征文三等奖，在省政协“全民阅读·委员立行”活动中获“最美读书人”称号；王祥生获山东省先进科技工作者称号，被山东省医师协会中医分会评为“国医杰出精英奖”；史冬梅研究课题获得国际自然科学基金面上项目资助，实现市第一人民医院医院面上项目零的突破。

【庆祝十九大和社市委成立30周年活动】 2017年是社市委成立30周年。10月30日九三市委组织社内书画家，在济宁市群众艺术馆举办“翰墨迎社庆 丹青抒情怀”大型书画展，庆祝中共十九大胜利召开和社市委成立30周年。

【机关建设】 加强制度建设。先后出台完善领导班子成员联系基层制度、会议制度、学习制度、信息报送制度、组织发展办法、财务管理办法；建立微信群，公众号。在团结网公众号影响力排名中，社市委公众号在各民主党派名列前茅。完成招录机关公务员工作；成功创建市级文明单位。社市委获得全市统战宣传信息工作先进单位、全市资产报表和产权登记工作先进单位称号。

（刘要武　李洪海）

10月30日，庆祝党的十九大胜利召开暨九三学社济宁市委成立30周年书画展开幕式在济宁市群众艺术馆举行

济宁市工商业联合会

【概况】 2017年，济宁市共有11个县（市、区）工商联组织，91个乡镇（街道）商会；行业商会184家，园区商会5家，直属商会26家；企业会员7843家，个人会员7814个，团体会员244家。在2017年度全省工商联系统综合考核评议中，济宁市工商联获得第六名，圆满完成“保八争五”的工作目标，被省工商联授予全省先进单位称号。

【教育引导】 采取集中学习、座谈讨论、调研走访等方式，拓展对非公有制经济人士的教育培训内容和规模，引导广大非公有制经济人士深入学习贯彻党十八届历次全会和十九大精神，学习省、市党代会和全省支持非公有制经济健康发展工作会议精神。分层次为民营企业、商会负责人开展教育培训10次，全年共计2000余名商会和民营企业负责人参加学习培训。举办2017共享经济服务模式创新高峰论坛和金融知识大讲堂。引导青年民营企业家成立市工商联青年委员会筹委会，兖州、邹城等青年企业家开展系列联谊和交流合作活动。

【强化服务】 针对非公有制经济发展的相关问题向市委、市政府进行专题汇报。组成调研组到非公有制经济企业和商会开展调研，市委分管领导牵头分层次召开座谈会，征求意见建议。9月中旬，市工商联代市委、市政府起草《关于支持非公有制经济健康发展的实施意见》，经市长办公会议（第13次）和市委常委会议审议通过后，11月29日由市委、市政府以济发〔2017〕25号文件印发。起草《千名干部进千企，结对帮扶促发展构建亲清新型政商关系的意见》，推动完善政企沟通长效机制。12月1日参与组织召开市委、市政府全市开放型经济国有企业改革非公有制经济发展暨重点项目现场观摩总结会议。推动非公有制经济发展营商环境的改善。加强与市委政法委、市发改委、市商务局等部门的联动合作，召开市政法工作服务民营经济联席会议，就加强对民营企业的法律援助等方面吸收采纳30余条建议。贯彻执行“七五”普法规划，开展“法律三进”活动，推动健全完善法律调解机制，探索建立商（协）会调解试点，兖州区、微山县等工商联成立法律维权服务中心。组织各县（市区）工商联党组书记和33名企业家代表召开学习贯彻党的十九大精神暨营商环境改善调研座谈会，统一部署对各县（市区）和功能区营商环境改善工作的年度考核。12月份，分两组对全市11个县（市区）和3个功能区开展营商环境改善考核工作。12月27日，迎接省考核组对营商环境改善工作的考核，组织50家民营企业代表参加评议和座谈。开展人才、银企、科技“三对接”活动，组织6家企业参加2017年山东民营企业人才招聘会，达

9月24日，2017共享经济服务模式创新高峰论坛在圣都国际会议中心召开

8月22日，济宁市异地商会建设工作座谈会召开

7月26日，市工商联（总商会）十三届一次常委会议召开

成就业意向近200余人次。做好全国民企500强申报工作，如意集团、太阳纸业、华勤集团三家企业入选2017年度全国民企500强。加强与香港贸易发展局等地的经济联络，与鹰潭市工商联、吉林市工商联、烟台市工商联签订友好协议。参与推进社会信用体系建设，参与全市第三批劳动关系和谐企业AAAA级和AAA级的初审、初评工作，推动劳动关系和谐稳定。

【组织建设】 组织全市工商联换届工作。成立市工商联换届工作领导小组，出台《关于工商联（总商会）各级组织换届工作的实施意见》，召开会议全面部署全市工商联换届工作和全市非公有制经济代表人士综合评价工作。坚持“凡进必评”原则，对非公经济人士拟推荐提名人选全部进行综合评价并作为组织考察人选的前置环节，凡未经综合评价或评价结果不合格的不予推荐使用。加强对县（区）工商联换届工作的指导，11个县（市区）在市工商联换届之前全部召开工商联代表大会，顺利完成工商联换届选举工作。4月19日，召开济宁市工商联（总商会）第十三次代表大会，会议选举产生市工商联（总商会）新一届领导班子和领导机构，新一届工商联主席、副主席中非公有制经济人士占86%。坚持筹备调研、考察人选、综合评价“三个到位”，完成新一届省工商联副主席（副会长）、执常委和代表的济宁人选推荐考察工作。制定《市工商联关于开展“四好”商会建设工作的实施方案》《市工商联（总商会）执委履职管理办法》《市工商联（总商会）会议制度》《关于发挥企业家副主席（副会长）作用的意见》等文件，完善商会工作制度体系。开展以“找问题、提建议、明方向”为主题的市总商会建设工作座谈会、市异地商会建设工作座谈会，征求企业家们在经济、社会、民生发展以及投资环境等方面的意见建议。指导筹建成立青岛嘉祥商会、北京济宁商会、上海济宁商会，加强对异地新兴民营企业家群体的联谊交流和引导服务工作。截至2017年年底，全市行业商会发展到19家，园区商会3家，直属商会22家，乡镇（街道）商会覆盖率达100%。截至2017年年底，全市11个县（市、区）工商联均达到“五好”标准，提前完成全市60%的县级工商联达到全国“五好”建设标准的要求，兖州、邹城、任城工商联被评为全国“五好”县级工商联。高新区、经济技术开发区两个功能区新建立工商联组织。全年新发展会员692个，会员年增长率7.3%。

【调研宣传】 全市工商联系统在《中华工商时报》《齐鲁工商》《济宁日报》等新闻媒体累计发稿30余篇，在全联网站发稿20余篇，在中华工商时报全联通发稿15篇，向省工商联提供工作信息50余条，全年编发内部交流简报《商会信息》14期。优化升级市工商联网站，与济宁市亿维公司签订战略合作协议，利用“互联网+”思维，将政策解读、产业对接、资讯服务、法律服务等通过网络平台及时送达广大非公企业。

【参政议政】 围绕“两个健康”主题开展调研。配合省工商联完成降低实体经济企业综合成本调研、民营经济转型升级调研等工作，上报相关调研报告和调查问卷30余份。召开座谈会20余次，走访调研企业40余家，形成《关于全市基层工商联建设工作情况的调研报告》《关于加快我市民营经济发展的调研报告》等，其中《关于加快我市民营经济发展的调研报告》作为起草济宁市《关于支持非公有制经济健康发展的实施意见》的重要参考；《关于我市年轻一代非公有制经济人士工作情况的调查报告》获2017年济宁市第二十七次社会科学优秀成果奖三等奖。引导工商联界别政协委员积极参政议政，市工商联组共提交提案100件，其中，团体提案15件，个人提案85件，18件被列为重点提案，截至2017年年底，全部办理答复。开展政协委员大走访活动，组织工商联组政协委员赴山东泉润集团、山东卡松科技公司开展“政协委员活动日”。向市政协社情民意系统累计提报社情民意信息25篇，其中8篇本级采用上报省政协。完成年度政党协商工作和界别协商工作，在界别协商中围绕“加强异地商会建设、发展商会经济”课题，形成《加强我市异地商会建设的调研建议》并呈报市委、市政府、市政协。

【“百企帮百村”精准脱贫行动】 引导非公有制经济人士参与帮村、帮学、帮老“民企三帮”，组织企业家开展为创建卫生城、文明城环卫工人送爱心活动，引导非公人士开展捐资修路架桥、赈灾扶贫及投资办学等社会公益活动。开展“百企帮百村”精准脱贫行动和“帮扶泗水脱贫专项行动”，市县两级工商联引导民营企业对接贫困村、贫困户，因地制宜推进帮扶措施落到实处。市工商联组成扶贫工作调研组到各县（市区）开展调研督导10余次，全市工商联系统共百余家民营企业参加到“百企帮百村”精准扶贫攻坚行动，帮扶百余个贫困村，参加帮扶的民营企业列入“万企帮万村”精准扶贫行动台账，投资总金额达到1565.4万元。梁山县水泊梁山食品有限公司董事长兼总经理、梁山县创业协会副主席王成允，济宁华安餐饮公司董事长、济宁市联商公益助学发展中心理事长李全民被市扶贫开发领导小组授予奉献类先进个人荣誉称号并进行通报表彰。市工商联、市扶贫办联合对一批在全市“百企帮百村”脱贫攻坚行动中的先进民营企业进行通报表扬。

【非公党建】 教育强化党员意识。将理想信念教育实践活动与非公企业党建工作进行有机融合，重点在各企业党委、党总支、党支部开展以“民营企业家与中国梦”为主题的各类集中学习25次，专题研讨5次，举办讲座、报告会等3次。为推进“两学一做”学习教育常态化，逐级建立党组织书记抓学习教育责任清单，明确任务，压实责任。以“迎接十九大，做合格党员”为抓手，教育引导非公有制经济组织党员按照“四讲四有”标准，做合格党员，展先锋形象。组织全体党员开展集中学习和自主学习，利用微信群等及时向企业主、党组织书记、党建指导员和普通党员推送学习信息。组织开展省第十一次党代会和党的十九大精神学习研讨，累计达150余次。到企业督导检查，督促落实“三会一课”“党员活动日”等党内生活制度。各基层党支部书记累计上党课25次，通过组织生活会查摆整改问题30余条。强化工作规范。开展“七个一”活动，党工委书记结合学习贯彻省第十一次党代会精神为全体支部上党课。开展重温入党誓词和走访慰问困难党员活动。开展志愿服务活动，组织党员结合创建全国文明城市、精准扶贫和秸秆禁烧等工作开展志愿服务。组织开展换届排查工作，市非公经济党工委对直属的29个基层党组织进行换届工作排查，排查出应换届党组织5个，全部完成换届。开展党组织和党员基本信息采集工作，制定《开展党组织和党员基本信息采集工作推进方案》，对29个基层党组织和541名党员进行系统录入和信息确认，并利用灯塔在线平台开展党的十九大精神学习活动 。

【机关建设】 制度建设。建立健全例会制度、调研考察制度、学习培训制度、联络联谊制度、党组工作规则等工作机制，制定落实措施和考核标准，形成目标明确、责任分明、标准细化、有效可行的工作体系。落实《干部选拔任用条例》和四项监督制度的有关规定，改善机关工作条件，办公经费及考察调研、教育培训等专项经费列入同级财政预算各项工作顺利开展。思想教育。在全体机关人员中开展“解放思想大讨论、遵规守纪大教育、干部作风大提升”活动，在机关党员中开展“建过硬支部、做合格党员、当干事先锋”活动，推进机关“两学一做”学习教育常态化制度化，共组织集中学习8次，专题研讨3次。结合开展“创城”工作，强化党员干部的“四个意识”，建立党组书记负总责、班子成员具体抓、机关干部全员参与的工作机制，制定监管巡查值班制度，对包保网格区域和包保路段安排全天候轮岗值班，累计劝导纠正不文明行为200余人次，向市、区创城办和街道社区反映整改完善事项50余件，均得到整改落实。

（刘　佳）

社会团体

济宁市总工会

【党建工作】 学习宣传贯彻党的十九大精神。召开党组会议，传达学习、研究安排学习宣传贯彻党的十九大精神工作。在市总工会网站、官方微信上开办学习十九大精神专栏，制发《关于认真学习宣传贯彻党的十九大精神的通知》，召开全市工会系统和各界劳模学习宣传贯彻党的十九大精神座谈交流会。落实全面从严治党要求。完善党建工作责任制，开展“基层党建规范化提升年”活动，推动“两学一做”学习教育常态化制度化和党建各项工作标准化、规范化。改进思想政治引领工作。开展社会主义核心价值观教育，深化“中国梦·劳动美”主题教育，在《济宁日报》、电视台和市总官方微信开办“济宁工匠”专栏，举办弘扬劳模精神工匠精神报告会。完成承担的各项重点工作。发挥省级文明单位示范带头作用，完成承担的网格牵头、“路长制”巡查值班、包保博古庄社区各项创城工作任务。做好驻村联建工作，筹措资金（物质）70余万元。组织开展“慈心一日捐”和首届职工（劳模）家庭幸福林植树节大型公益活动。完成市领导元旦春节走访慰问困难职工、困难劳模工作。

6月16日，全市“撸起袖子加油干、争做时代好工匠”活动动员大会召开

【争先创优活动】 开展“撸起袖子加油干，争做时代好工匠”活动。开展济宁市金牌职工、创新企业、创新班组、创新能手选树和职工技术创新竞赛活动，命名10名金牌职工、10名创新能手和10家创新企业、创新班组，通报表彰37项职工优秀创新成果。与人社局等部门联合举办第二届运河之星技能大赛和各行业技能竞赛，参赛职工15万余人。打造职工素质提升建功立业网上平台，参与网上练兵职工5.5万人。完成先模人物和先进集体的推荐评选工作。推荐评选全国和省、市三级先模人物和先进集体448人（个），命名济宁市第四批劳模创新工作室18家、星级劳模创新工作室15家。举办两期全市企事业单位班组长培训班，培训优秀班组长190人次。推进企业文化职工文化建设。组织开展“齐鲁文化大道”典型宣传活动。承办山东省第七届职工运动会羽毛球比赛，组队参加山东省第七届职工运动会有关比赛项目和开闭幕式展演活动。组织女职工开展“书香三八”读书征文活动，举办全健排舞培训班。

【维护服务职工】 开展精准扶贫工

4月28日，济宁市庆祝“五一”国际劳动节大会召开

作，安排专项帮扶资金60万元。开展“四季服务”等系列活动。发放送温暖资金1100余万元，救助困难职工8.3万余人。发放劳模专项资金171万元。提供免费就业服务1.1万人次。发放送清凉资金221万余元，走访慰问职工3.8万人次。发放助学金360万元，救助困难大学生1400人。救助1791名中小学生，发放救助金99万元。发放长效救助金50余万元。组织1200名一线职工进行疗休养，市总对每名职工给予600元资金补助。配合人社局等部门对县（市区）农民工工资支付情况进行专项督导检查。深化女职工关爱工程，推进爱心妈妈小屋建设，开展“贝壳行动”心系女性健康系列活动，举办第二届“运河之恋——我的校园CP”职工交友专场活动和下岗失业女职工技能培训班。创新厂务公开民主管理工作，推进工会与行政沟通协商机制建设。推动企业依法开展工资集体协商。畅通12351职工热线等职工利益诉求渠道。开展“查保促”活动和“安康杯”竞赛活动。

【自身建设】 开展“党建带工建”活动。加强农民工集中入会和非公企业组建工作，加强基层工会规范化建设，开展全市乡镇（街道）总工会规范化建设示范点活动。打造工会特色品牌，济宁市总工会创新实施“155”工程，叫响做实“工匠”品牌，在2017年度山东省工会工作创新奖评审会议上，取得第2名。召开2017年度济宁市工会工作创新奖评审委员会全体会议，评选命名10个工会工作创新奖项目。

（杨　哲）

共青团济宁市委

【思想引领】 以“青春喜迎十九大 不忘初心跟党走”为主题，邀请党的十九大代表徐川、中央党校教授吴庆等专家做专题辅导报告，举行“不忘初心跟党走”“我和国旗合个影”“孔孟之乡青年说”优秀作品展示、青春快闪、“我的中国梦——奋斗的青春最美丽”分享等系列活动，引导广大青少年听党话、跟党走。弘扬优秀传统文化，研究出台《在全市青少年中开展优秀传统文化教育传承活动的实施意见》，建成开放中华优秀传统文化体验馆，组织全市1.3万余名少先队辅导员、优秀青年志愿者成立济宁市弘扬优秀传统文化青年志愿者服务队，承办2017年齐鲁学子青春国学荟和第二届中华学子青春国学荟。开展济宁青年五四奖章、“最美青年”“美德少年”和“最美中学（职）生”等优秀青少年典型选树。深化团属新媒体阵地建设，原创济宁市首部展示青春风采的微电影《青春日记》获“印象济宁”银奖与儒风铜奖。

9月17日，第二届中华学子青春国学荟优秀国学成果颁奖礼在杏坛剧院广场举行

【服务建功济宁】 推进“青春志愿行 共创文明城”主题志愿服务活动，组织青年志愿者开展文明交通劝导，累计参与志愿服务3.4万人次，服务时长9.7万小时。与济宁移动联合在全市广场、绿地新增设17处学雷锋志愿服务岗，开展信息咨询、应急救助等便民服务。聚焦新旧动能转

4月19日，济宁市弘扬优秀传统文化青年志愿者服务队成立

换，开展第三届寻找“青年创业先锋”活动，发放“鲁青基准贷”贷款3672万元，扶持创业项目54个，发放贴息74.44万元。开展青年文明号、青年安全生产示范岗创建活动，荣获全国青年安全生产示范岗1个（太阳纸业）、省级青年安全生产示范岗7个。服务全市生态文明建设，举行“青春绿色行动·共建美丽济宁”青少年义务植树、“小手拉大手·共筑碧水蓝天”活动，全市参加植树青少年2万余人，植树6万余棵。动员团员青年参与秸秆禁烧，组建青年突击队103个，青年志愿者1200余人，开展“小手拉大手”秸秆禁烧、志愿劝导等活动680余次。实施青春扶贫行动。争取省“牵手关爱”“金晖助老”行动专项资金40万元，帮扶留守儿童4320人、贫困老年人632人。动员231个市级以上青年文明号集体与全市148个省定扶贫工作重点村结对帮扶。推动6个团属青少年社工机构实施“青春扶贫 益暖齐鲁”贫困青少年关爱项目，惠及贫困青少年3700余人。在青联委员、青年企业家、团干部中开展“点亮微心愿”等行动，结对帮扶贫困家庭1370户。

【助力青年成长】 建成开放团市委直属“青年之家”—“团聚·青春”，开展“青年之声·遇见未知的你”青年联谊、亲子教育、书画教育培训等活动，打造联系服务广大青少年的“共青团门店”。推动区域化团建，组建以镇街团（工）委为核心的青年共建委员会10个，围绕青年学习成才、就业创业、婚恋交友等需求整合服务资源、丰富活动内容，打造区域品牌工作项目。推动“青年之声”与“青年之家”线上线下融合发展。挖掘济宁传统文化资源，采取“青年之声”线上发布、青年之家线下开展的形式，实现传统文化传播与新媒体应用的完美融合。严管团员队伍，落实《关于加强新形势下发展团员和团员管理工作的意见》要求，济宁市整体初中毕业班团学比、高中毕业班团学比分别控制在30%、79%左右。严管团的干部，落实团干部直接联系青年“1+100”制度，全市447名专职团干部联系青年小伙伴48194人，涌现出兖州团区委“327”团干部下沉基层工作机制、汶上团县委“四个联系、四个促进、两个一律”的4411工程等典型。

（共青团济宁市委）

济宁市妇女联合会

【妇女创业就业】 为城乡妇女参与经济发展创造条件、搭建平台、提供服务，组织开展创业就业培训，举办电商、家政服务等各类培训班70多期，培训妇女7400多人次；依托各级妇联大姐家政服务平台，组织开展家政服务员、保育员、育婴师等各类培训26期，培训2400余人次。推进创业创新驱动，举办第三届妇女创业大赛、巾帼好产品展洽会、女企业家高端学习培训班，召开市女企业家协会年会，引领创业妇女创新驱动、转型升级；开展“春风送岗”活动，举办招聘洽谈会12场次，为妇女提供就业岗位2万多个，免费发放各类宣传材料8万余份；做实妇女创业小额担保贴息贷款活动，帮助900多名创业妇女协调小额担保贴息贷款7000多万元，为14家企业申请省巾帼创业专项贴息45.6万元。

【巾帼脱贫行动】 打造妇女居家创业就业扶贫工作品牌，创建“大姐工坊”50个，命名示范“大姐工坊”12个，带动1000多名妇女脱贫。“六一”期间，全市救助贫困儿童3840名，累计发放助学金144.05万元，结对帮扶1802名。组织巾帼志愿者、妇女代表、女企业家等捐资、捐衣，筹集慰问金慰问品价值80多万元、衣物3000多件，帮助1000多个贫困家庭温暖过冬。全市各级妇联组织以“争做爱心妈妈，情牵留守儿童”为主题，开展“让爱留守——爱心妈妈牵手关爱留守儿童”活动，上半年，共结对帮扶600余名留守儿童。依托留守儿童活动站、妇女儿童家园等各类活动阵地，组织巾帼志愿者、爱心妈妈为留守儿童提供资金救助、生活帮扶、心理抚慰、家庭教育、学习辅导等，为提高留守儿童活动站的管理水平，举办省市280多所留守儿童活动站负责人培训班，培训分管人及负责人400多人。加强农村留守儿童活

11月29日，济宁市第三届妇女创业大赛在市电视台演播大厅举行

8月10日，市妇联开展“让爱留守 童心向党”巾帼志愿者走近留守儿童活动

动站管理，为全市281个市级留守儿童活动站提供28.1万元运行经费，确保电脑、电视、电话等固定资产设备和低值易耗品正常维护和运行。市妇联联合中国人寿济宁分公司，免费为1800名精准扶贫户家庭贫困人员办理意外伤害保险。

【文明和谐社会建设】 加强妇女思想道德教育，开展以“弘扬优秀传统文化，争创文明和谐家庭”为主题的宣传教育活动，开展优秀家规家训家风宣传活动100余场，参与人次近万人。与市纪委机关联合开展“树清廉家风·创最美家庭”主题活动，征集家风家训故事、书写廉情寄语，发挥家庭廉政文化在党风廉政建设中的教育、熏陶、导向作用。评树各类优秀妇女典型和优秀家庭角色2万多个；发动组织妇女群众积极参与文明城市创建，招募巾帼志愿者；围绕全市美丽乡村建设，深化清洁庭院创建活动，以创建清洁庭院为抓手，发动广大农村妇女和家庭开展“双进”“三争”“五带头”活动，全市农村有210万人次、80%的家庭、4300支巾帼志愿服务队参与创建活动，创建清洁庭院22.53万户，评选“济宁市文明卫生示范户”5万户。开展“新农村新生活”培训活动，全市共举办培训班1435期，举办广场舞展演216场次，培训妇女11.3万人次。

【妇女儿童权益保障】 实施济宁市“十三五”妇女儿童发展规划；推进源头依法维权，建立反家暴联动协作机制，召开市法规政策性别平等咨询评估机制联席会议，畅通12338妇女维权热线，市县两级12338热线认真落实接待解答、办理反馈、分析报告等信访维权工作制度，市妇联接访451件，其中权益部接访203件，热线接访265件，全市共接访569件，案件处结率达99%以上；加大对农村贫困“两癌”患病妇女救助力度，争取中央、省公益金169万元，救助“两癌”贫困妇女251人。5月，全省第六次妇女儿童工作会议召开，会上省委、省政府表彰济宁市等7个全省妇女儿童工作先进集体，1个先进个人并记一等功；省妇儿工委和省人社厅联合表彰济宁市先进个人11名。

【自身建设】 截至3月底，全市村（社区）妇代会改建妇联工作任务全面完成，6295个村（社区）完成妇代会改建妇联工作；争取省妇联项目资金40万元、协调市财政项目资金75万元，新建立省市级妇女儿童家园34个，全市省市区妇儿家园达151个。推进新媒体建设，建有“圣城女性”公众号、济宁妇女网，济宁巾帼风采、妇女儿童家园、留守儿童活动站、巾帼志愿者等微信群和妇女工作QQ群，网上网下互相促进、有机融合的妇联工作新格局初步形成。

（孙　丹）

济宁市科学技术协会

【党的十九大精神学习宣传贯彻】 召开党组会、全体人员会议对党的十九大精神进行传达学习；印发《中共济宁市科协党组关于认真学习宣传贯彻党的十九大精神的通知》，召开全市科技工作者代表学习贯彻党的十九大精神座谈会，在浙江大学举办济宁市科协系统干部认真学习十九大精神提升科技创新能力专题培训班；到联系村为两委班子成员作辅导报告；邀请市学习贯彻党的十九大精神宣讲团成员、市委讲师团团长作辅导报告。党组共召开理论学习中心组集体学习3次、专题研讨3次，开展“学报告、谈体会、当先锋”等多个主题党日活动；在科协官网、济宁市电视台“科协之光”、济宁新闻网“科协之窗”、《济宁日报》“科技工作者风采”开设“科技工作者喜迎十九大专栏”，及时、全面宣传中央精神。

【科技社团组织建设】 创新驱动助力工程深入实施。印发《关于加强创新驱动助力工程的意见》。先后承办华东地区农学会暨山东农学会学术年会；泰山科技论坛——东方圣城脑血管病及神经重症高峰论坛；在市第一人医院成立全国疼痛培训中心；争取上级财政资金1000万元用于济宁蜂业农机具补贴。指导金乡县80多家大蒜进出口贸易企业共同组建大蒜出口企业协会，借力山东省老科协助力地方创新驱动发展工程暨科技协同联盟，指导金乡大蒜研究所培育8个“金乡大蒜”新品种。协调全省36名农业、水利、种养殖高校院所专家与济宁市132个企业开展项目对接、为企业引进新技术、新品种100余项，直接经济效益过亿元。争取到中国科协“专利信息资源系统与企业创新信息平台”分站链接端口，免费向全市高新技术企业提供国内外知识产权、商业创新资源查询服务。整合优势资源，创新联席会议制度。市科协发起成立包括55家省、市级院士工作站和45家企事业科协在内的济宁市院士专家联盟和市企事业科协联盟。创新成立鲁西南医学科技创新联席会议。提升学会承接政府职能。印发《关于做好学会有序承接政府转移职能试点工作的通知》，出台《市科协所属学会能力提升行动实施方案》。截至2017年年底，共有10家学会承担政府部门职能近20项，内容涉及行业论证、资格认定、科技评价、技术标准制定等经济社会生活各个方面。加大科技社团扶持力度。市科协拿出5万元政策资金，引导试点学会积极开展社会化公共服务。在强化学会、协会组织建设的基础上，新建市电子信息协会等4家社团组织，吸纳教育学会等8家社团为团体会员，指导筹建制冷学会等20余家学会，学会数量近100家。全年指导各学会（协会、研究会）举办学术报告、峰会论坛百余场次。推进科技社团党建工作。坚持党建带群建，加强党对科技社团的领导。市委组织部批复市科协成立“科技社会组织党委”，在全省是第一家，将所属62家学会、26家团体会员、近500名党员全部纳入科技社会组织党委管理。

【高层次人才工作】 实施海智兴市计划。共举行2次大型“海智专家济宁行”活动，有9个海外科技团体负责人、60多位海外高层次人才到济考察、进行项目对接交流。市科协与常春藤创业联盟签约战略协议，20位海外专家与30多家企业签订项目合作协议书。市科协联合市外国专家局组建近100人（外籍、绿卡、华裔等）的海智专家库，建立网上数字平台，组建济宁市博士联谊会，支持对外科技交流活动30余项。庆祝首个“全国科技工作者日”。争取党委政府和社会各界对“全国科技工作者日”活动的支持，5月26日，召开庆祝“全国科技工作者日”暨表彰大会，表彰第二届自然学科带头人和优秀科技社团，科技工作者代表宣读《济宁市创新争先倡议书》，下发《济宁市科协“创新争先行动”实施方案》。围绕大气污染防治召开市直有关部门、行业协（商）会、企业负责人座谈会。撰写的《践行绿色发展理念 深化大气污染防治》调研报告得到市委、市政府领导主要领导的高度评价并批转有关部门研究落实。组织编印2017年建言献策优秀文稿集。开展第二届济宁市自然科学学科带头人评选工作，评选出30名自然科学学科带头人。联合组织部、人社局推选3名全省青年科技奖候选人。发放200余套《习近平关于科技创新论述摘编》《新科技知识干部读本》。利用“科协之光”“科协之窗”“科技工作者风采”栏目对104个科技人物和科技团队进行密集宣传报道。开展“重品行、树形象、做榜样”主题活动，鼓励科研人员带头践行社会主义核心价值观。

【科普工作】 科普基础建设得到加强。与市林业局联合命名6家济宁市生态科普教育基地。获得省级以上奖励项目20个，资金200万元，市级配套资金40万元，全市在建社区科普场馆11个、科普画廊18个、科普E站35个。全市新建成美丽乡村科普一条街25条，新建科普宣传栏2000余米，更新科普挂图等3000余幅。为高新区科技馆争取419万元中央财政科技馆免费开放资金。增配1处校园流动科技馆，奖补2处山东省青少年科学工作室，建成2处创客科普活动室。主题科普活动形式新颖。9月16日在高新区科技中心组织全国科普日济宁主场活动活动。中科院老科学家科普演讲团做专题报告，40多家市级学会、市级以上科普教育基地共展出展板80余块，悬挂条幅20余，发放各类科普图书1万余册，现场接受参观咨询群众2000余人次。举办济宁市全民科学素质知识竞赛活动，收到各类竞赛答案近2万余份。青少年科技教育创新升级。举办济宁市第16届青少年科技创新大赛、第18届信息学奥赛、首届济宁市机器人大赛暨“博航杯”创客节比赛、“科普报告百校行、希望行”活动，举办“济宁市科学家青少年科技讲坛”10期。打造“创客空间暨4D科普特效影院进校园活动”“科普进社区、共创文明城”活动。开展“科学、关爱、和谐示范

5月26日，济宁市庆祝首届“全国科技工作者日”暨表彰大会召开

9月29日，中国科协海智专家助力济宁创新发展项目对接会在济宁高新区召开

乡镇（街道）、社区创建活动”，累计评选出11个市级示范单位和6个省级示范单位。组织老专家为农民作技术指导、开展病虫害防治服务160多人次，利用电话、微信等现代传媒手段开展咨询服务1360多人次。全市省级农业科技项目示范基地达到15处。市级农业科技项目示范基地新增2处，达到24处。开展“四技”服务活动50余次。实施科技助力精准扶贫工程。与重庆市万州区科协进行了工作对接，做好扶贫协作规划。累计上报40余个精准扶贫专家服务工作动态。为济宁市510个省定贫困村订阅《山东科技报》，让农民通过学习最新的种养殖知识，实现增产致富。

【自身建设】 推进科协系统改革。成立市科协深化改革领导小组，形成《济宁市科协系统改革实施方案》。助力文明城市创建。完成实地测评任务，做好网上材料申报工作。先后印发8个文件通知，推动各项工作有序开展。在4所高校举行授旗仪式，共有2万名青年学子志愿加入科普志愿者队伍，发放志愿者服装2.2万套，制订《科普志愿者管理办法》《科普志愿者服务章程（试行）》。改版升级科协官网，建立“济宁科普”公众微信号，制作、推送科普节目44期，节目总时长达15200分钟。

【党建工作】 完善党建工作责任制。制定党建工作责任清单和党员亮化记分实施办法，每名党员都签订公开承诺书。出台14项党建工作制度，开展主题党日活动。弘扬担当实干作风。开展“解放思想大讨论、遵规守纪大教育、干部作风大提升”活动，按照“同业对标、争先进位，力争前列、确保上游”的要求，落实中央八项规定精神。拨付7万元资金帮助联系村、帮扶村兴修水利工程、建设科普基础设施。派驻第一书记村争取资金54万元用于基础设施建设。

（郭克鹏）

济宁市归国华侨联合会

【为侨服务】 市侨联印发《关于继续在侨联系统开展“送温暖献爱心为侨服务”活动的通知》，开展为侨做实事、办好事。印发“就业创业政策进侨企”宣传册子500册，为侨界群众提供就业创业政策支持；开展侨法宣传月活动，组织开展“侨法宣传日”集中宣传活动，维护侨众权益；组织侨界群众和侨联干部到台儿庄大战纪念馆接受爱国主义教育。开展侨界“精准扶贫”工程，印发《关于继续在全市开展“侨帮侨”结对扶贫活动的通知》和《关于做好2017年度侨界精准扶贫工作的通知》，对全市侨界贫困家庭建立档案，坚持“一户一策”实施帮扶。予以资金和物资扶持救助，计2万余元。

【经贸科教交流】 以“侨聚齐鲁·走近济宁”品牌活动为平台，举办“侨聚济宁·儒学寻根”济宁——皮克林市首届中加友好城市夏令营活动，60名加拿大华裔学生参加，促成济宁市实验初中与加拿大皮克林市中学缔结友好学校；接待“菲华各界联合会访问团”一行55人到访；邀请菲律宾达拉市市长一行到济宁市洽谈钢结构采购贸易等活动。全年邀请侨商侨团参加济宁市经贸科教交流10批次。

【“侨之家”服务品牌】 依托市侨联“三基地一中心”组织开展服务活动。春节前夕，到土城社区开展“送春联，献爱心”，现场为群众写春联送祝福；举办非遗传承（书法）体验活动，开展书法、剪纸等项目的现场展演和体验；在联建村开展“喜庆十九大·重阳送健康”义诊活动，医疗专家组免费为60多位村民提供心脑电图检测等多项医疗服务；举办“喜迎十九大”第四届全市侨界书画作品邀请展，展出作品120余幅；在全民国防教育日，组织侨界群众到嘉祥民兵训练基地实弹射击训练，参观国防教育展览，增强国防意识。

【友好侨联缔结】 以“缔结友好侨联，携手共谋发展”为主题，开展缔结友好侨联，2017年，与纽约山东同乡会、美国孔子基金会、新西兰华商会签订《建立友好社团关系协议书》，实现侨务资源的整合共享。

【文化交流】 组织“侨（爱）心学

校”学生参加第十八届世界华人学生作文大赛活动，市侨联获全国大赛组织奖。举办“儒学经典100句”推广活动，通过市侨联微信公众平台向海内外推广。组织参加第三届世界华侨华人摄影展，选报作品10件。开展文化志愿者“翰墨传情·走进弘德”公益活动。组织书画工作者到济宁弘德老人护理院，开展“翰墨传情·走进弘德”公益活动，以书画奉献爱心。开展“书法教育进课堂”推进活动，走进嘉祥县纸坊镇东刘小学，为学校捐赠“文房四宝”和书画作品。

【侨法宣传】 印发《关于开展“关爱侨胞服务侨企法律伴我行”侨法宣传活动的意见》，开展“侨法宣传月”活动，制作宣传彩页1000份，组织县区侨联、法律咨询服务中心上街开展侨法宣传。派员参加中国侨联举办的“法治中国，你我同行”侨界群众法治学习活动。开展涉侨信访工作，信访办结率达100%。在国庆节和十九大期间，下发《市侨联矛盾纠纷大排查大化解活动实施方案》，集中开展侨联系统矛盾纠纷大排查大化解活动，全市侨界无一例上访事件。

【参政议政】 在第十三届济宁市政协换届中，推荐市政协侨联界委员6人，组织调研和考察4次，组织参加市里的情况通报会、协商会、座谈会，全市政风行风评议等，履行参政议政职能。

【作风建设】 落实党风廉政建设责任制。党组履行主体责任和监督责任，自觉落实“一岗双责”，严格执行廉洁自律各项规定，开展廉政教育讲堂建设和遵规守纪大教育活动。开展“基层党建规范提升年”活动、“建过硬支部、做合格党员、当干事先锋”活动。参加全市“创城”活动，严格履行包保网格工作责任，调度督导、协调解决网格辖区内存在的问题。开展“联系社区、驻村联户”工作。机关干部多次到驻村联系点和联系社区调研，与两委班子和群众代表一起查找制约发展的突出问题，共商解决办法。对一些困难家庭、老党员走访慰问，送去生活用品，折合现金1万元。精准扶贫包保工作。按照市委市政府关于精准扶贫攻坚的实施要求，市侨联党组包保帮扶2户，采取政策引导、信息支持、款物救助等措施，协助李安行利用自家车库改造成便民小卖部，由其妻子经营，收入贴补家用；帮助刘振杰解决低保救助、医疗保险和拆迁安置补偿等基本保障事宜。

（高建荣）

济宁市社会科学界联合会

【社科普及】 围绕“树立崇德向善风尚，建设文明幸福家庭”为主题，举办山东省暨济宁市第十四届社会科学普及活动周，向群众代表赠送《习近平用典》等社科图书，向济宁市各县（市、区）有关单位授社科普及示范单位牌匾。安排各类社科普及活动10多项，展出展板20余块，免费赠送图书、科普资料1000余份，社科专家面对面咨询服务近1000人次。各县（市区）社科联、社科类社团全年共举办各类座谈会、报告会、理论研讨会、知识竞赛、演讲比赛、文艺演出、广场宣传、诗歌朗诵会等社科普及活动近200场。与济宁市群众艺术馆联合举办“齐鲁大讲坛——济宁分坛”。讲坛面向社会，面向大众，每月两期，每场讲座安排在周末，固定在群众艺术馆举行，坚持公益、免费、开放式办坛原则。讲坛根据公众实际需求选择话题，涵盖政治、经济、历史、伦理、教育、传统文化等热点、难点问题，邀请知名学者、专家等作主讲嘉宾。用好济宁社科网站。及时更新学术活动、社科普及、社科规划、社科评奖等8个栏目，为公众提供社科学习交流平台。在《济宁社会科学》刊物开设专题专栏，宣传报道全市社科工作，刊登理论研究文章，全年编辑出版4期，刊登优秀理论文章78篇，近50万字。推动社科普及基地建设。全市共有省级社科普及教育基地12处，市级社科普及教育基地25处。2017年，济宁市兖州区博物馆、泗水儒孝文化展馆获第十批“山东省社会科学普及教育基地”。

【社科课题管理】 策划选题，组织开展课题研究。市社科联组织开展全市第5次社会科学规划课题立项工作，共立项74项课题（其中资助课题20项，自筹经费课题44项，委托制项

5月17日，2017山东省暨济宁市第十四届社会科学普及周开幕式在曲阜举行

目10项），内容涵盖全市经济社会文化发展中的热点、难点、疑点问题。12月10日，组织召开2017年度社科规划项目结项评审会议，邀请纪检部门全程监督，对所有课题进行评定，并评出部分优秀课题。评审会议结束后，对评选出的优秀课题在《济宁社会科学》和济宁社科网择优刊登。坚持公平公正，开展社科优秀成果的评选工作。济宁市第二十七次社会科学优秀成果奖评选工作，共收到参评成果284项，进入专家初审147项，其中，经济类参评成果11项，哲学类参评成果12项，文史类参评成果49项，市级规划课题17项。11月29日至30日对申报成果进行评审，并将拟获奖成果在《济宁日报》和济宁社科网予以公示。对具有重要应用价值、重要学术意义的成果，及时摘报市委、市政府领导及有关部门供决策参考。搭建社科交流平台，活跃学术研究氛围。开展“学习贯彻习近平总书记关于传承和弘扬中华优秀传统文化重要论述”理论研讨征文活动。收到论文56篇，评选出一等奖8篇、二等奖10篇、三等奖17篇。优秀论文在《济宁社会科学》和济宁社科网站刊登。组织召开全市社科界学习贯彻十九大精神座谈会，邀请市委讲师团副团长褚毅作学习十九大精神辅导报告。印发《济宁市哲学社会科学规划课题汇编2016》，汇集第4次优秀规划研究项目，赠送市领导、市直部门、各县（市区）主要负责人供决策参考，免费发放给全市社科工作者交流。

11月29日，济宁市第27次社会科学优秀成果奖评选会议召开

【基层组织建设】 推动县（市区）及高校社科联建设。贯彻省委宣传部《关于加强县（市、区）社科联建设的意见》和市委宣传部《关于加强县市区社科联建设的意见》，多次到县（市区）及驻济高校进行基层社科联组织建设专题调研、督导检查，并与县（市区）主要负责人进行座谈沟通，推进全市县（市区）及高校社科联组织建设工作。截至2017年年底，全市10个县（市区）建立社科联组织，3所高校（济宁学院、济宁职业技术学院、山东理工职业学院）成立社科联。加强社科类社团管理和指导。按照《济宁市社会科学社会团体管理办法》规定，对社团年检、党建工作、社团财务等工作进行检查监督。按照《社团组织登记管理条例》和市社团组织管理局的要求，组织所属学会认真参加社团年检，完成各项年检任务。按照市委社会组织党工委要求，直属6个学会成立5个党组织，在其中1个没有党员的学会（济宁市大道易学文化交流中心）选派党建指导员。7月26日，举办济宁市县（市、区）社科联工作经验交流会。

【全国文明城市创建】 提报文明城市创建网上测评材料。在完成年初工作计划的基础上，准备待审材料配档表和测评内容说明报告等相关材料，在规定日期前完成网上申报任务。履行“路长制”单位职责，及时查找弱项和差距。市社科联负责包保红星路与环城西十字路口至小府河路南路段。单位派出1名带班领导、2名工作人员在社区主要街道和路口蹲点，组织机关全体党员干部开展志愿服务活动，开展“向烟头宣战”、劝导不文明行为、反馈违停车辆信息等工作，在包保社区网格、路段开展文明城市创建工作，形成联动机制。市社科联包保的第22网格，下辖古槐、金城2个街道，土城、胜利、西门3个社区，涉及老旧小区升级改造、市场拆迁、基础设施老化等。市社科联多次召集其他责任单位召开办公会，督促责任单位做好各个区域的工作；协调市政、环卫、城管、交通等部门协同完成本区域内的各项工作，包括西门社区路面硬化、建立胜利社区拆迁区域围挡、沿街商铺墙面粉刷、停车位画线、文明城市宣传栏的制作等；每周召开创城调度会，传达落实市文明办最新会议精神，确保最新文件精神以最快的速度传达到基层一线；及时上报“路长制”巡查日志、日报、周报，并督促其他责任单位值班人员到岗情况，圆满完成各项创城工作任务。

济宁市第二十七次社会科学优秀成果奖获奖名单

著作类

一等奖:

《物道主义形而上学》高懿德

《帛书〈易传〉新释暨孔子易学思想研究》刘彬 孙航 宋立林

二等奖:

《歌唱.行走——学校文化建设策划与实施》 安波

《儒家文化普及读本》 孔祥安

《世界文化概论》 祝令建

《朝鲜诗家论明清诗歌》 曹春茹 王国彪

三等奖:

《汉画孝魂》 樊存常

《阙里从游》 孟坡

《书香英伦——英国图书馆之旅》 刘欣

《中国优秀传统文化大学生读本》 刘向红 英潇

《医学心理学》 吉峰 薛云珍

《小学语文阅读教学语用取向》 高祥虎

文章类

一等奖:

《预算绩效管理及其在我市的实践与探索》 吕振雷

《坚持绿色发展理念 促进济宁健康、持续、快速发展》 刘长利

《新型城镇化进程中山东省农村多元养老模式构建研究》 霍雨慧

《农产品供给侧结构性改革问题研究 —基于2009年以来我国玉米市场供求变化分析》 孙学立

《葛兰西领导权理论“同意”之启示——中国社会主义意识形态建设的路径选择》 郝淑芹

《科学发明问题解决的脑机制再探》 李文福 童丹丹 邱江等

《大学英语有效课堂环境构建与评价量表实证检测》 任庆梅

《汉语口语会话中引语管领词的复说现象》 张金圈 肖任飞

二等奖:

《农机购置补贴政策实施效果跟踪研究》 张新臣

《关于精准帮扶残疾人脱贫的调研报告》 民 建

《国内旅游景区门票定价模型：理论分歧与研究展望》 邢晓玉 郝索

《济宁市产业集群发展战略探研》 陈国民 黄常勇

《以优秀传统文化提升全社会思想道德建设研究》 徐新强

《以大数据为驱动的地方特色科技智库建设研究》 汪 勉

《“使用发明”的哲学思考》 刘宝杰

《谈“家国同构”概念的当代转换对培育践行社会主义核心价值观的启示》 杨玉强等

《高职院校图书馆数字资源服务体系建设创新研究》 樊秀莹

《济宁市城乡孕产妇基本公共卫生服务健康管理项目认知利用及满意度调查研究》 张雪文 段 莹 张艳花等

《在全市中小学弘扬中华优秀传统文化的实践与研究》 吴昭洪

《儒家思想在大学生创新创业教育中的运用研究》 方 丹

《D型人格量表在医学生中检测效果分析》 高 立 张秋梅等

《团体心理辅导对临床医学专业大学新生人际敏感的干预研究》 杨春燕 徐芳芳等

《体育新闻语篇名词回指的认知转喻考量》 王显明

《压力源、压力强度对医学院校留学生心理健康影响的研究》 金 文 于诚等

《〈白话小说语言词典〉献疑》 徐复岭 王永超

《高校“去行政化”背景下教育家办学机制研究》 毕于建 岳成美

《王士禛的“诗人之书”》 董家鸿

《关系责任视角下和谐师生关系构建探析》 李方安

《“礼”的伦理学意义的孕育与确立》 王 苏

《试论生态审美能否实现无功利性的突破》 周维山

《国祀视野下的粟毓美入祀济宁庙祠——从薛福成笔记“大王”显灵说开去》 高秀丽

三等奖:

《曲阜优秀传统文化传承发展示范区建设研究》 李 翠

《寻“支”问“路”——关于济宁市支路规划与建设的研究》 李书存

《基于互联网金融的中小企业融资新路径研究》 王 欣

《关于济宁文化融入“一带一路”战略的思考》 李曰春

《兖州区新型职业农民的动态培育管理模式》 曹 娟 王红静

《山农生物有机缓控释肥玉米大田示范总结》 陈宪信

《某市社区首诊制度实施现状调查》 范素芳 朱 琳 李葆华

《乡村卫生服务一体化管理视域下农村基本公共卫生服务均等化制约因素研究》 翟 敏

《山东省土地承包经营权流转中政府和市场的关系研究》 张 慧

《当前民营中小企业的困局和对策》 宫艳玮

《社会化媒体条件下巩固党在意识形态领域的主导权》 李 玲

《家庭形态的演变和家文化建设》 段向阳

《弘扬中华优秀传统文化创新社会治理问题研究》 蔡同芝

《关于我市年轻一代非公有制经济人士工作情况调查报告》 济宁市工商联

《服务视角下的智慧图书馆》 陈玲 张红伟

《法理型政党权威视角下政党协商发展问题探讨》 张强国

《开展“三化一提升”活动 推动“第一书记”工作上水平》 马红卫

《事业单位人事档案管理探究》 曹丛林

《孕妇经验性回避、认知融合与D型

人格的关系》 祝 慧 崔云龙 祝卓宏
《小学数学教学中渗透德育教育的研究》 袁秀华
《我市农村留守儿童问题研究》 田卫锋
《两汉碑刻中的儒家思想研究》 胡广跃
《加强市县体校建设 打牢竞技体育根基》 朱传健 王海华
《“药疗护理”为导向的中职护用药理实践教学框架的构建研究》 刘军英
《浅议古代龙形纹饰》 张中堂
《由“千里共婵娟”中“千里”想到的……》 刘冬蕊 楚爱华
《高中政治作业设计与讲评有效性研究》 吕曙光
《小学语文目标教学模式的探索和实践》 薛 峰
《澳大利亚F-10地理课程标准述评》 张家辉等
《高职〈汽车专业英语〉数字化学习资源建设与应用研究》 高庆殿
《我国学校体育的社会服务职能：历程、动因、理念》 伊士礼 陈栎圯 董德龙
《新世纪以来红学“奇观”现象分析》 霍俊国
《医学生专业外文文献阅读现状调查研究》 褚宏蕊 朱 敏等
《孔府档案的历史文化价值》 姜修宪
《邾鲁文化的渊源与形成》 秦 颖
《人本理念下的医学院校残疾人体育研究》 刘宁宁
《伽达默尔Bidlung理论中的生态美育智慧》 张颖慧
《英汉“言据标记”词汇化对比研究：事件语义视角》 孔 蕾
《人文素养视角下医学生心理健康教育的创新研究》马俊卿
《曲阜明故城考辨》闫利纲 孟 坡 邓志红
《20世纪90年代后美国华裔女性文学中的中美形象研究》 范 莉
《大学生传统节日文化现状及培育策略研究》 王贞春
《提高职业院校教师专业能力的策略分析》 高 静 刘敬贤
《医学院校护理专业新生心理健康自我调整情况研究》 梅瑞华 张秋梅
《钢琴艺术考级规范和标准研究》 王立新
《中职护理“双师型”教师专业技能教学能力培养》 李秀青 孙新华等

（郭庆国 汪艳艳）

济宁市文学艺术界联合会

【概况】 济宁市文学艺术界联合会(以下简称济宁市文联)，成立于1984年12月。2017年，济宁市文联有行政编制数6个，在职行政人员6人，内设办公室，创联部。成立作家、书法、美术、摄影、音乐、曲艺、舞蹈、戏剧、民间文艺、电影等10个专业协会，共有协会会员5000余人，其中省级会员2000余人，全国会员300余人。

【文艺展演】 打造文艺品牌，弘扬优秀传统文化。在2016年出版的《儒学经典三百句》基础上，组织专家修订增减，出版《儒学经典三百句》书法版（修订版）、《儒学经典三百句》中英文漫画版，打造儒家文化品牌。11月22日至23日，联合省书法家协会举办“孔孟之乡汉碑行”山东当代隶书优秀作品展暨书法创作研讨会，打造济宁“孔孟之乡”汉碑文化品牌。2017年，举办“乐响济宁·共圆梦想”系列月末音乐会活动，举办吉他、电子琴、钢琴、合唱、管乐、古琴、声乐、萨克斯等12场专业音乐会。围绕孔子文化节和“优秀传统文化主题月”举办“讲好中国故事”第二届齐鲁故事大赛、“孔子礼乐与书画艺术全国名家作品展陈”“全国中国画名家作品学术大展”“儒风瓷韵”全国名家绘瓷展等活动，观展人数突破3万人次。围绕文明城市创建组织开展系列主题性活动。6月27日，“文明是最美的风景”创建全国文明城市书画摄影展开展，展览持续到8月底，并从7月初起，组织摄影作品巡展。围绕庆祝建党96周年举办“美诗佳联献给党”诗词楹联征集活动，6月28日举办颁奖典礼。6月28日，举办“济宁市新创文艺作品会演暨第十七届曲艺小品大赛”。围绕迎接和庆祝党的十九大举办系列主题文艺活动。自7月份起，启动“喜迎党

9月24日，“讲好中国故事——第二届齐鲁故事大赛”决赛举办

6月27日，由市委宣传部、市文联、市文明办联合主办的“文明是最美的风景”创建文明城市书画摄影展在群众艺术馆开展

的十九大”主题文学征文活动，共征集作品300余篇，评选出优秀作品30余篇，在《济宁文艺》专栏刊登。举办“喜迎十九大·颂歌献给党”济宁市第二届青年声乐大赛、“颂歌献给党·喜迎十九大”大型文艺演出活动、“喜迎十九大·高歌向明天”济宁市声乐专场音乐会、“欢庆十九大·打赢攻坚战”——济宁市脱贫攻坚成果展、“庆祝十九大·永远跟党走”美术书法作品展、“新时代新征程”济宁市文艺界学习宣传党的十九大精神文艺志愿服务活动专场舞蹈精品展演、专场文艺演出等系列活动。

【文艺志愿服务】 新年春节期间集中开展“文艺扶贫·助力小康”系列文艺志愿服务，组织开展书写春联“送福到万家”活动40余次，书写春联3余幅，组织开展送画册、送照片活动十余次。“5·23”文艺志愿者服务日期间，结合“精准扶贫”及创建文明城市工作，组织市直有关艺术家协会面向农村开展“文艺扶贫·助力小康”活动，面向城市居民开展“文明是最美的风景”系列文艺志愿服务主题活动20余次。以“新时代新征程”学习宣传贯彻十九大精神为主题开展戏曲、曲艺、舞蹈专场文艺演出，书法、美术、摄影专题展览，曲艺、舞蹈培训等各种文艺志愿服务活动10余次。“书法进校园”、摄影“走百村入千户送万照”“曲艺名家走基层”等形成常态化品牌志愿服务模式。

【文艺精品创作】 鼓励支持文艺精品创作，组织推出5000余件（项）文学、曲艺、戏剧、美术、书法、摄影、音乐、舞蹈及微电影等艺术门类的文艺作品，共有50余件作品获得全国、全省大奖。在第四届山东省农民书画艺术作品展中，济宁市共有17人获奖。在第十届山东省“泰山文艺奖”评选工作中，济宁市共有9件作品获奖。4月份，启动济宁市重大题材美术创作工程，5月4日、6月23日、8月17日分别召开三次选题会议，11月29日举办创作规划论证会。整理出精品题材75篇，完成创作规划。

【联络协调工作】 发挥联络、协调、服务职能，营造和谐温馨文艺家之家。利用《济宁文艺》《文联信息》“济宁市文学艺术界联合会”微信公众号等平台宣传推荐全市艺术家和各类文艺活动。加大各文艺家协会工作的指导和支持，通过向市财政、市文化事业专项经费等项目申请资金，为精品创作生产提供补助补贴。邀请省专家到济举办各种培训、讲座活动。共组织开展各类文艺培训、采风、讲座、研讨活动60余次，受益艺术家达8000余人次。

【文化交流】 6月10日至15日，与山东省书法家协会、无锡市书法家协会联合主办的“聆苍寻朴”乌峰书法（宜兴）展在《宜兴日报》书画院举办。9月12日，举办“墨舞儒风”山东济宁·安徽宿州·河南安阳书法联展暨研讨会，集中展示济宁、宿州、安阳三地书法家作品100余幅，11月7日、12月3日又分别在安阳、宿州两地举办。8月2日至8月6日，在斯里兰卡科伦坡市举办“儒学经典书画作品展”，展出济宁市书画名家创作的32幅儒家经典内容的书画作品，开展现场书画创作展示活动，推动儒家文化融入“一带一路”建设，推动中华优秀传统文化“走出去”。

（孙亚楠）

济宁市残疾人联合会

【思想政治建设】 在残联系统开展“解放思想大讨论、遵规守纪大教育、干部作风大提升”三大活动。将每月10日定为“支部主题党日”，开展9次主题党日活动和10次主题党课。通过组织全体党员到孟良崮红色教育基地接受红色教育，观看《初心》《青年榜样习近平》等教育视频，举办残联系统干部政德教育培训班等系列活动，推进“两学一做”学习教育深入开展。坚持每周五集中学习制度，实施党员亮化记分管理，完成党总支换届选举工作、党的十九大会议精神学习宣传贯彻等工作。“仁爱家园共享阳光”党建品牌被市直机关工委授予第四批党建品牌。市残联党总支被评为“市直机关先进基层党组织”，1人被评为“市直机关优秀共产党员”。

【发展规划】 市残联牵头起草《济宁市残疾人事业“十三五”发展规划》，并向27个市直部门征求意见， 6月27日，市政府常务会议通过并印发《济宁市残疾人事业“十三五”发展规划》。为贯彻落实好残疾人事业“十三五”规划，相继印发《济宁市政府残工委成员单位2017年任务分解》《2017年县市区残疾人工作责任目标清单》。

【脱贫攻坚】 按照实现贫困残疾人“两不愁、五保障”的目标任务，先后5次召开残疾人脱贫攻坚专题会议；实施基层党组织结对助残扶贫工程，落实市级资金72.5万元，以项目运作方式，对147个市派第一书记帮包村中725户贫困残疾人家庭予以扶持；以重要节日为契机，落实资金560万元，走访救助14416名贫困残疾人，志愿助残建档立卡贫困残疾人2889人次。残疾人脱贫攻坚成效显著，50799名残疾人被纳入低保救助范围，为110776人次残疾人发放两项补贴；完成危房改造281户；716人享受托养服务，为全市3560名残疾人开展免费培训；建有各级残疾人就业扶贫基地80处，安置辐射带动残疾人就业1347名；扶持省市级残疾人创业标兵和致富能手50名，扶持符合条件盲人按摩机构42处；出台《关于促进残疾人按比例就业的实施意见》。脱贫攻坚工作得到中残联领导肯定，经验做法在全省残疾人脱贫攻坚现场会和全市脱贫攻坚现场会上进行推广，省、市扶贫办工作简报均给以刊登。市残联等3个单位被评为“全市脱贫攻坚先进集体”，全市残联系统有2人获“全省脱贫攻坚先进个人”。

【精准康复服务】 2017年全市共为3092名纳入精准扶贫范围的残疾人配发辅助器具3106件。同时，争取国家、省辅具项目在济宁市实施，共为贫困残疾儿童及成人配发辅具3739件，价值1095万元。会同有关部门印发《济宁市残疾人精准康复服务行动实施方案》，在省《方案》的基础上，增加0~3岁高危新生儿疑似评估、0~6岁疑似残疾儿童监测2项，《全国残疾人康复工作简报》予以摘要刊发。为39336名持证残疾人提供基本精准康复服务，服务率达100%，超额完成省下达的年度任务目标；其中，免费为23247名残疾儿童和持证残疾人适配基本型辅助器具，适配率达100%。为0~9岁贫困残疾儿童抢救性康复救助1434名，完成计划的148.2%，共投入资金2338万元。残疾儿童、建档立卡和因病致贫、返贫的残疾人实现全覆盖。精准康复服务覆盖率居全省前列。

【权益保障】 为全市961名残疾人发放机动轮椅车燃油补贴，为120户残疾人家庭开展无障碍改造。12385残疾人服务热线共处理残疾人信访约560例，处结率100%。推进无障碍文化旅游示范城市创建，印发《济宁市创建无障碍文化旅游示范城市总体方案》，举办专题培训班和创建工作座谈会，形成《济宁市无障碍环境现状调研及发展建议咨询报告》。市人大常委会通过市政府落实《济宁市人大常委会对贯彻实施〈中华人民共和国残疾人保障法〉的审议意见》的情况报告。经验做法在《中国残疾人联合会工作通报》第45期刊发推广。组建济宁“仁爱家园”志愿服务团，开展助残志愿活动5次，招募志愿者136人次，累计活动时长1452小时。

【文体工作】 举办全市第六届残疾人艺术会演；参加山东省第九届残疾人艺术会演，获团体总分第五名和优秀组织奖。残疾人翟春华、王文尧在第九届全国残疾人艺术会演（东部片区）获器乐类一等奖，取得济宁市历史最好成绩。在全国率先实施文艺助残志愿者注册管理制度，超额完成志愿者登记175人；培育省级残疾人文化从业创业示范基地3处、残疾人文化体育建设示范社区（村）41处、文艺助残示范站21处。市政府印发《济宁市残疾人运动员教练员参加各类文体重大比赛表彰奖励办法》，制定残疾人体育专项经费、运动队集训和体育训练基地等3个管理办法。组织参加全国残疾人射箭、游泳、田径等比赛，共获得2金、7银、1铜。完成残疾人运动员注册252人。培育健身示范点54处，培训健身指导员61人。

【康复中心建设及驻村联户工作】 市残疾人康复就业中心项目主体通过五方责任主体、省优质工程结构杯、省级安全文明工地验收。主体工程施工完毕，分项完成60%的工程量，整个工程全面转入装饰装修施工阶段。开展驻村联户工作，第一书记工作组协调开展验配辅助器具、老年人健康体检、到户评残义诊、精神残疾人免费3个月住院治疗等活动措施，投入5万元用于村服务中心修缮改造项目。完成村内4条道路3400米排水沟修缮工作。配合村委完成省革命老区乡村道路规划勘测、清障补偿工作，涉及村道路3条，总长度4.9公里，投资260万元，投入使用。市残联驻村工作组被评为汶上县驻村金牌工作组。

（吴天珍）

济宁市红十字会

【募捐救助】 开展春节送温暖活动。全市红十字会系统共筹集款物合计100.3683万元，受益贫困家庭1万余户。对因病、因灾等致贫者实施人道救助。全年救助重特大疾病致贫患者30名，每人发放救助金1000~3000元。联合相关单位设立定向救助基金，救助少数民族困难群众39户，贫困学生35名。联合市委宣传部、卫计委、编办等部门，先后开展文化科技卫生“三下乡”、麻风病人慰问、“儿童节”救助等活动，共发放救助金6万余元。争取上级援助项目。完成中国红基会“天使基金”“天使阳光基金”等项目申报工作，全年完成67名白血病和先心病患儿的资料审核上报工作，61名患儿收到资助告知书累计获得救助171万元。争取中国红基会、省红十字会及相关单位支持，接收河北爱心企业捐赠价值36.68万元抗感冒药品，发放给孤寡老人及贫困群众；嘉祥县马村镇山营社区“新站·新健康”卫生站项目，15万元援建资金全部拨付到位；青岛微尘基金博爱小学项目，5万元援助泗水县大李小学贫困学生；曲阜市红十字救护站项目的选址及设计方案通过红基会、幸福天使基金管委会审批，获得5万元启动资金；曲阜市3家学校申报红基会“亲基金”“未来教室”项目，共获得20余万元资金援助。

【救援救灾】 根据新《红十字会法》精神，重新修订《济宁市红十字会自然灾害和突发公共事件应急预案》。作为市政府应急管理和信息报送成员单位，配合政府做好自然灾害及突发公共事件的救助，及时填报应急指挥系统平台数据，开展防灾减灾宣传及灾害应急推演。9月份协调山东利生食品集团公司设立济宁市红十字会救灾物资储备处，灾害发生时利生食品公司将优先保障红十字会救灾救助面粉、面条等食品需求。筹备成立济宁红十字蓝天救援队，招募队员20余人，开展队列、体能、无线电、红十字急救、消防、水上打捞等训练，参加山东蓝天救援大集训，参与济宁李营街道后双村溺水打捞，救援队整体素质和实战能力快速提高。

【应急救护培训】 全年对供电、化工、山推、机械等高危行业及幼儿园教师、青年志愿者、应急救援队等组织急救员培训46场次，培训红十字急救员1029人。在全市红十字学校开展“《中华人民共和国红十字会法》暨全国红十字应急救护知识竞赛”，在校园普及急救知识。在社区、广场、高校集中开展5·8红十字日、5·12防震减灾日、世界急救日等大型宣传活动，普及急救知识1万余人。组织参加“第四届全省红十字应急救护比赛”，泗水光明社区红十字救护志愿服务队取得二等奖，市红十字会荣获优秀组织奖。

【三献工作】 通过与银河陵园多次协调，完成“遗体、人体器官捐献纪念碑”扩建工作。截至2017年年底，遗体捐献登记204人，实现41例；角膜捐献登记152人，实现48例；器官捐献登记21人，实现5例；造血干细胞采集12080份，实现捐献29例。

【红十字志愿服务】 以创建全国文明城市为契机，市红十字会通过落实志愿服务制度化建设、志愿服务活动等创城指标，扩大红十字志愿者队伍数量，提高志愿者队伍素质，促进红十字宣传和志愿服务活动进社区，提高市民对新《红十字会法》的认识及对红十字事业的参与支持率。按照《中国红十字志愿服务管理办法》，建立志愿者宣传招募、登记注册、服务记录、关系转接、兑换服务、褒奖激励等制度。吸收有爱心、有热情的志愿者加入红十字志愿服务队伍，截至2017年底，造血干细胞捐献志愿者登记9475人，应急救护志愿者1085人。统计志愿者参与志愿服务活动时数，组织志愿者在济宁市志愿服务信息平台完成注册，2017年登记注册红十字精神传播志愿者353人。

（李文彦）

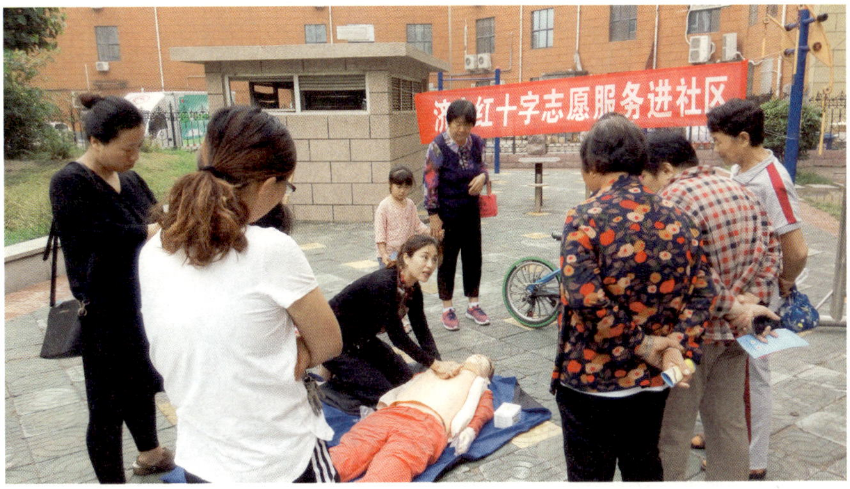

济宁市红十字会开展志愿服务进社区活动，为社区居民普及急救知识

军 事

济宁军分区

【思想政治建设】 以迎接十九大、学习十九大、贯彻十九大为主线，组织“维护核心、听从指挥”主题教育活动。开展“严规范、正学风、促转化”学用讲话活动，规范和完善团以上党委中心组理论学习，结合纪念建军90周年，开展书画名家进军营和“强军路上斗志扬”文艺创演等系列文化活动。军转安置、文化建设、新闻宣传、涉军维权、计划生育、老干部服务保障等工作取得新成绩。

【战备训练】 突出实战化训练要求，落实党委管训议训制度，强化首长机关训练，组织国防动员、支前保障、处突维稳等针对性课目演练。组织战备值班执勤，升级电视电话会议系统，投资135万元改造军分区作战值班室，规范战备秩序。以迎接国防动员准备检验评估为牵引，编实国防动员指挥机构、计划方案和民兵任务分队，引接公安“天网”系统，配齐装备器材，夯实遂行任务基础。开展分类组训，完成全年训练任务。组织军地联合防汛大勘察，调整连级以上规模民兵防汛队伍16支、2400余人，微山县人武部组织200余名官兵执行防汛抢险任务。

【国防动员】 深化后备力量调整改革，抓好兖矿集团民兵矿难救援分队和市民兵应急营、县（市区）民兵应急连、乡镇（街道）民兵应急排建设，提高编组质量。部署军人家庭悬挂“光荣之家”工作，调动适龄青年参军报国积极性。以各级领导干部和青少年学生为重点，加强全民国防教育，规范依托市国防教育训练基地开展领导干部国防教育的方法。参与打赢脱贫攻坚战，开展助学扶贫、解难帮困活动，泗水县、邹城市、微山县、汶上县通过“双拥模范城”考核验收。

6月27日，济宁军分区举行“强军路上斗志扬”文艺会演

【调整改革】 贯彻中央军委改革强军决策部署，落实军委军队规模结构和力量编成改革工作会议精神，成立军分区改革工作领导机构，研究制定改革实施方案，推进改革决策部署落实。开展改革专题教育，在团以上党委机关开展“坚决服从改革大局，忠实履行职能使命”教育和“适应新体制、谋求新作为”大讨论，开展谈心活动，加强正面宣传、舆论引导。依据军分区新编制，抓好现役官兵落编定位，完成人武部领导班子调整配备、交流干部接收和干部转业复员、分流安置等工作。严肃改革纪律，完成财务、装备器材、军事设施等清理清点，按时间节点完成改革任务。适应新编制新体制，健全完善各级党组织，确保组织建设同步运转、平稳过渡。做好老干部服务保障体制改革工作，完成干休所转隶接收任务，服务保障工作实现“三个不降、一个没有”目标。

【安全管理】 贯彻依法治军从严治军方针，开展“学法规、正秩序、守规矩”“条令条例学习月”“百日安全竞赛”等活动，开展安全警示教育，官兵法规意识明显增强。深化“五项整治”“六抓六建”“四清两统”活动，突出要害部位、重点人员、关键环节和重大军事活动的安全管理，组织拉网式安全隐患排查整治、涉密载体“清零”行动和枪弹、保密专项清查，及时消除安全隐患。定期组织重要岗位、涉密核心人员政治考核，夯实安全稳定的政治基础。严格涉密信息管控和网络舆情监控，防止各类事故案件发生。

【综合保障】 落实党委理财制度，严格经费管理使用，强化审计监督检查，组织后勤管理骨干集训，财经管理秩序更加规范。稳妥停止有偿服务

7月30日，市政协举行"八一"建军节书画进军营活动

项目，牵头协调市委市政府成立驻济部队停偿工作军地协调领导小组，组织召开领导小组和办公室会议，推动工作落实，按时间节点完成停偿项目。强化后勤优质服务意识和政策法规意识，开展营区综合整治，军交运输、医疗卫生、军需油料等工作成效明显。坚持依法管装用装，开展武器装备"三化"达标创优活动。军分区被省军区表彰为保障工作先进单位。

（济宁军分区）

山东陆军预备役炮兵师

【思想政治建设】 制定落实《关于认真抓好党的十九大精神学习宣传贯彻的实施意见》和《任务清单》，党委中心组带机关落实8个专题、28天集体学习，主要领导利用自身学习成果作宣讲辅导，推进习近平新时代中国特色社会主义思想、习近平强军思想指导实践。开展"维护核心、听从指挥"主题教育、"讲政治、严纪律、促改革""服从改革大局、合力建强陆军"专题教育，抓好调整改革系列教育，落实每周一天政治教育、每月一次思想形势分析，"三个维护"践行自觉，"四个意识"更加牢固。推进"两学一做"学习教育常态化制度化，"讲党性、守党纪、正党风、报党恩"系列党课、专题组织生活会、承诺践诺等规定动作落实。炮一团参观莒县老党员红色部落展览馆、炮四团为党员订阅"共产党员""学习小组"等党建公众号、济南舟桥团举办常委讲坛机关大讲堂成效明显。扶贫工作深入开展。

【安全管理】 强化"从讲政治高度抓安全"共识，落实"在确保安全前提下完成各项工作"要求。注重党委议管统管，坚持把安全管理工作纳入党委议事日程、纳入主官工程、纳入日常工作；贯彻落实战区陆军安全管理指导法，探索"1+N"安全管理运行机制；注重教育引导，将安全教育纳入政治教育范畴，开展"法规制度学习周"活动。注重压力传导，坚持逢会必讲，主官主抓，逐级承担责任、分解责任，形成抓安全工作群策群力局面。注重问题隐患排查，制定师安全检查实施办法，全年4次组织安全工作综合检查，6次组织不打招呼巡查，指名道姓通报讲评问题，拉单列条、挂账销号抓好整改落实，部队实现争创安全年"八无"目标。师管理工作做法在战区陆军预备役部队领导管理专题会议上作了介绍，被推荐表彰为战区陆军2017年度正规化建设先进单位。

【后装工作】 加强财务规范化管理，印发《师经费管理制度汇编》。开展"爱装管装教育月"活动，装备系统行业风气清理整治、枪弹专项清查整治和装备物资大清查组织严密，完成交叉对查、迎接战区陆军对师机关和炮二团抽查工作。组织清仓查库系统软件培训，完成装备器材弹药清仓查库任务。

【基层建设】 贯彻落实陆军基层建设会议精神和战区陆军抓建基层《任务清单》。开展基层风气教育整顿，设立基层风气监督员，对照《问题清单》和《措施》纠治官兵身边"微腐败"。加大蹲点帮抓力度，建立基层联系点和联络员制度。明确师团第一政委临时负责人。表彰32个先进预备役营连和10名优秀基层干部。

【队伍建设】 严格政治纪律和政治规矩，紧盯政治巡察"五项重点"，制定《关于贯彻政治巡察要求推进工作落实具体措施意见》，迎接军委纪委、陆军纪委巡视组明察暗访，未出现扎眼问题；紧盯关键节点，逢节必令、逢节必查、逢通报必学，警醒官兵汲取教训、引以为戒；紧盯末端落实，抓好战区陆军纪委书记和纪检监察干部集训精神传达贯彻，结合年终综合检查考评，持续向下传导压力、传递一严到底信号；紧盯重点对象，制定《党委常委接受同级纪委廉洁自律监督规定》，组织新任职领导干部签订履职尽责、廉洁自律承诺书。3个波次推进肃清郭徐流毒工作，召开"两个清理"专题组织生活会，人人签订承诺书。济南高炮团、济南舟桥团、泰安高炮团真情助廉"六个一"活动深入扎实。严格干部管理监督，重视做好2起战区陆军纪委移交问题线索查办，"两项清理"组织严密，月报制度常态落实。

（杨　涛）

武警济宁支队

【思想政治建设】 围绕迎接、保卫十九大召开和学习、宣传、贯彻十九大精神，落实党委中心组带机关理论学习制度，印制《习言习语导读本》，开展“习主席讲话进班排”活动，提升官兵看齐追随、拥护核心的政治自觉。常委带头过双重组织生活，对开支手续不全、票据使用不规范、资产被装管理不严、伙食费跑冒滴漏等4大类65个问题进行彻底整治。组织“提振精气神、聚力迎大考”教育，创新主题教育教学模式，通过支队领导上好大课辅导，各中队指导员、理论骨干进行小课串讲，坚持教育主课堂灌输、网络微课堂渗透、流动红课堂强化。组织强军故事会，黑板报、战士小报网上评比，制作“笑脸墙”“官兵风采录”，组织文化骨干队伍培训。

【遂行任务能力建设】 落实党委议勤议训制度。以总队特战技能比武竞赛、“魔鬼周”极限训练、冬季体能大比武和执勤业务比武为竞技平台，以落实周训练计划、常态化训练监察为抓手，狠抓官兵实战化训练，每季度对全体官兵军事考核一次，并将成绩在指挥网上公示排名，落实军事训练“一票否决”，提高部队军事训练水平。规范联合值班和应急前指备勤，落实AB队备勤、以车代库制度，每季度组织首长机关带机动分队拉动演练，提升快速反应能力。

【部队管理】 贯彻落实安全工作“八个规范”，开展“百日安全竞赛”和安全大检查活动，定期组织观看警示教育录像、讲评安全管理形势、评选安全先进单位，3次邀请地方交警和国家安全局专家到队授课辅导。开展“正规化管理问题治理”，召开正规化建设现场会，对5大类46个方面内容进行统一，正规部队秩序。加强对干部“八小时”以外、探亲休假和重点关注人员管控，手机、网络和涉密场所管理，清查手机赌球、借贷、乱交友、叫外卖等违规违纪问题。

【基层建设】 突出“三个一线”“三个源头”建设，抓实《纲要》培训“法规标准在岗学”，以政工例会和“三日”活动为载体，加强应用性学习培训，在干部队伍中开展“大练基本功”活动，每季度破解1个难题，3次组织人员到聊城支队和成武中队参观见学，提高各级按纲抓建能力。落实蹲点帮建制度，常委在季度包片的同时重点帮建一个中队，大队重点抓好大队部所在中队的帮建，机关股室实行挂钩帮建；常委包片实行一周一沟通、一月一讲评、一季一轮换，轮换时召开常委会一对一交明白“成绩清单”、交明白“问题清单”，确保帮建质量和效果。5个连续5年以上未跨先的中队成功“脱贫”，支队发展不平衡问题得到解决。

【应急保障】 优化后勤“一组五队”实案化编组，加强全装全要素演练，提高遂行多样化任务保障能力。探索后勤专业队伍培训模式，借助地方资源举办集训班5期。落实“装备日”制度，提高官兵爱装管装意识，不断发挥装备效能。深化“伙食管理规范年”成果，机关定期考察市场价格，统一在指挥网公示，有效防止伙食费跑冒滴漏问题的发生。3次组织医疗巡诊，进行心理测查和健康体检。推进基层中队营房改建，改善官兵执勤训练生活条件。以迎接巡视巡察为契机，组织生活费、粮秣检查和经费物资清查，对基层主官离任审计，后勤管理秩序进一步正规。

（魏奇林　史　妍）

人民防空

【顶层设计】 充分发挥军政共同领导体制优势，推进市委、市政府把方向、谋大事、解难题主体作用的落实和军分区提要求、定标准主导作用的履行。召开全市人民防空会议。会上市政府与各县（市、区）政府签订责任状。以市委、市政府、济宁军分区名义出台《关于加强人民防空工作深入推进人民防空改革发展的实施意见》，成为指导全市“十三五”时期人防建设的纲领性文件。

【规划引领】 以济宁市国防动员委员会的名义出台《济宁市人民防空建设发展“十三五”规划》。全面启动市、县两级人防专业规划和控制性详细规划编制工作。依据新一轮济宁市城市规划和都市区规划，全面启动编制（修订）市、县两级人防专业规划和控制性详细规划。按照国家、省人防办要求，组织市、县两级修订完善人民防空方案。

【规范性文件出台】 以市人防工作军政联席会议办公室名义印发《关于严格标准和条件加强县级防空地下室易地建设审批工作的通知》，以济宁市国动委名义出台《关于加快推进县级人防基本指挥所建设的意见》，以法制办备案文件形式印发《关于支持棚户区改造调整棚改项目人防工程建设标准的通知》。

【重点工作】 强化防空地下室建设管

理。按照《济宁市人民防空工程建设管理办法》有关规定审批应建规模和防护等级，对不符合易地建设条件的项目，要求建设主体必须履行人防工程建设义务。加强人防指挥通信建设。着眼实现人防指挥通信“能联、能通、能指挥”的目标要求，配套完善市人防基本指挥所和机动指挥所平台建设，依托卫星、短波、4G和政府公务内网，建立“四位一体”的人防指挥体系，实现市级基本指挥所和市委、市政府、军分区、国动委各职能部门网络互联互通，信息资源共享，实现军地一体化、指挥实时化。加快县级基本指挥所建设步伐。突出提升保障能力，积极推进具备预备指挥所、人口疏散、教育培训、拓展训练“四位一体”功能的市级机关疏散基地建设。建立工程审批、质量监督、执法查处“三位一体”的内部流程和工程联审会制度。创新工作方式方法，建立健全工程建设相关业务科室内部流转单制度，定期召开建设项目内部联审会，通过行政审批、质量监督和人防执法对工程建设过程进行节点控制。提出以建设单建工程折抵欠缴易地建设费的办法解决问题。经高新区申请，省办批复，同意将高新区未缴纳的易地建设费用于单建人防工程建设。人防与法院联合执法追缴易地建设费。探索建立人防行政执法与法院合作机制，对近三年来不依法缴纳人防易地建设费的单位和个人进行统一清理检查，明确追缴数额，与法院就切实解决问题达成合作意向。

9月18日，济宁市举行“9·18”防空警报试鸣暨防空疏散演练活动

【三大“主题活动”】 在全市人防系统组织开展“三大主题活动”。开展“双送”活动。推行“一线工作法”，在全市人防系统组织开展以“送政策、送服务”为主题的百家开发建设企业服务导航活动，先后走访开发企业近百家，主动对接办理人防手续，优化人防工程建设外部环境。推进“人防工作宣传年”活动。以“解疑释惑、回应社会关切”为重点，开展“人防工作宣传年”活动，通过开通微信、微博，更新网站，制作宣传片，印制政策图解等方式进行宣传。加大执法力度，开展人防行政执法清理整顿专项活动。落实《人民防空行政执法联动机制及执法流程》，加大批后监管和违规项目的查处力度。

【亮点工程】 工程建设全省领先。全市审批人防工程面积在全省排名前三，各县（市区）都有竣工新建工程。人防指挥体系更加完备。按照信息化条件下防空袭指挥需要，建成基于信息系统的联合指挥体制机制。结合“9·18”防空警报试鸣组织社区居民、机关人员和中小学生开展防空袭疏散演练等。指导各县（市区）修订防空袭预案，完善疏散预案，完成疏散基地、疏散地域和疏散点标志标识工作。建立军地一体的市县两级人防应急指挥机构。人防宣传教育广泛深入。推进人防宣传教育“五进”工作，组织开展“人防工作宣传年”活动，加强与济宁市电视台、济宁市党建频道的合作，定期分专题报道人防工作、宣传人防知识，加快推进已竣工人防工程全部悬挂人防工程标识牌工作，利用市国防人防民防教育基地开展宣传教育，发挥网站、报刊、电台的宣传功能。人防机关“准军事化”建设全面提升。按照《人民防空机关“准军事化”建设纲要》要求加强机关制度化、规范化、正规化建设，市人防办全员纳入预备役部队管理。

（市人防办）

法 治

政法与综合治理

【重大安保维稳】 建立党政主导的安保维稳工作体制机制，成立市委、市政府主要领导任组长的十九大安保维稳工作领导小组，先后组织召开4次市委常委会、13次全市安保维稳会议，研究部署调度十九大安保维稳工作。全市上下按照“三个一切”“五个到位”要求，建立十项机制，高效运转安保维稳指挥部机制，形成责任严密的督导问责机制，全力打赢政治安全、社会治安、信访维稳、安全生产、网络舆情等各方面硬仗，完成十九大等各项安保维稳任务，实现“大事没出，小事也没出”和市委、市政府确定的“六个不发生”的任务目标。市委、市政府对涌现出的70个先进集体、82个乡镇街道、327名先进个人给予表扬奖励。

【严打严防严控】 建立违法犯罪案件定期评估机制和民意主导的新型打击机制，开展“打黑除恶、打霸治痞”等系列专项行动，全面打响三年禁毒人民战争。全市无命案乡镇比率达到84.18%，无刑事案件村居（社区）比率达到89.11%。构筑立体化信息化治安防控体系，实施“天网二期工程”建设，推进天网、交警、高速交警监控资源整合，新增城市制高点监控45处、人像识别设备50套。加快政法系统信息资源联通共享，智慧政法工程完成招标。加强重点群体服务管理，实现对三级以上严重精神障碍患者应治尽治。组织开展道路交通、火灾隐患排查整治和缉枪治爆专项行动，严格重点行业重点物品管理，查处交通违法行为361万余起，督促整改火灾隐患12743处，对收寄验视不严的10余家企业进行查封。

2月7日，市委政法工作会议召开

【法治保障】 实行全市政法重点工作分线作战机制，细化分解31项工作任务。全市法院系统共受理案件112320件，办结104603件；检察系统批捕犯罪嫌疑人2971人，起诉5188人；公安系统共破获刑事案件12232起，抓获刑事作案成员7858人；司法行政系统调处矛盾纠纷14984件，调解成功率高达99.1%；国家安全局破获间谍案件3起。积极服务经济社会发展，组织召开政法机关服务民营经济第六次联席会议和政法金融部门座谈会。依法妥善处理企业破产、兼并重组、公司清算等经济案件，严厉打击经济民生领域违法犯罪。全市共立经济犯罪案件740起，抓获犯罪嫌疑人557人，挽回经济损失7.6亿余元；立案查处涉农惠农职务犯罪案件45件68人，工程建设领域职务犯罪案件31件43人。

【社会治理创新】 司法责任制改革基本完成，各类人员全部定岗到位，全市遴选出首批员额制法官542名、检察官404名。建设刑罚执行协同办案平台，监狱退危人员安置及资产处置工作基本完成。市公安局34项行政审批事项进驻市政务服务中心，办理时限压缩50%以上。县级法学会全部成立，全市11家公证处全部改为事业单位。推进户籍制度改革，取消县驻地入户限制，济宁成为全省入户门槛最低的地市。建立打击拒执犯罪的政法机关协作机制，对严重失信人员进行联合惩戒。打造法德兼治新品牌，编撰《法安天下 德润人心——济宁实践与创新》。鲁苏边界微山湖地区连续15年没有发生有影响的纠纷和严重治安事件，济宁创新边界稳定工作做法被省委确定收入《山东改革开放实录》。

【基层维稳】 部署开展为期一年的四类风险隐患排查防范专项行动，对排查出的各类风险隐患，市县乡村均成立专班、建立台账，落实防范整改措施。构建多元化矛盾纠纷解决机制，推进一村一法律顾问建设，研发“济宁智慧民调”系统，实现村居“和为贵”人民调解室全覆盖。建立诉调、公调、检调对接以及律师参与化解涉法涉诉信访案件工作机制，选派64名优秀律师到市政法部门信访窗口值班。实现城乡网格化管理全覆盖，全市共划分网格8532个，选配网格员12684名。投资650余万元开发建设济宁社会管理综合治理信息平台，采集录入信息626万条，利用网格信息平台解决处理基层事务30949件。

【队伍建设】 全市政法机关开展“坚定理想信念、铸就忠诚品格”主题教育实践活动，推进“两学一做”学习教育常态化制度化，严格落实民主生活会、组织生活会等制度要求，坚定干警理想信念，树牢“四个意识”。启动干警能力素质提升工程，开展政法机关双向交流挂职锻炼，举办一系列政法综治干部培训班，建立完善经常性政治教育机制，提升干警素质能力。开展执法规范化建设，全面加强执法司法监督，市委政法委组建100人的执法监督“四支队伍”，开展立案规范化建设、涉党政机关未结执行案件督导等专项督查活动，提升执法司法公信力。坚持从严治警不动摇，严肃执纪问责，严格执行中央八项规定精神，严格约束干警生活圈、交往圈、娱乐圈，推进文化育警，开展联村联户和驻村帮扶工作，政法系统涌现出一大批先进单位和优秀干警。

（苏　波）

公　安

【概况】 2017年，市公安局内设机构增设警务辅助人员管理处，增设国内安全保卫支队四大队，明确市公安局经济开发区分局机构编制事项。被省委、省政府表彰为全省十九大安保维稳工作先进集体，被省公安厅表彰为2016年度全省优秀市级公安局、全省公安机关“迎接十九大忠诚保平安”主题活动优秀单位，被市委、市政府表彰为2016年度综合考核先进单位、社会稳定信访工作先进单位、群众满意先进单位、全市信访工作先进集体。被市直机关评为“2016年度双评满意单位”，被市总工会授予“五一劳动奖状”。

【维稳工作】 实现三级两会、省市党代会、“一带一路”高峰论坛、国际孔子文化节等重大安保任务“大事不出、小事也不出”目标，特别是在党的十九大安保维稳工作中，围绕“三个一切”的政治要求，建立战时指挥体系，构筑多层防线，集中精力资源投入安保工作，捍卫十九大的绝对安全。强化应急处突能力建设，完善联动处警和敏感案事件处置机制，密集组织紧急集结拉动演练等专项行动。

【平安建设】 组织系列严打活动，打击“盗抢骗”、打击农村黑恶势力、“三打击一整治”等系列严打行动，开展“缉枪治爆”集中攻势行动、打黑除恶专项斗争，全面打响三年禁毒人民战争，取得重大战果。防范化解金融风险，保持对民生领域案件严打态势，严打“黄赌”违法犯罪。完善治安要素管控网络，深化天网工程建设应用和“零发案”创建活动，全市7040个小区、村庄、单位和290条公交线路实现“零发案”。强化街面显性布警，挤压犯罪空间，全市刑事、治安、火灾警情同比全面下降。全面加强公共安全监管，开展大货车超载、渣土车违法等专项整治，从严查处交通违法行为，提高路面管控能力和通行效率。督促整治重大火灾、治安隐患，全市没有发生造成严重影响的火灾事故和因管控不到位引发的重大治安问题。

【制度建设】 深化警务运行机制改革，创新推行“3+2+1”三级六长警务实战指挥体系，探索110警情日关注、周研判、月会商工作机制，推广110警情可视化指挥系统，完成43个派出所勤务指挥室建设。针对群众反映强烈的“盗抢骗”违法犯罪问题，完善合成作战模式，精准发起集群战役，破获多发性侵财犯罪7000余起。针对电信诈骗犯罪，推进反诈中心实体运行。深化执法权力运行机制改革，细化出台警情分流规范、受立案巡查监督规范等11项执法制度。严密执法流程控制，启动完成办案中心以及“仓储式、公检法一体化”涉案财物管理中心试点工作。深化“放管服”改革，兑现《解放思想优化环境服务转型发展十八项措施》等服务承诺，市公安局34项行政审批事项进驻市政务服务中心，办理时限压缩50%以上。推进户籍制度改革，改进出入境证件取证方式，建成济宁公安APP便民服务平台，形成“互联网+公安服务”体系。开展“创城”工作，组织城区道路交通秩序整治攻坚行动、文明出行大劝导志愿服务活动。落实环保执法职责，完善环保、公安联合执法机制；加强与交通运输、环保、城管部门的协作配合，划定重型货车限行区域，严查高污染排放车辆；推进烟花爆竹限放立法，减少噪声和环境污染。

【基层基础建设】 按照省政府加强公安基层基础工作意见和省公安厅基层基础三年攻坚战的战略部署，确立8类47项重点攻坚项目，倒排工期，全速推进。创新城乡社区警务模式，在农村推进“一村一警务助理”建设，在城市推行1名民警、2名辅警、N名网格员的“1+2+N”社区警务模式，基础防控能力进一步提升。规范基层所队建设，实施派出所建设扫尾工作，各地规划新建11处派出所；依托治安检查站成立35个“毒品检查站”；开展社区戒毒社区康复工作示范点创建活动，推进监管场所、交警中队、高速交警大队、训练基地、消防设施等基础建设；启动“千名民警下基层”计划，实现派出所警力达到县级公安机关总警力45%

的目标。开展“大数据增效”行动，严格审批所有信息化发展规划和建设项目，建设视频专网数据交换平台，同步研发本地化非标信息采集模块，开展移动警务、车辆识别、实战平台等系统培训。

【队伍建设】 推进“两学一做”学习教育常态化制度化，开展“迎接十九大忠诚保平安”主题教育实践活动，启动“提振精气神、提升执行力”纪律作风教育整顿活动，以“解放思想大讨论、遵规守纪大教育、干部作风大提升”三大活动为载体，集中整顿突出问题。强化民警素质能力培训和警辅人员管理，市、县两级公安机关率先在全省设立辅警管理专门机构。落实暖警爱警举措，推进警衔津贴补发工作，筹备建立全市因公负伤和突发危重疾病公安民警警医联建“绿色通道”，加强互助金管理和民警人身保险参保工作。制定警种部门监督责任清单和民警廉洁自律清单，形成6个层面清单体系。实行落实党风廉政建设责任制“红黄牌”警示办法、星级示范单位动态管理办法，督促各级党组织把全面从严治警的各项要求落到实处。

（孙雪玲　刘　军）

消　防

【概况】 2017年，全市共发生火灾2000起，同比下降11.3%，火灾直接财产损失1211.5万元，保护财产价值12.6亿元，没有发生亡人及有较大社会影响的火灾事故。

【安全责任落实】 政府主导，健全责任体系。市政府将消防工作列入全市年度工作考核目标，建立市、县（市、区）、乡（镇）三级消防工作考核评价体系，召开全市消防工作会议，逐级签订《消防工作目标责任书》；审议通过《济宁市“十三五”消防事业发展规划》。部门联动，依法实施监管。出台《济宁市行业（系统）消防安全监督检查管理办法》，明确27个行业部门消防监管职责。全市各行业系统依法监管，加强联动，开展火灾隐患自查自纠。市化转办联合质监、消防等部门开展化工产业转型升级“大快严”消防紧急行动；市文明办、创城办、消防支队联合部署高层住宅消防设施安全隐患集中整治专项行动；文物、住建、消防等部门联合开展文物古建筑消防安全专项治理；教育、民政等8个部门联合开展消防宣传“七进”工作，形成群防群治的工作格局。单位跟进，落实主体责任。组织全市消防安全重点单位、物业服务企业、建筑消防设施维保企业、重大火灾隐患单位负责人集中约谈120次11712人次；成立18个培训专班深入单位培训1567场次，培育1.2万名消防“明白人”，提高社会单位自防自救能力。

【火灾防控】 开展火灾隐患专项治理行动。接连开展高层建筑、电气火灾以及夏季消防检查、冬春火灾防控等专项行动，保持隐患整治高压态势。2017年，全市共检查社会单位43094家，督促整改火灾隐患58746处，罚款5632万元，临时查封474家，“三停”506家，拘留760人。推进重大火灾隐患整改。先后2次集中约谈重大隐患单位行业分管领导、县（市区）分管负责人和单位责任人，向区（县）政府下发《交办通知书》，责令区（县）政府落实整改，推进51家重大火灾隐患单位销案清零。严密部署重大活动消防安保。做好国际孔子文化节、党的十九大等重大活动消防安保工作，组织全市消防力量采取重要场所蹲点驻勤、重点时段流动执勤、全员参与防消联勤、警力下沉全员备勤等方式，确保消防安保工作零失误，在“三个不发生”创建3次考核中消防工作均为满分。济宁市是全省“零非访、零集访、零涉军”的6个市之一。

11月9日，《济宁市行业(系统)消防安全监督检查管理办法》宣贯暨“119消防安全宣传月”活动启动仪式举行

【基层基础建设】 推进消防基础设施建设。2017年，全市消防部队新增消防车32部、器材7900余件（套），新建消火栓511个。争取鲁南区域灭火与应急救援中心落户济宁。市消防培训基地一期工程“三楼一馆”主体封顶；投入1.8亿元建设7大化工园区消防站；任城、金乡、嘉祥、梁山投入1.17亿元建设4个第二消防站；市中、邹城、曲阜投入570万元完成3个危旧营房升级改造。推进消防安全网格化管理。全市156个乡镇（街

道）将网格化消防管理纳入社会管理综合治理平台，建立105个消防管理微信群，即时发布火灾警示信息和消防工作动态；7522名社区网格员、6380名村级警务助理培训上岗，履行消防职责；2262栋高层建筑明确经理人，落实楼长制。推进消防安全治理创新，安装独立式火灾感烟报警探测器3万余个，安装电动车充电桩2000余套，安装简易喷淋系统300余套。壮大消防队伍。针对化工园区建设需求，新招收政府专职队员320名，新增3个政府专职队完成事业单位法人登记工作，8个政府专职队实现单编执勤，完成2支驻企业公安消防力量撤出工作。全市建立95个乡镇消防队、1416家微型消防站，搭建"三位一体"可视指挥调度平台，举办16个公安消防队、9个企业专职队、261个微型消防站1313名消防员参加的大比武，实现全市消防力量的联勤联训。

【消防宣传】 开展消防宣传"站门口、立路旁、上大屏、进广场"。全市1.8万户有线电视、18家电影院、122家KTV实现开机、开映提示消防安全。新建8处消防文化主题公园。推动"消防进军训"，深入全市7所大学、37所高中培训7.2万余人次；举行消防知识竞赛暨首届济宁119消防奖颁奖典礼，10集体20个人获奖。

【执勤备战】 围绕"一高、一低、一大、一化"灭火救援难题开展调查熟悉和灭火救援能力建设专项行动，组织支队级实战演练11次。将全市分为东部、中部、西部3个战区，组建灭火救援指挥专班、高层建筑灭火救援队和水域救援专业队，依托特勤中队打造班长骨干生产线，全年培养9期164名业务骨干，全面提高灭火救援专业水平。在太白湖、鱼台、汶上成立3支供水分队，建设6处取水码头，搭建贯穿全市南、中、北的10公里远程供水线，提升消防供水能力。2017年，全市消防部队共接处警2328起，成功处置"1·3"兰花纺织、"3·16"辰光美博化工、"9·28"京杭运河驳船等火灾事故。

（市公安消防支队）

11月28日，济宁市"太阳纸业杯"消防知识竞赛暨首届119消防奖颁奖仪式举行

检 察

【服务中心工作】 规范市场经济秩序，开展服务经济发展护航工程，批捕合同诈骗、传销、非法经营、制假售假等严重破坏市场经济秩序犯罪嫌疑人271人。起诉集资诈骗、高利转贷、非法吸收公众存款等犯罪嫌疑人126人。全市检察机关569名干警与629家企业建立长效联系服务机制。围绕推动食安济宁建设，严惩危害食品药品安全犯罪嫌疑人56人，妥善处置非法经营疫苗系列案，立查案件背后失职渎职犯罪嫌疑人18人。开展集中整治和加强预防扶贫领域职务犯罪专项工作，共查办扶贫领域职务犯罪36人；开展驻村联户和"五进两服务"大走访活动，组织干警走访救助贫困家庭236户，联系落实致富项目32项，协调解决生产生活实际困难120余个。

【查办和预防职务犯罪】 共立查各类职务犯罪嫌疑人268人，其中厅级干部1人、县处级干部5人、科级干部37人；国家机关工作人员98人。依法查办济南市国土资源局原局长韩晓光、山东省国际信托有限公司原副总经理宋冲，济宁市烟草专卖局原局长崔志民等一批大案要案。严肃查办司法人员涉嫌贪赃枉法、徇私舞弊等职务犯罪10人。依法及时介入重大安全事故调查，立查事故背后的渎职犯罪3人。

【平安济宁建设】 以做好党的十九大安保工作为主线，打防并举，标本兼治，严惩严重刑事犯罪。共批捕各类刑事犯罪嫌疑人3094人、起诉5440人。批捕黑恶势力、故意杀人、涉枪涉毒、盗抢拐等犯罪嫌疑人781人，起诉983人。成功办理赵某某杀害妇女儿童并放火焚尸案、蔡某某贩卖毒品6000余克案，一审均被判处死刑；依法办理济宁市首例走私弹药案，首例外国人组织他人偷越国边境案。加大对新型犯罪打击力度，开展电信网络新型违法犯罪专项整治、"校园贷"专项立案监督，从严惩处骗贷、洗钱、逃废债、网络诈骗以及窃取、泄露单位和个人信息等犯罪嫌疑人48人。落实宽严相济刑事政策，依法决定不捕不诉初犯、偶犯、过失犯529人，促成刑事、民事和解48件。加大检察环节司法救助力度，对113名当事人发放救助金59万余元。

【刑事诉讼监督】 强化刑事立案和侦查活动监督，建立健全引导侦查取证、审查逮捕案件诉讼式审查、赔偿保证金提存等机制。共监督立案91件，追捕追诉617人；监督撤案103件，决定不捕不诉1681人；抗诉刑事案件48件。强化人权司法保障，督促纠正适用强制措施不当、阻碍辩护人行使诉讼权利等问题12件，探索采用“电子手铐”非羁押措施监控取保候审犯罪嫌疑人203人。

【刑事执行监督】 依法对刑罚执行情况全程跟进，共监督纠正不及时交付执行、违法留所服刑、拒绝收监收押等刑罚交付执行和监管活动违法197件，纠正提请不当减刑、假释、暂予监外执行190件，监督纠正监外执行违法132件。组织开展财产刑执行专项检察，监督罚金刑、没收财产刑进入执行程序24人。建设刑事执行检察大数据中心，自主研发检察官电子约见系统、罪犯权益保障平台，督促整改监管安全隐患231件。经验做法3次在高检院专项会议上作典型介绍。

【民事行政诉讼监督】 部署开展基层民事行政检察工作推进年活动，共审查民事行政监督案件671件，提出抗诉和再审检察建议33件。集中开展虚假诉讼和生效裁判执行，以及国土资源、道路交通、土壤污染防治等领域行政执法检察监督专项行动，监督纠正执行违法、虚假诉讼案件87件，纠正行政机关履职不当等问题171个，办理的1起虚假诉讼监督案件被高检院评为年度优秀案件。加强对弱势群体的保护，办理支持起诉案件86件，帮助970名农民工追回欠薪4610万元。

【队伍建设】 践行新时代党的建设总要求，推进“两学一做”学习教育常态化制度化，开展“基层党建规范提升年”“坚定理想信念、铸就忠诚品格”等活动，营造良好政治生态。落实中央八项规定，纠正“四风”，细化“两个责任”清单，建立“咬耳扯袖、红脸出汗”、廉政谈话等机制，市县两级检察机关共研究党风廉政工作102次，开展督察176次、廉政谈话104人次，推动从严治检向纵深发展。

（市检察院）

法　院

【概况】 2017年，全市法院共收案113123件，办结111404件，标的额348.32亿元。其中，中院收案14560件，办结14348件，标的额81.5亿元。

【服务社会】 全力防控风险服务发展。印发《为优化企业、项目、园区周边环境提供优质司法服务的实施意见》《为全市金融稳定发展提供司法服务和保障的意见》等文件，审结商事案件22199件，防范金融风险，稳妥处置“僵尸企业”，推进供给侧结构性改革。依法打击违法犯罪行为。审结故意杀人、抢劫、强奸等各类一审刑事案件4201件，判处罪犯5703人。开展打击“黑恶霸痞”、毒品犯罪、网络电信诈骗等专项斗争，共建“打防治”体系。加大反腐败力度，审结职务犯罪案件197件269人。组织青少年模拟法庭、校园法制教育169场次。促进社会综合治理创新。强化诉调对接，设立特邀调解组织70个，聘请特邀调解员193名，6426件纠纷化解在诉前。改革信访治理方式，推动信访部门由从事信访化解工作的机构，转变为参与社会综治工作的平台。成立安保维稳工作领导小组，派出12个督导组开展3个月专项督导，十九大期间班子成员全部奔赴基层维稳一线，是全省6个实现“五个不发生（不发生重大政治影响事件、不发生暴力恐怖事件，不发生重大刑事案件，不发生大的群体性事件，不发生公共安全事件）”目标的法院。监督支持政府依法行政。深化跨行政区域管辖试点，审结行政诉讼案件2453件，审查非诉执行案件1055件。加强行政机关负责人出庭应诉工作，出庭

4月21日，济宁市中级人民法院未成年人案件综合审判庭到任城实验小学开展“送法进校园”活动

应诉率71.3%，同比提高31.41%。办理国家赔偿案件15件。围绕治安、拆迁、城建等领域提出司法建议199条。

【职能发挥】 畅通群众维权渠道。健全诉讼服务中心功能，强化12368热线应用，探索网上立案、社区立案，完善“立案登记制+互联网+诉讼服务”便民体系，当场立案率达99%。完善律师代理申诉制度，制定《值班律师代理申诉实施办法》，为值班律师代理申诉开辟绿色通道。强化民生司法保护。以保障民生为着力点，审结土地承包、劳动争议、教育就业、民工工资等案件4062件，审结交通事故、医疗纠纷、消费者维权等案件6724件。成立驻济部队全面停止有偿服务司法保障领导小组，设立专门窗口，畅通审执通道，维护全市双拥模范城形象。成立司法救助委员会，依法缓减免诉讼费、发放救助金1335.57万元。努力突破执行难点。加大执行力度，执结案件29933件，执结标的额179.7亿元。部署“百日会战”“百日执行攻坚”，采取“凌晨行动”“悬赏执行”等方式，对涉民生、涉金融、涉党政机关案件开展专项执行。严打“老赖”，纳入失信名单18446名、诚信“黑榜”300名，限制高消费4317人，拘留、判刑1501人，罚款540万元。拓宽延伸服务范围。制定《法治宣传实施方案》，成立普法讲师团，落实普法责任制。成立创城工作领导小组，出动机关干警1450余人次入户上街，积极投身创城工作。选派2个工作组到梁山县驻村帮扶，依法开展土地流转，推进联合扶贫开发，促进美丽乡村建设。

6月7日，济宁市中级人民法院首批入额法官宣誓仪式举行

【司法改革】 推进人员分类改革。建立“三级考核组织体系”，出台各类人员绩效考核《实施细则》，在全省法院首家制定整体考核办法，员额法官全部到一线办案，并对593名未入额人员进行转岗，实现平稳过渡。推开新型办案模式。制定《审判团队建设实施方案》，中院按照业务类别组建25个合议制审判团队；以“法官工作室”“法官社区工作站”等命名方式，在基层法院组建338个独任制审判团队、110个合议制审判团队。创新审判工作机制。实施“提质增效”工程，开展“分调裁”改革，做到简案快审、繁案精审。试点设立家事审判庭，引入“离婚冷静期”等理念，为家事审判方式改革提供有益借鉴。组建交通事故案件审判团队、审判法庭，提高审判专业化水平。加快智慧法院建设。建设数据集控中心，开发“济宁法院一体化工作平台”，推广“智审”“法信”等辅助办案系统，推进网上办公办案。强化司法公开“四大平台”建设，直播开庭和审判流程、执行信息、裁判文书公开实现制度化。加强新媒体运用，发布信息稿件8960份，中院微博转发量、微信影响力位居全国法院前列。

【队伍建设】 提升党的建设水平。制定《党建工作责任清单》，以机关党委换届为契机，中院合并设立20个党支部（党总支），实现基层党组织全覆盖。印发过硬支部建设《实施方案》，在窗口部门设立“党员先锋岗”，擦亮“守望天平”“阳光立案”“法官妈妈”和“知产卫士”党建品牌。注重干警能力培育。以“坚定理想信念·铸就忠诚品格”主题教育为载体，开展“争做新时期合格法官”大讨论，成立案例法学研究会，组织各类培训班109期，出版论著1部，在国家级期刊发表学术文章68篇。强化纪律作风建设。制定《开展“遵规守纪”大教育活动实施意见》和《纪律作风专项督察方案》，从办案作风、群众满意度、信访稳定入手，开展审务督察15次，约谈函询13人次，对8个法院开展司法巡查，加大“四风”和“六难三案”问题整治力度。

（刘　丹）

司法行政

【执法规范化建设】 深化监狱管理体制改革，济宁监狱退危人员安置及资产处置等工作基本完成，处于收尾阶段。推进安全文明现代化监狱建设，规范计分考核工作，落实新考核制度。规范案件办理，全面落实减刑假释新规，截至12月底，共依法依规办理减刑假释案件758件，创造了26年8个月无罪犯脱逃、12年11个月无罪犯自杀的监管安全新周期。强制隔离戒毒所场所新建项目列入山东省政法基础设施建设“十三五”规划，项目选址确定，省发改委立项完成，土地征收和项目设计进行中。2017年共收治戒毒人员184人，在所265人。

3月28日，济宁监狱退危稳定专题会议召开

强化社区矫正工作，部署开展“三抓三保”活动及社区矫正安置帮教安全隐患专项整治活动，出台社区矫正应急预案制度，全年专项督查实现全市156个司法所全覆盖。巩固落实常态化联合检察制度，101个司法所实现“零纠违”。截至12月底，在册社区服刑人员共有5555人，再犯罪率长期控制在1%以下。加强人民监督员选任管理，制定《关于全市人民监督员选任管理方式改革试点工作的实施意见》和《济宁市人民监督员选任管理办法实施细则》。

【基层基础工作】 开展新版星级司法所创建活动，结合公共法律服务中心建设，提出“1（综合服务大厅）+4（人民调解、特殊人群管理、法律服务、法制宣传四个功能区）+N（每个功能区设置若干个专业化功能室）”创建模式，截至12月底，全市共有99个司法所达到三星级以上标准。加强司法行政工作室建设，截至12月底，村（社区）司法行政工作室共有2510个。强化人民调解工作，在全市推广应用“济宁智慧民调”系统，开展矛盾纠纷大排查大调处百日专项行动，推进“和为贵”人民调解室建设，实现全覆盖。截至12月底，全市人民调解组织共调处矛盾纠纷16351件，调解成功率为99.2%。开展法治宣传教育活动，组织开展“文明出行 交通法规宣传”“法治宣传月”“国家宪法日”等系列宣传活动。创新法治宣传活动载体，推出“法德同行”公交班列，建立“济宁普法网”“济宁普法微信公众号”，借助各类媒介开展普法宣传。研发“全市国家机关工作人员学法用法考试平台”，推行无纸化普法考试。严格落实“谁执法谁普法”普法责任制，细化印发《实施方案》。推进法治文化建设提档升级，建成占地5000平的市级法德文化广场。截至12月底，全市建成国家级民主法治示范村13个、省级民主法治示范村112个、市级民主法治示范村1144个。

【法律服务体系建设】 加快公共法律服务体系建设，制定市级公共法律服务平台建设方案，完成县（市区）建设台账；市级公共法律服务中心启用，热线、网络平台建设全力推进，市12348热线平台与“12345市民服务热线”对接，全市覆盖率达100%。全力推进一村（社区）一法律顾问工作，印发实施意见，出台实施方案，下发保障资金管理办法，实现法律顾问全覆盖。推动法律援助工作深入发展，认真组织办理重点群体和重点领域的法律援助的案件，从提高案件质量和案卷质量双向开展各类质量评查活动，建立法律援助案件质量同行评估机制，协调督导11个县（市区）完成法律援助案件补偿经费管理办法修订工作，截至12月底，全市共受理案件8085件，办结7205件。按照“严管理、保权益、树形象”的律师管理工作总要求，完善律师行业诚信信息系统，对全市96家律所和1143名律师的诚信档案进行更新和完善。严格执行“诚信红黑榜”发布制度，全面推进律师代理申诉工作，选派64名优秀律师到市法院、市检察院、市公安局、市司法局信访窗口值班，全年发放律师值班补助近50万元。截至12月底，全市共有律师事务所96家，执业律师达1143名，实习律师127名，共办理各类法律事务86015。推动公证行业规范化、标准化建设，部署开展“管理规范年”活动，公证体

6月23日，全市公共法律服务体系建设现场观摩会议在兖州区召开

制机制改革取重大进展，全市11家公证处全部改为事业单位。全年共办理各类公证事项33780件。开展“司法鉴定机构标准化建设试点”工作，济宁医学院司法鉴定中心被省厅列为全省4家试点单位之一，截至12月底，全市共办理司法鉴定案件12668件。

【队伍建设】 在全系统开展“解放思想大讨论、遵规守纪大教育和干部作风大提升”以及“坚定理论信念铸就忠诚品格”主题教育四项活动，成立领导机构，出台实施方案，召开会议进行动员部署。组织开展“学习宣传贯彻十九大精神”活动，制定实施方案和工作计划，动员全系统学习十九大精神和新党章。加强党组织规范化建设和党员管理工作，印发《党员亮化记分管理工作实施方案》《贯彻组织生活标准化实施方案》等文件，加强督导检查，落实各项组织生活制度，加强党费收缴管理、党员组织关系调动、党员信息统计管理等工作，推进党组织和党员基本信息采集工作和“灯塔—党建在线”平台的运用，规范党建工作。深化干部人事改革，制定《市司法局科级干部选拔任用规程》，组织开展中层干部竞争上岗和调整工作，8名正科级、5名副科级干部得到提拔任用。

（李　灿）

仲　裁

【概况】济宁仲裁委员会办公室秉持“公正、和谐、诚信、高效”的宗旨，全面加强仲裁公信力建设。贯彻落实《仲裁法》，推进仲裁“两化”（案件受理多样化、案件处理多元化）试点工作，仲裁案件数量、办理质量和效率大幅提升。共受理仲裁案件1057件，争议标的额达28.06亿元；共审结案件821件，其中快速结案（30天内）470件，调解结案486件。

7月31日，济宁仲裁委与山东大学法学院签订战略合作协议，共同举办“济宁仲裁委员会骨干仲裁员培训班”

【仲裁法律制度宣传和推行】 拓展仲裁服务领域。召开2016年工作总结考评会议，总结经验、查找问题与不足，谋划2017年的工作计划，印发2017年工作要点和开展宣传联络工作、审理工作的意见。深入各仲裁办事处、联络处和大中型企业，推行仲裁法律制度，指导规范合同文本，约定仲裁条款，帮助企业防范经营风险。通过走访律师事务所和法律服务所，把仲裁业务与律师职能结合起来，发挥律师、法律工作者提供仲裁法律服务的优势。商业仲裁中心先后于4月11日、6月8日、6月28日举办3期仲裁法律知识培训班，金融仲裁中心于5月16日举办金融仲裁知识培训班，分别面向商贸流通企业和专业银行等金融机构宣传推广仲裁法律知识。

【规范化建设】 根据济宁仲裁委仲裁规则，修改制定《派出机构管理办法》，调整宣传推广思路，细化工作要求，强化各派出机构责任意识，严格规范宣传、办案行为。对新类型案件、群体性案件、复杂疑难案件等案件的审理，实行会审和论证制度，充分发挥专家咨询委员会作用，提高案件审理质量。创新多元化矛盾纠纷解决机制，树立“少敲锤子、多解扣子”的纠纷处理理念，积极探索运用调解、和解、仲裁确认、邀请仲裁、仲裁斡旋和谈判等方式、方法解决纠纷，提高仲裁的社会认同度。

【自身建设】 召开全市仲裁工作会议，表彰先进单位和先进个人，通报案件受理、审理情况，统筹安排工作措施。根据工作需要，明确仲裁办领导分工，部分派出机构人员作了调整。积极融入矛盾纠纷多元化解机制，与市中级人民法院执行局召开座谈会，就诉调对接、案件保全、执行与监督进行全面沟通交流。加强基层党组织建设，仲裁党支部创建的“公正高效 和谐仲裁”党建品牌受到市直机关工委表彰。组织开展4次集中学习，召开党支部组织生活会，加强党内监督，严格执行中央“八项规定”，狠抓廉政教育和作风建设。严格落实民主集中制和班子决策议事规则，加强学习和锻炼，提高党员干部政策理论业务水平。

（市法制办）

经济管理与监督

发展和改革

【概况】 2017年，全市经济稳健向好、质效提升、动力增强，实现地区生产总值4650.6亿元、增长7.1%；一般公共预算收入385.7亿元、增长3%；固定资产投资完成3473.5亿元、增长8.4%；实现社会消费品零售总额2259.2亿元、增长9%；完成进出口总额414.4亿元、增长15.2%；城乡居民人均可支配收入分别增长8.1%和9%。三次产业结构比例调整为10.7∶45.6∶43.7，与上年相比，第三产业提高0.6个百分点。

【规划制订】 推动实施《济宁市国民经济和社会发展第十三个五年规划纲要》，相继出台《济宁市“十三五”服务业发展规划》《济宁市能源发展“十三五”规划》等“十三五”专项规划。大力实施新旧动能转换重大工程，在全省率先召开动员会议、制定新旧动能转换总体方案，研究提出济宁新旧动能转换“1351”路径，形成“10+5+1”专班推进方案，编制新旧动能转换十大产业综合解析报告，启动实施第一批390个市级“四新四化”项目、总投资5253亿元，争取支持济宁建设国家创新型城市、推动济宁等老工业基地和资源型城市转型发展、加快建设曲阜优秀传统文化传承发展示范区和大运河文化带、迁建济宁机场等一批重大事项纳入省新旧动能转换综合实验区规划。

【体制改革】 印发《济宁市行业协会商会与行政机关脱钩实施方案》，确定123家行业协会商会纳入脱钩的范围。深入推动供给侧改革。全市规模企业改制工作“提质增速”初见成效，共完成改制企业222家，上市挂牌企业累计达到106家。53项经济体制改革任务完成。“放管服”改革持续深化，承接72项行政权力事项，取消23项行政权力事项，整合减少15项行政权力事项。深化国资国企改革，完善公司法人治理结构，规范董事会运作，加强外部董事队伍建设，推进高管人员契约化管理，出台《关于深化市属国有企业改革完善国有资产管理体制的实施意见》《济宁市市管企业领导人员管理暂行办法》《关于规范市属国有独资公司董事会管理的意见》等指导文件，印发《济宁市市管企业内部审计管理暂行办法的通知》。巩固党政机关公务用车改革成果，推进党政机关新型公务用车平台建设。财税金融、商事制度、农业农村改革稳步实施。

【农村经济】 现代农业生产持续健康发展。全年粮食总产达到575.6万吨。全年蔬菜播种面积407.5万亩、产量1166万吨，建成130万亩大蒜、60万亩花生、50万亩辣椒、45万亩大豆等特色优质农产品生产基地。出口蔬菜类产品货值位居全省第一位，其中大蒜出口10.52亿美元，同比增加17.4%，出口量居全国首位，食用菌栽培面积9800万平方米、鲜菇产量117.6万吨。现代畜牧业发展整体水平明显提升，鲁西黄牛、小尾寒羊、青山羊、汶上芦花鸡等特色畜牧业稳定发展，全市肉类总量达到62.5万吨。淡水产品总量达到33万吨，成为中国北方最大的淡水渔业基地。国家森林城市创建工作有序展开，全市新增造林面积17万亩。农业农村生产生活条件明显改善。泗河综合开发治理防洪堤工程按50年一遇标准建成，贺庄水库增容及汶上中都平原水库项目完工，济宁市淮河流域重点平原洼地南四湖片治理工程开工建设。千亿斤粮食产能规划田间工程、农业综合开发、土地复垦与整理、小农水重点县建设、粮食高产创建等一批农田水利建设项目加快实施，全市发展节水灌溉面积23.62万亩。实行山、水、田、林、路全面规划、综合治理，完成水土流失治理面积60.6平方公里。全面启动生态保护与建设示范区十项重大示范工程建设，一些主要生态指标提前完成预期目标， 生态保护与建设示范区顺利通过国家中期评估，获评全国30个地级市示范区第9名、位列山东省第一位。农业“新六产”引领作用凸显。印发《关于推进新旧动能转换加快农业“新六产”发展的实施方案》。与中国农科院农经所签署农业“新六产”发展战略研究合作框架协议。2017年新认定市级重点龙头企业83家、总数617家，新增规模以上农业龙头企业47家、总数达到1026家，全年实现销售收入849亿元。金乡县被列入全国首批“国家现代农业产业园”，获奖补1亿元，认定20处市级现代农业示范园区，梁山华大田园综合体项目规划设计启动。

【能源交通】 截至12月底，全市完成发电量4929424万千瓦时，同比降低4.67%，其中，光伏发电量完成61121.25万千瓦时，风电发电量完成42759.33万千瓦时，垃圾及生物质发电量完成37601.28万千瓦时。全市煤矿累计生产原煤7916.04万吨，同比增加5.76%，销售商品煤7866.09万吨，同比增加6.67%。清洁能源利用力度加大，电能替代工作扎实推进，全年建成充电桩1512个、充电站33座。全市交通基础设施建设计划投资70亿元，实际完成投资76.01亿元，占年度计划的109%。完成新改建农村公路631公里，农村公路通车里程达17567公里，农村公路网络化水平提升。重大交通项目建设稳步推进。截至年年底，37个重点公路、港航项目中，9个项目竣工，20个项目已开工或建设中，8个项目加快前期工作。枣菏高速、董梁高速完成预定目标，济宁新机场高速公路连接线项目工程可行性研究报告完成；S342等一批普通国省道大中修项目进展顺利；G105（西二环）、G220和S328等7条国省道改建项目开工建设；环湖东线工程项目完成所有前期支持性材料的编制和报批工作，PPP融资报告获有关部门批复；G327连固线曲阜张阳至汶上康驿段改建工程项目完成立项审批；云轨项目孔孟旅游快线邹城示范段顺利调试运行；微山一线船闸、韩庄复线船闸工程进展顺利，京杭运河湖西航道和济宁至台儿庄段航道“三改二”工程开工建设，微山三线船闸、梁济运河梁山至邓楼船闸航道复航工程待环评手续办理完毕后即将开工建设。轨道交通建设规划按正常程序进行报批。

【高新技术】 2017年省发改委新认定济宁市6家山东省工程实验室（工程研究中心），市级创新平台新增30家。举办创新发展论坛“新旧动能转换”专题报告会，邀请国家发改委宏观院产业所盛朝迅研究员作辅导报告。形成《培育壮大“四新”经济研究与对策》《加快产业融合促进业态创新》《关于医药医疗产业发展情况的汇报》等专题调研报告。在全省范围内率先开展市级双创示范基地认定工作，共认定30家市级双创示范基地，其中区域双创示范基地11个，高校和科研院所示范基地3个，企业示范基地16个。积极申报省级双创示范基地，济宁高新区被评为山东省区域示范基地，辰欣药业被评为企业示范基地，举行济宁市大众创业万众创新活动周启动仪式。

【工业发展】 认真执行产业政策，重点支持先进制造业和新兴产业项目建设，从项目准入源头上推进产业结构调整，争取省发改委核准山东嘉联工程机械公司专用车项目，完成4个先进制造业项目市级备案。支持工业企业转型发展，为辰欣药业抗重症感染系列口服产品产业升级、山东泰丰液压公司高端液压元件及集成系统智能化改造、山东育达医疗设备公司智能化示范工厂3个项目争取中央预算内资金6440万元。推进降低实体经济企业成本工作，制定出台《济宁市人民政府关于进一步降低实体经济企业成本的实施意见》。化解产能严重过剩矛盾，严控过剩行业新增产能，引导支持过剩行业转型升级，完成电解铝行业违法违规企业及项目清理整顿、打击“地条钢”等工作。

（市发展改革委）

服务业

【概况】 2017年，全市服务业增加值完成2030.44亿元，同比增长8.3%，高于全市GDP增速1.2个百分点。结构调整进一步推进，服务业增加值占GDP比重达到43.7%，比上年同期提高0.6个百分点。分行业看：其他营利性服务业、交通运输仓储和邮政业增速分别高于服务业增加值平均增速10、1.2个百分点，其他主要行业增速均低于服务业平均增速；第三产业中其他营利性服务业、批发和零售业、非营利性服务业占比分别为25.2%、25%、18.2%。从各县（市、区）发展情况看，13个县（市、区）和功能区服务业增加值增速均超过全市平均水平。其中，汶上县、微山县、泗水县、梁山县和嘉祥县5个县增速分别达到10.8%、10.7%、10.5%、10.2%和10.1%；服务业增加值占GDP比重超过全市平均水平的有6个县（市、区），分别是曲阜市、任城区、太白湖新区、微山县、金乡县和嘉祥县，占比分别达到59.1%、58.9%、53.3%、47%、45.9%和44.8%。服务业增加值占GDP比重同比提高点数超过全市平均水平的有9个县（市、区），分别是太白湖新区、曲阜市、泗水县、梁山县、微山县、汶上县、邹城市、高新区和金乡县。

【服务业投资】 2017年，全市服务业完成投资1611.8亿元，同比增长9.9%，高于全市固定资产投资增幅1.5个百分点，占全部固定资产投资的比重为46.4%。主要行业投资情况：金融业、文化体育和娱乐业、房地产业、教育、水利环境和公共设施管理、科学研究和技术服务业等行业投资高速增长，增幅分别达到152.6%、108.1%、74.3%、53.3%、46%和35.1%。公共管理社会保障和社会组织、批发和零售业投资负增长，分别下降71.8和33个百分点。分行业投资占服务业投资比重：房地产开发投资、交通运输仓储和邮政业、房地产业、批发和零售业等行业投资占全市服务业投资的比重较高，分别占25%、10.5%、9.2%和8.1%。居民服务修理和其他服务业、金融业、信息传输软件和信息技术服务业等主要行业投资占全市服务业投资的比重较低。服务业投资增幅超过全市平均水平的有9个县（市、区），分别是梁山县、微山县、嘉祥县、任城区、太白湖新区、金乡县、高新区、曲阜市和兖州区，其中梁山县、微山县和嘉祥县服务业投资增幅分别达到34.1%、33%和32%；服务业投资占固定资产投资比重超过全市平均水平的有5个县（市、区），分别是太白湖新区、任城区、高新区、金乡县和邹城市，其中太白湖新区、任城区、高新区服务业投资占固定资产投资比重分别达到97.5%、73.7%和53.4%；全市新增纳入统计限额以上批零住餐业、规模以上服务业企业个数分别达到337、274家，汶上县、高新区、泗水县、金乡县、邹城市和嘉祥县新增纳入统计限额以上批零住餐业个数分别达到45、43、38、36、35和32家，兖州区和汶上县新增纳入统计规模以上服务业企业个数分别达到38、35家。

【服务业发展】 全市规模以上服务业企业达到1422家，共实现营业收入392.4亿元，同比增长17.5%，规模服务业行业中包含互联网和相关服务、软件信息技术服务业、商务服务业等12个行业大类的其他营利性服务业营业收入保持较高增速，以“互联网+”为标志的服务业新动能不断增强。消费品市场稳健向好，全年实现社会消费品零售总额2259.2亿元，同比增长9.0%。城乡市场保持稳定增长，结构继续优化。城镇市场实现零售额1690.9亿元，同比增长8.2%，增速较上年提升0.2个百分点；乡村市场实现零售额552.4亿元、同比增长11.7%，增速与上年持平。全市旅游消费总额达到688.1亿元，同比增长14.7%，占全市GDP的14.8%。接待游客总人数6761万人次，同比增长10.2%，其中国内游客消费646.2亿元，同比增长14.7%，接待国内游客6728.2万人次，同比增长10.3%。全市电子商务交易额达到1600亿元，同比增长27%。金融业运行平稳，全市银行存贷款规模接连突破5000亿、3000亿大关，截至12月底各项存款余额5021.55亿元，比年初增加409.44亿元；各项贷款余额3158.04亿元，比年初增加278.77亿元，同比多增123.31亿元。光大银行济宁分行、青岛银行济宁分行、平安银行济宁分行正式开业，市级银行业金融机构达到25家。

（市发展改革委）

固定资产投资

【概况】 固定资产投资完成3473.5亿元，同比增长8.4%，分别高于全国、全省平均增幅1.2、1.1个百分点，总量、增速分居全省第6、7位。其中：第一产业完成投资52.2亿元，下降23.3%；第二产业完成投资1809.6亿元，增长8.4%；第三产业完成投资1611.8亿元，增长9.9%，高于平均增速1.5个百分点。民间投资完成2847.3亿元，占固定资产投资比重为79.1%，增长6.23%。投资结构持续优化，第三产业完成投资1611.8亿元，增长9.9%，高于平均增速1.5个百分点。食品、纺织服装、家具、医药、橡胶5个行业高位运行，全市技改投资完成1149亿元，增长22.9%；高技术产业完成投资481.67亿元，增长12.6%，高于平均增速4.2个百分点。教育投资增长53.3%，文化体育投资增长108.1%，基础设施投资完成520.22亿元、增长40.6%，其中水利、环保、公共设施投资增长46%。

【重大项目建设】 发挥政府投资引导带动作用。安排使用好市级政府投资，2017年列入计划项目106个、总投资663亿元、年度投资142.6亿元，重点安排解决教育大班额、农村和城市基础设施、水利等重大基础设施等领域项目。重点项目实现突破，新开工亿元以上项目738个、同比增加410个，113个国家专项建设基金项目完成投资408.3亿元，48个省“十三五”规划重点项目年度完成投资147.6亿元，24个市级领导包保联系重大项目完成投资139.2亿元。落地开工PPP项目43个，跨湖高速、董梁高速、鲁南高铁等牵动性工程开工建设。大力推动新旧动能转换项目。确定实施第一批364个新旧动能转换重大项目，总投资5170.8亿元。按省定标准从中择优选择100个项目上报省，初步确定55个项目列入省新旧动能转换重大项目库。加强各类项目日常监管及推动。对列入中央预算内投资项目、列入省“十三五”规划重点项目、市级领导包保联系重大项目、国家专项建设基金项目加强监督，实行月调度制度，及时督促项目加快实施进度。对调度中发现的问题，第一时间落实有关情况，督促县（市区）及项目单位加快项目执行进度，并从市级层面解决问题推动实施。强力抓招商引资，市委、市政府印发进一步加强招商引资工作的意见、济宁市产业招商实施方案，成立10个招商办公室，市发改委承担高端装备制造领域招商，成功引进日本先进超急速充电技术和氮化镓大功率特殊半导体生产技术，签署新能源汽车充电技术和CaN大功率特殊半导体技术生产基地项目投资合同，完成工商注册。

【建设资金争取】 争取上级资金取得历史新高。全年共争取中央、省预算内资金17.57亿元，超过上年全年5.01亿元，同比增长40%。其中中央预算内资金14.35亿元，居全省第2位，省资金3.22亿元，支持项目129个。争取区域战略推进专项资金8000万元，支持园区基础设施建设、科技创新、旅游设施、交通重大基础设施等领域的14个重点项目，总投资37.37亿元。争取2017年度西部经济隆起带和省扶贫开发重点区域引进急需紧缺人才项目11个，省资助资金975万元。搭建项目融资渠道。每季度召开一次政银企合作对接会议，累计向银行机构推介重点融资项目（企业）1490个。24家市级银行机构共完成300个推介项目（企业）的授信批复，批复金额443.83亿元，为254个推介项目（企业）提供融资支持209.73亿元。争取发行企业债券。获得国家发改委审核批复的企业债4支，融资总额42.3亿元，分别支持山东宏河矿业集团有限公司发行公司债券7.3亿元、太白湖新城发展投资有限责任公司发行企业债券10亿元、济宁市矿业集团发行企业债券15亿元、鱼台县鑫达经济开发投资有限公司发行企业债券10亿元。

【"放管服"改革】 开展审批制度改革。出台《济宁市政府投资项目审批流程再造工作的实施方案》《济宁市企业投资项目审批流程再造工作实施方案》，对政府、企业投资项目审批流程进行再造，规范、完善项目审批管理，简化各项审批流程，缩短审批时间，提高审批效率。严格落实"三集中、三到位"，打造"前台综合受理、后台分类办理、统一窗口出件"的政务服务模式，实现"一窗受理、一城通办、一体审批、一网流转"。严格落实投资核准目录。贯彻落实《政府核准的投资项目目录（山东省2017年本）》对照核准目录，及时调整市级有关核准、备案内容，切实按照新核准目录要求实施企业投资项目核准、备案。加大行政督查力度。编制确定市发改委2017年随机抽查事项清单，明确"双随机一公开"抽查事项，公布抽查主体、对象、内容、比例、频次及结果运用方式，多次开展双随机检查工作。市发改、经信、国土等16个部门联合转发国家发改委等18个部门出台的《全国投资项目在线审批监管平台运行管理暂行办法》，规范投资项目在线审批监管平台运行。全年累计入库项10829个，项目总投资7288亿元。

（市发展改革委）

国有资产监管

【概况】 2017年，济宁市市管企业主要经营指标增幅普遍超过20%，营业收入、利润、上交税费均创历史新高，其中，全年实现营业收入143.22亿元、利润总额17.81亿元、上交税费22.41亿元，分别增长30.7%、308.99%、86.28%；营业收入、利润总额在全省分别提升1个和4个位次，增幅位居全省最前列。全年实现供水9700万吨、处理污水2.3亿吨、供热2227万平方米，分别增长27.49%、7.87%、6.9%；公交营运4300万公里、客运量7800万人次，分别下降13%、19%；投入运营夜间公交线路3条。市管企业资产总额389.65亿元、净资产116.56亿元，分别增长7.69%、4.78%。

【国企改革】 以推进公用控股公司整合内部资源实施上市、鲁泰控股集团实施市场化债转股推进上市、海纳科技公司新三板挂牌股份公司变更为重点，开展混合所有制经济改革，混合所有制企业发展到69户，占52.27%。以市公交公司改制组建济宁公共交通集团为重点，128户市管企业及权属企业全面完成公司制改制任务。规范市管企业董事会运作，建立董事会年度工作报告制度。制定市管企业劳动用工和收入分配制度改革指导意见，解决员工能进能出、管理人员能上能下、收入能增能减。制定《市管科技型企业开展股权和分红激励试点工作实施意见》，探索建立中长期激励机制。扎实推进全市国有企业职工家属区"三供一业"分离移交，累计完成和签订协议357948户，占97.3%。

【发展方式转变】 济矿京杭铁水联运物流、鲁泰化学PVC填平补齐等6个市管企业新旧动能转换重点项目实施建设、全年完成投资11.7亿元，其他11个项目正在推进可研论证。举办中央企业助力济宁新旧动能转换座谈会暨项目签约仪式，中国交建等27户中央企业与济宁市签署合作"四新、四化"项目46个，总投资773.48亿元，开工建设项目10个、开展建设前期工作项目34个；后续新增签约项目4个，新增在谈项目22个。鲁泰控股集团石墨烯产业化科研项目攻坚取得重大突破。引导企业实施科技创新，济宁落陵支护材料厂获批国家级高新技术企业。落实市政府济宁监狱退危工作安排部署，完成济能发集团全面接管蔡园、金桥、金源煤矿及其权属企业。

【企业运营管理】 强化企业融资工作，保障改革发展资金需求。公用控股公司、鲁泰控股集团信用评级提升到AA，公用控股公司以供热收费权为基础资产创新发行债券方式，鲁泰控股集团、公交集团采用售后回租或直租方式进行融资，市管企业为京杭铁水联运物流等项目建设和购置比亚迪新能源公交车融集资金达20亿元。济能发集团争取到国家交通运输部2018年专项补助京杭铁水联运物流项目建设资金2.53亿元。狠抓企业内部管理，实现降本增效3亿元，成本费用低于营业收入增幅12个百分点，三项费用（管理费用、财务费用和销售费用）低于成本费用增幅15个百分点，其中管理费用下降7.24%，在岗职工人均工资增长5.99%。建立健全企业违规经营投资责任追究体系，强化违规经营投资责任追究。

【国资监管】 制定《加快推动国有企业改革的十二条实施意见》《在深化市属国有企业改革中坚持党的领导加强党的建设的实施意见（试行）》《深入实施创新驱动发展战略提升市管企业科技创新能力的意见》等文件20余件，国企改革政策主体框架基本确立。将市委、市政府交办重点工作纳入企业考核范围，与企业领导人员薪酬激励相挂钩，严格落实国有资产经营责任。强化企业内部审计监督，推行全面预算管理，加强经济运行动态监测。加快济能发集团、公用控股公司、济宁国投公司改建国有资本投资运营公司进程，推进市属经营性国有资产统一监管。强化外派监事会当期和事中监督，提报企业重大事项报告9份，揭示企业问题55项，及时督促企业实施整改，形成监督工作闭环，有效防范企业决策风险。

【党的建设】 坚持党建工作与国企改革同步开展，70户企业将党建工作要求写入公司章程，占总任务的

90%，通过公司章程明确企业党组织在法人治理结构中的地位，落实党组织研究讨论是董事会、经理层决策重大问题前置程序的要求。坚持对企业党建工作进行考核，开展企业党委书记抓基层党建述职评议和党委书记纪委书记述职述廉，试点将党建工作纳入全员业绩考核，推动企业党组织管党治党责任落地落实。推进“两学一做”学习教育常态化制度化，引导企业建设过硬支部。开展“三重一大”和八项规定执行情况专项检查，严格落实反馈问题整改。推进涉军人员权益保障工作，对符合省“11条”标准的1698人兑现政策。以创建文明单位为抓手，开展机关党建工作，代表市直部门接受省委组织部年度机关党建检查，被市委组织部推荐为湖北黄石市委学习机关党建的先进典型。

（汪宗猛）

物价管理

【价格监测监管】 组织开展价格监测及节假日市场价格重点监测分析预警，指导做好《济宁价格信息》编发。探索农产品价格调控机制，2017年，济宁市大蒜目标价格保险投保60.9万亩，争取财政补贴资金8500万元，蒜农每亩增收125元。开展重点领域、重点经营行业价格监管，全年通过12358价格监管平台、12345市长公开电话、济宁市网络问政平台、政风行风热线等渠道受理群众价格举报咨询共计340余件，做到即报即查、快速办结、及时反馈，有效维护消费者价格权益。

11月22日，省价格机制改革督查组到济宁市进行实地督查

【价格机制改革】 9月30日，市委市政府印发《关于推进价格机制改革的实施意见》，从推进重点领域价格改革、健全定价制度、落实惠民价格政策等方面对市场决定价格机制进行完善。出台《2017年度加快推进生态文明建设实施方案》，制定关于机动车污染综合防治、城区空调公交车实行季节性票价、电动汽车充电服务费等综合配套措施。在对市公立医院改革后试行的医疗服务价格标准进行认真研究测算的基础上，出台市属及省属驻济公立医院部分医疗服务价格正式标准，理顺部分医疗服务价格。出台《关于济宁城区非居民供热价格的通知》，降低用热价格浮动幅度。经测算，为40余家用蒸汽企业每年共计减负约856万元。对济宁城区非居民用天然气和全市车用天然气最高零售价格进行两次下调（非居民用天然气和车用天然气最高零售价格第一次下调分别由3.27元/立方米和4元/立方米调整为2.96元、3.69元，下调了0.31元/立方米；第二次下调分别调整到2.85元/立方米、3.58元/立方米），每年约减少2680多万元的成本负担，为车用天然气用户每年约减少支出670万元。

4月19日，济宁市物价局普法讲师团到商场宣讲价格法律法规

【群众价格权益维护】 完善实施低收入居民用水、用电、用热、用气差别化价格政策。完成保障性住房成本监审面积67444.76平方米，核减不合理成本3950万元，同时，合理制定公租房租金标准，保障低收入人群的住房权益。全年共争取低收入居民每月15度电量补贴款1620万元，省财政累计拨付济宁市低收入电量补贴款8720万元。制定普通道路车辆救援服务收费标准，推进济宁市车辆救援行业的规范化。针对全市中小学和幼儿园收费工作分别下发通知，对收费标准、收费原则等做明确规范。通过干部驻村入户联系群众工作，申请安居工程款9万元，实施贫困户危房改造3户，利用第一书记项目资金10万元，硬化村内胡同35条，长2732米，协调社会慈善捐赠资金4万元，建设灌溉用井10眼。

【公平竞争环境营造】 7月，印发《济宁市人民政府关于印发济宁市在市场体系建设中建立公平竞争审查制度实施方案的通知》，按照先增量后存量、自我审查与外部监督相结合的原则，有31个市直部门对增量和存量政策进行审查清理，审查新增政策40件，存量文件共计428件，未发现有违反公平竞争条款的政策措施。按照省物价局《关于深入开展涉企收费专项检查工作的通知》要求，自4月开始，以行政审批中介服务、行业协会商会、进出口环节、金融、建设等领域作为重点检查对象，全市共出动检查人员188人次，检查有关单位83家，查出违规案件1件，涉嫌违规收费金额17.83万元。同时，开展系列民生价费专项检查，全市共查处价格违法案件31件，实施经济制裁379.64万元。

【"放管服"改革】 相继出台《济宁市市级政府定价、指导价经营服务性收费目录清单》《济宁市市级政府定价、指导价涉企经营服务性收费目录清单》《济宁市定价项目清单》《济宁市定价成本监审目录》《济宁市定价听证目录》，提高物价工作的制度化、规范化水平。结合工作实际，制定《济宁市物价局 "双随机、一公开"价格监管工作实施细则》，分别制定随机抽查事项清单，建立全市价格执法人员名录库，分行业建立11个市场主体名录库。扎实做好涉纪、涉案、涉税财物价格认证工作，全市共办理各类价格认定总量3468件，总值8.85亿元。其中，涉纪案件24件，金额647.65万元，涉案案件1222件，金额5414.04万元，涉税案件1687件，金额6.24亿元。全年共办理价格争议纠纷调解事项18件，涉及金额4.9万元。

（王　宁　高　鹏）

工商行政管理

【工商登记制度改革】 商事制度改革取得新成效。全市市场主体总量达55.32万户，增长8.95%。新登记市场主体8.9万户，增长11.55%，平均每天新增登记248户，私营企业、个体工商户均保持较快增长。认真探索"证照分离"在高新区的改革试点，实施方案按时报省政府审批。国务院督导组和省专项审计组对市局"放管服"改革给予充分肯定，在市政府召开的两次会议上作典型发言。汶上县局的"放管服"改革工作先后被《中国工商报》及省市等媒体报道，省委书记刘家义亲自作重要批示。全面开放市、县两级市场主体名称库，企业名称申请量同比增长31%。将冠省名称登记查重权全部下放到县（市、区）。在实现网上注册登记的基础上，实行全程电子化登记系统。任城区、邹城市获得国家工商总局外资企业登记管理权授权。制定下发服务招商引资、助推非公有制经济发展、服务新一轮高水平对外开放等政策。支持指导465户企业规范化改组改制。研究拟订全市商标事业奖励办法，推进商标品牌战略，全市新增驰名商标3件、马德里国际注册商标14件，新增注册商标5621件，商标申请量达1.3万件、有效注册量增长21%。加快企业品牌价值化进程，帮助和支持企业运用股权、动产、商标权等融资贷款240余亿元，同比增长11倍，破解企业融资难题。

9月19日，济宁市推进"多证合一"改革启动仪式举行

【事中事后监管】 引导企业做好年报公示工作。2016年度企业、个体工商户、农专社公示率分别为93.96%、98.83%和99.23%，均位居全省前列。

建立健全信息归集共享机制，强化企业经营异常名录和严重违法失信企业名单管理。共有2.82万条次市场主体信息被列入经营异常名录。全市公示市级“守重企业”323家，推选“诚信中介组织示范点”76家，引导企业合法诚信经营。双随机、一公开监管扎实推进。研究制定具体抽查事项清单和实施方案，完善市场主体名录库和执法人员名录库，强化抽查结果在规范市场秩序中的运用。全市共抽查市场主体1.47万户，实现抽查事项100%全覆盖、抽查结果公示率100%的“双百”目标。个体工商户简易注销改革试点完成。探索“负面清单”制度和退出机制，减少休眠市场主体存量，扎实开展个体工商户和企业简易注销改革。全市适用简易程序注销市场主体8000余户。

【消费维权】 不断扩大消费宣传影响力。与《济宁日报》、济宁广播电台深入合作，刊播52期《每周消费维权报道》和53期《红盾维权之窗》，举办消费警示发布会7次。围绕2017年度消费维权年主题活动，发布2016年度消费维权典型案例和热点，市局和各县（市、区）局均高标准举办了3·15国际消费者权益日宣传活动，现场接受群众咨询1.26万余人次，发放宣传资料2.5万余册，受理消费者投诉2736件，解决率99.7%以上，为消费者挽回经济损失160余万元。不断规范消费市场秩序。开展“红盾质

3月12日，济宁市纪念3·15国际消费者权益日宣传活动在济宁体育馆健身广场举行

量维权”专项执法行动，加强流通领域商品质量监管。探索推行“首问负责”和“先行赔付”制度，建立“消费纠纷调解工作站”，组织49家经营单位开展“守信经营、营造放心消费环境”约谈，增强经营者自律意识。谋划放心消费创建工作。研究制定放心消费示范市场创建活动（试点）方案，联合市文明办评选文明诚信市场，表彰166家文明经营户。开展“厚道鲁商、诚信中介”倡树、发布市级诚信红黑榜、打造诚信经营示范街等活动。

【经济检查】 建立健全成品油市场经营主体动态监管台账与监管办法。全年抽检成品油样品2148个，合格率98.09%，完成抽检全覆盖目标。开展煤质监管和气代煤、电代煤督导。深入整治公用企业限制竞争和垄断行为突出问题，对16家企业行政约谈6次，对9家公用企业的格式合同审查发现的139个问题进行督促整改。以“无传销城市”认定为新起点，开展“五进”宣传124次，发布防范传销信息3000多万条次；“斩草”打传专项执法行动成效明显，对“善心汇”等案件进行及时处置。加大对品牌汽车市场和二手车市场的抽查和督导。高度重视安全生产，全面完成市政府交办的安全生产巡查工作。

（市工商局）

质量技术监督

【“质量强市”建设】 积极创建全国质量强市示范城市，起草《济宁市创建全国质量强市示范城市工作方案》。5月26日，市人大对全市“质量强市”战略实施工作进行专题调研。9月1日在曲阜市召开全市创建全国质量强市示范城市推进会。9月29日，举办全市第一期质量大讲堂。大力实施名牌战略，4个产品被新增列入2017年山东名牌产品目录，全市共有48家企业的52个产品，17家服务名牌企业申报山东名牌。嘉祥白菊花地理标志产品通过国家局资料审查，邹城猪牙皂于5月份获批国家地理标志保护产品。6月19日至20日，曲阜市“全国儒家文化旅游知名品牌创建示范区”通过专家组现场验收。

【标准化战略实施】 全面推行企业产品标准自我声明公开制度，全市企业产品声明数量614项。全年新增国家级标准化试点项目3个，主导起草国家标准2个，省级标准化示范项目15个。济宁高新技术产业开发区创建“国家高新技术产业标准化示范区”项目通过国标委答辩。加强标准化人才库建设，共征集标准化专家43人。

【计量工作】 开展全市民生计量检查、机动车检测线检查、医疗机构计

9月1日，全市创建全国质量强市示范城市推进会在曲阜召开

量监督检查、油品升级专项检查等多项专项计量监督检查。完善能源计量监督管理，完成对全市57家重点用能单位的能源计量检查和能源审计工作。开展计量安全生产大检查，共检查527家企业，技术机构27家，发现问题44项，对存在的问题进行督促整改。严格依法做好强检工作。全年免费检定计量器具13000台件，免收费用1600余万元。积极开展“5·20”世界计量日宣传等活动。

【技术基础水平提升】 市质检所5个省级中心通过复查评审。市计量所通过16项新建计量标准考核。山东省特检院济宁分院通过检验检测资质换证核准现场鉴定评审，全年完成各类特种设备检验31940台套，累计检验各类压力管道248.96千米，监检管道元件13370.7吨，发现并消除各类设备安全隐患1744起。纤检所监督检查棉花加工企业83家次，全年检验新疆监管棉及本地棉花12余万吨。济宁半导体及显示产品质量监督检验中心完成43项检测项目的扩项。

【质量安全监督检查】 强化市级监督抽查，全市共抽取232家企业254批次的样品，企业合格率为96.98%，产品合格率为97.24%。开展重点产品监督检查，组织开展19家电线电缆生产企业监督检查工作和危化品专项整治。加强特种设备安全监察，召开全市质监系统安全生产百日攻坚治理行动和执法大检查工作会议，组织开展特种设备“素质固安”工程项目，联合兖矿集团举办“全市特种设备安全管理人员素质提升培训班”，完成对40家气瓶充装单位年度全面安全检查，巩固“油气长输管道”和“燃煤锅炉”攻坚战成果，全市没有发生一起特种设备安全重大事故。

【行政许可服务】 全年窗口共受理咨询近1800余人次，累计办结各类受理项目4000余项，发放各类证书4000余张。按期办结率和群众满意率均达到100%，办结时间比法定办结时间缩短57%以上，实现审批零超时、受理零投诉。窗口及工作人员被市政务服务中心评为“红旗窗口”和“服务标兵”。4月1日起，市局涉企行政事业性收费的三项行政许可事项都不再进行收费。

【市委市政府部署的各项重点工作】 发挥质监职能做好新旧动能转换工作。支持梁山专用车省级质检中心建设工作，推进高新区创建国家检验检测认证公共服务平台，年初获批成为全国第十一家检验检测创建示范区。顺利推进市政府气代煤工程中煤气表检定工作，共检定煤气表64128只，完成市政府安排的工作任务。积极参与创建全国文明城市工作，落实“路长制”，支持40网格包保的3个村的创城工作。做好驻村联户工作，选派1名副科级干部挂职泗水县泗张镇副书记，专门做好精准扶贫工作。选派2名科级干部，挂职任泗水县中册镇蒋家岭村第一书记。市局主要领导多次到第一书记村调研走访慰问，局班子成员、全体党员干部进行大规模的入村走访工作，落实“三知一清”制度，入户率达到100%。

（张　跃）

9月29日，全市质量大讲堂活动举办

食品药品监管

【“双安双创”】 7月29日市长办公会、8月21日市委常委会、9月25日市政府常务会议对全域推进食品安全先进市创建和农产品质量安全市创建（以下简称“双安双创”）工作进行专题研究，市委、市政府确定开展全域推进“双安双创”工作，成立由市委书记、市长任组长的工作领导小组，出台《济宁市全域推进食品安全先进市创建和农产品质量安全市实施方案》《餐饮质量安全提升工程的实施意见》《济宁市食品药品“十三五”规划》等一系列文件。市委书记王艺华、市长傅明先先后调研视察“双安双创”工作并分别做出批示。12月8日，济宁市召开创建山东省食品安全先进市暨全域推进“双安双创”工作动员大会。全市经济社会发展综合考核“食品药品安全工作”分值由15分提高到35分。针对食品安全监督抽检、县级食品药品检验检测能力建设先后召开2次专题约谈会和2次专题座谈会，组织2次专项督查活动和8次一对一督办。在全市范围内部署开展2017年食品安全综合整治“百日行动”，举办2017年济宁市食品安全事故应急演练。

【食品安全监管】 市政府将加强食品安全监管列入为民办十件实事之一，将强化食品药品检验检测，加强食品监督抽检，抽检结果依法向社会公示，严厉打击食品违法犯罪行为等内容写入正文。“2017年为民办好十件实事”中加强食品安全监管的各项任务全部完成。全年为百姓免费快检食品4.3万余批次，发现处置疑似问题食品571批次，监督抽检食品（含食用农产品）4.2万余批次，发现处置问题食品1099批次。市级检验检测中心高新区实验楼进行实验室装修改造；全市10个县（市、区）的县级食品药品检验检测中心全面建设完成，实验室面积达1.37万平方米，增加95.7%，检验仪器设备总值由4276万元增长至6794万元。任城区、济宁高新区、太白湖新区、经开区等共投入财政资金327万元配备食品快检车。

【“四有保障”】 抓好职责保障。制定全市年度重点工作安排，明确各监管部门的职责，抓好源头治理、重点整治、抽检监测、日常检查四个重点职责的落实。抓好人员保障。截至2017年年底，全市基层监管队伍编制总数1400名，新增人员56名，同比增长1.8%；实有在编在岗人员1132人，全市基层监管人员到岗率达80.86%，同比增长2.03%。10月26日至11月1日，市食安办联合市委组织部在上海财经大学举办专题培训班，切实提升市县两级有关部门食品药品安全监管与法治能力。抓好经费保障。食品安全监管经费连年稳定增长，市财政安排市级食品药品监管部门预算6225万元，比上年增加1701万元，其中市级食品安全检验检测经费1237万元（含下半年追加食品安全抽检经费425万元），比上年增加717万元。抓好执法能力建设。开展“执法能力提升年”活动，加强监管执法能力、检验检测能力和信息化建设。市财政安排专项资金2626万元，用于市食品药品检验检测中心实验办公楼项目改造。全市各级各部门共开展食品安全监督抽检43599批次，合计千人样本量5.22份，比上年提升185%。

【安全保障】 强化源头治理。以健全完善农产品质量安全监管、执法、检测三大体系为抓手，以实施整建制创建，打造农产品质量安全市为目标，严格农业投入品监管，强化标准化基地建设，以“龙头+基地+农户”为基本模式，提升农产品生产的标准化、规模化、专业化和组织化水平。严格过程监管。创新监管工作方法，全面实行“双随机、一公开”“三不一直”“四品一械”综合督导检查工作方法和“一季度一督查”工作制度，探索建立“紧螺丝”监管法，坚持“自查、检查、督查、处罚”，有效提升监管效能。通过彻查风险隐患、抽检信息公开、曝光违法违规企业，倒逼生产经营者落实主体责任。实施“三安联动”。组织开展食品安全、农药使用、春季农资打假护农、水产品质量安全、畜禽产品、集体用

9月30日，2017年济宁市暨梁山县食品安全事故应急演练举行

餐、“三小”食品、食品添加剂使用等12项专项整治活动，全市公安、农业、林业、食品药品监管、渔业、畜牧兽医等部门召开联席会议50次，开展联合执法91次，下达责令整改通知书或监督意见书4585份，取缔无证经营者703户，吊销食品经营许可证71户，捣毁“黑窝点”85个，打掉犯罪团伙68个，涉案金额近1亿元。检查药械生产经营使用单位6800家次，责令整改812家次，收回、撤销药品GSP认证证书41件，立案查处536件，罚没497.7万元。

3月31日，“食安济宁在行动”晚会在济宁广播电视台演播大厅举行

【特色品牌打造】 2017年新创建“食安山东”食品生产加工示范单位5家，组织18家企业申报，指导济宁经济技术开发区示范基地创建；新创建食品流通示范单位66家，在全市范围内组织开展食品安全管理规范化农贸市场创建工作；新创建餐饮服务示范单位（街区）32家；新认证农产品“三品一标”362个，四种业态总数超过全省平均水平；认证省级农业标准化生产基地77家，数量和规模居全省前列；创建山东省经济林标准化示范园8个，新注册食用林产品品牌商标7宗，新建成“齐鲁放心果品”基地5处、“省级经济林标准化示范园”8处、“省级十佳观光果园”4处，建设济宁地方特色畜产品集中展示厅和网络平台，打造金乡大蒜、微山湖大闸蟹、玉堂酱园、汶上芦花鸡、济宁青山羊、鲁西黄牛、梁山“黑猪牌”黑猪肉等一批品牌；嘉祥种羊场被农业部授予全国首批6家“国家肉羊核心育种场”。

【宣传教育】 构建立体化、广覆盖的食安宣教体系，开展食品安全宣传活动。先后组织开展“12331”投诉举报宣传日、食品安全宣传周等系列宣传活动。3月31日，举办“食安济宁在行动”大型主题晚会。出品食品安全主题歌曲“民以食为天—食安济宁之歌”，“食安济宁”公益广告在济宁电视台黄金时段全年播放。在《济宁日报》、济宁电视台开辟“食安济宁”专栏。在《大众日报》、山东电视台、《济宁日报》、济宁电视台、《齐鲁晚报》、大众网和齐鲁网等媒体共报道发布济宁市食药安全信息260余篇。建立官方微信公众号“食药安全在济宁”，坚持每周至少发布信息两次，并在微信号主页设置“微科普”栏目，方便公众获取日常食品药品安全科普知识。“12331”热线共接收食品投诉举报3247件，符合受理条件的2789件，投诉举报案件按时办结率、回复率均达到100%。落实食品安全举报奖励2件。建立企业信用档案，实施“红黑名单”制度，强化食品生产经营者的责任意识和诚信意识。聘请68名人大代表和政协委员担任食品执法执纪社会监督员。

（市食品药品监管局）

安全生产监管

【责任体系建设】 在全省率先出台《济宁市安全生产责任制规定》；将市政府安委会升格为市委、市政府安委会，市长任安委会主任，市委副书记、部分市委常委、副市长任副主任和专业委员会主任；市委、市政府主要领导和安委会多位副主任一岗双责，把“四不两直（不发通知、不打招呼、不听汇报、不用陪同接待、直奔基层、直插现场）”式暗访督查纳入日常工作，同步推进。编制属地党委、政府的权责清单、行业部门的权利清单、责任清单，梳理出党委、政府30项职责、部门330项职责。印发《关于进一步明确重点领域安全监管责任的通知》，对电力、道路货运、内河航运、村民住宅建设、县乡道路等6大领域的安全监管职责做出梳理界定。

【“素质固安”工程建设】 在全国率先提出“素质固安”理念，同时在全市辖区内全面部署实施“素质固安”工程。全市建立“项目管理”“体验基地”“送教下乡”“志愿服务”“文化传播”“警示教育”六条工作主线。项目管理：全市共确定开展13类专项工程计785个“素质固安”活动项目。体验基地：制定发布《“素质固安”工程“公众安全教育体验基地”建设标准》，全市建成10个一级“素质固安”工程公众安全教育体验基地。送教下乡：全市组建27个综合

6月27日，嘉祥县举行"素质固安"工程公众安全教育体验基地揭牌仪式

类和专业类"送教下乡"教育团，累计开展"送教下乡"活动526次，受教职工群众达11.6万人次。志愿服务：在全国率先成立"素质固安"志愿服务联盟，全市"素质固安"工程在册志愿者达855人。文化传播：创新举办蒜乡安全文化艺术节，在市电视台开播43期《问安济宁》"素质固安"工程专题电视节目。全市63名"素质固安"工程新闻通讯员在"素质固安"工程微信公众平台发稿1000多篇。警示教育：在全国首创推出安全生产"警示教育日"。全市5483家企业设立"警示教育日"，3675家企业按规定开展警示教育系列主题活动。5月，《中国安全生产报》在头版头条以《济宁"素质固安"工程送平安到千万家》为题对济宁市"素质固安"工程进行报道，6月，国家安监总局调研组到济宁就"素质固安"工程作调研并发表专业调研文献《用文化为安全生产之躯"补钙"》向全国推介"素质固安"。

【监管监察体系建设】 制定《关于进一步加强基层安全生产监管执法队伍建设的通知》，全市14个县（市、区）156个乡镇（街道）共配备安监工作人员731名，安全检查员630名，大专以上学历87%，专人专职率100%，安全教育培训率100%，持证上岗率100%，执法车辆98台，执法装备300余件套。组织2次异地执法活动，全市7个执法互查组共检查企业462家，发现问题隐患6836项，拟立案处罚项731项。组织"异地执法""百日攻坚行动""电气火灾综合治理""校园校车安全检查""大空间跨度建筑隐患排查""危化品综合治理""机动车三违四非"等安全生产大检查活动。全市派出检查小组24534个，出动执法人员137255人次，检查企业92908家次，查改隐患153147项，实施行政处罚1900.15万元。9月，市安委会组织7个安全生产工作巡查组，分两轮对全市14个县（市、区）开展专项巡查，各巡查组共巡查县级部门160个，乡镇（街道）87个，调阅文件68709份，受理来信、来电8次，座谈询问4091人次，检查企业389家，出动检查人员1835人次，发现问题3459项。

【支撑保障体系建设】 实施风险分级管控、隐患排查治理双重预防机制建设。全市各行业开展双重预防体系建设企业6182家，其中规模以上企业1667家，中小微企业3277家。排查风险点390209个，其中一级风险点312个，二级风险点4988个，三级风险点154560个，四级风险点330349个。制定《济宁市安全生产应急救援管理办法》，建设安全生产应急救援专家数据库、卫生医疗机构数据库、应急救援力量数据库、安全生产高危企业数据库，建设联动互通的应急救援指挥平台，5月，全市3家省级安全生产应急救援中心通过验收。

【基层基础建设】 建成市级安全生产培训课件库、安全培训师资库，通过培训+考核模式，全面考核企业单位"四类人员"安全管理能力和操作技能，全市12个考点共培训考核12194人次。组织安全生产月主体咨询日活动，全市55家单位、12家企业参与，悬挂横幅200余条，发放《居家安全100问》2000余本，安全知识宣传页5万余册，危险化学品基层知

6月9日，邹城市艾孚特科技有限公司举行安全生产警示教育主题活动

识、职业健康与职业病防护知识、消防安全、交通、用电、报警、液化气安全常识等宣传资料2万余份，接受群众咨询2000余人次，现场受教育群众5000余人。安全生产月期间，全市开展宣传、培训、督查、应急演练、执法比武等13大类23项活动，开展主题宣讲433场，十百千谈安全生产征集稿件3321篇，发放各类安全生产宣传资料182650份。

（张乃建）

统计工作

【重大国情国力调查】 按照全国全省统一部署要求，突出抓好农业普查现场登记、查遗补漏、数据汇总、数据质量抽查验收等工作，完成普查登记任务，入户率100%、农户知晓率100%、签字率100%。建立健全农业普查数据质量管控制度，编制开发《济宁市三农普数据质量审核表》，制定《录入进度监控表》，印发《关于第三次农业普查数据质量问题的通报》，确保农业普查数据审核把关全过程。4月份代表山东省接受国家质量抽查验收，得到国务院、省检查组充分肯定。深度挖掘普查资料，3月底，与山东农业大学签署《济宁市统计局与山东农业大学合作协议》，12月，与山东农业大学签订4项重点课题研究协议书。

【统计数据质量提高】 科学规划统计工作流程。制定印发《济宁市统计调查基本流程》《济宁市局各专业工作流程》，规范统计调查工作。完善数据质量控制制度。修订《济宁市统计数据质量管理办法》《济宁市统计数据质量责任追究制度》，成立统计数据评估和控制领导小组，完善“三查三核对”制度。加大数据质量检查力度。先后对工业、能源、投资等专业数据质量进行检查，对发现的统计数据质量问题，及时采取有效措施加以纠正。

【统计基层基础加强】 强化基层基础培训。对全市乡镇统计站长进行集中培训，充分利用视频会议系统直接培训到乡镇、基层企业，提高基层统计人员素质。强化部门协调沟通。加强与工商、税务等部门合作，充分利用部门信息，及时更新完善基本单位名录库。扩充基层统计力量，嘉祥县成立副科级数据管理中心、任城区成立正股级数据管理中心。

9月20日，第八届中国统计开放日暨政府统计云上线启动仪式在济宁举行

【统计信息化建设】 5月份，与华为公司合作，在市统计局、14个县（市、区）统计局、162个乡镇统计站，安装675个桌面云终端，建成全国首个市、县、乡一体的政府统计云，实现“云上办公、云上监测、云上决策、云上服务”，统计进入云时代。12月初，常务副市长于永生在全省统计工作专题会议上作典型发言。升级完善市综合数据信息平台，整理、加载工农商、财税金融、民生环保等经济社会发展各个领域300万笔数据信息。建成全国首个“三农普”大数据平台。完成农作物种植、畜牧业、农民收入、新农村建设监测、农业供给侧改革等6个专题制作，受到国家农普数据处理组高度赞扬。打造集文字、数字、图片等一体的“数据济宁”微信公众平台。对最新统计数据、经济动态、宏观政策等通过微信向公众推送。在全国统计调查系统微信公众号影响力2017年6月排名榜中，位列全国第六名。

【统计服务发展】 全新改版统计月报，更名为《济宁经济社会监测月报》，优化指标扩容数据，配图解读经济。研究建立新旧动能转换统计监测指标考核体系，引领全市新旧动能转换，推进经济转型发展。注重数据整理开发，整理编印2016年度《济宁统计手册》《济宁统计年度报告》和《济宁统计年鉴》。按月以市委市政府两办名义对各县（市、区）经济运行情况通报。实施“统计分析精品”工程，制发《关于做好统计调研和统计分析工作的通知》，拟定33个重点统计调研和分析题目。全年撰写统计分析、信息、参考、参阅200余篇，其中10余篇调研分析报告被市委市政府主要领导批示。

【统计法制】 加大执法培训力度，制定2016年统计法制工作要点和统计执法检查工作方案，举办4期统计法学习班，对300多人进行培训和考试。强化宣传，利用统计开放日、“12·4”法制宣传日和“12·8”统计法宣传日等时间节点和新媒体，发放《中华人民共和国统计法实施条例》1万余份。加大执法力度，对全市“四上”企业300余家企业进行统计执法检查。

【制度改革创新】 加快推进统计管理体制改革。成立深化统计管理体制领导小组及办公室，明确工作重点和责任分工。加快推进“五证合一”改革，完善名录库维护管理办法，建立企业经营预警制度，开通“四上”企业审批绿色通道，申报纳统省普查中心通过率在全省17市中列第1位。全面推进非金融资产投资改革，开展固定资产投资重复计算问题专项整治，完成7498家企业非金融资产改革任务。成立GDP核算工作协调领导小组，将GDP核算23项基础指标分解到专业、部门，提高基础数据支撑度。开展电子商务交易平台清查摸底工作，充实全市电商平台库。2017年，全市纳统电商平台数量居全省第4位。

（冯兴岱）

审计工作

【概况】 2017年，全市审计机关共完成审计项目1078个，查出违规问题金额19.94亿元，管理不规范问题金额449.23亿元，核减投资额21.58亿元，促进财政增收节支27.92亿元。

【政策跟踪审计】 组织开展盘活存量资金、精准扶贫、公立医院改革、金融支持实体经济、公共文化服务体系建设、深化铁路投融资体制改革、保障性安居工程建设等11项政策措施落实情况的跟踪审计，严肃查处弄虚作假、隐瞒实情以及重大履职不到位等问题，推动政策有效实施和发挥作用。

【预算执行审计】 统一组织2016年度预算执行审计，揭示预算管理不规范、预算执行不均衡、非税收入应缴未缴国库等问题。将审计发现的问题专题向市长办公会做汇报，受市政府委托，向市第十七届人大常委会第四次会议作《关于2016年度市级预算执行和其他财政收支情况的审计工作报告》，向市第十七届人大常委会第八次会议作《关于2016年度市级预算执行和其他财政收支审计查出问题整改情况的报告》，对审计发现的问题进行点名曝光，审计情况和整改情况分别在《济宁日报》和政府门户网站上向社会公告。

【政府投资审计】 认真学习审计署印发的《关于进一步完善和规范投资审计工作的意见》，积极转变审计理念和思路，重点做好3个转变。从数量规模向质量效益转变。从单一工程造价审计向全面投资审计转变。从传统投资审计向现代投资审计转变。全年对48个项目进行结算审计，共审减工程造价1.11亿元。同时，配合省厅完成济宁市采煤塌陷地综合治理绩效情况审计调查；协助市委巡察组完成对市文物局承担的多项文物保护建设项目有关问题线索的调查落实工作。

【经济责任审计】 按照“三个区分”原则判断认定问题的要求，印发《2017年经济责任审计工作指导意见》，明确年度经济责任审计重点。做好换届后的领导干部经济责任审计工作49个，审计发现部分单位存在未上交财政收入、购置固定资产未经政府采购、往来款项清理不及时、财务支出不规范等问题。做好省审计厅授权济宁开展的6位省管领导干部的经济责任审计工作。配合市委组织部在嘉祥县召开全市实施村级审计建立村级工作督查制度现场推进会，对全市村级审计督查工作进行安排部署，在全市范围内推进村级审计工作。

【专项调查审计】 开展涉企收费专项调查，摸清涉企收费总体状况，规范涉企收费行为，对梁山县县级现代预算管理制度改革进行专项审计。对济宁矿业集团有限公司、山东永泰照明电器股份有限公司、山东华圣瑞德市政工程有限公司进行资产质量专项审计调查，摸清企业资产结构、创新能力、经济效益和社会效益情况，揭示问题并分析问题产生的原因，提出针对性的意见建议。组织完成中小学大班额问题、政府融资性担保公司管理运营情况专项审计调查、养老保险基金审计，揭示存在的问题，提出建设性的意见建议。

【队伍建设】 对照省审计厅开展的“强基层、铸铁军”工程，找准薄弱环节和着力点，研究制定实施办法，以党的建设引领队伍建设、业务建设和文明建设。狠抓精神文明建设工作，顺利通过全国文明单位复审。对接省审计厅在济宁举办大数据审计思路与方法培训班。选派98人到南京审计大学参加重大公共投资审计业务培训班，选派50人到南京审计大学开展计算机审计后续培训班，选派100人到南京审计大学开展全市财政税收审计骨干业务提升培训班。

（郭卫东　李国帅）

海　关

【业务改革】 认真落实全国海关通关一体化改革部署，全年受理一体化进口报关单8995票，开展现场验估146票，追补税70.74万元，现场验估量居青岛关区内陆单位首位。深化税收征管体制改革，推广应用集中汇总征税、“自报自缴”模式，全年集中汇总征税3.37亿元，同比增长45%；前11个月“自报自缴”736票，居青岛关区内陆单位首位。深化企业信用管理改革，与济宁市政府联合举办高级认证企业颁证仪式暨政策宣讲活动，年内开展认证作业11起，对25家企业进行认证工作培训，对1家企业实施联合惩戒。深化加工贸易监管改革。认真落实加工贸易分类管理、无纸化作业等改革举措，进一步简化业务流程。落实取消保证金台账制度措施，惠及辖区72家加工贸易企业。办理青岛关区首例出境加工业务，全年办理出境加工账册4本，备案金额246.8万美元。

【监管工作】 加强税收研判分析和涉税要素审核，确保税款应收尽收。全年税收入库19.98亿元，同比增长38.1%。严密后续监管。积极落实分行业监管、“多查合一”等改革措施，全年稽查结案13家，稽查补税1211万元；移交缉私4起，预估案值6051万元，涉税637万元。开展加贸、减免税核查21起，发现问题企业7家。强力管控虚假贸易。与济宁市国税局、外汇管理局分别签订《合作协议》，加强数据交换和联合监管，未发现新增虚假贸易情事。加强加工贸易监管和企业管理工作，全年加工贸易备案货值4.9亿元，新注册企业438家。打击走私战果显著。组织开展“国门利剑2017”“国门勇士”“青岛利剑1704”专项行动，全年刑事案件立案8起，案值5061万元，涉税320万元；行政立案5起，案值258万元，涉税30.23万元。缉枪行动抓获犯罪嫌疑人13名，查扣气动力枪支55支，铅弹、钢珠弹等4000余发，与地方公安联合铲除一个特大走私贩卖枪支网络，被总署列为一级挂牌督办案件。

5月11日，济宁海关举行高级认证企业颁证暨政策法规宣讲会

【服务地方工作】 支持地方对外开放平台建设。协助做好济宁综合保税区、保税物流中心申建工作，指导金乡县农产品监管场站推进业务运营。扩大班列进口推动融入“一带一路”。指导企业通过公、铁联运开展“郑-新-欧”班列进口业务，全年监管班列进口货值4473万美元，同比增长102%。落实减免税政策优惠，全年减免税款5539万元，同比增长196%。及时清退保证金减轻企业负担，全年清退保证金2631万元。有效压缩通关时间。加强各部门协作配合，对通关时间超长报关单及时进行监控和处置。2017年进口货物通关平均时间降至9.31小时。积极推广应用“单一窗口”。迅速传达省口岸办、青岛海关相关部署要求，召开重点企业座谈会加强宣传指导，超额完成应用比例30%的要求。加强海关知识产权保护，推荐1家企业作为海关总署出口知识产权优势企业，指导该企业申请暂扣涉嫌侵权货物24吨。做好统计分析服务。全年向济宁市报送《海关信息》13期，提供数据查询服务44次。参与撰写报署、报省统计分析报告32篇，其中国办采用4篇，获中央领导批示2次。积极参与全市创建国家级文明城市工作。包保社区和路段各1个，协助开展环境整治、文明宣传等工作，印制发放宣传材料4000余份，参与“创城”督导300余人次。

（济宁海关）

出入境检验检疫

【概况】 2017年，检验检疫出入境货物38286批，货值193160万美元。签发各类原产地证书20471份，金额116155万美元。

【出口产品质量建设】 积极推动国家质检总局标法中心、山东检验检疫局、济宁市人民政府三方共建全国首个大蒜技术性贸易措施评议基地。全方位参与大蒜等产品技术性贸易措施研究和应对。出台服务新旧动能转换12条措施。对济宁市出口食品生产企业进行大调研，对绿源公司、圣昌公司、豪联肠衣、金康畜产公司进行质量提升和迎检培训，督促绿源、圣昌做好欧盟迎检工作和硬件设施升级改造。与泗水、兖州、微山等县市畜牧部门联系，形成社会共治机制。针对日本对蒜薹、姜汁通报展开调查，强化全过程监督，确保符合要求。开展大蒜病虫害普查，强化植物检疫实验室建设，解决冬季熏蒸难题，确保检疫处理质量。积极培育出口工业品示范区和示范企业，帮助梁山县成功创建“出口工业产品质量安全示范区”。指导神力锁具和如意印染公司创建“中国出口质量安全示范企业”。开展“三同”工程帮扶行动，先后开展“三同”进商超、进社区、进万家以及消费者体验日等主题宣传活动，培育16家出口企业上线认监委“三同”公共服务平台。推动山东倍耐力轮胎有限公司成为全国首批出口工业产品“三同”企业。

【大通关建设】 制定《济宁局建设“三最”口岸十四条措施》，组织开展出口食品备案企业监管“双随机”工作，将出口食品农产品无障碍放行企业扩大到200家。将流程时长纳入绩效管理，定期通报。与金乡县政府共同建设济宁国检贸易便利化服务中心、自贸协定实施研究中心，实现金乡县境内原产地等检验检疫证书现场签证。促进山东检验检疫局与济宁市政府签署《推动济宁市抢抓国家自贸区战略机遇合作备忘录》，在山东检验检疫系统属首次。推行全程无纸化和国际贸易单一窗口。全面运行全国版检验检疫无纸化系统，积极引导企业使用国际贸易单一窗口等免费申报系统，推广应用“国检窗”手机APP。

【基层基础建设】 加强实验室能力建设，积极开验新法检项目，严格控制法检检测周期，技术中心顺利通过认监委监督扩项现场评审，变更检测标准128项，扩大检测项目301个。积极开拓市场业务，技术中心被确定为鲁西南地区公安系统食品安全定点检测单位，并通过山东省食药局组织的能力验证、飞行检查、绩效评估等一系列活动。加快软硬件环境改造，完成实验室气路、水路、通风系统改造，安装氨基酸分析仪等大型检测仪器设备，建成感官实验室。结合济宁市创建全国文明城市，修缮传达室、体检中心办公楼楼顶、粉刷综合楼内墙等。建立完善行政、业务、纪检三项督查督办制度，每月编发《督查督办通报》，形成有部署、有检查、有落实的工作机制。

【队伍建设】 研究制定《中共济宁检验检疫局党组关于加强自身建设的意见》《持续深入抓班子带队伍指导性意见》。领导班子以身作则，坚持民主集中制，在各方面为全体职工作表率。积极开展思想政治工作，深入开展“四提升三满意”“普通干部上讲台、我来讲上一堂课”活动。举办科级领导干部读书班。将事业需要、岗位需求与干部成长有机结合，提任科级领导干部5名。

【机关党建】 组织作风纪律检查讨论和个人“党纪在我心中”征文活动。制定《推进“两学一做”学习教育常态化制度化实施方案》，扎实开展“两学一做”学习教育。通过编辑《学习与辅导》专栏、微信朋友圈推送等方式，发送学习教育内容18篇。开展“建过硬支部、做合作党员、当干事先锋”活动，规范建设党建活动阵地，把3名作风过硬、成绩突出的干部树立为身边典型。出台《2017年党风廉政建设和反腐败工作要点》。坚持做好每月廉政一课教育。邀请任城检察院专家开展预防职务犯罪警示教育宣讲活动。开展以案说法教育和以“四风”为主要目标的审计自查自纠工作和纪律教育月活动，进行4次党课学习。不定期组织开展落实“两个责任”监督检查工作，及时分析苗头性、倾向性问题，并进行针对性谈话提醒。

（李　梅）

农 业

农业和农村经济发展

【农业农村经济总量】 全市实现农林牧渔业增加值518.33亿元、增长4.7%。其中农业344.99亿元、增长5.3%，林业7.63亿元、增长5.7%，牧业120.58亿元、增长3.3%，渔业24.77亿元、下降4.3%，农林牧渔服务业20.36亿元、增长15.6%。农、林、牧、渔及农林牧渔服务业增加值比例为66.6∶1.5∶23.3∶4.8∶3.9。

【农业生产能力】 扎实推进粮食绿色高产高效创建，新增示范方26.8万亩，总规模达到251万亩。全年粮食作物播种面积1105.1万亩、减少15.1万亩，经济作物411.1万亩、减少8.9万亩，蔬菜瓜果面积295.2万亩、增加4.3万亩。粮食总产575.6万吨、减少2.0%，单产520.9公斤、减少0.6%。其中夏粮269.4万吨、减少1.2%，秋粮306.2万吨、减少2.6%。棉花产量5.3万吨、减少19.3%，油料产量16.7万吨、减少2.4%。园林水果产量29.1万吨、增加10.5%。

【林牧渔业】 实施国家森林城市创建工作，全市林木覆盖率31.3%、提高0.5个百分点。完成造林面积21万亩，新建完善绿色通道637.3公里、2.5万亩，完成湿地保护修复10万亩。市级以上湿地公园增至35处，其中国家级（含试点）6处、省级18处。林业产业健康发展，新发展经济林8.4万亩，新育苗完成3万亩，新发展林下经济12.5万亩。肉类总产量61.0万吨、增加0.5%，禽蛋总产量35.0万吨、增加1.0%，奶类总产量10.6万吨、减少0.8%，水产品总产量33.1万吨、基本持平。

【农产品质量安全】 整建制创建省级农产品质量安全市，新增省级标准化生产基地19处，新认证“三品一标”61个，“三品一标”总面积430万亩。实施农业品牌培育工程，发布“济宁礼飨”农产品区域公用品牌，共有2个区域公用品牌、20家企业品牌被列入山东省知名农产品名录，“金乡大蒜”被农业部评为“中国百强农产品区域公用品牌”、全国首批“中国特色农产品优势区”。常态化组织开展农产品质量安全抽检工作，检测合格率达到98.9%。

【农业园区建设】 济宁国家农业科技园区“生物技术、农产品精深加工、农机装备制造、优良苗木和现代种业”五大主导产业优势凸显，规划建设的53个重点项目全部完成，以全国第三、山东第一的成绩，顺利通过国家验收，再次被列为全国农业科技创新引领区。金乡县被列入全国首批“国家现代农业产业园”，获奖补1亿元。新认定20处市级现代农业示范园区。

【农业农村改革】 推进农业适度规模经营，11个县（市、区）全部挂牌成立农村产权流转交易市场，全市共流转土地252.8万亩，占比32.2%。大力培育新型农业经营主体，农民专业合作社、家庭农场总数分别达到14457家和2340家，新评定市级示范社（场）100家。

【农业生产条件改善】 全市农业机械总动力876.68万千瓦，增长4.3%。农用大中型拖拉机5.02万台、增长5.41%，联合收获机3.5万台、增长4.38%，拖拉机配套农具21.69万台、增长2.3%。农作物耕种收综合机械化水平达85%，其中小麦机播率、机收率分别为96.78%、99.75%，玉米机播率、机收率分别为99.53%、97.1%。农田总灌溉面积496.55千公顷、增长0.44%，其中有效灌溉面积473.93千公顷、增长0.25%，节水灌溉面积305.23千公顷、增长8.94%，综合灌溉水有效利用系数达0.64。

位于兖州区的国家农业科技园区中国农机城

金乡大蒜产业园

【强农惠农政策】 落实耕地地力保护和种粮大户补贴6.53亿元，政策性农业保险承保713.73万亩。策划梳理提报18个重大项目，对上争取资金2.6亿元，带动社会投资226.45亿元。支持贫困村发展特色采摘、农耕体验、农家乐等休闲农业，各类新型经营主体带动5370名贫困人口稳定增收。

【农民生活质量改善】 全市农村居民人均可支配收入14845元、增长9%，人均消费支出9641元、增长9.4%。农村居民人均住房建筑面积44.83平方米。

（郑　伟　吕晓彤）

农村经济管理

【农村承包土地管理】 截至2017年12月份，市辖11个县（市、区）（济宁高新区、太白湖新区、经济技术开发区所属7个涉农乡镇回归原建制统计），146个乡镇，6051个村，154.68万户，781.43万亩，完成145个乡镇，149.1万户，5877个村，775.56万亩，完成率均在96%以上。农村土地承包经营权确权登记颁证工作基本完成。加快推进数据库建设工作，14个县（市、区）数据库均通过省级检测。农村土地承包经营纠纷调解仲裁体系逐步建立。下发《关于加强农村土地承包经营纠纷调解仲裁体系建设的通知》。全市11个建制县（市、区）均建立农村土地承包仲裁委员会，140个乡镇均成立农村土地承包调解委员会，5914个村成立农村土地承包调解小组。农村土地承包经营权流转工作有序开展。全市土地流转面积达到252.8万亩、占家庭承包经营总面积的32.2%。

【农村集体产权制度改革试点】 农村集体“三资”管理逐渐规范。全市农村集体“三资”管理示范县国家级3个、省级5个。推广邹城农村集体资产“六规范”（集体资金、资产、资源、账务、档案、公章）和嘉祥农村"三资"规范化管理等经验做法，在全市集中组织开展农村“三资”清查活动。全市农村集体经济组织共有资源面积1390.7万亩，其中耕地853.9万亩，资产账面金额118.6亿元、平均每村181万元，资金账面金额13.7亿元。搭建农村“三资”网络管理平台—济宁农廉网，形成农村“三资”村级公开、乡镇监管、县级监控、市级监督，建立理财民主化、管理制度化、监督经常化的工作机制。全市14个县（市、区）、156个乡镇（街道）、6261个村搭建网络监管平台，乡镇普遍建立农村集体“三资”委托代理服务中心，实行委托代理服务的村占全市总村数的95%以上。农村集体产权制度改革稳步推进。市委办公室、市政府办公室下发《关于印发〈全市农村集体产权制度改革市级试点方案〉的通知》，明确全市农村集体产权制度改革的总体要求、基本原则、目标任务、试点内容、试点步骤。召开全市农村集体产权制度改革工作会议，对全市农村集体产权改革工作进行部署。邹城市获批第二批“全国农村集体产权制度改革试点县”，金乡县、汶上县获批省级改革试点县。全市共有国家和省、市级产权制度改革试点村195个，其中，邹城市国家级第一批试点105个村，金乡县省级试点20个村，汶上县省级试点32个村，其他每个县（市、区）开展市级试点4个村（3个功能区分别开展市级试点2个村），试点任务全部完成。农村产权流转交易市场初步建立。下发《关于加快推进农村产权流转交易市场建设的通知》。11个县（市、区）挂牌成立农村产权流转交易市场，齐鲁产权交易中心分中心落户邹城市。12月，市政府批准成立齐鲁产权交易中心济宁市公司。

【农民负担监督管理】 严格落实涉农收费文件“审核制”、涉农价格和收费“公示制”、农民负担“监督卡制”、村级订阅报刊“限额制”、涉及农民负担案（事）件“责任追究制”等农民负担监督管理五项制度，组织开展两次农民负担大检查活动。针对农民群众关心的热点问题，强化措施，及时跟进，切实保护农民群众的合法权益。对政风行风热线、市长热线群众反映的问题，及时组成调查组进行调查处理。对群众信访反映的问题，认真进行督察督办。规范一事一议筹资筹劳管理，全市一事一议财政奖补行政村578个，筹集资金1335.17万元，工日值154.49万元。

【新型农业经营主体培育】 积极培育各类新型农业经营主体健康发展。全市农民合作社达14457家，较上年增加721家；家庭农场2340家，较上年增加539家。继续开展全市农民合作社示范社和家庭农场示范场创建活动，评选认定市级示范社75家，市级示范家庭农场25家。全市农民合作社市级、省级和国家示范社分别为338家、130家和20家，市级、省级示范家庭农场分别为77家和6家。举办全市农民合作社和家庭农场管理人员培训班、全市农民合作社辅导员培训班、全市农民合作社管理人员培训班等三期培训班，共培训约600余人次。转发省厅《关于进一步做好农民合作社农业脱贫攻坚工作的通知》，512个省定贫困村均建立农民合作社，共计919家，吸纳社员10895人，贫困户2617户。

（孙德强　朱守忠）

种植业

2017年，全市农业增加值344.99亿元、增长5.3%。

【农业综合生产】 高产创建示范方建设总规模251万亩。完成省级高产创建平台建设项目4个、资金1600万元。全年粮食播种面积1105万亩，总产575.6万吨。优质专用粮食基地加快发展，鱼台县无公害、绿色、有机水稻基地达到27.06万亩，“稻虾、稻蟹、藕虾”等生态养殖模式得到推广；全市地瓜种植面积达到30万亩，其中泗水地瓜产业集群、提速发展，生产的粉条、薯粉等远销日本、韩国。

【种植结构优化】 共调减玉米15.7万亩，建成130万亩大蒜、45万亩大豆、9800万平方米食用菌等特色优质农产品生产基地。全年蔬菜播种面积407.5万亩、产量1166万吨，大蒜出口10.52亿美元，同比增加17.4%，出口量居全国首位。全市规模以上种子企业25家，繁育小麦大豆良种47万亩，嘉祥县获批“国家首批五大区域性大豆良种繁育基地县”，大豆种子交易量达到1.2亿斤。

【农产品质量安全】 全年新增省级标准化生产基地19处，新认证“三品一标”61个，“三品一标”总数达到537个、面积430万亩，其中兖州“三品一标”认证面积占82%以上。泗水县荣获“国家农产品质量安全县”。启动实施市级第一批优质安全示范区创建项目7处。组织农资整治专项行动，共调查处理农资纠纷54起、挽回经济损失270.1万元。完善农产品质量安全追溯体系，省市级追溯点达到168个，县级追溯平台实现全覆盖，农产品抽检合格率达98.9%。

【农产品品牌培育】 在全国十五届农交会上成功发布“济宁礼飨”农产品区域公用品牌，提请市政府出台《全市农产品品牌建设实施方案》，研究通过《农产品区域公用品牌战略规划》，共有2个区域公用品牌、20家企业品牌被列入山东省知名农产品名录，“金乡大蒜”被农业部评为“中国百强农产品区域公用品牌”、金乡县获批全国首批“中国特色农产品优势区”。

【农业新六产发展】 印发《关于推进新旧动能转换加快农业“新六产”发展的实施方案》，与中国农科院农经所签署农业“新六产”发展战略研究合作框架协议，在邹城、泗水、梁山率先开展新六产试点规划编制。2017年新认定市级重点龙头企业83家、总数589家，新增规模以上农业龙头企业47家、总数达到1026家，实现销售收入997亿元。申报国家新型职业农民实训基地1个、省级8个，新培育职业农民2350人。

【农业绿色发展】 扎实做好农业环保督查，制定出台《加快推进生态文明建设的实施方案》《秸秆综合利用、化肥、农药科学使用技术导则》等政策文件，对上争取生态循环农业资金5700万元。实施化肥农药零增长行动，新增水肥一体化面积8.53万亩。农作物秸秆禁烧实现零火点，秸秆综合利用率96%以上，受到省政府通报表扬。泗水县、鱼台县获批2017年“国家农作物秸秆综合利用试点县”。组建土壤修复、绿色防控、粮油大宗农产品等18个市级现代农业产业发展创新团队，开展农业技术指导服务1764次，集中办班470期，服务指导农户24.5万户。大力发展休闲观光农业，国家、省级休闲农业示范单位68个，微山县入选2017年省级休闲农业与乡村旅游示范县，曲阜市入选2017年省级生态循环农业示范县。

（郑　伟　吕晓彤）

林　业

【国土绿化】 实施“水韵圣城 森林济宁”国土绿化行动，以山区、水系、通道、城区、矿区、平原、镇村为重点，全面开展河湖水系绿化、城区绿化提升、通道绿化、平原绿化、镇村绿化。加大各级财政资金整合力度，重点对城区周边、景区、高速高铁和国道沿线荒山实施工程造林，完成荒山绿化5.2万亩，其中高标准荒山绿化示范工程1.025万亩。经核查，全市完成造林20.99万亩，新增完善农田林网化面积28.1万亩，新建完善绿色通道637.3公里、2.5万亩，新建提升水系绿化566.4公里、3.4万亩，全市林木覆盖率达到31.3%。

【湿地保护修复】 以环南四湖大生态带、市域重要河流水库和市级以上湿地公园等为主体，重点开展自然湿地保护与修复，大力实施“两退三还”，完成湿地保护修复10.74万亩。南四湖湿地成为省内第一处草型湖泊国际重要湿地，微山湖国家湿地生态系统定位观测研究站获批成为全省第一个国家级湿地研究站，曲阜孔子湖湿地公园、金乡金水湖湿地公园被正式命名为“国家湿地公园”，5处湿地公园被评为首届山东最美湿地，数量全省最多。

【生态资源管理保护】 全面实施森林防火能力建设提质增效转型升级计划，推进市、县、镇、林场四级互联互通的智能化森防预防扑救保障指挥平台建设，全市没有发生森林火灾。加快建设集监测预警、检疫御灾、防治减灾、应急反应于一体的市县防控体系，突出做好美国白蛾、法桐网蝽等有害生物防治，林业有害生物疫情得到基本控制。建立全市林地“一张图”，持续开展林地保护专项执法行动，办理涉林案件236起。中央、省环保督察涉及南四湖自然保护区问题整改有序推进。

【绿色富民产业】 深入开展林业系统精准扶贫工作，以推进涉林供给侧结构性改革、新旧动能转化为主线，推进林业科技创新应用和林业一二三产业融合发展，建成北京林业大学中国李营花木市场教学科研基地、中国李营法桐研究院、银杏林业工程技术研发中心、山东省无花果研究所、济宁市白榆研究所等林业新型研发机构20家，依托任城四季园公司、曲阜银府生态园、泗水永春堂科技有限公司建成林业院士工作站3处。全市新发展经济林8.42万亩、苗木花卉1万亩，经济林面积达到123.73万亩、产量88.58万吨，位居全省第六位，苗木面积达到49.4万亩；全市新发展林下经济12.52万亩；新晋升国家级龙头企业1家、省级9家、市级21家，新晋升省级林业合作示范社21家、市级示范社12家、家庭林场2家，林业产业产值突破500亿元。

【全民义务植树活动】 3·12植树节组织绿委成员单位开展植树活动，据不完全统计，全市18个市直部门1000余人、植树8000余株。联合济宁市广播电视台、团市委、总工会、《齐鲁晚报》、绿色联盟、车友会等各类社会组织，组织开展各类“纪念林”“纪念树”活动和社会义务植树活动，全市新建义务植树基地201处。

（张晓东）

畜牧业

【对上争取工作】 全年共争取省以上扶持资金1.3亿元，资金数全省最多。其中，1个国家级畜禽粪污资源化利用试点县（全国共51个、山东省5个），中央资金3650万元；6个国家生猪调出大县，中央资金2144万元；2个国家级“粮改饲”示范县，中央、省资金1462万元；重大动物疫病强制免疫疫苗补助，中央、省资金1881万元；养殖环节病死猪无害化处理补助，中央、省资金1497万元。储备1个2018年国家畜禽粪污资源化利用整县制推进项目（全国共84个、山东省5个），预计中央资金4500万元。加强产业招商引资。全市在谈、有合作意向项目6个，计划投资17亿元；完成签约、建设中和已建成项目9个，总投资30亿元。

【标准化建设】 面源污染防治、养殖“三区”划定、禁养区养殖场关闭搬迁工作走在全省前列，是全省第一个全面完成关闭搬迁任务的地级市，工作受到中央环保督察组和省畜牧兽医局高度评价。市政府、市委相继召开常务会、常委会，研究产业转型升级。在全省率先出台《济宁市加快推进畜牧业绿色生态发展实施方案》，2017—2018年，市财政列支4000万元，规划建设美丽生态养殖场（小区），实施非禁养区升级改造。全年新创建国家级、省级畜禽标准化示范场20处、市级35处；新增省级畜牧业旅游示范区5处、总数达到11处；新增花园式牧场和家庭生态养殖场35处。成功争创1个国家级、2个省级畜牧业绿色发展示范县，2个省现代畜牧业发展平台示范县。

【特色产业发展】 九大地方良种（国家级畜禽遗传资源5个、省级4个）全部通过国家地理标志认证，4个县先后被列为省级高效特色畜牧业示范县。以汶上芦花鸡、济宁青山羊、鲁西黄牛为突破，立足地方畜禽资源优势，加大保护和开发利用，打造济宁高端特色畜牧品牌。投入30万元，建设济宁现代畜牧业展示大厅和网络平台。建成3处特色畜牧业示范园区，以园区带动区域公共品牌创建。汶上芦花鸡新增为全省第二批知名农产品区域公用品牌，梁山黑猪肉等3个产品新增为全省知名农产品企业产品品牌，嘉祥种羊场被授予全国首批6家“国家肉羊核心育种场”称号。山东科龙公司与清华大学、中国农业大学战略合作；与山东菱花集团联合，对鲁西黄牛、济宁青山羊，打造集产品开发、市场销售、品牌创建于一体的全产业链条。

【风险管控】 代表山东省接受国家秋季重大动物疫病防控工作绩效考核并取得好成绩。市人大对《动物防疫法》贯彻落实情况进行执法检查。全年投入防疫资金5000余万元。调整市重大动物疫病防控指挥部，由市政府主要负责人任总指挥长，更新应急储备物资。加强人畜共患病防治。新增3处病死畜禽无害化处理厂，总数达到9处。联合市总工会、市人事局举办全市畜牧兽医行业暨第二届动物检疫检验工职业技能竞赛。全年监测动物病原和抗体、畜产品及投入品1.25万项目次，超额完成市政府为民办好十件实事承担任务。设立11处畜产品质量安全监测点、动物疫情测报点。新增无公害畜产品认证企业20家、总数达到195家。

【行业监管】 投入210万元，健全完善畜牧业监管平台，完成20处生猪定点屠宰场、59处规模养殖场监控布局。严厉打击添加使用“瘦肉精”等违禁物质，检查兽药生产企业18家、饲料生产企业14家、兽药饲料经营企业30家、养殖场户170家。查处动物检疫案件56件，移送涉案线索15件。积极推进兽药GSP监管追溯，安装企业60家。1家生物制品企业、8家兽药制剂企业入选山东省“双十百家”创建名单。抽检兽药生产环节19批、经营环节25批、使用环节16批，下发督办单4份。注销饲料生产许可证3个。深入开展生猪屠宰“扫雷行动”，联合执法90次，查办案件7起，移送公安案件2起，捣毁私屠滥宰黑窝点20个；取消6处整改不合格生猪定点屠宰场资格。生猪定点屠宰场、饲料生产企业监管率保持100%。

（张 富）

渔 业

截至2017年年底，全市渔业养殖总面积约89万亩，水产品产量33万吨、渔业经济总产值84.9亿元、第三产业总产值突破20亿元。

【综合发展】 组织开展渔业增殖放流活动。4月12—13日，分别在南四湖上、下级湖常年禁渔区及微山县城市水系组织开展渔业资源人工增殖放流活动，累计放流各种鱼类1855.5万尾。全年共有8个县（市、区）落实年度增殖放流任务，累计放流苗种约955.5万尾。举办第六届太白湖放鱼节，投放各类鱼苗200余万尾。加强水产健康养殖示范场建设。组织各县（市、区）开展水产健康养殖示范创建活动，6家单位通过部级水产健康养殖示范场评审，9家单位通过省级水产健康养殖示范场评审。着力发展休闲垂钓，举办2017休闲垂钓系列赛六场。积极创建农民合作社示范社、家庭农场示范场。经过专家评定，共有5家合作社被评为市级示范社，6家家庭农场被评为市级示范场。

【品牌推介】 加大品牌宣传力度。2017年放鱼节期间，现场展出14个特色品种和20余种加工产品，同步开展品牌文化和渔业风光及渔文化摄影展，将渔业品牌推介与放鱼节深度融合。积极举办节会活动。7月和11月，分别与鱼台县委、县政府和微山县人民政府举办鱼台首届龙虾节和微山县首届河蟹文化节。龙虾节期间共消费龙虾20吨，成功签约12个项目，投资额达8.49亿元。其中涉及渔业行业签约达3.9亿元，占总签约额的46%。

【质量监管和渔政执法】 强化专项整治。开展打击滥用渔用投入品专项整治行动，检查养殖生产单位479家（户），出动执法人员782人次，发放宣传资料2万余份，打造日常巡查、例行检查、监督抽查、风险排查四位一体的监管模式，督促生产者落实主体责任。加大监测力度。全年共承担部、省、市三级水产品抽检任务596个批次，完成市级水产品抽检任务。全年共采集检测样品340个，出具实验报告340份，水产品抽检合格率为99.3%。推进质量认证。鼓励渔业养殖主体申报无公害认证，共有9个县（市、区）23家单位申报无公害认证，申报新认证无公害水产品80个。加强获证产品证后监管，组织专项检查活动40余次，出动检查人员570余人次，检查批发市场、农贸市场和超市66家。印发《济宁市水产品质量安全红黑名单制度实施细则（暂行）的通知》，评选出59家水产品生产单位纳入济宁市水产品质量安全红名单，被授予“济宁市水产品质量安全生产示范单位”称号。强化渔政执法力度。组织渔业安全生产专项行动，开展各类安全检查659次，检查渔船停泊点136处次，检查渔船3266艘次，排查安全隐患127个。实施禁渔制度，开展联合执法和拉网式清查，累计开展各类渔业执法检查活动2900余次，查处非法捕捞等案件130余起，在全市范围内营造打非治违高压态势。

【现代渔业服务体系建设】 实施船检科学管理。制定《2017年度济宁市渔业船舶检验工作方案》，对9个县（市、区）的1.9万艘渔业机动船只实施年度检验。试点实施内陆渔业船员培训发证工作，全年累计举办船员培训11期，培训渔民船员1000余人。推进互助保险进程。实现全市渔民人身平安险参保会员1.8万人次，积累互保资金400余万元，保障额度达到11.2亿元，发放2017年渔民互保贷款100余万元。推广基层渔业项目。指导7个项目县实施基层渔业推广体系建设和改革项目，推广渔业养殖主导品种和主推技术10余项。开展渔业科技服务活动30余次，组织培训基层渔业科技示范户和群众900余人次，承办山东省专业技术人员高级研修项目“低碳高效池塘内循环流水养鱼系统研究和应用”培训班和首届济宁市渔业行业职业技能竞赛。开展科技创新和成果转化。与山东农业大学合作实施《淡水虾蟹生态共生高效健康养殖技术应用》课题，承担实施《大宗淡水鱼类健康养殖技术示范推广》和《淡水虾、蟹、鱼池塘生态混养技术推广》项目，申报山东省科技项目2项，山东省海洋与渔业科技进步奖2项，实施科技项目3项。

（梁 媛）

农业机械化

【概况】 2017年，全市农用拖拉机达到10.62万台，其中大中型拖拉机达到4.99万台，增长5%；联合收获机达到3.54万台，增长5%，其中玉米联合收获机1.1万台，增长5%；拖拉机配套农具21.59万部；农机经营服务总收入达到32.83亿元，较上年提高1个百分点。全市小麦机收率达99.4%、机播率达93%，玉米机收率达96.4%、机播率达98.4%，创历史新高，水稻机收率达69.6%、机插率达24%，农作物耕种收综合机械化水平达到85%，较上年提高3个百分点。完成土地深松面积88.03万亩，保护性耕作面积140万亩，水稻机插秧面积16万亩，大蒜机播面积0.6万亩，机收面积13万亩。

【全程机械化示范创建】 组织实施部省级全程机械化项目6个、市级全程机械化项目4个，创建国家级和省级全程机械化示范县3个，建立万亩以上全程机械化示范区11个、示范基地13处，示范推广农机深松、粮食烘干、高效植保、水稻种植、秸秆处理等关键环节农机装备技术。

【装备研发】 6月26日，由山东玛丽亚机械有限公司和山东省农业机械科学研究院共同研制成功的世界首台大蒜高效精准播种机在金乡县正式亮相。兖州国丰机械公司研制的玉米籽粒收获和秸秆打捆一体机、梁山绿源机械公司研发的粮食清选机具推出样机，并通过专家评审。

【管理服务】 全市新创建市级农机示范合作社12家、国家级示范社2家，经工商注册的农机专业合作社总数达到603家，新增23家。全年新训拖拉机、联合收获机驾驶员1593人，完成新型农机手培训11335人、农机技术及经营管理人员培训3225人。注销不合格农机维修网点34家，受理并处结农机投诉案件8起。新核发农机维修技术合格证205个，完成职业技能鉴定发证438人。新创建区域性农机维修服务中心5家。

9月28日，全省大蒜生产全程机械化现场观摩会在金乡县召开

【信息化建设】 组织实施济宁市智慧农机信息服务平台建设项目，完成平台总架构、农机化生产管理信息系统、农机深松作业智能监测系统、监测终端子系统开发和济宁农机化信息网改版升级任务，开通运行济宁农机微信公众号。推广应用智能终端560多部。试点推广农机购置补贴手机APP，实现农机补贴网上申报、网上办理。

【安全生产】 组织开展农机安全生产隐患“大快严”、百日攻坚治理行动、农机安全月、农机安全生产大检查、变型拖拉机清理整治、农机事故应急演练和平安农机创建等活动。收缴变

6月20日，全市水稻生产全程机械化现场会在鱼台县召开

型拖拉机号牌21415副，新挂发拖拉机号牌2426副、联合收割机号牌1567副，新核发驾驶证950个，年检拖拉机53454台、联合收获机11841台。新创建省级平安农机示范乡镇4个、农业经营服务组织11个。济宁市获得“全省平安农机示范市”称号。

【强农惠农政策】 全市共落实农机购置补贴资金1.62亿元，补贴农机具14014台套，受益农户11643户。争取到位中央农机深松作业补助资金1960万元，完成深松作业补助面积53.9万亩。

（王绍耿）

水　利

2017年，全市完成水利建设项目118项，投资37.6亿元。

【河长制建设】 认真贯彻党中央、国务院关于河长制的决策部署，全市建立市县乡村四级河长组织体系，共落实河长6187名，实现全市范围内河道、湖泊、水库等各类水域河长制管理全覆盖。市级制定下发考核、问责、验收等制度办法9项，创新性开展党员爱心护河行动。河湖问题排查、专项实施方案编制、“清河行动”等基础性工作扎实推进，共整治违法建筑与违法活动5802处，安装河长公示牌3820处，编制223条河湖“一河一策”方案和117条流域面积50平方公里以上河湖管理和保护范围划界方案。加强水利依法行政工作，修订印发《济宁市水利行政处罚自由裁量基准》，金乡县、嘉祥县水务局分别创建为全省水利法治示范点和全省水政执法规范化单位。加大水政执法力度，开展河湖执法检查活动，持续打击南四湖非法采砂，“清零行动”成效显著。

【泗河综合开发】 防洪堤防主体工程全部完工，累计新筑加固防洪堤防140.7公里、完成筑堤土方1869万立方米，如期实现泗河全线防洪标准达到50年一遇的任务目标。示范段堤顶交通道路工程顺利启动、加快推进。规划实施的拦河闸坝工程前期工作全部完成，其中4座纳入省级雨洪资源资金补助范围，分别获得工程投资20%的资金补助，曲阜泗滨、邹城横河、微山于庄3座拦河闸坝如期启动实施。

【重点水利工程建设】 总投资15.99亿元的淮河流域重点平原洼地南四湖片治理工程年内如期开工建设。省级雨洪资源利用补助项目贺庄水库增容工程如期完成，完成投资2.3亿元，新增水库兴利库容2691万立方米。纳入国家中小河流治理规划的梁山县郓城新河、济宁市洸府河治理、金乡县中小河流治理重点县工程吴河治理顺利推进。世行贷款平原洼地治理、进一步治淮洙赵新河治理工程顺利通过竣工验收，其中洙赵新河治理工程质量被评定为优良等级。济宁市引汶补源水系连通工程完成立项，鱼台县滨湖水库开工建设。编制完成利用采煤塌陷地建设平原水库工程规划，规划新建平原水库12座，新增蓄水能

泗河1号橡胶坝

河长制公示牌

力1.22亿立方米，其中任城区孟宪洼平原水库开工建设。

【农村水利建设】 完成2017年度10个小农水重点县项目，完成投资2.65亿元。全市治理水土流失面积60.6平方公里，成功创建嘉祥县老赵王河省级水利风景区。编制完成济宁市城乡供水一体化2018—2020年工程三年规划方案，计划投资63.7亿元开展城乡供水一体化工程建设，2017年嘉祥县解决17.6万农村居民饮水安全问题。完成红旗闸中型灌区节水配套改造、水利扶贫及小型农田水利设施维护管理项目。按时发放移民直补资金，完成库区移民2016年度结余资金项目117个、投资7353万元。完成泗水县、邹城市、梁山县大中型水库避险解困试点第二批主体工程建设，完成投资7.3亿元、建筑面积77.3万平方米。开工建设泗水县第三批避险解困试点工程。

【防汛抗旱工作】 2017年汛期，全市累计降雨量535.4毫米，比上年同期偏多2%，比历年同期偏多7%。全市各级认真贯彻落实以行政首长负责制为核心的工作责任制，扎实做好防汛预案修订完善、安全隐患排查、防汛队伍建设及物料准备，严格值班值守，加强督导检查和应急会商，全市河湖堤防无一决口、水库无一垮坝，城乡居民生产生活用水和南四湖生态用水安全得到保障。

【水利管理改革】 实施最严格水资源管理制度，2017年全市用水总量在21.59亿立方米左右，万元GDP用水量为46.43立方米，万元工业增加值用水量12.66立方米，重点水功能区（国控）水质达标率73%以上，均达到控制指标要求。同时依法征收水资源费2.39亿元、超计划加价水资源费3113万元。配合中央环保督察，突出抓好地下水超采区综合整治和入河排污口管理。积极推进水权制度改革，完成《济宁市水权改革实施方案》并经过评审。完成邹城市、兖州区、金乡县、鱼台县农业水价综合改革试点县任务56.72万亩。水利“放管服”改革取得新成效，13项许可服务事项缩减为9项，“双随机一公开”“三集中三到位”制度得到全面落实。水利工程管护体制机制改革扎实开展，邹城市、曲阜市、金乡县试点工作成效显著。水利新旧动能转换工作有序推进，济宁市在全省第一个与省水利厅成功对接。

【南水北调工作】 圆满完成南水北调干线工程2016—2017年度调水任务，从省界调引长江水8.89亿立方米。地方续建配套工程完成并试通水，兖州区、曲阜市、邹城市和济宁高新区成为首批受益者。截污导流工程运行效益显著，全年通过加压泵站输送济宁市污水处理厂中水2400万立方米，蓼沟河节制闸拦蓄高新区污水处理厂中水2550万立方米，灌溉农田380万立方米。

（满颖慧）

南水北调长沟泵站　（摄影：于福春）

工 业

综 述

2017年，全市实现工业增加值增长7.14%；完成技改投资1149亿元、增长22.9%，分别居全省第6位和第3位。完成工业税收增长32.8%，占全市比重达到54.7%，创5年内最高。全市规模以上工业累计完成主营业务收入6270亿元，同比增长15.8%；实现利税755.6亿元，同比增长30%；实现利润468.9亿元，同比增长34.7%。主营业务收入、利税、利润增速分别位居全省第4位、4位、3位，创10年来最高。信息产业完成主营业务收入684.52亿元、增长17.48%，其中，软件和信息服务业增长45.6%。汶上休闲服装、兖州农机产业集群列入国家产业集群区域品牌建设试点、数量居全国地级市第1位。济宁大数据产业园与济南高新区、青岛市西岸新区并列全省三大大数据集聚区。兖矿集团、如意科技、太阳纸业、华勤集团入选2017中国企业500强和山东企业100强，润峰集团、荣信煤化等5家企业入选2017山东民营企业100强。

【新旧动能转换】 强化项目带动。建立“四新四化”项目库，筛选工业项目860个、总投资2617.3亿元，技改项目483个、总投资1207亿元。123个项目列入省《工业新旧动能转换重点项目库》，居全省第3位。累计完成工业投资1801亿元、增长10.5%，超出年度计划5.9个百分点。百项重点技改项目完成投资201.4亿元，33个项目竣工投产。全年对接央企项目146项，签约23项、开工9项。强化政策牵动。出台《关于强化企业技术改造和“6501”培育工程加快新旧动能转换的若干意见》，高规格召开新旧动能转换经验交流会、技术改造暨“6501”培育工程推进会，编发56家企业新旧动能转换典型案例，组织企业家赴深圳、菏泽等地考察学习。制造业利税、利润分别增长22.7%和28.2%，高于全省平均14.1个和17.3个百分点。高新技术产业产值增长10.8%、提高6个百分点。强化创新驱动。全年新增省级企业技术中心18家，居全省第7位；泰山产业领军人才5人，居第3位；省级创新项目383个，居第6位。圣琪生物获中国产学研合作创新大会“产学研合作创新成果”二等奖，兖矿集团、荣信煤化获“中国产学研合作创新示范企业”称号。

【信息产业突破】 突破“6501”培育工程。委托工信部赛迪研究院专业团队，从1000多个项目内容中筛选确定300个企业、项目、智能产品和智能生产线重点突破，建立市、县两级领导联系包保和职能部门分工负责的推进机制。举办“企业上云”应用体验暨“6501”培育工程推进大会，通过“云服务券”方式财政补贴支持企业上云，提高信息化应用和市场竞争力。突破制造业与互联网深度融合。出台《深化制造业与互联网融合发展的实施意见》，举办第二届中国制造业与互联网融合发展高峰论坛，吸引1000多家国内IT企业参会，凤凰、新浪等门户网站刊发信息67.4万条。举办制造业与互联网融合发展专题培训班和第二届中国工业电商大会，全市电商交易额达到1600亿元、增长25%。完成主城区90处无线WIFI建设并免费向市民开放，争取6家企业列入省两化融合管理体系贯标试点，全市互联网出口总带宽达到3560G。突破省信息技术产业基地建设。争取济宁运河软件产业园认定为省级软件园。成立信息产业招商办公室，通过以商招商、精准招商、产业链招商等方式，先后在北京、上海、深圳等10个城市举办专题招商活动，北大环保产业基地等3个项目相继落地、总投资20多亿元，新签约项目3个、合同资金30亿元，全市在建重点信息产业项目达50个、总投资350亿元。

【绿色低碳发展】 推进化工产业安全生产转型升级。出台专项行动《工作方案》，成立市专项行动领导小组及办公室，建立健全限时办结、挂牌督办、约谈等9项制度，市县两级做到领导重视到位、机构人员到位、建章立制到位。累计排查整改化工生产企业隐患3065项，危险化学品运输企业隐患151项，危险品储存、经营、使用企业隐患6322项。运用环保倒逼机制推进产业转型升级、提质增效，化工产业利税、利润分别增长71.5%和96.5%。强力推进大气污染防治综合治理。加快实施46家企业“退城进园”，其中重污染企业22家，移交企业23家。大力整治成品油市场，强制取缔非法加油站64个，693个加油站全部升级销售国六标准车用汽柴油。强化混凝土、石材加工和电厂煤场监管，发现并整改问题380余件，卡准节点对286家企业实施错峰措施，对24家电厂煤场以及规模以上非煤矿产资源工业企业堆场实施全封闭式改造。强力推进工业绿动力计划。加快实施100项重点节能项目建设，大力推广23种循环经济发展模式。对32家国家重大工业节能企业实施专项监察，查处高耗能机电设备162台，下达限期整改通知书2份、节能监察建议书4份，省认定济宁市节能预警为3级，保持良好态势。

【经济运行保障】 强化运行调度监测。坚持快、月报制度，每月跟踪调度9大传统行业及转型升级重点企业运行情况，4次召开运行调度分析会，组成督导组对增速下滑的县（区）进行督导。摸排有望列统企业211户，建立台账、靠上指导，新增规模工业企业134户。强化“百企护航”工程。以市委办公室名义出台《关于开展民营经济“百企护航”暨“千名干部进千企，结对帮扶促发展”行动构建“亲”“清”新型政商关系的实施方案》，对筛选出的127家龙头骨干企业实施“百企护航”暨“千名干部进千企”专项行动。强化生产要素保障。累计保障工业用电完成188.3亿千瓦时，争取134户企业列入省电力直接交易试点减轻电费负担1.5亿元，完成15座电动汽车充电站建设，推介62家企业纳入省流动资金重点需求企业，争取13户去产能行业发展形势好的企业列入银行贷款白名单。

【服务企业工作】 突出企业家队伍建设。以市委市政府名义出台印发《关于加强企业家队伍建设的意见》和《济宁市企业经营管理人才素质提升计划实施细则》，举办金融创新与价值创造等9个专题培训班，累计培训企业家3000余人次，推荐2位企业家申报山东省优秀企业家。全市完成改制企业484家，新增新三板挂牌企业7家，省内区域性股权交易市场挂牌企业68家。突出企业减负降本。为规模以上企业印发《扶持企业发展政策》35000余册，减免高新技术企业和小微企业税收70.1亿元，落实企业研发费用加计扣除5.66亿元，争取济宁城区每吨蒸汽价格最高降低18元，综合为企业降成本77亿元。百元主营业务收入成本降为84.8元、同比减少1.2元，规模工业企业资产负债率下降1.2个百分点。突出对上争取。先后为企业争取13类国家级、37类省级政策项目扶持资金1.4亿元，争取11项新产品列入省首批新产品（技术）重点推广目录，7家企业被评为省首批制造业单项冠军企业，成功创建国家安全产业示范园区、省石墨烯产业化示范基地和省装备制造支柱产业集群。

11月10日，全市经信系统2017—2018年秋冬季大气污染综合治理推进工作会议召开

【服务效能建设】 深入推进“两学一做”学习教育。开展支部研讨、专题研讨、党课教育50余次，班子成员为所在支部和联系村上党课8次。以“撸起袖子加油干”为主题，开展“解放思想大讨论、遵规守纪大教育、干部作风大提升”三大活动，组织观看主题教育片、开展缅怀革命先烈活动等。先后为2个包驻村协调落实帮扶资金300余万元，修建道路1200平方米，建设文化广场1处，兴建文体设施3处，安装LED灯45盏，安装变压器2台，新打农田灌溉机井10眼。严格落实领导干部包保直属企事业单位和重点人员制度，发动党员干部包保28家直属企事业单位，排查化解消除各类矛盾隐患，把安保维稳任务和责任落实到人，被评为十九大维稳先进单位。妥善化解群访事件16起，对285名困难职工、10名困难军转干部、5名残疾人、9名特困生实施救助。组织民爆企业开展大快严、危险化学品专项治理、安全生产百日攻坚、“5·20”停产反思日、冬季安全生产百日集中行动等10余项安全生产专项活动，排查安全风险，消除事故隐患。组成联合检查组，对各县（市、区）发电企业安全生产工作情况开展督导检查，及时发现整改问题，全力保障电网安全稳定运行。联合《齐鲁晚报》推出融媒体报道《问道新儒商—济宁企业家访谈录》，公益宣传30余名知名企业家。开通“济宁经信”官方微信公众号和“今日头条”主页面，刊发信息536条、阅读量15万余次。全系统在国家级、省级、市级媒体刊发稿件1414篇次，编发《经济情况》108期，门户网站编发信息1105篇。

（毕凤伟）

煤炭工业

【概况】 截至2017年底，济宁市境内共有各类煤矿50对，核定（设计）生产能力8978万吨/年。其中生产矿井46对，核定生产能力8813万吨/年；停产矿井1对，核定生产能力30万吨；在建矿井3对，设计生产能力135万吨/年。

【经济运行】 全年原煤产量7916.04万吨，同比增长5.76%，实现销售收入2357.36亿元，同比增长31.92%；实现利税315.40亿元，同比增长99.94%，实现利润144.81亿元，同比增长175.63%。强化对全市煤炭经济运行的宏观管理和调控，引导煤矿适应市场变化，主动调整产品和产业结构，提高运行质量和企业效益。强化煤炭经济运行监测和预警，密切关注山西、内蒙古、陕西等主要产煤省的产运销动态，跟踪掌握电力、冶金、化工、建材等煤炭行业下游产业政策的变化，关注秦皇岛港、曹妃甸港、京唐港、天津港等北方四港价格指数变化及存煤信息，加大与山东省煤炭工业局、山东省煤炭运销协会的沟通和联系，及时掌握市场变化情况，发布预警信息，定期组织召开煤炭企业运销售座谈会，引导煤矿企业适应市场变化调整煤炭产品结构，做到产销平衡。强化煤炭生产经营管理，引导各煤炭企业优化采掘布局，集中生产，促进稳产提效。强化企业内部管控和目标考核，实现挖潜增效。

【安全生产】 2017年济宁市原煤生产百万吨死亡率为0.025，连续11年杜绝较大以上煤矿安全生产事故。强化安全监管责任落实，加强施工行为管控，强化重点工程和重点时段的安全监管。强化企业主体责任落实，实施主体责任落实量化评定，通过开展落实安全生产主体责任述职和安全生产主体责任专题培训班等方式，强化企业行为自律。强化隐患源头治理，构建安全风险分级管控和隐患排查治理双重预防机制，组织煤矿全方位排查事故风险点。强化安全监管执法，推进安全生产隐患“大快严”活动，深化百日攻坚治理行动，强化生产一线执法检查和突击检查。强化基层基础建设，加强煤矿安全生产标准化和区队班组建设力度。强化驻矿盯守，及时发现煤矿存在的隐患，把事故消除在萌芽状态。全面加强职业卫生监管，开展职业病危害专项整治。强化安全教育培训，组织开展安全培训专项督查，首次开展对新任职副总以下安全管理人员考核工作，组织2017年全市煤矿职工技能比武大赛活动，全市各级煤矿培训机构累计培训各类人员26810余人。强化应急管理，完善救援体系，全市煤矿企业共建立各类预案398个，现场处置方案418个，形成部门、集团、煤矿三级应急预案体系，配备完善应急物资和设施设备，强化应急演练，提高煤矿应急处置能力。

【新旧动能转换】 煤炭清洁高效利用取得新突破，兖矿集团研发清洁型煤加解耦炉具的煤炭清洁高效利用新模式，100万吨清洁型煤和10万台解耦炉具生产线建成投产，同时在循环硫化床锅炉和链条炉上煤炭清洁高效利用工业性试验取得重大突破，被列入山东省新旧动能转换项目库。非煤产业收入稳步增长，兖矿集团发展成为集煤炭开采与洗选加工、煤电、煤化工、机械制造等非煤产业为一体的国有特大型企业。济矿集团发展煤电、煤机制造、煤炭物流贸易、LED等非煤产业项目。鲁泰控股集团依托金威煤电工业园发展煤电、煤化工、煤建材等循环经济项目。裕隆集团发展现代煤炭物流贸易、医药制造、房地产、汽车零配件加工等非煤产业。全市煤炭企业非煤累计销售收入1607.63亿元，同比增长21.86%，非煤销售收入占全行业销售收入的68.20%。山东省重点项目济矿集团梁山煤炭物流园区一期工程建设完毕，正式列入省级煤炭储备基地。严格技术管理，加强市县属煤矿储量管理和回采率管理，市县属煤矿采区回采率达到87%。稳妥推进蔡园煤矿关井，退出产能36万吨/年，完成化解煤炭过剩产能任务。加强基本建设矿井和生产矿井技改管理，永胜煤矿、宏阳煤矿进入联合试运转，阳城煤矿升级改造、金桥煤矿选煤厂项目完成立项。推进压煤村庄搬迁工作，2017年建成新村面积240万平方米，完成新村建设投资19亿元，搬迁村民1.6万户，约5.5万人，解放煤炭资源2.33亿吨。

【散煤治理和煤尘防治】 开展矿区及周边扬尘综合整治，全市47对生产矿井和265家经营性煤场安设防风抑尘网、洗车装置和喷淋系统，煤场、运煤道路硬化，煤矿矸石山进行覆土绿化或遮盖、喷淋，各煤矿安装360度旋转摄像头、PM_{10}在线监测设施和智能化喷淋监管系统，实现对储煤场24小时无缝隙监控，有效改善矿区及周边环境。开展散煤清洁化治理工作，2017年全市推广清洁煤40.15万吨，完成任务的100.38%，市县两级煤炭管理部门累计开展联合执法检查283次，取缔散煤销售点380家，查扣流动散煤销售车辆80多辆，主城区及各县（市、区）城区散煤销售点全部取缔。建立企业自检、县级普检、市级抽检三级煤质监控机制，全市共抽检煤样240多批次。

（陈广媛）

装备制造业

【概况】 2017年全市装备制造业拥有市级以上企业技术中心211家，占全市市级以上企业技术中心的21%，其中国家级企业技术中心2家，省级企业技术中心59家，市级企业技术中心150家。累计有76个产品被评为国内、省内首台（套）技术装备。全市装备制造业规模以上企业844户，完成主营业务收入1160.95亿元，同比增长13.97%，利税98.8亿元，同比增长12.97%，利润65.72亿元，同比增长17.41%，主营业务收入、利税、利润占全市工业的比重分别为18.5%、13.08%、14%。

【工程机械】 工程机械行业形成挖掘机械、铲土运输机械、工程起重机械、工程车辆、压实机械、路面施工与养护机械、工程机械配套件等产业体系。工程机械部分整机产品如推土机、挖掘机技术水平基本与国际先进水平同步。山推股份的推土机在全国市场占有率超过60%，装载机占有率超50%；研制的国内最大马力SD90-5推土机，使中国成为世界上第三个能够生产900马力推土机的国家，SD20-5LNG燃气型推土机为行业首台以LNG为动力燃料推土机，燃料节约40%以上，碳排放降低90%。实现主营业务收入263.88亿元、同比增长33.05%，利税25亿元、增长51.47%，利润16.8亿元、增长1.1倍。

【矿山机械】 矿山机械产业具有掘进机、输送机、破碎机、液压支护以及矿用机电设备等18大系列1000多个品种的生产能力。主机产品包括大型破碎成套设备、煤炭洗选设备、凿岩设备、球磨设备、钻探设备、矿井支护成套设备、成套给料输送设备、自动化通风及除尘设备、自动化给排水设备、变频电机车、环保型矿用设备等，形成以邹城市为中心的特色突出、产业链长、辐射带动广、综合能力强的矿山机电特色产业集群。实现主营业务收入98.05亿元，同比增长12.3%，利税8.34亿元，同比增长8.87%，利润5.64亿元，同比增长2.69%。

【农机装备】 济宁市农机产业集群被省政府列为“省级产业集群”。形成大中型多功能拖拉机、收获机械、耕播机械、节水型喷灌机械等现代农业设施机械及精米加工机械、面粉机械、成套油脂加工设备、屠宰机械等农副产品精深加工成套设备同步发展的产业体系，涌现出山拖农机装备、爱科大丰机械、国丰机械、金大丰机械、玉丰机械、大华机械等大型整机生产企业和联诚集团、环宇车轮、丰业机械等知名零部件生产企业，形成以大带小、以强带弱、以主机带动配件的行业发展格局。实现主营业务收入50.79亿元，同比增长10.05%，利税3.85亿元，同比增长23.47%，利润2.72亿元，同比增长11.11%。

【船艇产业】 济宁的船舶生产主要为内河船舶制造，重点集中在微山县韩庄镇、留庄镇工业园区等地。全市有规模以上船艇企业4家，形成以推广内河船艇标准化、船艇智能机器人制造工艺，巩固发展500—1000吨级钢质货驳、1000—3000吨级机动货船、LNG燃料动力标准化船舶、高效节能双艉机动货驳、集装箱船等运输船舶，发展工程船、搜救船、缉私船、旅游船、休闲游钓船、高速合金艇等高技术含量、高附加值的特种功能船舶产业的发展思路。实现主营业务收入1.99亿元，同比增长34.28%，利税3100万元，同比增长29.44%，利润1900万元，同比增长28.03%。

（钟　鸣）

电力工业

【概况】 截至2017年年底，国网济宁供电公司设有13个职能部室，7个业务支撑和实施机构；拥有固定营业网点155个，服务客户332万户，管理10个县级供电企业；直供单位全民职工1000人，县公司全民职工3191人，各类社会用工5355人。2017年，公司完成固定资产投资12.05亿元，其中电网投资9.99亿元；完成全社会用电量281.12亿千瓦时，上缴利税4.98亿元。公司被授予山东省优秀电力企业、山东省电力安全生产标准化建设先进单位称号，连续8年荣获全国“安康杯”竞赛优胜单位，连续19年保持全市“双评”活动所在序列第一名。

电源 截至2017年年底，全市共有电厂75座，装机总容量1151.49万千瓦；其中统调电厂9座，装机容量926万千瓦，地方电厂66座，装机容量225.49万千瓦。10千伏及以上光伏电站23个，装机容量59.2万千瓦；风电站3个，装机容量24.63万千瓦；生物质及垃圾发电站3座，装机容量6.4万千瓦；完成发电量492.94亿千瓦时，比上年降低4.67%。

电网 截至2017年年底，全市公用35千伏及以上主变容量2413.24万千伏安。其中，500千伏变电站2座，主变容量375万千伏安，500千伏线路629.83公里；220千伏变电站25座，主变容量906万千伏安，220千伏线路1419.46公里；110千伏变电站98座，主变容量854.9万千伏安，110千伏线路2276.88公里；35千伏变电站103座，容量277.34万千伏安，35千伏线路1742.32公里；10千伏公用配变23852万台，变电容量695.6万千伏安，线路长度2.1345万公里。

电量　全市完成社会总用电量281.12亿千瓦时，比上年增长2.32%；统调最高用电负荷496.9万千瓦，比上年增长8.28%。按产业划分，第一产业完成6.51亿千瓦时，比上年提升2.24%；第二产业完成191.29亿千瓦时，比上年降低1.55%，其中工业用电完成188.30亿千瓦时，比上年降低1.69%；第三产业完成37.01亿千瓦时，比上年提升14.75%；城乡居民生活用电完成46.31亿千瓦时，比上年增长10.72%。工业5大行业中，煤炭开采及洗选业完成26.55亿千瓦时，比上年提升1.08%；食品工业完成6.43亿千瓦时，比上年降低4.35%；纺织服装业完成8.36亿千瓦时，比上年增长3.20%；化学工业完成21.33亿千瓦时，比上年增长7.98%；机械制造业完成13.06亿千瓦时，比上年增长26.03%。

【安全生产】　基于“两体系一平台”的安全管控新机制全面建立，春秋检工作按期高质量收官，重复跳闸和专变“零隐患”配电线路治理完成阶段性计划，全市220千伏输电线路跳闸数量同比降低80%，配网故障停运率同比降低20%。公司荣获山东省技术监督工作先进单位、山东省内部治安保卫工作成绩突出集体、济宁市安全生产先进单位等称号。截至2017年12月31日，实现连续安全生产7078天。

【电网建设】　促请市政府出台电网建设支持性意见，将电网“十三五”规划纳入地方能源电力和土地利用规划，山西晋北——江苏南京±800千伏特高压直流输电线路工程，内蒙古上海庙——山东临沂±800千伏特高压直流输电线路工程送电投产。500千伏枣金线、儒林输变电工程施工进展顺利。围绕全市发展“四大目标”，积极向国家电网公司和山东省电力公司争取项目和资金支持。2017年，完成电网建设投资2.5005亿元，建成35千伏及以上输变电工程13项，投产线路长度267.44公里、变电容量65万千伏安。嘉祥疃里等7项工程被评为国家电网公司优质工程。领先推进“一流配电网”建设，济宁核心区域10千伏线路联络率达到100%。289个小城镇（中心村）电网改造、1.7万眼机井通电任务按期完工，新建改造中低压线路8568公里，新增更换配变3610台，全市农村户均容量达到1.7千伏安。1项工程入选国家电网公司配网“百佳工程”，10项工程获评山东省电力公司配网“优质工程”，数量全省第一。

【优质服务】　以文明城市创建为引领，提高窗口服务品质。严格履行全年无休服务承诺，严格执行“一次性告知”“首问负责制”。以“互联网+”为契机，优化业务办理体验。推广电费扫码支付、“电e宝”代扣代充等服务方式，以电子账单取代纸质账单。以信息化促进专业化，提高抢修服务水平。深化推进“五个一”标准化抢修，强化配网抢修指挥对关键环节风险管控，公司故障抢修平均到达时间由48分钟下降至13分钟，故障抢修平均现场处理时间下降至45分钟。加快推进电代煤工程实施。倡导以电代煤、以电代油、电从远方来的先进生活生产方式。推广家用空气源热泵、碳晶电采暖、蓄热式电锅炉集中供热等电采暖项目，推动1093户农村居民实现冬季电采暖供热。助力电动汽车行业发展。支持电动汽车充电站基础设施建设，公司充换电设施服务车辆年累计行驶5100万公里，充电服务30万次，消耗电量804万千瓦时，减少燃油消耗约4000吨，减少燃料成本2300余万元，减排氮氧化物、粉尘等污染物排放280吨。服务地方新能源建设。累计服务新能源装机容量115.2万千瓦，消纳清洁电量32.79亿千瓦时，减排二氧化硫3307吨，二氧化碳266万吨。优质高效完成新能源并网装机76万千瓦，全年消纳光伏、风能等新能源电量9.12亿千瓦时，济宁市集中式光伏电站并网容量全省第二。推广节能服务助力企业节支增收。建立客户用能档案，为32个大客户安装能效检测终端。

（国网济宁供电公司）

中小企业

【概况】　2017年全市民营经济户数50.43万户，从业人员256.56万人。实现营业收入1.19万亿元，同比增长7.74%；实缴税金311.23亿元，同比增长10.82%；全市民营经济固定资产投资2465.95亿元，同比增长8.65%。全市中小微企业户数9.3万户，从业人员108.48万人。实现营业收入6887.45亿元，同比增长10.86%；实缴税金260.58亿元，同比增长28.61%。

【政策落实】　充分利用济宁电视台、《济宁日报》、齐鲁晚报网、《今日运河》、中国济宁网、济宁窗口服务平台等主流媒体，做客“政风行风热线”等栏目，宣传国家、省市支持民营经济中小企业发展的政策措施，与统战部、工商联等部门对民营经济发展环境进行跟踪调查。举办《中小企业促进法》学习宣讲活动、中小企业发展新经济培育新动能专题宣讲走进县（市、区）、“动能转换、创新先行”——济宁市创新创业发展论坛、企业云+企业文化建设论坛等系列政策宣讲推介活动。联合有关部门组织申报2017年度中小企业创业补助创新奖励专项资金项目和2017年省级产业集群转型升级示范项目，共获得省级中小企业专项资金1300万元。

6月9日，济宁市中小企业信息化推广活动启动仪式举行

3月17日，济宁市中小企业“产业互联网云平台”推进工作会议召开

【发展规划】 制定《济宁市“十三五”民营经济发展规划》，通过推进大众创业、加快民营经济结构调整、培育发展产业集群、强化人才服务、实施品牌带动战略、加快服务平台建设等系列措施，确保到2020年，全市规模以上民营企业达到4000家；民营经济税收年均增长7%以上，占比达到70%左右；民营经济从业人员260万人。同时指导各县（市、区）中小企业主管部门立足实际，制定中小企业发展规划。完成市政府安排的《关于加快推进我市中小企业转型升级的探索与研究》年度重要调研课题报告。

【载体建设】 鼓励支持各级各类小微企业创业创新基地完善基础设施配套，提升创业孵化服务水平，2017年拥有市级以上小微企业创业创新基地61家，其中16家被认定为省级创业创新基地，其中邹城科创大学科技园获第三批国家小型微型企业创业创新示范基地称号。培育形成梁山专用车、嘉祥手套、汶上服装、金乡大蒜等27家中小企业产业集群，其中6家被认定为省级产业集群。市级以上特色产业镇达到38个，其中省级10个，涉及工程机械、专用车制造、造纸、农机制造、纺织服装等17个特色产业。

【创新驱动】 实施“6+10”中小企业新旧动能转换精准培育工程，筛选16个类别50余家企业，组织专家进行“一对一”诊断帮扶，助力企业创新发展，打造创新能力提升示范样板。组织实施“专精特新”中小企业培育工程，将100家企业纳入培育计划，进行重点跟踪培育。修订《济宁市中小企业“一企一技术”研发中心认定办法》，认定第七批市级“一企一技术”研发中心24个和第五批市级“一企一技术”创新企业15个。以济宁市政府名义筹办济宁市第一届创新创业成果交流暨“名优特新”商品博览会，吸引326家企业参展，集中展示涵盖科技创新类、非物质文化遗产类、文化旅游产品类、名优特新商品类等3000余种多领域创新创业成果。先后组织企业参加第十四届中国国际中小企业博览会、第四届中国（山东）网络商品博览会、第五届四川农业博览会等知名展览展会活动，帮助企业开拓市场，提升竞争力。

【人才培训】 组织50家标杆企业500余名企业经理人及高管参加山东大学新旧动能研修班，成立新旧动能企业联盟；组织20名优秀企业家赴中国人民大学参加领军人才战略发展高级研修班；举办4期创新创业论坛，共计1200余人参加。积极与曲阜师范大学等大专院校沟通协调，搭建政校企求职、招聘合作平台，组织86家企业参加“山东2017年毕业生供需见面会”，帮助企业解决人才需求难题。

【公共服务】 加大对市县两级中小企业公共服务平台的培育支持，推动各服务平台形成互联互通、资源共享的公共服务体系。济宁市中小企业公共服务中心荣获“2017年度国家中小企业公共服务平台”称号。健全完善济宁市民营经济和中小微企业数据统计体系，对统计数据实施月调度、季发布制度，强化统计数据在日常工作中的指导应用，编制《统计月报》。召开中小企业运行监测工作会议，制定全市三年重点监测1万家中小微企业的目标任务。积极开展中小企业信息化推广活动，分别与中国联通济宁分公司、中国移动济宁分公司、中国电信济宁分公司签订战略合作协议，为中小企业提供各类信息化解决方案，不断提高中小企业信息化应用水平。

（翟庆京）

轻纺工业

【概况】 2017年，全市轻纺工业规模以上企业1051家，比上年增加53家；实现主营业务收入2500亿元，同比增长8%；实现利税205亿元，同比增长10%；实现利润140亿元，同比增长11%。全系统纳入全市重点工业新上和技改项目24项，总投资98.15亿元。全年完成投资计划44.5亿元。

【企业帮扶】 制定精准施策、重点帮扶的工作计划，形成目标明确、责任到人、齐抓共管的工作格局。全年共参与服务企业招商引资、产品推荐等大型活动30余次。

【新旧动能转换】 成立新旧动能转换领导小组，编制食品、纺织服装、造纸3个优势传统产业的新旧动能转换行动计划和食品、纺织行业（2017-2020）发展规划。鼓励企业加快科技创新，全市轻纺工业新产品产值率达28%。“互联网+”广泛应用，电子商务快速成长，网上销售增长30%以上，个性化定制成为纺织服装、家具业生产经营的新模式。

【园区建设】 持续加大对食品园区、纺织服装工业园区指导帮扶力度，对唐口高端环保家具产业园、文通木业工业园的规划建设给予重点帮扶指导。邀请省内行业专家、南京林业大学教授对唐口工业园打造高端家具和板材产业园区开展考察论证。支持汶上县承办中国纺织工业企业管理协会第九届五次常务理事扩大会暨产业对接会，提高中国（汶上）休闲装制造名城的知名度，促进汶上纺织服装产业集群的加快发展。

【市场开拓】 组织家具企业参加广州国际家具展、深圳国际家具展、东莞国际名家具展、第十四届青岛国际家具暨第四届青岛家具木工机械及原辅材料展、天津家具展等国内知名展会。青岛国际家具展参展企业和人数创历史新高，签订经销合同100余项，荣获展会5项金奖。在广州国际家具展上达成订购协议17项，合同金额近千万元。在第52届中国（广州）工艺品交易会上，获得2项银奖、3项铜奖、3项优秀奖。在2017第九届中国（山东）工艺美术博览会上，荣获金奖35项，银奖、铜奖17项，市轻纺办荣获优秀组织奖。以“翰墨齐鲁，精品济宁”为主题，在城市展示馆举办“孔孟之乡轻纺工业精品展”，精选全市轻纺行业30余家知名企业的500余件名优精品和24名工艺美术大师的近千件作品参展。协助市中小企业局举办济宁市第一届创新创业成果交流暨“名优特新”商品博览会，搭建轻纺特色产品展示交易平台。

【精准培训】 举办“2017济宁市食品行业创新发展高级研修班暨品酒师培训班”，邀请省食品工业协会、江南大学、齐鲁工业大学、济宁学院等多位教授、专家进行专题报告和授课，并开展产学研对接活动，组织学员现场观摩泗水县龙头食品企业。全市50多家食品企业的近100名高管和技术骨干参加学习培训。

【安全生产】 围绕“安全发展、科学发展”的理念，加大安全生产宣传教育，认真贯彻新安全生产法，建立安全生产隐患排查治理长效机制，强化安全生产隐患排查整改主体责任，有效防止和减少事故的发生。全年共组织进行4次专项安全隐患大排查活动，深入所属单位30多户，排查各类隐患80多处，确保轻纺系统2017年安全生产形势稳定，没有出现大的安全事故。

【脱困维稳】 认真做好计划生育政策的落实工作，兑付44家困难和破产企业计526人退休职工一次性养老补助809.29万元；对160名直属国有、集体企业解除合同退休职工独生子女父母人员身份进行认证；认真做好破产企业遗留问题的处置工作，完成市金鑫金属制品厂4户3套宿舍、市国光皮鞋厂5间宿舍4户职工房产处置拆迁工作；妥善处理市电池厂厂区租赁纠纷、市制线厂厂区房屋拆除遗留问题；加强对30户破产企业退休职工的日常管理工作，及时为退休人员办理退休金增长手续，完成本市和住外地退休职工生存认证；完成职工死亡家属的政策性救助申报等工作；加快推进市印刷包装总公司的破产清算工作和市化纤厂的脱困工作；配合任城区旧城改造工程，按时完成二轻铁路专用线的移交补偿工作；认真做好职工信访工作。全年共接访职工群访20余起，接访1233人次，个人访200多人次，化解矛盾13个。

（张亮仁）

生化工业

截至2017年年底，生化行业拥有规模以上化工企业277家，资产总额786亿元。

【产业规划】 组织编制完成《济宁市化工“十三五”发展规划》《济宁市焦化产业“十三五”发展规划》《济宁市医药行业“十三五”发展规划》《济宁市新材料行业“十三五”发展路线图》《济宁市化工产业安全生产

转型升级专项行动总体工作方案（征求意见稿）》等，明确产业发展目标、发展路径和发展方向，为领导决策提供依据和参考。

【园区建设】 做好化工园区“三评级一评价”工作。联合中国煤化工产业网举办“2017全国焦化行业焦炉煤气综合利用、污染治理、干熄焦技术座谈交流会”。组织行业专家就《山东省化工园区认定标准（征求意见稿）》提出修改意见，并对济宁八大化工园区进行模拟打分评价。定期召开园区工作调度会，全面了解园区建设情况，对园区建设遇到的困难问题，及时协调有关部门争取资金和政策支持。加快企业退城进园步伐，及时反映、协调、解决恒立化工、圣城化实等企业退城进园项目建设中遇到的困难问题。组织专家对济宁新材料园、济宁生物产业园规划进行论证，对园区新上项目进行把关。组织参与邹城工业园区产业对接恳谈会，助推园区招商引资。强化园区定位和品牌建设，济宁化学工业开发区经省政府批准，定位为济宁新材料产业园区，并升格为省级开发区。同时，连续四年荣获“中国化工园区20强”称号。做好医疗健康产业园规划论证工作，每月对济宁高新区、兖州区、邹城市医疗健康产业园进行调度，实地指导，全力抓好医疗健康产业园的规范化建设与持续发展。

【转型升级】 注重与“工业制造2025”的衔接，编制完成《济宁市化工行业三年转型升级行动计划》。把三年转型升级任务细化成主要指标、科技创新、产业升级、园区建设、两化融合、环境保护、安全生产、节能降耗等8项具体任务，规定完成时间节点、制定工作目标，落实责任单位等。形成《济宁市化工行业三年转型升级行动计划》（征求意见稿）。组织召开全市化工行业转型升级推进会，力推园区、重点企业转型发展。按照市政府安排，先后对任城、兖州、高新区、金乡、梁山等化工园区进行调研，全面了解全市化工产业转型升级情况，形成化工转型专题汇报材料。成功举办“互联网+”走进化工企业大型巡回报告会。推进“互联网+”与化工融合，以信息化助推化工产业转型升级。注重新技术的应用，组织煤化工企业外出考察学习干熄焦技术，用新技术改造传统产业。

【经济运行】 先后组织召开“全市化工新材料行业发展座谈会”“全市精细化工及煤化工行业发展座谈会”等行业会议，帮助企业探讨解决困难问题的办法和途径。加强行业诚信建设，协助市医药协会召开济宁市医药行业诚信企业创建动员会；以市医药协会为依托，首次以组团的形式组织重点医药企业参加第77届全国药品交易会。组织有关园区和企业参加“2017中国国际石墨烯创新大会”。帮助参会企业获得政府展会补助资金30余万元；协调市经信委、市物价局，及时解决医药协会反映的工业蒸汽价格过高问题，工业蒸汽价格由211元/吨降至180元/吨。搞好经济运行分析，坚持月度分析制度，形成全市生化行业经济运行分析报告。编制完成《关于焦化及生物医药行业的说明》《以工业促进“新六产”发展专题调研汇报》《关于我市危化品事故原因问题分析及对策》《济宁市化工、橡胶、医药行业分析报告》等材料，上报市政府有关部门，指导行业发展。

【安全生产】 突出抓好安全生产。以直属企事业单位为重点，加强对直属企事业单位安全生产检查督促整改工作，先后开展冬季安全生产大快严百日集中行动、安全生产月活动、安全生产百日攻坚治理行动。完成国务院安委会办公室全国安全生产大检查有关资料准备、十九大期间安全生产24小时安全生产值班工作。做好禁化武履约工作。加强对监控化学品设施建设、生产、使用和经营等活动的日常管理。做好禁化武履约数据采集和宣布工作。加强履约人员业务学习，组织各县（市、区）主管部门和重点企业参加全国禁化武履约培训班。搞好履约企业发布信息调研，编写《关于济宁市监控化学品企业互联网发布信息的有关情况的汇报》。全面做好接受国际核查的准备。

【招商引资】 牵头组建生物化工产业招商办公室。抽调10人，落实招商办公室，配备电脑、打印机、化工书籍报刊等办公硬件设施。制定详细人员分工，建立定期研究、积极跟进、分工协作工作机制。搜集企业信息，建立100家目标企业信息库。赴上海、杭州、宁波、成都参加高端大型会议4次，赴济南、邯郸、宜兴、成都等多地考察化工产业项目，全年外出招商50余次，外出招商天数累计100多天。创新招商渠道，成立招商微信公众号，开展网络招商，每天推送行业动态资讯。定时召开招商培训会和招商人员碰头会，交流项目信息，全年共召开或参加培训会8次，招商专题会17次。截至2017年年底，落地项目2个，合同项目1个，在谈意向项目5个。

【稳定工作】 坚持“发展是第一要务、维稳是第一责任”的工作理念，加强组织领导，突出矛盾排查，强化责任落实，全力化解矛盾。定期召开党委会和办公会，专题研究维稳工作。坚持领导干部包保企业制度。坚持矛盾排查和调查处理相结合，定期组织召开维稳工作调度会，研判可能出现的上访苗头。特别是省、市两会、十九大召开期间，实施领导干部24小时值班制度，重点排查矛盾隐患点，对排查出的问题，及时研究化解方案，确保两会、十九大期间无上访人员。强化信息预警，对获取的上访信息，坚持第一时间向市经信委、市信访局汇报，制定化解预案和应对措施。协调市有关部门解决企业改制破产遗留问题。耐心接访，及时办结信访事件，妥善处置原石油化工厂周转房职工群体上访、原济宁染料厂退休干部信访件。实施阳光信访，网上办结信访督办件5件。接待到访人员50余人次。落实退役士兵政策，开展摸底调查，全面掌握退役士兵情况，按照省、市有关退役士兵政策规定，积极做好思想疏导，政策引导，妥善处理退役士兵上访案件。督促有关企业抓好落实，确保退役士兵稳定。

（韩广伟）

企业简介

【济宁碳素集团】 济宁碳素集团是任城区龙头企业，济宁市重点工业企业，山东省高新技术企业、百强企业，国家大二型民营企业之一，为国内最大的商品碳阳极生产企业和煤化工领军企业。集团涉足冶金、化工、热电、地产、金融、机械加工等行业，拥有员工2300余人，下辖山东晨阳新型碳材料有限公司、济宁辰光煤化有限公司等十多家参控股及全资子公司。拥有辰光（济北高新技术产业园）、辰星（嘉祥开发区）、煤化精细化工园。主导产品：铝用碳阳极，产能50万吨，年出口20余万吨，创汇近1亿美元。煤化及精细化工产品，产能60万吨，居国内前三名，为山东省煤电化基地之一。高新技术产品。拥有广泛应用于航空、航天、军工、高端民用等行业的新型碳材料及中间产品浸渍剂、氧化沥青、中间项沥青、高容量锂离子负极材料、泡沫炭、碳纤维、高定向超高导热炭/炭复合材料等高端产品。各厂区全面实现超低排放，将碳阳极、煤化热电联产、高科技产品、高分子材料和高端炭黑五大生产区有效衔接，走上发展园区化、专业巨人化、产品高端化、产业集群化的发展道路。集团拥有国家级企业技术中心、国家级煤化研发中心、武汉科技大学博士后实践基地等3个国家级、5个省市级科研机构。获得国家专利39项，其中煅烧炉余热综合利用技术达到国际先进水平，被国家发改委列为再建同类项目匹配技术在全国推广。“JNCAR-BON”（济宁碳素）商标为国家“驰名商标”。科技研发实力和转化水平居国内前列。

【华勤橡胶工业集团有限公司】 创建于1989年，以橡胶产业为主导，涉及电力、新能源、金属制品、生物工程、地产开发、医疗卫生、资本运营等领域。产品销往全球100多个国家和地区。先后与意大利倍耐力、美国固特异、美国凯雷、德国大陆、比利时贝卡尔特等多家世界500强企业联合，仅倍耐力在华勤中国工厂的累计投资就超过15亿欧元，成为意大利在华最大的投资项目。2017年，实现销售收入429.6亿元，利润10.2亿元，利税20.2亿元。

【山东太阳控股集团有限公司】 成立于1982年，是全球先进的跨国造纸集团和林浆纸一体化上市公司，中国造纸行业领军企业。拥有资产总额283亿元，年浆纸产能600万吨。位列中国500强企业第306位，世界造纸百强企业第53位。公司主导产品有高档涂布包装纸板、高级美术铜版纸、高级文化办公用纸、特种纤维溶解浆、生活用纸等五大系列，拥有金太阳、华夏太阳、天阳、威尔、乐考、酷印、幸福阳光等主要品牌。2017年公司实现主营业务收入444.6亿元，利润38.5亿元，利税48.8亿元，同比分别增长1.5%、1.5倍和1倍。

【兖矿集团有限公司】 兖矿集团是以煤炭、化工、装备制造、金融投资为主导产业的国有特大型能源企业，是全国唯一一家拥有境内外四地上市平台的煤炭企业，是中国第一家境外成功收购并运营煤矿的企业。形成山东本部、陕蒙、贵州、新疆、澳洲和加拿大“六大基地”发展格局。集团是山东省首批实体企业改建国有资本投资公司单位。先后获得第二届中国工业大奖、全国优秀企业（金马奖）、中国最具影响力企业等荣誉。控股子公司——兖州煤业分别在上海、中国香港、纽约三地上市，入选普氏全球能源企业250强和亚洲增长最快公司20强。兖煤澳洲公司在澳大利亚上市，是澳洲最大的煤炭独立上市公司。集团拥有财务公司、期货公司、融资租赁公司、创投公司、典当行等投融资平台，控参股金融企业15家。跨入煤炭产量过亿吨、营业收入过千亿、资产总额超2000亿的大型企业集团行列，兖州煤业获得全球卓越绩效奖、中国主板上市公司投资者关系最佳董事会奖，入选普氏全球能源企业250强和亚洲增长最快公司20强。

【山东如意科技集团有限公司】 始建于1972年，是全球知名的创新型技术纺织企业，拥有全球规模最大的棉纺、毛纺直至服装品牌的两条完整的纺织服装产业链，旗下企业遍及日本、澳大利亚、新西兰、印度、英国、德国、意大利等国家以及山东、重庆、新疆、上海、江苏、宁夏等地区。集团拥有国内A股和日本东京主板2个上市公司，20个全资和控股子公司，13个高端制造工业园，13个品牌服装企业，30多个国际知名纺织服装品牌，5000家品牌服装零售店。位列中国企业500强第282位，中国制造业500强第139位，中国100大跨国企业第68位，综合竞争力和主营业务收入居中国纺织服装企业竞争力500强第1位。企业拥有首家国家纺纱工程技术研究中心、国家级工业设计中心、国家级企业技术中心和博士后工作站，获得数百项专利技术和创新成果。继2002年“赛络菲尔纺纱技术及系列产品”获国家科技进步二等奖后，历时7年研究的“如意纺”纺纱技术，荣获国家科技进步一等奖。分别获得中国工业大奖和中国工业设计金奖，是中国纺织服装行业唯一获得中国工业领域大满贯奖项的企业。2009年代表中国纺织获得世界第一视觉博览会——法国PV展会参展资格。

（市经济和信息化委）

信息产业

综　述

2017年，信息产业完成主营业务收入684.52亿元、增长17.48%，其中，软件和信息服务业增长45.6%。

7月13日，全国制造业与互联网融合发展深度行（山东站）暨第二届中国制造业与互联网融合发展高峰论坛在济宁市举行

【"6501"培育工程】 委托工信部赛迪研究院专业团队，从1000多个项目内容中筛选确定300个企业、项目、智能产品和智能生产线重点突破，建立市、县两级领导联系包保和职能部门分工负责的推进机制。举办"企业上云"应用体验暨"6501"培育工程推进大会，通过"云服务券"方式财政补贴支持企业上云。

【制造业与互联网深度融合】 出台《深化制造业与互联网融合发展的实施意见》，举办第二届中国制造业与互联网融合发展高峰论坛，吸引1000多家国内IT企业参会，凤凰、新浪等门户网站刊发信息67.4万条。举办制造业与互联网融合发展专题培训班和第二届中国工业电商大会，全市电商交易额达到1600亿元、增长25%。推荐中煤工矿、东宏管业等17家企业申报山东省物联网示范平台和物联网应用示范基地；推荐如意科技、佳田医学影像等3家企业申报工信部2017年制造业与互联网融合试点示范项目，其中佳田医学影像信息物理系统在高端医疗设备行业应用项目被评为工信部智能工厂解决方案示范项目；推荐辰欣药业、菱花集团等16个企业申报工信部及省两化融合管理体系贯标试点企业，其中1家列入国家级，6家列入省级。

【省信息技术产业基地建设】 争取济宁运河软件产业园认定为省级软件园。放大产业基地招商效应，成立信息产业招商办公室，通过以商招商、精准招商、产业链招商等方式，先后在北京、上海、深圳等10个城市举办专题招商活动，北大环保产业基地等3个项目相继落地、总投资20多亿元，新签约项目3个、合同资金30亿元，全市在建重点信息产业项目达50个、总投资350亿元。

【城区公共免费WIFI建设】 推进城区公共免费WIFI建设，按照电信级标准完成数据中心机房建设，认证服务器、网管系统服务器等设备安装完毕，并完成系统联调和安全认证工作；完成90处公共热点区域建设并开放服务。指导工信部电信研究院开展服务质量监测工作，从认证成功率、AP在线服务率、认证网页打开速度、Ping时延和丢包率、单用户带宽以及信号覆盖率等方面进行专业测试，对测试中存在的问题加快整改，保证项目建设质量。全市互联网出口总带宽达到3560G。

（市经济和信息化委）

电子信息制造业

【概况】 2017年，全市电子信息制造业纳入统计企业261家，全年完成主营业务收入496.12亿元，同比增长15.39%，完成利润24.99亿元，同比增长43.5%，完成利税42.22亿元，同比增长27%。

【产业结构调整】 制定出台济宁市信息产业“6501”培育工程实施方案。重点实施“六个50”培育工程，即支持50家电子信息制造业企业做大做强，督导50个信息产业在建项目加快进度，引导50个转型意愿强烈的企业转型发展信息产业，协助制造业企业建设50条智能化生产线，扶持部分制造业企业研发生产50个智能终端产品，确定50个两化融合示范企业进行重点培育。电子信息制造业在全市工业中的占比不断提升，从上年的5%提高到6.5%。发展电子信息产业成为全市新旧动能转换的主要突破口之一。

【新旧动能转换】 放大产业基地招商效应，成立信息产业招商办公室，通过以商招商、精准招商、产业链招商等方式，先后在北京、上海、深圳等10个城市举办专题招商活动。2017年在建电子信息制造业重点项目达到61项、总投资416亿元，其中招商引资项目20项，总投资220亿元。

【省信息技术产业基地建设】 完成“2017年（第21届）中国电子信息百强企业”的组织、申报工作，山东润峰电力有限公司参加全国电子信息百强企业评选，第三次入选2017年（第三十一届）中国电子信息百强企业，列第61位。根据工信部《锂离子电池行业规范条件》文件要求，对全市锂离子电池生产企业进行调研审查，对山东润峰新能源科技有限公司符合锂离子电池行业规范条件的产品，推荐进行锂离子电池行业第二次产品公告的申报工作。按照省经信委、省民政厅、省卫计委《关于开展智慧健康养老应用试点示范推荐工作暨对全省智慧健康养老情况进行摸底调查的通知》精神，经联合推荐，济宁市任城区仙营街道获得首批“全国智慧健康养老示范街道（乡镇）”称号。

（市经济和信息化委）

软件信息服务业

【概况】2017年，全市信息产业完成主营业务收入684.52亿元，其中软件和信息服务业主营业务收入首次突破百亿元大关，共完成主营业收入120.75亿元，全省排名第4，同比增长45.6%，增速位居全省第一。

【招商引资】 成立信息产业招商办公室，通过以商招商、精准招商、产业链招商等方式，先后在北京、上海、深圳等10个城市举办近20场系列专题招商活动，积极对接各类企业高校、平台院所，IBM、比亚迪、比克电池、百度爱奇艺、文思海辉、软通动力等IT龙头“集群式”落户。截至2017年年底，全市在建信息产业重点项目50个、总投资达350亿元。

【龙头培育】 润峰电力、圣阳电源、泰山玻纤、晶导微电子、广安车联等一大批本土骨干电子企业快速成长，中兴通讯、亿维集团、中煤工况等软件和信息服务业运行态势良好。新风光等6家企业成功登陆“新三板”，济宁远望软件技术有限公司入选山东省软件工程技术中心。济宁运河软件产业园评为省级软件园区，济宁高新区与济南高新区和青岛市西岸新区并列被认定为全省三大大数据产业集聚区。

（胡建国）

【企业简介】 **中国联合网络通信集团有限公司济宁市分公司** 2017年，主营业务收入列全省第3位， 4G/3G用户净增14.56万户，宽带用户净增82.3万户，利润及服务指标列全省联通系统前列。职能部室及经营单位由40个调整为21个。设有综合部、市场销售部、财务部、人力资源部、政企客户事业部、客户服务部、网络建设部等，下设14个县（市、区）级分公司，有员工1301人，其中大学及以上学历人数占83.9%以上。截至2017年底，共有移动网络基站7579个，网络人口覆盖率99.5%，地理覆盖率98.2%，铁路、公路、机场、旅游风景区及重要的公共场所实现100%覆盖。信号完好率、接通率等各项指标均达到或超过国家标准，与世界210多个国家和地区开通国际漫游服务。全年新增4G基站392个，4G无线资源利用率提高到32.06%，宽带总端口147.3万个。济宁成为联通集团“全光网建设试点市”，用户固网和移动网全部实现光纤网络接入，进入“移动宽带互联”时代。建设高速、安全、稳定的电子政务城域网平台。通过电子政务外网平台为21

家市直单位搭建OA系统。实施警务通、检务通、智慧医疗等160多个行业信息化项目。

（楚 涛 张 伟）

中国移动通信集团山东有限公司济宁分公司 2001年3月注册成立。主要经营移动语音、数据、宽带、IP电话和多媒体业务，全面负责济宁市内的134－139、147、150－152、157－159、182－184、187－188、178、198国家公众数字移动电话网的规划、建设和运营。公司设有综合部、计划建设部、财务部、人力资源部、市场经营部、集团客户部、客户服务部、网络部、党群工作部、纪检监察室10个职能部室，下设5个中心、14个经营单位，有员工1600余人，大学及以上学历人数占45%以上。4G基站累计达7000处，4G网络实现城区、乡镇无缝隙全覆盖；建设NB－IoT（窄带物联网）基站400余处；有线宽带累计覆盖超过350万户家庭，城乡社区覆盖率达到99%；为12000余家集团客户站点提供互联网及数据专线传输服务。2017年，公司建设完成鲁西南大数据中心、工业云平台，以物联网、大数据、云计算技术促进济宁新旧动能转换。有自有营业厅160余处，建设加盟店、手机卖场、便利店等万余家便民服务网点。有线宽带客户达60万户，魔百和客户超过40余万户。新推出4G飞享套餐、节假日流量包等资费产品及服务。与团市委在公园、广场合作设立“雷锋示范岗亭”23处；开展网络基础设施专线整治活动，及时修复破损井盖和通信设施设备。开展爱心互助工程，全年筹集公益捐款134800元。公司团委获济宁市“红旗团委”称号，公司获“无线电管理工作先进单位”称号，2017年，公司获“全国文明单位”称号，成为全省唯一获此殊荣的通信运营商。

（孙 萌）

12月15日，济宁电信与济宁市中小企业局签署战略合作协议

中国电信股份有限公司济宁分公司 中国电信股份有限公司济宁分公司（以下简称“济宁电信”）是中国电信集团公司在济宁地区设立的分支机构。2017年，济宁电信以百兆宽带和4G网络为引领，带动济宁进入光网新时代。固网方面，加大光纤到户建设，全面提升宽带速率，保证全程光速、每户独享，逐步推广至50M、100M，带领济宁家庭用户逐步迈入“百兆新时代”。移动网方面，推进“无线城市”建设，完成LTE五期800M工程建设，共计建站833个，在服率达99%以上。济宁电信聚焦“2+5”经营重点，构建“一横四纵”重点业务生态圈。夯实4G、光宽两大基础业务，打造“一横”智能连接型业务生态圈，以云、网、端为核心，强化网络生态合作；依托天翼高清、翼支付、物联网、云和大数据、“互联网+”五大优势应用，以及流量、安全等核心能力，打造智慧家庭、互联网金融、新型ICT及物联网的“四纵”智能应用生态圈。完成“实名制”登记工作，落实“黑卡”专项治理，推进网络信息安全，开展垃圾短信治理工作。推进电子渠道建设，打造“济宁电信”易信、微信、微博等公众号，完善网上营业厅、网上商城、QQ客服、微信客服、易信客服等服务举措。推出“当日装、当日修、慢必赔”服务，落实“提速降费”政策。

（济宁电信济宁分公司）

无线电管理

【频台管理】 推动频率台站管理规范化。梳理权力事项，对涉及无线电管理工作的行政许可项目、名称、编码和设定依据进行逐一对照检查，按照统一要求规范完善。建立统一的政务服务平台，实现行政许可事项网上集中办理，并向社会公布。共受理行政许可事项8件，全部按时办结，办结率达到100%，无投诉发生。制定“放管服”改革实施方案，实行“一窗受理、集成服务”模式。按照“双告知”制度申报济宁市市场主体登记注册信息查询认领管理员。许可事项录入济宁市公共信用信息平台双公示管理系统。开展全市无线电频谱评估专项活动。多次组织召开动员会、分析会，制定专项活动实施方案、评估技术规范并下发至各县（市、区）、各大设台单位。开展大量频谱数据采集、分析、处理、比对和设台单位频率使用及台站设置自查、核查工作。开展无线电设备年检工作。

【依法行政】 严厉打击非法设置无线电台专项活动。主动加强与市公安、工商、技术监督、文化市场综合执法、媒体等单位的沟通协调，召开联席会议，建立定期沟通机制；定期开展联合执法演练。共查处“黑广播”17台，“伪基站”4台，其他非法无线电台10台。

12月8日，“基于通用软件无线电平台FM远程调频异地侦测系统”科研项目验收会召开

【技术监管】 加强无线电监测。重点加强对广播、电视、铁路、航空、水上交通用频和公众移动通信网等重要无线电业务使用频段的监测，全面掌握辖区内的无线电频谱占用情况，全年共完成监测任务28009小时。7月组织开展频谱评估中的数据采集工作。累计出动人员36人次，工作时间96小时，测试行程1877公里。开展公众移动通信基站专项检测工作。建立航空、铁路专用频率保护机制。将航空、铁路专用频率作为重点监测对象，定期对机场及铁路周边进行电磁环境保护性监测。

【重大保障】 主动加强与610办公室、公安、安全、广电等部门的联系，在全市建立无线电重大事项处置机制，完成春节、“两会”“一带一路”高峰论坛、省第十一次党代会、孔子文化节、“十九大”等重大活动的无线电安全保障工作。完成各类考试保障任务29次，出动无线电技术人员552人次，监测车辆104台次，启用技术设备663台套，发现作弊信号7起，实施阻断3起，查处作弊案件4起，查获作案设备4台（套）。

【设施建设】 完成邹城Ⅱ类监测站、兖州航空监测站、梁山、汶上、微山小型监测站建站工作；完成县级监测设备的采购配发工作。积极为县级无线电管理机构配置检测设备。争取中央转移支付资金90余万元，通过政府采购的方式，为4个县级无线电管理机构配置便携式监测和训练设备。截至2017年，全市11县（市、区）无线管理机构便携式监测和训练设备配置率达到100%。

6月5日，全市无线电监测技术培训班举办

【科研工作】 自主研发“基于通用软件无线电平台FM远程调频黑广播异地侦测系统”，可自动快速发现监测地点周边出现的黑广播，12月8日通过国家组织的科研项目验收。

【宣传工作】 与《济宁日报》、市广播电视台、鲁网签订长期宣传协议，与任城广播电视台共同打造APP手机平台专栏，及时发布无线电管理政策和工作动态。发送无线电宣传短信300余万条。在各大网站及各大媒体发表无线电宣传稿件250余篇。

【业务培训】 制定20期无线电管理培训计划，培训各类人员600余人次；开展设备检测、干扰查处、应急演练、重大事项保障等岗位练兵活动40余次。

（韩继伟　刘　鹏）

交通·邮政

交通综述

【重大交通项目】 全年全市交通基础设施建设计划投资70亿元，实际完成投资76.01亿元，占年度计划的109%。37个重点公路、港航、云轨项目中，9个项目竣工，20个项目已开工或正在建设，8个项目加快前期工作。跨湖高速、董梁高速完成征地拆迁和部分桥涵工程，济宁新机场高速列入省政府10大预备项目。日兰高速济宁连接线工程（S614）、济宁北二环东延工程提前实现竣工通车。环湖大道东线微山段、济宁西二环等项目提速推进。济徐高速太白湖互通立交、日兰高速曲阜东互通立交、济宁北二环西延工程开工建设。截至2017年年底，全市公路通车总里程达19579.3公里，其中高速公路327.7公里，一级公路656.2公里，公路密度达到每百平方公里173.2公里，济宁中心城区与周边城市、重要节点的交通路网体系基本形成。微山一线船闸实现通航；京杭运河湖西航道、济宁至台儿庄航道“三改二”工程18亿元中央补助资金落实、具备开工条件。孔孟旅游快线（“云轨”项目）邹城试验段基本建成。对上资金争取及融资工作力度持续加大，全年累计争取财政和融资资金33.9亿元。重大交通项目PPP模式启动运作，环湖大道东线工程微山段是济宁市市级第一个落地实施的PPP项目。嘉祥县农村公路路网提升工程成为全市首个在农村公路建设上利用PPP融资的项目。曲阜市将12.47亿元重点交通基础设施配套工程、县乡道路升级改造工程纳入该市PPP项目总盘子。以美丽乡村、“四好农村路”建设为抓手，实施第三批全省村级公路网化示范县建设，完成新改建农村公路631公里，农村公路通车里程达17567公里，农村公路网络化水平持续提升。邹城市被列为首批全国“四好农村路”示范县。

【公共交通服务保障】 市政府将公共交通服务纳入“为民办好十件实事”，出台《公交企业成本规制管理办法》和《公交投入和补贴资金管理办法》，全年全市新增和更换纯电动公交车800辆，创单年度新增公交数历史新高。济宁城区5处公交枢纽建成启用，开通夜间公交线路3条，优化调整公交线路30余条。12月26日，开通济宁主城区至泗水、微山、梁山三县城际公交，在全省率先实现“县县通城际公交”的目标。全市17条城际公交线路累计投资6.6亿元，每年市县两级财政补贴突破亿元，年客运量达到2100余万人次。县域城乡公交一体化进程加快，泗水县完成城乡公交一体化改造，曲阜市10路公交获评全国新能源公交示范线路，曲阜市、金乡县实行城乡公交一元票制，曲阜市实施农村中小学教师免费乘公交。截至2017年年底，全市镇、村公交通达率分别达100%、95%，全市形成城区、城际、城乡、镇村四级公交网络，大公交体系初具规模。

【行业依法监管】 推进依法行政，建立交通运输行政执法公示、全过程记录、重大执法决定法制审核“三项制度”，推动交通执法规范化建设。加大出租客运市场监管力度，与公安部门联合开展济宁城区出租客运市场集中整治活动，全年查处各类非法经营车辆186辆。加大联合治超力度，全市共查处超限运输车辆1.64万辆、非法改装车辆260辆，卸载货物48.1万吨，治超工作在全省整治公路货车违法超限超载行为专项行动综合考核中名列前茅。道路普通货运专项整治取得显著成效，全市共清理“空挂户”企业422家、注销逾期未审验车辆2.63万辆，实现“空挂户”企业清零目标。“绿色维修”创建加快推进，一类维修企业创建达标率达到100%；深化驾培行业改革，53家驾校全部推行先培训后付费服务新模式。行业安全监管不断强化，组织开展“平安交通”建设示范以及化工产业安全生产转型升级等活动，完成重要节假日交通运输保障及十九大安保维稳任务，全系统安全生产形势持续稳定。

【运输结构调整优化】 运输装备水平持续提升，全市营运客、货运车辆发展到11.7万辆，其中运营类新能源车辆3236辆。全年累计完成港口吞吐量5816万吨，比上年同比增长3.8%；货运量4303.5万吨，比上年同比增长4.9%。济宁曲阜机场通航城市扩展为26个，实现旅客吞吐量97.1万人次，较上年增长55.6%。实施“电子商务+农村物流”发展模式，全年新增农村物流中转节点50处。快递行业规模发展壮大，全国17家规模以上快递企业分拨中心落户济宁市，业务辐射枣庄、菏泽、泰安、临沂等市，日处理快件100万余件。

【交通行业改革】 市政府出台《济宁市深化改革推进出租汽车行业健康发展的实施意见》《济宁市网络预约出租汽车经营服务管理实施细则》，网络预约出租汽车纳入行业管理。全面落实“放管服”改革措施，实施“一窗受理、集成服务”改革，交通运输审批事项全部纳入市电子政务服务平台，行政审批事项办结率100%。推进综合交通运输体制改革，制定部门“三定”方案以及《交通运输综合执法体制改革方案》，统筹推进交通运输综合执法体制改革。

【绿色智慧交通】 推进绿色交通建设，全市淘汰更新老旧国Ⅲ重型柴油货车1.01万辆、安装DPF装置410辆，位列全省第一。委托第三方为绿色交通城市创建提供技术支撑，争取资金对52个项目给予补助。建立公路保洁、施工扬尘、港航治污、营运货车管控“四个导则”“四个问责办法”。交通、港航、公路大气污染防治监控平台在制度建设、应急值守、督导检查等方面形成完整的工作体系。邹城、曲阜、微山、汶上等县（市）交通行业监控平台坚持每天24小时正常值守，保持与市级交通行业平台的“线上线下”联动。组织完成大气污染“百日攻坚行动”。推进智慧交通建设，制定智慧交通综合管理平台建设方案，完成“两客一危”车辆动态监管平台数据与省平台的对接，客运实名售票、城际公交、长途客运、汽车站以及出租车定位5类数据接入公安天网平台。

【行业文明创建】 围绕创建文明城市工作，相继开展“文明交通出行专项行动”、城区出租、公交行业“手拉手·共创建”、10条美丽农村路评选宣传等系列活动，与市文明办、市总工会等部门选树一批具有代表性的行业服务标兵。截至2017年年底，全市交通运输系统建成市级文明单位53个、省级文明单位27个。

（张建华　李　政）

铁路建设与运输

【鲁南高铁建设项目】 鲁南高铁项目西起郑徐客专的兰考南站，途经菏泽市、济宁市、临沂市，东至日照市，与青连铁路接轨，由日照至临沂段、临沂至曲阜段、曲阜至菏泽段、菏泽至兰考段组成，正线全长约494公里，投资约750亿元。设站房17座，其中新建站房14座，改扩建站房3座。正线时速350千米/小时，双线、电力牵引。项目建设工期3.5年，预计2020年底建成通车。项目经过嘉祥县、经济技术开发区、汶上县、任城区、兖州区、曲阜市和泗水县等7个县（市、区），设6个站点。项目分为日照至临沂段、临沂至曲阜段、曲阜至菏泽段、菏泽至兰考段。其中，曲阜至菏泽段项目由济宁市牵头负责，菏泽市政府及相关部门配合；临沂至曲阜段由临沂市牵头负责，济宁市政府及相关部门配合开展工作。2014年8月，市里成立领导小组及其办公室，抽调市发改、交通、煤炭、规划等8个部门有关人员集中办公。2016年10月，成立鲁南高铁项目分指挥部。

临沂至曲阜段在济宁市境内正线长度34公里，连接线长度29.5公里，涉及曲阜市、泗水县的5镇39个村庄，需拆迁房屋883处，拆迁面积20万平方米。2017年9月初已全部完成，截至2017年年底，路基工程完成6.2千米，水泥搅拌6.86万延米全部完成，土石方完成300万方。桥梁工程完成11.4千米，桩基5659根，承台703个，墩身708个，涵洞10座，预制箱梁371孔。隧道工程完成2587米。10月24日第一片梁开始架设。济宁市西段（曲阜至菏泽段）初步设计和施工图设计基本完成。

（市发展改革委）

【兖州车务段】 兖州车务段位于济宁市兖州区兖岚路61号，隶属中国铁路济南局集团有限公司，为客、货、行兼办的综合性单位。管辖范围：北起辛泰铁路常庄站k68+820处、南至京沪铁路韩庄站k763+000处，西起菏兖日铁路济宁西站k257+858、东到凫村站k14+872处，管辖里程666.446公里。管辖京沪、菏兖日两条铁路干线和磁东、东莱、辛泰、东平、枣临、瓦日六条铁路支线的49个车站（1个线路所）。其中：一等站1个（兖州北站）；二等站6个（济宁站、邹城站、滕州站、枣庄西站、枣庄东站、官桥站）；三等站9个（兖州站、济宁西站、兖州西站、磁窑站、莱芜东站、东都站、新汶站、莱钢站、凫村站）；四等站32个（牛王村站、白家店站、姚村站、吴村站、南驿站、华丰站、徂阳站、谷里站、大协站、新泰站、东牛家庄站、北师店站、颜庄站、孝义站、桃花峪站、苗山站、常庄站、程家庄站、两下店站、界河站、南沙河站、井亭站、山家林站、邹坞站、沙沟站、韩庄站、洪洼站、税郭站、莱芜站、天宝站、郭家沟站、宁阳东站）；线路所1个（白马厂）。其中办理客运业务的车站有8个；办理货运业务的车站有28个（含常庄。其中，客货兼办8个），仅办理接发列车业务车站21个。截至2017年年底，行政机构设办公室、劳动人事科、财务科、安全调度科、技术科、客运科、货运中心、货管科、装管科、营销物流科、收入和统计科、职工教育科。党群机构设党群工作室、工会、团委、纪检监察科、综治办、退管办。下设党总支19个；党支部122个，党员2121人；工会支会84个；团（总支）支部12个。职工总数3899人。

全年发送旅客920万人，同比增长8.6%，客票收入6.42亿元，同比增长0.48%；货物发送2238万吨，同比增长14.46%；货运收入18.03亿元，同比增长17.76%。运输总收入24.92亿元，超计划2.77亿元。补强视频监控设备，整合完善段站两级监控资源。实施“互联网+安全管理”，安设站台防侵入系统，加强STP运用管理，购置执法记录仪、智能防溜器具等。优化京沪线运输组织，发挥编组站为中间站服务作用，提高运输效率。以主要行车工种、关键岗位和“三新”人员为重点，以提高职工技能业务水平为主线，强化培训能力建设，推动培训工作创新，突出骨干培养。2017年举办职工培训班80期，培训人员1.6万人次。

（李　岩）

【兖州火车站】 兖州火车站地处济宁市兖州区城区东部，位于京沪铁路与菏兖日铁路交会处，是鲁西南重要的交通枢纽，隶属于济南铁路局兖州车务段管理，承担济宁所辖县（市、区）及周边临沂、菏泽等地市旅客、行包、快运货物的到发和中转业务，图定办理客运业务旅客列车105趟，有职工265名。2017年，发送旅客290.6476万人，同比增加16.7982万人。行包始发装车15.03万件，零散快运发送完成359.758吨。共完成运输总收入2.9652亿元（其中客票收入2.6525亿元，行包收入595.9721万元）。

全面改造和补强多项基础设施，包括综控室广播室、党群办公室、一站台花池改造施工、视频更新、售票操作台和站台两端防侵入系统调试等。完成4次调整列车运行图工作；完成3·2两会、“一带一路”国际合作高峰论坛、8·16重点列车（到站为北戴河、山海关、秦皇岛）、香港回归20周年庆祝活动、厦门金砖会议、青岛全运会、G26环蒙、十九大期间的安保工作；完成新兵运输工作，实现军运和客运两不误。加强消防和防恐防暴，与公安派出所、广场综合管理办公室密切配合，不断完备技防物防措施，加强应急预案演练，确保站区安全有序。

（兖州火车站）

【济宁火车站】 2017年，济宁火车站共发送旅客204万余人，到达旅客230万余人。发送货物30万吨，到达货物150万吨。全年运输收入2.1亿元。申请加开旅客列车，特别是通往深圳、广州、西安、南昌、长沙、青岛、烟台等城市的列车。改革货物运输，每天开行定点、定线路的快速货物列车，省内货物当天或者第二天到达。引导企业在铁路免费开通的95306网站进行宣传，部分知名企业进驻95306。对候车室、售票厅进行改造，扩大候车室、售票厅的面积。加开义乌方向的列车，增强与义乌小商品市场的连接。

（济宁火车站）

帮助困难旅客

【京沪高铁曲阜东站】 曲阜东站位于曲阜市东南，京福高速公路以东、沂河以南、日东高速公路以北，车站中心里程位于京沪高铁536公里156米处。2017年，车站有干部职工110人，办理客运业务列车101列，日均发送旅客9869余人。全年安全发送旅客360.25万人，完成年计划的103%，超上年同期12.6%。

优化旅客组织流程 对车站客运组织安全风险源点安检查危、实名制验票、客流密集时段的旅客组织、同一站台同一时段旅客乘降组织、不同一站台但到站时间接近列车的旅客组织，根据客流变化、列车变化动态调整组织模式。做到重点列车重点组织，趟车宣传全面覆盖，岗位信息联系彻底。重点做到严格落实旅客乘降组织“六必须”“六防止”的要求，通过优化动态调整人员岗位设置，保证密集时段的检票作业、通道引导、电梯防护等关键作业人员盯得上控得住，防止旅客错乘、漏乘的发生；加强站台旅客组织，形成良好的旅客闭环服务流程；针对重点旅客易发生人身安全隐患的问题，结合重点服务内容做好帮扶重点旅客乘降，专人服

组织旅客在站台有序乘车

务、引导，保证乘降安全。

环境卫生整治 实行全方位保洁模式，严格界定划分保洁区域，实行日检查、周检查和月抽查卫生检查监督机制，坚持每月卫生通报，实行联挂考核。站区卫生保洁实现常态管理，基本达到站区环境优美、窗明地净、四壁无尘的标准。

“高铁儒行”服务品牌 根据旅客需求不同推行特色服务。与地方政府联手在出站口设立旅客出行导游台，为出站旅客提供“三孔”基本介绍，提供住宿、旅游、汽车换乘等服务，让旅客足不出站就能办理旅行事务；鼓励班组开展服务创新，根据客流需求变化建立适宜的服务理念与模式，推广应用重点旅客“察、问、导、帮、送”五字服务法，特殊重点旅客“专窗购票、专区候车、专人引导、专用通道”的“四专”服务，推出“亲情快递”服务。在候车室服务台增设车票改签业务。因地制宜营造儒家文化氛围。在站区显示屏、售票处等服务区域内面向旅客播放设置《论语》经典妙句；在候车室孔子木雕像后增设十扇古风刻篆牌匾，介绍车站品牌服务理念和儒家文化；车站爱心服务区被划分为重点旅客区、亲子区和哺乳区。曲阜东站申请成为全国第一家被联合国儿童基金会认证的火车站。区域已经服务旅客13000余人。

（韩俊启　秦　岭）

民用航空

【概况】 2017年，济宁民航共安全保障航班8097架次，同比增长39.8%；旅客吞吐量97.1万人次，同比增长55.6%，完成年度目标的138.7%；货邮吞吐量2247吨，同比增长23.9%，超额完成年度目标，实现第9个航空运输安全年。

【业务建设】 开通海口——济宁——（营口）石家庄、深圳——济宁——营口、长沙——济宁——烟台、西安——济宁——大连、太原——济宁——宁波、长春——济宁——福州、厦门——济宁——呼和浩特及深圳——济宁——承德等8条往返航线，加密至深圳、长沙的2条航线。机场执飞16条往返航线，通航城市26个，数量较上年翻一番。

【安全管理】 建立健全济宁民航安全生产责任体系，逐级签订安全生产责任书，确保安全责任层层落实。坚持安全生产周例会制度，全年共组织安全讲评例会40场次，以会代训，实现安全隐患排查治理常态化。共投入400余万元购置除冰车、客梯车、行李牵引车等特种车辆。加强应急管理体制建设，组织开展多部门联动的各类单项和桌面应急演练11次，反恐培训及演练2次。加强机场净空及电磁环境保护工作。市政府发布实施《济宁曲阜机场净空和电磁环境保护管理规定》及《关于加强在济宁曲阜机场净空保护区内放飞无人机等升空物体管理工作的通告》。济宁曲阜机场保持人为责任事故、事故征候为零的纪录，通过民航华东地区“平安民航”建设考核验收。

7月20日，军民航联合消防救援应急演练举行

【济宁机场迁建】 新机场位于兖州区漕河镇，定位为民用航空中型机场、国际定期航班机场，飞行区指标近期为4C，远期为4E，跑道为2800米×45米，本期工程设计目标年为2025年、远期为2045年。预测2025年年旅客吞吐量174万人次，建设1.7万平方米的航站楼和11个机位（11C）的站坪，项目占地总面积2627亩，投资估算为18.13亿元，计划建设工期3年。2016年5月，新机场项目列入国家发改委、交通运输部《交通基础设施重大工程建设三年行动计划》。2017年2月，济宁机场迁建工程列入国家民航“十三五”规划迁建类项目。

2013年年底，济宁市正式提出济宁曲阜机场向东迁建的要求，建设开通国际口岸的新民用机场。成立机场迁建工作领导小组，组成专门工作班子，集中推进新建民用机场工作。2014年4月，根据市委市政府安排，市里成立领导小组及其办公室。抽调市发改、交通、国土、规划等20个部门有关人员集中办公。办公室设在市发改委。市委、市政府领导带队赴国家发改委、国家民航局、华东民航局、北部战区空军积极协调。多次召开机场迁建协调会，印发会议纪要，明确市直各部门、单位的主要任务、责任分工和完成时间。及时调度各有关部门任务完成情况，以领导专报、工作进展通报等方式向市领导汇报最新工作进展情况。按照市政府对机场迁建工作“压茬推进”的要求，对周期长、审批层次高、技术复杂的项目提前展开。2014年9月，正式委托民航上海新时代设计院进行选址。2015年2月，民航华东地区管理局复函省发改委同意济宁新建民用机场；7月，原济南军区空军出具选址支持意见；9月，国家民航局组织评估选址报告；12月16日，中国民用航空局下发《关于山东济宁机场迁建场址的批复》，同意将兖州漕河场址作为迁建济宁机场的推荐场址。2015年10月委托上海华东民航机场建设有限责任公司（上海民航新时代机场设计研究院有限公司）组织编写机场迁建预可研报告。2016年6月，沈阳地区空管协调委办公室召开新机场军民航协调会，确定新机场航线规划，10月，国家民航局委托中国民航工程咨询公司对新机场预可研报告进行评估。2017年6月21日，华东民航局出具行业审查意见；8月2日，中国民用航空局向国家发改委报送《济宁机场迁建工程预可行性研究报告意见》。9月30日，省政府出具济宁机场资金承诺函。10月26日，市政府出具《关于新机场建设所需资金的承诺函》，按照济宁新机场工程3年建设期计算，计划按4年安排拨付项目建设资金14.13亿元。10月22日，山东省人民政府与中国人民解放军北部战区空军签订《关于新建山东省济宁民用机场协议书》，明确迁建目标、空域管理等具体事宜。截至2017年年底，上报国务院、中央军委审批的前置要件，包括国家民航局行业审查意见、军地协议、省政府资金承诺函、机场迁建工程项目建议书全部办理完成，省政府将济宁市新机场预可行性研究报告报至国务院、中央军委立项审批。

（市发展改革委程卫东　李海明）

港口建设　内河航运

【概况】 2017年，全市累计完成港口吞吐量5816万吨，同比增长3.8%；货运量4303.5万吨，同比增长4.9%；货物周转量222.5亿吨公里，同比增长8.3%；客运量290.2万人次，同比增长11.6%；客运周转量1180.5万人公里，同比增长11.3%。

【重点项目建设】 微山一线船闸改建工程基本完工，完成通船试验；韩庄复线船闸工程完成总投资的27%；湖西航道改造工程招标工作完成，基本具备开工条件；微山三线船闸工程已办理土地预审报告环评前置手续。《济宁港总体规划》完成编修；大运河新旧动能转换试验区创建工作形成初步成果。新批建的7处港口中，梁山寿张集铁水联运港开工建设，主城富春源港完成工可报告，主城龙拱港二期完成施工图设计，邹城荣信港二期实现竣工验收，金乡胡集港完成水工部分建设，汶上南旺港完成初步设计，邹城正方港处于施工图设计阶段。

梁山船闸鸟瞰图

【安全生产】 开展多项专项行动，印发《关于明确全市水路运输行业领域安全生产监管职责的通知》，明确各单位安全监管职责。强化风险管控和隐患排查治理双重预防机制建设，建立隐患排查治理“台账管理、分级管控、办结销号、闭环管理”机制。推进企业安全生产标准化建设，企业达标率99.4%。累计举办安全培训班3期，培训安全管理人员253人次。建立“分区作战、联防联控、群防群治、专群结合”的安保维稳机制，构建属地、行业、企业联勤联动的网格化监管体系。

【行业管理】 深化“放管服”改革，组建港航海事分中心管理团队，完成港航海事分中心入驻市行政审批中心搬迁工作。规范港口建设行为，开展港口未批先建专项整治。完成内河船型标准化工作，拆解船舶366艘。

【污染防治】 顺利通过中央、省环保督察，实现“零问题、零问责”目标。港航“互联网+技术导则”监管体系初步建立。出台6项行业技术导则，新增83处视频监控点，接入船舶垃圾收集APP，实现污染物交付数据实时传输。开展非法打砂船专项整治活动，清理取缔非法船舶修造厂19处。建立“航道长”机制，强化航道巡查执法，落实航道污染物管护。662艘船舶安装生活污水收集处理设施，营运船舶垃圾、油污水收集装置配备率达到100%。3艘船舶垃圾接收船、2处垃圾处理站正式启用，船舶垃圾、油污水全面上岸处理。在全省范围内率先完成《港口和船舶污染物接收转运及处置设施建设方案》编制，发布实施《船舶防治及其作业活动污染水域环境应急能力建设规划》。推进智能喷淋、料口封闭作业、港口岸电等环保新技术应用。

（宋　雪　石国安）

邮　政

【优化行业发展】　市政府出台《关于推进农村快递电商公共服务中心暨精准扶贫助力站建设的实施意见》，在全市建设100处农村快递电商公共服务中心暨精准扶贫助力站，实施快递下乡工程。发展总部经济，加快园区建设，促进快递电商融合发展。全国农村快递电商平台总部设在兖州区，专项推动农村快递电商公共服务中心建设项目。平台总投资10亿元，征地200亩，在济宁建设10个县级快递+电商孵化基地，100处快递电商镇级公共服务中心（同时加挂精准扶贫助力站牌子）和1000处村级快递电商公共服务站，构建十、百、千新型农业经营主体运营模式。项目全部运营后预计平台年交易额超100亿元，可吸纳1万余人就业。上海中通总部在高新区征地150亩，投资10.5亿元建设鲁西南快递电商产业园区，设立“中通优选”山东总部。

【创新行业监管】　截至2017年底，共开展快递市场、集邮市场和邮政用品用具市场检查、督促指导、协调服务4215次，检查单位2356家次，纠正和查处违法违规行为268起，下达整改通知书58份，立案查处99起，罚款人民币金额28.8万元。落实企业主体责任。与寄递企业签订《2017年度安全生产责任书》，落实《禁止寄递物品管理规定》，开展“平安寄递”专项整治活动。印发《关于成立济宁市邮政业安全生产领导小组的通知》，强化行业安全生产监督管理，落实部门监管责任。重新修订《济宁市邮政业突发事件应急预案》和《济宁市邮政业突发事件应急手册》，加强突发事件应急处理。制定《责令寄递企业履行安全生产主体责任隐患自查自改指令书》，督促寄递企业健全安全生产责任制度，强化安全应急保障能力。完善寄递渠道安全联合监管工作机制。出台《全市寄递渠道安全管理工作综合治理考核评价办法》，强化寄递渠道安全管理属地责任。联合市综治办、公安局对邮政快递企业开展快递市场清理整顿“利剑行动”等执法检查活动。联合公安部门建立寄递渠道属地化治安管理协调机制。确定市、县（市、区）公安机关和派出所寄递渠道专职专管民警和社区责任民警名单，明确各派出所社区责任民警与全市快递企业的监管责任，建立市、县（市、区）公安机关和派出所三级寄递安全考核责任制。全面推动寄递实名制落实。联合市综治办、市公安局召开全面推动实名收寄手机APP信息系统应用工作会议，制定《寄递渠道实名收寄信息平台建设工作实施方案》，在全市范围开展手机APP实名收寄工作。多次召开快递实名收寄信息化推进会，建立实名率通报、约谈制度，对实名率落后企业进行约谈、整改，联合市公安局为全市3200多辆快递三轮车喷涂“收寄物品必须验视并出示身份证件”字样。市财政给予补贴资金100万元，快递企业自筹资金1250余万元，购置X光机106台，手持终端安检设备700余个，在全省率先实现应配尽配。推进寄递实名制信息化推进工作，6000多名快递员全部使用手机APP系统，收寄快件一律扫描客户身份证件并严格收寄验视。全市寄递实名率达到90%以上，位居全省前列。十九大期间，联合综治、公安、国家安全等部门联合开展“易制爆危险化学品和寄递物流专项整治”“利剑清理整顿”等系列执法行动，处罚违规企业76家。印制警示牌6000余份，在全市所有网点张贴；在全市小区智能快递柜张贴落实“三个100%制度”宣传标语。成立检查组，开展拉网式明访暗查，出动检查2000人次，检查150个乡镇（街道）1505个快递营业网点，6500个村邮站，涉及17个主要快递品牌，排查寄递安全隐患275处，约谈企业42家，立案处罚32家，其中，对收寄验视制度执行不严的10余家企业进行查封。同时，安排全市106家县级快递企业负责人开展企业间互查暗查，累计出检2546人次，暗查网点1678个，对查处问题进行整改。

【加强行业服务】　全年受理邮政普遍服务场所迁址申请2次、分拣场所迁址备案1次，双随机检查邮政普遍服务场所96处，实现全市建制村通邮率100%。验收信报箱工程27处，共19836格口，发放27份《信报箱装置验收合格证》。开展“邮政业标准化建设年”活动。召开济宁市邮政业标准化建设年启动培训会，下发《济宁市邮政业标准化建设工程实施方案》和《济宁市邮政业标准化建设工程实施细则》，进行专题培训。2017年，全市邮政、韵达、中通、申通、圆通、韵达等16个品牌、160家企业、3200辆快递三轮车实现标准化。开展安全标准化等级评定工作，根据安全主体责任落实情况及申诉情况进行“A、B、C、D”四个级别划分，共评定寄递企业48家。开展“不着地、不抛件、不摆地摊”治理，对不按规定分拣作业的百世分拨中心等立案处罚，公开处罚信息。开展各类安全生产教育培训活动。联合市公安、消防等部门召开各类会议12次，培训3500余人次，下发宣传品5000多份，印发《济宁市邮政业安全生产全员教育培训手册》5000册，全市所有邮政快递网点更换张贴新《禁止寄递物品管理规定》，公示《突发事件应急预案》，落实收寄验视等三项制度。

【济宁市邮政分公司简介】 济宁市邮政分公司（以下简称济宁邮政）位于济宁市洸河路141号，下辖11个县（市、区）邮政分公司，分别为兖州区、曲阜市、泗水县、邹城市、微山县、鱼台县、金乡县、嘉祥县、汶上县、梁山县邮政分公司和济宁城区邮政分公司；市公司设综合办公室（党委办公室、安全保卫部）、党委党建工作部（监察室）、工会、人力资源部（党委组织部）和财务部5个职能部室，市场营销部和服务质量部（普遍服务部）2个前端部门，金融业务部、渠道平台部、集邮与文化传媒部、包裹快递部和运营管理部5个后端部门，投递局、邮区中心局和机要通信分局3个直属机构从业人员3149名。全市有营业支局所214处（农村170处、城市44处，金融网点186处、纯邮务网点28处），投递部178个、投递段道509条。

2017年完成收入8.9亿元、同比增长14.1%，进度和增幅均居全省第一位，完成省公司预算104.9%；劳产率31.3万元、居全省第二位、同比增长12.9%。金融业务余额年增53亿元、居全省第二位，获全省金融发展贡献卓越单位称号；全年快包业务量764.41万件、同比增长154.67%，总量连续两年超过顺丰和EMS，在全市快递行业排名第四；农村电商线上流量1.1亿元、居全省第一位，分销提前半年完成省公司收入计划；邮务类业务实现收入1.1亿元。建设县仓11处、租建镇仓71处，安排改造营业网点15处；布放ATM/CRS50台、累计500台；新建商超型便民站207个，系统总量5910个；新建三农站、合作社798处，累计1758处；城市自提站点有1800处，自提量占比超35%；邮区中心局迁移新址，运营能力提高。邮件处理时限达标率99.89%；11183直派工单与关联工单反均提至95%以上，95580投诉量降幅21.56%、超省公司标准1.56%；机要通信服务质量保持54年全红。连续18年被评为省级文明单位，获山东文化惠民消费季最受欢迎的文化消费企业称号，总经理获济宁市“五一劳动奖章”，市集邮与文化传媒部获济宁市“工人先锋号”；曲阜和兖州分公司获省级文明单位荣誉称号，微山分公司获市级文明单位称号；金乡分公司获山东邮政先进集体荣誉称号。

（济宁市邮政管理局　济宁市邮政分公司）

城乡建设管理

城乡规划

【规划编制】 完成全国“城市双修”试点申报工作，推动济宁市入选全国“城市双修”试点城市，制定实施方案，推进城市双修总体规划编制工作；结合采煤塌陷地治理，落实生态修复理念，推动环城生态绿带规划编制工作，完成南阳湖农场及周边地区概念规划。强化城市景观特色打造，完成城区五河、洸府河、杨家河等景观规划编制工作。完善城市功能，完成地下空间、停车设施布局、加油加气充电设施布局等专项规划编制任务。开展历史城区保护与发展规划研究，完成历史文化名城保护规划修编工作；推进历史文化名城规划立法，完成条例起草，提出立法建议；结合历史建筑和工业遗产普查，会同市文物部门遴选一批具有保护价值的建筑进行挂牌保护；编制完成南阳古镇保护与发展规划。组织开展城市发展全要素分析课题研究，编制完成城市发展全要素分析论证报告，科学谋划城市发展路径。

【规划改革】 深化“放管服”改革，提升规划服务效能。优化规划事权划分。建立依法行政、事权清晰、高效顺畅的规划管理体制，形成“市局宏观把握、谋划蓝图，分局具体承办、高效服务，直属单位技术支持、夯实基础”的规划管理运行机制。规范规划审批制度。强化规划集中统一管理，坚持做到“三集中、三到位”，强化规划刚性约束，保障规划决策的民主性、科学性和规划管理工作高效运转。转变规划服务理念。围绕“放管服”任务，在电视、报纸等媒体进行公开承诺，自觉接受监督；实施岗位责任制、限时办结制和服务承诺制，推行上门服务、帮办代办工作机制，合理运用网络平台，打造便捷优质高效的政务服务环境。承接审批流程再造任务。研究制定实施方案及配套文件，建立政府投资项目规划审批月报制度，跟踪服务106个市政府投资项目，确保建设项目从优从速审批。

【规划管理】 围绕“精致城市”建设，创新优化规划管理举措。健全规划导则体系，完成城市家具导则、街道设计、15分钟生活圈、检查井建设、人行道铺装等系列技术导则编制，指导具体项目建设。完成中心城区地下管线普查工作；构建规划大数据平台，建设地上建筑与地下管线三维信息库，逐步实现地上、地下数据信息动态管理，为规划编制、审批和管理工作高效运转提供信息技术支撑。强化技术支撑，加快推进重点民生工程，建立市级规划联审制度，加快推进重点民生工程，主动服务校改、棚改、轨道交通、快速路、公园绿地等项目；同时，建立规划技术委员会议事制度，健全城市发展咨询专家库，针对规划管理过程中遇到的技术问题，充分发挥技术支撑作用。积极推动规划法制化、科学化建设，研究制定建筑外立面装修工程规划管理办法等规范性文件；定期开展规划实施监督检查，强化规范性文件执行力度。深入实施“阳光规划”，参加“市长公开电话”“政风行风热线”栏目，开展“阳光规划心连心活动”，主动进社区、进企业，做到科学规划问计于民。

（王　超）

城乡建设

【城市建设】 **城区重点工程建设** 全市计划开工城建重点项目191个，截至12月上旬，开工179个，开工率83.77%，完成年度投资45.6亿元。其中同济路北延、杨柳街道路排水工程、泗河综合整治工程等107个项目完工。截至2017年底，开工建设城建重点项目6个，完成前期手续办理项目3个，其中市直综合管廊项目按照PPP模式运作，确定社会资本方，红星路西延及综合管廊管廊施工进行中；火炬路跨线桥项目，按照PPP模式运作，确定社会资本方，全面推进工程建设；市残疾人康复就业中心项目，主体全部封顶，进行二次结构施工；市消防支队培训基地建设项目，接待楼、学员楼基础施工、基坑回填完成；老旧燃气管网改造项目，任城辖区内灰口铸铁管完成改造5公里，老旧小区燃气管道完成改造7.3公里，老旧小区改造完成1.6万户，兖州辖区内老旧管网改造12公里全部完成；王母阁路跨线桥、车站西路升级改造、任城路—王母阁路升级改造等3个项目均完成施工图设计，确定社会资本方。

城建领域环保 完成省、中央环保督查迎查工作。全面整改落实省环保督察提出的涉及城建方面6项问题。以抓好城市污水处理和黑臭水体

2月25日，“城市讲堂”—济宁市规划建设管理业务培训第二期培训班举办

治理、城市供水、景区保护、海绵城市建设等方面为重点，明确责任分工，召开全市城乡建设领域环境保护工作调度会议，按照工作要求全面做好各类档案整理报送工作；高度重视各县（市、区）督办案件，并根据举报案件性质，及时分配给各具体负责人，共督办群众举报案件8起；结合中央环保督查，同步实施省级风景名胜区执法检查“回头看”、全市在建市政工地现场检查、全市气代煤电代煤工作推进等各项重点工作。

综合管廊、海绵城市建设及黑臭水体整治 省下达济宁市地下综合管廊任务为“十三五”期间完成40公里建设任务，截至11月底，全市“十三五”期间建设任务累计完工10.3公里，累计开工22.14公里，占市下达“十三五”期间建设任务里程数的47%，其中，2017年全市新开工6.84公里；截至11月底，省住建厅认定的市直小洸河、小府河及邹城市因利河3条黑臭水体均完成整治，按照住建部《关于做好城市黑臭水体整治效果评估工作的通知》要求，对整治完成的黑臭水体开展专业评估；省下达济宁市海绵城市建设任务为到2020年全市建成海绵城市面积105.66平方公里、2017年底建成海绵城市面积24.15平方公里。截至11月底，累计建成35.83平方公里，完成建设任务的33.91%，其中，2017年建成19.1平方公里。中心城区，年内计划实施22个海绵城市重点项目，已完工20个。

城区雨污分流改造、城市污水处理 印发《济宁市中心城区雨污分流改造实施计划》，中心城区完成合流制管网改造的主次干道有济邹路、琵琶山路、火炬路等道路共计19.13公里，共计完成合流制管网改造35公里，在建的雨污分流道路有火炬路北延、任兴路东延、枫杨路、古槐路北延、嘉丰路、济祥路共计21.4公里，中心城区采取分流制的主次干道长度占比达到86.13%。截至2017年10月底，全市运行城市生活污水处理厂23座、处理能力101万吨/日，调试运行3座、处理能力7万吨/日，所有运行的城市生活污水处理厂均执行一级A排放标准，污水集中处理率达到96%以上。对污水处理厂产生的污泥，采用制肥、制砖、焚烧等方式进行无害化处置。全市城市污水处理厂建成中水回用设施规模55.2万吨/日，其余城市污水处理厂均执行一级A排放标准，出水达到再生水利用最低要求，主要用于工矿企业、河道景观、保洁绿化等。

民生实事落实 2017年共实施断头路打通工程24项、完工22项。中心城区断头路通车25条；中心城区新建停车场9处（其中不少于5处立体停车场），截至2017年年底，地面停车场任务完成，智慧停车场开工建设9处立体停车场，其中在建5处、完工4处。

市政工地安全管理及市政公用事业发展 开展全市市政公用工程质量、安全和扬尘治理定期和不定期检查10余次，随机暗访检查3次，通报13个施工管理或扬尘治理不达标项目，督导县（区）及时整改落实到位。在全市范围内开展燃气热力安全运行督导工作，落实运营管理责任。全市11家城市供水公司严格执行供水监督管理制度，公共供水综合生产能力为74.1万立方米/日，日供水量约50万立方米，各供水水厂水质化验设备完善，济宁中山公用水务有限公司的水质监测中心通过省资质监测能力鉴定，具备42项检测指标认证。全市各供水企业水厂工艺设施运行良好，各类运行管理、卫生、安全制度建设健全。严格按照省里工作部署抓好市政公用资质和许可管理工作，强化企业资质审批及初审，2017年共审批市政公用施工总承包三级资质65家（其中：增项21家，新申报44家）。

【村镇建设】 2017年，全市辖156个乡镇（街道），其中涉农乡镇（街道）145个，共有农村人口395.1万人，136.8万户，截至12月底，全市村镇建设共完成投资100.56亿元。

小城镇建设 曲阜市尼山镇获批全国特色小镇，同时获批省级新生小城市试点镇1个，重点示范镇3个，特色小镇7个，获得省级扶持资金3800万元。起草《关于创建市级重点示范镇的实施方案》《济宁市重点镇（特色小镇）申报评选办法》等一系列文件，组织各县（市、区）进行市级重点示范镇评选工作，确定城前镇、李营街道、尼山镇、颜店镇等4个市级重点示范镇。市级拿出100亩新增建设用地指标，专门用于重点示范镇建设，打造区域经济社会发展新的增长极。印发《济宁市小城镇驻地环境整治提升实施方案》《济宁市城镇污水处理设施实施方案》，把任务分配至市直有关部门进行协同管理。

村镇容貌卫生管理 全市所有村庄基本实现农村生活垃圾日产日清，环卫基础设施配套齐全，保洁员按标

7月13日，市住建局组织开展以“人民城市人民建，建好城市为人民”为主题的宣传服务活动

准配备，保洁作业全部市场化，城乡环卫一体化实现常态化，覆盖率达到100%。制定下发《关于做好三夏农忙期间农村环境卫生整治工作的通知》《关于开展夏季村镇卫生集中整治活动的通知》《关于做好三秋农忙期间农村环境卫生集中整治工作的通知》。按照《市政府办公室关于开展农村“三大堆”集中清理活动的通知》要求和《全市农村“三大堆”集中清理活动督导方案》的部署，对微山县、邹城市、金乡县、鱼台县农村“三大堆”集中清理活动工作开展情况进行暗访督查。截至2017年年底，全市各涉农乡镇（街道）共聘用保洁公司29家，垃圾运输公司8家，企业管理人员近900人，环卫工人约2万人，市场化运行覆盖率达100%。配备垃圾运输车辆4566辆、240L、160L及户用垃圾桶等各类垃圾桶48.55万个，配备大型垃圾转运箱、建设敞开式垃圾池6294个。召开农村生活垃圾分类减量化暨城乡环卫一体化工作现场推进会议，各县（市、区）加大财政投入力度，加快农村垃圾减量化工作推进。累计投放分类垃圾桶7525个，新增垃圾清运车16辆，人力保洁车1796辆，建成有机垃圾处理站5座，堆肥站3处，在建资源化处理站19座。市政府第13次常务会议确定实施农村道路实施保洁试点工作，在邹城市、任城区开展农村道路湿式保洁先期试点。

农村住房建设 11月初，市住建局联合中国建筑科学研究院，对全市农村住房保温及采暖情况进行摸底调研，形成《济宁市农村住房现状调查及节能改造方案》，按照不同房屋类型和不同改造内容，制定10种不同的具体改造方案。省下达的3830户改造任务、590户通过其他方式保障住房安全的建档立卡贫困户任务全部完成。

农村厕所改造 印发《济宁市2017年农村无害化卫生厕所改造实施方案》，全年40万户农村改厕任务完成45.83万户，完成年度任务的114.58%。印发《关于建立农村无害化卫生厕所后续管护长效机制的实施意见》，逐步建立“管、收、用并重，责、权、利一致”的长效管护机制。

铁路沿线环境综合整治 市住建局、市文明办会同第三方机构对各县（市、区）铁路沿线环境综合治理工作每旬进行一次抽查暗访。12个有铁路穿越的县（市、区），8个通过省级验收，4个县（区）根据省现场验收整改意见完成整改。

传统村落、宜居村镇申报 2017年济宁市有6个村庄获批第四批省级传统村落，获批专项资金120万元。截至2017年年底，全市共有30个村庄入选省级传统村落名单。2个乡镇、5个村庄入选第四批省级宜居小镇、宜居村庄，获批专项资金135万元。共有7个乡镇入选省级宜居小镇名单，25个村庄入选省级宜居村庄名单，5个村庄入选第四批历史文化名镇名村。

村镇建设管理 严格落实鲁政办发〔2016〕6号文件精神，各涉农乡镇（街道）（县级单独设立的各类开发区、新区等）按照“属地监管与分级监管相结合、以属地监管为主”的原则，整合乡镇（街道）有关职责和人员编制，设立乡村规划建设监督管理办公室，配齐人员和设备，建立台账，根据职责做好质量安全监管工作。印发《关于认真做好限额以下乡村建设工程冬季扬尘治理和施工质量安全管理工作的通知》《关于做好十九大期间乡村建设工程质量安全工作的通知》等系列文件，加强乡村建设工程质量安全督导工作。

新型城镇化建设 邹城市获批全国新型城镇化试点市，曲阜市获批省第二批新型城镇化综合试点，初步构建起以城带乡、城乡互动、协调发展的新型城镇化建设格局。同时，邹城市被确定为省级中等城市，金乡县、嘉祥县被确定为省级Ⅰ型小城市试点。邹城市新型城镇化试点工作经验做法入选省城镇化工作领导小组第五次全体会议参阅材料（全省仅7个试点地区），并在全省新型城镇化工作经验交流会上作典型发言（全省仅8个试点地区）；12月2日，邹城市城镇化综合试点作为山东省入选第二批、三批国家新型城镇化试点地区唯一代表，在国家发改委举办的国家新型城镇化综合试点经验交流会上进行书面经验介绍；《山东新型城镇化》刊发邹城市新型城镇化建设经验。编制完成《济宁市新型城镇化发展规划》《济宁市人口市民化专项规划》。制定出台《济宁市2017年度加快推进城镇化实施方案》，对省下达的2017年实现转移农业人口14.9万人、城中村和城边村原有居民完全市民化13.2万人任务进行详细分解，明确各县（市、区）年度人口转移任务。

【住房保障】 落实住房保障工作责

任。市政府办公室印发《关于加快推进公共租赁住房建设和分配入住工作的通知》，与各县（市、区）签订《2017年住房保障工作目标责任书》，将2013年、2014年前政府投资建设公共租赁住房分配入住率纳入全市2017年住房保障工作考核内容，建立工作台账，采取跟踪督导的方式，定期督促各县（市、区）公租房的分配工作，对工作滞后、项目建设滞后、分配滞后的实行跟踪调度、挂牌督办。3月下旬、8月下旬抽调人员组成督导组，对各县（市、区）政府投资建设的公共租赁住房项目分配入住情况和租赁补贴发放情况进行全面核查，联合市纪委监察局对工作进展缓慢的县（市、区）进行约谈，每月通报各县（市、区）工作推进情况。加强保障房分配管理工作。完善保障性住房申请资格审核制度办法，确保分配公平公正。对现有公共租赁住房分配管理情况进行全面梳理汇总，督促分配入住率低的县（市、区）合理调整准入门槛，筹措建设资金，完善各类配套设施，优化配租配售方案。截至10月底，全市2013年年底前政府投资的19047套公共租赁住房，分配17370套，完成比例为91.2%；2014年政府投资的3963套公共租赁住房，分配3117套，完成78.65%；全市基本建成公租房3313套，完成率为118.24%；新增租赁补贴户数1121户，完成省下达任务的140.13%。加大对骗购、骗租、转租、转借、闲置及违规使用公共租赁住房的处罚力度。严厉查处房地产中介机构违规代理保障性住房的出租行为。开展退役士兵住房保障工作。抽调专人参加市退役军人政策落实工作专班，联合市民政部门印发《关于转发〈山东省住房和城乡建设厅、山东省民政厅关于做好住房困难退役士兵住房保障工作的通知〉的通知》。积极与政策专班沟通对接，及时掌握住房困难退役士兵有关信息，印发《关于城区退役士兵住房困难家庭申请住房保障的通告》，确保住房困难退役士兵住房保障工作扎实有序开展。开展公租房盘活处置工作。对全市政府投资公租房项目建设分配情况进行全面梳理，严格对照处置项目标准要求，对申请处置的公租房项目进行认真核查。确定将金乡县如意嘉园公租房项目、曲阜市水岸雅居公租房项目、任城区蓼河馨苑保障房项目等3个项目纳入处置范围。

【房产交易监管】 抓好网签备案、交易资金监管。贯彻落实鲁建房字〔2017〕6号、11号文件精神，全面梳理完善工作程序，加大商品房市场交易秩序监管力度，维护商品房买卖双方当事人合法权益。在实现商品房和二手房合同网签系统全覆盖、预售资金全面监管的基础上，加快推进二手房资金监管工作进度，严格规范二手房交易资金托管行为。实现房产档案数字化管理。抓好房产中介市场管理。全面规范中介机构的服务行为。加强房地产中介机构备案管理。各县（市、区）房产管理部门积极与工商等部门协调配合，对申请备案的房地产经纪机构及其分支机构公开备案条件、办事时限，提供快捷方便备案手续，及时将已备案的房地产经纪机构及其分支机构的主要信息向社会公布。通过信息平台发布风险提示等方式，引导当事人委托已备案的房地产经纪机构办理相关业务。加强从业人员管理。建立健全从业人员档案，主要从劳动合同及人事代理合同、工资和保险缴纳，注册证书和执业印章的使用和管理、继续教育情况、有关内部管理制度等方面进行登记建档。重点检查企业执业情况、估价师权益保障、注册证书和印章管理使用情况，对存在违规或不符合工作要求的，及时下达整改通知书，责令企业在规定时间内进行改正。加强行业监督管理。各级房地产主管部门会同有关部门建立健全日常巡查、投诉受理等制度，及时采取约谈、媒体曝光等方式，约束房地产中介机构的行为。对存在违法违规行为的中介机构和从业人员，依法给予罚款等行政处罚，记入信用档案。对严重侵害群众权益、扰乱市场秩序的中介机构，坚决清出市场。抓好房屋交易和产权管理与不动产登记衔接工作。贯彻落实省、市关于实施不动产统一登记制度的工作部署，优化房屋交易和产权管理业务流程。通过在房屋交易管理信息平台和不动产登记信息管理基础平台间设置前置数据交换机，相互开放数据查询接口和查询账户，实现不动产登记与交易信息的双向交换、电子数据信息实时互通共享。

【气代煤电代煤】 2017年，环保部下达给济宁市的气代煤电代煤改造任务为5万户，实际完成59691户（其中气代煤58611户、电代煤1080户），完成下达任务的119.38%，所有县（市、区）竣工率均达到或超过100%。市委、市政府成立以市委副书记、市长傅明先任组长，市委常委、常务副市长于永生任常务副组长，副市长田卫东任副组长，市直有关部门、单位和各县（市、区）政府主要负责人为成员的济宁市2017年气代煤电代煤工作领导小组，领导小组办公室设在市住房城乡建设局，并从相关部门抽调11名工作人员集中办公。8月17日，召开高规格现场动员会议，对各项工作任务进行全面部署。9月6日，依托济宁市建设科技推广服务中心举办济宁市冬季清洁取暖研讨会暨清洁取暖技术产品展览会，随后召开座谈会，邀请中国建筑科学研究院、山东大学等专家进行讲解。9月11日，组织召开现场推进会，重点研究解决工作推进中的瓶颈制约问题。施工期间，利用视频会议和工作简报等形式，对县（市、区）气代煤电代煤工作进行具体指导。10月15日，济宁市气代煤工程通气点火仪式在任城区唐口街道大流店村举行。印发《济宁市2017年气代煤和电代煤工程实施方案》，并根据各县（市、区）城市布局和工作实际，将任务进行科学合理的分配。建立具体到县、乡、村、户四个层面的工作台账，采取“连片式”推进和“销号式”管理。在全省率先制定《济宁市冬季清洁供暖气代煤工程技术导则》，对具体改造内容和改造过程进行标准化、规范化要求。扎实推进项目建设。督促各县（市、区）建立绿色审批通道，采取容缺受理、并联审批等方式，压缩前期手续办理时间。引导施工主体做好施工技术和队伍保障准备。华润燃气公司从青海、重庆、江苏等地协调430余名工人参与气代煤工作，并积极对接中石油、中石化等上游气源企业，落实管网接口和供气量，全力做好气源保障工作。严格执行工程质量标准，严防质量通病。市财政按照每户补贴4000元的标准进行补贴，同时要求各县（市、区）按1∶1比例进行配套投入，保障全市气代煤电代煤工程的顺利推进。由市领导小组办公室按照工作台账对各县（市、区）实行“日调周报”制度（每日一调度、每周一通报），在全市范围内通报并报市、县（市、区）政府负责人。实行包县督导，抽调12个督导组每周赴县（市、区）督查一次。将气代煤电代煤工程纳入各县（市、区）环保工作考核内容，在环保部问责规定的基础上制定济宁市问责办法。制定出台《济宁市气代煤电代煤工程宣传方案》，做到宣传到村到户到人。注重加强群众安全教育，增强群众安全意识，掌握安全用气用电技能，落实好企业后期维护责任。

8月17日，全市清洁取暖气代煤电代煤工作动员大会召开

（马鲲鹏）

建 筑 业

【概况】 2017年全市建筑业企业978家，从业人员22.2万人，完成建筑业总产值682亿元，建筑业增加值162亿，新签工程承包合同额656亿元，施工面积4128万平方米，竣工面积2015万平方米，企业利润总额35亿元，实缴税金26亿，出省施工产值135亿元。

【产业结构优化】 全市建筑业企业共有978家。取得施工总承包序列的企业429家，占企业总数的43%；取得专业承包序列的企业549家，占企业总数的57%；其中一级78家，二级256家，三级480家，不分等级企业164家。根据《建筑业企业资质管理规定》《建筑业企业资质标准》，执行《济宁市住房和城乡建设局行政许可工作方案》，严格把好资质审查关。全年共收到申请资质的建筑企业311家，新申请总承包企业46家，新申请专业承包企业39家，申请升级企业18家，增项企业208家。市级审查通过的企业133家，省住建厅审查通过的企业38家，截至2017年年底，新批各类别各等级企业171家，省厅待审批共19家企业，部批待审核业3家。

【建筑市场构建】 认真贯彻落实国家法律法规和住建部、省住建厅文件要求，构建统一开放的建筑市场，进一步简政放权。外地建筑业企业进济承揽业务，只需要通过山东省住房城乡建设服务监管与信用信息综合平台报送企业基本信息。规范对外地建筑企业的有关服务和监管，给予与本地建筑企业同等待遇。截至2017年年底，共受理审核413家外地进济企业综合平台注册材料。

【清理拖欠农民工工资】 全市各级建设行政主管部门共接到投诉案件136起，涉及4741名工人，工资金额8875万元，解决124起案件，支付工资7746万元，其中多个县（市、区）未出现上访情况，未动用农民工工资保证金和政府应急周转金。健全领导机制。多次召开专题会议进行部署安排，严格落实属地管理责任和目标责任书制度。纳入目标管理。与各县（市、区）住建部门签订责任书14份，与市直建筑业企业签订责任书10份。加强制度建设。全面落实“一书两金一卡”制度和总承包企业负总责制度，实行劳动用工实名制管理，落实农民工工资专用账户管理制度，推行施工总承包企业直接代发工资制度。开展专项检查。积极开展“清理拖欠农民工工资专项行动”，按照企业自查、县（市、区）集中检查、市级抽查的方式，结合农民工职业特点，分别在麦收、秋收、中秋以及元旦春节前后，多次对全市在建工地农民工支付情况进行拉网式检查。完善预警约谈和信用制度。对于存在农民工工资拖欠隐患和投诉问题的企业，早发现，早介入，提前约谈企业主要负责人，严防拖欠行为的发生。

【企业外出施工】 继续实施“走出去”战略，鼓励企业以投资带开发，以开发带施工，在本地建筑市场萎缩情况下，鼓励有实力的企业主动外出施工，抓住沿海经济发达地区市场，重点抓好新疆、内蒙古等中西部潜力市场和东北老工业基地、天津滨海新区等新兴省外市场，提高国内市场占有率。及时与省市援疆指挥部取得联系和沟通，为外出施工的企业搭设平台和提供便利条件。济宁市外出施工的企业特别是钢结构、幕墙以及古建园林施工企业逐步增多，市场占有率逐步增大。2017年出省施工产值135亿元，占全市总产值的19.8%。

（马鲲鹏）

城市公用事业

【供气】 2017年，全市燃气经营许可登记企业104家，其中管道天然气17家，CNG加气站30家，LNG加气站8家，LPG液化气49家。全市天然气居民用户103万户，其中新增城市管道天然气用户8万户，比上年发展用户增长0.76%，燃气普及率96.9%。持续推进天然气“镇镇通”及气代煤工程，全市156个乡镇（街道）有150个实现通气。完成气代煤电代煤62402户，完工率为下达任务数的124.8%；建设燃气管网1171.6公里，其中市政管网319.5公里，庭院管网852.1公里；电力改造线路总长度12.67公里，变电容量7980KVA。加快推进燃气老旧管网改造。全市灰口铸铁管累计完成改造237.1公里，锈蚀严重的老旧管网115公里全部改造完成，中心城区燃气老旧小区累计完成居民室内改造8.1万户。多方位做好“气源保障”。济宁市每天用气量260万立方米，比上年同期增长40%，利用新建成的3处LNG气化调峰站及已建成的1座5000立方LNG储气罐，储存天然气330万方，确保不低于3天的供气保障能力。

9月28日，济宁市2017年冬季供热供气工作会议召开

【供热】 2017年全市新增集中供热面积1400万平方米，集中供热总面积达到9912万平方米，集中供热普及率达到75.8%，较上年提高2.4个百分点；其中主城区新增集中供热面积312万平方米，集中供热总面积达到3840余万平方米，集中供热普及率达到80%，较上年提高1.4个百分点。加快开发利用新热源，启动里彦电厂高温水引进工程，华能嘉祥电厂机组供热改造，进一步完善主城区供热管网布局。全面完成153个小区、32797户、364.24万平方米的老旧小区集中供热改造。按照“属地管理”和“三个必须”原则，印发《济宁市供热事故应急预案》，建立集中供热突发事件应急管理和安全监管责任体系。提请市政府调集供热用煤65万吨，开辟供热用煤运输“绿色通道”，确保热源生产安全平稳。加大对供热企业服务质量的督查力度，聘请第三方机构对供热企业服务质量考核，定期督查各供热企业对用户反映问题的整改落实情况，积极开展“访民问暖”活动。做好应对极端天气准备，完善极端天气应急处置预案，提高综合防范能力，要求各热源企业、供热企业在持续低温、极端天气条件下优先保证民用供热。

【供水】 2017年，济宁中山公用水务有限公司不断加大基础设施建设力度，实施太白湖地下水厂建设工程，推进长江地表水厂和运河地表水厂建设，委托运营二十里铺镇水厂，开展管网GIS系统建设，优化和完善三级水质检测体系，全年出厂水水质合格率达到100%；持续提升客户服务水平，开通微信、支付宝查询和缴费功能，方便市民用户缴费。全年上线微信、支付宝缴费用户近18万户。升级改造龙行路营业厅，扩展水务服务热线功能，与市建设局“12319”和市长公开电话联动，定期接听市长公开电话，上线市电视台政风行风热线栏目，及时解决用户难题。

（马鲲鹏）

城市管理

【体制改革】 推进全市体制改革进程。向市委、市政府呈报《关于进一步推进城市管理执法体制改革的报告》及《深化城管体制改革实施方案》，任城、梁山、嘉祥、经开区完成“大城管”体制改革，泗水县被省住建厅确定为全省体制改革试点县，4月19日，全省城市建设管理工作现场会在济宁市召开，听取并充分肯定济宁市城市管理体制改革的经验做法。探索在实行网格化的基础上，设置城市管理服务所，采取6+X组合方式，对网格内的城管工作实行扁平化、夯式管理，打造10分钟高效便民服务圈。制定《关于进一步加强网格化管理工作的实施意见》等五个文件，实现网格化管理的实体化运行。

【重点项目建设】 2017年，市城市管理局共承担城建项目26项。其中，2016年续建项目10项，2017年新建项目14项，前期项目2项。截至2017年底，完工15项，在建9项。其中，重中之重项目6项：儿童公园。在原济宁市南郊动植物园原址上升级改扩建，项目占地面积730亩，总投资5.89亿元。凤凰台植物公园。项目规划用地960亩，总投资6.93亿元。完成挖湖堆山区苗木移植2.2万余株，填挖土方65万立方米，正在组建SPV公司。动物园。位于南阳湖农场西北部林禽结合区，完成动物搬迁。琵琶山路提升。已完工，达到竣工验收条件。济安桥翻建。完成桩基、承台、主拱圈、腹拱圈施工。生活垃圾复挖。新建一条垃圾筛分生产线，累积复挖积存垃圾17万吨。

【七大行动】 创城行动。创建全国文明城市，全面完成主干道、公园景区、公益广告等9大项39个小项的任务，以及对一城四区的协调、指导和督导，肩负整个城区城市基础设施的日常管理、维护。治气行动。围绕“餐饮油烟、露天烧烤、保洁降尘、渣土治理、园林绿化、市政施工”六项重点工作，开展攻坚整治行动。全市966户烧烤经营户环保无烟炉具普及率100%；实施“净路除尘”行动，实行道路保洁标准化分级管理；抓好餐饮业油烟治理，全市建成区餐饮服务业经营户9540家，油烟净化设备安装率完成三年任务总量的99.85%。拆违行动。全市城市建成区52个镇（街）、园区共计摸排存量违法建设517.68万平方米。全市累计处置存量违法建设3993处，396.265万平方米，完成存量违法建设治理任务的76.55%，提前完成省委、省政府制定的全年完成60%的治理任务目标。增绿行动。开展城区市直管道路和公园绿地裸露地绿化治理和绿化提升工程，治理裸露地块180万平方米，完成市直10条主干道沿线绿化的补栽补植和绿化提升。2017年，中心城区共栽植大乔灌木10.99万株，地被植物266.44万株，草坪19.14万平方米。添彩行动。加大城市家具提升力度，编制完成《济宁路道路指引牌、路名牌导则规范》，在市直管10条道路共安装路名牌358个、指引牌58个和便民坐凳438个。数字城管行动。市级指挥系统逐步完善，10月份顺利通过省住建厅的检查验收。14个县（市、区）全部完成系统建设，推进市、县两级平台互联互通和数据开放共享。276辆渣土车、139辆环卫车的GPS定位数据接入“城管一张图”。上线运行城管“啄木鸟”系统，市民群众可以“随手拍”，反映问题一键直达。渣土治理行动。不断强化渣土日常监管，城区14家准入公司渣土车逐车安装GPS系统，纳入管理平台。同时，强化对县（市、区）渣土管理工作的督导调度，督促各区完成7处消纳场所建设工作任务。

【社会动员】 以志愿者服务活动为总抓手，积极组织各单位开展社会动员工作，全市城市管理系统累计开展各类社会动员活动300余次。市城市管理志愿者协会成立7个志愿者分会，30余个志愿者服务队，城管志愿者会员达到3000余人。5月14日，在全民健身广场举办“创建全国文明城市城管志愿服务启动仪式”，约700名志愿者参加仪式。积极创建“人民城管”服务品牌，《中国建设报》以“全力打造一流人民城管品牌”为题进行专刊报道。

（董　超）

资源管理·环境保护

国土资源管理

【保障发展】 按照“框定总量、限定容量、盘活存量、做优增量、提高质量”的原则，科学分配、下达新增计划，对市动植物园改造、日兰高速曲阜立交等38个项目及时出具审查意见，对教育“大班额”50个项目等逐一研究。联合公安、人社等部门出台人地挂钩意见，推进以人为核心的新型城镇化。审查上报建设用地报件128个、面积22615亩，华能热电厂、比亚迪云轨等一批重点项目用地顺利取得批复。

【规划管控】 《济宁市土地利用总体规划（2006—2020年）》调整完善成果经省政府批复，划定永久基本农田保护红线、生态保护红线、城市开发边界。编制完成《济宁市第三轮矿产资源总体规划（2016—2020年）》，促进资源规模集约开发。编制完成《济宁市土地综合整治规划（2016—2020年）》，促进城乡统筹发展。

【耕地保护】 严格永久基本农田划定保护，全市划定永久基本农田750.69万亩，完成“落地块、明责任、设标志、建表册、入图库”等工作，通过国土资源部审核和省国土资源厅现场验收。推动耕地建设性保护，完成土地整治和高标田项目28个，总投资4.85亿元，规模36.6万亩，新增耕地2.73万亩，建成高标准农田8.58万亩；完成城乡建设用地增减挂钩和工矿废弃地复垦项目34个，总规模5624亩，节余指标4677亩。

【土地市场】 完善用地预申请网上挂牌系统，出台《关于加强城市停车设施规划建设管理的实施办法》《关于做好国有储备土地权属管理的意见》《关于到期出让国有建设用地使用权续期政策》。全市出让土地571宗，共计21615亩、总价款153.47亿元，同比分别增长33%、34.9%。推进空闲低效用地盘活，盘活利用城镇空闲用地268宗、14140亩，盘活利用率37.9%；盘活利用闲置土地47宗、2766亩，盘活利用率92.2%；将2家企业纳入市级重大失信主体名单。

基本农田保护标识牌

【国土执法监察】 违法用地整改取得阶段性成效。年度卫片执法检查，完成违法用地整改151宗，面积1583亩，违法占用耕地比例降至14.79%，顺利通过省政府验收；全天候遥感监测违法用地，完成整改632宗，面积10091亩，整改率61%；不实耕地，完成整改图斑565个，整改面积8909亩，整改率27.5%。规范信访基础业务，推动信访积案化解工作，全年接待群众信访196件，结案率98%以上。执法监察长效机制健全。市政府与各县（市、区）政府签订整改目标责任书，市政府领导多次带队到县（市、区）督导违法用地整改情况，先后对违法违规用地严重的6个县（市、区）、14个乡镇政府主要负责人进行警示约谈，对11起重大违法用地案件进行公开挂牌督办。

【矿产资源管理】 建立非煤矿山退出机制。市政府印发《济宁市露天非煤矿山管理办法》《关于加强非煤矿山监管建设绿色矿山的意见》《露天矿山综合整治工作方案》，市局制发《非煤矿山企业矿产资源开发利用评级办法》，全市露天非煤矿山企业减少至48家。抓好国土领域大气污染防治。印发《露天非煤矿山开采行业大气污染治理技术导则》《露天非煤矿山开采行业大气污染治理标准化图集》，设立90个24小时监控点。主动配合环保督察工作。共收到中央环保督办案件23件，均已办理结束。针对南四湖自然保护区涉矿涉土问题，送达《关于严禁在南四湖自然保护区采矿活动的函》。搞好压覆资源协调服务。会同市煤炭局、市安监局开展煤矿超层越界开采专项整治工作。加大协调力度，解决一批重点项目压覆问题。

【采煤塌陷地治理】 完成《济宁市采煤塌陷地治理规划（2016—2030）》修编工作，完成治理项目20个，总投资7.4亿元，治理面积2.36万亩。加大矿山地质环境治理力度，累计收缴保证金38.53亿元，返还8.4亿元。完成地质环境治理项目5个，总投资6540万元，治理面积1030亩。加大地质遗迹保护力度，组织邹城峄山申报国家级地质公园。建立市、县、乡镇、村四级网络责任体系，保持地质灾害零人员伤亡。

【不动产登记和信息化建设】 不动产登记有序运行。全市共颁发不动产权证书8.3万本，不动产登记证明16.7万份，办理时间压缩30%以上。“一个平台、两个市场”建设持续加强。完成综合管理服务平台、数据中心、地质环境、储量管理、矿政管理等业务系统开发工作，升级视频会议系统和门户网站。科技管矿工作全力推进。市局科技管矿系统进入试运行阶段，各县（市、区）系统基本完成。积极拓展地理信息服务，开展“数字济宁”城市基础地理数据库更新，建立测绘地理信息工作绩效评估等制度，启动2000国家大地坐标系数据转换工作，提高数据应用与共享水平。

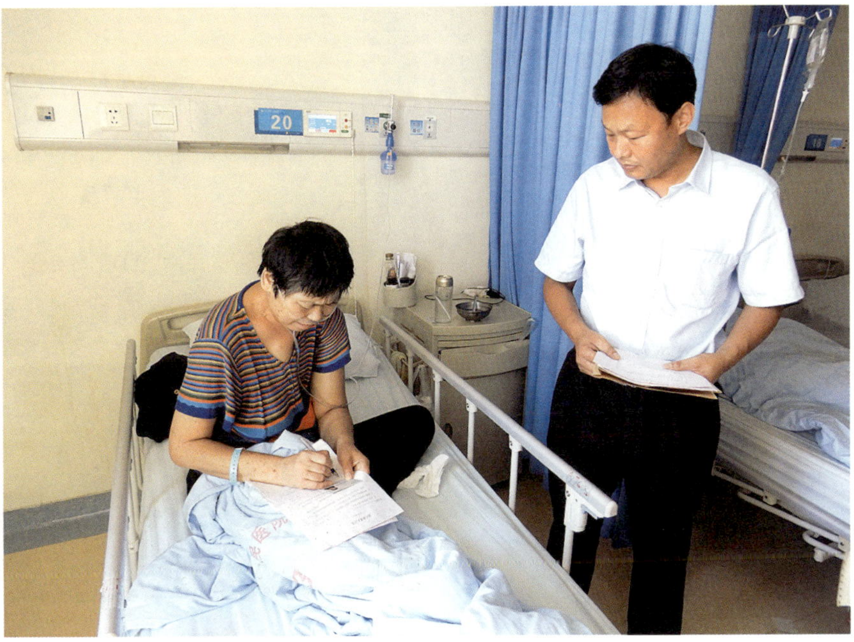

市不动产登记中心开展上门服务活动

（李海斌）

环境保护

【概况】 2017年，济宁环保工作相继迎接省环保督察、中央环保督察、环保部大气强化督查的检验。全市$PM_{2.5}$浓度、改善幅度三项均居京津冀“2+26”通道城市前列。20个国控、省控断面均优于地表水三类水质标准，南四湖流域水环境质量连续15年得到改善。“济宁科学治污模式”在全国推广，在环保部廊坊总结现场会上，济宁市做典型发言，是唯一一个作全面经验介绍的市。中央电视台等新闻媒体对济宁市环保工作经验进行专题报道。全国有50多个城市到济宁参观学习；省环保厅理论中心组读书会、省委组织部生态文明县级分管干部培训班相继到济宁开展现场教学。人民群众对环境保护的满意度和参与度显著提升，市环保局荣获“全国环保系统先进集体”称号。制定出台《济宁市各级党委、政府及有关部门环境保护工作职责》，全市上下构建起党委领导、政府负责、人大政协监督、部门齐抓共管、市县乡村上下联动的环保大格局。

【中央和省环保督察】 2017年全市先后迎接省环保督察和中央环保督察。市委市政府“两办”印发协调保障工作方案，市环保督察协调保障工作领导小组以市委书记、市长任双组长，分管副市长任常务副组长，成立综合协调、档案资料、案件落实、后勤保障、信访宣传5个专项工作组，抽调市直有关部门骨干力量脱产集中办公，圆满完成中央和省环保督察的信访件办理、档案资料调阅、下沉督察等方面的协调保障工作。截至12月中旬，在中央环保督察活动中，全市转办信访案件232件、占全省2.8%，列全省第13位。232件信访案件全部办结，责令整改146家，立案处罚39家、罚款171万元；问责35人，约谈80人。省环保督察转办信访案件315件全部办结，责令整改166家，立案处罚47件、罚款270万元；行政刑事处理13人，问责170人，约谈35人。在省环保督察反馈的27项问题清单中，完成整改19项，完成阶段性整改8项。

【大气环境综合整治】 严控扬尘污染。全市266个建筑工地纳入四级视频监控系统，安装PM_{10}监测微站321台；在全省率先实施防尘员制度，481名防尘员每日巡查，监督落实建筑工地“八个100%”治理措施；煤矿企业、储煤场、港口码头全部安设防风抑尘网，安装360度旋转摄像头和在线监测设施164台套；关停商品混凝土企业54家。严控燃煤污染。将省定燃煤电厂机组超低改造范围扩大到10蒸吨以上锅炉，全市176台燃煤机组（锅炉）全部完成超低排放改造。取缔或改造燃煤小锅炉6006台，推广清洁型燃煤40万吨，市财政列支4000万元进行价格奖补。扎实推进“气代煤电代煤”工程，市财政每户补贴4000元，县级财政按1:1进行配套，超额完成省政府下达的5万户改造任务。完善重污染天气应急响应体系。按照环保部要求修订重污染天气应急预案，统一预警分级标准、不同级别减排比例要求，实施区域应急联动，提前启动应急预案。以污染源排放清单为基础，逐个排查行政区域内各类污染源，摸清污染排放实际情况，制定具体可行的减排措施，夯实重污染天气应急预案减排措施项目清单，夯实各级别应急减排措施，细化到具体生产工序，并落实到企业排污许可证中。

【机动车污染防治】 实施“车、油、路”全方位管控。加强对机动车环检机构的运行监管，对14家违规环检机构进行停业整改。开展城区柴油车辆专项整治，严厉查处尾气超标、超限超载、道路遗撒等违法行为，查处未添加车用尿素、不正常使用DPF设施车辆480辆，处罚“冒黑烟”车9514起。加大加油站整治力度，全市377家高速公路、国道、省道沿线加油站全部按要求销售车用尿素，760家加油站完成三次油气回收改造任务。

【水环境污染防治】 落实“河长制”。在全省率先出台河长制问责办法，启动河长制“攻坚月”行动，打好河长制攻坚战。强化面源污染治理。实施面源水污染防治攻坚行动，先后组织河道排查整治、渔业养殖整治、城区黑臭水体整治、非法小码头取缔、沿湖沿河畜禽养殖清理等一系列行动，关闭搬迁禁养区内畜禽养殖场（户）7222家。保障断面水质达标。对龙拱河、西支河、东鱼河、洙赵新河、蓼沟河等重点河段治理工作进行督导，针对部分不能稳定达标的河流，一方面找准水质波动的症结，全面开展清淤疏浚、截污导流、生态修复等综合整治工作；另一方面约谈问责有关责任单位和县（市、区），促进河段水质的改善。提升工业污染防治水平。全市120家重点排水企业均安装在线监控，实时掌握外排水浓度信息，基本实现达标排放；16处省级以上工业集聚区的18家污水处理厂实现在线装置与环保部门联网；41家污水处理厂全部加装总氮总磷在线装置。对医药、造纸、印染等六大行业的重点企业实施清洁化改造。强化饮用水水源保护。制定《济宁市城市饮用水水源地环境保护规划》，完成水源一级保护区内4处畜禽养殖点、6个工业企业、3处村庄的关停搬迁工作；完善水源地保护区标志，完成县级以上水源地标志规范化设置工程。新建人工湿地3处，全市修复及新建湿地达52处、30万亩。

8月18日，济宁市环境保护局向济宁海螺水泥有限责任公司颁发水泥行业全国首张排污许可证

【生态县创建及农村环境保护】 2017年，曲阜市被授予第一批“国家生态文明建设示范市”称号，为全省2个“国家生态文明建设示范市”之一。微山县、泗水县通过省级生态县验收；完成2016年度中央农村环境综合整治资金项目，2016年度中央农村环境综合整治资金共计2.336亿元，共769个项目，其中，任城区3490万元、344个项目，兖州区3470万元、27个项目，邹城市4920万元、124个项目，鱼台县4110万元、119个项目，金乡县2620万元、50个项目、汶上县4750万元、105个项目。新增完成47个省定贫困村饮用水源地保护项目，其中，泗水县20个，微山县24个，汶上县3个。获得2017年中央农村环境综合整治资金共计7218万元，计划实施农村生活污水收集治理项目58个、非规模化畜禽养殖污染治理项目3个，项目涉及任城区、曲阜市、金乡县、嘉祥县、梁山县等5个县（市、区），22个乡镇（街道），65个村庄。

【环保宣传教育】 加大环保新闻宣传力度，在“一报一台一网”等新闻媒体开设专栏，配合中央媒体开展“打赢蓝天保卫战”大型主题采访活动，配合市人大开展“济宁环保世纪行”活动，在各类新闻媒体刊发相关报道620余篇。其中，中央电视台新闻联播播发信息2条，济宁新闻联播播发190余条。济宁环境政务微博发布信息2.1万条，粉丝23万人；开通“济宁环境保护”微信公众号，济宁环境网站发布各类环境工作信息1568篇；在山东环境网站被采纳信息255条，位居全省第1位。开展互联网环保网络舆情监控与处置，共转办、处置网络舆情142件。联合教育部门开展“青少年环境知识科普课堂”活动，26名小学生被评为“齐鲁环保小卫士”，5家社区被评为省级“绿色社区”。市环保局被《中国环境报》授予环保宣传工作先进单位，济宁环境网站、微博相继被市政府相关部门授

7月28日，市环保局志愿服务总队到蒋林社区开展“低碳环保新生活”宣传活动

予“优秀政务网站”“优秀政务微博”荣誉称号。

【环境监测监控】 贯彻落实2017年省、市环境监测计划，全面完成环境质量和污染源监督监测等例行监测工作任务。完成每月一次的21个河流断面和南四湖5个测点的国控、省控地表水监测；每月一次的7个省、市控点位地下水监测；2个降水监测点位的水质监测；6个底泥监测点位的重金属等剧毒物监测；7个点位每季一次的功能区噪声监测；每半年一次16个点位的道路交通噪声和200个点位的区域环境噪声等环境质量监测；以及42家国控废气、12家国控废水、31家国控城市污水处理厂、5家国控重金属、5家国控危废企业的每季一次的污染源监督监测任务。做好全市国控重点污染源、城镇污水处理厂在线监控设备监测比对工作。每季度按要求开展一次比对监测。加强对全市22个县城区和126个乡镇环境空气自动监测站的考核，开展重污染天气的预警预报和县（区）环境空气质量分析。每月公布各县（市、区）空气环境质量状况和改善情况。对全市重点监管企业和水气环境在线监测实行24小时监控，发送在线监测超标异常快报，及时发现企业排污异常和环境质量状况，预防污染事件的发生。按照济宁市淮河流域和南水北调治污工作要求，强化52个县界河流控制断面的考核监测；配合环保专项行动，做好各类环境执法监测工作；配合国家督察组开展废气污染源颗粒物的监测工作；完成水质重金属及剧毒物质的监测以及污水处理厂每季一次的污泥重金属监测任务；分别于4月份和10月份完成2017年度南四湖2次空间分布监测，包括湖区水质监测点位90个，入湖河口水质监测点位38个，湖区底质监测27个点位；南水北调东线调水期间开展调水沿线水质加密监测工作；完成全市45个土壤点位及省安排的外市75个土壤点位的分析。

【环保执法监管】 连续开展“百日集中攻坚”“利剑治污”“大接访”“大快严”环保执法集中行动，集中解决突出环境问题2327个。按照“镇不漏村、村不漏企、企不漏项”的原则，对全市156个乡镇及所属村居，进行为期3个月的交叉大排查、大执法、大整改。对问题企业限期整改；累计自查企业6644家，发现问题4384个并及时整改到位。综合采用异地执法、错时执法、部门联动等多种方式，对违法排污保持高压严打态势。每月开展一轮异地执法检查活动，已组织开展17轮、立案查处环境违法企业310家。与6市环保部门签订边界地区环境执法联动协议书，推进行政边界地区联动执法交流合作。加强与公安部门的联勤联动配合。推进全市行政执法与刑事司法的衔接，完善环境违法犯罪案件移送程序，加强对环境违法犯罪行为的打击力度。全市移送公安机关环境违法案件共96件，行政、刑事处理人数共110人，其中行政拘留97人，刑事拘留7人，判刑4人，取保候审2人，逐步实现环保公安联动执法的常态化和规范化。建设市县乡三级智慧环保监管平台和部门行业监管平台，形成“一网、两线、三面、多点”的基本架构。“一网”是把县乡政府和部门的环境监管责任“以网定格”，将全市污染源“一网打尽”。“两线”分别是“党政同责”属地管理责任线和“一岗双责”部门行业环保监管责任线。“三面”是对市、县、乡三个层面做出不同职责定位，分级施治。“多点”是对1万多个各类监督监测点位，38285家污染源，进行全天候在线监控。推动线上监控与线下网格化监管有机融合，在线上，实现对全市环境质量及污染源排放情况的实时监测、动态分析、不间断管控，全市共新建覆盖每个镇街的空气自动监测站156个、空气自动监测微站175个、面源PM_{10}监测点位998个、监控视频4958路；在线下，设立县级环境监管网格14个、乡镇网格162个，招聘专职网格员918名；配备巡逻车、执法记录仪等执法设备，强化业务培训，实行“一员三档”，配套建立24小时值班值守、线上线下联勤联动、现场包保巡查、问题清单“周通报、月排名”、督导检查及绩效考核等“五大”保障机制；建立“线上千里眼监控、线下网格员联动”的新型环保监管模式。全市网格员共上报环保事件5.6万件，转办查处违规行为650起。

【节能减排】 1—3季度，全市万元GDP能耗降低6.21%，超额完成年度降低3.66%的节能责任目标。

节能考核奖励 全面完成省节能目标责任考核。形成《关于2016年度节能目标完成情况的报告》，超额完成2016年度各项任务目标。组织申报省政府节能奖。荣信煤化获“省节能先进企业”称号，源根石化、中晶新能源获省优秀节能成果，各奖励5万元。开展节能考核及预测预警。组织市节能减排工作领导小组成员单位，对县（市、区）2016年度节能责任目标完成情况进行考核，并对各县（市、区）2016年度节能目标责任完成情况进行通报。定期发布各县（市、区）节能指标完成情况晴雨表。

完善节能减排机制 制定《济宁市“十三五”节能减排综合工作方案》。组织市节能减排领导小组成员单位多次召开座谈会、研讨会，出台《济宁市“十三五”节能减排综合工作方案》，将节能责任目标分解落实到县市区政府和重点单位。加快推进循环经济、节能环保产业发展。编制《济宁市循环经济发展规划（2018—2020年）》《济宁市园区循环化改造推进计划》《济宁市绿色制造工程实施方案（2017—2020年）》《济宁市节能环保产业发展规划（2016—2020年）》，加快推进一批循环经济、资源综合利用项目建设，推广一批节能环保产业新技术、新装备（产品）。

实施百项重点工程 建立重点节能工程项目库。编制全市2017年资源节约技术改造及节能环保产业化项目库。荣信煤化、联兴能源、菱花集团等7家企业列入资源节约、重点地区污染治理中央预算内投资及工信部2017年度绿色制造系统集成项目，共获得资金5148万元；梁山菱花入选工信部首批国家绿色工厂示范，并获得水效领跑者称号。唐口煤业、经纬大厦、济宁实验中学等42个企业、单位获省高效环保锅炉示范、高效节能半导体照明产品应用示范、太阳能集热财政补贴项目，争取省节能专项资金1417万元。落实2017年700万元市节能专项资金和1000万元为民办实事专项资金。

重点企业 开展重点用能企业调查摸底。摸清重点企业电力、煤炭等消费情况，为开展企业节能管理、煤炭清洁高效利用、清洁生产审核等工作奠定基础。强化重点用能设备能效提升。以高效煤粉锅炉、电机、水泵等能效提升为重点，开展生产企业、使用企业的专项监察。以焦化、水泥等行业为重点，开展能效对标活动。开展能源审计、清洁生产审核。强化对重点用能单位能源审计、清洁生产审核、能源利用状况检测等节能基础性工作。

节能宣传执法 举办系列节能宣传活动。举办全市节能宣传周启动仪式暨大气污染防治推进会，承办省公共机构节能宣传周启动仪式暨节约型公共机构示范单位创建观摩会，济宁市代表队在全省节能知识竞赛上荣获三等奖。强化节能执法监督。全年实施国家重大工业节能专项监察32家，其中1家企业电耗超国家标准，对其实施阶梯电价，加价收费76万元。对11家企业能源利用状况报告制度执行情况实施专项监察，对30家重点用能企业实施全面节能监察，对35家企业违规整改落实情况实施专项督查。

为民办实事 制定《2017年为民办实事工作实施方案》，累计推广345蒸吨煤粉、水煤浆锅炉，完成年度计划的123%。同时，争取国家、省节能专项资金1301万元，安排市财政资金1000万元予以奖励。

（刘利文　郭　翠　市发展改革委）

商 贸

商贸流通

【概况】2017年，全市社会消费品零售总额2259.19亿元、增长9%。按地域分，城镇社会消费品零售总额1690.9亿元、增长8.2%，乡村社会消费品零售总额568.29亿元、增长11.6%。按行业分，商品零售实现1998.97亿元、增长8.6%，餐饮收入260.22亿元、增长12.5%。

济宁市2017年社会消费品零售总额结构情况统计表

表-1

指标名称	总量(亿元)	增长(%)
总　计	2259.19	9.0
城　镇	1690.90	8.2
城　区	929.15	7.8
乡　村	568.29	11.6
商品零售	1998.97	8.6
餐饮收入	260.22	12.5

济宁市2017年分县市区社会消费品零售总额统计表

表-2

地　区	总 量(亿元)	增 长(%)
济宁市	2259.19	9.0
任城区	393.27	9.1
兖州区	249.07	9.0
微山县	134.85	9.0
鱼台县	106.03	10.2
金乡县	123.89	11.7
嘉祥县	128.13	11.1
汶上县	129.12	9.8
泗水县	104.52	8.3
梁山县	114.29	11.8
曲阜市	217.77	7.7
邹城市	329.61	10.7
高新区	226.85	9.0
太白湖新区	1.78	8.5

【市场秩序监管】 推进重要产品追溯体系建设工作，成立项目工作领导小组，制定《济宁市重要产品追溯体系示范市建设咨询设计方案》，印发《济宁市重要产品追溯体系示范市建设项目管理规范（暂行）》及资金管理办法。单用途商业预付卡管理工作扎实，检查备案企业集团发卡企业、规模发卡企业26家，出动检查人员56人次；检查发现资金存管不合理企业3家，责令立即整改。全市出动执法人员2万余人次，执法车辆5000余台次，刊发各类宣传报道300余篇，打击侵权假冒工作立案172起，挽回损失5282.04万元，抓获犯罪嫌疑人231人。

【市场体系建设】 推进冷链物流试点项目建设，6家试点企业的37个冷库按期完成与全省冷链物流公共服务平台的对接和数据上传。组织山东省第四批“山东老字号”申报工作，有5家企业获批“山东老字号”称号。截至2017年年底，全市“中华老字号”和“山东老字号”达到24家。组织全市老字号企业与建行济宁分行举办“善融商务”平台对接活动，制定《“济宁老字号”认定及保护促进办法》。完成对拍卖、典当企业的年审工作。促成梁山华通报废汽车拆解项目开通在商务部“报废汽车回收拆解管理服务系统”的电子口令，开展二手车交易主体网上备案工作。完成山东省商务厅组织的第三方机构对“智慧便利店进社区”项目的现场抽查、对冷链物流项目的中期绩效评价。

【商务信用建设】 9月28日，开展“信用消费进万家活动”主题日活动，参与活动线上商业企业120家、增长21%，线下商业企业89家、增长8%，金融机构8家，与上年持平，据不完全统计，当日发生额18000万元，同比增长58%，当日发生交易3万余笔，同比增长53%。以“立商信：营造良好消费环境”为主题，联合市委宣传部、市发展改革委、市工商局等开展“诚信兴商宣传月”活动，各部门分别组织“信用消费进万家”主题日活动、全国“质量月”主题活动、“企业信用管理”活动、“依法诚信纳税”宣传活动、“网络诚信消费无忧”主体活动等，活动期间各部门组织城市广场、街头宣传活动参与人数23000余人，提供咨询服务2200余次，微博、微信等新媒体宣传3000余条，各部门制作宣传册4200余本。

【消费促进活动】 利用节假日消费热点，组织开展促销活动，注重市场定位，推出个性化服务，有效刺激消费需求，商场超市销售成效显著。据全市部分重点商贸流通企业国庆、中秋节期间销售情况监测显示，销售额达到2.3亿元，同比增长11.3%。其中，食品类销售1947万元，同比增长14.3%；饮料销售292万元，同比增长9%；烟酒销售589万元，同比增长6.1%；服装销售994万元，同比增长30.6%；金银珠宝销售898万元，同比增长26.4%；家电及音响器材3100万元，同比增长5.6%。

（李本明）

商贸服务业

【商业】 市直商业系统共有3个企业，即：济宁五交化站、济宁百货总公司、济宁市食品总公司，均系特困企业。

集团总公司按照一企一法的工作原则，稳妥推进企业改革。市五交化站，为化解企业外债积极组织职工购买债权，进行企业自救，实现企业债务重组。济宁百货总公司与济宁六泰房地产开发有限公司签订合作开发太白路47号片区协议，市政府已批复同意。市食品总公司借鉴省内外企业改革的经验和做法，通过重组、租赁、处置资产安置职工等形式寻求企业改革突破。强化管理，堵塞漏洞，增收节支，提高运营质量。商业集团修订完善《市直商业国有资产审计监督管理办法》，同时对国有资产进行全面清查和审核。加大对国有资产的监管力度，对企业涉及资产转让、合资合作、处置、租赁等方面，严格按照具体的程序和办法进行管理。加强资产租赁合同管理，做到租赁收入应收尽收。各企业对资产租赁合同重新审查，对不合理的标的进行及时调整，加大租金收缴力度，全年企业租金收入实现900万元。强化企业财务管理。各单位从建立健全财务管理制度入手，加强财务管理，严把开支，增收节支，堵塞漏洞，做到资金合理使用。企业收入90%以上都用在职工生活和社会保障方面。强化审计监督。各企业每季度对财务收支情况进行一次审计，集团总公司每半年对企业财务情况进行一次审计，杜绝不合理支出。强化民主管理。市直各单位坚持企务公开制度，重大事项重大决策让职工充分讨论，全面听取职工意见，经职代会审议通过后进行实施。强化安全管理。建立安全工作领导小组，签订安全责任状。制订《关于进一步加强安全防汛工作的通知》，先后两次对企业安全工作进行全面检查，加大对安全工作的资金投入，对线路进行改造，安装监控设备，确保无重大安全责任事故。关心职工生活，化解各种矛盾，维护企业稳定。集团总公司及时了解职工思想、工作、生活状况，为困难职工创造就业机会，全年新增就业岗位50个。入户走访全部困难职工。实现对特困职工的动态管理。指导企业超前解决职工关注的热点、难点问题。高度重视职工群众信访工作，组织企业排查矛盾，建立台账实行领导包保责任制。争取资金解决职工的生活困难。全年为困难职工、困难劳模争取救助金30余万元。对涉军人员落实政策，深入军转干部家中关心生活，解决问题，及时足额发放生活费。被市委、市政府评为信访维稳工作先进集体。

（王忠庆）

【粮油】 **粮食安全保障** 落实粮食安全责任制。省考核组对济宁市2016年度粮食安全责任考核中认定为“优秀”等次。2017年度省对济宁市经济社会发展综合考核中，粮食安全指标没有出现失分问题。抓好夏粮收购，组织开展粮食购销经营。2017年，全市粮食总购进520万吨，同比增长7.0%，占年计划的157%；总销售503万吨，同比增长4.4%，占年计划的152%，超额完成全年工作目标。7月6日起在全省率先启动小麦最低收购价执行预案，共收购托市小麦20.78万吨，居全省第二位。严格执行“五要五不准”收购准则，严肃查处“打白条”“转圈粮”、压级压价等行为，加强全市粮食专项资金使用情况的督查，共落实夏粮收购资金7.01亿元。全市确定粮油价格信息监测点70个（其中国家级1个，省级8个，市级13个）、农户粮情固定调查点424个、城镇粮情固定调查点199个，形成市、县、企业三级上下贯通、报送及时的粮情监测预警体系。市城区和所有县（市、区）均逐步实施应急体系建设工作。全市完成11.8万吨地方储备粮轮换任务。完成采集小麦质量调查样品省级32个、市级64个；安全监测、品质测报样品省级42个、市级84个；采集新收获玉米样品105份、库存粮食样品64份。适应军队后勤保障体制改革要求，优化军供网点布局，强化军粮质量管理，拓展服务范围，提高服务质量，保证驻济部队的生活需要。

粮库智能化升级 粮库智能化升级是“粮安工程”建设规划的一部分，全市采用储粮新技术储存的粮食近100万吨，粮库智能化升级建设项目共计建设51个库点，其中建设收纳库36个、储备库15个。项目总投资概算3150万元，其中补助资金2580万元。

粮食产业发展 全市纳入统计范围的粮油加工企业完成工业总产值216.5亿元，实现销售收入210.68亿元，实现利税8.1亿元，超额完成市委、市政府下达的任务目标。自2017年起，国家、省粮食局组织实施“优质粮食工程”，全市积极推动项目落实，曲阜市和泗水县申报粮食质量安全监测体系建设项目，鱼台县申报“中国好粮油”行动示范县建设项目，粮食产后服务中心建设项目20个，农户科学储粮仓建设8000个，共争取中央、省财政资金总计4940万元，占全省10.3%。推进济宁江北现代粮食物流园建设，完成前期各项手续，落实建设用地指标，顺利通过省级专家评审，以全省第一名顺序上报国家发改委和国家粮食局申请中央预算内资金支持。

粮食行政执法 开展夏粮收购政策执行情况检查、“打白条”行为专项检查等工作，加大粮食市场监管力度。落实“谁储粮、谁负责，谁坏粮、谁担责”的要求，层层落实责任，强化责任追究。在全市开展粮食库存检查，共检查16个粮食承储企业、78个存粮库点，达到数量真实、账实相符、质量完好的要求。按照省局统一安排，组织开展“大快严”集中行动。通过企业自查、县级抽查、

6月22日，省粮食局率省联合抽查组对济宁市粮食安全责任落实情况进行考核

11月22日，济宁市粮食安全责任考核工作会议召开

市级抽查、省级抽查四个阶段，对全市纳入检查范围的29个粮食企业、67个库点进行检查，共查出135处粮食安全隐患，全部及时进行整改。全市累计出动行政执法检查人员2015人（次），共开展检查359次，检查各类粮食经营企业2523个（次），查处各类违规经营粮食案件53例。实现粮食行政执法工作零投诉。

（崔彤彤）

【供销】 系统年销售总额214.04亿元；利润总额1.86亿元；购进总额204.58亿元；上缴国家税费总额8772万元。

为农服务中心建设 新建为农服务中心10个，重点围绕强化粮食烘干储存、测土配方智能配肥、统防统治功能，全面提升为农服务中心服务能力与水平。新建粮食烘干塔8台套，全市供销社系统粮食日烘干能力达到2500吨，新建粮仓10处，整合购置大型机械112台套。全市供销社系统土地托管服务面积新增36万亩，总计达到305万亩。

水肥一体化示范点建设 成立水肥一体化建设工作领导小组，组织召开全市供销社水肥一体化暨农资联采直供工作推进会，制定并下发《全市供销社水肥一体化示范点建设实施办法》，争取财政扶持资金200万元，完成曲阜姚村、邹城峄山、嘉祥满硐、任城长沟4处水肥一体化示范点建设，全年推广水肥一体化面积2.02万亩。市供销社在全省供销社水肥一体化现场推进会上作典型发言。

基层服务 开展“农民合作社示范社”创建活动，提升农民专业合作社管理水平，参与全市农民合作社联席会议，培育各级农民合作社示范社。由供销社领办的10家合作社全部被授予“济宁市农民合作社市级示范社”称号。推进金乡、曲阜合作金融试点工作，整顿、规范已有农民专业合作社内部信用互助业务，强化系统内部指导、管理和行业自律。全年新增合作金融试点7个，均获得山东省农民专业合作社信用互助业务资格认定书，试点总数达到12个。开展金融助农服务，制订《关于全面推进金融助农工作的实施意见》，针对村社共建村、第一书记包住村、基层网点、农民合作社等四种类型提出明确要求，编制供销社银联助农存取款操作手册。开展不同形式的存取款代办、惠农通服务站或助农宝综合服务等业务。兖州、金乡、泗水先后与建设银行、中国银行合作，建立惠农服务点30多处。

农村现代流通服务网络 完善“供销e家”网络建设，加快推进电子商务发展。围绕打造“电商国家队”、建设县域电子商务综合服务平台的总体目标，加快推进与全国供销总社、省社“供销e家”平台的对接，组织开展电子商务进农村、进社区、进商业活动，组织做好特色农产品上线、生鲜农产品同城配送、生活用品O2O服务等工作，推动电子商务持续健康发展。全系统建成“供销e家”县级电子商务平台11个，开通分站22个，实现“供销e家”对县（市、区）的全覆盖。新建乡镇电子商务运营中心30个，村级电子商务综合服务社300个，完成电子商务交易额14.56亿元。梁山县供销社被省平台公司授予“十佳县区”荣誉称号；梁山县供销宜家电子商务公司、泗水县亨泰供销农业服务公司被省平台公司授予“全省十佳运营”荣誉称号。曲阜、梁山等县（市、区）供销社的电子商务典型经验被收入山东省供销社电子商务案例选编。全面组织实施“精准施肥用药工程”和以“推广新型肥料、推行先进施肥技术”为主要内容的供销社“沃土计划”。全年新增智能配肥机12台，植保飞机11架，完成测土配方224.6万亩、智能配肥224.6万亩，飞防作业220万亩。在曲阜市姚村镇、吴村镇和汶上县郭楼镇建设3个高效节水农业示范点。

（市供销社）

【烟草】 2017年销售卷烟25.52万箱，单箱值24455元；实现利税14.47亿元，上缴税金11.06亿元；查获涉烟案件2923起，卷烟1794.8万支；拘留47人，逮捕27人，判刑24人；万元以上案件110起，5万元以上大要案件18起，公安部、国家局挂牌督办重大案件6起。

“三找三定三比”活动 市局（公司）新一届党委启动为期一年的“三找三定三比”活动（找差距、找问题、找原因，定目标、定措施、定责任，比干劲、比业绩、比状态）。10月25日召开“三找三定三比”活动动员会，制定“三找三定三比”活动实施方案，明确8项具体措施和34项工作排期。10月29日至11月3日，市局（公司）主要负责人带队到广西百色、贵州贵阳、福建厦门考察学

鱼台县烟草专卖局（营销部）联合公安、工商部门对重点监管户开展联合整治

习，制发《开展“三找三定三比”专题调研活动实施方案》，领导班子成员组成6个专题调研组，围绕7个调研主题，通过座谈交流、跟班作业、市场走访、问卷调查等形式，查摆问题、明确短板。围绕专卖管理、卷烟经营、基础管理、队伍建设、党建工作五个方面梳理问题清单31项99个问题，逐项明确提升目标和措施，制定责任落实清单，制定提升措施328项。

专卖管理 以严格规范经营、严打违规大户为重点，加强市场管控。对不规范经营行为，严格按照《违反“六条禁令”处理规定实施细则》进行处理，处理各类不规经营行为涉事人员49人次，其中通报批评39人，经济处罚16人，诫勉谈话1人，警示性约谈3人，扣罚金额3.96万元。在全市范围内组织开展卷烟市场集中整治“百日行动”，严厉打击“二次批发、左右价格、扰乱市场”行为，严惩违法违规卖烟大户，严查违法销售“假、非、私”卷烟行为。稳步推进打假破网工作，加强与公安、工商、邮政等部门联合执法协作。破获任城“12·28”、邹城“4·28”、鱼台“6·07”、兖州“11·8”、曲阜“11·14”、金乡“12·2”6起国际网络案件。

卷烟经营 选择梁山、金乡两个基础工作较好的县开展营销转型试点工作，开发针对零售户的手机端“客户服务平台”，率先探索“销前拜访、自主订货”的工作模式。推行“一户一策”调控，建立市场状态监控模块，自动汇总分析不同辖区、不同档位、不同业态零售户库存指数，为指导货源投放、调控市场容量提供数据支撑。编制品牌培育三年规划，清退衰退品规、弱势品规，形成梯次清晰、布局合理的品类结构。制定终端建设长期规划，明确2018至2020年建设主线，开展“周提升、月抽检、季度通报、年终评比”提升工程，完善终端评价办法。

“精益”管理 坚持精益课题示范引领，建立《精益课题管理办法》，明确课题的立项、实施、结题流程。开展精益内训和“一点课”活动，组织精益管理工具、QC活动等专题培训，培训人次570余人次。开展“制度提升年”活动，制定新制度8项，修订13项，废止15项，并做好学习培训、宣传教育工作。顺利完成质量管理体系转版工作，建立标准317项，其中管理标准136项，技术标准18项、工作标准161项。深入推进财务审计工作，从严从紧控制招待费、会议费、福利费等重点费用，强化审计监督，完成审计项目129项。深入推进“两项工作”，修订完善2017年《公开目录》，公开事项1614项，其中涉及“三项工作”254项。公开招标采购项目56个，公开招标率为97.13%。

（程　斐）

【盐务】 2017年全市销售食盐43808吨，其中小包装食盐销售14650吨，与上年销售持平（2016年销售食盐43837吨，其中小包装销售14634吨）。截至2017年11月底，全市实现营业收入8890万元，利润总额148万元，上缴税金460万元。

经营管理 优化盐种结构，丰富小包装食盐品种。普通盐与弱碱盐、澳盐、烤盐等高档盐种同步供应，满足不同消费需求。细分市场，完善网络建设。加强对重点区域、重点环节、重点用户的管理，盐产品供应网络基本完善。抓好小包装食盐销售。巩固大包装食盐和工业盐用户。10月23日，与济宁邮政签署盐邮合作战略合作协议，利用邮政的电商平台优势，尝试开展小包装食盐网上销售业务。

盐政执法 实行盐政工作一把手负责制，主要领导亲自抓，分管领导靠上抓，每周一调度。开展宣传，张贴省局市局《关于加强盐业市场管理的通告》，印发《致食盐经营业户的一封信》，发放到每一个网点。全年开展3次食盐市场整治专项行动。对违规跨区域经营的违法行为，采取高压态势，发现一个查处一个。持续开展盐政专项活动和典型案例、重点案例分析活动。加强与公安、食药、工商、质检等部门的配合，形成合力。市县两级都建立盐警联动机制，5月底与公安部门联合召开全市打击涉盐违法犯罪工作表彰会。全市共出动执法人员33433人次，查处各类涉盐违法案件3067起，查处各类违法盐产品234.2吨，罚没款125.2万元，与公安联合办案53起，移送司法机关38起，行政拘留8人，刑事拘留34人，判刑1人。

内部管控 完善目标责任制考核办法，出台2017年度《经营管理责任目标考核办法》《盐政管理工作考核办法》，签订目标管理责任书，考核结果与薪酬、岗位、干部使用和相关待遇挂钩。与各县市公司（分公司）签订《安全生产目标责任书》，加大对各单位安全生产的督导检查。开展劳动管理和薪酬分配制度改革，出台《关于县市公司薪酬改革指导意见》，实施“底薪+提成”的薪酬分配改革。加强财务管理，规范市县结算制度，开展经济效益分析和增收节支活动，强化后勤保障和服务。在全系统开展财产清查工作，核实资产质量。明确工业盐业务流程，整合资源，提高工业盐市场占有率。

盐业体制改革 11月14日，山东省盐业体制改革推进工作电视会议召开，《山东省盐业体制改革实施方案》和《山东省食盐监管体制改革方案》同步印发，2018年1月1日正式实施。12月20日，山东省盐业集团（山东省盐务局）与济宁市国资委举行济宁盐业公司（盐务局）交接签约仪式，济宁盐业公司（盐务局）由原来的隶属于山东省盐业集团有限公司（山东省盐务局），受山东省盐务局和济宁市政府双重领导，变为由济宁市国资委直接管理。12月21日，济宁市盐业体制改革会议召开，《济宁市盐业体制改革实施方案和济宁市食盐监管体制改革方案》同步印发，2018年1月1日正式实施。将原济宁市盐务局的盐业行业管理和食盐专营管理等相关职能移交市经济和信息化委；食盐质量安全管理与监督等相关职移交市食品药品监管局。

（张淑芳）

【石油】 2017年，中石化济宁石油分公司实现成品油销售69.3万吨，其中汽油31.1万吨，柴油38.2万吨，易捷便利店实现销售31000万元，加油站经营网点发展到163座，曲阜、济宁两座配送中心实现年吞吐量200万吨，曲阜中央仓实现非油品配送量8.8万吨；全年上缴各类税费6100万元。

企业绿色环保发展 积极推进油品升级，全力保障绿色能源发展。公司按照市政府要求，自2004年开始提前实现乙醇汽油封闭运行13年；2017年10月1日，济宁境内所有中石化加油站供应的车用汽油、车用柴油全部达到国六标准，取消普通柴油销售。完善环保设施，推进各项环保改造。推进三次油气回收改造，8月底前加油站三次油气回收设施全部验收合格并投入使用；对汽油销量超过5000吨的站，安装油气在线检测系统；推进双层罐改造，在原有防渗罐池的基础上，开展新一轮的加油站环保工程改造。积极推进加气站建设，实现加气站零突破，通过收购、新建等，建成CNG加气站1座、LNG加气站5座。积极推进充电桩建设。通过与国家电网合作，实现济宁城区3座加油站充电桩投入运营。

加油站转型 逐步推进传统加油站市场供应向“综合服务商”转变，初步形成购物、加油、加气、充值、充电、汽服、快餐等一体的综合服务站，全力打造中国石化易捷品牌，实现“易捷万店无假货”。2017年，借助现有加油站场地，共新建汽车服务项目28座，新建自助洗车点10座，已投入运营；对于场地加大，位置较佳的加油站，规划综合服务体6座。

经营网点拓展 2017年，济宁公司济徐高速6座加油、加气站陆续投营，收购、租赁加油站3座，自营加油站达到163座。

安全、质量管理 迎接各级政府安监、消防、公安部门对公司库、站进行安全检查471次。开展隐患排查和风险评估，促进库站隐患治理项目落实。全部完成省公司批复的加油站、油库隐患治理项目。接受国家质检总局、省、市工商局多轮次、全覆盖的油品质量抽检，全年共抽检230站（库）次的550批次油样，油品抽样合格率100%。顺利通过ISO9000质量认证体系验收。配合、承接中石化总部科技部关于油品对土壤污染科研项目。

（中石化济宁石油分公司）

【物资】 **信访和安保维稳** 落实领导干部信访稳定“一岗双责”和“首问负责制”，争取多方救助金，做好特殊群体人员的思想政治工作，及时化解排除隐患。

安全生产 集团先后印发10余份文件对安全生产常抓不懈，认真落实安全生产责任制，与各企业签订《安全生产目标责任书》。紧盯重点区域重点部位，筹措资金修缮老旧库房等设施，更换老旧电线、新增监控摄像头、更新灭火器以及配电箱，特别是加油站新建高标准的储油设施，进行安全知识培训和防火演练。强化督导检查，建立排查及整改记录台账，对存在的隐患专人跟进，限期整改落实。全年没有发生安全生产事故。

困难职工帮扶 建立困难职工情况台账，争取救助金18万元以及豆油、面粉等实物，共走访救助149人次，救助率达到100%。对全系统因大病致贫的职工情况进行调查、统计上报，为困难职工考上大学的8名子女申请到2.7万元的金秋助学补助，为32名困难职工申办一次性独生子女养老补助金。帮助2个破产企业的困难职工，协调解决一次性独生子女养老补助金问题。

（冯卫红）

电子商务

【概况】 2017年，全市电子商务实现交易额1600亿元、增长27%。

【机制保障】 6月9日，全市电子商务工作现场会议在泗水县召开，对全市电子商务工作做全面安排部署。印发《2017年全市电子商务工作要点》《济宁市电子商务示范体系认定办法》等文件，形成促进电子商务发展的组织保障体系和协同发展工作机制。

【示范引领】 持续推进各级电子商务示范创建活动，实现以创促商、以创促优、以创促发展。截至2017年底，嘉祥、金乡、泗水、兖州、曲阜等5个县获评省级电商示范县，占全省的十分之一，任城区被纳入省级“互联网+便利店”示范区创建范围，在市区布点70家线下店；泗水县成功创建山东省首批国家级电商进农村工程综合示范县，争取到中央财政专项扶持资金2000万元；汶上服装电子商务中心、任城区CCI众创空间、高新区中煤工矿、经开区爱克森服装等一批电商基地、企业分别获评为省级电商示范基地和示范企业。组织有关专家对2017年度各县（市、区）申报的市级电商项目进行评审，并于2017年12月份公示一批市级电商示范县（市、区）、基地（园区）、企业、村镇。

【网点建设】 加强与知名电商平台合作，阿里巴巴、京东、苏宁云商、乐村淘、哈哈农庄、农商壹号等农村电商陆续入驻，截至2017年年底，累计发展县级服务中心33个，镇级服务中心164个、村级服务站6475个；全市在建初具规模的电商园区（基地）43个，入驻电商企业3515家，初步打通“工业品下乡”和“农产品进城”双向流通渠道。

【农商互联活动】 3月14日，组织召开全市农村电商专题会议，依托邮政资源启动农村电商创业孵化项目，加快农村电商发展。8月至9月份，联合省电子商务促进会先后在任城区、金乡县、嘉祥县等地开展8场农商互联专题对接活动，全市共计600多家农产品生产商、专业合作社、家庭农场、种养大户、返乡创业青年、电商平台等参加对接活动。

【电商培训】 完善分级分批、务实高效的电商培训机制，加大对农村电商人才的培训力度，同时抓好贫困地区人员的电商培训工作。全市共培训农村电商人员1.8万余人次。同时，联合省商务厅分别在泗水、梁山举办电商扶贫培训班，采用小班实训方式，帮助学员提升依靠电商就业创业的能力，共组织培训210人次。

（李本明）

对外经济贸易

【概况】 2017年，全市货物贸易进出口完成414.4亿元、增长15.2%，其中出口240.9亿元、增长7.5%，进口173.4亿元、增长27.9%；实际使用外资40.1亿元人民币，增长17.88%，总量居全省第8位，增幅居全省第2位；全市完成对外实际投资额80.6亿元，全省占比21.3%，绝对值居全省首位。

【利用外资】 全市新设外商投资企业33家，同比增长57.1%；合同外资34.6亿元人民币，增长119.5%；实际使用外资40.1亿元人民币，增长17.88%。从产业结构看，三次产业实际使用外资比重为0.1：83.5：16.4。制造业实际使用外资28.5亿元人民币，增长7.6%，占全市实际使用外资的72.1%；服务业实际使用外资6.57亿元人民币，增长1.25倍，占比16.4%。从资金来源地看，中国香港、日本、美国位居前列，实际投入金额合计22.2亿元人民币，占比55.3%；投资性公司实际投资8.6亿元人民币，占比21.4%。从大项目情况看，新批总投资过千万美元大项目15个，增长87.5%，合同外资10.7亿美元，增长3.7倍。引进5家世界500强投资项目6个，其中2个项目是新材料、节能环保等战略新兴产业，1个项目是新技术合作，法国威立雅、道达尔、中建国际首次进入。

济宁市2017年分县（市、区）外商直接投资情况统计表

表-3　　金额单位：万元人民币

单位	项目个数	同比%	合同外资	同比%	到账外资	同比%
总值	33	57.14	346373	119.51	401037	17.88
任城区	6	500.0	51213	15055.9	61626	152.66
兖州区	5		22409	33.4	25920	33.97
曲阜市	1	−80.0	87813		34991	215.02
泗水县	3	200.0	10341	5567.2	10679	582.48
邹城市	1	−75.0	3845	−79.0	40403	−10.38
微山县					9763	190.76
鱼台县	2		2319		4361	195.17
金乡县	4	300.0	11653		9443	206.35
嘉祥县	1	−50.0	3823	−51.1	8882	−42.82
汶上县	3	50.0	2399	−39.5	5566	276.73
梁山县	1		31702	942.4	6063	125.71
高新区	2	−50.0	95993	−18.6	182561	−13.52
太白湖新区	2		10411		746	
经济技术开发区	2		12452		33	

【对外贸易】 **货物贸易** 实现进出口4143730万元、增长15.2%。其中出口2409249万元、增长7.5%；进口1734482万元、增长27.9%。按企业性质分：国有企业出口239147万元、增长12.7%；外商投资企业出口542602万元、下降0.9%；民营企业出口1627500万元、增长9.8%。按贸易方式分：一般贸易出口1902980万元、增长14.2%；加工贸易出口504414万元、下降12.2%；其他贸易出口1855万元、增长32.6%。按大类商品分：纺织服装出口259232万元、增长8.4%；农产品出口724634万元、下降0.1%；机电产品出口639181万元、增长30.3%；高新技术产品出口26632万元、增长28.6%。

服务贸易 全年完成服务贸易进出口额83.3亿元，增长14.4%。其中出口47.2亿元，居全省第7位，增长33.5%，增幅居全省第2位；进口30.1亿元，下降3.6%。加工服务、旅游服务、建筑服务、金融服务占全市服务贸易的主导地位，占据全市服务贸易出口额的95%以上，其中建筑服务对外承包工程营业额完成14.5亿元，增长121%，拉动全市服务贸易出口增长22.9个百分点；金融服务5.05亿元，增长34.2%，拉动全市服务贸易出口增长3.65个百分点。

济宁市2017年对外贸易累计进出口情况统计表

表-4　　金额单位：万元

单　位	进出口			出口			进口		
	累计完成	同比%	比重%	累计完成	同比%	比重%	累计完成	同比%	比重%
总值	4143730	15.2	100.0	2409249	7.5	100.0	1734482	27.9	100.0
按企业性质分									
国有企业	287303	21.1	6.9	239147	12.7	9.9	48156	92.2	2.8
外商企业	1247741	9.1	30.1	542602	−0.9	22.5	705139	18.4	40.6
民营企业	2608687	17.6	63.0	1627500	9.8	67.6	981187	33.4	56.6
按贸易方式分									
一般贸易	3320678	21.1	80.1	1902980	14.2	79.0	1417698	31.9	81.8
加工贸易	787676	−6.7	19.0	504414	−12.2	20.9	283262	5.1	16.3
其他贸易	35377	178.6	0.9	1855	32.6	0.1	33522	196.7	1.9
按大类商品分									
纺织服装	507104	5.5	12.2	259232	8.4	10.8	247872	2.6	14.3
农产品	833214	1.4	20.1	724634	−0.1	30.1	108580	12.3	6.3
机电产品	891932	32.7	21.5	639181	30.3	26.5	252751	39.3	14.6
高新技术产品	49436	32.8	1.2	26632	28.6	1.1	22804	38.1	1.3

济宁市2017年分县（市、区）对外贸易情况统计表

表-5　　金额单位：万元

项　目	进出口			出口			进口		
	累计完成	同比%	比重%	累计完成	同比%	比重%	累计完成	同比%	比重%
总　值	4143730	15.2	100.0	2409249	7.5	100.0	1734482	27.9	100.0
任城区	453219	−3.8	10.9	421489	−4.8	17.5	31730	11.8	1.8
兖州区	1362860	21.8	32.9	396662	−5.3	16.5	966198	37.9	55.7
曲阜市	244437	22.7	5.9	178303	23.9	7.4	66134	19.5	3.8
泗水县	54867	3.6	1.3	51020	3.2	2.1	3847	8.4	0.2
邹城市	181932	4.0	4.4	54215	−4.2	2.3	127717	7.9	7.4

续表

项目	进出口			出口			进口		
	累计完成	同比%	比重%	累计完成	同比%	比重%	累计完成	同比%	比重%
微山县	43632	11.2	1.1	40594	7.2	1.7	3038	123.1	0.2
鱼台县	64781	0.7	1.6	62665	8.1	2.6	2116	-66.8	0.1
金乡县	530668	30.2	12.8	517394	28.6	21.5	13274	145.9	0.8
嘉祥县	124361	6.0	3.0	51975	14.3	2.2	72386	0.7	4.2
汶上县	77091	-3.1	1.9	57967	3.0	2.4	19124	-17.8	1.1
梁山县	53054	-5.3	1.3	52182	-6.4	2.2	872	206.7	0.1
高新区	912062	16.8	22.0	484346	9.7	20.1	427716	26.0	24.7
太白湖新区	1256	-49.6	0.0	1256	-49.6	0.1	0	0.0	0.0
经济开发区	39510	18.0	1.0	39181	23.2	1.6	329	-80.5	0.0

【对外合作】 2017年，济宁市新批境外投资企业（机构） 13家，完成对外实际投资额80.6亿元，占全省比重21.3%，绝对值居全省第一位；新签对外承包工程合同额10亿元、同比增长214%，增幅居全省第一位、超出全省平均水平210个百分点；完成对外承包工程营业额14.4亿元、同比增长124.7%，增幅居全省第二位、超出全省平均水平115.4个百分点；实现自营外派各类劳务人员7302人，同比增长3.5%。对外投资方面：主要投资澳大利亚、老挝、马来西亚、印度尼西亚、柬埔寨、缅甸、美国、比利时、中国香港等国家和地区。对外承包工程方面：新签国际工程项目主要涉及房屋建筑、电力安装、交通运输等行业，主要分布在老挝、孟加拉、马来西亚、越南、埃塞俄比亚、印度尼西亚等国家（地区）。对外劳务合作方面：新签对外劳务合作营业额6亿元，完成对外劳务合作营业额2.9亿元，主要派往日本、新加坡、阿联酋、赤道几内亚、阿尔及利亚、文莱等国家。

（李本明）

开发区建设与发展

【概况】 全市共有17家经济技术开发区。其中济宁高新区为国家级高新技术开发区；省级经济开发区14家，分别为济宁经济开发区、任城经济开发区、兖州工业园区、曲阜经济开发区、泗水经济开发区、邹城经济开发区、邹城工业园区、微山经济开发区、鱼台经济开发区、金乡经济开发区、嘉祥经济开发区、汶上经济开发区、梁山经济开发区、济宁新材料产业园区；市级经济开发区2家，分别是张黄工业园区、梁山工业园区。2017年，园区增加值、固定资产投资增长10%、13%，高于全市3个、4.6个百分点。兖州工业园区、邹城开发区位列全省131家省级经济开发区第2名、第12名。

【部署推进】 8月29日，济宁市委市政府召开全市新旧动能转换暨经济开发区创新发展工作会议，并印发《关于加快新旧动能转换推进经济开发区

8月29日，全市新旧动能转换暨经济开发区创新发展工作会议召开

改革创新开放发展的意见》；11月12日，市政府在鱼台县召开全市经济开发区现场推进会议，贯彻落实市委15号文件精神。研究出台《关于加强经济开发区规划编制工作的意见》《济宁市经济开发区考核办法》及《实施细则》，制定《济宁市经济开发区基础设施提升和产业发展三年行动计划（2018—2020年）》，会同市财政局出台《开发区专项资金管理办法》，会同市统计局完善《全市经济开发区统计制度》，编制开发区电网专项规划等。

11月12日，全市经济开发区现场调度会议在鱼台召开

【规划修编】 按照年初市政府《关于加强经济开发区规划编制工作的意见》，各开发区积极对接国内高层次规划机构，编制或修编园区产业规划、总体规划、控制性详细规划和各类专项规划，11个开发区（济宁高新区、济宁经开发区、兖州工业园区、任城经济开发区、泗水经济开发区、邹城经济开发区、邹城工业园区、张黄化工园区、金乡开发区、济宁新材料产业园、嘉祥开发区）总规、控规、产业规划齐全，园区规划体系逐步成型。

【设施配套】 推进各开发区完善园区道路、绿化、环卫、消防、电力、供热、供水、供气、排水、通讯等基础设施配套，各开发区新建园区道路210公里、基础配套工程173个；新增公共服务平台93个，为区内企业提供科技创新、科技咨询、检验检测、标准化制定等一体化服务。

【产业发展】 各开发区根据各自实际规划2-3个主导产业，开展招商引资，加大项目建设力度，对产业进行强链补链，发展主导产业。全市实施首批“四新四化”项目364个、其中园区项目224个，新开工亿元以上项目720个、其中园区项目449个。在省反馈济宁市拟列入全省新旧动能转换的55个重大项目中，有50个在开发区。

【改革创新】 截至2017年年底，全市开发区共成立各类投资运营公司31家。济宁经济开发区、邹城经济开发区、邹城工业园区、鱼台开发区等4个园区管委会被赋予直接审批权限。兖州工业园、曲阜开发区、邹城开发区作为省级一、二批开发区体制机制创新试点，根据省里的要求加速推进。鱼台县全面突破开发区，顺利推行职员制改革、大部制改革，实行绩效工资制度，开发区审批启用2号公章。

（李本明）

招商引资

【概况】 2017年，全市在建招商项目632个，累计到位市外国内资金412.53亿元，完成年度目标114.59%。比亚迪“云轨”孔孟旅游线路邹城实验段建成试运行；总投资10亿元的第三代半导体新材料、爱奇艺优秀传统文化双创示范基地等项目落地；深圳比克电池公司投资100多亿元在济宁建设比克产业园。

【领导重视】 市委市政府把2017年作为招商项目落地年，先后召开高规格的全市招商引资工作会议、全市招商引资工作调度会议，出台《关于进一步加强招商引资工作的意见》《关于营造更优营商环境的若干意见》，成立市投资促进委员会。市委、市政府主要领导先后亲赴武汉、北京、深圳等地，推进与神州高铁、比亚迪、华为、中兴、比克电池、富士康等企业重点合作项目。

【招商活动开展】 市投资促进局组织招商小分队赴深圳比亚迪集团，就云轨生产基地项目与公司高层领导进行对接洽谈；全年外出开展招商推进活动30余次。按照产业“补链、壮链、强链”需求，邀请部分央企、大型民企、商会协会、科研院所、金融机构等到济宁市考察对接产业项目，洽谈合资合作事宜。中国交通建设股份有限公司、通号建设集团有限公司、中关村中技知识产权服务集团、泰国正大集团、大中华（国际）集团、上海山东商会、深圳山东商会、浙江山东商会等一批知名企业和商会纷纷到济宁市考察回访。9月26日至28日，举办“海内外知名儒商东方圣城行”系列活动。联合各县（市、区）、功能区及市直部门单位，先后在北京、上海、深圳、杭州、济南等地开展一系列专题招商活动，与腾讯、爱奇艺、微软、富士康、西部控股等知名企业签订一批合作项目。

【产业招商】 市政府办公室印发《关于印发济宁市产业招商实施方案的通知》，组建十大产业招商办公室，开展产业招商和项目推进。市投资促进工作委员会办公室每半月调度通报各产业招商办公室外出招商情况，制定《济宁市产业招商办公室考核办法》，组织到济宁高新区开展产业调研，编发产业招商专报16期。各产业招商办公室建立重点目标企业信息库，筛选入库产业（行业）前30强企业300家；建立起36家的高端产业主要研发平台、研发团队及领军人物信息库。各产业招商办公室在谈项目66个，签约项目31个，落地项目19个。比亚迪“云轨”、北大环保产业基地、超急速充电设备和氮化镓半导体设备、南阳湖农场杂粮系列保健营养米加工、中通电商快递物流产业园、北方教育装备产业城等项目落地。举办“中国北方教育装备创新产业小镇项目推介会”“济宁（杭州）科技产业引智引资专题招商恳谈会”等专题招商推介活动。

【管理创新】 创新管理机制，打造项目推进“济宁模式”。4月26日，济宁市政府与比亚迪股份有限公司签约。双方团队入驻集中办公区域开展工作。成立全面合作推进工作领导小组，负责云轨线路、产业基地项目建设及相关工作的组织领导、统筹规划、协调落实等工作。比亚迪股份有限公司把比亚迪“云轨”项目的高效推进机制赞誉为“济宁模式”，公司董事会确定在全国在建项目全面推广运用。深化全程服务，确保全天候无缝衔接。采取“网络办公”“现场办公”等方式，建立比亚迪项目建设微信群，随时上传项目最新进展及存在的问题等。比亚迪项目从签约到轨道梁下线，仅用了4个多月时间，10公里孔孟旅游快线邹城段即将建成通车，比亚迪云轨生产基地部分建成投产，在国内比亚迪项目建设中进展最快，被誉为“济宁速度”。拓展合作内容，实现企地双赢。借助比亚迪整车制造新动能带动本地旧动能加速转换，积极促进梁山县专用车、兖矿集团轻合金等本地企业融入比亚迪云轨整车制造产业链条，实现企地双赢。

（市投资促进局）

5月9日，2017中国（济宁）“一带一路”国家经贸合作洽谈会在圣都国际会议中心举行

文 化

综 述

2017年，济宁市文化发展成效显著、亮点纷呈，多项工作走在全省前列。山东梆子《孟母》等7个项目入围国家艺术基金2017年度资助项目，入围项目数量和资助资金均居全国地级市第一位。《盼娘归》等11件作品入选全省群众艺术优秀新创作品，入选数量居全省17市第一位。《中华优秀传统文化传承弘扬“六融六促”模式》等3个项目入选山东省政府文化创新奖，入选数量居全省地级市第一位。全省尼山书院暨乡村（社区）儒学工作会议在济宁召开，尼山书院国学培训模式在全省推广，中央电视台新闻联播，《中国文化报》先后进行宣传报道。孔子博物馆、儒源文化集团、美猴动漫等7个项目共获中央、省级文化专项扶持资金1740万元，在全省位居前列。全市共举办各类群众文化活动25413场次，送戏下乡7762场，农村公益电影放映51365场，为174个省定贫困村农家书屋配备书橱图书。在全省群众满意度调查中，济宁市文化生活满意度高于全省平均值1.22分。

12月13日，山东省尼山书院暨乡村（社区）儒学工作会议在济宁召开

【弘扬优秀传统文化】 实施优秀传统文化六进普及工程，推进尼山书院等公共文化服务模式，开展儒学进乡村、进社区活动，全市建有乡村（社区）儒学讲堂2649处，开展尼山书院国学冬令营（夏令营）等国学公益培训22000余场次。组织实施儒学民间普及推广人才支持计划，开展首批济宁市优秀传统文化传承创新示范基地、首批“儒学民间传承奖”评选。打造“儒学原乡·文化圣地”的经验做法被文化部《文化改革发展工作简报》长篇刊发推广。《中华优秀传统文化传承弘扬“六融六促”模式》《濒危剧种保护传承模式创新》荣获第三届山东省文化创新奖。非物质文化遗产保护成果突出。实施传统工艺振兴计划，出版《文韵生华——济宁市非物质文化遗产图谱》，打造宣阜巷非遗街区，组织开展庆祝“非物质文化遗产月”和“文化与自然遗产日”系列活动100余场。开展非遗传承人群研修研习培训计划，在山东理工职业学院举办全省非遗人群剪纸技艺培训班；联合省曲协举办“山东省首届少儿曲艺创作培训班”，组织编写的《少儿快板教程》填补了中国少儿曲艺培训系统教材空白，市级“蓓蕾工作站”达到100余个。2017年，全市有国家级非遗代表性项目17个、传承人6人，省级项目61个、传承人32人。传统文化传播交流水平不断提升。制定《济宁市融入“一带一路大战略，儒家文化丝路行”实施意见》，组织开展“一带一路”儒家文化丝路行系列活动，3家企业入选2017—2018年度山东省重点文化产品和服务出口名单，杂技《中国结》等5个特色项目入选中国海外文化中心项目库，泗水尼山圣源书院主办的“海峡两岸读《论语》教《论语》师资研修班”活动荣获山东省2016年度优秀对外（港澳台）文化交流项目，济宁市被深圳文博会组委会授予“优秀展示奖”和“优秀组织奖”。

【公共文化建设】 文化基础设施建设快速推进。总投资20亿元、总建设用地620亩、总建筑面积15万平方米的市图书馆、群众艺术馆、博物馆、美术馆、杂技城“四馆一城”加快建设。推进村级综合文化服务中心建设，全市达到标准的村（社区）综合文化服务中心5598个，达标率96.19%，圆满完成省考核达标率80%的目标；510个省定贫困村（拆迁村除外）综合文化活动室100%达标。持续提升“政府搭台，百姓听戏，激情广场大家唱”演出质量和水平，组织开展新年春节期间系列文化活动、山东省冬春文化惠民季优秀群众艺术作品会演、第二届吹打乐会演等群众文化活动25413场，各级公共文化服务机构开展文化培训2050期。《农家院的笑声》《铁道游击队畅想曲》等11件入选全省群众艺术优秀新创作品，数量居全省17市第一位。济宁市群众文艺专场亮相央视《群英汇》栏目。文化志愿服务扎实推进。成立市文化志愿服务中心，登记造册文化志愿服务团队6600支，文化志愿者20万人，组织文化志愿者开展公益性“创城”文化惠民演出，直接惠及观众2万余人次。市文广新局荣获“山东省优秀文化志愿服务组织”，“到金乡听戏”荣获“山东省文化志愿服务品牌项目”。

【文化艺术】 专业剧目创作成果丰硕。大型新编历史剧山东梆子《孟母》、山东渔鼓《孔子试徒》等7个项目入围国家艺术基金2017年度资助项目，入围项目数量和资助金额均位居全国地级市第一位。《孟母》举行首演暨喜迎十九大献礼演出，并召开专家座谈会，受到国家、省、市有关领导和专家的高度评价和广泛好评，《河都老店》入围第12届山东省精神文明建设“文艺精品工程”，《跳板蹬人》等4个项目荣获第十届山东省泰山文艺奖。大型山东梆子剧《清官牛运震》《尚贤村的喜事》、大型四平调《鸡黍之约》、亲子互动儿童剧《丑小鸭后传》、古装儿童剧《梦回三迁路》等一批剧目积极打造中。《尚贤村的喜事》入围2017年度山东省地方戏曲振兴扶持工程。金乡县的廉政小戏《两条项链》进京参加全国基层院团戏曲会演，实现近年来济宁市县级基层院团进京会演的历史性突破。专业艺术人才培养不断加强。举办全市国有文艺院团长和剧院（剧场）经营管理人员职业能力提升培训班、开展全市第二届新创作小戏小品会演，建立济宁市艺术家名录库，提升济宁市山东梆子传承基地、青岛艺校实训基地和青岛艺校、市杂技团实训基地的教学与管理水平。济宁市山东梆子传承基地学员在第十三届全国中等职业学校“文明风采”竞赛活动中获一等奖。剧场惠民成效显著，济宁文化惠民卡首发1万张，“乐响济宁·共圆梦想”月末音乐会、“名家名段月末戏曲演唱会”等成为市直剧场惠民演出品牌。

【文化产业】 大运河文化带启动建设。成立济宁市大运河文化带建设工作领导小组，策划推动济州古城、河道总督署原址复建等一批重大文化项目。文化领域新旧动能转换快速推进。谋划1917工业遗址广场、山东曲阜影视基地、弘高文化创意产业园等一批重点文化项目。推动创意产业融合发展，举办第二届“创意济宁”文化产品设计大赛，3个项目入选2017年全省首批优秀原创动漫项目资源库项目名单，山东理工职业学院、济宁宣阜巷文化发展有限公司获批全省文化创意集市创建单位。曲阜国家级文化产业园区通过文化部复核验收。开展济宁市第六批文化产业示范基地、第三批文化产业特色乡村和济宁市十大文化产业领军人物评选，6家重点企业（项目、园区）入选全省第五批“三重”名单，邹城市伏羲文化产业园等33个项目入选2017年全省重点文化产业项目库。文化惠民消费季活动成果丰硕。先后召开首届文化惠民消费季协调会议、全市动员会议等，制定《济宁市首届文化惠民消费季实施方案》，争取市财政支持文化消费专项资金300万元，全市共举办各类公益文化活动5683场次，投入资金846.45万，参与群众达465万人次，组织签约文化企业188家，实现消费信息平台注册人数74268人，领取消费券66288张，直接拉动消费1146万元。

【文化市场】 推进文化市场行政审批规范化建设，梳理、公布行政审批事项5项，确保“目录之外无审批”。在市政务服务平台及行政许可和行政处罚信用信息“双公示”平台上公开行政审批结果48件，实现审批办理公开化、透明化。落实“一窗受理、集成服务”改革工作，对审批流程和环节进行调整和精简，26项事项统一进驻大厅受理。文化市场技术监管与服务平台、山东省印刷管理信息平台初步实现市县两级审批数据和执法数据的实时共享，在文化市场技术监管平台上审批事项共1274件，审批业务网上办理达到100%，按时办结率达到100%，超额完成省文化厅下达的96%的任务目标。

【广电新闻出版】 开展广播电视播出秩序集中整治和打击非法台站专项行动、整治网络非法传播视听节目·绿网2017专项行动、打击网络侵权盗版“剑网2017”专项行动等，确保“十九大”等重要时间节点的安全播出与网络安全。常态化做好行业监管，完成广播电视站年检、报纸和期刊年度核验、新闻记者证年度核验等工作，完成20家连续性内部资料出版物出版质量综合评估及年审工作。

10月12日，山东梆子剧《孟母》在声远舞台举行首演

广电新闻出版领域文化惠民工作扎实推进，开展公益电影放映51365场，完成辖区内11座台站中央广播电视节目无线数字化覆盖工程验收，邹城、汶上等6个县（市、区）完成应急广播工程建设。打造书香四溢文化之城，组织市直70余家单位为农家书屋捐赠图书13.5万册，组织阅读推广活动700余场，受众110余万人次。联合市委宣传部、市发改委等10部门印发《关于推进实体书店发展的实施意见》，加快印刷行业转型升级。2017年度党政机关软件正版化工作成效显著，济宁市文广新局荣获“山东省政府部门软件正版化工作先进单位”称号。济宁市有省版权示范单位9家，有印刷企业531家、出版物发行单位309家，从业人员近万人，年销售额突破18亿元。

（宫书娟）

文化市场综合执法

【市场监管】 创新网吧管理综合治理模式，为未成年人营造良好的上网环境。城区190余家网吧均实现未成年人禁入、网吧内全面禁止吸烟、实名登记上网、上网登记规范完整，网吧经营井然有序。成立创城工作领导小组和领导小组办公室。成立3个督查组，由分管局长带队，对任城区、兖州区、高新区、太白湖新区进行分区检查。制定下发《市文化市场综合执法局创建全国文明城市实施方案》《市文化市场综合执法局创建全国文明城市问责办法》《济宁市网吧市场管理工作实施方案》等文件，明确加强网吧市场管理的目标任务、具体措施和时间节点。各区成立相应的组织机构，实行网格化管理。所有执法队员重心下移到一线，坚持工作日必查、节假日必查、相互检查、错时检查、领导班子成员带班暗访，各区之间交叉检查。对违规接纳未成年人、不按规定登记身份证等有效证件信息、上网登记填写不全、控烟措施落实不力、消防安全不达标的网吧一律停业整顿。推行文化市场有奖举报。市区两级出动检查118203人次，检查经营单位15241家次，责令改正163家次，当场处罚311家次，办结案件452件，罚款515300元，取缔4家次。对100多家网吧逐家上门统计，制作各类宣传版面和条幅标语。截至2017年年底，主城区张贴各类公益广告2340张，禁烟标识1200个，制作LED显示屏45个，滚动播放宣传标语97200次/天，市、县两级单位内部共设置宣传栏52个，建设文化执法暨扫黄打非公益宣传长廊1条。

【执法机制创新】 市局探索建立执法机制四个平台：“五位一体”平台。“五位”即：网吧业主；网吧所在社区的网格员；分管该社区的民警；包保该社区（网格）的镇（街）干部；包保该网吧的区文化执法局工作人员。明确各方职责，定期联系，形成联动机制，对网吧进行全方位监控管理。举报受理平台。鼓励全社会对文化市场违法违规行为进行监督，市局与市创城办在创城期间对文化市场违法违规经营行为实行有奖举报，联合下发《济宁市创建全国文明城市文化市场违法违规行为有奖举报规定》。政务公开平台。推行“双随机、一公开”工作，建立《文化市场执法人员名录库》《文化市场检查主体名录库》《文化市场随机抽查事项清单》《文化市场双随机抽查实施细则》《文化市场双随机抽查工作制度》，实行动态管理，确保监管对象全面、监管人员合格、监管事项合法、监管权责匹配、监管分类准确。诚信建设平台。加强文化市场信用体系建设制度建设。制定出台《济宁市文化市场守信联合激励和失信联合惩戒实施办法（试行）》《济宁市文化市场“红黑榜”名单管理实施办法（试行）》，与济宁市文明办、发改委、工商、公安、文广新、通信管理等部门沟通联系，实现跨部门、跨行业联合激励和联合惩戒。全市共出动检查199971人次，比上年同期增加10.6%；检查经营单位家26636次，比上年同期增加17.8%；办结案件969件，比上年同期增加22.35%；罚款274家次，比上年同期减少13.56%；罚款金额1373679元，比上年同期增加30%；当场处罚700家次，比上年同期增加45.23%；责令改正318家次，比上年同期增加324%；取缔20家次，比上年同期增加25%；人均办案4.64件，比上年同期增加45%，超额完成省文化厅人均办案3件的任务，办结案件数量在全省排名第三。

【“扫黄打非”工作】 强化“扫黄打非”组织领导。市委书记王艺华先后3次对“扫黄打非”工作作出重要批示，市“扫黄打非”领导小组组长、市委常委、宣传部长李昌文，市政府副市长吴霁雯先后4次听取“扫黄打非”工作情况汇报，对做好“扫黄打非”工作分别提出明确要求。6月22日，重新调整充实市“扫黄打非”领导小组成员。全市先后召开“扫黄打非”电视电话会议、办公室主任工作会议、信息系统操作人员培训会、手抄报现场推进会、手抄报获奖人员表彰大会等会议，推进“扫黄打非”工作向纵深开展。“扫黄打非”进基层工作亮点纷呈。在全国“扫黄打非”进基层示范点评选活动中，全市有3个“扫黄打非”基层工作站入选，入选数量在全国地级市中位居首位。3月至6月，在全市开展“弘儒正风 中小学生‘扫黄打非’手抄报”大赛活动。全市共有10余万名中小学生参加比赛，创作作品5万余幅，最终评选出200幅作品进行表彰奖励暨集中展览。全国“扫黄打非”网、《济宁日报》、济宁电视台、各大门户网站、政务网站、微博、公众微信等新闻媒体，全方位播报活动开展动态及成果，新闻转载量达3200余条，点击量达百万余次。10月31日，济宁市率先在全省举办“弘儒正风‘扫黄打非’青春护航行动”启动仪式。全力维护意识形态安全。在全市组织开展“清源”“固边”“净网”“护苗”“秋风”、校园周边出版物市场专项整治、印刷市场专项整治、网络淫秽低俗色情信息专项整治等专项行动，专项行动做到同安排、同部署、同推进，调度督导各地深入开展市场清查工作，维护出版物印刷市场、网络市场的健康稳定。全市共查办各类“扫黄打非”案件64起，查缴非法出版物39200余册，向省扫黄办报备重大案件6起。

（市文化市场综合执法局）

文物管理

【文物基础建设】 制定并下发《关于进一步加强我市文化遗产保护工作的通知》，编制完成并上报12个全国重点文物保护单位和10个省级文物保护单位的保护修缮方案。强化文保项目、资金管理，对国家级、省级重点文物保护项目资金使用情况进行定期调度，完成“十二五”期间全市国保省保重点文物保护项目的现场检查和评价。开展2017年度国家和省级专项补助经费申报，申报国家级重点项目12个、申请国家资金1.39亿元，申报省级重点项目28个、申请省级资金4259万元，做好2018年度国家级、省级专项补助经费申报，申报国家重点文物保护项目18个，项目总预算近1.4亿元，申报省级文物保护项目45个，项目总预算1.02亿元。配合国家和省市重点工程实施，为济宁新机场建设、车站南路及老运河桥项目、云轨选址等一大批全市重点工程建设提供材料、现场勘查。考古勘探项目共51处，卞城遗址城墙考古发掘、凫山羲皇庙遗址深度勘探、武氏祠景区开发建设项目考古等上报省文物局。

【重点工程建设】 稳步实施“三孔”彩画及古建筑保护维修工程。“三孔”油饰彩画修缮工程中，孔林大林门至二林门一期全部完工，孔府西路一期完成75%；文物古建筑维修工程中，孔庙西路完成79%，孔府大门至三堂完工，孔府东路（一贯堂及内宅院落）完成95%。高效推进鲁国故城国家考古遗址公园建设。东北角城墙遗址及宫城遗址（周公庙区域）保护展示工程建设完成并通过省文物局竣工验收，东南角城墙遗址保护展示工程稳步推进中，数字鲁故城项目立项报告报国家文物局审批。加快推进南旺枢纽国家考古遗址公园建设。全面完成遗址公园管理用房等配套设施建设，完成监控系统安装，实现与公安“天网工程”联网。实施邾国故城保护项目。继续推进邾国故城东、西城墙保护工程，完成金水河故道环境整治工程招标并启动工程建设。投资5000万美元的孔孟文化遗产地保护世行贷款项目完成，5月底项目全部完工，项目被世界银行评为“满意”级别，被选为“中国项目成果监测和评价示范项目”。

【博物馆体系建设】 全市初步形成国有博物馆为主体、非国有博物馆为补充，类别多样化、举办主体多元化的博物馆体系。全市各级各类博物馆达到42家，其中国有博物馆16家、非国有博物馆26家。国有博物馆建设扎实推进。完成济宁市博物馆新馆展陈大纲编写和展陈设计方案设计工作，支持配合孔子博物馆建设。非国有博物馆建设取得新成效。2017年新增9家非国有博物馆并通过省文物局备案，比上年增长53%。2016年度全市博物馆基本信息情况审核上报完成。参观博物馆观众共计1037万人次，其中，免费参观人数743万人次，未成年观众215万人次，境外观众20万人次。

【公共文化服务】 对接国家“一带一路”战略，加大对外合作交流力度。与柬埔寨吴哥窟世界文化遗产管理局签订战略合作协议，在尼泊尔加德满都举办“中国济宁儒学文化推介会”，在以色列特拉维夫进行文化、文创产品交流；在市博物馆举办《“一带一路”跨文化的对话——俄罗斯文化与契诃夫生平展》，组织《济宁汉碑汉画像石拓片展》走进新疆巡展活动。协助举办纪念习近平总书记视察曲阜讲话四周年座谈会，举办第四届讲济宁文物故事大赛及《济宁市庆祝中国人民解放军建军90周年主题展》《济宁市36处全国重点文物保护单位篆刻展览》等一系列展览。结合全国文明城市创建工作，在潘家大楼开设“文明礼仪大讲堂”。承办山东省文物职业技能大赛，“城市与建筑遗产保护教育部重点研究室曲阜研究中心”“东南大学建筑学院遗产保护产学研基地”挂牌。与故宫博物院进行多方合作，合作出版《文化济宁——孔孟故里文物精品》，故宫博物院济宁分院建设工作持续推进。“同在阳光下——济宁市博物馆与市特殊教育学校携手共建”活动被评为“全省博物馆优秀社会教育活动案例”，《孔孟之乡运河之都——博物馆教育实践课程》宣文教材得到省委宣传部、省教育厅和省文物局肯定，在全省推广。组织参加2017（济南）国际文物保护装备博览会。

【文物安全保障】 坚持文物安全巡查检查常态化，开展文物安全状况大排查行动和文物法人违法案件专项整治行动。年初联合公安部门，对2015—2016年度文物安全目标责任落实情况进行检查考核，推动市政府与各县（市、区）政府分别签订《2017—2018年度全市文物安全目标责任书》。实施卞桥安防工程、伏羲庙安防消防防雷工程等一批全国重点文物保护单位“三防”项目，申报2018年度全国重点文物保护单位“三防”项目共计10个。加大文物安全宣传普及力度，营造全社会爱护文物、保护遗产的浓厚氛围。

（市文物局）

济宁日报

【十九大报道】 济宁日报社完成十九大宣传报道各项任务。组织策划《喜迎十九大担当实干加油干》《喜迎十九大 数说这五年》《喜迎十九大 我的心里话》《喜迎十九大 基层在行动》《砥砺奋进的五年》等主题报道专栏。组成报道小组分多路到城市社区、农村、山区、湖区、滩区采访报道社会各界收听收看十九大开幕式盛况的动态消息，同时注重运用解读、图解和评论等各种优势，突出主题，全方位、多角度、立体式呈现十九大盛况，聚焦十九大热点。十九大闭幕后，做好中央宣讲团、省委宣讲团和市委宣讲团宣讲十九大精神的报道，向市内专家约稿，编组《认真学习深刻领会党的十九大精神》两个理论专版；推出《深入学习贯彻党的十九大精神》专栏。以总书记视察济宁四周年为契机，以“殷切的期盼、最实的担当”为主题，派出多路记者重走习近平总书记视察济宁时的路线，回访新闻当事人，以小切口报道四年来的大变化，在一版连续刊出8篇重磅稿件。

【主题报道】 2017年，《济宁日报》及所属媒体陆续组织策划学习贯彻市十三次党代会精神、撸起袖子加油干、两学一做学习教育常态化、新旧动能转化、精准扶贫、创建全国文明城市、绿色生活绿色发展、大气污染防治等一系列重大宣传战役，特别策划推出“精准扶贫攻坚路上”“美丽乡村进行时”“殷切的期望 最实的担当—济宁市弘扬优秀传统文化推进首善之区建设巡礼”“绿色发展 绿色生活”等五个重磅选题。在全国文明城市创建过程中，充分发挥党报主流媒体作用，先后开设“创建全国文明城市 建设美丽幸福家园”“文明出行”“创城大家谈”“创城看变化”“曝光台”“精神文明建设”“新论语”“创城让生活更美好”等近20个专栏，刊发创城公益广告120多个版面，刊发各类稿件1300多篇，专版50多个。加大创城短评的写作力度，5月至10月，以接近每天一篇的高频率刊发近150篇“新论语”短评，创城期间，《济宁晚报》联合微信、网站、客户端策划推出“微信上晒创城”“我为创城出点子”“征集十大不文明行为”等活动。

【弘扬优秀传统文化报道】 《济宁日报·文化周末2016阅读精选》结集出版。《济宁晚报》策划出版“春秋周刊”，开设“匠人匠心”“山水记”“济宁印记”“济宁创作”“汉字传奇”等栏目，向本土知名文化学者约稿、开专栏，邀请本地知名学者做客“周末大讲堂”。2017年，共有27件作品在各级评选中获奖。其中，记者张彦彦撰写的通讯《群众线上“下单”干部线下“跑腿”》获省新闻奖一等奖；孙逊、张彦彦的作品分别获得省新闻奖二等奖、省市地报新闻奖一等奖。在报社承办的省市地报第24届好专版好专栏评选中，报社共有15件作品获奖，其中4件作品获得一等奖。

【创收工作】 9、10月陆续推出“四海乘风 仁和天下”孔子文化节特刊、“砥砺奋进 铿锵前行”喜迎党的十九大特刊，实现创收200余万元。推出“诚信优秀金融品牌”“报业房产超市”“万人相亲会”“3·15济宁诚信金融单位展示”“金融微笑天使”等一系列活动，其中“金融微笑天使”活动实现创收120余万元。2017年尝试开展微信公众号托管服务，先后与市人社局、市水利局等单位合作。同时在推动政府部门出钱购买社会服务方面取得突破性进展，承办太白湖区旅游文化艺术节及开幕式演出。

【媒体融合】 市委市政府重要会议期间，东方圣城网首次应用VR技术，将大会现场展现给广大网友。孔子文化节期间，东方圣城网与《济宁晚报》实现联动，运用“云现场”直播软件，推出“码”上就看文化节，云端观祭孔大典，将文化节活动的现场报道“搬上云端”，将第一手的视频、文字、图片通过现场记者的融合采访第一时间带到读者和观众面前。祭孔大典当天，浏览量突破85万人次。十九大召开前，东方圣城网与市纪委宣传部联合开展“回眸五年历程 凝聚前进力量”大型系列访谈活动，重点围绕贯彻落实好习近平总书记系列重要讲话和中央纪委和省、市纪委全会精神，就党的十八大以来如何落实全面从严治党要求，如何履行好监督责任等进行展开，共举办29期。

（赵京军）

12月19日，济宁市第二届争当金融微笑天使颁奖盛典在声远舞台举行

旅 游

综 述

2017年，接待国内外游客6761万人次，同比增长10.24%，实现旅游消费688.07亿元，同比增长14.65%，各项经济指标位居全省前列。市旅游发展委员会荣获“全市科学发展综合考核突出进步奖”，获得全市脱贫攻坚先进集体、全市干部驻村联户工作先进单位、全市美丽乡村建设先进部门等荣誉称号。

12月8日，济宁市全域旅游发展总体规划评审会暨全域旅游示范县市创建初评会议举行

【旅游规划】 发挥《济宁市旅游发展总体规划》的引领作用，编制完成《南阳岛水上游客集散服务区概念规划》《济宁市全域旅游发展总体规划》《“东方圣地”文化旅游目的地品牌总体规划》，通过专家评审。实现旅游总规与13个专项规划的有机衔接，形成“一张蓝图、一绘到底”的全域旅游规划体系。

【基础设施建设】 “厕所革命三年计划”任务完成，争取国家级、省级旅游厕所奖补资金1922万元，完成新建、改建旅游厕所314座，济宁市连续两年被评为“全国旅游厕所革命先进市”。实施环微山湖旅游标识系统提升工程，完善旅游标识牌共计689个，在国省道安装旅游交通标识牌260块。

【项目建设】 98个项目列入全国重点旅游项目管理系统，其中在建项目93个，竣工5个，比上年底增加33个；总投资突破1000亿元，累计完成投资540.36亿元，2017年完成投资170.2亿元。其中投资额过100亿元的项目2个，30亿元至100亿元的项目8个，10亿元至30亿元的项目26个。总投资100亿元的曲阜尼山圣境项目大学堂主体结构封顶，集散中心正式启动建设。总投资18亿元的曲阜文化国际慢城引进中医药小镇等10个新业态项目。太平国家湿地公园等23个项目开工建设，全市在谈旅游项目达13个，达成合作意向21个。力推29个旅游招商项目，11个项目列入山东省旅游招商项目推荐目录。鲁西南战役纪念馆和铁道游击队红色旅游景区入选全国红色旅游“国字号”项目。曲阜尼山圣境等3个项目被列为山东省十大文化旅游目的地品牌重点招商项目。南阳古镇游客服务中心等4个项目列入省重点基础设施建设项目候选名单。曲阜尼山圣境项目列入市领导包保项目库，34个项目在全市政银企合作对接会上获得重点推介。

【新旧动能转换】 主动对接新旧动能转换发展战略，整合环微山湖生态、休闲、文化、旅游、康养资源，突出微山湖“黄金水道”功能，打造环微山湖生态休闲旅游经济带。市政府将“环微山湖生态休闲旅游经济带”列入全市新旧动能转换“10+5+1”重大工程。成立市旅游发展委员会新旧动能转换重大工程推进工作领导小组，编制《环微山湖生态休闲旅游经济带建设实施方案》，曲阜尼山圣境项目、曲阜文化国际慢城项目、环微山湖生态休闲旅游经济带项目、微山湖南阳古镇旅游综合开发项目、任城区济州古城等5个项目列入山东省新旧动能转换重大项目库。

【招商引资】 牵头成立全市文化旅游产业招商办公室，联合市文广新局、市体育局重点招引旅游特色小镇、旅游新业态、旅游综合体等12大类文化旅游开发项目。建立完善涵盖港中旅、浙江远见集团、上海绿地集团等103家大型企业集团的客商资源信息库，邀请中旅、中青旅、海航集团考察旅游资源，先后举办“2017济宁（北京）文化旅游招商恳谈会暨旅游推介会”“沪鲁一家亲互联网+济宁（上海）旅游项目推介会”“跟着孔子去游学——文化济宁走进青岛旅游推介招商会”，签订乡村旅游民宿开发等项目投资协议17份，55家媒体进行同步报道；引进北京爱奇艺等三大文旅项目，吸引北京伟光汇通集团、海南南湾三渔公司、北京东方利禾园林设计公司、光合文旅投资公司分别投资55亿元、30亿元、23亿元、14亿元建设济州古城、邹城凤凰山国际旅游度假区、济宁森林公园、太白湖青少年儿童文化旅游综合体项目。

【品牌打造】 围绕东方圣地、鲁风运河、水浒故里、黄河入海山东省四大文化旅游目的地品牌，优化升级3大系列19个主题35条线路产品，抱团营销带动消费需求，四大品牌涉及旅游区域接待游客占全市游客总量的74.6%。接待第五届世界摄影大会考察采风团，来自42个国家和地区的300多位知名摄影师齐聚曲阜拍摄作品千余幅。创新推出旅游优惠团队联票，二日游主题线路接待团队游客突破18万人次。在央视、山东卫视及十大客源地媒体投放旅游形象广告，与《中国旅游报》《中国青年报》《中国质量报》《济宁日报》合作设立旅游专版，阅读量超过35万人次。深化与“一带一路”城市旅游联盟等9大联盟的交流合作，组织重点旅游企业赴15个城市开展精准营销活动，先后参加北京国际旅游博览会等5大知名旅游博览会，签署精品线路销售代理协议42份。

【行业管理】 在山东省率先出台《关于加强旅游市场综合监管工作的实施意见》的基础上，公布24部门旅游市场综合监管责任清单，建立联动监管执法机制、旅游市场违规行为约谈制度、旅游市场监管随机抽查制度、旅游市场执法检查通报制度、诚信旅游红黑榜曝光制度。连续四年开展游客满意度第三方测评，整体游客满意度处于“满意”水平。梁山县在全市率先成立旅游警察大队，任城区基层法院设立鲁西南地区首个旅游巡回法庭。大力倡导文明旅游。建立8部门文明旅游工作联席会议制度，开展旅游系统文明城市创建“百日攻坚战”行动，成立114支文明旅游志愿者分队，发展志愿者4000余名，开展志愿服务近3万人次，国家旅游局官方微信为济宁市文明旅游志愿服务活动“点赞”。严守安全生产红线。落实汶上、泗水安全生产督导责任制，开展“大排查快整治严执法”集中行动，整改安全隐患41个。联合8部门开展春季行动、暑期整顿、秋冬会战等旅游安全生产和市场秩序大检查15次，受理游客有效投诉85件，为游客挽回经济损失9万余元。培育壮大市场主体。与海航集团初步达成战略合作意向，文旅集团组建方案征求各部门意见形成初稿，市政府与海航双方战略合作协议完成合法性审查。东方儒家花园酒店等6家饭店被评为山东省文化主题饭店，济宁市文化主题饭店数量居全省第一，曲阜青年旅行社荣膺省级智慧旅行社称号。举办学习贯彻党的十九大精神暨乡村旅游培训班及全域旅游、市场监管、智慧旅游等培训活动。对接“全国旅游监管服务平台”，为1900名导游换发电子导游证，济宁市导游陈琴琴获得第五届山东省导游大赛三等奖，全市评出省级星级导游员44人，占山东省的七分之一，其中五星级以上导游员6人，评选出60名文化济宁金牌导游，山东省旅游行业协会导游分会导游培训基地落户曲阜文化创意园。邹城择邻山庄、梁山水浒大酒店被评定为四星级饭店，济宁市四星级以上饭店总数达到10家，完成30家全市旅游接待示范单位的初审工作。

12月29日，济宁旅游联合推广启动《爱尚旅游》栏目开播暨惠民旅游卡发行仪式在济宁广播电视台演播大厅举行

【旅游新业态】 积极培育旅游新业态。探索“旅游+中医药”医养结合新模式，建设泗水万紫千红、兖州润美、山东广育堂等康养旅游示范项目。“旅游+体育”融合发展步伐加快，太白湖景区、峄山景区先后承办第七届全民健身运动会万人健步走、全国山地户外挑战赛。推进“旅游+工业”融合发展，曲阜孔府家酒业有限公司成功创建省级工业旅游示范基地，山推工业遗址记忆项目开工建设，鲁抗退城进园工业遗存项目进入规划阶段。

【旅游节会】 成功举办中国曲阜国际孔子文化节、梁山水浒文化旅游节、孟子故里（邹城）母亲文化节、汶上宝相寺太子灵踪文化节、泗水乡村风情旅游节、太白湖放鱼节、微山湖荷花节、鱼台首届龙虾节、济宁乡村旅游美食节、大运河美食节等旅游节庆活动，提高文化济宁旅游品牌知名度和影响力。

【商品开发】 为曲阜金龙阁等3家企业搭建旅游商品产学研合作平台，曲阜三宝获2017中国特色旅游商品大赛金奖、孔子像尼山万插屏获铜奖，微山荷叶生态工艺品等3大类商品入选首批“山东好礼·一城一品”旅游商品名单，济宁市旅游商品在2017全国桃木旅游商品创新设计大赛上获得金奖1个、银奖1个、铜奖3个，在第十五届山东省旅游商品创新设计大赛上获得1金、1银、3铜等13个奖项。兖州新百汇被评为山东省旅游购物街区，微山县胜地旅游开发有限公司被评定为山东省旅游商品研发基地。

【十大亮点工作】 1.中国研学旅游推广联盟在济宁成立，研学游高铁专列开进曲阜。2.率先启动旅游综合体制改革，梁山旅游警察大队、任城旅游巡回法庭挂牌成立。在全省率先完成旅游局“局改委”工作，2017年6月26日，市政府办公室印发《济宁市旅游发展委员会主要职责内设机构和人员编制规定》，成立市旅游公共服务中心，增设内设机构，增加行政事业编制。梁山县在全市率先成立旅游警察大队，任城区基层法院设立鲁西南地区首个旅游巡回法庭。与海航集团就组建济宁文化旅游集团达成合作意向。公布24部门旅游市场综合监管责任清单，建立旅游联合监管执法机制、旅游市场监管随机抽查制度。济宁市旅游行业协会完成AAAA级社团组织评定，成立饭店、景区、旅行社、导游四大分会，会员单位超过770家。创新推进旅游放管服改革，许可事项办理时限提速75%。3.“环微山湖生态休闲旅游经济带”列入全省、全市重大工程，旅游业争当新旧动能转换排头兵。4.济宁市蝉联全国旅游厕所革命先进市称号，“小厕所、大民生”提升旅游环境。5.文化旅游产业招商拉动项目建设，凤凰山国际旅游度假区等四大旅游综合体集中落户济宁。6.旅游脱贫攻坚成效显著，近万名农民借势乡村旅游走上致富路。7.《济宁市全域旅游发展总体规划》通过评审，“全景济宁、全域旅游”稳步推进。8.济宁市游客服务中心竣工，旅游公共服务能力全面提升。总投资1.7亿元的太白湖游客服务中心项目竣工，项目总建筑面积32958平方米，集游客集散、宣传咨询、景点售票、城市旅游形象展示、旅游商品展销等多功能于一体。《南阳岛水上游客集散服务区概念规划》编制完成。金乡游客集散中心建设项目被列入全国优选旅游项目名录，完成规划编制及项目立项工作。9.济宁惠民旅游卡正式发行，被列入市政府为民办十件实事，市民共享旅游业发展成果。10.全市旅游消费总额增势强劲，旅游供给迈向高质量发展阶段。

专项旅游

【研学旅游】 成功举办“中国研学旅游推广联盟成立大会”，来自16个国家和地区及近30个省市的研学旅游代表500余人参加活动，联盟秘书处设在济宁，济宁市第一次拥有国家旅游局直接指导的旅游联盟秘书处。活动期间举办千家旅行商走进山东十大旅游目的地踩线活动、济宁研学旅游推介会等一系列旅游推广活动，发布旅游歌曲《游读济宁》，与俄罗斯塔甘罗格市签署旅游合作协议，活动规模创历届孔子文化节之最。集中打造4大系列11条国学经典研学游线路产品，先后接待世纪明德千人游学团、“皖新号”800人高铁专列等大型研学游团队112个，接待研学旅游团队游客75.8万人次，较2013年底翻了一番。邹城孟庙孟府景区成功创建全国港澳青少年游学基地。微山湖国家湿地公园被评为“中国研学旅行教育实践示范基地”。曲阜三孔景区、邹城孟庙孟府景区入选第一批“全国中小学生研学实践教育基地”。

【乡村旅游】 推进市政府出台《济宁市乡村旅游提档升级工作方案》。全市开展各类乡村旅游节会活动150个，接待游客940万人次，实现旅游收入近10亿元；154个旅游特色村接待游客1893万人次，实现营业收入7.27亿元。泗水等闲谷艺术粮仓入选“中国乡村旅游创客示范基地”，济宁市国家级乡村游创客基地数量全省第一。荣评省级旅游强乡镇7个、旅游特色村48个、农业旅游示范点24个、精品采摘园18个、开心农场2个、精品民宿5家。曲阜尼山圣地小镇获批全国特色小镇，省级特色小镇数量突破7家，邹城中心店草莓小镇等3个小镇被列入重点旅游推荐项目。金乡县化雨镇化南村等6个村入选省级第四批传统村落。泗水泉林镇康健生态园区等7个项目被评为山东省休闲农业和乡村旅游示范单位。创建生态文化旅游村20个、省级畜牧旅游示范区5处。组织102名乡村旅游带头人赴境外精准交流，引导220家乡村旅游点入驻八喜旅游网电商平台，交易额名列山东省前茅。

【旅游扶贫】 推进旅游脱贫攻坚五大工程，35个省级旅游扶贫村3919户建档立卡贫困户9684人脱贫致富。累计获得国家、省旅游扶贫资金2655.65万元，吸引社会资本投入超过4000万元。为10个村争取省旅游发展专项资金扶持，每村获得资金30万元；为6个村争取省特色产业基金支持，每村获得资金100万元。命名市级旅游扶贫示范村52个，微山县成立山东省首个第一书记旅游扶贫创新联盟。引导成立31个乡村旅游专业合作社，旅游脱贫攻坚帮扶村全部明确帮扶企业，细化帮扶措施。微山县里张阿村、泗水县南仲都村旅游扶贫项目持续发挥示范作用，涌现出太白湖景区、青山景区利用扶持资金发展旅游项目、向贫困户分红等先进典型。

【智慧旅游】 智慧旅游十大系统建设扎实推进，旅游公共服务中心实现旅游应急指挥功能，受理旅游咨询、投诉服务3万余人次。15个景区成功接入旅游产业运行监测与应急指挥平台，6个景区完成监控设备整体上线，9个景区实现无线WiFi全覆盖，安装多媒体触摸一体机109台，泗水万紫千红度假区、水泊梁山景区实现户外LED大屏无间断宣传。智慧旅游在线商城实现门票、酒店一站式预定功能，点击率突破7.9万人次。微博粉丝达到74.2万，搜狐新闻客户端总阅读量达到551.7万，微信公众账号入选山东政务微信前50强，济宁旅游官方微博连续三年荣获"最具影响力山东旅游系统政务微博"称号，头条号"济宁旅游"荣获"山东最具影响力旅游头条号"称号。发起成立"济宁市旅游新媒体联盟"，打造全方位、立体化旅游新媒体传播合作交流平台。同程网济宁旅游旗舰店总浏览量突破235万。Facebook脸书、Twitter推特、Instagram照片墙、Youtube优兔四大海外平台济宁旅游账户浏览量突破9.8万人次。"文化济宁17游"微信宣传活动带动点击量66万人次，"名导带你游济宁——大V直播"活动吸引近970万人观看，曲阜三孔景区直播位列全国热门直播排行榜第四位。

【惠民旅游】 正式发行济宁惠民旅游卡，原有济宁旅游一卡通全面升级为惠民旅游卡，从25个景区覆盖到济宁市所有A级景区和重要乡村旅游点，取消原卡"五一""十一"无法使用限制，市民100元购卡可在一年内不限次数游览全市100多个A级景区，拓展住宿、餐饮、购物等附加旅游服务功能。创新发行方式，实现网上销售、扫码验票、各县（市、区）发卡便民网点全覆盖。工程被纳入2018年市政府为民办实事之一。5·19中国旅游日及贺年会期间，26个A级景区推出门票优惠政策，16个A级景区免费开放，让利395万元。

景区简介

【概况】 旅游行业共有济宁市旅游行业协会、济宁市烹饪餐饮协会2家社团组织。市旅游行业协会完成4A级社团组织评定，成立旅游饭店分会、景区分会、旅行社分会、导游分会，会员单位超过770家，组建旅游诚信企业联盟，评选16家诚信旅游示范单位。

2017年，微山湖创建AAAAA级景区完成景观质量验收风光片等评审材料，兖州兴隆文化园、邹城荒王陵成功创建国家AAAA级景区，全市AAAA级以上景区达到16家；新增AAA级景区15家，A级景区达到119家。

（王　晖）

济宁市县区情况一览表

表-1

县市区	序号	景区名称	等级
任城区	1	南池景区	AAAA
	2	顺河东大寺	AAA
	3	济宁人民公园·太白楼景区	AAA
	4	济宁博物馆·崇觉寺景区	AAA
	5	四季牡丹生态园	AAA
	6	青华洞景区	AA
	7	鹿鸣岛	AA
	8	水木童话	AA
兖州区	9	兖州兴隆文化园	AAAA
	10	兖州博物馆	AAA
	11	兖矿集团兴隆庄煤矿	AAA
	12	滨阳古驿乡村旅游景区	AAA
	13	小孟镇孟里老家	AAA
	14	成长湾儿童独立世界	AAA
	15	新驿镇顿丘游园景区	AAA
	16	渔夫农庄生态旅游区	AAA
	17	小孟镇壹亩田生态庄园景区	AA
	18	小孟镇和谐湖景区	AA
	19	大安镇长条井文化旅游景区	AA

续表

县市区	序号	景区名称	等级
曲阜市	20	曲阜明故城(三孔)旅游区	AAAAA
	21	曲阜孔子六艺城	AAAA
	22	尼山孔庙及书院景区	AAAA
	23	曲阜石门山绿色休闲风景区	AAAA
	24	曲阜颜庙景区	AAA
	25	曲阜周公庙	AAA
	26	曲阜寿丘少昊陵	AAA
	27	九仙山风景区	AAA
	28	孔子文化园	AAA
	29	曲阜蓼河十里儒家文化旅游景观带景区	AAA
	30	曲阜孔子研究院	AAA
	31	曲阜圆觉山景区	AAA
	32	曲阜银府生态文化园	AAA
	33	山东儒源儒家文化体验基地	AAA
	34	葫芦套民俗风景区	AAA
	35	仙河花海生态乐园	AAA
泗水县	36	泗水万紫千红生态养生旅游区	AAAA
	37	泗水滨景区	AAA
	38	泗水县青龙山森林公园	AAA
	39	泗水圣源湖公园	AAA
	40	泗水圣地桃园 王家庄民俗旅游区	AAA
	41	泗水县安山寺景区	AAA
	42	泗水泉林泉群自然风景区	AAA
	43	泗水县凤仙山景区	AAA
	44	泗水龙门山	AA
	45	南仲都农业旅游观光园	AA
	46	蒺藜沟生态养生度假村	AA
	47	姜家村太公湖景区	AA
	48	泗水民俗游乐园	AA
邹城市	49	邹城峄山风景旅游区	AAAA
	50	孟庙孟府景区	AAAA
	51	邹城荒王陵管理所	AAAA
	52	邹城博物馆	AAA
	53	邹城规划展览馆	AAA
	54	铁山公园景区	AAA

续表

县市区	序号	景区名称	等级
邹城市	55	凤凰山景区	AAA
	56	邹城市蓝陵桃花源	AAA
	57	中心店镇草莓生态观光园	AAA
	58	五宝庵山景区	AAA
	59	上九山景区	AAA
	60	护驾山景区	AAA
	61	绿鑫春生态庄园	AAA
	62	三仙山景区	AAA
	63	峄山梦幻海洋水世界	AAA
	64	邹城市鸿山景区	AAA
	65	邹城尼山红色旅游教育基地	AAA
	66	狼舞山景区	AA
	67	梨杭景区	AA
	68	越峰山景区	AA
	69	金钢山酒文化旅游区	AA
	70	堃茂现代农业风情园	AA
	71	石鼓墩景区	AA
	72	峄山邹鲁农业公园	AA
	73	上磨石岭民俗村	AA
	74	山东穆仙洞观光园	AA
	75	王屈核桃乐园	AA
微山县	76	微山湖旅游区	AAAA
	77	微山县东大农业园	AAA
鱼台县	78	太公庙景区	AAA
	79	五里三贤景区	AA
	80	旧城海子景区	AA
	81	印象永安旅游景区	AA
金乡县	82	羊山古镇军事旅游区	AAAA
	83	金济河奎星湖风景区	AAA
	84	金乡金水湖旅游区	AAA
	85	金乡县真武庙景区	AAA
	86	金乡县山前胡庄民俗村风景区	AAA
	87	金乡县金山公园	AAA
	88	王小山景区	AA

续表

县市区	序号	景区名称	等级
嘉祥县	89	曾庙景区	AAA
	90	青山景区	AAA
	91	武氏祠景区	AAA
	92	萌山公园景区	AAA
	93	九顶山中国养生城	AAA
	94	云泊湾湿地庄园	AAA
	95	嘉祥县岳飞纪念馆	AAA
汶上县	96	宝相寺景区	AAAA
	97	莲花湖湿地景区	AAAA
	98	南旺枢纽遗址考古公园	AAA
	99	关帝庙景区	AAA
	100	文庙景区	AAA
	101	金沙滩乐园	AA
	102	郭尚书林景区	AA
	103	昙山风景区	AA
	104	古城村	AA
	105	刘氏家祠	A
梁山县	106	梁山旅游风景区	AAAA
	107	梁山水浒酒文化体验馆景区	AAA
	108	贾堌堆农家寨景区	AAA
	109	梁山歼灭战遗址纪念园	AA
太白湖新区	110	太白湖景区	AAAA
	111	济宁城市展示馆	AAA
	112	五彩万象城游乐园	AAA
	113	天工园景区	AAA
	114	岁耕园	AA
	115	济宁体育中心	AA
	116	济宁南阳湖休闲农业度假区	AA
	117	香樟园酒店	AA
高新区	118	蓼河景区	AAA
	119	济宁科技馆	AAA

财政·税务

财　政

【概况】 2017年，全市一般公共预算收入385.7亿元，完成预算的99.7%，相同口径增长3%；一般公共预算支出569.7亿元，完成预算的104.7%，增长2.5%。其中，市级一般公共预算收入69.1亿元，完成预算的101.8%，相同口径下降1.1%；市级一般公共预算支出105.6亿元，完成预算的109%，下降0.5%。

【支持经济转型发展】 加大园区专项奖补力度，支持园区基础设施、公共服务和双创平台建设。市级统筹产业发展、科技创新、技术改造等各类资金近5亿元，集中扶持实体经济发展的关键环节，推动工业转型升级、现代服务业和中小微企业发展。市级投入都市区融合发展及县域经济发展资金9.9亿元，加快城乡一体化协调发展。制定出台进一步推广运用PPP模式的实施意见、市级PPP项目操作流程等规章制度，完善工作机制，规范推进PPP项目实施。全市共储备PPP项目109个，落地开工项目43个，总投资650亿元，入选国家和省级示范项目21个，获得省级以上奖补资金7221万元，PPP工作走在全省前列，被国务院授予“推广政府和社会资本合作（PPP）模式成效明显地市”，也是全省唯一受到表扬激励的地级市。

【统筹县域经济发展】 出台加快农业转移人口市民化若干财政政策的实施方案，制定支持农业转移人口子女平等接受教育、将农业转移人口纳入就业服务和住房保障体系、完善城乡基本医疗保障和养老保障体系等15项具体政策措施，统筹推进县域基本公共服务均等化。拨付县（市、区）各类转移支付资金161亿元，相当于县域财政收入的50.9%。有关县（市、区）被列入国家首批现代农业产业园项目试点县、全国首批农业大灾保险试点县、国家畜禽粪污资源化利用重点县、省级“乡村连片治理”试点县。

【财政增收节支】 坚持稳增长和优结构并重，注重上下配合联动，逐级压实征管责任，加大综合治税力度，组织开展会计信息质量检查，强化重点行业税收挖潜，全市税收完成267亿元，增长7.5%，税收占比69.2%，较上年提高3.2个百分点。全市争取到位上级各类转移支付174亿元，占全市一般公共预算支出的30.5%。争取置换债券资金112.5亿元、新增政府债务限额53.9亿元。强化预算约束和源头管控，引导各方面厉行节约、精打细算，连续四年在预算编制阶段确保“三公”经费只减不增，2017年市本级“三公”经费预算较上年压减27%。

【保障改善民生】 全市民生相关领域支出449.5亿元，占支出的78.9%。教育方面，全市投入131亿元，支持城乡义务教育公用经费保障、教育“大班额”整治、“全面改薄”、困难学生资助体系建设。社保方面，全市投入64.6亿元，提高城乡低保、居民医疗和养老保险补助标准，落实就业带动创业扶持政策，推动大众创业、万众创新。医疗卫生方面，全市投入64.4亿元，提高基本公共卫生服务财政补助标准，重点支持城市公立医院改革、医疗卫生事业发展。城乡社区事务方面，全市投入57.4亿元，支持文明城市创建、农村改厕、煤改气、煤改电，推进城乡环卫一体化建设。农林水事务方面，全市投入60.3亿元，加快现代农业发展，支持泗河综合开发、国家森林城市创建，实施农村饮水安全工程。住房保障方面，全市投入14亿元，支持保障性安居工程、农村危房改造、公共租赁住房建设，撬动社会资本加快棚户区改造。扶贫开发方面，全市多方筹措专项扶贫资金2.9亿元，支持精准扶贫、精准脱贫，如期实现脱贫攻坚目标。

【财政管理改革】 创新开展“财政效能提升年”活动，绩效为先深化预算管理、国库集中支付、部门预算等系列改革，加快建立现代财政制度。实行存量资金定期清理机制，市级盘活存量资金4.3亿元。将2017年部门预算中的发展类项目全部纳入绩效目标管理范围，对科技、经信等28个部门近三年54个财政投资项目逐一开展绩效评价“回头看”，强化绩效评价结果运用。组织开展市直行政事业单位国有资产收入和“小金库”专项检查，同步强化问题整改，加强会计人员业务培训。严格规范政府举债融资，大力推进政府融资担保和政府购买服务清理整改，建立债务风险应急处置机制，加快存量政府债务置换，有效防控债务风险。

（市财政局）

住房公积金管理

【概况】 2017年，全市住房公积金归集额达65.58亿元，提取住房公积金45.16亿元，为18171户家庭发放住房公积金贷款及贴息贷款合计56.6亿元，实现增值收益3.04亿元。截至年底，全市累计住房公积金提取、贷款、归集分别突破200亿、300亿、400亿大关，增值收益累计突破20亿元，提供廉租住房建设补充资金突破10亿元。

【归集扩面】 开展政策宣传活动。创新宣传形式，利用多种新闻媒介发布住房公积金工作动态，广泛开展户外宣传。组织开展三场主题为《住房公积金 圆您安居梦》的广场宣传活动，提高住房公积金社会认知度和知晓率。扩大制度覆盖范围。出台《济宁市个体工商户、自由职业者住房公积金缴存管理暂行办法》，在全省率先将个人纳入住房公积金制度覆盖范围。为个体工商户、自由职业者及具有稳定劳动关系的农民工开通缴存住房公积金"绿色通道"，拓宽住房公积金受益面。推进行政事业单位提比例。曲阜、鱼台、金乡、嘉祥、汶上、梁山6个县（市）将行政事业单位住房公积金缴存比例提高至12%。

【风险防控】 防范廉政风险。围绕党风廉政建设"一四二三"工作思路，构建党风廉政建设整体工作布局。强化制度建设，打造规范化、制度化、标准化、系统化的"四化"管理体系，综合推进自我监督、部门监督和群众监督，强化思想建设和学习教育，创建"阳光公积金、清廉惠民生"文化品牌，组织各项廉政教育和警示教育活动。打击骗提骗贷行为。在全系统开展打击骗提骗贷专项检查活动。严格执行诚信黑名单制度。出台《诚信黑名单实施细则》，将核查证实为骗提骗贷的单位和个人纳入诚信黑名单管理。

【放管服改革】 修订完善权力清单和责任清单，优化公共服务事项，精简审批流程，缩短审批时限、减少证明材料。印发住房公积金归集、提取、贷款、财务业务操作规程，规范住房公积金业务管理。优化业务流程，修改后的业务流程初步简化3种，提取材料简化8个，贷款申请所需复印材料精简112页。开展"减证便民"梳理工作，梳理住房公积金业务办理需要的证明事项，精简8项证明材料。优化归集、提取业务审批流程，全面实现归集、提取业务"最多跑一次"。设立个贷审批中心，整合中心、银行、房产交易、不动产等部门，提供贷款审批"一条龙""一站式"服务。

【服务提升】 加快服务场所建设。截至2017年年底，济宁市各县（市、区）均具有独立的服务场所。城区按照"东西南北中"的网点布局，规划建设5处服务网点，服务场所建设工作走在全省前列。加快"智慧公积金"建设。协调民政、人社、公安、住建等部门建立"大数据"平台，实现与婚姻、殡葬、社保、户籍、住房信息等数据的互联互通。开展官方网站、网上服务大厅、短信平台、微信、微博等多种信息化服务渠道，创新信息查询和业务办理模式。规范服务行为。设计行业标志、规范大厅建设、制定文明标准，多项创新性工作在全省得到推广。实行周六工作制、延时服务、预约服务、上门服务等便民服务措施，进一步提升服务效能。

（市住房公积金管理中心）

国　税

全年共组织税收收入292.2亿元，市县级收入完成120.5亿元。

【纳税服务】 严格落实国家税务总局和省国税局工作要求，对12类100余项税收业务实施简并操作，精简各类报送资料336件，减幅46%。全市14县（市、区）全部实现国地税联合办税。税务登记、发票办理、申报征收等纳税人常办事项全部实现网上全流程办理，全市网上办税业务量占比突破68%。加大自主办税投入力度，建成自助办税场所22处，增加自助办

济宁市国税局开展"春风便民"办税辅导活动

税设备200多台。拓展第三方代办，设立发票代开点95个，代开业务量比例达到61%。全市网上办税、自助办税、第三方代办业务结构占比突破82%。市国税局与全市26家银行等金融机构签订合作协议，实现“银税互动”在全市税务系统与银行业的全覆盖，帮助纳税人降低融资成本，推动新兴业态转型提档升级，扶持企业壮大发展。

【税收改革】 按照省国税局确定的税收征管改革方向和原则，结合济宁实际，先期选择任城区、鱼台县国税局作为试点单位开展改革探索。改变原来分局属地管理的模式，实行“税源基础管理+风险专业应对+纳税服务优化”的方式，利用国税部门“信息化、大数据”的优势，拿出一个分局作为基础管理局对全县（市、区）的纳税人进行统一管理，剩余分局作为风险应对局，分别应对不同风险等级的纳税人，使更多的征管资源充实到税源管理、纳税服务一线，将优质资源优先应对税收风险集中度高的纳税人。

（杨　林）

地　税

【概况】 全年共完成各项收入212.56亿元，增长15.1%，其中市县级税收147.02亿元，增长2.32%。剔除营改增因素，市县级税收占总收入的比重69.17%，提高7.27个百分点，市县级税收占地方财政收入的比重为38.12%，提高1.37个百分点，全市财政收入结构持续优化。

【创新服务】 对国务院6项减税政策、支持退役士兵创业就业、大众创业万众创新等税收优惠政策一竿子落到底，依法减免35亿元，其中研发费加计扣除2.86亿元，高新技术企业减免9162.05万元，小型微利企业减免3203.78万元，支持供给侧结构性改革和新旧动能转换。推进“放管服”改革，研究制定28项具体落实措施，推进“五证合一、一照一码”和个体工商户“两证整合”，国地税联合共建10个办税服务厅全部实现“一窗全办”。提请市政府印发《提升三项能力助推便民办税春风行动实施意见》，把“便民办税”打造成政府“为民办事”样板，有关做法在《新华社高管信息》头版头条刊发。召开全市“一带一路”企业座谈会，服务“走出去”企业发展。开展纳税人不满意度调查工作，回收问卷24641份，以问题为导向优化改进服务，树立济宁地税服务品牌。开发智能终端缴税支付系统，通过微信、支付宝缴税，“智慧税务”建设快速推进。与26家市级银行签订“银税合作协议”，3182户中小微企业通过纳税信用获取金融授信3.56亿元。

【税收征管执法】 落实煤炭资源税从价计征改革，煤炭开采业完成税收收入81.78亿元，增长96.49%，税收占比达41.04%。推进“绿色税制”改革，深入1160户企业开展税源调查，做好水资源税、环境保护税开征准备工作。开展“税收征管基础建设年”活动，通过“三项普查”，普查户籍基础信息16.12万户、房产土地税源信息7.23万户、全员全额明细申报12.22万户暨12万元以上高收入个人1.7万人，对21.47万条异常数据进行整改，增加税收8850万元。清理欠税防范风险，市县两级公告欠税1262户次、3.6亿元，通过税收保全强制清欠2.56亿元。组建风险管理团队，在市中分局试点构建税收一体化工作机制，实施风险应对2225户，入库税款9.07亿元。开展税收专项检查增加税收1.42亿元，企业自查补税4.43亿元。依托财政综合治税第三方信息智能应用平台采集信息26万条，入库税款4000余万元。运用互联网获取国土部门未批先占农用地处罚信息110余条，入库税款1200万元。对关联企业融通资金开展反避税调查，一次性入库税款3177万元，填补国内空白。实施税收执法全过程记录、重大执法决定法制审核、“首违不罚”、税收代位权制度，3个县局被评为“山东税务法治基地”，数量居全省第一。创新税收共治方式，通过完善税收保障机制、加强税警联合、与法院密切合作、联合实施信用惩戒，全社会协税护税大格局逐步形成。

（郑　雷　崔宗太）

金融·证券·保险

金　融

【概况】 **社会融资规模结构优化，直接融资比重攀升** 从广义口径看，2017年末全市金融机构实现融资总量6609.18亿元，较年初增加804.24亿元，同比多增249.24亿元。其中，可比口径贷款（表内本外币贷款和贷款出表因素）余额3494.51亿元，比年初增加380.74亿元，同比多增90.21亿元；异地贷款余额818.54亿元，比年初增加91.52亿元，同比少增26.91亿元；表外融资（传统表外融资和投资银行业务）余额1109.88亿元，比年初增加5.59亿元，同比少增1.63亿元；直接融资（企业债券融资和股票融资）余额1153.09亿元，比年初增加255.52亿元，同比多增176.58亿元。

贷款保持较快增长 全市金融机构本外币各项贷款余额3158亿元，较年初增加278.8亿元，增长9.7%，同比多增123.3亿元，增速同比提高4个百分点。从近五年贷款增长形势看，2013—2017年各项贷款较年初分别增加281.8亿元、286.5亿元、160.8亿元、155.5亿元和278.8亿元，增幅分别为14.2%、12.6%、6.3%、5.7%和9.7%，在2016年增量和增幅均出现近五年最低点后，2017年开始反弹，增量和增幅均有明显增加。受个人住房贷款拉动，住户存款保持稳步增长态势。年末，全市金融机构本外币住户贷款余额919.5亿元，比年初增加176.8亿元，同比多增116.6亿元，增长23.8%，增速同比提高15个百分点。分用途看，个人消费贷款支撑住户贷款快速增长。年末，住户消费贷款余额614.4亿元，比年初增加175.1亿元，同比多增104.1亿元，增长39.8%，比住户贷款增速高16个百分点。个人住房贷款增长迅速是拉动个人消费贷款增长的主要原因。年末，全市金融机构个人住房贷款余额为484.8亿元，比年初增加115.9亿元，增长31.4%，增量占全部住户贷款增量的65.6%。住户经营贷款余额305.1亿元，比年初增加1.7亿元，增长0.6%。非金融企业及机关团体贷款波动增长，波动幅度较以往有所下降。年末，全市金融机构非金融企业及机关团体贷款余额2238.5亿元，比年初增加102亿元，同比多增6.7亿元，增长4.8%，增速同比提高0.1个百分点。分期限看，短期贷款震荡稳步增加。年末短期贷款余额1210.7亿元，比年初增加81.3亿元，同比多增121.2亿元，增长7.2%，增速同比提高10.6个百分点。中长期贷款增长同比减少较多。年末中长期贷款余额863.2亿元，比年初增加53.2亿元，同比少增39.9亿元，增长6.6%，增速同比下降6.4个百分点。

信贷资源重点投向供给侧改革领域 增加对农业尤其是现代农业的信贷支持，推进农业供给侧改革。2017年末全市涉农贷款余额1529.2亿元，比年初增加76.4亿元，同比多增41.7亿元，增长5.3%，增速同比提高3个百分点。持续加大对工业转型升级信贷支持，贯彻“加快制造业强市”发展理念。坚持“工业强市”定位，增加制造业贷款投放，年末制造业贷款余额654.2亿元，比年初增加2.7亿元。落实供给侧改革要求，推动煤炭行业转型升级。年末采矿行业贷款余额432.5亿元，比年初增加12.5亿元。推动新动能稳步成长，引导金融机构加大支持力度。服务业新经济提速发展，年末全市服务业贷款余额为747.6亿元，比年初增加73.2亿元，增长10.9%，高于各项贷款增速1.2个百分点。重点支持领域实现较快发展。九大新旧动能转换重点领域（高端装备制造、高端化工产业、现代信息产业、高端能源资源、海洋经济、生态农业、文化教育、旅游业和医养健康）年末贷款余额为165.2亿元，比年初增加32.4亿元。

各项存款平稳增长 年末全市金融机构本外币各项存款余额5021.6亿元，比年初增加409.4亿元，同比少增104.3亿元，增长8.9%，增速同比降低3.6个百分点。分细项看，住户存款快速增长，增幅同比小幅下降。年末全市金融机构本外币住户存款余额3065.7亿元，比年初增加261.8亿元，同比少增80.8亿元，增长9.3%，增速同比降低4.6个百分点。非金融企业存款增长缓慢，活期存款与定期存款“此消彼长”态势突出。年末全市金融机构本外币非金融企业存款余额1282.8亿元，比年初增加71.8亿元，同比少增63.8亿元，增长5.9%，增速同比降低6.7个百分点。从非金融企业存款类型看，活期化趋势明显，活期存款比年初增加65.7亿元，增长12.7%，增速同比降低9.5个百分点，定期及其他存款比年初增加6.1亿元，增长0.9个百分点，增速同比降低5.5个百分点。

【中国人民银行济宁市中心支行】

2017年，人民银行济宁市中心支行四个专业被表彰为总行级先进集体，被市委市政府授予“支持地方经济发展突出贡献单位”“群众满意先进单位”荣誉称号。

稳健货币政策 年内为辖区17家金融机构争取再贷款授信额度47.2亿元，同比增加31.7%，对1家金融机构发放扶贫再贷款0.12亿元，对1家金融机构发放支农再贷款0.2亿元，共对2家金融机构发放支小再贷款10.4亿元。办理再贴现419笔、金额

18.1亿元，同比多增4亿元，对5家法人机构办理常备借贷便利12笔、金额35.4亿元。创新金融服务供给侧结构性改革方式。制定出台《关于金融支持制造强市建设的实施方案》，精准支持济宁制造业突破瓶颈、补齐短板、转型升级。作为山东省首批试点单位，建立金融顾问服务团工作机制，先后在山推、曲阜等举办金融顾问服务现场对接活动，累计服务企业68家，新增授信36.8亿元，发放贷款13.4亿元。推进重点领域金融改革。助推脱贫攻坚，对5.5万名贫困人口全部建立精准扶贫金融服务档案，摸底434家生产经营主体融资需求12.2亿元，成功对接8亿元。探索扶贫信贷和服务方式创新，打造“产业+金融+扶贫”“1+N+M”等特色发展模式，在嘉祥、邹城开展金融扶贫示范村、示范镇建设，全市各金融机构累计发放金融精准扶贫贷款29.4亿元，比年初增加15.2亿元，增长107%。推进农房抵押贷款试点，制定印发《汶上县农民住房财产权抵押贷款增量扩面“百日攻坚”活动实施办法》，加快推进确权颁证和农房“两证合一”工作。

金融稳定 统筹规划，推进存款保险制度实施。制定出台《2017年存款保险评级工作实施方案》，构建“事前集中培训、事中分组审核、事后统一复核”三道防线，高效完成辖内25家法人投保机构风险评级工作。完善监测预警体系，积极防范化解金融风险。制定《全市金融稳定网格化监测管理制度》，以市县两级人行、市县两级金融机构为监测主体，实现金融风险监测全覆盖。建立企业风险化解工作机制，成立金融风险处置领导小组，统筹协调人民银行职责范围内的风险化解处置工作。

金融管理服务 开展打击银行卡非法买卖和电信网络诈骗专项行动，加大支付服务市场监督力度，全面摸底排查辖区违规从事“聚合支付”和“微盘账户”业务情况。建立“侦查机关——人民银行——报送机构”三位一体可疑线索综合分析机制，指导金融机构识破并堵截金融诈骗案件15起，避免资金损失300余万元。统筹推进普惠金融工作开展。创刊编发《普惠工作简报》8期，省内率先将普惠金融纳入综合评价体系。作为全省三家试点县（市）之一，邹城市普惠金融综合示范区建设走在全省前列，在金融服务覆盖面、可得性、便利化程度等各方面取得突破进展。采用联网形式调整银行机构取现模式，有效降低现金支票领用、保管、使用风险。对大小额支付系统、网上支付跨行清算系统、全国支票影像交换系统、同城清算系统开展全面风险评估。科技服务保障能力明显增强。推进金融IC卡发卡，全市金融IC卡发卡行达到33家，发卡总量1900万张，较年初增长17.5%。加快推进金融IC卡多领域应用，全市1414辆城际公交车全面实现金融IC卡闪付乘车，完成闪付交易15万笔。开展金融IC卡非接支付惠民便民活动，全市21万人次享受闪付优惠65万元。以打造“首善之区·信用济宁”为目标，全年累计采集小微企业信用信息数据47.8万条，其中司法、环保、食品药品监管等部门红黑榜信息3.4万余条。全面开展农村经营主体信息采集工作，共采集8.6万余户48余万条农户信用信息。

风险防范工作 制定《跨境资金流动监测和约谈工作实施方案》，构建“1+1+2”三级联动、四位一体的监测约谈工作模式，累计监测企业177家，约谈企业22家，发现异常情况银行企业10家，其中3家企业降低为B类。落实全口径跨境融资宏观审慎管理政策，推进跨国公司外汇资金集中运营工作，指导辖区内企业利用跨国公司外汇资金集中运营管理试点政策归集资金5.9亿美元，节约企业财务成本1.1亿元人民币。成立济宁市跨境人民币业务宣讲团，在全市9个县（市、区）开展宣讲活动，覆盖86家银行机构和205家涉外企业。严格按照“真实+必须”的最终用途原则控制跨境人民币支付，对境外放款业务实行本外币一体化的宏观审慎管理，有效阻止不合理资金流出20.4亿元。

（朱自强　田　艳）

【银行业监督管理】 2017年年末，全市银行业本外币各项存款余额4989.19亿元，较年初增长402.22亿元，增速高于全省平均2.06个百分点，存款余额和增量均居全省第5位；各项贷款余额3022.73亿元，较年初增长150.71亿元，贷款余额和增量分别居全省第7位和第11位。

支持实体经济 发挥监管引领作用，制定《银行业支持济宁市新旧动能转换重大工程工作实施方案》，引导走访对接新旧动能转换重大项目109家次，实际融资额37.53亿元。强化薄弱领域金融服务，督导银行业创新“税易贷”“企业流动资金贷款”等小微银税专属产品，开展小微金融“四个一”活动，年末小微企业贷款余额522.54亿元，较年初增长10.89%。推进“增提创”主题年活动，累计走访项目企业2851家次，授信总额较走访前增加338.13亿元，实际融资余额增加260.89亿元。落实分类分策金融服务要求，优先类、鼓励类、支持类企业融资较年初增加159.69亿元。

防范银行业风险 成立企业信用风险防控领导小组，班子成员对重点关注企业包保到人，累计走访企业20余家。强化77家债委会作用，召开债权人委员会12次。加大不良资产处置进度，截至12月末，辖区银行业累计处置不良贷款90.45亿元，不良贷款率4.06%，在全省排名较年初下降3个位次。

丰富服务体系 宣传全市金融发展优势，支持光大银行、平安银行、青岛银行济宁分行开业，丰富金融服务体系。引导辖区银行机构下沉服务网点，支持中小商业银行5家县域支行开业，村镇银行向乡镇延伸11家分支机构，普惠金融服务覆盖面持续扩大。督导济宁银行、村镇银行等法人银行机构配齐配强领导班子，解决“三长”兼职缺位问题，法人机构公司治理架构逐步健全，经营发展基础更为稳固。

（郭　伟　王　娅）

【中国农业银行股份有限公司济宁分行】 （以下简称济宁农行），辖属分支机构122个，其中1个市行级营业部，14个支行级营业部，29个二级支行，79个分理处，在职员工2200人。2017年年末，各项存款余额726.47亿元，比上年增加49.21亿元，四大行增量占比50.95%，存量、增量均居四大行第1位；各项贷款余额396.71亿元，比上年增加39.99亿元，四大行增量占比52.27%，存量、增量分别居四大行第2位和第1位。获中央金融团工委"银团合作"优秀派出机构、济宁市"书香企业"等称号。

服务地方经济 向上级行争取信贷政策和信贷规模，支持济宁市重点企业和政府购买服务、PPP、棚改、基础设施建设等融资项目，累计发放项日贷款22.74亿元。创新产品和服务，满足企业多元化的融资需求，为兖矿集团、兖州煤业等骨干企业承销发行债务融资工具50亿元。紧跟房地产"去库存"政策导向，坚持住房贷款主体地位，合理配置信贷资源，满足市民住房需求，净增个人贷款21.2亿元。

服务"三农" 推进涉农大项目营销，新增县域贷款34.07亿元，同比多增30.9亿元，增量占全部贷款的85.2%，其中，发放政府购买服务项目14个，贷款金额达到15.44亿元，超过去三年投放总额。农户贷款转型发展步伐加快，新增贷款2.62亿元，农户不良余额减少635万元，不良率下降1.12个百分点，实现质效双提升。农户网络融资顺利破题，2个支行成功发放金穗快农贷5笔，是山东省农行系统内第二个实现突破的分行。截至2017年年末，全行涉农贷款余额229.17亿元，较年初增加25.07亿元，增速高于全行贷款平均增速1.5个百分点。

化解信用风险 强化与政府、监管部门和企业的沟通联系，化解信用风险。累计处置不良贷款8.37亿元，其中，自主清收3.04亿元，呆账核销3.61亿元，核销后贷款清收5582万元。

【中国建设银行股份有限公司济宁分行】 辖属21家支行，共有63个网点，其中市区30个（含兖州8个），县区33个，有在岗员工1506人。2017年年末，一般性存款余额457.94亿元，较年初新增15.51亿元；各项贷款余额284.36亿元，较年初增加21.53亿元。

服务实体经济 全年为全市大中型企业以及棚户区改造、PPP、文化、水利、医院、养老等重点民生项目累计融资201.21亿元，其中，新型融资56.21亿元。储备重点项目贷款20个、金额127亿元。与济宁市国地税探索银税互动合作发展新模式，将"五贷一透""小微快贷"等大数据产品作为解决小企业融资难、融资贵的拳头产品，累计为1000多家小微企业提供近15亿元的信贷支持，小微企业贷款完成"三个不低于"目标。

农村金融服务 用产品延伸服务网络，与烟草经销商、供销社合作，布放助农POS。截至2017年年底，助农取款点达到377个，裕农通普惠金融服务点拓展101个，覆盖所有县（市、区）。结合精准扶贫工作要求和分行网点发展规划，分别在泗水、汶上增设1个网点、1个普惠金融网点；制定《中国建设银行济宁分行在邹城栗子园村抓党建促脱贫攻坚工作实施方案》，积极发挥驻村"第一书记"精准扶贫作用。

普惠金融服务 推进住房贷款、快贷、信用卡分期等普惠金融业务发展，全年累计发放个人贷款41.33亿元。推进智能化网点建设，加强智慧柜员机等新型自助设备的推广应用，打造一批服务与业绩俱佳、带动整体服务品质提档升级示范网点。推进"互联网+医疗"，采用手机APP软件，满足医院、患者、医疗管理部门的需求，解决老百姓"三长一短"的看病难题（挂号时间长、等候时间长、排队交费时间长、就诊时间短）。济宁分行"智慧医疗平台"项目作为全国建行创新项目在全国推广复制。

【中国工商银行股份有限公司济宁分行】 共有从业员工1487人，其中本科及以上学历员工占比为60%。共有76个分支机构，其中市区网点29个、县域网点47个。2017年年末，各项存款余额559亿元；各项贷款余额405亿元，居辖内同业首位；个人有效客户规模突破230万户；公司结算账户达到2.01万户。

服务实体经济 围绕先进制造业、基础设施建设、文化旅游、医疗教育等重点领域，加大信贷投放力度。累计发放项目贷款24个、39.05亿元。贯彻落实全市政银企合作对接会议精神，精准对接项目融资需求，扩大融资规模，2017年批复对接项目金额77.49亿元、累计增加对接项目贷款23.9亿元、对接项目融资余额达到35.2亿元，三项指标均稳居市内同业首位。

风险化解处置和困难企业帮扶 持续加大信用风险防范化解力度。累计清收处置不良贷款11.89亿元，其中现金清收3.44亿元、转化3.74亿元、核销4.71亿元；累计化解潜在风险贷款54户、26.99亿元，信贷资产质量趋稳。先后为177户企业、36.85亿元贷款办理再融资、展期、续贷，减轻企业融资压力。

线上线下一体化服务 成立个人信贷业务部，推进个人贷款经营模式优化，推出个人网上质押贷款、工银融e借等系列新产品。累计发放个人住房贷款58亿元，年末个人贷款余额达到130亿元，余额和增量连续四个季度稳居同业首位；累计办理分期付款14亿元，增幅36.03%。打造以网点为阵地、以互联网金融产品为平台的线上线下一体化领先服务模式，76家网点全部实现智能化，智能化设备达到345台，1家网点被中国银行业协会评定为五星级网点、2家被评定为三星级网点。转变服务理念，实施智慧银行发展战略，依托融e联、融e行、融e购三大平台及工银e支付、工银e生活、工银e缴费等线上产品，互联网金融客户规模达到178万人。

【交通银行股份有限公司济宁分行】 内设机构11个，其中市区支行（含分行营业部和兖州区）9家，县域支行2家（邹城和曲阜支行），离行式自助银行18家。员工总数301人。2017年年末，人民币各项存款余额101.7亿元，人民币各项贷款余额88.99亿元，非信贷社会融资累计投放51.1亿元；实现账面税前利润（不含减值损失）1.70亿元；不良贷款年末余额4.03亿元，占比4.52%，较年初下降0.31个百分点；上交地方税收2735万元。

支持地方经济发展 重点支持采矿业、机械行业、纺织与服装行业等，加大与优势支柱型企业的合作力度，先后与兖矿集团、如意集团、太阳纸业等企业深入合作，优化信贷结构，调整信贷投向，信贷资源重点投向本地特色优势行业。落实地区产业政策要求，依托国家服务小微、支农惠农各项政策，加强对小微企业、“三农”等实体经济服务，支持实体经济发展。2017年年末，小微企业贷款余额133380万元，较年初增加23750万元，山东交行系统排名第一。

服务重点项目 分行坚持高层领跑，对市直政府部门、区县级政府和财政、教育、医疗、交通等主管部门和系统内客户以及重点授信户等130余户进行营销，深化与国开行的业务合作，争取到大额泗河项目拆迁款资金，为兖州煤业定制理财业务20亿元，累计为太阳纸业办理贴现10亿元，与兖矿集团财务公司同业业务实现零突破，推动如意集团、广联医药蕴通账户和产业链业务。同时，类信贷业务持续取得项目突破，为如意科技集团发行10亿元中期票据业务，为邹城利民城投办理增资过桥4亿元，为兖矿集团发行永续债15亿元，推动中区城建投中票发行获总行审批。新增授信户10户，新增贷款投放11.79亿元。

提升服务质量 坚持“一个交行、一个客户”的服务理念，推行标准化、规范化、特色化服务，以客户为中心，不断提升经营能力和服务水平。实施高端客户差别化“超预期体验式”特色服务。2017年，获济宁市第二届微笑天使评比“最佳团队奖”。

【中国银行济宁分行有限公司济宁分行】 成立于1982年4月，内设部门13个，辖属网点36个，其中城区机构17个（含兖州区5个），县域机构18个，全行在岗员工886人。截至2017年年末，全行本外币各项存款余额404.23亿元，较年初新增42.22亿元，市场份额较年初提升0.68个百分点，人民币各项贷款余额260.35亿元，较年初新增13.06亿元，市场份额较年初提升0.37个百分点，四大行排名第1位。2017年，全行实现营业净收入10.91亿元，实现拨备前利润8.32亿元，实现非利息收入2.68亿元。全行不良贷款余额1.5亿元，不良率0.59%，较年初下降0.24个百分点，实现不良额、不良率双降。

资产业务发展 全年累计投放公司贷款140.87亿元；支持县域经济发展，全行县域本外币公司贷款余额82.60亿元。拓宽企业融资渠道，作为主承销商为企业累计承销短期融资券23亿元，叙做10亿元非标资产业务、1.8亿元融资租赁保理业务。完善住房金融服务，累计投放住房贷款12.72亿元，其中县域投放8.53亿元。

支持企业“走出去” 2017年，凭借中国银行全球服务网络和多元化金融平台，将国际化专业优势与企业海外布局需求紧密结合，为企业提供一揽子金融服务。共完成国际结算业务量23.24亿美元，市场份额39.52%，市场份额持续保持第一；跨境人民币结算量44.14亿元，考核口径份额28.69%。

金融服务 重点推进智能柜台建设，截至2017年年底实现36家网点智能柜台投产，网点覆盖率达100%。持续提升窗口服务质量，在2家中银协五星级服务网点基础上，加强渠道建设、优化服务流程、提升服务质量，为全市客户提供高效、便捷的优质服务。连续多年被评为“省级文明单位”和“市级文明单位”，分行营业部被评为中国银行总行级巾帼文明示范岗，职工之家被评为全国模范职工之家。助力农村金融体系建设，在全市农村设立助农服务点184个，较年初新增119个。

维护金融稳定 严格落实相关决议，不盲目抽贷、压贷、缓贷，防范金融风险蔓延，维护全市金融稳定。推动不良化解，加强风险管理，保持资产质量的基本稳定，不良率低于当地同业平均水平2.49个百分点，低于当地四大行平均水平2.2个百分点。

内部控制 采取各项措施，持续完善内部控制体系建设，实现零案件、零事故，确保合规经营。坚持从严治行不动摇，强化监督问责，消除基层机构风险隐患，堵塞漏洞；充实三道防线力量，完善内部控制构架。利用基层管控系统、风控委例会、业务连续性演练与培训、检查计划制定与执行等多种手段，构建内控案防工作机制，提升基层内控案防能力。

【中国农业发展银行济宁市分行】 是全市唯一一家国务院直属的农业政策性金融机构，成立于1996年，在岗员工252人，辖属11个县级支行，在全市11县（市、区）均有分支机构。截至2017年7月末，累计启动收购点27个、投放信贷资金7亿元、收购小麦27.9万吨。截至2017年年末，全行存量粮棉油贷款36.7亿元。认真做好扶贫贷款认定工作，全年共认定扶贫贷款9.5亿元，占贷款总额的9.4%。夏收期间，协调收购企业上门服务国定贫困人口38户、收购粮食8.46万斤，实现收入9.8万元。支持“万企帮万村”精准扶贫行动，协调太阳纸业、兖州绿源、山东百盛等企业参加省行扶贫对接会，现场捐款12万元，并与20名贫困户进行对接帮扶，实现人均年增收3000元。推动东、西部扶贫协作，促成山东如意科技集团有限公司子公司重庆三峡技术纺织有限公司与重庆万州区弹子镇人民政府签订帮扶协议，举办“扶贫专项”招聘会，扶贫成效显著。布局棚改营销。截至2017年年末，全市棚改贷款余额25.8亿元，较年初增加7.2亿元，累计发放棚改贷款9.6亿元，完成棚改贷款审批额39亿元。

【恒丰银行济宁分行】 是恒丰银行济南分行辖属二级分行，内设9个职能部室，3个营销团队，员工147人，辖属2家同城支行，3家县域支行，嘉祥支行、曲阜支行筹建中。2017年7月，获得由国家外汇管理局济宁市中心支局主办的山东省济宁市银行外汇业务自律展业成果现场展评活动三等奖。2017年年末，恒丰银行济宁分行存款达到89.92亿元，较年初增加

22.79亿元；其中储蓄存款余额为11.36亿元，较年初增加2.58亿元。存款规模跃居济宁市股份制商业银行首位。

支持实体经济发展 截至2017年9月末，累计向济宁地区中小企业投放贷款超过200亿元，支持中小企业以及小微企业超过500家，小微企业新增贷款额度位居济宁市各股份制银行前列；完善服务体系，丰富产品品种，推出“超额抵押贷”“应收账款池融资”等创新业务品种，提高服务小微企业的业务水平。履行社会责任，深入小微企业普及金融知识，讲解合法合理的融资渠道，保障小微企业的权益。

银企合作 2017年4月至10月，恒丰银行济宁分行稳步开展“增提创”进走访活动，将金融产品送到一线，打造“恒信 恒进”进走访特色品牌。截至2017年年末，共走访企业、项目、园区共45家，其中企业28家，重点项目15个，产业园区2个，为19家企业制定金融综合服务方案，贷款余额增加10.3亿元，并在新华网、网易网等大型媒体宣传进走访活动，受到监管部门肯定。

移动支付 3月推出移动收单产品“恒星付”，在借鉴传统收单风控模型的基础上，无需收单机具，支持借记卡、信用卡、支付宝、微信支付，扣率较传统pos业务下降一半以上。截至2017年12月末，累计服务商户1600余家。

【济宁银行】 截至2017年12月末，全行资产总额达到617.41亿元，上缴各类税金2.86亿余元，各项存款余额456.71亿元，各项贷款余额284.78亿元，支持中小企业1.3万余户。全行共76家分支机构，其中在菏泽、枣庄、淄博、泰安、临沂、日照设立6家分行，聊城分行筹备中；济宁县域机构网点数量已达39家，占全行机构网点的50%以上。

普惠金融建设 保持对“三农”金融业务的资源倾斜，对符合条件的“三农”贷款优先投放，满足“三农”金融业务经营发展需求。加快小微信贷产品创新，提升小微企业服务能力。健全服务机制，拓宽服务范围、完善担保方式，在传统信贷业务的基础上，开办打包贷款、出口商业发票融资、出口信用保险融资、进口开证等新型信贷产品。丰富小微贷款“微贷宝”等零售金融产品。推进金融IC卡电子现金及多行业应用的实施，提升金融IC卡非接消费能力，提升金融IC卡在民生领域的应用，济宁银行与山东省济宁交通运输集团有限公司共同对城际公交系统进行改造。

安全管理 率先在全省城商行中上线“CBUS5.0–智慧银行系统”，集约化建设智能柜员机、移动展业平台、集中授权、凭证无纸化、影像平台、信贷系统升级等业务系统，实现济宁银行对客运营系统的弯道超车，达到行业内领先水平。在中国银监会主办的信息科技风险管理课题评选中，济宁银行“智能化运维管理体系研究”课题荣获三类成果奖，该奖是山东银行业机构中的最高成果奖，也是全省城商行中唯一获此殊荣单位。

【兴业银行济宁分行】 2010年4月成立。2017年先后获得全国银行业千佳示范单位、十强金融企业、“双评”满意单位等荣誉称号。截至2017年12月末，共有员工150人，拥有分行营业部和邹城、兖州、高新区3家支行及龙城美墅、都市春天、亿丰时代广场3家社区支行，共计7个营业机构。一般性存款余额88.83亿元，比年初负增长3.4亿元；各项贷款余额103.43亿元，比年初增加15.83亿元；不良贷款余额17106.54万元，不良贷款率1.65%，较年初减少0.29个百分点。

支持地方经济发展 全年新增各类信用投放25.79亿元。争取上级行支持，以绿色金融产品为切入点，支持全市节能减排和产业升级项目。全年新增绿色金融各类融资6.52亿元，融资余额达到33亿元。推广小微金融“三剑客”、供应链金融等特色小企业业务。全年国标小微企业贷款198614.10万元，较上年新增贷款10838.09万元，累计发放小微企业101户，贷款户数142户。

普惠金融服务 强化便利性社区服务功能，通过4家传统网点、3家社区银行，为周边社区百姓提供结算、理财、贷款等金融服务。将个人住房按揭贷款、购车分期、装修分期、工薪贷等作为业务重点，执行差别化信贷政策。在全市推广移动支付、扫码消费等便捷性消费模式。上线一家掌上医院，同时对接济宁市人民医院、中医院、中西医结合医院、妇幼保健院等各大医院的线上金融服务，筹划上线三孔景区、兖州兴隆文化园等智慧景区项目。

【中信银行济宁分行】 2017年，共有员工192人，营业网点8家。全行各项存款余额76.75亿元，各项贷款余额71.49亿元，不良贷款余额2.44亿元，不良贷款率3.41%，连续11年被省委、省政府授予“文明单位”称号，先后荣获山东银监局“良好银行”“支持中小企业贡献奖”、山东省“敬老文明号”“金融消费者权益保护先进单位”“济宁市劳动关系AAA级和谐企业”等称号。

服务重点项目 支持全市重点项目、重点企业。与济宁市政府签署战略合作协议，在教育、棚户区改造、公路项目建设、文化旅游、水利建设等基础设施建设层面给予大力支持，存量有效批复授信额度50.38亿元，贷款投放余额12.4亿元，对接项目金额近40亿元。突破传统信贷产品，为优质企业提供短期融资债、中期票据、委托债权投资类理财产品、结构化融资等金融服务。

服务实体经济 完善金融产品，改进网点设施，为市民提供便利的现代化金融服务。加大普惠金融工作开展，打造消费信贷、信用卡、移动支付、理财、网络银行等零售业务精品。创新多种渠道、产品及服务模式，提升金融支持小微企业的力度，支持现代物流、医疗卫生、教育服务、现代旅游、新闻出版、文化创意、信息软件等新型服务业企业，为经济转型升级提供全方位服务。运用互联网思维，发展移动金融，通过“薪金煲”、手机银行、夜市理财等一批创新产品，有效满足客户需求，先后上线流动管家等一系列针对小微企业的优质产品，流动管家累计实现购买客户数137户，时点规模2.3亿元。

【邮储银行济宁市分行】 济宁市分行下辖11个一级支行和42个二级支行，内设机构为14个一级部门，6个二级部门。全行从业人员1041人。全辖自营网点年内累计实现业务收入5.53亿元，总收入位列全省第二位，总收入同比增幅8.06%。全员人均创收53.05万元，同比增幅11.71%；人均创利22.92万元，同比增幅47.78%。收入利润率水平43.25%，位列全省第三位。

负债业务 自营储蓄存款余额达到116.11亿元，同比增加11.26亿元，增幅10.74%。截至2017年年末，全辖单位存款余额达到87.55亿元，居全省第2位。单位存款年日均余额82.7亿元，居全省第2位。

资产业务 全行小额贷款放款9.97亿元，结余8.74亿元，居全省第3位。小额贷款不良金额990.18万元，较年初下降443.73万元，不良率1.13%。共发放住房贷款13.03亿元，净增8.71亿元，年底余额43.79亿元。

中间业务 累计发放借记卡83.24万张，结存卡865.46万张。保险销售20.93亿元，基金销售2.51亿元，国债销售2.66亿元，理财销售137亿元。自助设备新增89台，总量达到671台。个人网银客户达157万户，同比新增30万户；手机银行客户达155万户，同比新增41万户。

风险管控 组织信审人员开展调查实践活动，调查特色市场及行业，提高风险预判能力。2017年，全市合规检查人员共出检4224人次，检查一类支行177个次，二类、代理网点386个次。强化风险预警监测和信息传递，下发风险提示39份。围绕省行“安全保卫工作能力提升活动”方案，将安全保卫责任制落实与安保队伍建设作为工作重点，层层抓好落实。

企业管理 推行“勤俭办银行”的理念，合理安排成本开支。2017年，人工成本累计列支1.77亿元，较上年同期增幅12.29%；折旧与摊销累计列支1016万元，较上年同期下降24.04%；机构运行费用累计列支5023万元，较上年同期下降25.62%。成本收入比47.52%，位列全省第五位，较上年下降3.22%。年内完成信用卡部升格为一级部、三农金融事业部济宁市分部成立、城区支行扁平化改革等工作。普通职工人均收入较上年提升15%以上。全年各部室共组织培训65期，累计5400余人次。持续推进会计营运综合评价、公司结算及稽核营运三项考核，提高会计管理质量，提升营运管控能力。压缩现金运行成本，全市平均超额备付金率0.49%，开展系列专项整治活动，确保银企对账100%。

亮点工作 小企业民生类、政府平台类业务取得阶段性进展。新增民生类小企业贷款授信15户，新增授信金额2.03亿元，取得省行民生类小企业限时开发活动方案第一名；对接市科技局，签署业务合作协议，争取到科技贷合作开展资格。全国审查人技能竞赛中，济宁市分行的2名参赛选手为山东分行赢得全国三等奖，分别获得小额商务全国个人十佳第一名、小企业全国个人十佳第一名。截至2017年年底，信用卡年内累计发卡4.81万张，居全省第1位；结存卡量11.3万张，居全省第1位，成为全国第16家发卡突破10万张的地级市分行。

【山东省农村信用社联合社济宁办事处】 是省联社的派出机构，在省联社授权下，行使对济宁辖内农商银行的管理、指导、协调、服务职能。有11家农商银行，下辖331家营业网点，员工5400余名，是全市资产总量最大、营业网点和从业人员最多、服务范围最广的地方性金融机构。截至12月末，各项存款余额987.03亿元，较年初增加104.17亿元；各项贷款余额585.08亿元，较年初增加36.97亿元；实现各项收入55.29亿元、账面利润5.58亿元；上缴各项税金4.5亿元，全市11家农商银行均成为地方政府最大纳税企业之一。办事处先后荣获全省农商银行第六届业务技能比赛团体第四名、济宁市第二届金融微笑天使“最佳团队奖”、济宁市金融机构反洗钱业务知识竞赛团体第一名、全市社保卡电视知识竞赛一等奖。金乡农商银行营业部、兖州农商银行小孟支行分别被评为2017年度中国银行业文明规范服务五星级营业网点、三星级营业网点。

支持三农产业 加大对现代农业、高新技术产业、新型城镇化的信贷支持力度。加大对农业龙头企业、家庭农场、农民合作社、专业大户等新型生产经营主体支持力度，创新担保方式，推广农业产业链、订单农业贷款等产品，完成涉农贷款、小微企业贷款增长目标。截至12月末，涉农贷款余额361亿元，小微企业贷款余额263亿元，分别较年初增加14亿元和20亿元，支持农户、小微企业户数分别达到10.2万户和1.1万户。

服务实体经济 围绕政府融资项目需求，丰富信贷产品体系，先后出台PPP专项贷款管理办法、基础设施项目配套贷款管理办法等相关制度，推出项目基建贷、棚户区改造专项贷、固定资产贷、政府采购贷、项目配套流动资金贷等30余类贷款品种。加大对大众创业支持力度，9月末推出首款“无抵押、免担保、支持在线申贷办贷、最快30分钟放款”的特色信贷品牌——“众易贷”。

普惠金融服务 发展普惠金融，推进网点和服务的地域全覆盖，行内汇划、大小额支付、农信银系统通汇行网点覆盖率分别达到100%、87.98%、100%，电子机具行政村覆盖率、ATM乡镇覆盖率均达到100%；累计发放各类政策性惠农补贴69.34亿元，代发数量达到1602.9万户(次)。创新扶贫产品和方式，以省联社与省农业融资担保有限公司签订战略合作协议为契机，与农业担保公司建立业务合作关系，合作推出“信保扶贫贷”产品，同时推出“富民农户贷”和“富民生产贷”两款精准扶贫信贷产品，全年累计发放扶贫贷款8.92亿元，助推1.32万户贫困户实现脱贫致富。

（马　瑞）

证　券

【概况】　截至2017年年末，全市共有境内外上市公司12家，其中年内新增辰欣药业、东宏股份、联诚精密3家境内上市公司，首发募集资金分别为11.66亿元、5.37亿元、2.31亿元；新增如意控股SMCP公司1家境外上市公司，首发募集资金6.23亿欧元（约合49亿元人民币），全市上市公司累计发行股票和债券募集资金387.59亿元。全市年内新增7家“新三板”挂牌企业，68家省内区域性股权交易中心挂牌企业，分别累计达到27家、137家，其中3家新三板挂牌企业首次入围创新层。证券机构方面，新增光大证券1家证券营业部，驻济证券机构14家，营业部24家。

【证券机构】　**中泰证券股份有限公司济宁分公司**　中泰证券股份有限公司济宁分公司是中泰证券在山东省内首批试点设立的四家分公司之一，经中国证监会批准，于2011年10月正式成立。分公司有员工151人，下辖8家营业部：济宁古槐路营业部、济宁吴泰闸路营业部、济宁运河路营业部、邹城东滩路营业部、曲阜大同路营业部、兖州龙桥路营业部、微山奎文东路营业部、金乡奎星路营业部，业务总量占济宁地区的近70%。截至2017年年末，服务辖区客户37万余户，共实现股基交易量1965亿元，利税总额5900万元，托管客户资产市值达435亿元。

其他驻济证券机构　均为营业部，分别为：中信证券（山东）有限责任公司济宁洸河路营业部、中信证券（山东）有限责任公司济宁古槐路营业部、中信证券（山东）有限责任公司邹城山南路营业部、国泰君安证券股份有限公司济宁吴泰闸路营业部、中国银河证券股份有限公司济宁洸河路营业部、招商证券股份有限公司济宁红星东路营业部、中国中投证券有限责任公司济宁供销路营业部、山西证券股份有限公司济宁吴泰闸路营业部、长江证券股份有限公司济宁金宇路营业部、联储证券有限责任公司济宁吴泰闸营业部、国海证券有限责任公司邹城市兴石街营业部、中信建设证券股份有限公司济宁吴泰闸路营业部、东北证券股份有限公司济宁洸河路营业部、华林证券股份有限公司济宁太白楼中路营业部、光大证券股份有限公司济宁古槐路营业部。

9月29日，辰欣药业股份有限公司首次公开发行A股上市仪式在上海证券交易所举行

【上市公司】　**山推工程机械股份有限公司**　山推工程机械股份有限公司（股票简称：山推股份，股票代码：000680）创建于1980年，于1997年1月在深圳证券交易所上市。公司注册资本12.4亿元，是集研发、生产、销售铲土运输机械、路面及压实机械、建筑机械、工程起重机械等工程机械系列主机产品及关键零部件于一体的国家大型一类骨干企业，全球建设机械制造商50强、中国制造业500强，山推牌推土机作为中国第一品牌，荣获全国推土机行业唯一一枚金质奖章。

山东鲁抗医药股份有限公司　山东鲁抗医药股份有限公司（股票简称：鲁抗医药，股票代码：600789）于1997年2月在上海证券交易所挂牌上市。公司注册资本5.8亿元，拥有5家全资子公司、5家控股子公司、1家参股公司，员工近6000人，其中3个子公司为国家高新技术企业。

兖州煤业股份有限公司　兖州煤业股份有限公司（股票简称：兖州煤业，股票代码：600188）于1998年7月在上海证券交易所挂牌上市。公司注册资本49.1亿元，主要从事煤炭生产、洗选加工、煤炭销售和铁路运输、煤化工、电力等业务，拥有并经营煤矿地跨山东省、山西省和内蒙古自治区，澳大利亚的昆士兰州、新南威尔士州和西澳大利亚洲。

山东太阳纸业股份有限公司　山东太阳纸业股份有限公司（股票简称：太阳纸业，股票代码：002078）注册资本25.9亿元，于2006年11月在深圳证券交易所挂牌上市，是山东太阳控股集团旗下上市公司。山东太阳控股集团作为全球先进的跨国造纸集团和林浆纸一体化集团，总部位于济宁市兖州区，业务涉及投资、造纸、酒店等领域，旗下主要有山东太阳纸业股份有限公司、万国纸业太阳白卡纸有限公司、山东国际纸业太阳纸板有限公司、山东万国太阳食品包装材料有限公司、山东圣德国际酒店等。

山东如意毛纺服装集团股份有限公司 山东如意毛纺服装集团股份有限公司（股票简称：如意集团，股票代码：002193）公司注册资本2.6亿元，于2007年12月在深圳证券交易所挂牌上市，是山东如意科技集团有限公司旗下境内上市公司。山东如意科技集团有限公司其前身为始建于1972年的山东济宁毛纺织厂，是全球知名的创新型技术纺织企业。拥有全球规模最大的棉纺、毛纺直至服装品牌的两条完整的纺织服装产业链。集团拥有国内A股、日本东京主板、法国巴黎泛欧证券交易所主板3个上市公司，20个全资和控股子公司。

山东圣阳电源股份有限公司 山东圣阳电源股份有限公司（股票简称：圣阳股份，股票代码：002580）创建于1991年，于2011年5月在深圳证券交易所挂牌上市。公司注册资本3.54亿元，总资产20亿元，员工2000余人。致力于新能源领域，面向海内外市场，向客户提供优质储能电源、备用电源、动力电源和系统集成电源产品和解决方案。

辰欣药业股份有限公司 辰欣药业股份有限公司（股票简称：辰欣药业，股票代码：603367）创建于1998年，于2017年09月在上海证券交易所挂牌上市。公司注册资本4.53亿元，具有近40年综合性化学药品制剂生产历史，是国家级高新技术企业、博士后科研工作站、山东省企业技术中心、山东省抗生素工程技术研究中心，获得国家发改委产业化扶持基金、中国专利山东明星企业等荣誉。

山东东宏管业股份有限公司 山东东宏管业股份有限公司（股票简称：东宏股份，股票代码：603856）创建于2008年，于2017年11月在上海证券交易所挂牌上市。公司注册资本1.97亿元，是一家集智能管道系统研发、制造、服务于一体的国家级高新技术企业，是中国塑料管道专业委员会、中国燃气协会、山东省煤矿矿用产品行业协会常务理事单位，跻身国内最具品牌影响力的塑料管道供应商之一。

山东联诚精密制造股份有限公司 山东联诚精密制造股份有限公司（股票简称：联诚精密，股票代码：002921）创建于1995年，于2017年12月在深圳证券交易所挂牌上市。公司注册资本6000万元，专注于高强度球墨铸铁、铝合金铸造等精密铸件的开发、设计、生产和销售，形成包括模具工艺及结构设计、铸造工艺、机加工工艺和最终性能检测等在内的完整的精密铸件制造服务体系，为国内外大型企业提供产品和服务，具备跨行业、多品种、大中小批量等多种类型业务的承接能力。

（马　瑞）

保　险

【概况】 2017年，全行业累计实现保费收入177.43亿元，同比增长9.85%。其中财产险公司实现保费收入52.11亿元，同比增长10.45%；人身险公司实现保费收入125.32亿元，同比增长9.60%。全市市场主体63家，其中财产险公司29家，人身险公司34家，保险从业人员达7.8万多人。全行业为社会提供各类风险保障5.58万亿元，同比增长59.88%，支付各类赔款与给付保险金63.16亿元，同比增长2.94%。其中财产险公司赔款28.16亿元，同比增长9.16%；人身险公司支付各类赔款与给付保险金34.99亿元，同比下降1.58%。全行业累计上缴各类税金8.49亿元，同比增长14.88%。

【扶贫攻坚】 推进农业保险，减少人民群众因灾致贫。2017年，全市承保种植业农户198万多户，承担风险保障29.76亿元；养殖业承保9790户，承担风险保障8.52亿元；经济林承保1412户，承担风险保障3.64亿元。同时围绕农产品价格开展大蒜价格指数、马铃薯价格指数保险，全市3.6万多户参保，承担风险保障5.19亿元。做好大病保险。2017年，全市有716万多人、117家医疗机构参保，承担风险保障3.53万亿元。创新发展民生保险，兜住贫困群众生产生活风险底线。通过开展高危人员意外险、安全生产责任险、治安保险、建筑工程险、建筑工人团体意外险及公众责任险等业务，促进民生保障。

【维护消费者合法权益】 开展风险排查，建立风险预警机制。完善各项保险消费者投诉处理机制和规章，协调并督促公司及时处理保险消费者投诉问题。推动诉调对接，建立多元化纠纷调处机制，成立济宁市保险合同纠纷调解委员会。2017年济宁消保分中心共受理消费者投诉122起，涉及金额300.2万元，调解成功率87%。

【保险反欺诈】 协调配合市公安局经侦支队开展反欺诈工作，建立监控调取机制，提高公司自行查勘取证，鉴别欺诈行为的能力和效率。建立全市理赔微信群，加强行业内部联系，实现资源信息共享，快速反应，提高公司规避风险能力。2017年共移交保险诈骗线索42件，立案7起，破案2起，抓获犯罪嫌疑人2人，移送起诉1人，涉案金额600多万元，挽回经济损失220余万元。

【参与社会公益活动】 2017年全行业18家公司通过各种方式，参与社会公益事业。据不完全统计，全行业向各类贫困群体共捐助资金200多万元，捐助物品折合人民币52万多元，9.15万人受益。

【企业简介】 2017年底，济宁市保险业市场主体达63家，其中财产险公司29家，人身险公司34家，分别是：中国人民财产保险股份有限公司济宁市分公司；中国太平洋财产保险股份有限公司济宁中心支公司；中国平安财产保险股份有限公司济宁中心支公司；天安财产保险股份有限公司济宁中心支公司；中国大地财产保险股份有限公司济宁中心支公司；永安财产保险股份有限公司济宁中心支公司；太平财产保险有限公司济宁中心支公司；华安财产保险股份有限公司济宁中心支公司；中华联合财产保险股份有限公司济宁中心支公司；阳光财产保险股份有限公司济宁中心支公司；安邦财产保险股份有限公司济宁中心支公司；渤海财产保险股份有限公司济宁中心支公司；亚太财产保险有限公司济宁中心支公司；都邦财产保险股份有限公司济宁中心支公司；永诚财产保险股份有限公司济宁中心支公司；中银保险有限公司济宁中心支公司；安华农业保险股份有限公司济宁中心支公司；中国人寿财产保险股份有限公司济宁市中心支公司；长安责任保险股份有限公司济宁中心支公司；浙商财产保险股份有限公司济宁中心支公司；安盛天平财产保险股份有限公司济宁中心支公司；泰山财产保险股份有限公司济宁中心支公司；英大泰和财产保险股份有限公司济宁中心支公司；信达财产保险股份有限公司济宁中心支公司；华海财产保险股份有限公司济宁中心支公司；紫金财产保险股份有限公司济宁中心支公司；安诚财产保险股份有限公司济宁中心支公司；中路财产保险股份有限公司济宁中心支公司；华泰财产保险有限公司济宁中心支公司；中国人寿保险股份有限公司济宁分公司；中国太平洋人寿保险股份有限公司济宁中心支公司；中国平安人寿保险股份有限济宁中心支公司；泰康人寿保险有限责任公司山东济宁中心支公司；新华人寿保险股份有限公司济宁中心支公司；太平人寿保险有限公司济宁中心支公司；合众人寿保险股份有限公司济宁中心支公司；中国人民人寿保险股份有限公司济宁中心支公司；长城人寿保险股份有限公司济宁中心支公司；阳光人寿保险股份有限公司济宁中心支公司；国华人寿保险股份有限公司济宁中心支公司；民生人寿保险股份有限公司济宁中心支公司；华夏人寿保险股份有限公司济宁中心支公司；富德生命人寿保险股份有限公司济宁中心支公司；农银人寿保险股份有限公司济宁中心支公司；恒安标准人寿保险有限公司济宁中心支公司；中英人寿保险有限公司山东分公司济宁营销服务部；英大泰和人寿保险股份有限公司济宁中心支公司；信泰人寿保险股份有限公司济宁中心支公司；幸福人寿保险股份有限公司济宁中心支公司；华泰人寿保险股份有限公司济宁中心支公司；中信保诚人寿保险有限公司济宁中心支公司；建信人寿保险股份有限公司济宁中心支公司；中国人民健康保险股份有限公司济宁中心支公司；和谐健康保险股份有限公司济宁中心支公司；平安养老保险股份有限公司济宁中心支公司；百年人寿保险股份有限公司济宁中心支公司；工银安盛人寿保险股份有限公司济宁中心支公司；天安人寿保险股份有限公司济宁中心支公司；德华安顾人寿保险有限公司济宁中心支公司；利安人寿保险股份有限公司山东分公司济宁中心支公司；陆家嘴国泰人寿保险有限责任公司济宁中心支公司；安邦人寿保险股份有限公司济宁中心支公司；中意人寿保险有限公司济宁中心支公司。

（马　晶）

科学技术

科技工作

【概况】 全市高新技术产业产值1899.22亿元，国家火炬特色产业基地达到6家；新认定国家高新技术企业148家，总数达到319家。

【创新成果】 2017年，获国家科学技术进步奖二等奖2项；进入省科学技术奖公示2项；梁山专用汽车特色产业基地被认定为国家火炬特色产业基地，邹城省级绿色化工高新技术产业化基地申报通过专家答辩评审，邹城省级智能矿用装备创新型产业集群获得批复，2家星创天地获国家科技部备案，全年共获得省级以上科技计划项目立项137项，获批资金9156万元。共登记科技成果102项，6家机构获批省级科技成果转移转化服务机构。

【科技创新】 全市31家“农科驿站”获省科技厅首批备案，数量居全省第一。推行科技特派员工作，注册认定法人科技特派员217人，自然人科技特派员1809人，列全省首位。加快济宁和邹城国家农业科技园区的指导和建设，全市国家级农业科技园区达到2家，省级9家，市级85家，省级以上农业科技园区实现县区全覆盖。

【创新平台】 山东省创新设计研究院纳入省“十三五”创新平台支持计划，建立“梁山专用汽车集成创新中心”等3个分中心；济宁中科先进技术研究院累计服务企业100余家，孵化高科技企业6家；中科院计算所济宁分所牵头建设“中科智造”信息产业园”；鲁南工研院新入驻团队6家，共计达到18家，共承担省级以上项目5项，争取资金400余万元，实现销售收入1800万元。鲁南技术产权交易中心完成技术合同登记1605项，合同金额20.59亿元，技术合同交易额18.19亿元，同比增长均超过20%。科技人才创新创业孵化园主体及内部装修已完成。市级工程技术研究中心新增69家，4家省级工程技术（示范）研究中心绩效评估被评为优秀等次。截至2017年年底，全市共拥有国家级工程实验室3个，省以上工程技术研究中心71家，市级461家。

7月18日，济宁市科技局与浙江大学工业技术转化研究院共建“浙江大学技术转移中心济宁中心”签约仪式在杭州举行

【众创空间】 金乡县亿九科技孵化器有限公司被认定为国家科技企业孵化器。山东高新创达科技创业服务有限公司获批省品牌孵化器，众创药客和聚贤汇2家众创空间获批省品牌众创空间，新增8家省级孵化器、10家省级众创空间和2家国家级众创空间。截至2017年年底，全市国家级科技企业孵化器达到6家、省级17家，众创空间国家级16家、省级45家。

【科技人才】 山东省泰山产业领军人才计划中，1名创业类、3名创新类和2名高效生态农业类共计6人申报成功，3人入选农业科技人才储备项目。田少文、李新良2位博士入选国家创新人才推进计划，高军、田少文2位董事长获得国家“万人计划”公示；济宁高新技术产业开发区管理委员会入选国家级创新人才培养示范基地。

【科技合作】 成立科研院所及研发中心招商办公室，组建7人团队开展科技招商。浙江大学与济宁市共建“浙江大学技术转移中心”；中科院天津工业生物技术研究所、鲁抗生物在邹城合作建设“山东省——中科院工业生物技术产业化基地”。首次承办国际科技合作活动“山东（济宁）——

荷兰农业科技创新合作交流会”，30家农业企业达成洽谈合作意向。先后举办济宁（杭州）科技产业引智引资专题招商恳谈会、科技创新技术对接洽谈会暨2017高层次人才服务济宁行等各类重点产学研合作活动35次，新引进院士6人，新增备案省级院士工作站5家，签订“国家千人计划”人才引进、军民科技融合项目等各类科技合作协议15项。

【科技金融】 已投资21家企业中，5家企业挂牌新三板、1家企业挂牌齐鲁股权交易中心、山东联诚精密制造股份有限公司完成上市；山东新风光电子科技股份有限公司入选山东百年品牌重点培育企业。市科技局与邹城、汶上成立的科创天使投资基金完成工商注册，与任城区、兖州区、经开区、太白湖新区合作成立科技金融基金协议达成意向，市县联动科技金融基金规模预计达3.5亿元。制定出台《济宁科技成果转化贷款风险补偿资金管理暂行办法》，有4家银行对济宁市300多家企业开展业务。

【科技创新环境】 制定出台《全市“十三五”科技发展规划纲要》《实施六大工程培育科技沃土加快创新型城市建设的实施意见》等政策文件，深化国家创新型试点城市建设，完成答辩验收。新增大型科学仪器设备入网设备64台（套），完成“创新券”网上预约单2780单，发放“创新券”补贴900余万元。召开全市科学技术奖励暨国家创新型城市建设动员大会，举办科技活动周、知识产权宣传周，承办山东省中小微企业创新竞技行动计划现场晋级活动、济宁数字创意发展峰会、“科技资源进园区 创新驱动促转型”等重大活动，连续五届举办创新创业大赛，开通手机《科技快报》等，持续扩大科技创新影响力，在全社会营造鼓励创新、支持创新的氛围。

（市科技局）

9月28日，济宁市数字创意发展峰会举行

知识产权管理

【概况】 2017年，济宁市15家企业被认定为省级知识产权示范企业，知识产权政策体系进一步完善。济宁市知识产权局被国家知识产权局评为全国知识产权试点工作先进单位；2人获得第五届山东优秀发明家“山东优秀发明人”称号。

【知识产权战略】 印发《济宁市人民政府关于加快知识产权强市建设的实施意见》，提出到2020年建成“政策法规体系完善、创造运用水平较高、维权保护环境优良、管理服务能力突出、知识产权与经济社会发展深度融合”的知识产权强市任务目标；调整充实市知识产权工作领导小组；4月13日市政府召开市知识产权工作领导小组会议，安排部署知识产权强市建设工作；发明专利申请量、新增省级以上知识产权示范企业数量纳入全市科学发展综合考核指标体系。

【知识产权创造】 调整专利资助政策，向发明专利、高质量专利倾斜。1至11月份，全市共申请专利10944件，同比增长8.4%，其中申请发明专利1917件，同比下降2.64%；专利质量指标呈不同程度增长，全市有效发明专利拥有量达2080件，同比增长20.6%，万人有效发明专利拥有量达2.51件；发明专利职务占比、职务专利授权率均较大幅度增长。

【知识产权运用】 强化知识产权优势企业培育，推荐17家省级知识产权示范企业申报国家级知识产权优势企业，新增15家企业通过山东省知识产权示范企业认定。实施知识产权强县工程，经国家知识产权局批准，邹城市被列为国家知识产权强县工程试点县（区）、曲阜市被列为国家传统知识产权保护试点县（区）。11月23日，举办济宁市知识产权质押融资银企对接会；山东省齐盛食品有限公司等10家企业实现专利质押贷款8230万元。

【知识产权保护】 根据国家知识产权局公布的2016年度全国专利行政执法维权工作绩效考核结果，济宁市专利行政执法工作在全国副省级及地级城市考核排名由第52位上升至第37位，上升15个位次；知识产权维权援助举报投诉工作排名由第70位上升至第56位，上升14个位次。制定《2017年济宁市知识产权系统执法维权工作实施方案》《专利执法维权工作绩效考核评价内容与标准》，开展部门联合、市县联动、跨区域协同执法维权，截至12月底，全市累计处结专利假冒侵权案件176件，处结率达到100%。完善执法维权工作条件，新增17名执法队员获国家知识产权局颁证；配备投影仪、照相机、执法服等执法装备；在北京举办全市专利信息利用及执法能力提高培训班。加强会展执法和对中介服务机构的监管。

【知识产权管理】 实施专利导航产业试点，山东如意科技集团公司的"嵌入纺技术专利微导航"入选山东省专利导航项目，获资金扶持；济宁市文化产业转型升级导航试点取得新进展，曲阜市政府召开专题会议研究国家级优秀传统文化示范园区建设，其中包括基于传统文化的文化产业创新以及知识产权保护，形成《曲阜市关于加强文化产业知识产权保护的意见》；成立文化艺术品产业知识产权保护联盟。市知识产权局与市科技局联合出台《规模企业及科技型企业专利提升工程实施方案》，启动工程宣讲提升专项行动，全市2400多家规模企业中拥有专利的企业达到80%；高新技术企业和建有省级以上工程技术研究中心的企业拥有2件以上发明专利。组织开展知识产权政策规划县（市、区）巡回宣讲活动，将知识产权政策、实务送到企业和发明人手中。召开全市专利代理机构及分支机构座谈会，实施专利代理绩效考评，提升专利代理机构的服务水平。

4月20日，山东省暨济宁市知识产权宣传周启动仪式

【知识产权服务】 知识产权服务体系不断完善，市知识产权局与国家知识产权局专利局专利审查协作天津中心建立全面合作关系，依托鲁南工程技术研究院设立专利审查员实训服务基地。4月20日，山东省暨济宁市知识产权宣传周启动仪式在济宁职业技术学院举行，这是全省知识产权宣传周启动仪式首次在济宁市举行；围绕"创新创造改变生活，知识产权竞争未来"主题，开展以启动仪式、高端论坛、工业设计大赛、部门联合执法、媒体集中报道等为主要内容的知识产权宣传周活动；实施知识产权培训计划。

（市知识产权局）

气象测报

【气象现代化建设】 加强现代化台站基础设施建设。完成全市各台站探测环境保护范围的划定及公示；完成兖州国家基本气象站搬迁材料的组织上报，推进嘉祥、微山国家一般气象站对比观测工作；完成设施农业小气候观测站升级改造及自动土壤水分观测站整改实施工程（二期）。强化观测预报与科研能力建设。完善"济宁市气象局在线考试学习系统"，充实通知发布、讲座测评、实时交流、量化评分等功能，实现学习考试"一体化"；组织全市业务视频讲座培训23次，实现业务培训"常态化"；成立业务培训、科研创新、业务竞赛、测报管理、装备与网络保障5个团队，申报省局课题6项，2个省局青年科研基金项目和1个省局预报员专项通过验收，发表科技论文21篇，核心4篇，实现科研创新"系统化"。完善气象信息发布传播渠道。深化市气象台与济宁交通广播电台《一路畅通》栏目的天气预报实时连线；与通信运营商合作拓展气象短信及12121发展新思路；曲阜局气象志愿者队伍扩充至百余人；圣城气象、邹城气象、鱼台气象等微信公众号关注度持续增加；金乡局"气象村村通"服务平台建设完成触摸查询系统40余套，LED电子显示屏30余台。推进防雷减灾体制改革。完成建设工程防雷许可移交及"放服管""两随机一公开""投资项目审批流程再造"和"三项制度"等的编制修订工作。深化部门协调联动资源共享。市气象局与市民政局合作建立济宁气象科普志愿者团队；与国土局联合发布地质灾害风险预警，印发《济宁市地质气象灾害风险预警制度》；微山局与枣庄市薛城局、徐州市沛县局共建两省三地微山湖区域天气联防。

【气象服务】 优化决策方案。重新修订《2017年济宁市气象局决策气象服务周年方案》《济宁市气象局相关突发公共事件气象应急保障预案》《济宁市气象局重大气象灾害预警防御应急预案》等。做好汛期服务。汛期全市气象部门共发布各类预警信号549期，其中红色预警信号19期；发布雨情信息436期；发送服务短信80余万人次，接受采访100余次；启动重大气象灾害（暴雨）预警防御Ⅲ级应急响应2次；开展灾情调查服务5次。服务农业生产。抓好为农服务，强化关键农时气象服务，编发《农用天气预报》《小麦条锈病防治气象服务专报》等服务材料196期；抓好人影工作，调整地面人工影响天气作业决策指挥系统，开展人影作业安全等级评定。面向高危行业做好气象信息直通工作，充实完善直通服务的信息和内容；做好十九大期间气象服务及网络安全工作，为曲阜国际孔子文化节、中国（梁山）专用汽车博览会等重大活动提供周密气象服务；针对大气污染，市气象局与市环保局加密进行重污染天气预警会商，加强对大气污染物的监测及动态分析，参与完成济宁市大气污染源清单编制工作。

【重点项目建设】 完成济宁新一代天气雷达建设项目选址、设计、可研、造价，可研报告获国家局批复，项目获市发改委立项，土地用审意见获市国土局审批通过。推进项目选址意见书、环评、设台执照等手续办理工作。

（王　丽）

防震减灾

【概况】 2017年，争取国家局防震减灾重点项目和省地震局重点项目各1个，在全省地震观测资料质量检评中，强震台网运行、形变、GNSS等方面取得优秀以上的成绩。在全省地震应急指挥中心技术质量考核中，济宁市地震局获得优秀等次。2017年度被省地震局评为全省防震减灾工作目标责任考核优秀单位，被市文明委命名为“市级文明单位”。

【地震监测预报】 完成国家地震烈度速报与预警工程项目4类106个预警台站勘选工作，更新济宁市台网中心设备，优化改造邹城地震台观测环境，实施香城地震台摆房修缮工程，确保地震台网安全运行。结合实际调整全市动物宏观观测网络，宏观观测点由原来的50个增加到126个。

【震害防御与法制】 完成济宁市经济技术开发区区域化评估方案、“云轨”曲阜——邹城段和机场高速公路等重点工程的地震安全性评价报告编制工作。深化地震行业“放管服”改革，对济宁高新区、太白湖新区、济宁经济技术开发区的地震行政权力事项进行梳理，共梳理2项行政许可，11项行政处罚，开展3个区抗震设防要求审批对接工作，确保抗震设防审批全覆盖。11月，市政府办公室印发《关于贯彻实施〈山东省农村抗震设防要求管理办法〉的意见》。

【地震应急救援】 建成市、县（市、区）、乡（镇、街道）、村（社区）四级地震应急预案体系。更新设置城区5处二类应急避难场所标识，充实应急装备器材，修订完善相关应急疏散预案。在全省地震应急指挥中心技术质量考核中，济宁市地震局获得优秀等次，受到省局表彰。9月10日兖州发生3.6级地震，济宁市地震局立即启动应急预案，迅速派出工作组赶赴现场，处置迅速、方法得当，防止地震谣传产生，保障群众正常生产生活秩序。

【防震减灾宣传教育】 通过济宁电视台和《济宁日报》对济宁市防震减灾工作特别是农村抗震设防工作进行宣传报道，提升农村群众抗震设防意识。开展“5·12防灾减灾日”“7·28唐山地震纪念日”等重要时段宣传活动，编印多种防震减灾知识宣传材料并向社会群众发放。组织人员分别到机关、企事业单位、学校、农村、社区开展防震减灾科普讲座；开展防震减灾示范创建活动，济宁市实验初中等12所学校被命名为省级防震减灾科普示范学校，徐延成等4人被授予“优秀地震科普辅导员”称号；邹城市凫山街道三里营社区等3处社区被命名为“省级地震安全示范社区”。8月29日全市防震减灾工作暨科普教育基地建设现场推进会召开，与会人员现场考察了全国第一个社区地震科普教育馆建设情况。

（市地震局）

8月29日，全市防震减灾暨科普教育基地建设现场推进会在邹城召开

水文监测

【监测站网】 济宁市境内设有国家基本水文站12处，水位站9处，泥沙站6处，辅助站20处，蒸发站4处，雨量站98处，墒情站12处，地下水动态观测井383眼，水土保持监测站2处。区域用水总量监测站86处，水功能区和水源地水质监测站点291处。

【水文测验】 2017年济宁市累计降水量684.3毫米，比上年同期726.2毫米偏少41.9毫米，偏少6%，比历年同期694.8毫米偏少10.5毫米，偏少2%。各河道均产生不同量级洪水，派出4个应急监测组到部分测站帮助流量监测。全年各站共测流273次。梁济运河后营水文站实测最大流量47.8立方/秒；泗河书院水文站实测最大流量226立方/秒；万福河孙庄水文站实测最大流量56.7立方/秒；东鱼河鱼台站实测最大流量181立方/秒；洙赵新河梁山闸水文站实测最大流量191立方/秒；韩庄闸、二级湖闸水文站四年来首次开闸泄洪，最大流量分别为616立方/秒和544立方/秒。各水库年最高水位（报汛基面）及发生时间分别为：尼山水库9月10日8时118.47米，西苇水库8月19日8时103.57米，贺庄水库1月1日8时144.12米，龙湾套水库4月1日8时149.54米，华村水库8月23日8时147.21米。2017年末，南四湖上级湖水位34.38米，蓄水量10.32亿立方米；下级湖水位32.45米，蓄水量7.49亿立方米；上级湖水位较上年同期偏低0.04米，较历年同期偏高0.41米；下级湖水位较上年同期偏高0.45米，较历年同期偏高0.25米；南四湖总蓄水量17.81亿立方米，较上年同期偏多2.18亿立方米，偏多14%，较历年同期偏多3.85亿立方米，偏多28%。

【水生态监测】 完成国家认监委1项A类能力验证和水利部4项、省中心3项能力比对试验，结果全部符合要求；完成43处水功能区水样监测；完成淮河流域入河排污口监测水样540个，为及时掌握淮河流域入河排污总量和水质状况提供资料；南四湖藻类监测12次，监测数据400余个，编写《山东省南四湖藻类监测简报》12份，并报送水利部；完成国家地下水监测工程共计110眼井的水质监测分析；完成九仙山、后营水保站全年监测资料收集工作。编制完成《济宁市2016年水土保持公报》，市水利局统一向有关部门发布。

【区域用水总量监测】 根据区域用水总量监测任务书的要求，各县（市、区）水利局、各水文站及政府购买服务中标单位，按照规定强化监测，完成原始资料汇交和整编工作。编制完成《济宁市2017年区域用水总量监测报告》和《济宁市2017年度区域水功能区水质监测报告》。

【南水北调水量计量监测】 完成二级湖、长沟泵站调水任务。2017年，二级湖泵站累计调水156天，最大调水流量126立方米每秒。长沟泵站累计调水130天，最大调水流量100立方米每秒。

【城市水文监测系统建设】 市发改委批准项目后，项目建设资金列入2017年财政预算。10处水位站、9处水深站、9处雨量站和信息化平台全部建设完成，通过单位工程验收和合同验收。济宁市城市水文监测系统与有关部门实现信息共享。

【水文管理】 《济宁市水文管理办法》通过市政府常务会议审议，于2017年9月1日正式实施。是全省首个市级水文管理办法。

（市水文局）

教 育

综 述

2017年，全市共有各级各类学校3359所，其中幼儿园1973所、小学1051所（另有教学点298个）、普通初中254所、普通高中39所、中等职业学校共20所，特殊教育学校13所，普通高校7所，成人高校2所。全市共有在校生150.8万人，其中研究生在校生3654人，普通高校在校生11.07万人，成人高校在校生3.33万人，高中在校生13.15万人，中等职业学校在校生4.79万人，初中在校生28.69万人，小学在校生65.37万人，学前教育在园人数26.49万人，特殊教育在校生3121人。全市共有教职工10.56万人，其中高等教育学校共有教职工7908人，普通高中共有教职工11415人，中等职业学校共有教职工3716人，普通初中教职工26525人，小学教职工37144人，特殊教育学校教职工442人，学前教育教职工22426人。专任教师学历达标率小学、初中、高中分别达到99.9%、99.8%、99%。

9月10日，全市庆祝第33个教师节大会举行

【基础教育】 **教育重点工程** 实施基础教育高水平均衡发展三年行动计划，推进教育重点工程建设。缓解城镇普通中小学大班额问题。实行周调度、月通报、季巡查制度，联合有关部门对231个建设项目逐个进行实地督查，对工作落后的县（市、区）进行约谈，加快推进工程进度，完成新建中小学校57所，改扩建学校43所，新增校舍198.7万平方米、学位11.6万个，教师6948人，在学生总量持续增加的情况下初始年级大班额班数减少49.02%。农村学校办学条件全面改善。将“全面改薄”纳入对县（市、区）教育督导评估体系，市“两会”期间在《济宁日报》公布督查结果，推进项目落实。2017年共投入资金4.05亿元，校园校舍建设类项目开工23.5万平方米、竣工22.7万平方米。泗水县、梁山县通过义务教育发展基本均衡县达标国家验收，全市所有县（市、区）完成义务教育均衡发展验收目标。完成新改扩建公办幼儿园60所。启动济宁市普通中小学装备提升“四年行动计划”（2017—2020年），建设创新实验室100口、创新实验室工作站50个。实施中小学图书室图书配备工程，完成配书达标学校95所、五星级图书室学校49所。创建后勤管理示范校15所，建设绿色生态校园50个。加强“三通两平台”建设和信息化硬件配备，配备计算机6732台、多媒体1946套，“人人通”注册应用量稳居全国第一。

教育领域综合改革 实施义务教育阶段学区制度，推行九年一贯、多校协同、资源整合的学区管理模式，发挥优质学校资源优势和辐射带动作用，缩小校际差距。完善初中学业考试办法和招生录取平台建设，实行推荐录取、指标录取、统招录取、特长录取多种方式，将省级规范化高中60%的招生名额按比例分配到初中，把学生综合素质评价作为录取参考依据。实行普通中小学管理底线清单制度，推进学校管理规范化，创建市级规范化学校121所。在高中学校高二年级推行学生选课走班，在义务教育学校设立自主选课日，拓展课程资源，推行差异化、个性化教育模式。以学校创客空间建设为着力点，推行创客教育、跨学科学习等新兴教育模式普及应用，以信息化为手段推动优质教育资源共享。出台《济宁市中小学校长职级薪酬发放办法（试行）》，制定《济宁市中小学校长后备人才队伍建设实施方案（试行）》和《中小学校长职级评审考核指导标准》，落实校长“职级制”，推行校长去行政化。推进教师“县管校聘”管理改革和中等职业学校教师职称制度改革，完成校长教师城乡交流3026人，选派支教教师354人。提高中小学校班主任津贴标准，高中及其他学校班主任津贴分别提高到400元和

300元。

教育教学质量 创建首批传统文化体验教育实验学校81所。加强和改进德育工作，深化德育课程一体化改革，建构德育课程、学科课程、传统文化课程和实践活动课程“四位一体”的德育课程实施新格局。关注学生心理健康，加大心理健康教育教师配备力度，心理健康教育教师配备率小学达到50%、中学达到100%。建设音体美课程管理平台，举办市长杯足球赛、校园艺术节和中小学阳光体育运动会，培养学生健康体魄和艺术素养。深化“一师一优课”活动，推荐4277节市级“优课”角逐省级“优课”，完成专任教师全员“创课”“晒课”，实现课程全部覆盖、章节全部囊括，建立市级“优课”资源库1万多节。召开全市高中教学工作会议，树立以提高质量为核心的教育发展观。加强教科研创新和教学质量监测，落实教学常规和基本流程，提高教育教学质量。2017年全市高考本专科录取率达到93.47%、录取人数居全省第3位；本科上线率首次突破50%、录取18770人；被清华、北大录取21人，居全省第5位；空军招飞录取13人，居全省第2位。

【职业教育】 **中等职业学校（不含技校）** 2017年，全市共有中等职业学校20所，与上年持平。全市中等职业学校共有在校生47900人，比上年增加1175人；招生15000人，比上年减少2318人。共有教职工3716人，比上年增加14人；其中专任教师3081人，比上年增加32人。专任教师中具有本科及以上学历的2949人。专业课、实习指导课教师中双师型教师1402人，占专业课、实习指导课教师的73.44%。推进中等职业学校标准化建设，4所学校申报省示范校和优质特色校，1所学校被评为省示范校立项建设学校。调整优化专业设置，加强中等职业教育品牌专业建设，4个专业确定为省级品牌专业立项专业，2个专业分别被确定为省教育厅校企合作一体化办学立项专业和省现代学徒制试点专业。进行职业教育教学改革，18个项目确定为山东省职业教育教学改革项目，7个课题被评为省职业教育精品资源共享课程。举办职业教育活动周，举行第十五届济宁市职业院校技能大赛。

第十五届济宁市职业院校技能大赛 全市共有23所职业院校的1424名师生参与10大类36个项目的角逐。大赛共评出学生组团体项目一等奖12个，二等奖11个，三等奖13个；学生组个人项目一等奖40个，二等奖66个，三等奖107个；教师组一等奖28个，二等奖42个，三等奖64个。共有10所学校获得优秀组织奖。

职业教育对口支援工作 安排12名援疆教师支教（济宁市高级职业学校2名，邹城高级职业技术学校5名，嘉祥县职业中专3名、曲阜职业中专1名、金乡职业中专1名）。安排调度邹城高级职业技术学校对接重庆市万州区职业教育东西协作行动计划项目。

【高等教育】 全市共有普通高等教育学校7所，其中本科院校4所（曲阜师范大学、济宁医学院、济宁学院、齐鲁理工学院），专科院校3所（济宁职业技术学院、山东理工职业学院、曲阜远东职业技术学院），成人高等教育学校2所（兖州矿区职工大学、济宁教育学院）。曲阜师范大学被教育部授予“全国深化创新创业教育改革示范高校”，3个学科入选省一流学科建设立项；济宁医学院与邹城市人民政府签署战略合作协议；济宁职业技术学院、山东理工职业学院申报山东省优质高等职业学院，2个研发中心获批立项为“十三五”山省高等学校工程技术研发中心。

【教师教育】 **师德师风教育** 评选表彰30名“孔孟之乡最美教师”，授予70位教师“孔孟之乡最美教师”提名奖。曲阜市实验中学教师陈登民获得“2017齐鲁最美教师提名奖”。命名30所师德师风建设示范校。市教育局、市公安局、市工商局联合下发《关于开展在职教师有偿补课等问题专项整治的通知》，成立在职教师有偿补课等问题专项整治工作领导小组，建立联席会议制度、联合执法制度、督导包保制度、月通报制度、连带捆绑责任追究制度和师德考核不合格“一票否决制”，推动在职教师有偿补课等问题专项整治工作规范化、制度化、常态化发展。

师资培训 全市先后选派100多名优秀国学导师参加国学经典教育高端培训。组织两期国学导师市级集中培训，累计培训1000多人。组织开展2期1100多人的心理健康教育集中培训。举办信息化素养、乡村中小学英语教师基本技能、校园足球教练、省定贫困村暨市派第一书记帮扶村幼儿园教师园长业务提升等专项培训30期，累计培训教师近9000人次。组织全市高中10032名、初中22504名、小学29094名、学前2364名教师，共计约6.2万名专任教师参加全省“互联网+教师专业发展”工程线上学习、线下磨课。高质量完成国培、省培选训、送训任务。金乡、汶上、梁山、泗水4个县共承接实习支教师范生2424名，占全省总数的17.3%，17地市中济宁市承接人数位居首位。构建集中培训、远程研修、校本培训“三位一体”的培训模式，实现校本培训与骨干集中培训、远程研修的有机融合。

“名师名校长”工程 启动名师名校长“海量阅读”。发挥名师名校长的辐射带动作用，组织部分名师先后4次赴市派第一书记帮扶村送教下乡，举办示范课或专题讲座。组织名师名校长高端研修。11月下旬和12月上旬，先后组织60名济宁市第三届名校长和100名第四届特级教师赴华东师范大学、南京晓庄学院参加为期7天的高级研修。评选推荐3名老师参与省教育厅“万人计划”教学名师评审；评选推荐8名老师参与中职类教师省齐鲁名师建设工程人选的评审。

【国学教育】 组织20名国学经典教育联盟校校长先后赴辽宁大连、四川遂宁观摩学习区域推进国学经典教育。选派45名校长、国学导师参加第四届全国中小学校长高峰论坛暨传统文化进校园交流大会。遴选近100

名联盟校校长、国学导师参加国家教育行政学院组织的高端培训。围绕“传统文化+教师教育、传统文化+立德树人、传统文化+核心素养、传统文化+校园文化建设”等主题征集200多个典型案例。12月24—25日，国际儒学联合会第十次儒学普及工作座谈会在北京召开，市教育局副局长刘加庚参加会议，并在开幕式后作为全国唯一地市教育行政部门代表发表主题演讲，介绍济宁市教育系统区域推进中华优秀传统文化进校园、进课堂、进师生头脑的经验做法。

孔子教育奖　9月27日晚上，以“用儒家文化讲好中国故事”为主题的2017中国（曲阜）国际孔子文化节开幕式暨第十二届“联合国教科文组织孔子教育奖”颁奖典礼在孔子文化会展中心举行。9月26—27日，中国联合国教科文组织全国委员会副秘书长周家贵，省教育厅副巡视员荆戈、国际处处长江雨，联合国教科文组织驻华代表处代表裴伯庸抵达济宁并出席开幕式。巴基斯坦公民基金会“妇女和失学女童扫盲”、南非扫盲信托机构、哥伦比亚信息通信技术3个项目获孔子教育奖。

普通话推广　9月13日，第20届全国推广普通话宣传周济宁市启动仪式暨嘉祥县创建国家语言文字工作三类城市启动仪式在嘉祥县实验小学举行，并向济宁市汉字书写标兵颁发奖杯。汶上县、微山县基本实现“普通话初步普及，汉字的社会应用基本规范”的工作目标，初步通过国家语言文字工作三类城市评估验收，成为济宁市第6、第7个通过评估验收的县（市、区）。

【中小学大班额工作】　**责任落实**　市政府成立主要领导任组长、分管副市长任副组长、相关部门主要负责人为成员的解决大班额问题工作领导小组。建立联席会议制度，根据工作情况随时召开联席会议。成立分管副市长为指挥长的大班额问题工作指挥部，成立融资贷款、用地保障、教师补充配备办公室，抽调人员集中办公。发改、财政、规划等相关部门均成立专门工作班子，开通绿色通道，简化办理程序和流程，配合开展工作。市政府与县（市、区）政府签订责任书，连续两年把解决大班额问题列入为民办十件实事，纳入教育督导评估和新型城镇化工作考核。定期听取解决大班额问题工作情况汇报，研究解决工作中存在的困难和问题，要求各有关部门创新措施办法全力支持，加快推进建设项目规划建设手续办理，强化调度督查，确保按时完成任务。下发《关于2017年解决大班额问题工作目标任务责任落实的通知》和《关于进一步加快推进解决大班额工作的通知》。加大教师招聘力度，2017年新招聘教职工4819人，全市事业单位招聘计划的70%用于教师招聘。加大名师、名校长交流力度，实施“三区”人才支持计划教师专项计划，设立临时周转编制专户，安排师范生实习支教。

项目用地报批　多次在全市专项督查中把建设项目用地问题作为重点，逐个摸清项目用地进展，推进用地申报工作。市国土局对未优先将各自新增建设用地指标或城乡建设用地增减挂钩指标用于解决大班额建设项目的，暂停其他项目建设用地报批，直至“大班额”项目用地报批完毕。济宁市用于解决大班额问题新增计划指标3465亩、挂钩指标283亩，基本满足解决大班额问题项目用地。

管理创新　实行流程再造，加快前期手续办理。出台《济宁市政府投资项目审批流程再造工作实施方案（试行）》，优化再造审批流程，实施集中并行审批模式，压减审批事项，缩短审批用时，打通项目开工前“最后一公里”。编制济宁标准，提高规划设计水平。参照新修订的《山东省普通中小学办学条件标准》中的Ⅲ类标准（最高标准），结合济宁实际制定《济宁市中小学校舍建设导则（试行）》。市教育局组织基建管理干部培训，培训基建管理干部450名。市教育局、市规划局联合印发《关于进一步加强学校规划设计技术审查的通知》，制定《学校规划设计技术审查暂行规程》，要求所有大班额项目都要进行市级规划评审，组织评审会7次，175个项目通过评审。强化过程监管，确保建设质量。市住建局、市教育局联合印发《关于解决全市城镇普通中小学大班额问题项目招投标工作的意见》和《关于加强解决城镇普通中小学大班额问题建设项目质量监督管理的通知》，提出评标优先选用“综合评估法”，设置项目负责人现场答辩环节等要求，确保择优选择设计、施工、监理等承包单位和项目负责人。印发《解决大班额问题新建改扩建学校工程质量管理办法》《济宁市解决大班额问题建设项目优质工程评定办法（试行）》，为大班额工程建成优质工程提供政策支撑。市住建局成立全市解决大班额问题监管督导工作组，将全市14各县（市、区）分成4个片区，实行分片包干，明确包保责任，定期开展专项督导巡查。推广建设现场设置联网监控设备，住建部门实时监控施工；推广使用刷脸签到等技术手段，确保施工、监理等工程管理人员到岗到位。工地现场树立包含住建、教育主管部门主要负责人、分管负责人的“九方”责任主体公示牌。市住建局、教育局组织4次全市大班额问题建设项目工程质量专项督查，督查中委托当地有资质检测机构进行材料、实体质量抽检。

（班　冬）

院校简介

【曲阜师范大学】 曲阜师范大学是一所拥有60多年办学历史、具有鲜明办学特色的山东省属重点大学。下设28个学院（部），35个科研机构；拥有博士学位授权一级学科5个，硕士学位授权一级学科22个、硕士专业学位授权点11个，博士后流动站7个，本科专业85个；教职工2421人，其中教授、副教授736人；在校全日制本科生32826人，博士、硕士研究生3777人。

思想教育 推进立德树人工程，入选首批“全省高校思政课教师社会实践研修基地”，2名教师获评“全国高校思想政治理论课教学标兵”“全国高校思想政治理论课教学骨干”，2人荣获“山东高校优秀辅导员”称号。

育人质量 曲阜师范大学入选全国创新创业教育示范高校、教育部实施卓越中学教师培养高校和国防教育特色学校；获省级教学成果奖特等奖2项，一等奖7项，二等奖4项；山东省高校青年教师教学竞赛一等奖3人、二等奖2人；山东省师范类高校学生从业技能大赛获奖率和一等奖获奖人数实现四连冠；获全国英语竞赛特等奖、物理教学技能展示一等奖等各类竞赛国家级奖励40余项；获评省优秀博士论文2篇、研究生优秀科技创新成果奖5项、专业学位研究生优秀实践成果奖4项，获奖率均为100%；获批省研究生导师指导能力提升项目11项，立项建设山东省研究生教育优质课程6门，专业学位研究生教学案例库6个，研究生教育联合培养基地6个，通过率为100%。

学科建设 化学学科进入ESI全球前1%。学校有8个博士学位一级学科授权点，4个硕士学位一级学科授权点，教育博士等3个专业学位授权点通过省学位委员会审议。

科研工作 学校获国家社科基金项目14项、国家社科基金教育学项目5项、国家社科基金艺术学项目2项、国家社科基金后期资助项目1项、中华学术外译项目1项、国家艺术基金项目2项，立项总数位列全省高校、科研院所前3位，其中国家社科基金教育学与国家社科基金艺术学项目均位居山东省首位；获批国家自然科学基金42项，立项率连续多年位居全省所有高校前3位。省社会科学优秀成果奖获奖总数位列全省第3位；获评第十届泰山文艺奖三等奖1项；获省高等学校人文社会科学优秀成果奖一等奖总数位列全省第2位；获民政部民政政策理论研究三等奖1项；获中国分析测试协会科学技术奖（CAIA奖）二等奖1项；在量子力学基本问题研究上取得重要进展，相关成果在《自然》子刊《自然-通讯》上发表；获教育部高等学校科学研究优秀成果奖自然科学奖二等奖1项。获批省“十三五”高校人文社会科学研究基地2个，培育建设的省高等学校协同创新中心1个；获批“十三五”省高等学校重点实验室6个，立项数量位列省属高校前列。学校与中国社会科学院、山东农业大学联合编写的《中国特色社会主义政治经济学研究报告（2016）》《中国特色社会主义政治经济学研究报告（2017）》在北京国家会议中心举行媒体发布会；发起成立东亚儒学研讨暨“一带一路”儒家文明创新联盟。

人才教育 新引进“万人计划”哲学社会科学领军人才、文化名家暨“四个一批”人才、国务院政府特殊津贴专家1人，新世纪“百千万人才工程”国家级人选、有突出贡献的中青年专家、教育部“新世纪优秀人才支持计划”1人，“泰山学者”海外特聘专家1人。解学军、成积春、胡钦晓、李安增、郭沂5人入选“泰山学者”特聘专家，孙宝入选“泰山学者”青年专家。

开放办学 与美国、澳大利亚、瑞士、日本等国家6所高校签署学生联合培养协议，主办“金融数学与金融数据处理国际研讨会”“物联网识别、信息和知识”“‘一带一路’儒家文明创新论坛”等国际学术会议。曲阜师范大学附属梁山中学、曲阜师范大学附属实验学校揭牌，与浪潮集团共建全国首个教育大数据应用技术工程实验室、教育大数据创新应用中心，与中国社科院共建当代中国马克思主义政治经济学创新智库山东基地。

校园建设 学校新区建设正式启动，研究生和留学生公寓投入使用，新建教职工公寓交付入住，新建学生公寓和幼儿园迁建正式启动。获评山东省首届省级文明校园，成为获此荣誉的10所高校之一。

（尹　利）

【济宁医学院】 济宁医学院创建于1952年，是山东省属普通本科高等医科院校，有济宁太白湖、任城和日照3个校区，与济宁国家高新区共建高教园，占地总面积115万平方米，有2所直属附院，16所非隶属附院，160余个实践教学基地。有教职工1024人，其中专任教师1005人，高级职称教师461人，研究生导师140人。面向全国28个省、市、自治区招生，有全日制在校生近17000人。有19个教学单位，37个本专科专业和专业方向。设有临床医学一级学科专业硕士学位授权点。中华医学会行为医学分会和山东省行为医学专业委员会挂靠学校，学校主办的《中华行为医学与脑科学杂志》《中华诊断学电子杂志》《济宁医学院学报》面向国内外公开发行。

教育综合改革 中西医临床医学专业群和药物制剂专业群获山东省高水平应用型自筹经费建设专业；实行学分制，试行双学位、双专业教育；在各级各类专业技能竞赛中获国际级竞赛亚军1项，全国性竞赛一等奖13项；公开招聘录用博士研究生27人，引进6名国内外专家学者；23项

5月14—15日，中国（国际）微山湖肿瘤学高端论坛在圣都国际会议中心举行

国家自然科学基金项目获得立项；举办中国（国际）微山湖肿瘤学高端论坛等“微山湖”主题系列全国性学术会议；学院被确定为2017—2023年硕士学位授予立项（培育）A类建设单位，通过“服务国家特殊需求硕士人才培养项目”验收评估；附属医院被国家卫计委命名为“全国优质医疗服务示范医院”，附院太白湖院区（济宁市立医院）开工建设，托管邹城市人民医院，附院集团初具雏形。

（郁树飞）

【济宁学院】 济宁学院是一所省属全日制普通本科院校，学校占地1613亩，建筑面积52.56万平方米；图书馆纸质藏书175万册，中外文期刊1847种，电子图书90万余种，电子期刊64万余册；教学科研仪器设备值12762万元。设有20个系（院、部），有42个本科专业、23个专科专业。本科专业涵盖经济学、文学、历史学、教育学、理学、工学、管理学、艺术学等8个学科门类。有教职工1249人，专任教师817人，教授67人，副教授250人，博士研究生导师2人，硕士研究生导师25人；享受国务院特殊津贴者4人，山东省有突出贡献的专家1人，山东省教学名师6人。有全日制普通在校生2万余人。

教学科研 2017年，学校实施本科教学质量和教学改革工程，深化学分制教学管理模式改革，建立完善学分制管理制度体系。学校与惠普、中兴、英谷等企业共建专业27个，在160多个企事业单位建立实践教学基地。“理论物理计算实验室”获批山东省高等学校重点实验室立项，“曲阜优秀传统文化传承发展研究中心”获批山东省高等学校人文社会科学研究平台，“济宁市纳米材料与器件工程技术研究中心”和“济宁市智能电液控制工程技术研究中心”获批2017年度济宁市工程技术研究中心。2017年度共获纵向科研项目128项（含校级）、横向课题2项、成果转化项目2项；获市厅级以上科研成果奖励77项；授权发明专利5件，实用新型专利52件，进入实质审查发明专利38件；发表论文165篇，其中核心期刊101篇，被SCI、EI收录76篇。有3篇论文入选全球“化学科学”领域全球前1% ESI高被引论文。

地方服务 学校建有智能制造研究院、安全工程技术中心、文化艺术与产业中心、3D打印技术中心、资源开发与高值化利用工程中心、金融与法律创新中心、教师教育发展中心、基础学科建设与理论研究中心等八大学科平台，与地方政府、大型企业、科研院所进行科技合作与交流，成立济宁市低碳高端智慧信息产业技术创新战略联盟。2017年，专利成果转化2件，作价入股2件，签订技术合同2项。科技扶贫工作取得新进展，成立4个科技扶贫专家服务团队，开展科技下乡服务。

开放办学 加强济宁高新区应用型人才培养基地建设，依托如意集团、山东新思域设计艺术有限公司、金宇集团、山推股份有限公司、山东博特精工股份有限公司、济宁伊顿液压集团、元鸿（山东）光电材料有限公司、泰山玻璃纤维邹城有限公司、辰欣药业有限公司等企业深化人才培养模式，截至2017年年底，入驻应用型人才培养基地23个专业、2200余名学生。加强对外交流与合作工作，与美国密苏里大学、英国卡迪夫城市大学、法国蓬图瓦兹大学、韩国平泽大学等国外30余所高校建立校际合作关系。

（李洪伟　郝　鹏）

【济宁职业技术学院】 济宁职业技术学院是全省第一批国办高等职业院校，山东省首批技能型人才培养特色名校。学院设17个教学、科研单位；开设制造、土建、生化、财经等16大类62个专业；教职工670人，其中专任教师436人，教授、副教授181人，博士、硕士394人；500余名企业工程师、首席技师、能工巧匠担任兼职教师；全日制在校生15000余人。先后获“全省职业教育先进单位”“山东省技能人才培养先进单位”等十几项荣誉称号，获批全国首批职业院校文化素质教育基地，2015年1月被全国文明委评为“全国文明单位”，2017年成为山东省首批教育信息化示范单位，入选全国第三批职业院校数字校园建设实验校。

文明创建 推进“一主三融六进”文化育人体系建设。举办“五月的鲜花”文艺会演等系列综合活动，开展“儒风雅韵”经典诵读等系列专项活动。学校女子排球获得山东省大学生排球联赛“七连冠”，读者协会、《论语》研习社获得“济宁市优秀民间儒学社团”。学院团委获得“山东省先进团委”称号。

人才培养 “五进五合”实施现代学徒制，系统推进教育信息化、精品资源共享等综合改革，打造数字化教学平台，普及推广项目教学等教学方式，推行认识实习等多种实习形式。获批现代学徒制省级试点专业，6个项目获批省级教改立项，7个省级教改项目通过教育厅鉴定验收。

技能大赛 在2017年度山东省职业院校技能大赛中学校获得汽车营销、建筑工程识图、计算机网络应用、云计算技术与应用、中餐主题宴会设计、加工制造等7项一等奖，获奖总计19项。主办山东省云计算技术与应用大赛；开展教师技能大赛，200余名青年教师参加17项技能大赛。

教学队伍建设 选派12名教职工赴美国、澳大利亚等地交流学习，派出国内访问学者2人，省培教师70人、企业顶岗锻炼27人，组织第五期专兼职青年教师培训班。新增国务院特殊津贴专家1人，二级专业岗位2人，齐鲁文化英才1人，省级教学名师1人，省级青年技能名师1人，黄大年式省级教师团队1个。

招生与就业 实施单独考试、注册入学等多种考试录取方式，录取新生4642人，接收五年制高职转段新生548人。组织大型综合招聘会10场，举办用人单位宣讲会150余场，毕业生初次就业率达到98.76%。开展创业培训5期，培训应届毕业生1446人，新增高新区等创新创业实践基地2个。获得“山东最具就业竞争力高职院校”称号。

中外合作办学 学校获批国家汉办“派遣至中国韩国教师项目”，聘请7位外籍教授到院授课；选派师生赴韩国进行文化交流、赴俄罗斯远东国立交通大学开展认知实习；接待韩国乙支大学师生代表团、中国台湾远东科技大学师生代表团等9批60余人次到访。学校与德国手工业行会、德国工商业行会签署战略合作框架协议，加入阿里巴巴全球速卖通大学合作院校。获得山东省校企合作先进单位称号。

科研社会服务 学校获批山东省高等学校物联网与制造业信息化工程技术研发中心，新增济宁市建筑信息模型（BIM）工程技术研究中心，新增省市级科研项目17项、横向课题6项，结题鉴定科研项目40项，取得国家专利11项，获省市级科研成果奖11项。开展3500余人次的社会成员电商培训企业班组长培训、社区社工师培训等培训项目，开展社会成员、社区“两委”成员等成人学历教育。

（济宁职业技术学院）

【山东理工职业学院】 山东理工职业学院（以下简称“学院”）是2009年3月经山东省人民政府批准、国家教育部备案，有着六十多年办学历史的普通高等职业院校。位于济宁市太白湖新区，占地1003亩，有教职工726人，获博士、硕士学位教职工人数266人，全日制在校生15955人。固定资产7.3亿元，其中教学仪器设备价值过亿元。学院设有机电工程学院、汽车工程学院、光电工程学院、金融会计学院、航空航海学院等10个二级院部。开办40个专业，涵盖材料与能源、制造、电子信息、财经等12个专业大类。

招生就业 2017年通过单独招生考试、夏季高考、注册入学共录取全日制学生6228人，报到率约90%。组织举办大型综合毕业生供需见面会和32次专场招聘活动，到校招聘企业281家，提供实习就业岗位13324个。开展毕业生就业服务管理服务工作，2017届毕业生就业率达到96.37%。

专业建设 2017年获批新能源汽车技术、产品艺术设计、安全技术与管理等3个新专业。打造智能制造专业群，获得山东省第二批高等职业院校品牌专业群建设项目立项。软件技术专业入选2017年山东省现代学徒制试点，机电一体化技术和数控技术2个专业入选教育部第二批现代学徒制试点。全年共组织25支队伍参加国家和山东省职业院校技能大赛。获得省赛一等奖1项、二等奖9项、三等奖6项，国赛一等奖1项、二等奖1项、三等奖2项。

师资队伍 落实山东省高职院校骨干教师素质提高培训工作，组织33名教师参加省级培训。派出10名教师参加中德诺浩公司组织的“双元制”教师资格培训，取得相应资格。光伏发电教学团队被评为山东省高校“黄大年式”教学团队。

科研工作 全年共有39项院级以上科研课题获准立项，其中省级课题15项，市级课题24项（含院级课题21项）。组织申报59项专利，截至11月份，有27项专利取得授权。《基于ISO9001标准构建高职院校质量管理体系的研究》《日晷光伏建筑》等项目分别获得山东省高等学校优秀科研成果二等奖和三等奖。山东省农业

6月3—4日，2017年全国职业院校技能大赛高职组“光伏电子工程的设计与实施”赛项在陕西工业职业技术学院举行，山东理工职业学院光电工程学院代表队获大赛一等奖

装备工程技术研发中心获山东省教育厅批准立项建设，光伏发电与智能微电网工程技术研究中心、新能源汽车综合故障诊断工程技术研究中心获批为市级工程技术研究中心。

社会服务　组织开展数控车工、维修电工和汽车维修电工等工种的职业技能鉴定工作，全年完成鉴定905人次；承接社会考试10次755场，70470人次参加考试；组织培训营运驾驶员、农民工、未就业的大中专毕业生等7700余人次；组织举办第四期中德诺浩汽车教育全国“双元制”教师资格培训班，为全国98所中高职院校培训255名教师。

国际合作　学校与德国梅泽堡应用技术大学、韩国牧园大学、英国伦敦南岸大学等高校和机构就教育资源引进、师资培训、合作办学等方面签订合作协议。完成留学生培养各项准备工作，先后录取来自“一带一路”沿线各国的留学生150名。组织2017年济宁市、澳大利亚黄金海岸市国际文化大使活动，在全市范围内选拔75名文化大使赴黄金海岸市进行为期两周的交流学习。学院当选中国职业教育对外合作联盟副主席单位，党委书记许可当选联盟副主席。

（山东理工职业学院）

7月5日，山东理工职业学院中德合作办学系列项目签约仪式举行

【济宁市技师学院】　济宁市技师学院创建于1958年，是一所政府举办的以培养技师、高级技工等高技能人才为主的国家级重点技工院校。学院坐落在济宁市高新技术产业开发区，位于崇文大道3166号，占地400亩，建筑面积14.8万平方米。学院实训场地面积4万余平方米，建有与各专业相配套的实验室和实训中心40余个。有在编教职工551人，专兼职教师458人，高级职称教师139人，技师、高级技师175人，博士、硕士研究生121人。在校生10620人，设有机电工程系、数控技术系、建筑工程系、信息技术系、汽车工程系、生物化工系、轻纺服务技术系、经济管理系和基础教学部，开设36个专业，其中人社部一体化教改试点专业2个，省级示范专业群1个，省级百强名牌专业2个、市级名牌专业4个。2017年，学院荣获山东省校企合作先进单位、省级文明单位称号，学院志愿者服务队获得山东省学雷锋志愿服务先进典型最佳组织奖，实训中心教师孟庆站被评为泰山产业领军人才，是全省技工院校中唯一获此殊荣的教师。

招生与培训　2017年，学院全日制招生4526人，高中生比例达到73.8%。校企联合招生取得新突破，企业冠名班达到26个。全年社会培训10066人，技能鉴定2100人，构建学制教育与职业培训并举、职业培训与全日制在校生规模相当的办学格局。

教育教学　全年开发新专业8个，13门精品课程通过评审，27门核心课程建设中。组织开展“教学质量月”活动，实行推门听课制度，规范教学活动。全年毕业班级90个，毕业生2651人，毕业生技能鉴定合格率达到98.3%。技能竞赛中，取得省级以上技能大赛奖励82项，承办省级一类大赛山东省“技能兴鲁”职业技能大赛虚拟现实三维设计竞赛项目及总颁奖仪式，获得两个组别的第一名和优秀组织奖。

教育管理　学校实行军事化管理，制定学生军事化管理实施方案，修改完善学生管理工作量化考核办法，将量化考核工作与企业7S管理

10月19日，济宁一中校庆活动之社团展演方队

10月19日，济宁一中"十八岁成人礼"仪式举行

相结合，成效显著。全年共举办大型就业推介会4场，安排专场面试81场，提供就业岗位2687个，学生就业率达到96.3%。

产教研相结合 学校申报省级科研课题1项、市级课题2项、院级课题11项，完成结题8项，177份参评论文、教案、课件、课题获得不同等次的奖项。全年新增校企合作单位11家，紧密型校外实习基地13家，开发合作项目4个。开展同澳大利亚班迪戈堪培门技术学院、德国新科技学习工厂公益有限公司、新加坡国家工艺学院的教育合作，对外合作交流逐步深入。

办学能力 加强师资队伍建设，通过事业单位招考引进硕士研究生、本科生、双师型教师24人，引进劳务派遣人员35人，选派59名年轻骨干教师进厂锻炼，聘任省、市级首席技师5人，新增一体化教师30人。参与推荐山东省泰山产业领军人才评选工作，学院孟庆站入选，成为全省技工院校中唯一入选教师。投入50万元，购买图书资料，完善电子查询系统，强化服务师生的能力。

（济宁市技师学院）

【济宁市第一中学】 济宁市第一中学始建于1902年，初名为直隶州官立中学堂，系清末山东省兴办最早的"新学"之一。1931年起为"山东省立第七中学"；1942年至济宁市解放前夕，为"山东省立济宁中学"；1951年定名为济宁第一中学。1962年被确定为山东省重点中学，1981年成为省教育厅确定的首批办好的19所省重点中学之一，1992年被山东省教育委员会命名为首批省级规范化学校。

学校有太白和北湖两个校区，总占地面积585亩，建筑面积179310平方米。截至2017年年底，学校有96个教学班，学生5598名，在职教职工452名，专任教师 360名，硕士、教育硕士168名。全国教育系统劳动模范、优秀教师7名，省、市级优秀教师50余名，省市特级教师、骨干教师、学科带头人、专业技术拔尖人才、教学能手100余名，学历达标率100%。

学校探索艺体选修课和专业训练课相结合的课程设置，构建学校特色类课程。完善和拓展以社团活动、社会实践、社会资源开发利用为主要内容的立体化培养模式。2017年有15种校本教材或课程在使用或推进中，承办各类教学研讨、竞赛、创新活动20余次，2016—2017年度获国家级奖项110余人次。学校高考本科录取率、重点率、高分率、名校率均在全市领先。2017年高考中，田鸿韬以704分（全省第6名）的成绩摘取济宁高考状元的桂冠，董文琪以700分（全省第12名）位列第二名，济宁一中成为山东省唯一一所在2017年高考中有两位学生成绩过700分的学校。自主招生连续四年进入全国百强。

（张 伟）

【济宁市育才中学】 济宁市育才中学创建于1995年，济宁市教育局直属国办高级中学。截至2017年年底，有教职工387人，教学班76个，在校学生3800名。学校获得济宁市政府表彰的济宁市高中教育先进单位、中共新疆维吾尔自治区委员会和新疆维吾尔自治区人民政府颁发的援疆工作纪念奖章、济宁市社会治安综合治理先进单位、2017年度最具网民口碑高级中学、全国青少年艺术人才培训基地、全国中学生2017春节联欢晚会"年度最佳组织奖"、2017全国中小学

加拿大访问团与济宁一中学生进行互动

电脑制作大赛优秀组织奖、山东省第五届青少年模拟联合国峰会优秀组织奖、第十九届语文报杯全国中学生作文大赛作文教学先进单位、中国慕课大学选修课优秀组织奖等。

管理机制　以文化管理为核心，突出制度管理、目标管理、量化管理相结合的管理意识，在“学校统一领导、级部直接管理、处室协调服务、学生自主发展”的基础上，形成“三会六部九处”管理体系。

多元化培养模式　特优生培养工程，主要是培养精英，冲击“985”重点高校，尤其是清华、北大。实施珠峰计划，开设北大、清华的“大学选修课”，开设奥林匹克竞赛课程，为高校输送有“学科特长与创新潜质”的优秀学生。构建“音乐、美术、体育、亚艺术、少数民族学生培养、国际教育”特类生培养模式。专设新疆部、国际部，开办中美国际班和日语课程班，选聘日语硕士研究生担任日语教师。2017年有23名同学收到国外著名大学录取通知书。学校开设新疆内高班（有4个）共159人。少数民族学生教育成为学校多元办学的新途径。2017年首届新疆班28位同学全部过本科线，其中16位被一本院校录取。

生活设施　2017年，新购500套学生公寓高低床，粉刷新疆班学生公寓楼梯并安装防火门和防盗门，为新疆班学生公寓配备洗衣机和冰箱。升级改造学生实验室，建设博士工作站，完成大门口景观改造。

教师专业素养　截至2017年年底，学校有博士1名，硕士、教育硕士147名，占任课教师的49%，研究生以上学历比率居全市首位，优秀教师群体基本形成而且覆盖所有学科。重点强化教师培训四大工程，开展业务比赛和评选活动。2017年，有29位老师获省市级教学工作先进个人和教学比赛奖，9位教师参加2017年第二届“中国好教育”齐鲁联盟“同课异构”教学比武大赛取得优异成绩，60多位老师获得省市级以上学科比赛指导教师奖，9位教师获全校2017年教师教学基本功比赛一等奖。

教育教学质量　2017年高考中，三位同学被北京大学和清华大学录取，69位同学被“985”高校录取。

（济宁市育才中学）

【济宁学院附属中学】　济宁学院附属中学总校区位于济宁市任城区太白楼中路9号。其前身是创建于1952年的杨坊巷小学，先后更名为青华洞小学、实验小学、济宁市第七中学、济宁市第四中学、济宁师范专科学校附属中学、济宁学院附属中学。2000年、2003年原济宁市第十中学、原济宁市第六中学相继成建制并入，分别更名为附中分校区和南校区；2012年，济宁学院附属中学与高新区社会事业发展局正式签订合作协议，托管丰泰中学，更名为附中高新区校区，形成一校四区的办学格局。2016年12月10日，学校整建制划归济宁市教育局管理，校名不变。

截至2017年年底，济宁学院附属中学一校四区共180个教学班，在校生11383余人。在职教职工447人，高级教师145人。有山东省教学能手18人，济宁市教学能手76人，山东省优质课执教者76人，济宁市优质课执教者145人。学校先后培养齐鲁名师3人，省市级特级教师3人，杏坛名师3人，济宁市学科带头人9人，济宁市骨干教师15人，正高级教师3人。学校建有物理、化学、生物实验室36个，仪器室30个，同时装备微机室、多媒体教室、电子阅览室、综合实践活动室、天文台、天象馆、科技光、电子音像库、电视演播厅和现代化的教师微格办公室。

截至2017年年底，学校先后荣获济宁市初中教育教学工作先进学校、济宁市规范化学校、济宁市社会治安综合治理先进单位、山东省普法教育先进单位、山东省规范化学校、山东省初中教学先进单位、山东省教学示范学校、山东省文明单位、山东省精神文明先进单位、山东省中小学素质教育先进单位、山东省创新教育先进单位、山东省对外交流先进单位、山东省教育科研先进单位、山东省未成年人思想道德建设工作先进单位、山东省学校安全文化建设示范学校、山东省优秀党支部、全国群众体育先进单位、全国中华优秀传统文化十佳创新学校、全国学校安全管理先进单位、全国青少年生命教育先进单位、全国青少年五好小公民主题教育示范学校、全国文明校园等二百余项国家、省市级称号。

（济宁学院附属中学）

卫生和计划生育

综　述

全市202家公立医院全部启动实施“两票制”（药品从药厂销售到一级经销商开一次发票，经销商销售到医院再开一次发票）；完成105个病种筛选和收费标准测算工作；改进医疗机构运营管理，药占比由2016年31%将至2017年27.9%，平均住院日由8.3天降至7.7天，减轻群众看病就医负担。4月，济宁市在全省非试点城市公立医院综合改革考核中排名靠前并被予以资金奖励。推进分级诊疗制度建设。精准医疗“同质化”服务项目2016、2017连续两年纳入市政府为民办的实事之一，依托市第一人民医院，在全省率先建成全市统一的影像、心电、检验、病理“诊断中心”，辐射医疗机构3774家，互联网远程诊断48万例。全市建成医联体30个，三级公立医院实现全覆盖，市第一人民医院、微山县做法被省卫计委向国家推荐。实施家庭医生签约服务，全市常住人口签约311.5万人、签约率达到36.4%，重点人群签约137.9万人、签约率达到65.9%，分别超过省定目标6.4个、5.9个百分点。提升公共卫生服务均等化水平，人均补助经费较2016年增加5元达到50元，服务项目增加2类达到14类，免费覆盖全人群全生命周期。全市高血压、糖尿病患者规范管理率分别达到72.7%、73.2%，超过省定目标12.7、13.2个百分点。实施“综合监督规范年”活动，全市卫生计生监督覆盖率达到100%，立案查处案件932件、约占全省1/10。金乡县作为“全省卫生计生综合监督示范区”代表在全国卫生计生综合监督工作现场会上作典型发言。

【医疗卫生服务能力提升“三年行动计划”】　市直卫生基础设施建设，占地168亩、总投资7.6亿元的市中医院新院正式投入试运营。市第一人民医院高新区分院1期续建工程主体竣工。推进医养结合，济宁市被列为全省6个“医养结合示范省先行区”之一，7个县（市、区）被列为“省级医养结合示范县”。截至2017年底，全市建成医养结合机构12个，完成投资3.8亿元；在建17个，总投资42.2亿元。实施基层医疗机构标准化建设，该项工作纳入市政府为民所办十件实事之一。各级累计投入2.15亿元，82.2%乡镇卫生院和社区卫生服务中心达到规范化标准。累计建成全国群众满意的乡镇卫生院32家、全国优质服务示范社区卫生服务中心3家、全国百强社区卫生服务中心1家。在全国率先启动中医药服务能力提升工程，市财政累计列支1.35亿元予以支持，市中医院、曲阜市中医院被评为三级甲等中医院，其他11个县级中医院全部通过省二级甲等中医院评审。任城区、曲阜市、邹城市被评为“全国基层中医药工作先进单位”。建成国医堂169个，实现乡镇卫生院和社区卫生服务中心全覆盖。全面加强和改进医疗卫生服务，全市3家三级综合医院均开展预约诊疗服务，门诊初诊预约诊疗率达59.7%，高出省要求9.7个百分点；15家二级及以上综合医院的所有病区均实行优质护理服务，覆盖率100%。3家首批推荐县级医院服务能力均达到推荐标准。

【健康扶贫】　在全省率先出台《健康扶贫工程“三个一批”行动计划》，大病集中救治4425人、实现93个病种全覆盖。全市建档立卡3.43万名贫困人口全部完成家庭医生服务签约，签约率100%；计划生育特殊家庭签约2706人，总签约率96.4%，自愿签约率100%。落实“两免两减半”等救助政策，累计为5.6万人次贫困群众减免医疗费用2558万元，嘉祥县、汶上县实行贫困人口乡镇卫生院住院全免费。济宁市连续两年在全省健康扶贫工作会议上作典型发言。“先看病后付费”纳入全国健康扶贫重要举措。全市累计502万人次受益。开展“万名保健医生进农户”活动，与健康扶贫、家庭医生签约服务有机结合，并与卫生系列职称评聘、评先树优相挂钩，2017年累计巡诊202万户次，义诊353万人次，超额完成年度任务。实施妇幼健康提升工程，工程纳入市政府为民所办十件实事之一。全市免费婚检率达到97.3%，连续多年全省领先；产前筛查率、新生儿遗传代谢病筛查率分别达到75.2%、99.2%，超过省定目标8.2个、4.2个百分点；新生儿遗传病质谱筛查、城乡适龄妇女免费“两癌”筛查等均超额完成年度任务。落实病历费用“双公开”举措，累计免费提供病历707万份。全市80%以上的医患纠纷通过第三方得到调处，成功率达99%。推出市级全民健康信息平台建设“济宁模式”，并与省级平台和11个县（市、区）实现互联互通，上传数据4.5亿条，位居全省前列。在全省率先对委属单位10万元以上医用器械实行集中统一招标采购，累计完成采购项目385个，节省费用9540万元，节支率达到20.1%。

【公共卫生】　全市建成国家卫生城市2个、国家卫生乡镇1个、省级卫生县城6个、省级卫生乡镇18个、省级卫生单位74个。健康促进工作走在全国前列。任城区被评为全国首批

"健康促进示范区"，位列国家技术评估第1名，并作为县（市、区）唯一代表在全省卫生与健康大会上发言。曲阜市被评为全省首批"健康促进示范市"。4月，全国健康促进工作现场会在济宁市召开。加强疾控机构服务能力建设，全市新增编制139人，首批实验室装备项目预算1281万元。成功防治嘉祥县登革热疫情，无重症病例。曲阜市创成"国家级慢病综合防控示范区"。启动重点职业病、放射卫生对健康影响监测，饮用水水质监测覆盖全市93%的乡镇。

（陈志龙）

疾病预防控制

【传染病防控】 设立流感/禽流感监测、流行性出血热监测、艾滋病监测及登革热媒介伊蚊监测等国家级监测点，法定传染病及时报告率均达到99%以上，有效控制公众关注的人感染H7N9禽流感、手足口病、狂犬病、布鲁氏菌病、流行性出血热等传染病疫情。组织全市消毒与医院感染控制技能竞赛和鲁西南地区医院感染管理研讨会。艾滋病防治工作，一级医疗卫生机构艾滋病检测点建设工作全面铺开，完成72家检测点建设初审工作，全市检测点数量突破百家。建成国家级监测哨点5处，筛查实验室48家，确证实验室1家，全市艾滋病检测人数突破75万人次。曲阜、邹城、梁山3个国家级艾滋病综合防治示范区进行创新模式探索，"一地一策"战略凸显区域特色。

【公共卫生事件应急处置】 建立3支卫生应急快速反应队，开展全市霍乱、H7N9禽流感、食物中毒、化学中毒等突发公共卫生事件应急演练、疑似麻疹医院感染暴发疫情应急处置联合演练、全市汛期救灾防病桌面推演。成功处置嘉祥县全省首起登革热暴发疫情和鱼台县某废弃工厂旧罐收购、金乡县某冷库、济宁某化工实验厂3起化学气体泄漏中毒事件。

【免疫规划】 2017年，济宁市免疫规划全程接种率和及时接种率均达到90%以上。在全市建成数字化接种门诊164处。举办首届"争做文明接种医生"妈妈课堂演讲比赛，济宁市2部参赛作品获"首届全国妈妈班科普视频评选活动优秀科普视频奖"。开展麻疹疫苗补充免疫、流动务工人群查漏补种和健康人群流脑菌株分离工作，完成5次乙脑蚊虫带毒情况监测。全市采购发电机12台、新建冷库25座，冷链运转实现全程电子化监管。

【地方病防制】 成立地方病防制独立科室，完成国家适碘地区流行病学调查，开展食盐现场半定量检测、水源性高碘地区监测、饮水型地方性氟中毒病情监测、克山病病例搜索、生活饮用水水碘含量调查和疟原虫检索等工作，完成消除疟疾市级自评及资料汇编，举办济宁市寄生虫病防治工作岗位技能大赛，通过山东省卫计委组织的消除疟疾考核验收，实现全市消除疟疾的目标。

【慢性病防控】 成立慢性病防制独立科室，开展死因监测、肿瘤监测、心脑血管疾病监测、伤害监测、慢病危险因素监测，开展脑卒中高危人群筛查和淮河流域癌症综合防治项目工作。举办全市慢病监测培训及现场观摩会，在曲阜市建成国家级慢病综合防控示范区。开展"一二三四奔健康"系列活动，先后启动健步走激励大赛、健骨操推广、网络减重大赛，倡导健康生活方式。

【食品安全风险监测】 承担国家食品中化学污染物样品和致病菌样品的监测任务，开展国家淡水动物性水产品专项监测项目样品采集工作。全市哨点医院增加至35家，涵盖二级以上所有医院。嘉祥县被确定为省级空肠弯曲菌监测项目监测点，并检出全省首例空肠弯曲菌病例。金乡县完成国家人体生物监测，泗水县完成中国儿童乳母营养健康监测。

【健康教育与健康促进】 全国健康促进工作会议在济宁市召开。任城区在首批国家级健康促进县（区）评估中得分居全国第一名，曲阜市被命名为首批山东省健康促进示范县（市、区）。承担国家健康素养监测项目，成立济宁市健康教育讲师团，开展健康巡讲100余场次，制作的《"胆固醇升高"是你吃出来的》宣传海报获中国疾控中心健康科普大赛三等奖。

【实验室检测检验】 通过省技术监督局实验室飞行检查及新国标方法变更验证工作，完成国家及省级六次盲样考核工作，完成全市水质检测、食品风险检测、空气检测、碘氟检测及食物中毒实验室检测任务，投资318万用于实验室能力建设，生活饮用水具备106项全项目检测能力。承担全省17地市肉类样品瘦肉精及抗生素类的检测以及罐头、饮料、水产品中双酚A及双酚S的检测，具备副溶血弧菌等多种弧菌毒力基因检测能力和发热伴血小板减少综合征实验室检测能力，承接感染性腹泻病原谱及其分子流行病学研究项目。疾控中心实验室完成从一般实验室到鲁西南地区中心实验室的根本转变，在登革热等重大传染病疫情防控时，实验室能力得到充分发挥。

【其他卫生监测】 制定《济宁市职业病防治与职业健康风险评估工作方案》，重点职业病监测项目工作实现11个县（市、区）全覆盖。对11家诊疗机构的20台医用X线机进行质量控制及放射防护监测评价，对139家单位1758名放射人员进行个人剂量检测，对2家省级监测点医疗机构消毒效果进行评价。完成110个城市饮用水监测点和310个农村饮用水监测点水质监测和26家单位省级公共场所健康危险因素监测、国家农村环境卫生监测。

【新闻宣传】 构建“341”新闻宣传工作体系，打造《齐鲁晚报》《济宁日报》《济宁晚报》3个主流媒体宣传专栏，做好微信公众号、官方网站、《济宁疾控信息》、手机短信4个自主发布平台，完善1个舆情监测处置机制。第一时间对“济宁发现多起急性胃肠炎聚集性病例”等虚假消息进行辟谣。

【嘉祥县登革热疫情处置】 8月19日，嘉祥县报告疑似登革热暴发疫情。国家及省、市领导及专家亲临现场指挥处置，市疾控中心整合力量，开展流行病学调查和蚊虫监测、消杀指导等工作，在短时间内迅速控制疫情蔓延。

【泰山学者工作站落户济宁疾控】 6月8日，“泰山学者工作站”揭牌仪式在济宁市疾控中心举行，标志着全省疾控系统首个泰山学者工作站正式落户济宁，填补了济宁市公共卫生领域高端学术平台的空白。

【消除疟疾考核评估工作】 12月13—14日，济宁市通过山东省卫计委消除疟疾考核评估组对消除疟疾工作的考核评估验收。

（市疾控中心）

6月8日，泰山学者工作站落户济宁市疾控中心

卫生监督

【队伍建设】 落实《全市卫生计生综合监督培训规划（2016—2020）》，全年共组织举办各类业务培训班6期次，培训全市卫生监督业务骨干420余人次，市监督所派出业务骨干30余人次参加省组织的各类业务培训；全市监督员网络培训注册率达到100%，257人完成40学时的培训任务，通过率97.35%；加快首席监督员的培养，对符合资格条件的5类专业10名首席监督员进行聘任。组织举办全市案例评查、评选执法办案能手、监督执法微课大赛等各类监督执法技能竞赛活动，参加全省竞赛活动。在全省案例评审、执法微课大赛活动中，济宁市选送的3件案例1例获优秀案例一等奖，1例获三等奖，微课大赛获三等奖。加强监督执法主体资格管理，强化培训、严格审查与考核，全市执法人员持证上岗率达到100%。

3月17日，济宁市卫生计生综合监督宣传周活动启动仪式举行

【卫生监督】 落实国家“双随机”监管机制，建立全市“双随机”抽查名录库，完成1196家单位的国家“双随机”抽查任务，完结率达99.5%。开展打击非法行医专项治理行动，以一级以下医疗机构为重点，共暗访检查11个县（市、区）的各类医疗机构550家，查验卫技人员任职资格1300余人，并将暗访结果进行全市通报。开展社会办医和医疗美容专项治

理活动，以城区21家民营医疗机构为重点，每季度开展一次综合执法巡查，同时对全市15家医疗美容机构进行专项检查，问题突出的单位进行立案查处。组织开展查处违法违规应用人类辅助生殖技术服务专项行动，共检查技术准入机构2家，非技术准入机构231家，对存在的问题提出改进意见。组织开展全市《中华人民共和国传染病防治法》等“一法四规”落实情况的专项检查，共检查各类医疗机构5348家，覆盖率达80%以上。结合迎接中央环保督察开展医疗废物处置专项督查，推进“乡收集、县暂存、市处置、分级管”处置模式的全面实施，全市6000多家各级各类医疗机构医疗废物规范集中处置率基本达到100%。开展病原微生物实验室和血液透析专项检查，共检查二级及以上医疗机构病原微生物实验室21家，血液透析室31家。在开展好城区集中式供水日常监督检查的基础上，结合环保督查工作，重点开展全市农村百吨以上千吨以下水厂的专项检查，共抽查供水单位33个，对存在的问题提出改进意见。联合教育部门对全市大中小学校（托幼机构）开展专项综合督查，重点检查教学及生活环境、饮用水、内设医疗保健室，以及传染病防控制度落实情况，共抽查学校（托幼机构）41所，对发现的问题依法查处并责令限期整改。规范放射诊疗和职业卫生技术服务活动，组织开展放射诊疗专项监督检查，对40余家放射诊疗机构诊疗设备进行稳定性和防护检测，覆盖率达到100%，对发现的问题责令限期整改。创新放射工作人员管理模式，采取网络培训与测试的方式，完成全市335家放射诊疗机构2378人的培训考试。

【文明创建】 以“四小行业”经营性公共场所、中小学周边环境整治、生活饮用水卫生安全、医疗机构控烟等为重点，组织开展一系列专项整治攻坚突击行动。开展以整治“四小行业”公共场所单位（小浴室、小美容美发店、小旅馆、小歌舞厅）为主题的专项整治活动。截至8月底，城区“四小行业”公共场所单位卫生合格率达到100%。开展城区大中小学校周边环境综合整治活动，对城区200余所大中小学周边环境进行连续、反复巡查，重点检查学校周边200米范围内有无非法行医和以人流、性病治疗业务为主的“黑诊所”，依法予以取缔，净化学校周边医疗市场秩序。对任城区、兖州区、高新区和太白湖新区重点公共场所尤其是“四小”公共场所、医疗服务、中小学校周边环境整治、生活饮用水及控烟等综合整治工作开展情况持续督导检查，确保每个镇（街道）不留盲区、不留死角。

【举报投诉】 2017年共接转办理省举报投诉10起，办结率100%；市级受理举报投诉36起，办结率100%。

【行政处罚】 加大对违法违规行为的查处力度，强化对行政处罚案件事前把关、过程跟踪和事后审查稽查。全市共查处案件1172件（其中市卫生监督所共查处96件），移送有关部门案件13起；罚款250.84万元（其中市卫生监督所罚款14.85万元），没收违法所得26.10万元。全市无证行医率由上年的8.5%下降到5.45%。

（市卫生监督所）

计划生育

【概况】 济宁市符合两孩政策的目标人群总量大，2017年全市新出生16.4万人，同比增长15.1%；其中二孩12.5万人，同比增长37.2%，两项指标均位居全省前列，出生人口增加效应明显。落实计划生育目标管理责任制，坚持“三个不变”（坚持计划生育基本国策、坚持计划生育党政一把手负总责、坚持计划生育一票否决制不变）“四个到位”（责任到位、措施到位、投入到位、落实到位）不动摇，加大全面两孩政策落实、性别比综合治理等考核权重，对2016年度完成较好的6个县（市、区）、进步较大的2个县以及9个市直部门予以表彰，将工作被动落后的10个乡镇纳入重点关注范围；对2017年度责任制完成情况开展2次综合督查，作为奖惩兑现重要依据。改革计划生育服务管理，创新实施《济宁市生育全程服务规范》，全市孕情上报及时率、生育登记覆盖率分别达到87.1%、96.6%，高于省定目标17.1、16.6个百分点。推广使用全国统一的《母子健康手册》，全面推行孕前孕期保健、住院分娩、儿童保健、计划生育等“一站式”服务，有关经验在全省卫生计生工作会议上交流。提升妇幼健康服务能力，市级、11个县（市、区）、147个乡镇全面完成妇幼健康和计划生育服务机构整合，9家妇幼健康服务机构完成标准化建设，全市新增产科儿科床位750张、医护人员470名；各县（市、区）均建成1所危重症孕产妇和新生儿救治中心。整治出生人口性别比，落实市县乡村四级包保（分包业务，确保落实的一种责任制）、盯紧看牢重点人群、B超设备实时监控、协调联动打击“两非”等制度举措，全市“两非”案件结案89起，完成省定目标的125%；出生性别比降至109，保持鲁西南六地市先进位次。健全家庭发展支持体系，为全市符合条件的退休独生子女父母落实一次性养老补助1449万元，惠及956人。认定计划生育奖励扶助对象3.89万人、特别扶助对象2559人，落实扶助资金6178.5万元。

（陈志龙）

医疗机构简介

【济宁市第一人民医院】 济宁市第一人民医院始建于1896年，是山东省鲁西南地区学科门类齐全、医疗设备先进、专业特色突出的全国首批三级甲等大型综合公立医院；山东省区域医疗中心、济宁市区域医疗中心、济宁市远程医疗中心、济宁市心电诊断中心、济宁市医学影像中心、济宁市医学检验中心、济宁市病理诊断中心、济宁市消毒供应中心。医院先后获“全国文明单位”“全国卫生计生系统先进集体”“健康促进十佳医院”“中国最佳医院管理团队”“全国医院后勤管理创新先进单位”“全国改革创新医院”“全国模范职工之家”“全国百姓放心百佳示范医院”“全国综合医院中医药工作示范单位”“全国青年文明号”“全国三八红旗集体”“全省先进基层党组织”等荣誉称号。在济宁市“双评”活动中蝉联七连冠。医院设总院、东院和西院3个院区，设置床位4200张，开放床位3300张。共有员工5320余人，其中高级专业技术人员750余人，国务院特殊津贴专家2人，济宁市有突出贡献中青年专家10人，济宁名医30人，济宁知名专家64人，硕士生导师61人，博士后、博士、硕士1350余人。

学科建设 中西医结合儿科被评为国家十二五重点专科建设项目，急诊科、临床护理、血液内科、神经外科、呼吸内科、麻醉科、皮肤科、普外科、妇科、烧伤科、耳鼻咽喉科、心脏大血管外科、医学影像科、康复医学科、肾内科、中医科等16个科室被评为省级临床重点专科。医院相继开展冠状动脉搭桥术、心脏瓣膜置换术、心脏介入治疗术、脑血管病介入治疗、肝肾移植术、微创外科、断指再植术、骨髓移植术多项国内领先的专科诊疗技术项目，填补了鲁西南地区的空白。

诊疗设备 医院拥有国内领先的大批高精尖医疗设备。3.0T磁共振、4DCT、DSA、ECT、高端多层螺旋CT、双源CT、大型高压氧仓、直线加速器、大平板数字胃肠机、直接数字化乳腺机、主动脉球囊反搏泵、四维彩超等万元以上高精尖医疗设备4800余台（套）。

（济宁市第一人民医院）

【济宁医学院附属医院】 济宁医学院附属医院始建于1951年，是一所集医疗、教学、科研、预防、保健为一体的省属综合性 “三级甲等医院”。先后荣膺全国卫生系统先进集体、全国先进基层党组织、全国精神文明建设先进单位、五一劳动奖状、全国百姓放心百佳示范医院、全国巾帼建功先进集体、全国优质医疗服务示范医院等国家级荣誉称号；被卫生部授为临床路径、优质护理示范服务和电子病历试点医院，是山东省首家通过JCI认证的大型综合医院，被确定为山东省“省级区域医疗中心”。医院占地面积6.6万平方米，建筑总面积26万平方米，拥有临床科室79个，重症监护病区9个，开放床位3044张，全院在职员工4558人，其中卫生专业技术人员4178人，高级职称491人，研究生以上学历1191人。

诊疗技术 医院先后成功开展山东省首例同位异体心脏移植手术、鲁西南首例肝脏移植手术，完全自主成功开展自体造血干细胞移植技术等。医院心脑血管病的应急救治效率和成人康复诊疗水平处于鲁西南地区领先地位，成立癫痫、帕金森、脑卒中治疗等十余个多学科协作诊疗中心，烟雾病、先心病、矮小症、高血压等专病治疗迅速推进，鲁西南唯一的PET-CT中心正式挂牌运营，生殖医学科是山东省卫计委批准的鲁西南唯一一家开展试管婴儿工作的医疗机构。2017年，矮小症专科被省卫计委、发改委、质监局联合评为山东省临床精品特色专科，中国综合卒中中心、中国胸痛中心、中国生长发育行为医学研究中心、中国房颤中心建设单位等四个“国家级中心”落户医院，填补了鲁西南地区空白。医院先后被国家卫计委、省卫计委评定为中国初级创伤救治培训基地、国家急性心肌梗死救治项目山东培训基地、国家级住院医师规范化培训基地等，被确定为全省首家先心病三级防治培训基地。

学科建设 医院有国家级、省级重点学科和重点实验室23个，其中省级4个，市级10个，校级9个，有国家级临床重点专科1个，国家级中医药临床重点专科培育项目1个，年均发表学术论文300余篇，其中SCI论文30篇。

医疗服务 医院成立首届理事会，开展改善医疗服务行动计划活动，建立以患者为中心的诊疗模式，优化就诊服务流程，建立入院服务中心，从管理、服务、药物、院感、质量、员工、设施、教育等方面落实标准化、精细化、科学化、规范化。成功为全国24个省市自治区的1500余名先心病患儿免费实施爱心手术。推进医联体建设，联合社区医院成立“健康之家”，辐射人群100余万人。

（济宁医学院附属医院）

【济宁市精神病防治院】 济宁市精神病防治院（山东省戴庄医院）始建于1952年，是集医疗、教学、科研、司法鉴定、戒毒、职业病防治于一体的三级甲等精神病医院。医院占地260亩，建筑面积12万余平方米，在职职工826人，其中高级职称134人，博士硕士65人，享受国务院特殊津贴者2人。开放床位1580张。先后引进核磁共振、螺旋CT、骨密度仪、视频脑电图仪、大型生化仪、药物检测仪、经颅磁刺激仪、无抽搐电休克治疗仪、多导睡眠监测仪、生物反馈治疗仪等百余种先进设备。2017年，门诊接诊患者20万人次，收住院患者1.27万人次。被省卫计委授予“全省卫生计生系统先进集体”称号，被市委、市政府授予“平安济宁建设先进集体”称号，连续三年被市事业单位考核委授予“市直事业单位绩效考核A级单位”称号。

医院改革 成立医院第一届理事会和监事会，制定医院《章程》和理事会《议事规则》。牵头成立由14家医疗机构组成的“圣地精神卫生联盟”。

医疗服务 开展“上门复查和巡诊”门诊前移服务模式，完善出院患者健康指导和随访流程。推进责任制整体护理，强化床边护理工作制，将护理工作重心前移。推进吸毒成瘾认定工作，成立强制医疗病房。司法精神鉴定工作依法规范执业，连续9年获得法医精神病学能力验证最高等级“满意”结果。职业病诊断、查体业务不断拓展，全年完成1.4万人次职业健康检查，与省医科院合作完成全市2400多人的放射人员查体。

公益事业 医院承担困难家庭精神病患者医疗救助工作，定期派出专家巡诊，创新开展“上门复查和巡诊”门诊前移服务模式，完善患者健康指导和随访流程，2017年巡诊3902人次，免费救助住院治疗481人次，发放救助药物共计103.5万余元。开展“万名贫困精神残疾人康复救助工程”，全年共救助48人次。“万名保健医生进农户活动”共赴3个行政村进家庭1400户，提供保健服务1632人次，其中专项服务416人次，重点帮扶病员上门服务291人次。全年共收治“三无”精神障碍患者57人。开展“先看病、后付费”惠民措施，全年接诊惠民病人6840人次。

精神障碍管理 指导全市严重精神障碍患者的风险性评估工作，抽调28名精神科专家先后成立8个技术指导组和11个督导组，对14个县（市、区）40多个基层医疗机构严重精神障碍管理进行督导检查和技术指导，共评估3.6万人次。举办多期精防管理人员和专业人员规范化培训，共培训520人次。“686”项目免费救治药品发放准确落实到位。全市严重精神障碍在管患者管理率为92.49‰，报告患病率为4.46‰，在册患者服药率为82.89‰，均位居全省前列。

7月29日，济宁市精神病防治院第一届理事会成立大会召开

人才培养 成立济宁市医学院行为医学专业委员会，召开第四届圣地精神卫生论坛，举办精神分裂症专题学术论坛、省法医精神病鉴定培训班及市医学会首届抗癫痫专业委员会第二次学术交流会。邀请国内外知名专家进行业务指导和学术交流。参与国际合作课题1项、国家科技支撑计划项目1项，参与国家重点研发项目1项；完成人民卫生出版社出版高等学校教材4部，市级科研项目结题6项。

综合保障 开展无烟医院建设，重视安全生产，开展各类应急演练。升级改造3号病房楼，新建锅炉房及购置天然气锅炉，建成节能监测平台系统，购置全自动化学发光测定仪、DR、生化分析仪等仪器。2号病房楼新装电视124台，开通患者免费互联网接入点。信息部坚持自主研发，开发贫困救助外出巡诊系统、医保患者医嘱及费用审计等程序，升级优化网络干线，加强网络安全管理。

（山东省安康医院）

【济宁市中医院】 济宁市中医院始建于1959年，是一所集医疗、科研、教学、康复、预防保健于一体的综合性国家三级甲等中医医院。医院占地面积1.2万平方米，建筑面积1.3万平方米，核定编制床位436张，拥有13个病区，39个临床、医技科室。截至2017年底，医院有职工875人，其中，卫生技术人员745人，高级职称68人，中级职称130人；博士1人，硕士144人，本科306人，国家级中医临床研修人才1人，省级名中医3人，市级名中医12人。

中医药传承与研发 开展“国医大师济宁行”活动，建立“国医大师传承工作室” 7个，国家级名老中医药专家传承工作室1个，省五级师承传承工作室7个、市级传承工作室23个。医院拥有608种中药饮片，394种小包装中药饮片，研发中药制剂品种27个，年产值300万元。开展70多项中医适宜技术，每年约有3万多名患者接受中医技术治疗。

医疗服务 开展“万名保健医生进农户”工作，抽调10名院内中高级专家组成保健医师团队，固定时间进行巡诊，惠及1660余户村民居民；持续开展中医专家直通车工作，专家服务直通车下乡33次；持续开展恶性肿瘤、血液透析减免等慈善活动，减免费用128万余元。

医院建设 医院新院建设项目于2012年列为市政府重点项目、市民生工程。占地168.5亩，建筑面积12.7万平方米，设置床位1000张。2015年一期主体工程封顶。2017年5月底，新院建设和运营工作交由市第一人民医院全面接管，医院配合第一人民医院推进新院建设。

（孙　超）

体　育

群众体育

落实《全民健身条例》和《济宁市全民健身实施计划（2016—2020年）》，开展群众体育“六边工程”建设，广泛开展全民健身活动。

【体育组织建设】 推进体育总会、体育协会建设，形成以体育社团组织为主线、以基层体育指导站（点）为依托、以体育俱乐部经营组织为补充的社会化全民健身组织网络。基本实现县乡全覆盖，并逐步向村级延伸。其中，市级单项体育协会达到39个，社团组织52个，基层健身站点总量达到1万多个。

【健身设施建设】 2017年，共争取扶持全民健身工程项目资金1010万元。投资995万元，新建体育场所55处（笼式足球10处、篮球场15处、羽毛球场30处），完成市政府为民办实事的工作任务。完成省定110个扶贫村健身工程建设任务（梁山县、泗水县各55个村）。为市直各部门帮扶包村、联建村提供健身器材500余套，为部分市直单位配置室内健身设施。

【健身活动】 按照“大型示范、特色推动、竞赛吸引”的思路，组织开展各类健身活动，推进健身活动常态化和社会化；落实《济宁市全民健身实施计划（2016—2020年）》，组织举办济宁市第七届全民健身运动会，开展足球、游泳、门球、铁人三项、毽球、广场舞、国际象棋、象棋、羽毛球、乒乓球、气排球、环太白湖健步行、户外定向登山赛等13个项目的比赛活动，举办 “谁是球王”羽毛球擂台赛乒乓球争霸赛。分别与市总工会、市直机关工委、市妇联、济宁广播电视台等单位联合举办职工乒乓球比赛、市直机关运动会等活动，全年累计参与活动人数达到6万多人次。承办和参加国家级、省级体育赛事，组织全国峄山定向登山赛、山东省气排球比赛、太极拳比赛，并在健身气功、气排球比赛中取得优异成绩。举办山东省“百千万”三大赛济宁赛区、万人健步行、万人骑行及全国跳绳锦标赛、中国大众气排球系列活动济宁站比赛等赛事。

【健身指导】 加强对社会体育指导员

5月28日，山东省第七届全民健身运动会万人骑行暨济宁市首届“红太阳杯”自行车嘉年华举办

8月8日，“健康中国 舞动世界”首届银色世纪全国银龄广场舞大赛举办

和职业体育指导员的培训，壮大全民健身指导和志愿服务队伍。根据《山东省体育局等八部门关于开展2016年山东省普及老年人太极拳活动的通知》要求，济宁市2016年开始开展太极拳推广普及工作，累计培训骨干16000余人次，组织太极拳展演、比赛、交流等活动120余场次。动员组织体育院校学生、体育教师、教练员、退役运动员加入指导员队伍，采取体育指导员挂靠基层公共健身站点的方式，指导群众科学健身、合理健身。全市培训社会体育指导员总数达万余人。

【健身文化】　改进健身宣传模式，采取普及健身知识、推广健身项目、指导健身活动等形式。加大全民健身宣传力度，开展健身精彩图片征集及宣传行动。2017年，在《体育晨报》刊登稿件366篇，位列全省第一位。

5月20日，全国跳绳联赛（邹城站）在邹城体育公园体育馆开幕

竞技体育

济宁籍运动员在十三届全运会上，获得5金、4银、2铜的历史最好成绩；济宁籍运动员吴明阳夺得2017年射击世界杯总决赛冠军，陈贺获得2017年帆船帆板世界杯芬兰人级金牌。

【青少年体育促进计划】　落实《中共中央国务院关于加强青少年体育增强青少年体质的意见》，全市开展“传统项目学校”创建工作，印发《关于在全市中小学实施“优秀体育传统项目学校”的通知》。全市共有30所学校被命名为市级优秀体育传统项目学校。

【人才培养】　深化市队县办、市队校办、市队社会办、市队企业办“四位一体”的竞技体育人才训练模式。落实省体育局、省教育厅《关于改革县级体校办学模式的实施方案》，对县级体校进行摸底调研，12月8日出台《关于改革县级体育运动学校办学模式的实施方案》。

【第七届中小学生体育联赛】　联赛共设置7个项目，有140所学校，3200名运动员、教练员参加。利用暑假开展针对5000名中小学生的游泳免费培训和500名超体重学生夏令营集训活动。

【后勤保障】　市体校完善教练员守则、训练计划检查制度、训练科管理制度、运动员“人才库”管理制度等，并定期检查实施情况。出台新的就诊流程和规定，编写《康复治疗标准（试行）》，保证重点运动员伤病恢复和治疗。对666名运动员生理生化指标跟踪测试，对发现的问题及时反馈。开展新生入队指标测试工作。根据不同项目特点、不同队员身体素质特点、训练比赛实际需要和跟踪监控数据四方面因素，为运动员提供营养补剂、运动损伤治疗药品、重点队员加强营养辅助补剂三大类30余种营养补剂。加大反兴奋剂工作力度，确保实现“夺遵纪守法的金牌，夺干净金牌”的目标。

【体育产业】　开展体育产业统计工作，对全市体育产业进行调查统计和申报整理。申报省级扶持项目，对申报项目进行逐项审查，并进行论证预演。嘉祥县被评为省级体育产业示范基地；邹城市峄山定向登山节被评为省级体育产业示范项目；济宁市“谁是球王”乒乓球争霸赛、羽毛球擂台赛和菲特健身俱乐部运营与品牌建设列入省级引导资金扶持项目；全市共获得省级体育产业扶持资金440万元。市全民健身广场、体育中心全年共创收1300余万元。拓展体育表演业，举办（曲阜）国际马拉松比赛、承办第43届“红双喜·新星杯”全国少儿乒乓球比赛，承办山东省射击锦标赛、山东省射击冠军赛、山东省乒乓球乙组锦标赛、山东省篮球男子乙组锦标赛、山东省足球男子甲组锦标赛、山等省足球男子组冠军赛、山东省击剑冠军赛、山东省自由跤甲组冠军赛等8项省级赛事。推进体育彩票销售管理，全市体育彩票全年总销量9.05亿元，增长6%；共有销售终端750台，比上年增加22台。

（市体育局）

社会管理·人民生活

人民生活

【城镇居民】 2017年，城镇居民人均可支配收入32420元、增长8.1%。其中工资性收入16216元、增长7.6%，经营净收入3741元、增长11.1%，财产净收入1136元、增长15.9%，转移净收入2754元、增长13.3%。人均消费支出19287元、增长6.0%。其中人均食品烟酒支出4351元、增长4.5%，恩格尔系数为29.5%。衣着消费支出1209元、增长7.6%，交通通信支出2090元、增长16.9%，教育文化娱乐支出1625元、增长6.4%，医疗保健支出1140元、增长9.3%。

【农村居民】 2017年，农村居民人均可支配收入14845元、增长9.0%。其中工资性收入9724元、增长8.3%，经营净收入4262元、增长10.4%，财产净收入139元、增长16.0%，转移净收入719元、增长10.0%。人均消费支出9641元、增长9.4%。其中人均食品烟酒支出2939元、增长3.8%，恩格尔系数为30.5%。衣着消费支出618元、增长4.7%，居住消费支出1739元、增长11.1%，交通通信支出1568元、增长19.4%，教育文化娱乐支出1064元、增长8.6%，医疗保健支出882元、增长8.2%。

（市统计局综合科）

民　政

【概况】 2017年，济宁市养老服务业发展、困难群众救助、地名普查3项工作代表山东省接受国务院实地督察，2项救助工作入选民政部《“救急难”案例汇编》，困难家庭精神病人医疗救助工作被评为“中国十大民生决策”，低保家庭困难指数评估机制被评为全国十大“2017年度社会救助领域优秀创新实践案例”。济宁市被确定为全国居家和社区养老服务试点城市，获得中央财政支持3800余万元；进入中国城市公益慈善百强榜18强、居全省第1位；连续4年被评为全省民政重点工作综合评估优秀市。市民政局连续14年被评为省级文明单位，被评为全市美丽乡村建设、信访工作、脱贫攻坚和党的十九大安保维稳4项先进集体，新增市第一救助管理站和兖州区民政局、鱼台县民政局3家市级文明单位。

【兜底救助】 推进农村低保与扶贫开发有效衔接，在全省率先实现社会救助家庭经济状况核对平台部、省、市、县四级联网，在3.4万名扶贫对象中，民政兜底2.15万人。城乡低保完成“十二连增”，分别达到月人均541元、360元，较上年分别提高3.6%、12.1%，保障城乡低保对象23.4万名，支出城乡低保资金6.1亿元。全面实施农村五保对象分类供养，保障农村五保对象1.8万名，支出救助供养资金9840万元。开展困难家庭精神病人医疗救助，设立巡诊点61个，实施药物治疗救助8135人、审批住院治疗救助913人。推进“救急难”，实施医疗救助20811人、临时救助23514人、教育救助3626人。济宁市核对工作经验在全省推广。金乡县社会救助家庭困难指数评估工作被评为全国救助领域最佳创新实践成果第2名。

【养老服务】 养老院服务质量综合评估居全省第1位。新建社区日间照料中心31处、农村幸福院109处，新增养老床位5022张，全市养老床位达5.6万张，每千名老人拥有养老床位36张，医护型床位占比达12%。以市社会福利中心二期为试点，推进养老服务社会化，8个县级社会福利中心实现“公建民营”，19家敬老院引入社会力量参与运营，6个县（市、区）建成养老服务信息平台。任城区中西医院“医养结合”项目入选国家PPP重点项目示范库，汶上县如意老年公寓成为全省首批医养结合示范项目，任城区、邹城市省级社区治理暨养老服务创新实验区建设进展顺利，形成居家和社区养老示范样板。

【社会福利】 落实惠老、惠童、惠残制度，为1.5万名老年人提供高龄津贴、护理补贴和政府购买居家养老服务，为1443名孤儿和2851名困境儿童发放基本生活费，150个乡镇（街道）建立关爱工作站，3898个留守儿童集中的村居设立关爱活动站，为10083名留守儿童落实监护责任，享受困难残疾人生活补贴5.13万人、重度残疾人护理补贴6.02万人。创新推进慈善福彩健康发展，接收慈善款物2.88亿元，发放慈善款物1.8亿元，救助困难群众19.1万人，荣获山东慈善奖数量居全省第1位；福彩销量突破14.25亿元，居全省第3位，市场占有率连续多年居全省第1位，全省福彩工作会议在济宁市召开，推广“精细管理、规范发展”销售管理经验。

【基层社会治理】 按照全省统一部署，依法推进新一届村居委会换届选举，建立市、县、乡三级领导干部包保制度，突出抓好骨干培训、动员部署、程序指导、政策解答、一线督导等工作。深化社区多元主体治理，总结推广居民说事、楼长议事、民情夜会等民主协商形式。100处农村社区服务中心市级示范点全部建成，通过省政府专项督查。邹城市获批全功农村社区治理实验区，1个社区被评为全国农村幸福社区，7个社区被命名为全国防灾减灾示范社区。运行济宁志愿服务信息平台，在线注册志愿者28万人。实行社会组织直接登记制度，市、区、街道三级孵化基地网络基本形成，对30家社会组织进行首轮“双随机一公开”抽查，省级社会组织党建示范点达到6个。

【双拥优抚安置】 落实退役士兵“省11条”工作，市民政局联合人社、国资、住建等部门参与，抽调系统20余名人员集中办公，利用3个月时间，完成1978年以来符合政府安排工作条件退役士兵数据采集、问题梳理、分类定策、政策兑现等工作，采集退役士兵信息6.5万条，投入资金4.88亿元，落实政策42339人。实现全国双拥模范城“八连冠”，组织举办“强军梦·双拥情”文艺演出，开展“关爱功臣”和“双拥在基层”活动，4县（市）通过省级双拥模范城首轮考评。落实优抚安置政策，各类抚恤补助标准较上年提高10%，省级以上优抚设施改造资金争取量居全省第1位，“八一”前为3458名自主就业退役士兵发放经济补助金。兖州军供站被评为全国重点军供站。

【专项社会事务】 推进移风易俗，开展“百日攻坚”行动，组织召开两次现场会，全市组建红白理事会6511个，实现一村一会、一会一章程，全省群众满意度电话调查位次大幅前移。加强流浪乞讨人员救助力度，市第一、第二救助管理站新站启用，为长期滞站医疗托养的95名流浪乞讨精神病人解决集体户口，救助流浪乞讨人员5903人次，实现城区主要街面、重点场所无流浪乞讨未成年人。加强区划地名管理，推进平安边界建设，在全省率先编制完成第二次全国地名普查数据库。收养和登记工作规范。依法开展国内收养和涉外送养，办理收养登记35件，结婚、离婚登记合格率100%。

（郑　超）

9月1—2日，民政部领导到济宁市就第二次全国地名普查开展实地督查和现场抽验工作

人力资源和社会保障

【就业服务】 实施就业优先战略，制定和落实新一轮就业创业扶持政策，全市发放创业担保贷款9.32亿元、各项就业补贴资金2.3亿元，新增城镇就业7.45万人、完成任务的104.8%。高校毕业生就业率稳定在85%以上，就业困难人员5473人实现就业、完成任务的109.5%。2家创业孵化基地（园区）被评为省级创业示范平台，任城区、邹城市被评为全省创业型城市，邹城市钢山街道鑫琦社区被评为“国家级充分就业示范社区”，新增省级“四型社区”20个。启动实施创业雏鹰计划，开展就业创业培训7.69万人，扶持创业1.3万人、带动就业6.5万人。

【社会保障】 推进全民参保计划，加大基金征缴稽核力度，全市新增参保人员6.4万人次、完成计划的104%，社会保险综合覆盖率达到96.37%；征缴社保基金217亿元、同比增长4.1%。健全完善社会保障制度，建立居民医保漏缴补缴和基金市级统筹制度，制定出台职工长期护理保险实施办法，异地住院医疗费用实现全国联网结算。适度提高待遇水平，连续13年提高企业退休人员养老金标准，人均月增加175元。居民医保财政补助标准由每人每年420元提高到450元，大病住院报销额由45万元提高至65万元。降低失业保险费率，为参保单位和个人减轻负担1.4亿元；失业保险待遇由每人每月950元提高到1030元。全市社保基金共支付各项待遇220亿元，增长4.6%。防范社保基金支付风险，加强社保基金监管，持续实施社保基金绩效安全第三方监督评估，发现和整改基金管理问题85个。全面推行医保智能监控系统，严厉打击异地就医骗保行为，挽回基金损失293万元。

【精准扶贫】 推进就业和医保扶贫攻坚行动，举办精准扶贫专场招聘会112场，提供就业岗位6725个，通过市场推荐扶贫对象就业2310人。全市建设“就业扶贫车间”128个，其中5家获评全国就业扶贫基地，累计吸纳贫困人口1412人。全市15.5万名扶贫对象医保个人缴费全部由政府代缴。组织慢性病集中鉴定55次，1.1万人享受门诊慢性病医保待遇，住院和门诊医疗费用报销比例分别达到81.3%、84.8%。

【人才培养】 完善人才政策体系，出台《关于加强企业高层次人才队伍建设助推产业转型升级的若干意见》等一系列政策文件。增强项目带动作用，编制发布《济宁市2017年度“高精尖缺”引才目录》和《高层次人才（团队）需求目录》，结合推进创业领军人才集聚、重点产业紧缺人才引进、高技能人才开发3个计划，组织实施“孔孟之乡——山东济宁”校园人才招聘和“转型升级”“创新创业”“强农富农”“文教助推”四大引智工程，举办国家“千人计划”专家助推济宁产业园区创新发展现场对接交流活动，全市引进海内外高层次人才2586人，新增省级以上人才工程人选44人，执行外国专家项目113项、引进外国专家235人次。鲁西南现代农业引智试验区落户邹城。推进技工教育改革发展，山推高级技工学校学生林伟德获得2017年全国职业院校技能大赛一等奖，新增高技能人才9261人，其中技师、高级技师1515人。放大人才平台集聚效应，新增市级博士后工作站4家，为17家设站单位发放补助资金290万元；组织开展15场“院士专家企业行”系列服务活动，鲁西南特色林果业精准扶贫项目入选国家级专家服务基层项目。济宁工业技师学院创建为国家高技能人才培训基地、获奖补资金500万元；曲阜孔府家酒业有限公司、汶上如意技术纺织有限公司被评为首批“齐鲁技能大师特色工作站”。加强清华大学研究生社会实践基地建设，25名清华大学博士到济宁市企事业单位开展社会实践和科研攻关，解决各类技术难题23个、创造经济效益4660万元。

5月25—26日，全省职业能力建设工作暨技工院校教育教学改革现场会在济宁召开

【“放管服”改革】 推进简政放权，将“企业实行不定时工作制和综合计算工时工作制审批”下放至县（市、区）办理，下放行政权力事项6项。简化办事流程，调整规范下放行政权力事项备案程序。推进“互联网+人社服务”，梳理公布第一批“零跑腿”和“只跑一次”政务事项清单，10项业务实现“零跑腿”办理、30项“只跑一次”办理，取消证明盖章类材料6项，所有行政审批事项全部实现网上办理。

【人事管理制度改革】 在全市基层卫生计生服务机构首次增设基层卫生高级专业技术岗位。山东省公务员局培训教育基地落户济宁。强化转业军官培训和管理服务，完成185名转业军官的安置和培训任务，助推65名自

6月27日，山东省公务员特色实践教育基地（政德教育）和山东省公务员局培训教育基地（济宁）授牌签约仪式在济宁行政学院举行

主择业军转干部实现就业创业。推进人事考试综合指挥平台建设，强化省级标准化考点建设，新建省级标准化考场150个。全年组织各类考试20次，参加考生8.8万名。

【劳动关系】 防范集中失业风险，加强就业形势分析研判，完善失业预防调控机制，为571家企业发放稳岗补贴7118万元，稳定就业岗位17.2万个。平稳分流安置去产能企业职工1905人。推进劳动关系和谐城市建设，开展第三批劳动关系和谐企业评定，公布命名77家AAAA级、105家AAA级劳动关系和谐企业。全面治理拖欠农民工工资问题，全年共查处各类劳动违法案件440件，为7800名劳动者追发工资待遇6795万元，督促缴纳社会保险费4055万元，移送公安机关拒不支付劳动报酬犯罪案件16件。推进工资收入分配制度改革，调整全市最低工资标准，推动企业工资集体协商，职工工资收入稳定增长。深化国有企业负责人薪酬制度改革，公布2016年度市管企业负责人基本年薪基数和2017年度基本年薪预发标准。推进专业性劳动人事争议调解工作，全市共受理劳动人事争议案件1927件，当期结案率99.3%，按期结案率100%。

（徐文锋）

9月21—22日，全省和谐劳动关系创建现场会在济宁召开

民族宗教

【政策落实】 通过开展集中学习、重点培训、有效解读，宣传贯彻新修订的《宗教事务条例》，举办宗教界人士培训班2期。落实中央和省委民族工作会议精神，举办为期3天的全市少数民族代表人士培训班，组织60名学员学习新时期民族政策解读等课程。以全省贯彻落实中央、省委民族工作会议精神经验交流会为契机，联合市委统战部召开全市民族宗教“找差距、树品牌、争先进”工作座谈会，围绕打造民族村居“一村一品”工作亮点、服务少数民族流动人口等方面进行座谈交流。

【扶贫工作】 发挥扶贫资金带动作用，共争取各类政策资金683.6万元。其中，少数民族发展资金242万元，民族宗教社会事业发展资金71.6万元，穆斯林牛羊肉价格补贴资金310万元，市民族经济事业发展资金60万元。春节期间，按照每户400元的标准，对全市7316户穆斯林农户和425户城市穆斯林低保户，发放牛羊肉价格补贴。严格资金管理，通过省民委委托第三方开展的财政资金项目绩效评估。

【民族宗教事务】 以“国法与教规的关系”为主题，举办第六个宗教政策法规学习月活动，展出版面宣传栏70余块，发放政策法规汇编1000余册，接受咨询5000余人次。编制“零跑腿”和“只跑一次”事项清单，建立随机抽查事项清单、检查对象名录库和执法检查人员名录库，开展“双随机”检查，完成宗教基础信息数据核改和网上赋码工作。

【民族团结进步宣传教育】 面向市直机关干部发放《济宁市民族宗教工作掌中宝》1000余册，民族中小学、民品企业、清真寺、民族书画协会分别开展建设伟大祖国建设美丽家乡主题教育、民族团结进步宣传周、民族团结卧尔兹演讲、“弘扬民族文化、喜迎十九大”民族团结书画展、济宁平凉两地民族团结书画交流联展等系列活动，参与群众达1万余人。宣传民族团结进步先进事迹，充分发挥典型模范示范作用，组织90多名少数民族代表人士参加全市民族团结进步先进事迹报告会。以“中华民族一家亲，同心共筑中国梦”为主题，开展第17个全市民族团结进步宣传月活动，打造民族团结进步文化长廊4条。在街道和民族社区举办“民族小吃大点评”“民族团结饺子宴”，在民族小学开展“感恩伟大中国、共建美好家园”手抄报比赛，在新疆内高班、中职班组织“民族团结一家亲，我为亲人写封信”征文活动。指导部分县（市、区）依托文化下乡活动，在电视台和镇街文化中心、文化广场，播放民族团结影视作品30余部。

【宗教界公益活动】 在主题为“慈爱人间五教同行”的“宗教慈善周”活动中，宗教界围绕扶贫济困、救灾助

民族团结进步创建活动进校园

法律援助进民族社区

残、养老助学等方面开展慈善帮扶活动，共募集善款10万余元。引导信教群众爱国爱教，指导各宗教团体、活动场所举办十九大精神专题培训或宣讲6期，2000余名教职人员和信教群众参加“践行核心价值观，坚持宗教中国化方向”主题签名活动。指导召开济宁市伊斯兰教第六次代表会议，选举产生新一届领导机构，确保市伊斯兰教协会平稳换届。

【服务与管理】 在全市范围内开展为期1个月的宗教活动场所安全大检查，预防坍塌、火灾、踩踏等事故发生。市民宗局联合工商、质检、食安、卫生、城管、伊协等部门，以节令性和“两节”期间热销食品为重点，针对清真食品生产、加工、经营、销售等环节，对全市清真食品生产、经营单位和个体工商户进行检查和巡查。加强外来少数民族流动人口服务管理，先后与甘肃临夏自治州民委、甘南藏族自治州民委、平凉市民委、天水市民委签订少数民族流动人口跨域合作管理协议。发挥少数民族维权法律援助工作站的作用，举办公开接待日活动，接受少数民族群众法律咨询100余人次，开展法律援助10余次。

（李　庆）

老龄事业

【老龄工作格局】 市委、市政府把惠老项目和老年民生工程列入工作计划和议事日程，将加强老年人活动场所建设和老年大学升级改造列入2017年度市政府为民办十件实事内容，建设城市社区老年人日间照料中心和农村互助养老院，全覆盖建设农村留守老年人信息管理平台。及时调整全市老龄委成员单位，做好《济宁市老龄事业发展十三五规划》编制和论证工作。

【辅助养老】 在省内率先实现五项社会保险制度全覆盖的基础上，打造“补贴金+补助金+意外伤害保险金”辅助养老模式。完善全市90岁以上老年人实名统计制度，健全基础信息数据库。继续做好全市90岁以上老年人高龄补贴金、百岁老人长寿补贴金发放工作，为2.1万名90岁以上老年人发放补贴金1300万元。深化农村孝善养老补助制度，在全市农村全面推行孝心养老金，全市600多个村庄建立养老金补助制度。市老龄办与中国人寿保险股份有限公司济宁分公司签订协议，确定战略合作伙伴关系，打造银龄安康工程养老服务品牌。

【老年合法权益保障】 开展老年普法宣传活动。宣传贯彻“一法、一条例”，将老年法律法规纳入全市干部普法考试学习内容，纳入法制宣传月活动组成部分，重点开展涉及老年人赡养、婚姻、遗嘱、财产继承和监护等法律知识宣传活动。开展专项整治活动。老龄、公安、工商等部门联合，开展打击侵害老年人防范网络电信诈骗专项行动和非法集资风险专项整治，重点开展涉老金融诈骗违法犯罪活动，严厉打击侵害老年人人身、财产安全的违法犯罪行为。开展维权网络完善提升活动。联合相关部门，开展老年人公益维权服务示范站创建活动，新命名市级示范站31个，省级示范站14个。完善市、县、乡、村四级法律援助服务网络，形成“城镇半小时、乡村一小时”法律援助便民服务圈。

【养老服务】 构建“9073”养老新格局，初步实现全市90%的老年人在社区协助下通过家庭照顾居家养老，7%的老年人通过社区照顾养老居家，3%的老年人通过入住养老服务机构集中养老。济宁市养老服务业发展特别是破解农村养老难题方面探索和实践得到国务院调研组的充分肯定。全面开放居家和社会服务市场，50余家民办养老机构，100余个社会组织为全市5万余名老人提供专业养老服务，30余个民办服务机构为10万余名老人提供抵偿的社会养老服务。养老服务人才队伍建设加强，服务人员、护理人员持证上岗率达80%，探索建设“互联网+”养老服务信息平台，服务范围辐射近30万老年人。居家和社区养老服务设施加快建设，建成日间照料中心152个，农村互助养老院866个，政府出资为城镇三无、低保、空巢、高龄等困难老人购买居家养老服务，6000多人受益。联合民政等部门，组织全市养老院服务质量建设专项行动，开展全市范围内养老院服务质量大检查、大整治。

【敬老宣传】 把弘扬敬老爱老传统纳入社会主义核心价值观宣传教育，建设具有地域特色、时代特征的老龄宣传品牌和孝德敬老爱老文化。牵头整合资源，与《济宁日报》等新闻媒体签订战略合作协议，打造立体式敬老宣传格局，“敬老月”期间，全市各主流新闻媒体开辟专版、制作专题，发布公益广告，发布敬老信息。发挥孝文化研究传统优势，鼓励社会力量开展孝文化研究，加强老年学研究，引导构建积极、和谐老龄观念。以孝文化“六进”活动为总抓手，先后召开孝文化进校园“孝在心中·善在践行”主题教育现场会、孝文化“进村居进社区”现场会、“孝善养老”工作现场会，总结推广成熟经验做法，以点带面推进全市孝德文化建设工作。评选表彰群众身边的孝亲敬老先进典型，推荐的马洪伟获评第十二届“山东省十大孝星”，王成允、杨友玲获得“山东省十大孝星”提名奖。评选表彰“济宁市十大孝星”，与市文明办、市妇联等联合开展第三届“孝心家庭”评选活动，评选表彰24户“模范孝心家庭”和126户“孝心家庭”。新创建山东省敬老文化教育示范点3个，济宁市敬老文化教育基地14个。

【老年文化生活】 市老龄办推荐的“谢立亭正能量宣传党小组”获得2017年全国“老有所为楷模”荣誉称号，并作为全国唯一的团体代表，在北京受到全国老龄办的表彰。牵头组织“银龄风采艺术节”，积极推荐参加省比赛，兖州区炫舞飞飞舞蹈队荣获2017年山东省广场舞大赛二等奖。15人在第六届山东省老年书法美术大赛、第四届山东老年摄影大赛中获奖，其中4人荣获一等奖。整合各类老年文艺活动资源，推进基层老年文体组织和设施的规范化建设，全市老年活动中心、室、站达到5000余个，老年文艺团体总数达到5600多个，90%的村居、社区建立老年文体组织。推荐的市老年体协老年活动室等9个单位获评2016年度“山东省银龄之家”。

（宋　力）

10月31日，济宁市“长寿乡镇”命名暨“十大孝星”表彰大会举行

6月23日，“孝行齐鲁 关爱银铃”老年人健康大讲堂公益巡讲在济宁举办

人物·荣誉

新任市级领导简介

王艺华 济宁市委书记、党校校长。男，汉族，1963年1月出生，山东阳谷人，研究生，1984年7月加入中国共产党，1984年7月参加工作。

1980.09—1984.07山东农业大学农业经济系农业经济管理专业学习，校学生会主席、全国学联副主席；1984.07—1989.10共青团山东省委学校部干事、省学联副秘书长（其间：1985.11—1987.06挂职任微山县韩庄镇团委书记）；1989.10—1996.09共青团山东省委宣传部干事、副主任科员、主任科员；1996.09—1997.11共青团山东省委宣传部负责人（主持工作）（其间：1994.09—1997.04大连理工大学管理学院工商管理专业硕士研究生）；1997.11—1999.08共青团山东省委学校部副部长（主持工作）、省学联秘书长；1999.08—2000.06共青团山东省委学校部部长、省学联秘书长；2000.06—2006.02山东省供销社理事会副主任、党组成员（2000.12高级经济师）；2006.02—2008.09山东省供销社理事会副主任、党组副书记；2008.09—2011.04山东省供销社监事会主任、党组副书记；2011.04—2013.03山东省供销社理事会主任、党组书记（其间：2006.06—2011.06天津大学管理学院管理科学与工程专业学习，获管理学博士学位）；2013.03—2017.01山东省水利厅厅长、党组书记；2017.01至今济宁市委书记、党校校长。

石光亮 济宁市委副书记，济宁社会主义学院院长，济宁高新技术产业开发区党工委书记。男，汉族，1964年5月出生，山东安丘人，研究生，1986年3月加入中国共产党，1986年7月参加工作。

1982.09—1986.07北京大学地理学系地貌与第四纪学专业学习；1986.07—1988.09潍坊市计划委员会干部；1988.09—1991.07北京大学城市与环境学系人文地理学专业硕士研究生；1991.07—1994.09山东省计划委员会经济研究所干部、副主任科员；1994.09—1995.04山东省计划委员会长期规划处副主任科员；1995.04—1998.11山东省计划委员会长期规划处主任科员；1998.11—1998.12山东省计划委员会办公室副主任；1998.12—2001.09山东省政府办公厅副处级秘书；2001.09—2002.06山东省政府办公厅调研员；2002.06—2009.12山东省对外贸易经济合作厅办公室主任（其间：2003.02—2003.12山东省委党校中青班学习；2005.04—2005.10山东省中青年干部赴美国马里兰大学培训团学员）；2009.12—2010.09山东省商务厅办公室主任；2010.09—2012.04山东省商务厅副巡视员；2012.04—2017.01山东省商务厅副厅长、党组成员；2017.01—2017.06济宁市委副书记，济宁社会主义学院院长；2017.06至今济宁市委副书记，济宁社会主义学院院长，济宁高新技术产业开发区党工委书记。

孙　博 济宁市人大常委会主任、党组书记。男，汉族，1961年4月出生，河北孟村人，中央党校大学，1981年5月加入中国共产党，1976年12月参加工作。

1976.12—1982.01济南军区54704部队四营指挥连战士、文书；1982.01—1984.01济南第四建筑公司三队团支部书记；1984.01—1991.03济南第四建筑公司团委干事、副书记、书记，公司党委委员；1991.03—1992.11济南第四建筑公司党委委员、宣传处处长；1992.11—1993.02济南高新技术产业开发区管委会政治部干部；1993.02—1998.02济南高新技术产业开发区管委会政治部治保处副处长（其间：1991.08—1993.12中央党校函授学院本科班党政管理专业学习）；1998.02—2001.05济南高新技术产业开发区管委会法制局副局长兼司法处处长（其间：1998.03—1998.09济南市委党校第九期中青班学习）；2001.05—2002.07济南高新技术产业开发区管委会法制局副局长兼司法处处长，援藏任西藏白朗县副县长（正县级）；2002.07—2003.12济南高新技术产业开发区管委会宣传部部长，援藏任西藏南木林县委副书记、常务副县长（正县级）；2003.12—2004.06济南高新技术产业开发区管委会宣传部部长，援藏任西藏日喀则地区人事局第一局长；2004.06—2004.09济南高新技术产业开发区管委会宣传部部长；2004.09—2005.10济南市纪委常委，市监察局副局长；2005.10—2007.04济南市

纪委常委、秘书长；2007.04—2012.06济南市纪委副书记（副厅级）、秘书长；2012.06—2016.01济南市纪委副书记（副厅级）；2016.01—2016.12济宁市委常委、纪委书记；2016.12—2017.02济宁市委常委；2017.02—2017.03济宁市人大常委会主任；2017.03至今济宁市人大常委会主任、党组书记。

王宝海 济宁市人大常委会副主任、党组成员、法制委员会主任委员、代表资格审查委员会主任委员。男，汉族，1963年6月出生，山东济南人，省委党校研究生。1992年3月加入中国共产党，1982年7月参加工作。1980.09—1982.07济宁师范专科学校数学系数学专业学习；1982.07—1991.01济宁纺织器材厂教育科教师（其间：1984.09—1987.07曲阜师范大学高师函授本科数学专业学习）；1991.01—1993.05济宁市市中区人大常委会办公室秘书（其间：1990.08—1992.12中央党校函授学院本科班经济管理专业学习）；1993.05—1996.05济宁市市中区人大常委会办公室副主任（其间：1994.09—1996.05山东省委党校党政干部研究生班学习）；1996.05—1997.09济宁市市中区政府办公室副主任，区重点项目办公室副主任；1997.09—1998.03济宁市市中区体改委主任、党组书记；1998.03—1998.06济宁市市中区古槐街道党委书记、办事处主任；1998.06—1998.09济宁市市中区委常委，古槐街道党委书记、办事处主任；1998.09—2002.12济宁市市中区委常委、办公室主任（其间：1999.07—2002.07山东师范大学函授大专法学专业学习）；2002.12—2006.06济宁市委办公室副主任，2005.11兼市关心下一代工作委员会副秘书长（其间：2003.02—2003.05山东省委党校县处级干部进修班学习）；2006.06—2006.12济宁市委副秘书长；2006.12—2007.01泗水县委副书记，县政府代县长；2007.01—2009.04泗水县委副书记，县政府县长、党组书记；2009.04—2009.05泗水县委书记、党校校长；2009.05—2011.11泗水县委书记，县人大常委会主任，县委党校校长；2011.11—2012.01济宁市任城区委书记、党校校长；2012.01—2013.11济宁市任城区委书记，区人大常委会主任，区委党校校长；2013.11—2013.12济宁市委副秘书长（正县级）；2013.12—2014.01济宁职业技术学院党委书记，市委副秘书长；2014.01—2017.01济宁职业技术学院党委书记；2017.02—2017.03济宁市人大常委会副主任、法制委员会主任委员；2017.03—2017.04济宁市人大常委会副主任、党组成员、法制委员会主任委员；2017.04至今济宁市人大常委会副主任、党组成员、法制委员会主任委员、代表资格审查委员会主任委员。

陈国华 济宁市人大常委会副主任、党组成员、内务司法委员会主任委员、财政经济委员会主任委员。男，汉族，1963年3月出生，山东曲阜人，省委党校研究生，1993年8月加入中国共产党，1983年7月参加工作。1981.09—1983.07山东省财政学校工业财务专业学习；1983.07—1989.09济宁市财政局预算科科员（其间：1983.09—1988.07山东广播电视大学财政学专业学习）；1989.09—1992.12济宁市财政局预算外科、综合计划科副科长；1992.12—1998.08济宁市财政局综合计划科科长兼国债服务部主任（其间：1995.09—1997.12山东省委党校业余本科班经济管理专业学习）；1998.08—2001.08济宁市预算外资金管理局副局长（其间：2000.03—2000.07济宁市委党校中青班学习）；2001.08—2001.12济宁市预算外资金管理局局长；2001.12—2003.02济宁市财政局副局长、党组成员，市预算外资金管理局局长（其间：1999.09—2002.06山东省委党校在职干部研究生班经济管理专业学习）；2003.02—2006.06济宁市财政局副局长、党组成员（其间：2000.07—2003.07山东师范大学函授本科法学专业学习）；2006.06—2006.12济宁市发改委党组成员，市物价局局长、党组书记（其间：2004.09—2006.09北京理工大学管理与经济学院工商管理专业学习，获高级管理人员工商管理硕士学位）；2006.12—2007.01梁山县委副书记，县政府代县长；2007.01—2010.04梁山县委副书记，县政府县长、党组书记；2010.04—2011.11梁山县委书记，县人大常委会主任，县委党校校长；2011.11—2012.02济宁市委副秘书长（正县级）；2012.02—2017.02济宁市委副秘书长、办公室主任；2017.02—2017.03济宁市人大常委会副主任、内务司法委员会主任委员、财政经济委员会主任委员，市委副秘书长、办公室主任；2017.03—2017.04济宁市人大常委会副主任、党组成员、内务司法委员会主任委员、财政经济委员会主任委员，市委副秘书长、办公室主任；2017.04至今济宁市人大常委会副主任、党组成员、内务司法委员会主任委员、财政经济委员会主任委员。

张玉华 济宁市人大常委会副主任、党组成员、教育科学文化卫生委员会主任委员，市总工会主席。男，汉族，1962年5月出生，山东鱼台人，省委党校研究生，1983年4月加入中国共产党，1984年7月参加工作。1980.09—1984.07山东农业机械化学院农机设计与制造专业学习；1984.07—1984.12金乡县高河乡党委秘书；1984.12—1987.02金乡县高河乡党委组织委员；1987.02—1991.05金乡县

高河乡党委副书记；1991.05—1992.11金乡县鱼山乡党委副书记、乡长（其间：1989.09—1991.06山东省委党校党政干部研究生班学习）；1992.11—2001.02金乡县肖云镇党委书记；2001.02—2006.12兖州市政府副市长；2006.12—2009.01兖州市委常委，市政府副市长；2009.01—2009.02兖州市委副书记，市政府代市长；2009.02—2011.11兖州市委副书记，市政府市长、党组书记；2011.11—2013.11兖州市委书记、党校校长；2013.11—2016.11济宁市兖州区委书记、党校校长；2016.11—2017.02济宁市委副秘书长（正县级）；2017.02—2017.03济宁市人大常委会副主任、教育科学文化卫生委员会主任委员，市委副秘书长；2017.03—2017.04济宁市人大常委会副主任、党组成员、教育科学文化卫生委员会主任委员，市委副秘书长；2017.04—2017.08济宁市人大常委会副主任、党组成员、教育科学文化卫生委员会主任委员；2017.08至今济宁市人大常委会副主任、党组成员、教育科学文化卫生委员会主任委员，市总工会主席。

杜昌华 济宁市人大常委会副主任、党组成员、农业与农村委员会主任委员。男，汉族，1964年7月出生，山东嘉祥人，省委党校研究生，1991年1月加入中国共产党，1984年7月参加工作。

1981.09—1984.07山东水利专科学校农田水利工程专业学习；1984.07—1989.07济宁市水利局基建站技术员；1989.07—1995.07济宁市水利局人劳科副科长（其间：1985.09—1991.12河海大学函授本科农田水利工程专业学习）；1995.07—1996.06济宁市水利局人劳科副科长兼老干部科科长；1996.06—2004.07济宁市水利局副局长、党委委员（其间：1998.04—1999.04济宁市下派干部泗水工作团副团长；2000.09—2003.07山东省委党校在职干部研究生班经济管理专业学习）；2004.07—2007.03济宁市水利局副局长、党委委员，市南水北调工程建设管理局局长；2007.03—2008.11济宁市水利局局长、党委书记，市南水北调工程建设管理局局长；2008.11—2010.05济宁市水利局局长、党委书记；2010.05—2010.06鱼台县委副书记，县政府代县长；2010.06—2011.11鱼台县委副书记，县政府县长、党组书记；2011.11—2011.12济宁市政府副秘书长，市政府办公室党组副书记（正县级）；2011.12—2012.04济宁市政府党组成员、副秘书长，市政府办公室党组书记；2012.04—2017.02济宁市政府党组成员、秘书长，市政府办公室党组书记；2017.02—2017.03济宁市人大常委会副主任、农业与农村委员会主任委员，市政府党组成员、秘书长，市政府办公室党组书记；2017.03—2017.04济宁市人大常委会副主任、党组成员、农业与农村委员会主任委员，市政府秘书长，市政府办公室党组书记；2017.04至今济宁市人大常委会副主任、党组成员、农业与农村委员会主任委员。

任庆虎 济宁市政府副市长、党组成员。男，汉族，1974年12月出生，山东汶上人，大学，1994年11月出生，1996年7月参加工作。

1992.09—1996.07山东工业大学材料科学与工程系锻压工艺及设备专业学习；1996.07—1997.04沂南县砖埠镇党委秘书；1997.04—2000.07沂南县砖埠镇党委宣传统战委员；2000.07—2001.02临沂高新技术产业开发区党工委委员、管委会主任助理（正科级）；2001.02—2002.09平邑县委常委、组织部部长；2002.09—2008.11共青团临沂市委书记（其间：2003.02—2003.12山东省委党校中青班学习）；2008.11—2009.01临沭县委副书记，县政府代县长；2009.01—2011.11临沭县委副书记，县政府县长、党组书记；2011.11—2016.11临沭县委书记；2016.11—2017.01工作待安排；2017.01至今济宁市政府副市长、党组成员。

张继民 济宁市政协主席、党组书记。男，汉族，1963年3月出生，山东梁山人，省委党校研究生，1982年2月参加中国共产党，1979年12月参加工作。

1979.12—1980.12梁山县人民银行会计；1980.12—1983.09梁山县农行人事干事；1983.09—1987.07山东省委党校理论班党史党建专业学习；1987.07—1988.08梁山县委党校理论教员；1988.08—1990.09梁山县委办公室科员；1990.09—1992.03济宁市委办公室秘书；1992.03—1993.08济宁市委办公室副科级秘书；1993.08—1996.03济宁市委组织部研究室副科级组织员；1996.03—1997.05济宁市委组织部企业干部科副科长；1997.05—1998.10济宁市委组织部企业干部科科长；1998.10—2000.01济宁市委组织部办公室主任；2000.01—2001.08济宁市委组织部助理调研员、办公室主任；2001.08—2001.12济宁市委组织部副部长、办公室主任；2001.12—2005.02济宁市委组织部副部长；2005.02—2007.12济宁市委组织部副部长，市人事局局长、党组书记，市编办主任（其间：2004.09—2007.06山东省委党校在职干部研究生班经济管理专业学习）；2007.12—2011.11济宁市市中区委书记，区人大常委会主任，区委党校校长；2011.12—2012.02济宁市政府党组成员；2012.02—2017.02济宁市政府副市长、党组成员；2017.02—2017.03济宁市政协主席；2017.03至今济宁市政协主席、党组书记。

倪丽君 济宁市政协副主席、党组成员、经济和农业农村委员会主任，市妇联主席、党组书记。女，1962年10月出生，山东梁山人，省委党校研究生，1985年11月加入中国共产党，1979年12月参加工作。1979.12—1981.07梁山县副食品公司职工；1981.07—1984.09梁山县商老庄公社团委书记；1984.09—1986.07山东师范大学政治系干修科思想政治教育专业学习；1986.07—1988.06梁山县团委干事；1988.06—1993.05梁山县团委学生部部长、宣传部部长；1993.05—1996.01梁山县团委副书记；1996.01—1997.04梁山县团委书记；1997.04—1997.12梁山县李官屯乡党委书记（1995.09—1997.12山东省委党校业余本科班经济管理专业学习）；1997.12—1998.09梁山县委常委、李官屯乡党委书记；1998.09—2004.07梁山县委常委、宣传部部长（其间：2000.09—2003.07山东省委党校在职干部研究生班经济管理专业学习）；2004.07—2008.02济宁市妇联副主席、党组副书记；2008.02—2017.02济宁市妇联主席、党组书记；2017.02—2017.03济宁市政协副主席，市妇联主席、党组书记；2017.03至今济宁市政协副主席、党组成员、经济和农业农村委员会主任，市妇联主席、党组书记。

王建华 济宁市政协副主席、党组成员、提案委员会主任，市委组织部副部长，市人力资源和社会保障局局长、党委书记。男，汉族，1963年6月出生，山东金乡人，省委党校大学，1987年7月加入中国共产党， 1983年7月参加工作。1981.09—1983.07菏泽粮食学校财会专业学习；1983.07—1984.09山东省政府机关门诊部会计；1984.09—1986.09金乡县计委干事；1986.09—1989.10金乡县人事局科员（1985.10—1988.07山东省高教自考大专统计专业学习）；1989.10—1991.08金乡县委组织部干事（其间：1990.11—1991.08济宁市人事局帮助工作）；1991.08—1993.11济宁市人事局奖惩任免科科员；1993.11—1995.05济宁市委组织部干部科干事；1995.05—1997.06济宁市委组织部组织员办公室副科级组织员；1997.06—1998.10济宁市委组织部企业干部科副科长（1995.09—1997.12山东省委党校业余本科班经济管理专业学习）；1998.10—2001.12济宁市委组织部企业干部科科长（其间：2001.03—2001.06济宁市委党校中青班学习）；2001.12—2006.06济宁市企业干部处主任（其间：2004.03—2006.03北京理工大学管理与经济学院工商管理专业学习，获高级管理人员工商管理硕士学位）；2006.06—2006.07济宁市委组织部副部长；2006.07—2008.11济宁市委组织部副部长，市国资委党委副书记；2008.11—2008.12济宁市民政局党组书记；2008.12—2011.02济宁市民政局局长、党组书记；2011.02—2011.04济宁市人力资源和社会保障局局长、党组书记；2011.04—2012.12济宁市人力资源和社会保障局局长、党委书记（2010.04—2011.08兼济宁市社会组织党工委书记）；2012.12—2017.02济宁市委组织部副部长，市人力资源和社会保障局局长、党委书记；2017.02—2017.03济宁市政协副主席，市委组织部副部长，市人力资源和社会保障局局长、党委书记；2017.03至今济宁市政协副主席、党组成员、提案委员会主任，市委组织部副部长，市人力资源和社会保障局局长、党委书记。

班　博 济宁市政协副主席、人口资源环境委员会主任，济宁医学院临床医学院常务副院长、附属医院副院长，致公党济宁市委主委。女，汉族，1963年5月出生，山东济宁人，研究生，2005年12月加入中国致公党，1983年7月参加工作。1980.09—1983.07济宁医学专科学校医疗专业学习；1983.07—1987.08济宁市精神病防治院神经内科医师；1987.08—1999.08济宁医学院附属医院内分泌科主治医师（其间：1993.07—1994.06解放军总医院内分泌科进修；1996.09—1999.07南京医科大学临床医学系内科学<内分泌与代谢病>专业硕士研究生）；1999.08—2003.02济宁医学院附属医院内分泌科主任；2003.02—2003.08济宁医学院附属医院医务处主任、内分泌科主任；2003.08—2009.04济宁医学院附属医院副院长兼临床学院副院长（其间：2007.03—2007.06山东省高校处级领导干部培训班学习）；2009.04—2013.06济宁医学院护理学院院长、附属医院副院长（2006.09—2009.12华中科技大学同济医学院内科学专业攻读博士学位；2011.09—2011.11中央社会主义学院第26期民主党派干部培训班学习）；2013.06—2015.12济宁医学院护理学院院长、附属医院副院长，致公党济宁市委主任委员；2015.12—2017.02济宁医学院临床医学院常务副院长（正处级）、附属医院副院长，致公党济宁市委主任委员；2017.02—2017.03济宁市政协副主席，济宁医学院临床医学院常务副院长（正处级）、附属医院副院长，致公党济宁市委主委；2017.03至今济宁市政协副主席、人口资源环境委员会主任，济宁医学院临床医学院常务副院长、附属医院副院长，致公党济宁市委主委。

宋晓磊 济宁市人民检察院检察长、党组书记。男，汉族，1967年8月出生，山东齐河人，大学，1993年8月加入中国共产党，1990年9月参加工作。1986.09—1990.07华南理工大学建筑工程系水利水电工程建筑专

业学习；1990.07—1990.09毕业待分配；1990.09—1996.04聊城地区司法局科员（其间：1993.09—1995.09北京大学法律学系法律学专业学习，获法学学士学位）；1996.04—1998.07聊城地区司法局教育科副科长；1998.07—2001.12聊城市司法局法制宣传科科长；2001.12—2005.10聊城市委政法委副调研员；2005.10—2008.11聊城市委政法委政治部主任；2008.11—2011.03聊城市人民检察院副检察长、党组成员，市反贪局局长；2011.03—2015.12聊城市人民检察院副检察长、党组成员（正县级）；2015.12—2017.01聊城市人民检察院副检察长、党组副书记（正县级）；2017.01—2017.02济宁市人民检察院代检察长、党组书记；2017.02至今济宁市人民检察院检察长、党组书记。

（由市委组织部提供）

2017年度荣誉榜

全国五一劳动奖章获得者

孔繁鹏　曲阜市三孔旅游旅行社导游员

第五届全国文明村镇

兖州区新驿镇王楼村

邹城市香城镇北齐庄村

金乡县鸡黍镇东李村

汶上县军屯乡马山村

济宁高新区柳行街道新村

第五届全国文明单位

济宁市城市管理局

济宁市公安局交通警察支队

中国移动通信集团山东有限公司济宁分公司

邹城市地方税务局

第一届全国文明校园

济宁学院附属中学

济宁市霍家街小学

2015—2016年度全国青年文明号

济宁市梁济运河管理处水政监察大队

曲阜市三孔旅游服务公司文博讲解中心

山东省鲁南监狱特警队

济宁市规划设计研究院设计一所

邹城圆正通速递有限公司营业部

济宁医学院附属医院院前急救中心

山东省富民兴鲁劳动奖章获得者

曹善勇　华电国际邹县发电厂副总工程师

常晓玲（女）　中国移动通信团山东有限公司济宁分公司集团客户部服务中心经理

陈　波　汶上县总工会党组书记、工会主席

董　栓　山东太阳纸业股份有限公司车间主任

郭广淼　济宁市任城区财政局局长

孔　涛　山东圣地甘薯产业股份有限公司工会主席、基建科长

李春梅（女）　济宁华润燃气有限公司员工

李　伟　兖矿集团有限公司总经理

李兴矗　微山县人民医院检验科主任

彭　欣　山东鲁抗医药股份有限公司总经理

孙树印　济宁市第一人民医院党委书记、院长

谭立国　曲阜天博汽车零部件制造有限公司技术总监

王彦良　国网济宁供电公司副总经理

魏建国　鱼台县地方税务局党组书记、局长

吴艳蕊（女）　山东鲁泰化学有限公司工会主席、纪委书记

向俊兵　山推工程机械股份有限公司高级技师

徐媛媛（女）　山东梁山徐坊大曲有限公司技术部长

薛　鹏　嘉祥县地税局局长

杨升思　金乡县王丕中学教师

姚树峰　泰山玻璃纤维邹城有限公司分厂厂长

张明武　山东大成钢结构工程有限公司总经理、济宁高新区王因街道后岗村党支部书记、村主任

张　彤　中国联合网络通信有限公司济宁市分公司副总经理

第二届济宁市文明家庭

胡华龙家庭　任城区南苑街道八铺社区
陈德民家庭　任城区南张街道苏家村
张　敏家庭　任城区观音阁街道前铺社区
李春雨家庭　任城区李营街道汇翠园小区
张凤元家庭　任城区济阳街道财工街社区
牛志胜家庭　任城区济阳街道草桥口社区
孙　静家庭　任城区古槐街道白衣堂社区
徐　慧家庭　任城区济阳街道草桥口社区
李　云家庭　任城区越河街道西大寺社区
张　昊家庭　任城区李营街道汇翠园小区
刘巧玲家庭　任城区李营街道人文嘉园小区
张三姣家庭　兖州区漕河镇后楼村
李清涛家庭　兖州区鼓楼街道红花村
黄元雪家庭　兖州区龙桥街道长安社区
宋　媛家庭　兖州区鼓楼街道民族小区
李为用家庭　兖州区酒仙桥街道邓家窑社区
王洪利家庭　兖州区鼓楼街道新兴社区
吴　琨家庭　兖州区鼓楼街道干休所金阁花园
孔祥真家庭　兖州区兴隆庄街道四竹亭村
金　辉家庭　曲阜市鲁城街道岐黄街2号
孔凡珍家庭　曲阜市小雪街道圣水苑小区
孔维銮家庭　曲阜市鲁城街道滨河小区
鹿文鹏家庭　曲阜市时庄街道崇文社区
史　薇家庭　曲阜市时庄街道神农耕小区
苏庆华家庭　曲阜市鲁城街道东关社区
王　峰家庭　曲阜市鲁城街道大成小区
张华清家庭　曲阜市小雪街道圣水苑小区
刘　毅家庭　泗水县济河街道龙城社区
马怀程家庭　泗水县泗河街道金泉社区
乔　健家庭　泗水县金庄镇金庄村
孙庆才家庭　泗水县泗河街道福临城小区
孙　涛家庭　泗水县泗河街道三发舜和小区
王　梅家庭　泗水县泗河街道舜发社区
臧　华家庭　泗水县济河街道教育局家属院
付立菊家庭　邹城市郭里镇凤凰山村
韩　冰家庭　邹城市千泉街道人民医院家属院
苏艳芝家庭　邹城市千泉街道广电小区
苑举平家庭　邹城市中心店镇西付村
臧永芝家庭　邹城市石墙镇绿鑫春生态公司
赵守菊家庭　邹城市大束镇王傅庄村
王桂英家庭　邹城市中心店镇中心花园
邓昭云家庭　邹城市太平镇北亢村
鲍金玲家庭　微山县韩庄镇前性义村
田玉坡家庭　微山县南阳镇王占一村
位从风家庭　微山县马坡镇马庄村
魏秀梅家庭　微山县昭阳街道南坝村
张尊磊家庭　微山县夏镇街道箭道社区
赵鲁峰家庭　微山县夏镇街道武装部家属院
张　波家庭　微山县微山岛镇墓前村
袁训英家庭　微山县张楼镇湖兴村
张慧梅家庭　鱼台县王鲁镇滨湖孝贤居
王艳秋家庭　鱼台县唐马镇孙各村
马　玲家庭　鱼台县王鲁镇滨湖孝贤居
李秀珍家庭　鱼台县谷亭街道吉祥家园
张秀娟家庭　鱼台县湖陵一路地税局家属院
赵绍阳家庭　鱼台县张黄镇常柳行村
刘美兰家庭　鱼台县清河镇人民政府
周远征家庭　金乡县金乡街道金山社区
张景敏家庭　金乡县金乡街道民政小区
邱　萌家庭　金乡县金乡街道金西社区
马龙传家庭　金乡县金乡街道九星花园
朱　军家庭　金乡县金乡街道真武社区
代　帅家庭　金乡县金乡街道金山北街
翟福贞家庭　金乡县金乡街道华星面粉厂宿舍
梁维维家庭　嘉祥县纸坊镇汤山村
高　慧家庭　嘉祥县计生局家属院
卢润科家庭　嘉祥县金屯镇前卢楼村
李传珍家庭　嘉祥县检察院家属院
李　伟家庭　嘉祥县嘉祥街道呈祥小区
周瑞霞家庭　嘉祥县孟姑集镇前杜村
伊　飞家庭　嘉祥县嘉祥街道迎宾花园小区
孔凤芹家庭　汶上县白石镇武村
房淑英家庭　汶上县广场路阳光盈城小区
杨洪伟家庭　汶上县汶上街道西门社区
邢淑娟家庭　汶上县郭仓镇美化村
张洪燕家庭　汶上县郭楼镇西海子村
靳霜立家庭　汶上县中都街道永续慧园小区
赵　娟家庭　汶上县广场路阳光盈城小区
李继保家庭　梁山县水泊街道水浒街社区
张冠平家庭　梁山县黑虎庙镇教委

张淑娟家庭　梁山县水泊中路水泊花园小区
马洪前家庭　梁山县黄河家园
史月华家庭　梁山县杨营镇杨营小区
高春英家庭　梁山县凤园路205号
刘瑞云家庭　梁山县馆驿镇第一初级中学
杨学朋家庭　梁山县水泊街道付庙村
刘忠德家庭　济宁高新区柳行街道广安家园
卢令俊家庭　济宁高新区黄屯街道金色嘉苑社区
宋玉霞家庭　济宁高新区洸河办事处东闸社区
王冬梅家庭　济宁高新区接庄街道舒辛村
张保乾家庭　济宁高新区王因街道张村
刘艳菊家庭　太白湖新区石桥镇倪庙村
魏忠华家庭　太白湖新区许庄街道毛行村
孙善民家庭　济宁经开区马集镇下花林村
王海华家庭　济宁经开区马集镇马集村
陈凤华家庭　济宁高新区王因街道杨村矿社区
李辰生家庭　兖州区兴隆庄煤矿社区
杨　阳家庭　任城区阜桥街道后铺社区
宋翠玲家庭　任城区环城西路供电公司宿舍
郭庆新家庭　任城区李营街道汇翠园小区
秦晓博家庭　济宁高新区洸河街道警韵之家小区

济宁市2017年度“最美志愿者”

王爱华　济宁市巾帼志愿者服务队
邱　珍　济宁市烛心志愿服务队
曹鲁平　济宁市民生365志愿服务队
赵　颖　济宁市运河义工服务协会
王　皎　济宁市老龄办志愿服务队
张凌云　济宁市生命相“髓”志愿者服务队
张　敏　济宁市汽车北站志愿服务队
钟　田　任城区嘉诚党总支志愿者服务队
姜　科　任城区金城街道兴东社区志愿服务队
王建滨　兖州区国税局志愿者服务队
石治明　曲阜市志愿者协会
焦　丽　邹城市志愿者协会
张　奎　微山县微山湖志愿者协会
田　凯　嘉祥县嘉祥二院青年协会
王素华　汶上县佛都志愿者协会
刘金柱　济宁市无偿献血志愿者协会汶上分会
冯成刚　梁山县大义社会工作服务中心
王庆各　济宁市城市管理综合执法局太白湖新区分局

济宁市第七届“美德少年”名单

孔祥乐　济宁市特殊教育学校
刘书豪　济宁市第一中学分校
韩玉佳　济宁市育才中学分校
江昱瑾　济宁学院附属中学
邵孟帅　济宁学院附属中学
宋亚璇　济宁学院附属中学分校
王天然　济宁学院附属小学
相雨欣　济宁学院附属小学
郭雨阳　济宁学院第二附属小学
郭雨婧　济宁市乔羽小学
王毅豪　济宁市实验初中
谢云杰　济宁市任城区安居二中
王奕翔　济宁市东门大街小学
杨少骞　济宁市东门大街小学
孟骁阳　济宁市任城区二十里铺中心小学
李泓莹　济宁市霍家街小学
王　天　济宁市第七中学
李忆柔　济宁市任城区李营一中
蔡璟琨　济宁市任城实验小学
刘帅成　济宁市第十三中学
刘鸿瑞　济宁市十五中学
吴雨凡　济宁市实验小学
张浩然　兖州区文化路小学旧关校区
李　众　兖州区东方中学东校区
宋兴宇　兖州区东方中学西校区
王文菲　东方中学
孙名轩　兖州区东御桥小学
张一鸣　兖州区山拖学校
高雅晴　兖州区新兖镇中心小学
李子轩　兖州区兴隆庄街道中心小学
郭祉骏　曲阜市实验小学
孔奕婷　曲阜师范大学附属小学
王纯研　曲阜市尼山昌平中学
付艺佳　曲阜市鲁城书院街小学
孔庆泰　曲阜市实验中学
刘欣冉　曲阜市第二实验小学
翟文慧　曲阜市吴村镇中心中学
张逸飞　曲阜市鲁城街道孔子中学
张欣雨　泗水县洙泗小学
丁春燕　泗水县龙城小学
绪富齐　泗水县实验小学
杨姝然　泗河小学
胡永宁　泗水县泗张镇明德小学
朱晓萌　泗水县圣水峪小学
王群博　泗水县龙城初级中学
苏　梦　泗水县洙泗中学
王宏博　泗水县泉林初级中学
雷现萌　邹城特校
曹妍妍　邹城市张庄镇中心小学
段雯馨　邹城市第二实验小学南校区
宋振宵　邹城市杏花村小学
孙延骏　邹城市第六中学
宋思涵　邹城市北宿镇前万小学
袁睿涵　邹城市凫山小学
张　美　邹城市第七中学
段修振　邹城市第三实验小学
孟千越　邹城市第一实验小学
尚心悦　邹城市电厂小学
许涵哲　邹城市兖矿第二小学
李　会　微山县特殊教育学校
张幸如　微山县高楼乡小闸学校
孟　影　微山县韩庄镇第二中学
李欣悦　微山县留庄镇桥上小学
潘俊豪　微山县鲁桥镇第一中学
赵润昊　微山县清华实验学校
李一凡　微山县实验小学

杜星宇　微山县实验中学
李永欣　微山县夏镇中心小学
杨　光　微山县昭阳街道荷韵小学
陈亦白　鱼台县实验小学
杨婉茹　鱼台县王鲁镇中心小学
张寒池　鱼台县实验中学
陈　灿　鱼台县王庙镇中心小学
李一勃　鱼台县鱼城镇中心小学
马雨菲　鱼台县滨湖中学
王子涵　鱼台县第二实验小学
周鑫瑜　金乡县实验中学
耿　珣　济宁教育学院附属小学
邵可凡　金乡县实验小学
李智怡　金乡县育才学校
张璐瑶　金乡县西关小学
张肖楠　金乡县卜集中学
杨绍巍　金乡县司马镇中心小学
戴惠泽　金乡县武警希望小学
李雯洁　金乡县羊山中心小学
曹正阳　嘉祥县第四中学
楚遵儒　嘉祥县第四中学
李茂盛　卧龙山街道中学
马雨萱　嘉祥县实验小学
马一鸣　嘉祥县实验小学
梁慧雅　嘉祥街道西关小学
王艺潞　嘉祥街道西关小学
邵俊杰　金屯镇中心小学
陆亚晴　马村镇欧隆小学
张番番　大张楼镇中心小学
李肖蕊　汶上县次丘镇中学
尹同伟　汶上县郭楼镇王坝口小学
高怡欣　汶上县实验中学
李兆智　汶上县实验小学
李宗慧　汶上县中都国际学校
刘诗彤　汶上县第二实验中学
刘雨涵　汶上县实验小学
吴佳欣　汶上县义桥镇九华小学
辛鹏飞　汶上县刘楼镇中学
翟梦珂　汶上县白石镇中学
胡宸铭　梁山县第二实验小学
董志琦　梁山县小安山镇第二中心小学
李添添　梁山县第二实验小学
马朝帅　梁山县第一实验小学南校区
佟　乐　梁山县第一实验小学南校区
王奕文　梁山县北关小学
钱　圣　梁山县第一实验小学
闫　舒　梁山县第二中学
杨明哲　梁山县第一实验小学
白硕扬　济宁孔子国际学校
许翼枫　济宁高新区黄屯镇中心小学
李惠娴　济宁高新区济东小学
刘梦阳　济宁高新区崇文小学
王鸣飞　济宁市北湖小学
刘渝齐　太白湖新区石桥中学
李　旸　经开区马集镇中心小学
张圣涵　经开区疃里镇中心小学

（由市委宣传部 市总工会提供）

济宁高新技术产业开发区

综　述

【组织机构和领导】

济宁高新区党工委

书　记　石光亮

副书记　刘章箭

鹿洪超

殷　锋

委　员　王培华

李　征

车莉莉（女）

秦秋来

济宁高新区管委会

副主任　刘章箭

济宁高新区纪工委

书　记　车莉莉（女）

济宁高新区工会

主　任　秦秋来

【概况】　济宁高新技术产业开发区（以下简称济宁高新区）创建于1992年5月，2010年9月26日经国务院批准升级为国家高新技术产业开发区，是国家科技创新服务体系、创新型产业集群、战略性新兴产业知识产权集群管理、科技创业孵化链条试点高新区及省级人才管理改革试验区、山东省科技金融试点高新区。辖洸河、柳行、黄屯、王因、接庄5个街道，常住人口约26.2万人，行政管辖面积255平方公里。2017年，济宁高新区地区生产总值530.7亿元，增长7.7%；规模工业总产值1208.3亿元，增长13.9%；公共财政预算收入38.1亿元，税收占比达84%；财政固定资产投资377.8亿元，增长10.0%；实际利用外资18.26亿元，居全市第一位；进出口总额91.2亿元，增长16.8%。主要经济指标好于上年同期水平，增速高于全市平均水平。

产业转型升级　聚焦产业个性需求，工程机械、汽车零部件等产业增长强劲，生物医药、信息技术等产业持续膨胀，实施工业技改项目57个，新增“两化”融合示范企业7个，高新技术产业占比45.55%、高于全市14.68个百分点。申报市“四新四化”项目97个，新增“四上”企业120家。获批全国第4家国家安全产业园、全国第11家国家检验检测示范区。设立过桥基金、资产重组基金、产业发展扶持基金，组建国有小贷公司和担保公司。各类市场主体稳步增长，新设立企业1738户，驰名商标持有与新注册量稳居全市第一。规模以上工业实现主营业务收入1303.7亿元、增长17.1%，利润93.38亿元、增长50.9%，利税143.93亿元、增长41.4%。

一区十园布局　以发展高科技、聚集新产业、培育新动能为核心，设立蓼河新区，规划科技金融园等5个街道属地园区，推进建设生物医药等4个专业园区，引导产业集群式发展。实施“主导产业+园区”投资促进机制改革，配齐50余人的投资促进团队、60余人园区运作团队，在深圳、上海等地陆续举办专题招商活动。实施“主导产业+园区”投资促进机制改革，在谈项目53个，意向投资531.6亿元；签订合同项目28个，合同利用市外国内资金278亿元；在建项目197个，实现投资326亿元。投资32亿元的华能2×350MW“上大压小”热电联产项目、11亿元的圣地智能电力产业基地、10亿元的北大环保产业基地等项目开工建设，远山第三代新材料、中关村纳米科技等一批新产业、新业态加速聚集。

平台运营　国家纺纱工程技术研究中心、国家纺织品工业设计中心等投入使用。发起设立科技企业孵化器创新战略联盟，众创药客获批全市唯一一家省级品牌众创空间。全社会研发投入占比全市第一，三类专利申请量、授权量、发明专利申请量稳居全市前三。获批国家创新人才培养示范基地，新引进750名海内外紧缺急需人才，6人入选泰山领军人才。新成立医疗健康产业基金、创达天使投资基金等4支基金、总规模23.5亿元，普惠金融小额信贷模式在全省推广。辰欣药业沪市主板上市、如意SMCP集团境外上市，境内外上市企业达4家；高翔航空新三板上市，新三板上市挂牌企业达到9家；圣邦人力、广安车联成为全市首批进入新三板创新层上市挂牌企业。

产城融合发展　统筹布局生产空间、生活空间、生态空间，完善城市总体规划和控制性详细规划，启动河道水系、交通体系、地下空间、生态绿化等专项规划编制工作。实施蓼河三期治理、景云片区等开发建设，红星爱琴海、蓼河北部组团等加快推进。群英路等7条道路通车，德源路等16条道路完成改造，5.3公里综合管廊工程、11个海绵城市项目进展顺利。19个美丽乡村达标村、11个生态宜居村和3个美丽乡村示范村全部达标，完成19982户农厕改造任务。推进国家森林城市建设，新增绿化造林2600亩、花卉地被9万平方米。抓好文明城市创建，建成3处文明城市主题公园。抓好大气、水整治，取缔或整改“散乱污”企业，完成胜利生物等36家企业挥发性有机物治理，14台机组（锅炉）完成超低排放改造任务，小型燃煤锅炉全部取缔或置换清洁能源。

改革创新　调整党工委全面深化改革领导小组，充实改革办工作力量。实施“主导产业+园区”投资促进模式，组建投资促进会战指挥部。

实施区街财税体制改革，建立“责权统一、明确基数、收支挂钩、绩效结合”的财政体制格局。研究推进“职员制”试点，重点对管委会机关、事业单位在编在岗人员，实行“全员起立，重新竞聘”的管理模式。深化“放管服”改革，实行“前台综合受理，后台分类审批，统一窗口出件”的服务模式，推行“零跑腿”和“只跑一次腿”事项办理。改革国有资产授权经营体制，将分散的国有资产进行统一经营管理，以管资本为主加强国有资产监管，设立高新控股集团，提高融资能力和资产利用效率。推动群团组织改革，扩大群团组织和群团工作有效覆盖。

双林6AT DSI自动变速器项目生产现场

民生保障 10大类38项民生实事工程有序推进，民生相关领域支出同比增长10.2%。城乡低保标准完成“十二连增”，救助城乡困难群众4800人。1167户贫困户、2456人全部实现稳定脱贫，人均低保收入4560元，比全省最低贫困线年人均收入3509元高1051元，贫困户年人均纯收入平均为5387.22元，比省线高1878.22元。15年一贯制的海达行知学校投入使用，16个大班额项目开工45.9万平方米，竣工36.6万平方米，新增学位14300个。中考高分率、优秀率、合格率实现翻番增长，综合成绩蝉联全市县（市、区）第一。三甲医疗全覆盖提质扩面，街道卫生院全部实现三级医院“同质化”服务，新建28家标准化卫生机构，14大类49项基本公共卫生服务全部免费向市民提供。在全市率先实现养老机构社会化运营。持续开展安全生产“大快严”集中行动，6家企业被评为省级双体系建设标杆企业。十九大期间实现“六个不发生”的任务目标，是“零进京、零非访、零集访、零涉军上访、零进京信访局登记”县（市、区）。深化平安高新工程，在全省率先推行视频信访系统，信访案件办结率、终结率达到100%，被评为全省社会治安综合治理先进单位。

济宁高新控股集团

9月25日，高新区新市民中心启用，实现“一窗受理 集成服务”

干部作风建设 开展“解放思想大讨论、遵规守纪大教育、干部作风大提升”三大活动。从8月份开始开展干部作风集中整治，引导培育“担

11月25日，济宁玉柴三款低排量柴油发动机同步下线

当作为、干事创业、务实重干”高新精神。实施企业大走访活动，帮助企业解决问题551项。实施对口大联络活动，争取上级各类政策资金373项、总金额13.01亿元，其中国家创新人才培养示范基地等国家名片45项，省级外包基地、首批智能制造试点示范项目等省级名片96项。实施环境大提升活动，深化“双随机一公开”制度，全面推开“31证合一”，新市民大厅投入使用，全面落实行政审批“三集中三到位”，22个部门涉及204项审批及公共服务事项全部入驻大厅。实施政策大宣讲活动，推动政策落实进企业。实施作风大检查活动，建立干部“今日工作”公示制度，对52名街道、部门主要负责人每天工作公开公示，接受企业和群众监督。

从严治党 建立村居党员划片定岗联户制度，规定每名党员联系10—15户，4503名村居党员包保联系49840农户。规范党的组织生活，认真落实基层党支部组织生活“十条”标准，严格规范基层党支部“三会一课”、组织生活会、民主评议党员、谈心谈话等制度频次和程序。实行党员亮化记分管理，制定合格党员18条标准、先锋党员25条标准、不合格党员7条标准。坚持“一街道一主题一特色”，涌现洸河街道大工委社区大党委、柳行一圈一带、黄屯五级网格化服务、王因“党建+”、接庄“一体两翼”等党建示范区建设亮点。成立在京流动党员党支部，完成党组织和党员电子身份信息采集录入工作，完善“一证一簿一单一账”党费收缴使用管理制度。加强党风廉政建设，廉政教育基地接待基层党员干部11批次480多人。

蓼河新区全景

【主导产业】 装备制造业全年实现营业收入267.2亿元，实现利润11.15亿元。纺织新材料产业全年实现营业收入552.7亿元，实现利润29.9亿元。生物医药产业全年实现营业收入113.1亿元，实现利润11.8亿元。汽车及零部件产业全年实现营业收入79.6亿元，实现利润3.1亿元。现代服务业全年实现营业收入69.5亿元，实现利润8.5亿元。

【新建项目】 **红星爱琴海城市综合体项目** 由上海红星美凯龙置业有限公司投资建设，总投资15亿元，占地300亩，主要打造购物公园、百货MALL、娱乐广场、花园景观洋房及高层住宅等。项目建成运营后，可实现年销售收入1.8亿元、税收3000万元。

华能热电联产项目 由华能济宁高新区热电有限公司投资建设，总投资32亿元，占地500亩，建筑面积9万平方米，建设两台350MW超临界热电联产机组。采暖期最大抽汽能力达630吨。项目建成投产后，可实现年销售收入16亿元、利税4亿元。

泰丰高性能液压集成系统项目 为中国制造“2025”工业转型升级强基工程，总投资15亿元，一期投资8.5亿元，引进国际先进设备和生产线33套，建成关键加工、计量理化、复合加工、柔性试验等中心。共研发5种超高压大流量电液比例伺服二通装插阀产品，4种装插阀完成样品试制，国内市场占有率将达90%以上。

鲁抗高新生物技术产业项目 总投资17.2亿元，项目一期投资7.5亿元，总建筑面积10.4万平方米，按照新版GMP、欧盟和美国FDA标准，建成国际高端制剂生产中心、物流贸易中心、动能供给中心和药品质控中心，年产口服固体制剂60亿片（粒/袋）、粉针制剂20亿支，部分投产。二期规划设计基本完成，重点布局氨基酸、心脑血管、降糖类、抗病毒等领域，发展缓释、控释、靶向药物等高端产品。项目全部建成后，可实现年销售收入50亿元、利税5亿元。

圣地智能电力产业基地项目 由济宁电力实业有限责任公司投资建设，总投资11亿元，园区总规划500亩，一期300亩，规划建设“五中心一基地”，即民生计量、电能替代、信息通信、清洁能源技术、电力设备五大研发中心和智能电力设备生产中心，成为省内率先、全国领先的智能制造产业基地。项目建成投产后，年产2万台（套）智能高低压电力设备，可实现年销售收入20亿元、利税2亿元。

锐博高端智能制造项目 济宁工程机械零部件“走出去”战略核心项目，总投资11亿元，建筑面积8.6万平方米，引入立式加工中心、日本马扎克数控中心、奥地利爱协林多用炉等设备，主要为国内外一流挖掘机、推土机、摊铺机、叉车等工程机械企业提供核心零部件，年设计生产销轴销套500万件、结构件3万吨、液压件2万台套，国内市场占有率达60%。项目全部投产，每年为小松、日立、神钢配套销轴销套120万件，为美国卡特配套履带轴套200万件，为山推、三一等配套销轴销套180万件，可新增年销售收入10亿元，利税2亿元。

蓼河新区北部组团 蓼河新区是高新区建设城市复合中心的核心区，总规划面积42平方公里，初步构建“一轴、一廊、多组团”格局，“一轴”为蓼河生态水轴，“一廊”为海川路双创走廊，多组团为产城融合示范、职住相对平衡片区，其中北部组团规划面积10.6平方公里，重点打造生态型体验式中心综合体，涵盖商务办公、专家公寓、总部经济、康复医疗、高端居住、休闲娱乐等复合城市功能。32万平方米森泰御城上院、20万平方米景云社区、14万平方米创业公寓等高品质居住项目陆续建成，2万平方米颐养中心、5万平方米科技新城中学、12万平方米专家公寓等项目加快建设中，500亩生态湿地工程、10万平方米区属医院、33万平方米总部基地等项目规划设计完成。

（李　鹏）

洸河街道

党工委书记　李洪宝
主　　　任　蔡　辉

【概况】 洸河街道辖区面积7.8平方公里，共有43个住宅小区，户籍人口3.4万余人，实有人口10余万人。

【经济发展】 成立科技金融创新园，园区管委会与街道办事处独立运行，承担招商引资、跟踪项目、服务企业、税收共治、统计上报等职能。全年完成规模工业总产值204.1亿元，同比增长11.8%，营业总收入271.8亿元，同比增长10.7%，利润11.56亿元，同比增长31.9%，固定资产投资45.2亿元；申报“四上”企业32家，其中房地产业2家，建筑业5家，批发零售业16家，服务业7家，工业1家；开展企业名录库信息录入维护，共维护6506家企业。重点项目建设方面，金色兰庭香堤1#、3#、5#楼完成封顶，2#、4#、6#启动建设，全部开盘销售；天圳四季城完成三层近3万平方米建设，进行预售；康城丽景西地块交房，东地块完成封顶。

【民生保障】 全年发放城乡低保、两残补贴、优抚、救助金、老年金、民师补助、学前教育奖补等各类资金约807万；精准扶贫户人均年收入超过3509元的省定贫困线，实现“两不愁三保障”，21户47人全部脱贫并完成清退；打造“创业型街道”，推进创客进社区，开展技能培训，获首届全国创业就业服务展示交流活动优秀项目奖，西闸社区获评“省级四型创业社区”；科苑小学建成青少年快乐营地及济宁市首家校内校史馆、党史馆，接受市关工委观摩并得到高度评价；完成家庭医生签约10204人，老年人健康查体2677人，中小学生健康查体7066人，村（居）育龄妇女4次健康查体11014人次，企事业单位育龄妇女2次健康查体4024人次，合法生育率99.6%，出生人口性别比108，适龄儿童免疫接种率全面达标；开展6次青春健康教育进校园活动，1人获市级青春健康优秀讲师资格，被市计生协评为市级青春健康教育示范基地。

【社会稳定】 落实信访工作目标责任制与领导干部大接访、案件会商、信息预警、律师坐班、一村一法律顾问等制度，开展重点难点案件攻坚年活动，针对难案积案与重点人员落实“五个一”措施，部分息诉罢访，部分引入司法途径，全部稳定可控；投入10余万元建成视频信访系统，实现与区政法委、公安分局及其他街道的互联互通；开展“四类风险”专项整治活动、打黑恶除霸痞专项行动、综治普法宣传活动；与各村居签订《2017年度安全生产工作目标责任书》，向各企业发放安全生产和职业卫生执法检查指导标准告知书；开展“大快严”集中行动、安全生产百日攻坚行动、安全生产月活动、冬季安全生产活动、烟花爆竹专项整治行动；推进省级安全社区创建，通过省专家组验收，获“省级安全社区”称号。

【环境改善】 建成环保网格化监管平台，推进环保网格员专职化，实现线上线下联动；落实大气污染防治，做好油烟与烟煤治理、扬尘防治、秸秆及垃圾落叶禁烧，完成江庄村、杨楼村、黄庄村287户居民气代煤改造；取缔“散乱污”企业8家，迁出企业2家；落实河长制，开展好河道清理工作，完善社会监督服务体系；拆除违法建筑6000余平，补办手续100000余平，完成三年总治理任务的94.4%；完成英萃路雨污水分流改造工程、新元路改造工程；推进城乡环卫一体化，辖区道路、垃圾中转站、公厕、无人管理小区纳入市场化运作管理；创建文明城市，建成社会主义核心价值观主题小广场4处、社会主义核心价值观主题街巷1处，新建综合文化服务中心3处、升级改造综合文化服务中心3处，新增各类公益广告展面3000处、建筑围挡50处；推进移风易俗，所有村居均建立红白理事会；做好宣传工作，在《高新区报》发布稿件30余篇，在《齐鲁晚报》发布稿件10余篇，在《济宁日报》发布稿件10余篇；洸河新苑社区成功申报国家级科普示范社区，丰泰社区成功申报省级文明社区，西闸社区成功申报省级“最美志愿社区”。

【党的建设】 学习宣传贯彻党的十九大精神，以习近平新时代中国特色社会主义思想武装头脑、指导实践；严格落实全面从严治党主体责任，制定党风廉政建设工作要点、考核方案，签订目标责任书，印发《廉政洸河》200余本，开展“遵规守纪大教育”活动、干部作风专项整治活动、村级组织建设提升年活动等一系列警示教育与专项整治活动，建成黄庄廉洁文化一条街，坚持常态化明察暗访，强化监督执纪问责；推进“两学一做”学习教育常态化制度化，深入探索党建融入基层的新思路、新方法，建成洸河街道机关支部党群服务中心，完成西闸社区、三郭社区、东闸社区、王庄社区、杨楼村党群服务中心的升级改造。其中以西闸社区为试点构建的区域化党建360社区治理服务体系，在全市组织系统现场观摩会上得到一致认可，先后接待邹城、泗水等地的考察团。

（孔令伟）

柳行街道

党工委书记　杨小生
主　　任　张茂盛

【概况】 位于济宁市城区东部，济宁国家级高新技术产业开发区内，辖区面积51平方公里，全街划为6个社区，下辖24个行政村，常住人口约13.19万人，其中户籍人口3.6万余人。先后获得“中国乡镇投资环境100强”“济宁市经济强乡镇”等荣誉称号。全年完成营业总收入1233.1亿元，同比增长17.4%；规模工业总产值854.9亿元，增长19.4%；完成固定生产投资127.2亿元，占年计划的100.5%；新增规模工业企业9家、商贸服务业28家，各项指标均超预期。

【重点项目】 完成北二环东延、红星爱琴海城市综合体项目等共计687亩的征地清表任务；做好人民医院二期工程建设、中华财险华东电销中心人员招聘等项目服务；完成远通二手车交易城、新能源汽车4S标准店及商用车交易市场、富阳科技、第六工业园、鲁西南果蔬批发市场等项目的征地协议签订；解决大班额，崇文中学部建设和柳杨小学、绿色家园小学、郭厂小学、南营小学改扩建工程按时间节点有序推进；投资1000万元的高标准柳行农贸市场完工；开展美丽乡村创建，完成1660户改厕任务；完成1263户气代煤任务，并进行气代煤二期工程；投资500余万元、建设面积846平方米，建成集党建、信访、综治、环保、安监、扶贫等多功能于一体的综治信息平台，实现街道工作“大数据”信息存储及高效运转。

【城乡环境提升】 辖区内部分道路、路灯、消防设施、垃圾桶等基础设施完善；新建3处社会主义核心价值观主题街和主题广场，投资50多万元新建高标准街道文化站；创城工作完成国家文明办检查验收；依法依规关停“小散乱污”企业64家；排查整改油烟治理餐饮单位334家；拆除或关停41家畜禽养殖场；完成燃煤小锅炉“清零”、1650吨清洁煤的推广、夏秋季秸秆禁烧等工作；投入资金670万元，完成违建拆除43568平方米，完成任务量100%；绿化面积24000平方米，栽植松柏等树木2万余棵；拆除存量违建4.6万平方米，占总量的86%，排名全市前列；拆除天玺小区高层住宅楼顶违建200多平方米，为全市首次拆除高层违建，投资1000万元，完成铁路沿线整治绿化面积212762平方米，高标准实施同济路和东外环4个铁路道口节点绿化。

【社会和谐稳定】 街道共接待群众信访82起、421人，分别比上年下降13%和17%；欧隆盛源、杨柳国际新城水电气暖等配套设施不完善的遗留疑难信访问题得到妥善化解；排查涉军、涉民师、涉拆迁案件100多件；完成“三级两会”“一带一路”峰会、党代会、十九大等重要节点维稳任务；2017年柳行派出所共接到各类有效报警5432起，受理行政案件771起，立刑事案件93起，破获各类刑事案件11件，调解各类治安案件70起；严格落实安全生产责任制，建立安全生产巡查工作机制，健全安监组织网络；开展烟花爆竹专项整治、“大、快、严”专项整治、“素质固安”工程、安全宣传月、安全生产百日攻坚和安全生产月等多项活动。

【社会事业发展】 落实农机、粮食直补等强农惠农政策补贴98.9万元；开展精准扶贫，核定人均纯收入全部达到3700元以上，建档立卡贫困户年度脱贫任务完成率100%，稳定实现“两不愁，三保障”脱贫目标；完成防汛抗旱、河长制、秸秆禁烧、林业、畜牧业、农村财务管理等工作；人口政策内出生率、出生人口性别比、孕情信息上报及时率、再生育审批办结及时率等计生各项指标全面完成高新区下达任务；新建卞厂、郭厂、王厂等4所标准化卫生室；顺利开展春季计划生育集中服务、“5·29会员活动日”、青春健康教育进校园等各项工作；核实发放城乡低保金、优抚对象生活抚恤金、大病救助、孤儿生活费、困境儿童生活补贴、残疾人两项补贴等各项资金共计443.77万元；柳行中学基础设施日益完善，总投资达1.12亿的崇文学校和改扩建中的柳杨小学、郭厂小学、南营小学、绿色家园小学，最大限度满足辖区内学生的就近入学需求。

【党建基础】 新发展党员16名，实现扩大非公企业和社会组织“两覆盖”率达100%；以三角绿地商圈区域大党建示范区为依托，在非公企业党组织中开展“红帆领航”“星旗行动”；做好圣华驾校“六好”党建工作示范点创建；重点督导整顿软弱涣散基层党组织3个，完成对24个村村级审计；消除集体经济薄弱村和空壳村1个，规范使用村级党组织运转经费；完成村“两委”换届工作；打造“一圈、一带、四大版块”党建示范区，打造三角绿地商圈党建示范区，探索“1+1+N+2”商圈党建新模式，建立万丽富德300平方米党群服务中心和周边楼宇党员服务站两大平台，服务商圈200多家企事业单位、20多个党组织、300名党员。在杨桥工业园打造党建+村集体经济发展示范基地；推进“两学一做”学习教育常态化制度化，严肃“三会一课”、专题组织生活会，将省党代会和十九大精神、廖俊波事迹等作为主题党日学习内容，开展研讨交流；组织开展重温入党誓词、义务植树、走访慰问等党员志愿活动；建立定期督导制度。组织观看十九大开幕盛况，确保全街道贯彻落实习近平新时代中国特色社会思想和党的十九大精神实现全覆盖。

（赵金涛）

黄屯街道

党工委书记　李翠玲

主　　任　刘　勇

【概况】 位于济宁都市区融合发展的中心区域和高新区科技新城的核心位置。街道总面积42平方公里，辖32个行政村。2017年，街道连续获得“全国美丽乡村创建先进镇”、全国农村示范社区、全国综合减灾示范社区、全市信访工作先进集体（街道）、全市消防安全工作先进单位、“社会化服务”AA级单位等荣誉称号。全年完成工业总产值52.19亿元，增长16.7%；实现营业总收入57.3亿元，增长12.5%；实现利润4.5亿元，增长9.7%。

【社区建设】 黄屯街道金色嘉苑社区是国家和省批准的城乡建设用地增减挂钩试点项目区，是全省首个“全街道合一”的超大型农村社区，有2.7万余人。社区建有高标准规范化的社区服务中心1处、文化活动中心1处、党群活动中心1处、各类体验馆7处、休闲绿地1处、妇女儿童家园1处和健身广场17处；建有社区卫生机构8处，老年公寓1处；新建商业街2条，市场疏导点1处。初步建成“一刻钟生活圈”、智慧社区、四型社区等，社区内各类设施一应俱全。建成全区首个健康教育基地，完善提升青春健康教育基地、妇女之家、四点半课堂、阅览室等公共服务室。投资730余万元，在社区西区建立1500平方米的“黄屯展示馆”。社区建设经验先后2次被山东电视台（农科频道）报道。

【园区建设】 落实高新区“三次创业”动员会议精神，成立“济宁高新区安全装备产业园管理委员会”，全力对接有关项目，做大做强园区经济，全面调整工作布局，做实拓展黄金大道、西浦路两大工业走廊，集中招引安全装备建链强链、智能装备“四新四化”项目，围绕国家安全产业园示范单位创建任务，积极争取相关政策。开展存量厂房招商引资工作，对接辖区内巴斯夫、莱尼等领军企业，做好关联企业引进工作。在2017年全区20个集中开工项目中，黄屯占据6个，投资占据近50%。辖区有华能电厂、天虹纺织技改等6个项目落地，在建项目15个，在谈项目 6个。

【社会综治】 贯彻“打防结合、预防为主、标本兼治、重在治本”的方针，全面抓好安保工作。加强防范网络建设，对各村治保人员、治安调解员培训。加强消防安全管理，结合安全社区建设，年初与各村签订防火目标责任制；加强创建“平安校园”活动。开展创建“平安校园”活动，确保各校校园和学生安全。做好刑释解教人员帮教工作，由司法所担负主要帮教责任，派出所包片民警不定期对其进行教育、帮助。

【安全生产】 开展“打非治违”“安全生产月”“百日安全”和“安全生产大检查”等系列安全生产专项行动。共检查工商业户及企事业单位260家，出动610余人次，全街共成立5个专项检查组，对企业、工商业户进行大排查，对存在的安全生产隐患问题进行督促整改，落实主体责任，年内未发生一起安全生产事故。

【社会事业】 坚持党政“一把手”亲自抓、负总责，落实人员、经费和组织保障措施，确保各级责任、精力和投入到位，完成各项人口责任指标。2017年，规范和加强失地农民灵活就业培训6期共310人，分别受理就业社会保险补贴工作和一次性创业补贴申请37人、83人；居民医疗保险的工作力度，全年辖区城乡居民参保23074人，完成任务100%；宣传发动居民参加养老保险，共有14077人参保，其中60周岁以上4769人。先后获山东省四型就业社区、济宁市“社会化服务”AA级单位称号。

【党建工作】 党工委把建设学习型党组织和基层党建工作纳入党建工作的总体规划中，以创建先进基层党组织、争当优秀共产党员为主要内容，以街道中心工作为重要载体，全面推进学习型党组织的建设工作。365党建指导中心落成使用，成为党员管理、教育、培训、活动一体化阵地，累计为党员提供服务800余人次。坚持以十九大精神为指导，不断创新新时期党建工作理念，先后3次对辖区党员进行重温入党誓词、党员承诺等活动。

（陈雪峰）

王因街道

党工委书记　王建文

主　　任　杜　涛

【概况】 街道地处济宁市、兖州区、曲阜市、邹城市四个城市的中间位置。辖区面积72平方公里，59个行政村，6.3万人。全年完成工业总产值24.9亿元，比上年同期增长8.1%；主营业务收入22.6亿元，比上年同期增长8.2%；固定资产投资完成58.06亿元，增长7.6%；综合治税完成19251万元；申报11家规模以上工业企业和4家商贸服务业企业，超额完成规模以上工业企业任务；纳入市考核指标的投资5000万元以上新开工项目7个，集中开工项目5个。完成对上争取资金1169万元，为省级和市级采煤塌陷地综合治理专项资金，完成年度任务750万元的156%，超额完成419万元。

【综合治税】 推进项目建设。仁美社区建设：一期位于泰山路东、仁美路北、联华路南、西浦路西，2012年5月开工，2014年7月上房，占地359亩，建筑面积37万平方米，总投资7.92亿元，涵盖前仁美村、中仁美村、西仁美村、后仁美村的1280户实现上房。二期位于一期东侧，2015年开工，占地160亩，建筑面积10.3万平方米，总投资2.6亿元，建设11层住宅楼15栋共880户，主体工程封顶，主要用于西娄村和部分东娄村、苗营村群众回迁。配建小学1所，建筑面积1.24万平方米，容纳30个班1350名学生。泗河复堤工程。一期王因段10.9公里，按50年一遇标准于2016年5月底全面完成防洪堤坝复堤。二期王因段2.9公里，工程完成98%，涉及300余户农户的工程占地补偿工作有序进行。

【改善生态环境】 全民动员开展文明城市创建，从氛围营造、环境卫生、街面秩序、市政设施、窗口单位、文化中心、志愿服务、入户走访等方面全方位落实创城工作标准，街道办事处连续三次在全市第三方模拟测评中取得满分。重点抓好“散乱污”企业排查与整治，共排查出散乱污企业8家，全部整改到位；夏、秋季两季秸秆禁烧实行5级网格化24小时监管责任制，确保“不烧一把火，不冒一处烟”。城乡环卫一体化实现保洁区域、保洁时间全覆盖，垃圾清运“日产日清”，农村三大堆全面清理，坑塘治理稳步推进。推进数字城市监管工作并开展环保工作二级子网格员培训工作。

【社会事业发展】 全街道333户贫困户627人，涉及45个村，全部实现脱贫；2016年完成危房改造30户，2017年列入计划的30户全部完成；新上泉润洗车、宏顺玻璃钢升降焊接平台等2个产业扶贫项目，发放农户贷37万元，发放高兴木业生产贷200万元列入计划。大班额改革工作，推进娄公集小学、杨村矿中学建设，两个项目均完成定点放线、复线，进入基础施工阶段。对全街道697户低保户落实低保金177.7万元，对658名优抚对象落实资金149.4万元，对268名残疾人落实生活补贴14.1万元，对82名高龄老人落实高龄津贴5.67万元；落实大病救助8人，资金1.6万元。

【城乡建设】 以党建为统领，推进美丽乡村连片治理，在崇文大道、黄王路两侧的刘村、后岗、前岗、西王因、韩坡、魏庙等6个村推进美丽乡村连片治理。总投资1000万元，绿化面积19万平方米，建设村级广场13处，硬化道路1.85万平方米。其中刘村作为2016年省级美丽乡村示范村，争取上级奖补资金290万元；后岗作为2017年省级美丽乡村示范村，投资200余万元的基础设施建设和相关配套工程进入实施阶段。为全区第一个市级美丽乡村示范片区。辖区有4个村作为气代煤试点村，分别是西王因、前岗、苏庄、寺上。出台《王因办事处气代煤工作实施方案》，实行副科级领导包村，包村干部包片，村干部包户的包保工作制度。共铺放村外主管道2500余米，村内主管道3000余米，街巷管道8000余米。完成天然气使用设施1168户，超额完成任务。西王因村成为济宁市首家完成整村改造的村庄。

【基层党组织建设】 将党建列入党工委会议、党政联席会议固定议题，结合“廉情十分钟”讲评，做到党建工作“逢会必讲”，并对照基层党建工作责任清单抓好落实。履行“一岗双责”，坚持“书记抓、抓书记”，夯实社区书记、村书记抓党建的工作责任，压实基层党组织书记抓党建的“主体责任”。提出“打基础、强基层、抓规范、出亮点”的党建工作思路，明确“示范项目品牌化、常规工作规范化、运行体系科学化、督导评价常态化”的基层党建“四化”建设要求。以村级党建为主线，重点打造“崇文居”党建示范片区，推进基层党建品牌建设，在刘村、后岗、前岗、西王因打造“一村一品”的基层党建品牌，拓展“党建+”模式，做实刘村“党建+集体经济”、后岗“党建+社会治理”、西王因“党建+网格服务”、前岗“党建+共同致富”工作。以“非公党建”为主线，打造两新组织党建品牌，依托王因商会整合辖区内非公企业党建资源，设立商会党总支，完善非公企业党组织架构，借鉴外地先进经验，做实“党建+商会”模式，建立非公企业党建工作指导员制度，开展非公企业党建“星旗行动”；坚持“一企业一主题”的原则，打造非公企业党建品牌，依托泉润商贸、大成钢构、恒兴钢结构、明达铝业等企业，在助推党建统领企业发展、企业文化、安全生产、产品质量的基础上，丰富非公企业党建活动载体，引导和鼓励非公企业在助学、慈善、助老、爱幼等公益性社会活动中发挥积极作用。

（夏承魏）

接庄街道

党工委书记　杨银轩
主　　　任　高东旭

【概况】 接庄因接驾康熙皇帝而得名，面积85平方公里，人口8.93万人，48个行政村，2013年整建制划转高新区。街道先后获得国家级生态乡镇、山东省特色产业镇、市级文明单位、经济实力十强乡镇等20余项荣誉称号。2017年，实现营业总收入121亿元，增长13%；地区生产总值26.3亿元，增长13%；规模工业总产值73亿元，增长9%；固定资产投资70.1亿元，增长12.5%；新增规模以上工业企业11个；新增限额以上批发及服务业15个。形成机械制造、医药食品、新材料、现代服务四大支柱产业体系，主要经济指标增幅增量高于往年、高于全区平均水平。

【民生事业】 精准扶贫方面，接庄街道聚焦聚力1499人634户贫困人口，创新实施脱贫攻坚6大举措，培育壮大盈万进花卉、灌婴生态园等6个生态产业项目，带动110户323人实现稳定长效脱贫，获得全区唯一的市级扶贫先进单位称号。教育教学方面，投入910万元建设南集小学综合楼、二期配套工程650万元完成招标，投入9000万元建设三贾中学新校区，投入320万元完成中心幼儿园配套工程，投入200余万元，更换1500套课桌椅、教学一体机，拆除学校周边各类违建13处，新招16名高学历青年教师，114人升入城区重点高中，比上年翻番。改厕工作方面，7个社区、46个村于2017年底完成10371户的改厕任务。棚改工程方面，7月15日，987人226户王回庄群众实现大回迁。借鉴王回庄棚户区改造成功经验，集中连片启动前苏、后苏、前栗、后栗、高庙5个村的棚改。计生卫生方面，实施“九抓”工程，人口性别比、合法生育率、人口出生统计准确率等指标持续向优；开展“万名保健医生进农户”工作，全面建立居民健康档案8.6万份，发放宣传资料5万份，完成医疗体制改革，济宁市第一人民医院托管接庄卫生院。环境保护方面，在抓好小散乱污整治、畜禽养殖清理等面源污染的基础上，针对泗河、蓼沟河、洸府河、泥沟河、小新河阻水房、阻水路和河道养殖无序的情况，实行河长制管理。对接庄南部3000余亩塌陷地进行生态性修复，确保过境断面水质稳定达标。美丽乡村建设方面，抓住全省一事一议“乡村连片治理”契机，争得专项省级扶持资金1000万元。项目获批后，按照“依托泗河、对接古镇、特色引领、打造品牌”的思路，优选7个村庄（郑庄、丁庄、东贯、西贯、南集一村、南集二村、南集五村），投资1400万元，实施五大工程。48个村全部达到美丽乡村省定考核标准，高标准、高质量完成舒辛、北辛2个市级美丽乡村示范村庄的提升改造工作，官庄、口头、宗英3个村如期完成1200余户气代煤改造任务。创城工作方面，投入资金修建增设府前路、银行路人行道砖、安全护栏等市政设施，硬化接庄驻地，对八甲营、大郝村等创城区域进行美化硬化提升。在全市暗访测评中，获得城乡接合部镇街全市第一名。养老医疗方面，集中办理城乡居民医疗保险67780人，缴费1021万元，为低保、重残、孤儿、双女户、五保户、70岁以上老年居民共9539人免费办理医疗保险，全年异地报销235人。为24046人办理社保手续，征收社保费用877万元，办理养老保险领取资格认证14358人，按时完成13个村的失地农民养老保险办理工作，保险金额4250万元，办理失业登记806人，认证就业创业资格755人，委托美开乐、海纳等培训机构免费培训未就业人员600余人次。民政保障方面，全年发放低保金434万元，低保高龄补贴8万元，低保困残补贴35万元，重残补贴47万元，困境孤儿补贴23万元，优抚补贴188万元，义务兵优待金130万元，老龄补贴10万元，大病救助临时救济64万元，上报审核危房改造19户，为41位残疾人申请康复救助，全面开展“三留守”排查工作。

【项目建设】 海达行知学校如期建成，廖河三期治理、5.3公里鸿广路综合管廊及荣昌路等项目快速实施。投资5.6亿元，以生产洗涤机械为主的康洁洗涤项目加快全区转型发展、科学发展步伐，投资1.8亿元，生产研发于一体的奥能医疗项目填补医用骨科器械生产空白。泗河综合开发二期工程完工。投资1100万元建设运煤路。王回庄社区项目建成。

【亮点工作】 信访维稳工作受到省委、省政府表彰。在5月份召开的全省信访工作会议上，被授予“全省信访工作先进集体”称号，成为全市8个受奖单位之一。环保网格化“三个一”工作法在全省推广。创新“一个平台抓调度、一张地图抓监管、一项机制抓整改”的“三个一”工作法，在中央环保巡查和环保部强化督查中均是“零案件”乡镇，全省环保治理现场会在接庄召开，为济宁大气污染治理贡献接庄智慧和接庄方案。非公党建示范点建设走在全市前列，成立“谢华亮党建工作室”，明确4项基本职能、开展7个主题活动，非公党建工作有专门团队和基地；源根石化创建“红旗党组织”、中煤集团争创“党员之星”等；成立“两新组织”综合党委，组建4个企业联合支部，构建“双覆盖”格局，覆盖率达到87.5%。成功申报市级文明单位。

（韩玉元）

太白湖新区

综　述

济宁太白湖新区位于济宁城区南部，南接微山湖，北靠老城区，东跨泗河、洸府河，西跨古运河、京杭运河，规划总面积约438平方公里，行政辖区面积133平方公里，下辖1个镇、1个街道、64个村居、11万人，是新一轮规划的“行政商务中心、科教文化基地、旅游度假胜地、生态宜居新城”。2017年，全区一般公共预算收入完成103976万元，税收占比88.5%，同比增幅52%。其中国税完成38575万元，地税完成57815万元，财政完成7586万元。

【城市建设】 围绕年初制定的114个重点项目，成立PPP项目指挥部，按照新区城市功能定位和产业发展规划，筛选36个特色明显、带动力强、符合新区特色产业导向的重点项目，集中策划包装，着力招商推介，与中建钢构、恒大地产、上海世贸、东旭集团、上海新城控股等企业分别就金融小镇、运河古镇、世贸中心、园区开发、吾悦广场等项目达成初步合作意向。全区重点项目完成投资50.57亿元，与上年同期相比增长89.54%；政府投资项目70个，完成投资16.24亿元，同比增长327.29%；社会投资项目44个，完成投资34.24亿元，同比增长49.66%。其中，市文化中心、游客服务中心、城市垂直绿化工程、会通路、奥体路等项目超额完成进度。

【产业培植】 将招商引资作为带动产业发展的重要举措，相继在济南、杭州举办招商推介会，集中推介总投资超过700亿元的48个PPP项目。完善“8+X”招商机制，成立烟台振华、青岛天泰、北控水务等3个项目招商分局。加快产业孵化，引入万众金服创新创业街区、济宁新城大学科技园等“双创”项目，完善产业项目培育体系。2017年，新区在谈重点项目、企业79个，与济宁银行、众诚智库等企业签约项目27个，新开工万众创业街区、漫北湖生态湾、京杭农贸市场等项目7个；入驻企业107家，其中，市外总部经济项目达48个，新城发展大厦入驻企业91家，实现税收近5000万元。挂牌出让土地343亩，实现收入10.4亿元，土地出让成交价创历史新高。

【文化旅游】 成立文化旅游项目推进指挥部，启动古运河文化风情带的规划，多次与济宁运河文化研究会对

1月1日，2017“好客山东 文化济宁”贺年会暨济宁市第二届太白湖捕鱼节启动仪式举行

4月22日，2017·济宁太白湖第六届放鱼节活动启动仪式举行

接，策划包装文化旅游项目。相继与光合文旅控股股份有限公司、武汉法雅园林建设集团、天津北创控股集团、杭州中艺生态有限公司签订战略合作框架协议。举办第二届太白湖文化旅游艺术节、第二届太白湖捕鱼节、第六届太白湖放鱼节、第三届太白湖荷花节等节庆、会展活动30余次，太白湖钓鱼岛对外开放。累计接待游客约261万人次，实现旅游收入约15.29亿元，同比增长12.2%。

【城乡环境】 投资2000余万元建设数字化城市管理平台，整合执法、环保、建设平台，统一运行管理，提高城市管理智慧化水平。打通7条城市断头路，实施石桥镇驻地综合整治，加快泗河综合开发防洪堤、石桥路、石佛路等重点项目建设，累计完成基础设施建设项目200余项，总投资超过4亿元。实施大气治理攻坚行动，建立区、镇街、村居三级网格化监管体系，加大工业烟气排放治理、油烟治理、扬尘治理、“小散乱污”企业整顿等工作力度。实施农村气代煤工程。推进美丽乡村建设，持续改善人居环境，新区达到美丽乡村标准建设的村庄23个，完成率达71.8%。开展创建全国文明城市七大主题宣传活动，打造1个主题公园，4条主题大道、4个主题社区，开展文明劝导、卫生整治、志愿者服务等活动。启动实施“光耀新城”“花满新城”“智慧新城”等行动，对城市重点节点、关键路段和城市夜间轮廓线进行灯光规划，打造樱花大道、紫荆大道、红叶大道、流苏大道等特色景观。

【社会事业】 实施棚户区改造工程，启动李集、廉庄、东赵村的房屋拆迁工作，加快推进石桥镇压煤村庄搬迁社区、东北片区二期项目的规划建设，争取棚改无偿贷款3800万元。加强医疗救助制度与居民医保制度的衔接，提高城乡低保、农村“五保”、城镇三无、重点优抚对象和边缘特困对象医疗救助比例，平均救助达到3723元/人。全面推进医疗教育事业，启动济宁市立医院、太白湖中心小学、中心中学等项目

1月20日，济宁学院附中附小太白湖校区项目开工仪式举行

建设，推行名校联姻办学、医疗委托管理合作模式，与山师大附中、清华附中、衡水中学、任城中医院达成战略合作意向，医疗卫生和教育教学水平不断提升。实施扶贫攻坚“春季攻势”，在做好产业扶贫、小额贷款扶贫的基础上，创新精准扶贫模式，推行扶贫再救助。举办环湖自行车赛、慢跑节、健步走、马拉松、系列车展活动，文化体育事业稳步推进。

【党建工作】 全面推行责任清单制度，指导农村、社区和机关基层94个党支部全部建立党建责任清单，明确任务目标、工作举措、完成时限。推进“两学一做”学习教育常态化制度化，组织开展“学习十九大、感想一句话”活动、“学习十九大精神，建设魅力新区”征文比赛、“学报告、谈体会、当先锋”“主题党日”等系列活动。发挥“灯塔—党建在线”综合管理服务平台、“新区党建智慧平台”作用，结合“主题党日”活动和专题教育学习等形式组织村居党员集中学习。截至2017年年底，全区各级党组织查摆问题231个，整改230个；党员查摆问题3281个，整改3279个。建立学习教育督导机制，组织力量开展督导检查，督促各级党组织和党员抓好问题整改，共集中督导

12月26日，济宁市不动产登记中心、济宁市房产交易中心太白湖大厅启动仪式举行

济宁市体育中心

22次，反馈问题95个，完成整改87个。

石桥镇

党委书记　樊培涛
镇　　长　张小磊

【概况】　石桥镇位于济宁市区东南20公里，地处南阳湖畔，享有“江北水乡”的美誉，因唐代石桥而得名。全镇总面积75.6平方公里，辖35个建制村，人口5.17万。2017年，完成地方财政收入60730万元；固定资产投资实现10.14亿元。先后荣获“山东省省级文明镇”“济宁市市级文明镇”“济宁市乡村旅游示范镇”“济宁市平安建设先进集体”等称号。

【项目建设】　实施小城镇突破攻坚战，完成镇驻地升级改造工程；小荷花路升级改造和石佛路工程基本完成，泗河综合开发堤防加固工程率先通过市初步验收；压煤村庄搬迁及社区建设工程，新社区围墙建设全面完工，一期6栋样板楼开工建设，其余60栋楼完成地槽基础开挖，进入招标阶段；北三村采煤塌陷地综合治理和高标准农田建设项目招投标工作完成。

【农业发展】　完成“三夏”“三秋”生产与秸秆焚烧工作。开展“一喷三防”，引导各村科学种植。做好高标准农田建设，项目建设类型为全面整治类型，涉及北一、北二、北三、姜庄、李二、罗场、仙庄、兴隆、张东、张西10个行政村，建设规模5003亩。

【基层建设】　在全体干部队伍中开展“干部作风提升年”专题教育活动，在村党支部书记中开展“支部书记论坛”。推进“两学一做”学习教育常态化制度化，加强党员教育管理，制定印发党员活动日、干部坐班、党员量化记分等制度，细化党员亮化记分标准和实施流程，实现党员职责明确化、发挥作用岗位化、服务群众网格化。启动党建示范区建设，高标准建设张桥党群服务中心，实施包括北王一村、北王三村、姜庄村、仙庄村等村的党建示范区建设，新建、提档升级村级场所11个。整治换届环境，建立换届选举工作预警机制，确保换届工作平稳、健康、有序推进。

【环境整治】　进行美丽乡村建设，在村庄绿化、城乡环卫一体化、农村改厨改厕、文化广场建设、坑塘治理、清洁庭院、示范片区建设等方面精心组织、周密部署。推进大气污染防治工作，完成环境保护网格化体系建设，按照“一员一格”配备7名专职网格员，充实巡查车、制服、执法记录仪等硬件设施，实行“定岗、定人、定责”。严厉查处露天烧荒。“地毯式”摸查畜禽养殖，建立畜禽养殖取缔台账。开展南四湖自然保护区建筑物清理工作，共清理164户，合计约6万平方米，其中市级督办23家，约1.34万平方米。集中摸排清理“小散乱污”企业。镇上“小散乱污”企业40家，其中18家整改类企业，22家关停取缔类企业。根据定性结果对40家企业分别建立“小散乱污”档案，严格按照企业的实际情况，分别采取关停取缔、限期搬迁、停产整治等措施进行分类整治。开展外环路域整治工作，对外环路域的违章违法建筑进行集中拆除，共计拆除面积达6000余平方米。

【社会事业】　新建中心中学教学楼进入装修阶段，中心小学、卫生院分别进行提档升级；新建、改建农村文化广场7处，提前完成市下达的美丽乡村建设覆盖率达标任务，实施农村河道坑塘整治，强化城乡环卫一体化监管力度，完成农村改厕8866户；开展精准扶贫工作，完善精准识别、精准退出机制，实施危房改造工程，完成富民生产贷项目和贫困户就业任务；推进大气污染防治工作，集中清理拆除南四湖自然保护区内违章建筑物，完成环境保护网格化体系建设，集中摸排清理“小散乱污”企业；开展外环路域整治工作，依法打击非法采砂行为，开展校园周边环境整治工作；加强“四类风险”矛盾排查与化解；通过“千场大戏进农村”“移风易俗文艺会演”等演出活动，丰富群众文化生活。

【文明城市创建】　镇主要街道、小巷、学校、卫生院、超市等LED电子屏滚动播放创建文明城市宣传标语，添加“讲文明树新风”、关心关爱未成年人、志愿服务等方面的公益广告。对各主街道和小巷进行墙面粉刷，提档升级。清理镇驻地商户超门头经营现象；清理商户除门头外的不合格广告牌1000余处，清除乱贴乱画广告2000余处；清理车辆乱停乱放行为；清理黑出租车；督促各商户整理室内环境卫生。镇驻地保洁人员统一着装，及时清理街面卫生。

许庄街道

党工委书记　张秋忍
办事处主任　刘君妮

【概况】 2008年2月24日，市委、市政府做出调整理顺北湖省级旅游度假区管理体制机制的重大战略决策，启动实施北湖生态新城建设，许庄街道整建制划归太白湖新区管理。辖区面积57.4平方公里，下辖6个社区，28个村居，2个社区服务站，总人口6万余人。

【项目建设】 2017年，街道实施10项重点工程的征地拆迁工作，其中道路建设3项，公益事业3项，片区建设2项，截污倒流1项，房地产开发建设1项，涉及5个社区11个行政村，共征地290.94亩，租地471.74亩，房屋拆迁2个村（廉庄、东赵村）1125户，拆迁面积231841.75平方米，完成区“二次创业”项目建设确定的目标任务。完成张堌堆、张营、朱孟庄村、孙杨田村的涉及道路、工程建设等遗留安置工作。配合北湖建设集团进行东北、西南片区二期工程建设。

【基层建设】 完成“街道大工委，社区大党委”组建工作，推进商住社区居委成立工作；结合“两学一做”活动，组织全体村干部在奥体中心进行为期3天的冬训，邀请市委党校专家、安全知识讲师针对十八届六中全会精神、安全知识等进行专题培训；组织开展驻村联户工作，全体机关干部、中小学教师、卫生院工作人员等337名干部共联系4217户农户，全年集中组织4次驻村干部大走访活动；转正党员26名，纳新预备党员15名，推荐入党积极分子22名；打造京杭佳苑社区服务中心综合文化站，购置文娱器材，全天候对群众开发，巡回播放公益电影、公益演出30余场。

【社会事业】 投资100万余元在东北回迁区即京杭佳苑社区新建多功能公共服务中心，设立便民服务大厅，实现“一站式”服务和15分钟便民服务。服务中心设有文化活动室、图书室、乒乓球室、排练厅等，对辖区居民实施免费开放。落实9个村居、12596人的社保资金695万余元。发放抚恤金、就业补贴、医疗救助、低保生活保障金、优抚补助金共计273.1万元。为70岁以上老人、低保家庭、残疾等困难群体5076人减免居民医疗保险金额76.1万元。举办就业培训827人，其中家政培训人数180人，电子商务培训513人，就业创业培训134人；新增就业256人，办理创业补贴36人，办理困难人员灵活就业补贴96人，办理失业证件1048人，大学生就业跟踪服务68人；提供医疗救助60人，临时救助17人。投资15万元购置水带、灭火器等消防用品，完成在三大回迁片区微型消防站的建设工作。

【环境整治】 出台创卫月度考核办法，结合大气污染防治工作，取缔“散乱污”企业46家、整改7家，覆盖裸露土地、建筑垃圾40万余平方米，实施增绿补绿1万余平方米，清理畜禽养殖40余家，清理洸府河道内的网箱养殖300余个；拆除南四湖自然保护区孙杨田村南大洼房屋16处，共计1930平方米，破解水泥船2艘，拆除棚子42处，清理水泥地2600平方米，推广清洁煤2000吨，完成国光新村、航运新村、工联新村、白屯村4个村居和水稻研究1个单位共900户居民“气代煤”改造任务；对新拆迁的李集村、廉庄村、东赵村的工地全部进行覆盖，安装降尘设施。以“和谐特色社区、村居创建”为载体，狠抓各村居、社区文明城市创建活动，创城工作共计投入1000多万元，用于村内主次道路整修、路面硬化、坑塘治理、墙壁粉刷、垃圾清运、路灯安装、公益广告安装等。

（周华蓉）

济宁经济技术开发区

综　述

济宁经济技术开发区（以下简称经开区）是2014年2月，济宁市委、市政府从平衡济宁东西部发展、打造鲁西科学发展高地全局出发调整设立并直属管理的省级开发区，是在济宁经济开发区移址到嘉祥县疃里镇、马集镇、经济开发区区划范围基础上调整设立的。位于嘉祥、任城、汶上、金乡等县（区）环形经济圈内，规划面积150平方公里，辖疃里、马集2个乡镇，总人口13.5万人。区内“水陆空铁”立体交通体系发达，327国道、呈祥大道、临菏路等9条道路与济宁主城区贯通对接，新石铁路、济徐高速公路穿境而过，老赵王河、洙赵新河、洙水河等内河汇入京杭大运河。2017年全区GDP完成67.9亿元，同比增长6.9%；公共财政预算收入3.3亿元；固定资产投资完成69.9亿元，增长6.3%；全区工业企业176家，规模企业70家，新增8家；规模以上工业增加值增速7.12%，“四化”企业新增11个。

节能环保产业园

圣祥小镇

2016年9月和11月，市编办分别对开发区所属事业单位和各内设机构职责予以批复。济宁经济开发区管委会下设党政办公室、组织部（人力资源和社会保障局）、党群工作部（政法工作办公室）、经济发展局、社会事业局、开发建设局、投资促进局、监察局、环境保护局、市场监督管理局、城市管理局、安全生产监督管理局等12个内设机构。财政分局、规划分局、国土分局等3个派驻机构于2015年8月机构人员到位。2016年7月省编办批复同意设立济宁市公安局经济开发区分局。济宁商贸物流园区、财政集中支付中心、人力资源和社会保障服务中心、农业服务中心和综合行政执法局为济宁经济开发区管委会所属事业单位。

【主导产业】 经开区主要产业为传统产业。能源建材产业。主要代表企业有华能嘉祥电厂、新河煤矿、山水水泥。3家企业全年上缴税收17056万元，占全区税收总收入的36%。机械制造与金属制品产业。主要代表企业有：以神力索具、瑞祥模具、康明斯农机、运河机械、金牛重工、嘉鑫工程、连环筋工为代表的机械加工类企业；以凯琛金属、华宇金属、鸿宇金属、富华钢管、中祥金属等为代表的钢管加工类企业。实现销售收入66亿元，约占全区规模企业销售收入的63.4%。光伏石墨企业。主要代表企业有：润鹏光伏、佳华电子、华祥石墨、东洋碳素等企业。初步形成以环保产业园、户外运动产业园（通航产业园）、新能源汽车核心零部件产业园、鑫茂济宁科技城、先进装备制造产业园、应急防灾产业园六大产业园和企业总部基地、中国梦谷和圣祥小镇三大特色基地为支撑，以能源建材、机械制造等传统产业为基础的产业体系。经开区规划布局为中部综合配套服务区（起步区）、南部商贸物流区、北部产业发展区三大功能片区，坚持产城一体化发展，建设集先进制造业、商贸物流业于一体的产业新区。

【新建项目】 主要在建、新投产项目：中央商务区10余个重点项目快速推进，圣祥小镇一期、发展中心等5个项目基本竣工。商贸物流园江庄西路实现通车，灵祥、中港等纵横路网具备开工条件。节能环保产业园一期基本完工，北京海科建、中关村京港澳青年创新创业孵化中心、天地汇能、中科机器人及无人机等项目签约进驻；先进装备制造产业园TPU新型环保膜、海推机械等项目加快建设，北方教育装备产业园部分在建单体封顶；新能源汽车产业园、石雕文化产业园等项目完成规划方案和土地征收。基础设施和城市建设项目：北外环、西外环、南外环等主干路网启动，101、106等公交线路延伸到经开区，吉祥、裕祥等区间道路连至任城边界，邻里之家、中科院附属学校、郗鉴公园、高级中学、英才苑等一大批服务设施加紧建设中。

【招商引资】 2017年，新签约北京海科建、西部控股、微软中国、广东同天、比克电池等亿元以上产业项目13个，总投资319亿元；重点在谈项目33个，总投资290亿元。

疃里镇

党委书记 张德强

【概况】 疃里镇地处济宁经济技术开发区核心区，东邻任城区，西依嘉祥县，交通便利。辖89个行政村，总人口10余万人，面积102平方公里，耕地8.6万亩。2017年全镇财政总收入完成3140万元，地方财政收入1912万元；实现固定资产投资16.91亿元，同比增长14.1%；规模以上工业企业完成销售收入10.3亿元，同比增长28.6%；利税7559万元，同比增长34.57%，利润4583万元，同比增长27.92%；农民人均纯收入达到13800元。

【项目建设】 完成冯庄、店子庙、十支王、谢家、袁家近1300余户的房屋征收工作，嘉诚路北延、嘉义路、大王片区、朱井一期、新河一期、朱井二期、嘉丰路、环保产业园、英才苑、高级中学二期等23个重点项目加快推进。

【招商引资】 通过参加洽谈会、召开在外能人座谈会等方式，多次组织人员赴武汉、西安、青岛等大中城市和地区进行对接洽谈。在建项目5个，签约待建项目2个，在谈项目14个。

【农业发展】 疃里镇细毛长山药连片发展3000余亩、优质瓜果1000余亩。谋划北外环万亩良田，打造都市高效农业园和田园综合体项目。完成要腰土路、疃里——后贾、崔桥——楼长路段的道路硬化，共计约5840米。

【美丽乡村建设】 陈庄片区完成道路硬化升级改造；弱电管网下地铺设全部完成；新建村级文化广场，配备体育健身器材；栽植绿化苗木，截至2017年底，硬化村内街巷11条、2600余米；高标准修建下水道5200余米；栽植绿化树木800余颗；粉刷墙壁1.2万平方米；安装景观路灯63盏，建设休闲广场1处，建成300米人工河、300米慢跑道、200余米防腐木栈道及景观桥3座。

【教育事业】 镇新中学投入使用，天庙小学、进士张小学已经验收，楼张小学主体工程完成，疃里三、四中、新中学宿舍楼进行专人包保，主体建设已经封顶，新河学校加快建设。

【社会保障】 推进精准扶贫、旱厕改造等民生项目建设。43个村1万余户旱厕改造完成。2017年征收医疗保险1245万元，参保群众9万余人，养老保险863万元，约3万余人。以购买服务方式利用第三方进行专业排查，整改安全隐患358项；对89个村及镇驻地进行环境综合整治活动。“三资”清查工作全部完成，89个村完成登记上表。贯彻计划生育新政策，全镇共出生1042人，合法生育率98.1%，出生性别比109.2，比往年下降10个百分点，人口自然增长率9.43‰。健全食品（药品）安全监管网格，强化属地管理，对食品经营店、餐饮店、药品经营场所开展不间断监管巡查。高度重视安全生产工作，严厉打击非法生产烟花爆竹行为，确保全镇安全生产形势持续稳定。

马集镇

党委书记 王建国

【概况】 马集镇位于济宁经济技术开发区12公里，总面积43平方公里，辖43个自然村，40个行政村；人口4.2万人，14764户；52个党支部，1034名党员，是“石雕艺术之乡”。2017年全镇实现地方财政总收入10904万元，同比增长56.4%。其中，国税完成4768万元，同比增长47.98%；地税完成6136万元，同比增长63.63%。

【基础设施建设】 七大工程建设：经开区新型建材产业园引进鸿顺集团、宏远钢构、瑞德市政等3家企业签约入驻。鲁寨社区改造与回迁区遗留问题妥善处理到位，与棚改办对接，各项前期准备工作基本就绪，做好拆迁准备。路网提升工程。辖区内18条路网竣工通车。镇驻地农贸市场建设完成选址，石雕文化产业园建设。与南京埔义置业集团公司正式签约，确定在马集镇投资建设1处高标准石雕石材产业园，一期占地约350亩，投资约4亿元。完成下花林、杨庄等村的征地工作，机场路两侧的原石材石雕加工企业实施搬迁。石雕石材“散乱污企业集群”清理整顿。采取联合执法行动，90%以上的业户自行完成清理整顿，涉及13片区占地2243亩土地进行征地补偿。对清理取缔的孙庄片区50亩、下店子片区90亩、马集片区60亩、沈庄片区72亩、上花林片区242亩土地，完成原材料归整、拉围挡、上土覆盖、草种子播撒等工作。东部庄园农业。万亩庄园农业区由北京风土国际公司进行高标准规划设计，发展庄园农业。教育教学环境优化。3个教育改薄项目，鲁寨小学教学楼暑假后投入正常启用。上花林小学，教学楼、操场基础建设完工验收，主体完工。中学餐厅暑假后正常使用。马海明德小学综合餐厅施工建设。中学科技楼完成规划设计。马海明德附属幼儿园迎接省级规范化幼儿园验收。路网建设提升。按照市、区路网总体规划，济徐高速、105国道、济宁大道西延、嘉义路南延、嘉兴路南延、机场路大修等重点项目陆续实施。济徐高速（马集段）建成通车，105国道、济宁大道西延完成征地拆迁及地上附属物清理工作，机场路完成大修，嘉义路南延、嘉兴路南延完成地上附属物评估及征地范围线内迁坟工作。

【生态发展综合治理】 变压器高压断电146台，拆除7台。简易房屋747个，拆除697个；地锯551户，设备650台，拆除650台；石雕加工户、雕刻机业户685户，设备795台，清理604户，拆除雕刻机673台。清理小散乱污企业17家。完成加工区域2243.57亩的土地测绘工作。发展村庄绿化改善生态环境，40个村由政府投入，新栽、补植苗木2.5万棵，累计投入40余万元。济徐高速两侧绿色通道流转土地98亩，种植杨树3500棵。荒山绿化150亩。嘉义路两侧绿化栽植法桐5000棵。全面落实河长制，清理洙水河两岸养殖场6家。

【民生保障】 40个村重点围绕大街小巷进行杂草、疏挖下水道、三堆、乱贴乱画等进行清理，清理杂草约2960吨，动用铲车、钩机460余台次4800余小时，清理三堆22.1万方、疏挖清理下水道18400米，12个村新修下水道12600米；40个村31.9万方的墙壁粉刷，制作文化墙192面2490平方米。对镇驻地违法建设由相关执法部门向违法建筑户和沿街商户下发《致沿街商铺的一封信》和限期自行《整改通知书》，对逾期不整改不到位的依法强制拆除，清理52户，整顿49户。对全镇4条主要干道和26条主要入村道路拉出整治方案。组织专业清洁队伍逐条路进行清理，并逐条验收。完成二期9村1300户的改厨改厕工作；推行红白理事会管理制度，严格执行区定标准，开展移风易俗专项宣传，绘制宣传画1.2万平方米，悬挂标语横幅120条；在河东5村进行气代煤推广，总户数960户，任务数816户，完成率98%；精准扶贫146户280人，全部登记造册、电子档案管理，严格落实帮扶制度。在驻村联户网格化走访中，共解决民生问题120件，矛盾纠纷114起，为民办实事102件；计划生育合法生育率达到97.9%，比上年同期提高10.5%。其中一孩出生违法生育率降低11.1%，多孩违法生育率降低1%。出生人口性别比为100:104.8，低于正常范围2.2个百分点。孕情上报及时率为89%，比上年同期提高15%。

（济宁经济技术开发区管委会）

曲阜文化建设示范区

综　述

【概况】曲阜文化建设示范区于2015年12月26日正式揭牌成立。2013年11月，习近平总书记视察济宁并发表重要讲话，对济宁市传承弘扬优秀传统文化、加强孔子及儒家思想的研究传播提出殷切期望。2014年9月、2015年4月，中办回访调研组两次回访山东落实习近平总书记视察山东重要讲话、重要批示情况，两次回访报告都对曲阜文化建设重大问题作出积极回应，习近平、李克强、刘云山、张高丽、赵乐际等中央领导先后做出重要批示。2015年10月，国家发改委明确支持将曲阜文化建设示范区列入“十三五”规划、上升为国家战略。2015年6月，省编办下发《山东省机构编制委员会办公室关于设立曲阜文化建设示范区推进办公室的批复》，决定设立曲阜文化建设示范区推进办公室，为济宁市人民政府派出机构，正处级规格。示范区推进办公室设置5个内设机构，分别是：党政办公室、财政审计局、经济发展局、规划建设局、文化旅游局；设有1个事业单位：投资促进中心。2017年，曲阜文化建设示范区以建成具有国际影响力的首善之区和世界东方精神家园为目标，以“科学规划”为引领，以“项目建设”为载体，以“品牌创建”为重点，各项工作取得新进展。

【科学规划】 2017年，曲阜文化建设示范区加快推进规划编制工作，委托省发改委编制《曲阜优秀传统文化传承发展示范区建设规划》（以下简称《建设规划》）。《建设规划》的规划期为2016年至2030年，对示范区的战略定位是：儒家文化挖掘阐发基地、全国道德礼仪首善之区、国家记忆工程先行区、全国文化经济融合发展示范区、组织引领国际儒学研究创新中心、世界文明交流互鉴高地。在空间布局上分为核心区、协作区、联动区，核心区主要包括曲阜、邹城、泗水3个市（县）；核心区以构筑“孔孟文化轴”和“泗河文明带”为基础，重点打造各具特色的“九大片区”，形成“一轴、一带、九大片区”的文化圣地整体框架。2016年12月1日省政府常务会议、2017年4月24日省委常委会议分别听取《建设规划》编制情况。2017年6月，《建设规划》以省政府名义上报国务院。

【品牌创建】 注重品牌策划传播，与山东大学签订《曲阜优秀传统文化传承发展示范区品牌规划及双创园区总体规划》合作协议，策划制作《示范区品牌建设规划》《双创园区建设发展总体规划》《示范区品牌传播规划及2017—2018年度传播计划》和《双创园区品牌传播规划及2017—2018年度传播计划》。打造儒学传播交流品牌，举办国际中学生儒学辩论大会、济宁国学大会、全国儒家文化国际传播（曲阜）论坛等文化交流活动。与济宁市委宣传部联合拍摄“济宁市城市形象宣传片”；拍摄《礼行天下》MV；重新修订出版《儒学经典300句》。打造公民思想道德建设品牌，推进优秀传统文化进机关、进学校、进企业、进社区、进农村、进家庭。加强市民礼仪教育，树立孔孟之乡、礼仪之邦的良好形象，打造内外兼修、德法相辅、文明和谐的道德高地。打造传统文化展示体验品牌，加大文化遗产保护开发力度，推动孔子学院总部体验基地建设，策划筹备“孔孟之乡汉碑行”“民间艺术传承发展征集拍摄工程”等活动，推动优秀传统文化融入城市建设、美丽乡村建设和景区建设，把示范区打造成儒家文化传承发展的集中展示区和实际体验区。

【文化交流】 联合市委宣传部、团市委、济宁广播电视台举办2017济宁国学大会。组织举办的“2017国际中学生儒学辩论大会”在央视科教频道

11月25日，首届全国儒家文化国际传播（曲阜）论坛开幕

播出。启动2017大学生论语大会，优秀选手代表山东参加国际大学生论语大会。与山东大学联合举办首届全国儒家文化国际传播（曲阜）论坛。7月，派人参加在美国洛杉矶和加拿大多伦多举办的孔子家乡山东文化贸易推介会。9月，派人参加意法文化贸易推介会。

【项目建设】 4月26日，国家优秀传统文化传承发展示范区双创园区揭牌成立，围绕示范区功能定位和空间规划，规划建设文化品牌孵化中心、文化传播交流中心、文化创意创业中心和文化展示体验中心。7月21日，与爱奇艺公司签订战略合作协议，并在示范区挂牌成立爱奇艺优秀传统文化双创示范基地，通过与省内及周边地区相关网络影视节目、动漫、网游、文学（剧本）等制作机构及工作室开展合作，利用两到三年时间，完成国家优秀传统文化影视制作全产业链布局。示范区借助爱奇艺品牌、平台、用户资源等方面优势，加快传统文化传播创新高地及创业基地建设，推动文化产业转型升级。根据《国家十三五时期文化发展改革规划纲要》提出的依托孔府规划建设国家文化公园的要求，以及《建立国家公园体制总体方案》中关于建设国家公园的意见，针对示范区九龙山片区的基本情况、

4月26日，国家优秀传统文化传承发展示范区双创园区揭牌仪式在邹城市举行

规划概况和启动建议，邀请相关专家召开专题研讨会，并向国家文化部、发改委等部委报告总体规划、专项规划、土地使用计划，争取批复实施、正式授牌和相关政策扶持。

【产业招商】 2017年，参加第十三届中国（深圳）国际文化产业博览交易会、北京国际旅游博览会、2017年济宁文化旅游招商恳谈会、孔子文化节海内外知名儒商东方圣城行、深圳第十九届高交会等大型招商推介活动。12月，示范区组成招商引资考察团，先后赴淮北、上海等地进行专题招商考察，期间与上海建联、台湾美莱国际、亿品中国、复兴集团、上海交通大学教育集团就飞行影院、文化展厅、文化旅游、国学教育园区等项目进行洽谈交流并达成合作意向。爱奇艺、中国孔子基金会、中国文化传媒集团中国手艺网、新华社山东分社、台湾中华孔孟协会等多家知名企业、机构到示范区进行考察，对接产业项目。

（曲阜文化建设示范区推进办公室）

附　录

2017年济宁市主要经济社会指标统计表

表-1

指标名称	单位	2017年	比上年增长 %
常住人口	万人	837.59	—
城镇人口	万人	478.43	—
农村人口	万人	359.16	—
地区生产总值	亿元	4650.57	7.1
第一产业	亿元	497.97	4.4
第二产业	亿元	2122.16	6.6
第三产业	亿元	2030.44	8.3
# 工业	亿元	1855.96	6.6
人均地区生产总值	元	55595	6.6
地区生产总值构成			
第一产业	%	10.7	−0.5
第二产业	%	45.6	0.3
第三产业	%	43.7	0.2
“两税”收入	亿元	491.5	29.2
公共财政预算收入	亿元	385.71	3.0
公共财政预算支出	亿元	569.73	2.5
“两税”收入占 GDP 比重	%	10.6	1.80
地方财政收入占 GDP 比重	%	8.3	−0.8
进出口总值占 GDP 比重	%	8.9	0.5
出口总值占 GDP 比重	%	5.2	0.0
固定资产投资占 GDP 比重	%	74.7	−1.5

说明：单位是“%”的增长栏为比上年增减百分点

2017年济宁市农村经济主要指标统计表（一）

表-2

指标名称	单位	2017 年	比上年增长 %
种　植　业			
粮食产量	万吨	575.60	-2.0
夏粮	万吨	269.40	-1.2
秋粮	万吨	306.20	-2.6
棉花产量	万吨	5.33	-19.3
油料产量	万吨	16.65	-2.4
蔬菜(含菜用瓜)	万吨	716.79	13.6
瓜类(果用瓜)	万吨	93.94	-4.1
水果	万吨	29.10	10.5
畜牧业			
肉类总产量	万吨	61.00	0.5
奶类总产量	万吨	10.60	-0.8
禽蛋总产量	万吨	35.00	1.0
猪年末存栏	万头	242.60	-14.9
羊年末存栏	万只	162.60	-18.1

2017年济宁市农村经济主要指标统计表（二）

表-3

指标名称	单位	2017 年	比上年增长 %
渔业			
水产品产量	万吨	33.0	-
农业生产条件			
农业机械总动力	万千瓦	876.7	4.3
化肥使用折纯量	万吨	39.55	-4.9
农村用电量	亿千瓦时	16.30	1.2
有效灌溉面积	千公顷	473.93	0.2
农林牧渔业增加值	亿元	518.33	4.7
农业增加值	亿元	344.99	5.3
林业增加值	亿元	7.63	5.7
牧业增加值	亿元	120.58	3.3
渔业增加值	亿元	24.77	-4.3
农林牧渔服务业	亿元	20.36	15.6

说明：农业机械总动力按同口径测算，同期扣除农用运输车动力

2017年济宁市规模以上工业主要指标统计表（一）

表-4

指标名称	单位	2017 年	占规模工业比重(%)
工业企业单位数	个	2733	100
# 国有控股经济	个	112	4.1
股份制经济	个	2544	93.1
# 轻工业	个	1018	37.2
重工业	个	1715	62.8
# 大型工业	个	48	1.8
中型工业	个	192	7.0
小型工业	个	2397	87.7
微型工业	个	96	3.5
工业增加值(增速)	%	7.14	100
# 国有控股企业	%	10.92	38.6
股份制企业	%	6.27	92.6
外商及港澳台商投资企业	%	12.36	4.6
# 轻工业	%	3.26	29.8
重工业	%	10.62	70.2
# 大中型企业	%	5.16	69.6
# 私营企业	%	10.32	33.5

2017年济宁市规模以上工业主要指标统计表（二）

表-5

指标名称	单位	2017 年	比上年增长 %
主营业务收入	亿元	6270.0	15.8
主营业务成本	亿元	5116.9	14.3
管理费用	亿元	227.0	7.2
财务费用	亿元	145.7	21.7
利润总额	亿元	468.9	34.7
利税总额	亿元	755.6	30.0
亏损面	%	4.4	−1.2
亏损额	亿元	15.5	−23.6
应收账款	亿元	601.9	7.5
产成品存货	亿元	325.7	13.5
资产合计	亿元	7999.6	7.4
负债合计	亿元	4756.5	3.5

2017年济宁市主要工业产品产量统计表

表-6

指标名称	单位	2017年	比上年增长%
发电量	亿千瓦小时	384.4	-4.0
挖掘、铲土运输机械	台	12530.0	76.7
变压器	万千伏安	556.0	-20.3
通讯电缆	万对千米	1.9	-41.0
电力电缆	万千米	2.3	-42.2
化学农药原药	万吨	0.33	-42.1
烧碱(折100%)	万吨	46.0	-8.7
纱	万吨	59.7	6.3
布	亿米	3.0	9.4
服装	万件	6851.3	18.2
机制纸及纸板	万吨	489.8	14.7
焦炭	万吨	600.3	-5.5
白酒	万千升	6.1	12.2
啤酒	万千升	10.9	-17.9
改装汽车	辆	42079.0	7.9
水泥	万吨	981.9	-0.2

2017年济宁市规模工业分行业主要经济指标统计表（一）

表-7

指标名称	单位数(个)	增加值增速（%）	主营业务（亿元）	比上年增长%
总计	2733	7.1	6270.0	15.8
采掘业	51	18.0	985.0	48.8
煤炭开采和洗选业	44	18.5	979.2	49.0
制造业	2634	6.4	4958.8	12.0
农副食品加工业	229	17.4	454.1	11.1
食品制造业	82	2.1	196.4	12.5
酒、饮料和精制茶制造业	29	9.1	20.5	16.2
纺织业	148	-7.4	232.7	-6.9
纺织服装、服饰业	132	11.3	635.7	6.6
造纸和纸制品业	61	0.4	504.2	1.8
石油加工、炼焦和核燃料加工业	20	2.5	116.0	57.5

续表

指标名称	单位数(个)	增加值增速（%）	主营业务（亿元）	比上年增长 %
化学原料和化学制品制造业	183	1.3	276.2	17.0
医药制造业	67	4.8	162.7	15.3
橡胶和塑料制品业	80	10.2	503.1	10.7
非金属矿物制品业	339	0.5	375.6	23.4
黑色金属冶炼和压延加工业	24	−19.6	55.9	16.4
有色金属冶炼和压延加工业	22	−39.0	21.5	11.4
金属制品业	145	25.9	182.0	−4.5
通用设备制造业	285	10.9	295.4	13.0
专用设备制造业	225	27.6	271.3	32.6
汽车制造业	120	10.0	216.0	29.5
铁路船舶和其他运输设备制造业	24	49.6	30.4	23.7
电气机械和器材制造业	125	1.4	158.4	9.7
计算机、通信和其他电子设备制造业	32	21.7	45.0	15.1
电力、燃气及水的生产和供应业	48	0.3	326.3	1.2

2017年济宁市规模工业分行业主要经济指标统计表（二）

表-8

指标名称	利润总额(亿元)	比上年增长(%)	利税总额(亿元)	比上年增长(%)
总计	468.9	34.7	755.6	30.0
采掘业	129.6	88.0	257.7	65.3
煤炭开采和洗选业	128.5	87.5	256.0	65.0
制造业	313.4	27.5	448.9	22.3
农副食品加工业	27.1	9.0	33.9	8.9
食品制造业	15.3	9.2	19.2	7.8
酒、饮料和精制茶制造业	0.0	−187.7	2.1	8.1
纺织业	8.4	−48.1	14.1	−44.0
纺织服装、服饰业	37.0	6.9	50.9	5.8
造纸和纸制品业	41.7	128.0	53.3	90.0
化学原料和化学制品制造业	17.5	28.4	29.8	33.4
医药制造业	16.0	55.5	23.0	41.0

续表

指标名称	利润总额(亿元)	比上年增长(%)	利税总额(亿元)	比上年增长(%)
橡胶和塑料制品业	15.2	14.2	27.6	9.4
非金属矿物制品业	33.4	37.8	48.3	41.1
黑色金属冶炼和压延加工业	2.7	41.8	3.6	17.0
有色金属冶炼和压延加工业	2.0	10.3	2.5	14.2
金属制品业	8.0	-11.0	12.2	-16.0
通用设备制造业	20.1	15.8	29.3	15.3
专用设备制造业	15.6	59.7	22.9	45.9
汽车制造业	10.1	20.1	15.2	16.1
铁路船舶和其他运输设制造业	2.1	32.6	3.1	27.5
电气机械和器材制造业	9.1	15.8	13.3	13.2
计算机、通信和其他电子设备制造业	4.2	38.9	6.4	19.8
电力、燃气及水的生产和供应业	25.9	-22.5	49.0	-16.2

2017年济宁市规模工业分行业主要经济指标统计表（三）

表-9

指标名称	资产合计(亿元)	比上年增长(%)	负债合计(亿元)	比上年增长(%)
总计	7999.6	8.2	4756.5	4.4
采掘业	3635.7	4.9	2448.1	1.7
煤炭开采和洗选业	3625.6	4.9	2443.6	1.7
制造业	4062.0	12.4	2135.0	8.3
农副食品加工业	227.7	4.8	97.6	8.1
食品制造业	204.8	7.0	86.7	3.3
酒、饮料和精制茶制造业	27.3	0.3	17.7	4.3
纺织业	179.7	-0.3	108.8	-3.8
纺织服装、服饰业	627.8	45.0	383.8	39.1
造纸和纸制品业	426.2	11.5	255.0	10.2
石油加工、炼焦和核燃料加工业	81.5	9.3	52.3	-2.8
化学原料和化学制品制造业	296.9	1.3	155.7	-6.9
医药制造业	208.9	11.4	99.5	10.1

续表

指标名称	资产合计(亿元)	比上年增长(%)	负债合计(亿元)	比上年增长(%)
橡胶和塑料制品业	250.2	4.8	129.4	0.3
非金属矿物制品业	352.3	7.0	174.5	-1.5
黑色金属冶炼和压延加工业	15.4	-16.4	7.5	-18.0
有色金属冶炼和压延加工业	16.9	4.1	6.5	-1.9
金属制品业	139.6	26.8	62.8	41.5
通用设备制造业	245.4	7.9	104.4	-0.4
专用设备制造业	248.0	8.7	147.6	1.8
汽车制造业	131.6	11 4	67.0	9.7
铁路船舶和其他运输设备制造业	20.2	12.7	7.8	7.4
电气机械和器材制造业	171.7	9.8	97.3	1.4
计算机、通信和其他电子设备制造业	55.1	13.0	20.7	7.7
电力、燃气及水的生产和供应业	301.9	-2.4	173.4	-0.9
电力、热力生产和供应业	238.2628	-2.71	147.779	-3.30

2017年济宁市高新技术产业主要经济指标统计表

表-10

指标名称	产值(亿元)	2017年	占比(%)
总计	1899.22	10.7	100.0
化学原料及化学制品制造业	139.85	3.1	7.4
医药制造业	120.83	9.2	6.4
橡胶制品业	410.80	12.5	21.6
非金属矿物制品业	126.67	26.8	6.7
有色金属冶炼及压延加工业	16.91	12.6	0.9
金属制品业	90.44	-16.3	4.8
通用设备制造业	142.62	14.2	7.5
专用设备制造业	95.90	21.4	5.0
汽车制造业	108.47	34.8	5.7
铁路、船舶、航空航天和其他运输设备制造	13.0	-5.	0.
电气机械及器材制造业	113.87	7.2	6.0
备制造业	36.58	12.7	1.9
仪器仪表制造业	7.14	2.4	0.4
电力、热力的生产和供应业	5.14	7.6	0.3
水的生产和供应业	8.09	9.2	0.4

2017年济宁市规模服务业分行业主要经济指标统计表

表-11

行　　业	营业收入(亿元)	比上年增长(%)
总计	392.4	17.5
信息传输、软件和信息技术服务业	68.9	20.7
交通运输仓储和邮政业	188.5	18.1
租赁和商务服务业	60.3	18.6
房地产业(物业管理和房地产中介)	12.9	6.2
水利、环境和公共设施管理业	10.1	18.0
科学研究和技术服务业	29.5	9.0
教育	4.8	8.7
居民服务、修理和其他服务业	10.3	19.5
文化、体育和娱乐业	5.5	28.7
卫生和社会工作	1.5	16.9

2017年济宁市用电量情况统计表

表-12

行　　业	2017年	比上年增长(%)
总计（亿千瓦时）	281.1	2.3
#第一产业	6.5	2.2
第二产业	191.3	−1.6
第三产业	37.0	14.8
城乡居民生活用电	46.3	10.7
#工业	188.3	−1.7
轻工业	42.3	5.1
重工业	146.0	−3.5
#采矿业	29.0	1.0
制造业	104.2	−3.4
电力、燃气及水的生产和供应业	55.1	0.2

2017年济宁市固定资产投资情况统计表（一）

表-13

指标名称	单位	2017 年	比上年增长 %
固定资产投资	亿元	3473.5	8.4
# 住宅投资	亿元	333.9	4.6
按建设性质分			
新建	亿元	1661.7	1.3
扩建	亿元	323.8	−0.4
改建和技术改造	亿元	990.8	38.7
按构成分			
建筑工程	亿元	1876.6	14.8
安装工程	亿元	349.9	32.1
设备工器具购置	亿元	966.9	−8.2
按经济类型分			
国有投资	亿元	459.9	18.1
集体投资	亿元	28.5	−45.8
股份制投资	亿元	633.5	1.7
港澳台投资	亿元	14.6	−36.6
外商投资	亿元	42.4	−19.1
私营个体投资	亿元	2189.6	14.8
其他投资	亿元	105.0	−32.1

2017年济宁市固定资产投资情况统计表（二）

表-14

指标名称	单位	2017 年	比上年增长 %
按产业分			
第一产业	亿元	52.2	−23.3
第二产业	亿元	1809.6	8.4
工业	亿元	1801.0	10.5
采矿业	亿元	37.6	5.8
制造业	亿元	1630.8	7.4
电力热力燃气生产供应业	亿元	136.9	65.1
建筑业	亿元	8.6	−77.8
第三产业	亿元	1611.8	9.9

续表

指标名称	单位	2017年	比上年增长 %
批发和零售业	亿元	131.0	-33.0
交通运输、仓储和邮政业	亿元	168.8	16.8
金融业	亿元	19.7	152.6
房地产业	亿元	147.9	74.3
租赁和商务服务业	亿元	10.8	95.4
科学研究和技术服务业	亿元	74.1	35.1
水利、环境和公共设施管理业	亿元	236.6	46.0
居民服务、修理和其他服 务业	亿元	11.9	26.0
教育	亿元	104.8	53.3
文化、体育和娱乐业	亿元	49	108

2017年济宁市交通运输邮电情况统计表

表-15

指标名称	单位	2017年	比上年增长 %
公路旅客营运车辆拥有量	量	1020	-5.6
公路货物营运车辆拥有量	量	116253	8.8
新建改建公路	公里	631.0	92.0
公路通车里程	公里	19598.5	1.2
# 高速公路	公里	328.0	0.1
机场开行航线	条	16	14.3
# 新开通航线	条	8	166.7
机场旅客吞吐量	万人次	97.10	55.6
机场货邮吞吐量	吨	2247	23.9
邮政业务量	亿元	19.58	39.4
# 快递业务量	万件	5944.82	32.3
邮政业务收入	亿元	14.7	23.7
# 快递业务收入	亿元	5.7	28.6
固定电话用户	万户	29.20	-43.3
移动电话用户	万户	685	-17.0
互联网用户	万户	168	11.9

2017年济宁市国内外贸易、市场主体情况统计表

表-16

指标名称	单位	2017年	比上年增长 %
社会消费品零售总额	亿元	2259.2	9.0
# 城镇	亿元	1690.9	8.2
城区	亿元	929.2	7.8
乡村	亿元	568.3	11.6
# 商品零售	亿元	1999.0	8.6
餐饮收入	亿元	260.2	12.5
亿元商品交易市场	个	29	0.0
外贸进出口总值	万元	4143730	15.2
# 出口总值	万元	2409249	7.5
进口总值	万元	1734482	27.9
外商直接投资项目	个	33	57.1
实际到账外资	万元	401037	17.9
市场主体			
本期登记户数	万户	8.9	11.6
# 个体工商户	万户	6.0	12.0
私营企业	万户	2.7	12.3
私营企业	户	64.0	33.3
本期登记注册资本金	亿元	1648.6	20.4

2017年济宁市公共财政预算收入统计表

表-17

指标名称	单位	2017年	比上年增长 %
公共财政预算收入	万元	3857066	3.0
税收收入	万元	2669855	7.5
国内增值税	万元	766630	33.6
改征增值税和营业税	万元	296413	-24.0
企业所得税	万元	400900	90.0
个人所得税	万元	83932	35.0
城市维护建设税	万元	146292	9.6

续表

指标名称	单位	2017年	比上年增长 %
房产税	万元	79371	-0.7
城镇土地使用税	万元	212549	-16.7
土地增值税	万元	115110	-16.1
契税	万元	127109	11.1
其他税收	万元	441549	-16.3
非税收入	万元	1187211	-7.2
附：国税	万元	1204623	11.9
地税	万元	1605506	2.7
财政	万元	1046937	-6.9

2017年济宁市公共财政预算支出统计表

表-18

指标名称	单位	2017年	比上年增长
公共财政预算支出	万元	5697283	2.5
一般公共服务	万元	578131	3.6
公共安全	万元	327432	6.7
教育	万元	1309521	4.8
科学技术	万元	72008	3.1
文化体育与传媒	万元	113928	1.5
社会保障和就业	万元	645848	9.6
医疗卫生	万元	644337	5.6
节能环保	万元	139216	2.8
城乡社区事务	万元	574102	-21.0
农林水事务	万元	602815	3.5
交通运输	万元	204481	3.0
资源勘探电力信息等事务	万元	110883	-20.9
商业服务业等事务	万元	43295	-5.5
国土资源气象等事务	万元	53517	-0.4
住房保障支出	万元	140092	23.0
其他各项支出	万元	137677	62.2

2017年济宁市国税收入统计表

表-19

指标名称	单位	2017年	比上年增长
国税税收收入合计	万元	2927476	40.0
一、国内税收收入	万元	2753966	40.3
国内直接税收收入	万元	2748939	43.9
国内增值税	万元	2155367	40.8
营改增	万元	571489	106.4
国内消费税	万元	79079	-4.3
企业所得税	万元	369093	60.3
个人利息所得税	万元	4	-20.0
车辆购置税	万元	150423	25.2
采矿业	万元	803219	81.1
制造业	万元	717946	24.6
电力、热力、燃气及水的生产和供应业	万元	110374	-49.1
批发和零售业	万元	327916	24.0
交通运输、仓储和邮政业	万元	63145	14.5
信息传输、软件和信息技术服务业	万元	20356	-26.5
金融业	万元	143192	54.3
房地产业	万元	200119	147.2
租赁和商务服务业	万元	35602	48.3
二、海关代征	万元	173510	41.3

2017年济宁市地税收入统计表

表-20

指标名称	单位	2017年	比上年增长
地税税收收入合计	万元	2125583	15.1
一、税收收入	万元	1987080	15.7
增值税	万元	11367	67.8
营业税	万元	10801	7.4
企业所得税	万元	633159	113.0
个人所得税	万元	209830	35.0
资源税	万元	181644	54.2
城市维护建设税	万元	146237	9.5

续表

指标名称	单位	2017年	比上年增长
房产税	万元	79372	-0.7
印花税	万元	37093	17.8
城镇土地使用税	万元	212548	-16.7
土地增值税	万元	115110	-16.2
车船税	万元	40419	12.6
二、其他收入合计	万元	138503	6.9
教育费附加收入	万元	68854	11.3
地方教育附加	万元	45905	11.3
文化事业建设费	万元	0	-100.0
残保金就业保障金	万元	3216	6.3
税务部门其他罚没收入	万元	204	51.1
水利建设基金	万元	17281	-16.1

2017年济宁市金融保险业情况统计表

表-21

指标名称	单位	2017年	比上年初增长	比上年初增长%
金融				
金融机构存款余额	亿元	5021.55	409.44	8.9
# 住户存款	亿元	3065.71	261.77	9.3
非金融企业存款	亿元	1282.78	71.80	5.9
金融机构贷款余额	亿元	3158.04	278.77	9.7
# 住户贷款	亿元	919.51	176.78	23.8
短期贷款	亿元	318.40	38.58	13.8
消费贷款	亿元	105.12	45.46	76.2
经营贷款	亿元	213.27	-6.89	-3.1
中长期贷款	亿元	601.11	138.20	29.9
消费贷款	亿元	509.30	129.60	34.1
经营贷款	亿元	91.81	8.60	10.3
# 非金融企业及机关	亿元	2238.52	101.99	4.8
保险				
保费收入	亿元	177.43	—	9.8

续表

指标名称	单位	2017年	比上年初增长	比上年初增长%
# 财产险保费收入	亿元	52.11	—	10.5
人身险保费收入	亿元	125.32	—	9.6
赔付支出	亿元	63.16	—	2.9
# 财产险赔付金额	亿元	28.16	—	9.2
人身险给付金额	亿元	34.99	—	-1.6

说明：金融机构存贷款余额为本外币口径

2017年济宁市科技卫生情况统计表

表-22

指标名称	单位	2017年
科技		
各类科研成果	项	169
获国家科技进步奖	项	2
获省科技进步奖	项	2
实施科技计划项目	项	20
申请发明专利	项	2676
发明专利授权	项	56
国家级高新技术企业	家	319
卫生		
各类卫生机构	个	6917
各类卫生人员	人	78586

2017年济宁市文化体育旅游情况统计表

表-23

指标名称	单位	2017 年
文体		
公共图书馆	个	13
图书	万册(件)	248
电子阅览室终端数	万册(件)	530

续表

指标名称	单位	2017 年
书刊文献外接人次	万人次	356
艺术表演团体	个	12
艺术表演场馆	个	11
文物保护管理机构	个	20
国际比赛获奖	枚	3.00
金牌	枚	1
银牌	枚	
铜牌	枚	2
国内比赛获奖		32
金牌	枚	13
银牌	枚	11
铜牌	枚	8
省内比赛获奖		131
金牌	枚	43
银牌	枚	39
铜牌	枚	49
旅游		
接待游客总人数	万人次	6761
# 国内旅游人数	万人次	6728
入境旅游人数	万人次	33
旅游总消费	亿元	688.1

2017年济宁市环境保护和社会事业情况统计表

表-24

指标名称	单位	2017 年
环境保护		
“三同时”环保	亿元	4.2
老污染源治理	亿元	32.7
完成限期治理项目数	个	828
关停企业	家	1319
空气质量优良天数	天	218
社会事业		

续表

指标名称	单位	2017 年
养老保险	万人	599.2
医疗保险	万人	803.4
工伤保险	万人	99.5
失业保险	万人	83.0
生育保险	万人	73.9
城镇登记失业率	%	3.1
城市低保户数	万户	1.5
城市低保人数	万人	2.8
发放城市低保金	亿元	1.3
农村低保户数	万户	12
农村低保人数	万人	20.3
发放农村低保金	亿元	5.5
收养性社会福利单位床位	万张	2.7
收养各类人员	万人	1.8
城市各种社区服务设施	个	979
# 社区服务中心	个	382
接受社会捐赠	亿元	4

2017年济宁市物价指数统计表

表-25

指标名称	单位	2017 年
居民消费价格总指数	%	101.1
# 服务项目价格指数	%	101.5
消费品价格指数	%	100.9
# 食品烟酒	%	99.1
粮食	%	101.1
鲜菜	%	91.0
畜肉	%	94.1
水产品	%	103.5
蛋	%	96.5

续表

鲜果	%	103.3
衣着	%	100.3
居住	%	100.4
生活用品及服务	%	102.6
交通和通信	%	101.2
教育文化及服务	%	103.5
医疗保健	%	106.8
其他用品和服务	%	101.7
商品零售价格总指数	%	101.8
工业生产者出厂价格指数	%	109.6
工业生产者购进价格指数	%	113.4

2017年济宁市居民生活指标统计表

表-26

指标名称	单位	2017 年	比上年增长 %
全体居民人均可支配收入	元	23847	9.1
全体居民人均消费性支出	元	14582	7.7
城镇居民人均可支配收入	元	32420	8.1
城镇居民人均消费性支出	元	19287	6.0
# 食品烟酒	元	5697	4.0
衣着	元	1772	7.3
居住	元	3665	5.2
生活用品及服务	元	1540	0.8
交通通信	元	2587	14.6
教育文化娱乐	元	2159	4.5
医疗保健	元	1385	9.2
其他用品和服务	元	482	2.6
城镇居民人均建筑面积	平方米	40.4	7.7
农村居民人均可支配收入	元	14845	9.0
农民居民人均消费性支出	元	9641	9.4

续表

# 食品烟酒	元	2939	3.8
衣着	元	618	4.7
居住	元	1739	11.1
生活用品及服务	元	663	15.3
交通通信	元	1568	19.4
教育文化娱乐	元	1064	8.6
医疗保健	元	882	8.2
其他用品和服务	元	168	18.3
农村居民人均建筑面积	平方米	44.8	4.8

2017 年济宁市各县（市、区）主要经济指标统计表

表-27

地区总值	地区生产（亿元）	固定资产投资（亿元）	进出口总值（万元）	出口总值（万元）	公共财政预算收入（万元）	公共财政预算支出（万元）	高新技术产业产值（亿元）	金融机构存款余额（亿元）	城镇居民人均可支配收入（元）	农村居民人均可支配收入（元）
任城区	601.22	401.24	453219	421489	616920	544997	119.41	（市辖区）2211.37	36935	15289
兖州区	576.55	348.38	1362860	396662	444369	506733	484.53	421.58	35808	16434
微山县	449.85	230.69	43632	40594	327336	401296	61.09	241.70	28708	14372
鱼台县	182.43	161.80	64781	62665	100136	243369	11.04	160.23	27012	13833
金乡县	221.93	187.02	530668	517394	139676	364838	60.61	261.55	28980	15073
嘉祥县	225.61	180.47	124361	51975	134916	325669	32.34	323.55	27349	13996
汶上县	284.51	253.35	77091	57967	136006	318631	56.97	269.96	27868	14272
泗水县	182.36	159.62	54867	51020	82158	318729	23.30	186.62	22717	11315
梁山县	285.30	246.63	53054	52182	146023	378670	89.07	324.32	26735	13619
曲阜市	450.35	301.83	244437	178303	253888	417864	107.82	321.59	27930	14324
邹城市	968.64	507.60	181932	54215	751256	755547	281.08	720.66	34268	15691
高新区	530.73	377.84	912062	484346	380566	205000	550.38			
太白湖新区	17.02	47.17	1256	1256	103976	75334	—			
经开区	67.88	69.88	39510	39181	32889	65167	21.57			

（由市统计局提供）

2017年度公文要目辑存

济发1号　中共济宁市委　济宁市人民政府关于深入推进农业供给侧结构性改革的实施意见
济发3号　中共济宁市委关于认真学习贯彻市第十三次党代会精神的通知
济发10号　中共济宁市委　济宁市人民政府印发《济宁市2017年创建全国文明城市工作实施意见》的通知
济发11号　中共济宁市委　济宁市人民政府关于建立考核激励和容错纠错机制敢于为担当者担当为负责者负责的实施意见
济发16号　中共济宁市委关于印发《中国共产党济宁市委员会工作规则》的通知
济发17号　中共济宁市委关于印发《中国共产党济宁市委员会常务委员会议事决策规则》的通知
济发18号　中共济宁市委关于印发《中共济宁市委常委会及其成员职责清单（试行）》的通知
济发22号　中共济宁市委关于深入学习贯彻党的十九大精神的决议
济发27号　中共济宁市委印发《中共济宁市委常委会关于坚决维护和服从以习近平同志为核心的党中央集中统一领导的规定》
济发28号　中共济宁市委印发《中共济宁市委常委会进一步贯彻落实中央八项规定精神实施办法》的通知
济发29号　中共济宁市委关于进一步加强市委常委会自身建设的意见
济发30号　中共济宁市委关于印发《济宁市深化国家监察体制改革试点工作实施方案》的通知

济办发3号　市委办公室　市政府办公室印发《关于选派市直单位优秀年轻干部担任第一书记驻村培养锻炼的意见》的通知
济办发4号　中共济宁市委办公室关于印发《2017年县（市、区）委书记及市直有关党（工）委书记抓基层党建工作责任清单》的通知
济办发6号　市委办公室　市政府办公室关于印发《济宁市美丽乡村标准化建设行动计划（2017—2020年）》的通知
济办发8号　中共济宁市委办公室印发《关于推进“两学一做”学习教育常态化的实施方案》的通知
济办发17号　市委办公室　市政府办公室　济宁军分区政治工作处关于开展中国人民解放军建军90周年纪念活动的通知
济办发22号　中共济宁市委办公室印发《关于规范提升城市基层党建工作的意见》的通知
济办发23号　中共济宁市委办公室关于印发《济宁市贯彻〈中国共产党党委（党组）理论学习中心组学习规则〉实施细则》的通知
济办发31号　中共济宁市委办公室印发《关于加强市纪委派驻机构建设的实施意见》的通知
济办发32号　中共济宁市委办公室印发《关于全面落实市纪委向市一级党和国家机关派驻纪检机构的方案》的通知
济办发36号　市委办公室　市政府办公室印发《关于做好村“两委”换届选举工作的意见》《关于做好城市社区“两委”换届选举工作的意见》的通知

济政发1号　关于印发《关于落实〈政府工作报告〉重点工作责任分工的意见》的通知
济政发2号　关于2017年为民办好十件实事的通知
济政发3号　关于调整市政府领导同志工作分工的通知
济政发4号　关于下达济宁市2017年国民经济和社会发展计划的通知
济政发5号　关于印发济宁市土壤污染防治工作方案的通知
济政发6号　关于印发《济宁市“十三五”脱贫攻坚规划》的通知
济政发7号　关于加强困境儿童保障工作的实施意见
济政发8号　关于2016年度济宁市科学技术奖励的决定
济政发9号　关于印发《济宁市公交投入和补贴资金管理办法》的通知
济政发10号　关于印发《济宁市残疾人事业“十三五”发展规划》的通知
济政发11号　关于印发《济宁曲阜机场净空和电磁环境保护管理规定》的通知
济政发12号　关于贯彻落实支持农业转移人口市民化若干财政政策的意见
济政发13号　关于印发济宁市“十三五”卫生与健康规划的通知
济政发14号　关于印发济宁市在市场体系建设中建立公平竞争审查制度实施方案的通知
济政发15号　关于进一步降低实体经济企业成本的实施意见

济政发16号　关于印发《济宁市水文管理办法》的通知
济政发17号　关于印发济宁市综合行政执法体制改革实施方案的通知
济政发18号　关于印发《济宁市网络预约出租汽车经营服务管理实施细则》的通知
济政发19号　关于废止《济宁市南四湖自然保护区管理办法》的通知
济政发20号　关于印发《济宁市主城区城市基础设施配套费征收使用管理办法》的通知
济政发21号　关于印发《济宁市露天非煤矿山管理办法（试行）》的通知
济政发22号　关于印发《济宁市用水总量控制管理办法》的通知
济政发23号　关于印发济宁市盐业体制改革实施方案和济宁市食盐监管体制改革方案的通知
济政发24号　关于印发济宁市餐饮质量安全提升工程实施方案的通知
济政发25号　关于印发《济宁市个人住房公积金贷款管理办法》的通知
济政发26号　关于印发《济宁市住房公积金管理办法》的通知
济政发27号　关于公布市政府规范性文件清理结果的通知
济政发28号　关于印发《济宁市提升建设工程项目招标投标质量管理办法》的通知
济政发29号　关于印发《济宁市居民基本医疗保险办法》的通知
济政发30号　关于助推新旧动能转换做好当前和今后一段时期就业创业工作的意见

济政字1号　关于印发济宁市政府投资项目审批流程再造工作实施方案（试行）的通知
济政字3号　关于2016年（第二期）棚户区改造项目政府购买服务有关问题的批复
济政字4号　关于加快发展政府性融资担保机构更好服务小微企业和“三农”的意见
济政字6号　关于提请决定任免市政府领导成员职务的议案
济政字9号　关于2017年全市林业改革发展工作的意见
济政字10号　关于坚决制止和纠正政府债务管理领域违规违纪问题的通知
济政字11号　关于2017年解决城镇普通中小学大班额问题目标任务责任落实的通知
济政字13号　关于印发市政府领导工作补位制度的通知
济政字15号　关于印发济宁市2017年大气污染防治工作方案的通知
济政字16号　关于印发济宁市2017年水污染防治工作方案的通知
济政字17号　关于2017年棚户区改造政府购买服务有关问题的批复
济政字18号　关于表彰2016年度全市采煤塌陷地治理工作先进单位的通报
济政字21号　关于印发济宁市2017年度国有建设用地供应计划的通知
济政字22号　关于开展全市餐饮服务业油烟治理工作的实施意见
济政字23号　关于2015—2016年度文物安全目标责任落实情况的通报
济政字24号　关于挂牌督办嘉祥县马村镇水泥制品厂等5起违法占地案件的通知
济政字27号　关于加快知识产权强市建设的实施意见
济政字28号　关于印发2017年度全市政府系统调研课题的通知
济政字31号　关于清理规范市级行政审批中介服务项目的通知
济政字32号　关于2017年第一批削减市级行政权力事项的通知
济政字36号　关于印发济宁市创建全国质量强市示范城市工作方案的通知
济政字37号　关于《济宁市城乡电网专项规划（2015—2030年）》的批复
济政字38号　关于2016年住房公积金管理工作目标责任书完成情况的通报
济政字40号　关于印发济宁市市属监狱企业移交划转实施方案的通知
济政字41号　关于提请决定任命市政府组成人员职务的议案
济政字44号　关于进一步明确重点领域安全监管责任的通知
济政字48号　关于同意北京济宁企业商会筹备成立的批复
济政字50号　关于《济宁都市区绿道规划》的批复
济政字51号　关于《济宁都市区水系规划》的批复
济政字52号　关于《济宁市市域综合交通体系规划（2014—2030年）》的批复
济政字53号　关于《济宁市城市轨道交通线网规划（2016—2030年）》的批复
济政字54号　关于《济宁市美丽乡村总体规划》的批复
济政字56号　关于印发济宁市加快推进天然气“镇镇通”工程建设实施方案的通知
济政字58号　关于《济宁市移动通信基础设施专项规划》的批复

济政字60号 关于印发《济宁市“十三五” 科学技术创新发展规划纲要》的通知
济政字63号 关于提升三项能力助推便民办税春风行动的实施意见
济政字67号 关于对全市建筑施工质量安全实施最严厉处罚措施的通知
济政字68号 关于公布全市最低工资标准的通知
济政字69号 关于发布2017年企业工资指导线的通知
济政字70号 关于印发《鲁南高铁济宁段项目资金支付管理暂行办法》的通知
济政字71号 关于印发《济宁市水利发展“十三五”规划》的通知
济政字73号 关于不动产登记若干历史遗留问题的处理意见
济政字74号 关于提请批准2017年全市政府债务限额的议案
济政字75号 关于同意取消曲阜市利民食品站等6家生猪定点屠宰厂（点）的批复
济政字77号 关于加强非煤矿山监管建设绿色矿山的意见
济政字78号 关于印发济宁市环境突出问题整改“百日攻坚”行动实施方案的通知
济政字80号 关于公布济宁市创建市级重点示范镇名单的通知
济政字82号 关于进一步加强政府举债和融资管理的通知
济政字86号 关于提请审议《济宁市烟花爆竹燃放管理条例（草案）》的议案
济政字87号 关于印发《济宁市“十三五”金融业发展规划（2016—2020年）》的通知
济政字91号 关于提高城乡低保农村特困人员救助供养标准的通知
济政字93号 关于印发济宁市“十三五”服务业发展规划的通知
济政字95号 关于印发济宁市2017—2020年煤电行业压减煤炭消耗工作实施方案的通知
济政字96号 关于印发《济宁市“放管服”改革工作督查问责暂行办法》的通知
济政字97号 关于济宁高新区关闭部分饮用水水井的批复
济政字98号 关于印发济宁市能源发展“十三五”规划的通知
济政字99号 关于印发济宁市生态环境保护“十三五”规划的通知
济政字100号 关于切实做好南四湖省级自然保护区突出问题整治和管理保护工作的实施意见
济政字101号 印发关于进一步深化“放管服”改革争创一流政务服务环境实施方案的通知
济政字103号 关于印发济宁市安全生产“十三五”规划的通知
济政字104号 关于印发济宁市2017年气代煤和电代煤工程工作方案的通知
济政字105号 关于梁济运河等四条河道生态管理范围划定的意见
济政字106号 关于印发济宁市《食品药品安全“十三五”规划》的通知
济政字107号 关于任城区对区内城市集中饮用水水源地部分水井进行封停并调整保护区划的批复
济政字110号 关于2017年第二批削减行政权力事项等事宜的通知
济政字111号 关于梁山县黄河滩区脱贫与迁建民生工程实施方案的批复
济政字112号 关于表扬2017年度济宁市高中教育先进学校的通报
济政字113号 关于印发济宁市企业投资项目审批流程再造工作实施方案（试行）的通知
济政字115号 关于印发济宁市河长制市级会议制度等相关制度的通知
济政字116号 关于印发《济宁市行业（系统）消防安全监督检查管理办法》的通知
济政字118号 关于同意停止建设任城区蓼河馨苑保障房项目的批复
济政字119号 关于同意处置金乡县如意嘉园公租房项目的批复
济政字120号 关于同意处置曲阜市水岸雅居公租房项目的批复
济政字121号 关于公布市级第一批“零跑腿”和“只跑一次”事项清单的通知
济政字122号 关于开展主要农作物生产全程机械化推进行动的实施意见
济政字124号 关于提请审议《济宁市城市绿化条例（草案）》的议案
济政字126号 关于印发济宁市加快推进畜牧业绿色生态发展实施方案的通知
济政字128号 关于公布第七届济宁市首席技师名单的通知
济政字129号 关于印发《济宁市人民政府2017—2021年立法规划》的通知
济政字131号 印发关于强化企业技术改造和“6501”培育工程加快新旧动能转换的若干意见的通知
济政字132号 关于对市餐厨废弃物处理项目有关问题的批复
济政字133号 关于济东新村“三供一业”及市政、社区管理职能分离移交的批复
济政字136号 关于印发济宁市“十三五”消防事业发展规划的通知
济政字138号 印发关于今冬明春农田水利基本建设的实施意见的通知

济政字139号	关于同意济宁城北饮用水水源地安全保障达标建设方案的批复
济政字140号	关于市区国有划拨土地上的房地产转让审批有关问题的批复
济政字143号	关于市县两级安全生产监督管理部门作为行政执法机构的批复
济政字144号	关于提请批准2017年市级预算调整方案的议案
济政字145号	关于印发济宁市推广应用纯电动公交车实施方案的通知
济政字147号	关于印发《济宁市残疾人运动员教练员参加各类文化体育重大比赛表彰奖励办法》的通知
济政字148号	关于印发济宁市农产品品牌建设实施方案的通知
济政字149号	关于同意齐鲁农村产权交易中心邹城有限公司变更为齐鲁农村产权交易中心济宁有限公司的批复
济政字152号	关于调整《山东省区域性大气污染物综合排放标准》适用控制区范围的通知
济政字153号	关于印发济宁市“十三五”节能减排综合工作方案的通知
济政字154号	关于印发《济宁市老龄事业发展和养老体系建设“十三五”规划》通知
济政字155号	关于印发《济宁市防治船舶及有关作业活动污染水域环境应急能力建设规划》的批复
济政字156号	印发关于贯彻《山东省流动人口服务管理暂行办法》的实施意见的通知
济政字157号	关于印发济宁市城市道路质量常见问题集中治理行动方案的通知
济政字158号	关于废止《南四湖渔业功能区划与养殖总量控制规划》的通知
济政字159号	关于济宁市河湖及水利工程管理范围和保护范围划定工作实施方案的批复

济政办发1号	济宁市人民政府办公室2016年工作总结和2017年工作安排
济政办发2号	关于做好政府向社会力量购买公共文化服务工作的实施意见
济政办发3号	关于印发济宁市农业水价综合改革实施方案的通知
济政办发4号	关于印发济宁市2017年规范性文件制定计划的通知
济政办发5号	关于印发《济宁市城市管理项目采购管理办法》的通知
济政办发6号	转发市民政局等部门关于做好农村最低生活保障制度与扶贫开发政策有效衔接的实施意见的通知
济政办发7号	关于表彰2016年度全市政务信息工作先进单位和先进个人的通报
济政办发8号	关于进一步精减会议压缩文件加强调查研究的若干意见
济政办发9号	转发市国资委市财政局济宁市国有企业职工家属区“三供一业”分离移交工作方案的通知
济政办发10号	关于印发济宁市人民政府2017年立法工作计划的通知
济政办发11号	关于印发济宁市危险化学品安全综合治理实施方案的通知
济政办发12号	关于印发《济宁市公交企业成本规制管理办法》的通知
济政办发13号	转发市民政局等部门关于进一步加强见义勇为人员权益保护的实施意见的通知
济政办发14号	关于贯彻鲁政办发〔2015〕61号文件全面加强乡村医生队伍建设的实施意见
济政办发15号	关于印发2017年济宁市政务公开工作要点任务分解表的通知
济政办发16号	关于印发济宁市人民政府办公室（济宁市人民政府研究室）主要职责内设机构和人员编制规定的通知
济政办发17号	关于印发济宁市科学技术局主要职责内设机构和人员编制规定的通知
济政办发18号	关于印发济宁市城乡规划局主要职责内设机构和人员编制规定的通知
济政办发19号	关于印发济宁市林业局主要职责内设机构和人员编制规定的通知
济政办发20号	关于印发济宁市商务局主要职责内设机构和人员编制规定的通知
济政办发21号	关于印发济宁市食品药品监督管理局（济宁市食品安全委员会办公室）主要职责内设机构和人员编制规定的通知
济政办发22号	关于印发济宁市旅游发展委员会主要职责内设机构和人员编制规定的通知
济政办发23号	关于印发济宁市人民政府外事侨务办公室主要职责内设机构和人员编制规定的通知
济政办发24号	关于印发济宁市统计局主要职责内设机构和人员编制规定的通知
济政办发25号	关于印发济宁市安全生产监督管理局主要职责内设机构和人员编制规定的通知
济政办发26号	关于印发济宁市人民政府法制办公室（济宁市行政执法监督局）主要职责内设机构和人员编制规定的通知
济政办发27号	关于印发山东省无线电管理办公室济宁管理处（济宁市无线电管理办公室）主要职责内设机构和人员编制规定的通知
济政办发28号	关于加强电子政务协调发展的实施意见
济政办发29号	关于进一步加强贸易政策合规工作的通知
济政办发30号	关于进一步加强环境监管执法工作的通知

济政办发31号　印发关于落实“一窗受理、集成服务”改革提高政务服务水平实施方案的通知
济政办发32号　关于印发全市各级自然保护区内矿业权退出工作方案的通知
济政办发33号　关于印发济宁市医疗联合体建设方案的通知
济政办发34号　关于进一步推广运用政府和社会资本合作模式的实施意见
济政办发35号　关于贯彻鲁政办发〔2017〕61号文件推进“多证合一”改革的实施意见
济政办发36号　关于印发《济宁市规范性文件管理办法》的通知
济政办发37号　关于进一步加强房地产市场调控工作的通知
济政办发38号　关于加快推进全市国有企业公司制改制的通知
济政办发39号　关于印发济宁市政务信息系统整合共享工作推进方案的通知
济政办发41号　关于贯彻鲁政办发〔2017〕34号文件加强困难群众基本生活保障有关工作的通知
济政办发42号　关于印发《济宁市有突出贡献的中青年专家选拔管理办法》的通知
济政办发43号　关于贯彻鲁政办发〔2017〕55号文件促进和规范健康医疗大数据应用发展的实施意见
济政办发44号　印发关于促进建筑业加快发展的意见的通知
济政办发45号　关于印发《济宁市社会救助家庭经济状况核对办法》的通知
济政办发46号　关于印发《济宁市职工长期护理保险实施办法》的通知
济政办发47号　关于印发济宁市加快推进畜禽养殖废弃物资源化利用工作方案的通知
济政办发48号　关于印发《关于促进互联网租赁自行车规范发展的意见》的通知

济政办字1号　关于印发全市机动车污染综合防治实施方案的通知
济政办字2号　关于印发《济宁市重点交通建设项目贷款资金管理办法》的通知
济政办字3号　关于加强城区拟改造道路沿线区域规划管理的通知
济政办字4号　关于印发济宁市煤矿、非煤矿区、码头、工业园区、堆场等重点区域绿化抑尘行动实施方案的通知
济政办字5号　关于印发2017年济宁市万亩荒山绿化示范工程实施方案的通知
济政办字6号　关于印发济宁市今冬明春造林绿化工作实施方案的通知
济政办字7号　关于2016年政务信息采用情况的通报
济政办字8号　关于印发济宁市清理沿湖沿河畜禽规模养殖场实施方案的通知
济政办字9号　关于启用济宁市投资促进局印章的通知
济政办字10号　关于严肃财经纪律进一步规范政府举债融资行为的通知
济政办字11号　关于下达全市规模企业改制与挂牌上市工作任务目标的通知
济政办字12号　关于印发济宁市大面积停电事件应急预案的通知
济政办字13号　关于印发市政府2月份重点工作任务责任分解方案的通知
济政办字14号　关于进一步加强政府网站内容保障工作的通知
济政办字15号　关于印发济宁市2017年土地矿产卫片执法监督检查工作方案的通知
济政办字16号　关于加强经济开发区规划编制工作的意见
济政办字17号　关于成立济宁市经济开发区规划编制工作领导小组的通知
济政办字18号　关于印发济宁市创建国家森林城市工作目标任务责任清单的通知
济政办字20号　关于2017年1月份政务信息采用情况的通报
济政办字21号　转发市体育局关于进一步做好老年人体育工作的意见的通知
济政办字22号　关于印发2017年全市应急管理工作要点的通知
济政办字23号　关于加快推进公共租赁住房建设和分配入住工作的通知
济政办字24号　关于做好法治政府建设情况报告工作的通知
济政办字25号　关于印发济宁市危险废物处置利用设施建设指导方案的通知
济政办字26号　关于成立济宁烈士陵园升级改造建设人民英雄纪念广场项目领导小组的通知
济政办字27号　关于下达2017年度全市招商引资工作任务目标的通知
济政办字28号　关于印发市政府3月份重点工作任务责任分解方案的通知
济政办字29号　关于开展济宁市中心城区拆墙透绿活动的通知
济政办字30号　关于下达2017年度采煤塌陷地治理任务目标的通知
济政办字31号　关于成立新机场高速公路连接线工程前期工作领导小组的通知
济政办字32号　关于成立董家口至梁山（鲁豫界）高速公路建设指挥部的通知
济政办字33号　关于成立济宁市政府投资项目推进委员会的通知

济政办字34号　关于成立济宁市投资促进工作委员会的通知
济政办字35号　关于印发济宁市产业招商实施方案的通知
济政办字36号　关于成立环湖大道东线工程微山段PPP项目推进工作领导小组的通知
济政办字38号　关于下达2017年全市规模以上工业和信息产业发展目标的通知
济政办字39号　关于成立济宁市餐饮服务业油烟治理工作领导小组的通知
济政办字40号　关于推进《环南四湖50万亩池塘生态建设规划》实施的意见
济政办字41号　关于印发济宁市泗河综合开发质量控制方案的通知
济政办字42号　关于成立济宁市打击非法生产经营使用兽药和饲料添加剂工作领导小组的通知
济政办字43号　关于2017年2月份政务信息采用情况的通报
济政办字44号　关于下达2017年度全市社会消费品零售总额建议目标的通知
济政办字45号　关于成立济宁市比亚迪云轨项目推进工作领导小组的通知
济政办字46号　关于推动农村快递电商公共服务中心暨精准扶贫助力站建设的实施意见
济政办字47号　关于成立济宁市政府投资教育项目指挥部的通知
济政办字48号　关于成立济宁市健康促进与教育工作领导小组的通知

济政办字49号　关于印发济宁市国有林场改革实施方案的通知
济政办字50号　关于成立济宁市“生态修复、城市修补”工作领导小组的通知
济政办字51号　关于成立济宁市中心城区地下综合管廊跨线桥PPP项目推进工作领导小组的通知
济政办字52号　关于印发市政府4月份重点工作任务责任分解方案的通知
济政办字53号　关于印发济宁市全域土地督察通报问题整改工作方案和济宁市闲置低效用地盘活利用专项行动方案的通知
济政办字54号　关于成立济宁机场迁建PPP项目推进工作领导小组的通知
济政办字55号　关于印发济宁市村庄规划编制工作实施方案的通知
济政办字56号　关于成立济宁国检贸易便利化服务中心建设工作推进小组的通知
济政办字59号　关于印发济宁市创建全国文明城市市容环境十项集中整治实施方案的通知
济政办字60号　关于成立济宁市儿童公园、凤凰台植物公园PPP项目推进工作领导小组的通知
济政办字61号　关于2017年3月份政务信息采用情况的通报
济政办字62号　关于印发济宁城区集中整治擅自改变车身颜色、假牌套牌车辆和打击非法营运行为实施方案的通知
济政办字63号　关于加强政府投资项目质量管理的意见
济政办字64号　关于成立济宁市与比亚迪股份有限公司全面合作推进工作领导小组的通知
济政办字65号　关于加强城市建设管理系列技术导则应用的意见
济政办字66号　关于印发2017年度行政执法监督工作计划的通知
济政办字67号　关于印发市政府5月份重点工作任务责任分解方案的通知
济政办字68号　关于调整济宁市人民政府防汛抗旱总指挥部组成人员的通知
济政办字69号　关于印发济宁市创建无障碍文化旅游示范城市总体方案的通知
济政办字71号　关于成立济宁市城市云轨旅游线路项目建设推进工作领导小组的通知
济政办字72号　关于成立济宁市政府投资水利项目建设指挥部的通知
济政办字73号　关于转发市农业局济宁市水肥一体化技术提质增效转型升级实施方案的通知
济政办字74号　关于印发《济宁市关于进一步规范建筑工地现场施工围挡设置的通知》《济宁市建筑工程质量常见问题防治工作方案》《济宁市黑臭水体整治工作方案》的通知
济政办字75号　关于开展规范性文件清理工作的通知
济政办字76号　关于成立济宁市北方地区冬季清洁取暖试点工作领导小组的通知
济政办字77号　关于2017年4月份政务信息采用情况的通报
济政办字78号　关于印发加快全市电动汽车充电基础设施建设实施方案的通知
济政办字79号　关于公布济宁市市级保留的年检事项目录的通知
济政办字80号　关于公布济宁市市级首批取消证明盖章类材料目录的通知
济政办字81号　关于公布济宁市市级随机抽查事项清单的通知
济政办字82号　关于成立济宁市政府性债务管理领导小组的通知
济政办字83号　关于调整济宁市地方史志编纂委员会组成人员的通知
济政办字84号　关于印发济宁市开展城区农贸市场集中攻坚整治月活动实施方案的通知

济政办字85号	关于印发《济宁市城市饮用水水源地环境保护规划》的通知
济政办字86号	关于印发市政府6月份重点工作任务责任分解方案的通知
济政办字87号	关于成立济宁市采煤塌陷地土地复垦重大工程项目申报工作领导小组的通知
济政办字88号	关于2016年全市政务公开工作考核情况的通报
济政办字90号	关于做好2017年度市县政府领导班子成员市政府部门单位主要负责人接听公开电话的通知
济政办字92号	关于成立济宁市夏粮收购工作领导小组的通知
济政办字94号	关于印发济宁市政府性债务风险应急处置预案的通知
济政办字95号	关于2017年5月份政务信息采用情况的通报
济政办字96号	关于印发济宁市2017年汛期地质灾害防治方案的通知
济政办字97号	关于印发全市易燃易爆单位消防安全现状调查摸底实施方案的通知
济政办字98号	关于成立行业协会商会与行政机关脱钩联合工作组的通知
济政办字99号	关于调整济宁市防控重大动物疫病指挥部组成人员的通知
济政办字100号	关于调整济宁市深化医药卫生体制改革领导小组组成人员的通知
济政办字101号	关于印发市政府7月份重点工作任务责任分解方案的通知
济政办字102号	关于印发全市非煤矿山开采专项整治工作方案的通知
济政办字104号	关于调整济宁市质量强市工作领导小组组成人员的通知
济政办字105号	关于2017年6月份政务信息采用情况的通报
济政办字106号	关于做好采煤塌陷地综合治理绩效情况专项审计调查问题整改工作的通知
济政办字107号	关于成立济宁市环湖大道东线工程太白湖新区段PPP项目推进工作领导小组的通知
济政办字108号	关于印发济宁市2017年加快推进城镇化进程实施方案的通知
济政办字109号	关于成立济宁市物流园区建设工作领导小组的通知
济政办字110号	关于调整济宁市政务公开领导小组的通知
济政办字111号	关于印发2017中国（曲阜）国际孔子文化节“海内外知名儒商东方圣城行”活动方案的通知
济政办字112号	关于印发济宁市2017香港山东周活动方案的通知
济政办字113号	关于做好港口和船舶污染物接收转运及处置设施建设方案实施工作的通知
济政办字114号	关于转发济宁市道路交通安全综合治理委员会《全市道路交通安全集中整治行动实施方案的通知》
济政办字115号	关于印发济宁市违法违规用地专项整治工作方案的通知
济政办字116号	关于印发济宁市政务云平台使用管理办法的通知
济政办字117号	关于印发济宁市城区雨污分流改造实施方案的通知
济政办字118号	关于印发市政府8月份重点工作任务责任分解方案的通知
济政办字120号	关于成立京台高速公路济宁段改扩建工程指挥部的通知
济政办字121号	关于印发济宁市南水北调工程沿线突发涉水环境事件应急预案的通知
济政办字122号	关于推进与中央企业战略合作项目落地实施的通知
济政办字123号	关于2017年7月份政务信息采用情况的通报
济政办字124号	关于成立济宁市飞灰综合处理厂建设工作领导小组的通知
济政办字125号	关于成立济宁市慈善工作领导小组的通知
济政办字126号	关于印发济宁市首届文化惠民消费季实施方案的通知
济政办字127号	关于下达2017年水肥一体化考核指标任务的通知
济政办字128号	关于印发济宁市2017年“气代煤、电代煤”范围外清洁煤推广使用实施方案的通知
济政办字129号	关于进一步加强林地保护管理工作的通知
济政办字130号	关于印发济宁市数字化城市管理办法的通知
济政办字131号	关于成立济宁市城区餐厨废弃物治理领导小组组成人员的通知
济政办字132号	关于印发济宁市推进煤炭行业化解过剩产能实现脱困发展实施方案的通知
济政办字133号	关于印发济宁市冬季清洁取暖气代煤和电代煤工程实施方案的通知
济政办字134号	印发关于加强城市停车设施规划建设管理实施办法的通知
济政办字135号	关于印发城区农贸市场推行超市化经营模式的指导意见的通知
济政办字136号	关于印发市政府9月份重点工作任务责任分解方案的通知
济政办字137号	关于成立全国“平安农机”示范市创建工作领导小组的通知
济政办字138号	印发关于深化改革推进出租汽车行业健康发展的实施意见的通知
济政办字140号	关于公布济宁市村（社区）保留证明材料清单的通知

济政办字 141 号　关于调整《政府购买服务指导目录》的通知
济政办字 142 号　关于 2017 年 8 月份政务信息采用情况的通报
济政办字 143 号　印发关于组织开展南四湖省级自然保护区遥感监测实地核查和问题整改工作的实施方案的通知
济政办字 144 号　关于印发济宁市全面推行行政执法公示制度执法全过程记录制度重大执法决定法制审核制度工作方案的通知
济政办字 145 号　关于印发市政府 10 月份重点工作任务责任分解方案的通知
济政办字 146 号　关于成立华能济宁电厂天然气热电联产项目规划建设领导小组的通知
济政办字 147 号　关于调整济宁市知识产权工作领导小组组成人员的通知
济政办字 148 号　关于济宁市城区自备井封停工作的通知
济政办字 149 号　关于印发济宁市入河排污口综合整治方案的通知
济政办字 150 号　关于 2017 年 9 月份政务信息采用情况的通报
济政办字 151 号　关于印发济宁市重污染天气应急预案的通知
济政办字 152 号　关于成立济宁市第二次污染源普查领导小组的通知
济政办字 154 号　关于印发济宁市 2017 年 11 月环境保护工作要点的通知
济政办字 155 号　关于印发市政府 11、12 月份重点工作任务责任分解方案的通知
济政办字 156 号　关于成立济宁市黄河滩区脱贫迁建工作领导小组的通知
济政办字 158 号　关于 2017 年 10 月份政务信息采用情况的通报
济政办字 159 号　关于贯彻实施《山东省农村住房抗震设防要求管理办法》的意见
济政办字 160 号　关于印发全市乡村旅游提档升级行动方案的通知
济政办字 161 号　关于印发《〈济宁年鉴〉2018 卷组稿方案》的通知
济政办字 162 号　关于印发全济宁市燃气安全事故应急预案的通知
济政办字 163 号　关于印发济宁市供热事故应急预案的通知
济政办字 164 号　关于印发 2017 年今冬明春火灾防控工作方案的通知
济政办字 165 号　关于印发济宁至泗水微山梁山城际公交线路开通工作方案的通知
济政办字 166 号　关于成立济宁市冬季天然气保供调度协调工作领导小组的通知
济政办字 167 号　关于建立打击取缔“地条钢”长效监管机制的通知
济政办字 168 号　关于成立济宁市电子政务和大数据发展领导小组的通知
济政办字 169 号　关于建立济宁市全国重要饮用水水源地安全保障达标建设联席会议制度的通知
济政办字 172 号　转发市体育局市教育局《关于改革县级体育运动学校办学模式的实施方案》的通知
济政办字 173 号　批转省政府关于济南等 5 市所属 28 个县（市、区）及淄博市市属国有林场改革实施方案的批复的通知
济政办字 174 号　关于成立济宁市涉金融领域失信问题专项治理工作领导小组的通知
济政办字 175 号　关于印发济宁市第一届创新创业成果交流暨“名优特新”商品博览会总体方案的通知
济政办字 176 号　关于印发济宁市城乡环卫一体化工作考评奖惩办法的通知
济政办字 177 号　关于印发济宁市部分市政府议事协调机构和联席会议调整方案的通知
济政办字 178 号　关于印发济宁市第二届城市社区居民委员会换届选举工作实施方案的通知
济政办字 179 号　关于印发济宁市第十二届村民委员会换届选举工作实施方案的通知
济政办字 180 号　关于 2017 年 11 月份政务信息采用情况的通报
济政办字 181 号　关于全市行政机关负责人出庭应诉情况的通报
济政办字 182 号　关于成立冬季供热取暖指挥部的通知
济政办字 183 号　关于严格质量管理保障城市建设管理系列技术导则贯彻执行的通知
济政办字 184 号　关于成立济宁市政府债务风险防控工作领导小组的通知
济政办字 185 号　关于印发济宁市突发环境事件应急预案的通知
济政办字 187 号　关于印发济宁市冬季天然气保障供应调度协调工作应急预案的通知
济政办字 188 号　关于印发“食安济宁”品牌建设实施方案的通知
济政办字 189 号　关于建立节水农业和水肥一体化工作联席会议制度的通知
济政办字 190 号　关于成立济宁卫校新校区建设 PPP 项目推进工作领导小组的通知

重要文件选编

《济宁市弘扬优秀传统文化工作方案》

济办发〔2017〕45号文印发

习近平总书记在党的十九大报告中强调，文化是一个国家、一个民族的灵魂。文化兴国运兴，文化强民族强。没有高度的文化自信，没有文化的繁荣兴盛，就没有中华民族伟大复兴。要深入挖掘中华优秀传统文化蕴含的思想观念、人文精神、道德规范，结合时代要求继承创新，让中华文化展现出永久魅力和时代风采。济宁是中华文明的重要发祥地、儒家文化的发源地、运河文化的集聚兴盛地，历史悠久，底蕴厚重，资源富集，在国家乃至世界文化格局中具有特殊而重要的地位。2013年11月，习近平总书记到济宁视察，就弘扬优秀传统文化发表重要讲话，对济宁工作寄予殷切期望，赋予济宁光荣的职责使命。为深入贯彻落实习近平新时代中国特色社会主义思想关于文化建设的系列指示要求，落实中共中央办公厅、国务院办公厅《关于实施中华优秀传统文化传承发展工程的意见》和《山东省传承发展中华优秀传统文化工作方案》，现结合我市实际，制定如下工作方案。

一、总体要求

1. 指导思想

高举中国特色社会主义伟大旗帜，全面贯彻落实党的十九大精神，坚持以马克思列宁主义、毛泽东思想、邓小平理论、"三个代表"重要思想、科学发展观、习近平新时代中国特色社会主义思想为指导，深入贯彻落实习近平总书记社会主义文化强国建设思想，全面落实习近平总书记视察山东视察济宁重要讲话、重要指示批示精神，紧紧围绕实现中华民族伟大复兴中国梦，牢牢把握中国特色社会主义文化前进方向，坚持以人民为中心的工作导向，坚持以社会主义核心价值观为引领，坚持创造性转化、创新性发展，充分发挥济宁文化资源丰富、文化地位特殊的优势，大力弘扬传承中华优秀传统文化所蕴含的核心思想理念、中华传统美德、中华人文精神，大力推进文化资源开发利用，不断增强广大干部群众的文化自觉和文化自信，为济宁创新发展、转型发展、持续发展提供有力支撑，为中华文化繁荣兴盛作出应有贡献。

2. 工作原则

——坚持服务国家的工作取向。充分认识儒家文化、运河文化在中华优秀传统文化中的重要地位，切实提高工作站位，不断增强使命意识、责任意识、担当意识，确保始终从服务国家文化战略的高度谋划推进各项工作。

——坚持走在前列的工作定位。在近年来文化强市首善之区"七大工程"建设的基础上，全面总结济宁探索，深入提炼济宁经验，精心打造济宁样板，宣传推广济宁模式，使各项工作始终走在全省、全国前列。

——坚持创新创造的工作思维。深入学习领会习近平总书记关于推动优秀传统文化"创造性转化、创新性发展"的基本方针，积极顺应"互联网+""文化+"战略发展趋势，敢于突破、勇于创新、善于创造，用创新创造永葆优秀传统文化的生机和活力。

——坚持品牌引领的工作思路。牢固树立品牌意识，坚持把打造品牌放在工作的首要位置，以品牌引领工作、用工作确立品牌，用一系列立得住、传得开、叫得响的品牌工作、品牌项目、品牌活动，让济宁文化真正走出去、响起来、强起来。

——坚持项目化推进的工作办法。充分认识弘扬优秀传统文化工作的长期性、持久性，坚持从基础工作做起、从具体项目抓起，持之以恒、久久为功，不断推动优秀传统文化在当代社会生根发芽、开花结果。

3. 总体思路

全面落实"256"工作思路，形成整体推进的工作格局，把弘扬优秀传统文化与建设中国特色社会主义文化有机统一起来，在继承中发展，在发展中继承，实现中华优秀传统文化的创造性转化和创新性发展。

围绕"两大目标"：一是在落实"四个讲清楚"、推动中华文化走出去中作出应有贡献。二是实现文化资源优势向发展优势、竞争优势的充分转化，为济宁转型发展、创新发展、持续发展提供有力支撑。

建设一区、一带、三大目的地"五大文化区域"：着力建设曲阜优秀传统文化传承发展示范区、大运河文化带和水浒文化、佛教文化、红色文化"三大文化旅游目的地"。

打造"六大品牌体系"：儒家思想研究阐发品牌体系、优秀传统文化普及教育品牌体系、传统文化融入现代社会品牌体系、"互联网+传统文化"品牌体系、传统文化资源保护利用品牌体系、优秀传统文化对外传播品牌体系。

4. 主要目标

到2020年，优秀传统文化传承发展体系基本形成，文化品牌战略成效显著，弘扬优秀传统文化工作走在全省乃至全国前列，济宁经验、济宁模式、济宁贡献得到广泛认同，济宁文化软实力和对外影响力显著增强，文化对经济社会发展的支撑带动作用充分彰显。

二、建设一区一带三大目的地"五大文化区域"

5. 曲阜优秀传统文化传承发展示范区

落实国家“十三五”规划部署，以建成具有国际影响力的首善之区和世界东方精神家园为目标，依托规划区内富集的文化遗产资源，按照重点突破、融合互动、整体推进原则，提升曲阜、邹城、泗水核心区引领示范地位，发挥面向全省的辐射带动作用，形成核心引领、协作支撑、联动辐射发展格局。

制定《曲阜文化建设示范区促进条例》，推进实施《曲阜优秀传统文化传承发展示范区建设规划》，健全示范区协调推进机制，深化管理体制改革，破解土地、资金、项目、人才等瓶颈制约，加大政策扶持力度，推动整体提升。划定示范区起步区，做好示范区核心区总体规划、起步区控制性详细规划及修建性详细规划编制，编制完成国学小镇、文创小镇、中华始祖园详细规划，积极推进儒学国家文化公园、崇文湖湿地公园建设。加快孔子学院总部体验基地、干部政德教育基地、儒学人才高地、孔子博物馆建设，打造世界儒学文化研究中心。推动曲阜国家级文化产业发展示范园、孟子湖文化产业园、孟子研究院一体化园区、曾子广场、优秀传统文化“双创”示范基地等重点文化园区建设。加快尼山圣境建设，打造世界儒家文化旅游胜地、国际儒学教育培训基地和文化创意产业基地。扎实推进国家大遗址“曲阜片区”文化遗产保护，提升“三孔”世界文化遗产保护管理水平，推动邹城孟府孟庙孟林、曲阜颜庙、嘉祥曾庙作为“三孔”扩展项目申报世界文化遗产。全面加强儒家文化遗产的系统保护利用。重点推进“三孔”彩绘、鲁国故城、邾国故城、曾庙、武氏祠等文物保护工程，做好汶泗流域文化遗产综合保护利用。加强传统美德、文明礼仪和首善意识教育，推动儒学“六进”行动计划、书香社会行动计划、传统书院建设、“彬彬有礼道德城市”建设探索实践，培育形成崇德向善、诚信互助的社会风尚，打造道德高地、礼仪之邦、书香社会、和谐家园。充分挖掘邹鲁文化的深厚内涵和时代价值，加强邹鲁礼乐文化整理展示，推动邹鲁文化生态保护实验区建设，争取将《孔子世家明清文书档案》纳入世界记忆工程。加快“邹鲁文化城市”合作交流平台建设，持续办好邹鲁文化城市座谈会，支持邹鲁研学旅游联盟标准化、规范化、国际化、品牌化发展。

（牵头单位：市委宣传部、市发展改革委、市文广新局、曲阜文化建设示范区；责任单位：市委组织部、市人大法工委、市文物局、市财政局、市住房城乡建设局、市旅游发展委、市文明办、孔子研究院、孟子研究院，曲阜市、泗水县、邹城市）

6.大运河文化带

对接国家大运河文化带建设纲要，深入挖掘大运河济宁段历史文化资源，编制大运河文化经济带建设规划，实施运河文化遗产保护修缮工程，创建全国首批运河文化建设示范城市。

聚焦遗产保护、内涵挖掘、生态整治、经济发展、设施建设等，列出清单，有序推进。建立强有力的协调管理机制，探索实行总体规划、统筹协调、整体保护、分段管理、有序开发的管理运行模式。全面实施运河遗产的保护展示工程，对沿线河段、遗产点和重点文物保护单位，实施本体维修和环境整治，加快推进湖中运道环境综合整治、伏羲庙二期等项目建设，恢复重建河道总督衙门，推进南旺枢纽国家遗址公园对外开放。全面落实河长制，深入实施运河沿线景观环境整治工程，保护自然生态湿地，改善居民生活环境。实施航道改造提升工程，加快推进微山一级船闸、韩庄复线船闸、京杭运河济宁至台儿庄（济宁段）航道“三改二”等沿线河道、闸桥改造和配套设施建设，“十三五”期内实现黄河以南全程贯通。保护提升传统古镇村落，建设重点文化旅游区段，展示文物古迹和民俗风情，加快推进“济州古城”“运河记忆”历史文化街区、状元古镇、运河小镇等特色文化旅游项目建设，规划建设竹竿巷民俗文化一条街、柳行路伊斯兰文化一条街、运河廊道酒吧一条街、微山湖水街等特色街区。打造提升大型风情剧《我家就在岸上住》和大型山东梆子剧目《运河老店》。大力发展人文旅游、历史教育、节庆会展等运河文化相关产业，强化运河的生态、文化、旅游、商贸、居住等综合功能，再现运河繁荣盛景，打造运河文化产业品牌。支持鱼台县建设孟楼湿地生态旅游度假区、旧城海子生态乡村度假游、五里三贤文化休闲旅游区、惠河休闲观光旅游带等。

（牵头单位：市文广新局；责任单位：市发展改革委、市文物局、市旅游发展委、市住房城乡建设局、市水利局、市环保局、市港航局，任城区、微山县、鱼台县、汶上县）

7.水浒文化旅游目的地

编制《忠义文化示范区发展规划》，支持梁山县创建省级水浒文化生态保护区，提升水泊梁山风景名胜区、梁山泊遗址、黄河景观带等自然人文景观，筹划建设梁山武馆，创作大型舞台剧《忠义之魂》、拍摄电影《梁山武术》等，全面呈现水浒文化精神内涵，彰显水浒文化魅力，打造水浒文化旅游目的地。

（牵头单位：梁山县；责任单位：市委宣传部、市发展改革委、市旅游发展委、市文广新局、市文物局）

8.佛教文化旅游目的地

推动汶上宝相寺、兖州兴隆文化园、邹城凤凰山国际旅游度假区等佛教文化项目建设，支持相关县市区联手发展禅修体验、实景演艺、文化旅游等业态，合力打造佛教文化旅游目的地。

（牵头单位：市民族宗教局；责任单位：市委宣传部、市发展改革委、市旅游发展委、市文广新局、市文物局，兖州区、汶上县）

9.红色文化旅游目的地

整合微山铁道游击队、金乡鲁西南战役等红色文化资源，大力发展红色文化展览展示、集训体验、影视演艺等产业，打造红色文化旅游目的地。加快推进微山湖旅游区、羊山古镇国际军事旅游度假区、邹城城前镇尼山区红色教育基地、邹东革命纪念馆、王杰纪念馆等建设，支持微山湖旅游区创建国家AAAAA级景区。

（牵头单位：市旅游发展委；责任单位：市委宣传部、市文广新局、

市文物局，微山县、金乡县、邹城市）

三、打造六大品牌体系

（一）儒家思想研究阐发品牌体系

10.儒家思想与习近平新时代中国特色社会主义思想研究品牌。紧紧围绕“四个讲清楚”，联合国内外知名研究机构、专家学者，开展儒家思想与习近平新时代中国特色社会主义思想研究，列出重点选题、研究规划，推出一批高质量研究成果。

（牵头单位：市委宣传部；责任单位：市文广新局、市教育局、市委党校、市社科联、市委讲师团、曲阜师范大学、济宁学院、孔子研究院、孟子研究院，曲阜市、邹城市）

11.儒学文献研究出版品牌。发挥儒家文化发源地优势，深入挖掘整理以儒家文化为重点的传统文化典籍，实施好《儒藏》《孔府档案》《孟府档案》《孔府珍藏》《中国儒学通志》《孔子思想大系》《论语集成》《孟子文献集成》《孟氏世家谱》《续修三迁志》《济宁古代碑刻上的儒家文献》《曾子文化图书集成》等重点项目，推出一批文献整理研究著作。

（牵头单位：市委宣传部；责任单位：孔子研究院、孟子研究院、曲阜师范大学、济宁学院，曲阜市、邹城市、嘉祥县）

12.传统文化传承发展的“济宁实践”研究。着力研究阐发传统文化传承发展的“济宁实践”在国家战略中的价值意义，形成系列理论成果并结集出版。

（牵头单位：市委宣传部；责任单位：市委党校、市社科联、市委讲师团）

（二）优秀传统文化普及教育品牌体系

13.“儒学原乡·文化圣地”品牌。依托市、县、乡（镇）、村（社区）四级公共文化服务网络，将传承弘扬儒家思想、优秀传统文化纳入公共文化服务内容，市图书馆常态开展“尼山书院”授课交流活动、市艺术馆完善非遗展厅和传习基地，县级图书馆建设“尼山书院”、文化馆建设国学体验基地，乡镇（街道）综合文化站、村文化大院、社区文化服务中心建设“儒学讲堂”“孟子学堂”，开展乡村儒学、社区儒学活动。

（牵头单位：市文广新局；责任单位：各县市区）

14.青少年优秀传统文化教育品牌。制定印发《济宁市义务教育阶段学校中华优秀传统文化教育实施指导纲要》，开设《传统文化》地方课程，编写《传统文化进校园系列读本》，在全市小学三年级以上推广使用。结合文化主题教育、道德教育、主题班会等，组织各中小学开展传统文化教育，引导和培养中小学生学习兴趣。加强校园传统文化景观建设，充分利用校园楼宇、道路、广场、景点等设施，规划建设一批优秀传统文化长廊、展厅、文化墙等，营造浓厚传统文化氛围。健全完善青少年传统文化教育礼仪制度，面向大、中、小学生举办“开笔礼”“志学礼”“成人礼”等。建好用好济宁市青少年中华优秀传统文化体验馆，常态化开展体验活动，做大做强“青年杏坛”品牌。推进文化景区面向全市中小学生免费开放。广泛深入推进戏曲、诗词、书画、高雅艺术、传统体育、中医文化、中华经典诵写讲、规范汉字书写等进校园，开展中医药文化进校园建设试点。充分利用各类重要时间节点，大力传承弘扬中华优秀传统文化，组织举办“小小百家讲坛”、“国学小名士”经典诵读大赛、国学达人挑战赛和少年儿童讲“中华优秀传统文化故事”等活动。引导高等院校开设中华优秀传统文化必修课，开发教育课程，开展主题实践活动，加快推进优秀传统文化进教材、进课堂、进头脑。评选表彰济宁市优秀传统文化教育示范学校。

（牵头单位：市教育局、团市委；责任单位：市委宣传部、市文广新局、市体育局、市卫生计生委、市文明办、曲阜师范大学、济宁医学院、济宁学院、济宁职业技术学院、山东理工职业学院、济宁市技师学院、各县市区）

15.干部政德教育品牌。加强全市党员干部优秀传统文化教育，编写党员干部优秀传统文化读本，把优秀传统文化纳入各级党委（党组）中心组学习，纳入各级党校、行政学院、社会主义学院教学，纳入德廉知识测试。广泛开展干部学儒践德主题实践活动，精心组织开展“我读儒家经典”“岗位践德我先行”“领导干部讲国学”等活动。做大做强济宁干部政德教育学院，高标准规划建设培训场所。着力完善提升课堂教学、现场教学、体验教学、礼乐教学相结合的教学培训体系，加强师资队伍建设，加快编撰教育培训教材。研究制定济宁市干部政德教育培训规划，力争3年内把全市科级以上干部全部轮训一遍。支持鼓励曲阜、邹城、嘉祥建设辅助培训场所，形成“一院多区”办学培训格局，努力打造国家级干部政德教育基地。

（牵头单位：市委组织部、市委宣传部、济宁干部政德教育学院；责任单位：市纪委机关、市委党校、各县市区）

16.“儒韵清风”廉政文化品牌。出台《关于深化廉政文化建设打造“儒韵清风、廉洁济宁”的意见》，按照“聚合资源、突出主题、特色鲜明、注重实效、扩大影响”的思路，持续深入推进廉政文化建设。高标准打造廉政教育基地，以市级廉政文化基地建设为引领，以县市区廉政文化基地建设为支撑，按照一县（市、区）一品的格局，实体基地和网上基地相结合，分主题建设特色鲜明的廉政教育基地，着力打造廉政教育集群式基地，逐步建设成山东省廉政教育基地。重点把孔府、孔庙、孟府、孟庙、曾庙、鲁西南战役纪念馆、廉德苑等廉政教育资源和元素有机整合提升，建设成为全省、全国纪检监察干部的传统廉政思想现场教学点。开展培育好家规好家风活动，推进优秀家风家训馆建设，拍摄家规家风专题片，扩大对优良家规家风的宣传，通过新媒体传播良好家规家风。深入推进廉政文化进机关、进学校、进社区、进企业、进农村、进家庭等工作，广泛开展廉政文化公开课活动，在市级新闻媒体开设廉政文化专栏专题，通过网络、微信、图书、课堂、文艺等多种形式，把廉政文化融入到工作生活中去，在全社会培育崇尚廉洁的价值理念。

（牵头单位：市纪委机关；责任单位：市委组织部、市委宣传部、市文广新局、市委党校、孔子研究院、孟子研究院、各县市区）

17. 优秀传统文化媒体宣传品牌。坚持正确导向，加大优秀传统文化媒体宣传力度，统筹用好传统媒体和新兴媒体，实现优秀传统文化全媒体传播。济宁广播电视台依托《闫虹访谈》栏目打造“儒学名家系列访谈”品牌；突出儒学原乡特色，传承城市文脉气韵，打造提升《家在济宁》栏目。《济宁日报》依托《文化周末》，集中展示济宁优秀传统文化。

（牵头单位：市委宣传部；责任单位：济宁日报社、济宁广播电视台、市委外宣办、市互联网管理办公室）

18. 优秀传统文化社会宣传品牌。精心设计制作弘扬优秀传统文化公益广告，在全市广泛建设传统文化主题街区、主题道路、主题公园、主题雕塑，形成独具特色的城市景观。办好优秀传统文化主题月活动。深入开展“我们的节日”主题活动，实施中华传统节日振兴工程，丰富传统节日文化内涵，形成新的节日习俗。

（牵头单位：市委宣传部；责任单位：市文明办、市文广新局、市委讲师团、市文联、市住房城乡建设局、市城市管理局、各县市区）

19. 优秀传统文化文艺精品生产品牌。深入挖掘济宁文化资源，着力加强优秀传统文化题材文艺精品创作生产。联合北京爱奇艺科技有限公司，实施全国首个以儒家优秀传统文化为主题的“孔子归来”大IP项目，搭建国家级优秀传统文化影视IP体系，打造弘扬优秀传统文化特色品牌。开展优秀传统文化重大历史题材美术创作工程，组织创作一批彰显济宁深厚文化底蕴、时代特色鲜明的优秀美术作品。做好电视连续剧《大运河》，儿童国学经典系列剧《孔子和他的弟子们》，杂技剧《大哉孔子》、戏剧《尚贤村的喜事》《孟母》《清官牛运震》，曲艺剧《孔孟图歌》，纪录片《天下邹鲁行》《孟子》，原创大型礼乐文化剧《礼门义路》等重点题材和重点作品的创作生产。实施地方戏曲振兴工程，扶持山东梆子，扶持枣梆、四平调等稀有剧种，移植复排一批优秀传统剧目。实施中华优秀传统文化动漫创作工程，拍摄制作60集中英文版大型系列动画片《孔子》、40集中英文版大型系列动画片《孟子》、365集中英文版动画片《论语365》、28集动画片《智慧论语》《孟子学堂》《少年孟子》。

（牵头单位：市委宣传部；责任单位：市文广新局、市文联、市互联网管理办公室，曲阜文化建设示范区、各县市区）

（三）传统文化融入现代社会品牌体系

20. 融入社会治理工作品牌。深化法德兼治社会治理模式，总结提炼曲阜“乐和家园”、济宁监狱学儒育新、乡贤治理、和为贵调解室等亮点经验，将儒家文化与基层治理有机衔接，实现政府治理和社会自我调节、居民自治良性互动，打造依托优秀传统文化创新社会治理样板区。

（牵头单位：市委政法委、市司法局；责任单位：市委宣传部、市文广新局、各县市区）

21. 涵育社会主义核心价值观工作品牌。着力发挥优秀传统文化对社会主义核心价值观的涵育作用，注重人文教育、文化熏陶，打造以文化人、以文育人工作品牌，用优秀传统文化推动社会主义核心价值观深入人心。积极开展四德工程示范县市区创建，打造一县（市、区）一道德品牌的品牌矩阵，力争更多的县市区进入先进行列。深入实施善行义举四德榜普及提升行动，巩固提升农村四德榜建设，加快推动四德榜建设向城市社区、企业、机关、学校拓展普及。利用善行义举四德榜网上平台，广泛开展市、县、乡、村四级“榜上有名”先模人物展示活动，不断提高我市善行义举四德榜覆盖率。持续深化“济宁好人”、道德模范、“榜上有名”先模人物等各类先进典型评选宣传，大力弘扬中华传统美德。深入挖掘提炼中华优秀传统文化中的优秀思想内涵，修订完善市民公约、乡规民约、学生守则、行业规章、团体章程等社会规范，建立健全各类礼仪、礼节、礼貌规范，推动中华优秀传统文化融入社会规范。深入挖掘整理家训、家书文化，提炼阐发母教文化时代内涵，广泛开展“孔孟之乡群众最喜欢的家风家训”征集活动，大力培育传承良好家风家教。

（牵头单位：市委宣传部；责任单位：市教育局、市民政局、市妇联、市文明办、各县市区）

22. 融入精神文明创建工作品牌。着力突出精神文明建设的思想道德内涵，凸显济宁文化特色，把弘扬优秀传统文化有机融入各级各类精神文明创建活动，提升文明城市、文明村镇、文明行业、文明单位、文明家庭、文明校园创建水平。广泛开展中华传统美德教育、节俭养德全民行动、学雷锋志愿服务活动。深入实施乡村文明行动，通过“以文化人”工程推进移风易俗，倡树文明新风，打造工作亮点。

（牵头单位：市委宣传部、市文明办；责任单位：市文广新局、市教育局、市住房城乡建设局、市民政局、市妇联、各县市区）

23. 儒韵民风建设品牌。注重把传承中华优秀传统文化贯穿融入到生产生活各方面，与法律法规、节日庆典、礼仪规范、民风民俗相衔接，与文艺体育、旅游休闲、饮食医药、服装服饰相结合，让传统文化内涵更好地融入生活场景。弘扬传统建筑美学，深入挖掘提炼儒家文化经典元素和标志性符号，融入城市规划建设、美丽乡村建设、景点景区建设，重现传统之美，延续城市文脉。

（牵头单位：市委宣传部、市文广新局；责任单位：市司法局、市民政局、市住房城乡建设局、市规划局、市旅游发展委、市商务局、市体育局、市食药监局、各县市区）

（四）“互联网+传统文化”品牌体系

24. 爱奇艺优秀传统文化“双创”示范基地项目。深入推进与北京爱奇艺科技有限公司战略合作，开发“孔子归来”大IP，加大优秀传统文化新媒体宣传，建设爱奇艺小镇，打造集影视制作基地、影视主题公园、影视作品展播、影视作品交易、文化旅游、影视会展于一体的全国优秀传统文化影视发展基地，建设邹城猪八戒“互联网+”文化旅游产业共享服务中心，探索用互联网思维传承弘扬优秀传统文化新模式，构建“文化+旅游”线上线下深度融合的产业发展态势。

（牵头单位：曲阜文化建设示范区；责任单位：市文广新局、市旅游发展委，曲阜市、邹城市）

25. 传统文化资源数字化品牌。实施“儒学国际传播数据库”建设工程，整合孔子研究院、孟子研究院、曲阜师范大学、济宁学院等所存历史文献资料资源，科学梳理分类，建设世界一流、齐全完备、权威准确的文献数据中心。推进数字化图书馆、博物馆、美术馆、档案馆建设。实施VR+战略，推动“三孔”“两孟”、汶上宝相寺、兖州兴隆文化园等建设网上虚拟博物馆、展示馆。搭建“儒学网络传播平台”，开办示范区官方微信公众号、知名视频音频、微博共享平台账号，及时发布示范区各种最新文化产品、文化传播活动和重大节事活动信息。

（牵头单位：市委宣传部；责任单位：市文广新局、曲阜师范大学、济宁学院、孔子研究院、孟子研究院，曲阜市、邹城市、兖州区、汶上县、曲阜文化建设示范区）

（五）传统文化资源保护利用品牌体系

26. 县乡村历史文化传承展示品牌。把文化保护传承与新型城镇化建设相结合，健全完善县级博物馆体系及乡镇（街道）、村（居）历史文化展示体系。2017年，历史文化展示场所实现县（市、区）级全覆盖。2018年，基本建立县（市、区）、乡镇（街道）、村（居）历史文化展示体系框架，全市乡镇和村级历史文化工程展室达到200家以上。扎实推进“乡村记忆”工程，打造一批“乡村记忆”乡镇，推出一批“乡村记忆”民俗节庆项目，建设一批“乡村记忆”博物馆、“乡村记忆”民居。

（牵头单位：市文广新局、市文物局，责任单位：各县市区）

27. 济宁地域文化研究品牌。广泛开展乡镇村志编修，深入挖掘厚植于乡村民间的优秀传统文化。曲阜优秀传统文化传承发展示范区核心区（曲阜市、邹城市、泗水县）2020年前实现镇镇村村修志。加强济宁特色文化志编修，编纂《儒家文化志》《济宁运河文化志》《水浒文化志》《济宁历史文献丛书》。加强对济宁珍贵旧志古籍的引进、研究、整理，实施大型旧志古籍整理出版项目，完成市县两级旧志古籍整理出版，推出济宁历代方志集成。实施谱牒整理研究工程，编辑家训谱序集成，实施“济宁记忆”系列图志编修工程，征集编修济宁老照片、老街巷、老商号、老风俗等济宁记忆系列老图志，编修出版“济宁记忆”系列图志丛书。

（牵头单位：市史志办，责任单位：各县市区）

28. 文化遗产保护传承品牌。深入挖掘济宁文物的文化内涵和文化价值，以重要文物景观为载体，以重大文物保护工程为依托，加快构建形成东夷（古国）遗产体系、儒家文化遗产体系、鲁文化遗产体系、黄河堌堆遗产体系、明清世家遗产体系、邹鲁乡村遗产体系、红色文化遗产体系等多个遗产体系，打造济宁文化遗产品牌。加强历史文化名城、名镇、名村和历史文化街区、历史优秀建筑、百年老字号、传统民居、古树名木保护，在城乡规划建设中体现地域特征、民族特色和时代风貌。加强非物质文化遗产普查挖掘、保护传承，开展非物质文化遗产记录工程，对稀有曲艺、民间绝技等处于濒危的项目和代表性传承人实施抢救性保护。加快推进非遗传习中心建设，开展非遗传承人群研修培训，加大石雕、版画、火烙画等具有市场前景的非遗项目生产性保护支持力度，对非遗集聚区实施整体性保护，实施传统工艺振兴计划。

（牵头单位：市文广新局、市文物局；责任单位：市住房城乡建设局、各县市区）

29. 文旅融合发展品牌。打造提升东方圣地、水浒故里、儒风运河等文化旅游目的地品牌，加快推进梁山法兴寺、大运河沿线景观改造等重点项目建设，加大市场营销力度，扎实做好文化产业招商工作；持续深化区域旅游合作，深度开发特色旅游产品，重点打造南池书院、曲阜儒源儒家文化体验基地、邹城孟府习儒馆等16家研学旅行基地，推出习儒拜圣研学之旅、中华文化寻根研学之旅、文武双全研学之旅、中华成人礼之旅、儒风运河体验之旅等特色精品旅游线路，不断提升济宁旅游目的地形象，打造传统文化旅游品牌。

（牵头单位：市旅游发展委、市文广新局，责任单位：各县市区）

30. 济宁石碑石刻开发品牌。立足丰富的汉碑文化和孔府碑刻、武氏祠石刻资源，深化邹城汉碑汉画像石、摩崖石刻、三孟碑刻、峄山碑刻等研究，策划举办“孔孟之乡汉碑行”“汉画像石上的孔子”“孔府碑刻全球孔子学院行”等活动，搭建高端交流平台，打造济宁汉碑品牌。

（牵头单位：市文联、市文物局，嘉祥县；责任单位：市委宣传部、市文广新局、市外侨办）

31. “创意济宁”品牌。突出“孔孟之乡、运河之都、文化济宁”城市品牌形象，深入挖掘和充分利用济宁丰富的历史文化资源，开发具有济宁印记、济宁风格和济宁特色的文创产品，让文化遗产“活起来”。

（牵头单位：市委宣传部；责任单位：市文广新局、市工商局、市旅游发展委、各县市区）

（六）优秀传统文化对外传播品牌体系

32. 儒学传播理论研究品牌。联合山东大学，每年举办儒家文化国际传播（曲阜）论坛，深化儒学传播理论研究，在儒学国际传播上发出“济宁声音”“中国声音”，掌握对外传播话语权。以此为基础，建设儒家文化对外传播高端智库，开展“习近平新时代中国特色社会主义思想对中华优秀传统文化转化、发展的研究”“儒学国际传播战略体系”“一带一路沿线儒学传播策略”等重大课题研究，为儒家文化走出去提供理论指导支持。

（牵头单位：市委宣传部，责任单位：市委外宣办，曲阜文化建设示范区）

33.对外传播精品创作品牌。把内容建设放在首位，深入挖掘优秀传统文化的代表性元素，适应海外市场及受众需求特点，打造一批思想内涵突出、价值观念彰显的精品力作。联合山东卫视传媒、国际青年影像联盟、中美影视文化与科技融合联动平台、VR科技创投基金、中视协传统文化影像传播委员会、文化部中华文化促进会美育工作委员会等，在曲阜文化建设示范区设立微视频创作基地、优秀传统文化文艺精品制作基地、美育培训中心（基地）、公益广告创作基地等。与中央电视台、北京时间等合作摄制《当世界遇见孔子》大型电视专题片，用影像讲好中国故事，在世界舞台上展现中国文化、中国发展、中国方案的影响和价值，提升儒家文化国际传播力和影响力。做好《儒学经典300句》系列产品深度开发，做好动漫《论语智慧》《孟母教子》《孔子圣迹图》等的宣传推广，精心制作《儒风运河》《运河之都·济宁》《山东之美·济宁故事》《孟子纪录片》《探索发现之明鲁王陵探秘》《中国影像方志邹城篇》等系列纪录片。

（牵头单位：市委宣传部；责任单位：市文广新局、市文联、市外侨办、市委外宣办，曲阜文化建设示范区、邹城市）

34.媒体对外传播品牌。联合国家、省重点外宣媒体以及传播对象国相关媒体，组建“儒学国际传播媒体联盟”，策划实施主题传播、故事传播、事件传播等，提升儒学国际传播的覆盖率和效果。联合中广联合会、世界华语广播联盟，每年举办全球华语广播儒学大赏大型采访活动，推动儒家文化对外传播，打造一个持续传播儒学、宣传济宁的载体平台。

（牵头单位：市委宣传部；责任单位：济宁广播电视台、市委外宣办，曲阜文化建设示范区）

35.高端对话交流品牌。创新模式、丰富内涵，持续提升孔子文化节、孟子故里（邹城）母亲文化节、尼山世界文明论坛等重大节会的举办水平和国际影响力，办好全国孟学组织联席会、国际青年儒学论坛、国际儒学传播论坛、海峡两岸（嘉祥）曾子思想暨礼孝文化研讨会等活动。发挥尼山圣源书院平台作用，联合国际儒联、国家汉办、中国台湾中华孔孟学会等机构，开展多种形式的高层儒学研究交流活动。

（牵头单位：市委宣传部、市孔子文化节办公室；责任单位：市文广新局、孔子研究院、孟子研究院，曲阜市、邹城市、泗水县、嘉祥县）

36.大众化传播品牌。面向普通民众，办好国际中学生儒学辩论大会和全国大学生论语大会，持续提升儒家文化的吸引力、影响力。

（牵头单位：市委宣传部；责任单位：市委外宣办）

37.传统文化展示体验品牌。扎实推进孔子学院总部体验基地建设，进一步拓展与全球孔子学院的交流合作，以孔子学院院长、师生代表团、访问学者、“新汉学”博士团等交流项目为载体，不断增强基地在对外文化交流中的地位和影响。

（牵头单位：孔子研究院）

38.开展济宁文化“走出去”系列活动。聚焦“一带一路”沿线国家，开展“孔子文化丝路行”活动，提升“三孔”、大运河等自然文化遗产的国际知名度，持续打造“孔子故乡 中国济宁”外宣品牌。借助孔子文化节、尼山世界文明论坛、世界儒学大会等，积极邀请友好城市市长、驻华使节、知名侨领参加，现场感悟中华传统文化的魅力。加强与友好城市的互动交流，广泛开展友城文化互动，举办孔子图片展、“文化济宁”专题宣传、儒家文化作品推介等活动。加强与海外宗亲会的联系，联合举办青少年中华传统文化寻根之旅，增进海外华侨华人同根同祖的认同感。支持济宁本土文化企业、文化项目“走出去”，建立济宁对外文化合作项目库，扩大文化产品出口，鼓励文化企业通过新建、收购等方式，在境外开展文化领域投资合作。支持济宁文艺节目在国外展演，推动邹鲁礼乐研究课题化、成果化、品牌化，支持邹城“邹鲁礼乐团”赴海外巡演展演，打造东方礼乐文化中心。加强与海外媒体、华人媒体合作，借助国外媒体开展“文化济宁”主题宣传，让更多的儒家元素展现在世界文化舞台上。

（牵头单位：市委宣传部、市文广新局；责任单位：市旅游发展委、市商务局、市文物局、市外侨办、市委外宣办、各县市区）

四、组织保障

39.加强组织领导。各级党委、政府要切实担负起落实“四个讲清楚”、弘扬优秀传统文化的政治责任，把弘扬优秀传统文化摆上重要日程，加强督促指导和组织协调。成立济宁市弘扬优秀传统文化工作领导小组，负责重大事项谋划、重要政策制定、重要活动部署、重要项目决策。成立济宁市优秀传统文化传承发展咨询委员会，聘请文化顾问，加强对研究规划、课题论证、学术活动和研究成果的咨询、指导。依托市现有文化工作机构，整合成立济宁市优秀传统文化传承发展工作办公室，专门负责组织协调、督促指导各项工作落实。办公室要切实发挥综合协调作用，整合各类资源，调动各方力量，推动形成党委统一领导、党政群协同推进、有关部门各负其责、全社会共同参与的工作格局。各有关部门和群团组织要按照责任分工，细化工作措施，完善工作机制，确保各项任务落到实处。

（责任单位：市委办公室、市委宣传部、市编办、各县市区）

40.强化政策保障。制定完善支持优秀传统文化传承发展的经济政策，市财政预算每年列支弘扬优秀传统文化专项资金，用以扶持弘扬优秀传统文化重点项目、重大活动。完善相关奖励、补贴政策，落实税收优惠政策，引导和鼓励社会力量建设公益性文化项目。建立完善中华优秀传统文化传承发展激励机制。在市哲学社会科学规划中设立中华优秀传统文化转化创新重大理论研究专项。在济宁市社会科学优秀成果奖评选中，加大对中华优秀传统文化研究项目的扶持力度。充分利用各类文化资金，支持传统文化、红色文化传承发展。

（牵头单位：市委宣传部、市委组织部、市人力资源社会保障局；责任单位：市财政局、市文广新局、市社科联、市国税局、市地税局、市金融办）

41. 强化人才支撑。立足加强儒学研究传播，以孔子研究院、孟子研究院、曾子研究院为依托，引进培养一批儒学研究传播、创意创业人才，打造儒学人才高地。制定全市优秀传统文化人才培养规划，研究制定扶持政策，支持优秀传统文化人才参加有突出贡献的中青年专家评选，每年面向全市遴选10名左右的儒学中青年学者到省属高校、科研院所挂职研修。重点加强对宣传思想文化工作者的优秀传统文化知识培训，举办全市弘扬优秀传统文化专题培训班。深入实施“济宁文化名家”“济宁文化英才”“济宁文化之星”等培养工程。选拔推荐弘扬中华优秀传统文化高层次人才，参加全国文化名家暨“四个一批”人才工程、国家高层次人才特殊支持计划、“齐鲁文化名家”“齐鲁文化英才”“齐鲁文化之星”等省重点人才工程评选。

（牵头单位：市委宣传部、市委组织部；责任单位：市发展改革委、市人力资源社会保障局、市文广新局）

42. 营造良好环境。加强文化法治环境建设，立足本地传统文化传承保护现状，完善地方性法规和政府规章，制定出台《济宁市历史文化名城保护条例》。坚持全党动手、全社会参与，把中华优秀传统文化传承发展的各项任务落实到农村、企业、社区、机关、学校等城乡基层。充分发挥领导干部的带头作用，公众人物的示范作用，青少年的生力军作用，先进模范的表率作用，非公有制经济组织和社会组织从业人员的积极作用，文化志愿者、文化辅导员、文艺骨干、文化经营者的重要作用，给予优秀社会组织和个人表扬奖励。有计划有重点地扶持一批品牌性文化社会组织，定期发布政府支持社会组织参与项目名单，扩大政府对社会组织购买服务范围和份额，加强社会组织能力建设，促进健康有序发展，营造全社会参与传承发展中华优秀传统文化的生动局面。

（牵头单位：市委宣传部；责任单位：市人大法工委、市法制办、各县市区）

各相关单位要按照职责分工，制定具体措施，分解目标任务，明确完成时限，强化督导检查，切实把各项工作任务落到实处。

《济宁市政府投资项目审批流程再造工作实施方案（试行）》

济政字〔2017〕1号文印发

为促进政府投资项目尽快发挥公共效益，根据《中华人民共和国行政许可法》和国务院《关于印发2016年推进简政放权放管结合优化服务改革工作要点的通知》（国发〔2016〕30号）等法律法规和文件精神，结合我市实际，制定本实施方案。

一、总体要求

坚持依法行政，创新体制机制，优化再造政府投资项目审批流程，实施“集中并行审批”模式，压减审批事项，缩短审批用时，规范中介服务，强化审批监管，尽快打通项目开工前“最后一公里”。

二、实施范围

本方案适用于列入济宁市政府年度投资计划的前期工作项目和开工项目。抢险救灾、应急工程、临时性建筑工程、文物修缮和保养工程等有特殊规定的从其规定。

三、基本原则

（一）依法依规，精简规范。严格按照国家法律法规的有关规定，清理政府投资项目行政审批流程涉及的审批事项、审批环节、审批要件及中介服务，最大限度地简化审批程序，大幅缩短审批时间，推进项目提速。

（二）集中管理，并行推进。把列入政府投资计划的项目审批流程纳入集中管理范围，并行采取集中审批、并联审批、联合审批等多种审批模式，统筹提升审批部门、项目单位及中介机构服务效能，加快项目落地。

（三）优化服务，强化监管。推行“谁审批、谁服务”的工作理念，规范政府投资项目申请材料、办理程序和办事流程，推行标准化审批和“一站式”网上审批。推进政府投资项目在线管理平台建设，实行审批与监管互动，强化事中事后监管，建立投资项目在线审批监管“红、黄、绿”预警系统，加强对项目审批全流程的领导、监察、督查和考核。

四、主要措施

（一）再造审批流程

1. 强化计划刚性约束。项目单位依据国民经济和社会发展规划纲要、行业发展专项规划等建立项目储备库，申请条件成熟的项目列入年度政府投资计划或中长期政府投资项目规划。市发展改革委、市财政局负责在10月底前，分类筛选出前期工作项目及开工项目列入年度政府投资项目计划。对于列入年度政府投资计划的项目，各县（市、区）及市直相关部门要优先提供资金、土地等要素保障。

项目单位应提前启动前期工作项目的手续办理。原则上，一般性政府投资项目应于年底前完成施工图设计和预算编制。前期手续由市发展改革委负责牵头协调办理，前期工作费用由市财政局负责列入预算。

2. 建立集中领导机制。构建集中、高效、统一的三级政府投资项目推进指挥体系，成立济宁市政府投资项目推进委员会（以下简称委员会），由市委常委、常务副市长任委员会主任，集中领导政府投资项目建设，并对各相关部门、单位进行监察、督导和考核；参照年度投资项目分类情况，委员会下设中心城区规划建设管理、水利、交通等各类政府投资项目指挥部，由分管副市长任指挥长，负责落实委员会审定的项目推进计划，协调解决项目推进中的问题；指挥部下设项目部，由项目单位负责组建，执行委员会及指挥部指令，落实项目前期手续办理、工程质量安全、项目融资等工作，对项目推进实行全链条管理并负总责。

委员会每季度召开1次点评会议，通报各指挥部、项目部和审批部门工作情况，总体部署政府投资项目推进计划。依据项目进展情况和指挥部提请，委员会适时研究确定相关项目是否启动征地、拆迁程序。推进委员会办公室（以下简称推进办）设在市政府办公室，负责委员会日常工作。

3. 清单式审批。依据年度政府投资项目计划（草案），推进办负责召集预备会议，组织各相关审批部门，逐个项目填报审批事项、审批环节、审批要件、中介评估评审事项、审批时限及设立依据的清单。审批部门对列入审批清单的审批事项负责。各项目单位依据审批清单，制定项目审批流程推进计划。鼓励推行政府投资项目代建管理制度。

政府投资项目三级指挥体系

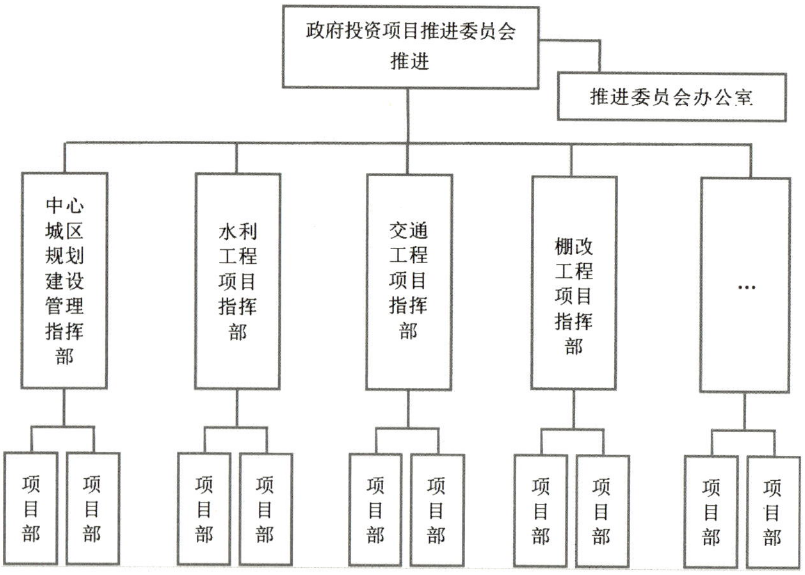

政府投资项目“一会三函”审批模式

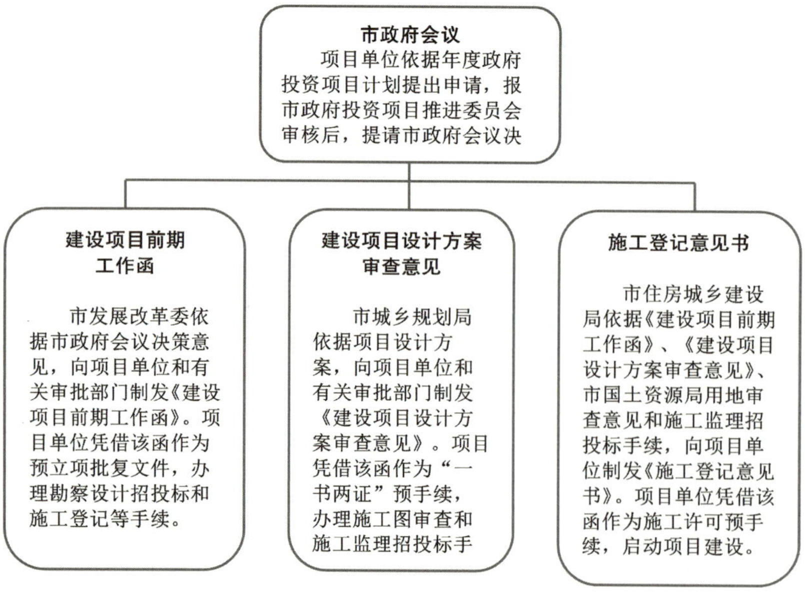

4. 打包式立项。对于年度内同一投资主体、工程内容相近的道路改造提升、市政设施维修等类型的多个项目，由项目单位提出申请，市发展改革委打包立项，项目单位统一办理勘察设计、规划设计、施工监理招投标等手续。

5. 区域化评估评审。对于项目环境影响评价、地质灾害危险性评估、压覆重要矿产资源评估、水土保持方案、地震安全性评估、雷电灾害风险评估、考古勘探发掘和文物影响评估等事项，由审查部门依据年度投资项目计划，在预备会上提出适用区域化评估评审的项目及审查依据，报委员会备案后实施。

对于少数重大、紧急且不涉及新增建设用地、使用已批准建设用地的政府投资项目，可在集中并行审批模式外，依据“两套流程并行、函证办理并行、项目单位自愿”的原则，探索采取“一会三函”模式推进。项目单位依据年度投资计划向委员会提出申请，报市政府会议集体决策后，市发展改革委向项目单位和有关审批部门制发《建设项目前期工作函》，市城乡规划局制发《建设项目设计方案审查意见》，市住房城乡建设局制发《建设项目施工登记意见书》，项目单位凭借项目投资计划、“一会三函”文件和用地审查意见、施工监理招投标手续启动项目建设。项目单位须向委员会出具承诺书，保证在竣工验收前所有审批手续依法合规、完整齐全。

（二）简化审批环节

认真贯彻落实国务院《关于印发清理规范投资项目报建审批事项实施方案的通知》（国发〔2016〕29号）要求，在审批事项法定、环节法定、要件法定、权限法定、程序法定的前提下，取消非法定的所有审批事项，对部门自行增加的审批环节及要件一律取消。对保留审批事项，按照集中并行审批模式操作规程办理。

1. 立项审批。对不涉及向上争取资金和新增建设用地的项目，根据项目可行性研究报告或实施方案批复，一般不再组织评审可行性研究报告。维修改造类项目实施方案可替代可行性研究报告。对不涉及新增建设用地，在土地利用总体规划确定的城镇建设用地范围内使用已批准建设用地的项目，不再办理用地预审手续。对年综合能源消费量不满1000吨标准煤，且年电力消费量不满500万千瓦时的固定资产投资项目，不再进行节能审查。

2. 环境影响评价。除重特大项目将环评作为立项前置条件外，对于不纳入《山东省建设项目环境影响评价审批目录》以及非敏感区的市政基础设施、城市道路、园林绿化等项目，环境影响评价手续在施工许可前完成。

3. 财政投资评审。依据《山东省房屋建筑和市政工程招标投标办法》（山东省人民政府令第249号），招标人负责依据国家规范规定的工程量清单计价方式，设立招标控制价。招标控制价是招标人对工程设定的最高限价。工程量清单的准确性和完整性由招标人负责。市财政局负责对项目概算进行评审，不再对项目勘察、设计、施工、监理招标控制价进行评审。

4. 洪水影响评价。在洪泛区、蓄滞洪区内建设非防洪建设项目，在河道、湖泊管理范围内的建设项目，在工程开工前办理洪水影响评价审批。

5. 招投标绿色通道。市公共资源交易服务中心、市建设工程招标投标服务中心等单位实行“全天候、零时限”服务，招标登记手续即到即办，项目招投标相关手续当天查验完毕。在符合法定时限要求的前提下，周末、节假日正常安排开评标活动。

6. 施工许可。市政基础设施维修类项目和“已经取得土地使用权证明文件”的修缮类项目，不再办理建设用地规划许可证或工程规划许可证，由市城乡规划局出具相关证明办理施工许可。

（三）优化审批服务

1. 强化咨询服务。市发展改革委为立项审批阶段牵头部门；市国土资源局为用地规划阶段牵头部门；市城乡规划局为工程规划阶段牵头部门；市住房城乡建设局为施工许可阶段、竣工验收阶段牵头部门。牵头部门要主动为项目单位提供政策咨询服务，突破审批流程界限，提前介入审批要件审查，帮助完善申报材料，让项目在进入审批流程前具备相应的受理条件，提高要件合格率和审批成功率。

2. 提升审批效能。项目单位申请材料不齐全或不符合法定形式的，审批部门应以书面形式一次性告知需补正的全部内容。项目单位须在合理时间内补齐申报材料。原则上，审批部门返还市政务服务中心管理办公室设立的专门服务窗口审批结果后，窗口应在当日转交项目单位；项目单位应在窗口转交审批结果后的1个工作日内，向窗口提交下阶段申报材料。项目审批流程中的审批部门审批用时、项目单位申报用时、服务窗口转办用时、中介机构服务用时、专家咨询评审用时等一并纳入监管范围，力促形成审批部门快审批、项目单位快申报、服务窗口快转办、中介机构快服务的良性循环轨道。

3. 实行同步办理。对项目在同一阶段实施的多个审批环节实行同步办理。立项阶段同步办理规划选址、土地预审和可研报告编制；施工许可阶段同步办理初设审查和概算评审，同步办理施工图审查和招标控制价编制，同步办理质量监督登记、安全监督手续并核发施工许可证。

4. 完善联审机制。在工程规划阶段联合审查规划方案；施工许可阶段联合审查施工图纸；竣工验收阶段联合验收。审批部门要明确2人以上从事联合审图、踏勘、验收的工作人员，实行A、B角补位制度。对于无故缺席联审活动的责任部门及责任人，由牵头部门提请委员会启动问责程序。各阶段牵头部门对联审机制落实工作负总责。

（1）联合审图。项目单位完成规划方案或施工图等设计后，将相关图纸资料提交窗口，由牵头部门组织相关审批部门联合审查。窗口负责统一向项目单位反馈审查意见。

（2）联合踏勘。涉及两个以上部门需要进行现场踏勘的审批环节，由牵头部门组织相关审批部门联合踏勘。窗口负责统一向项目单位反馈踏勘意见。

（3）联合验收。项目竣工后，对涉及的住房城乡建设、交通运输、水利、城乡规划、环境保护、城市管理、消防、人防、国家安全等部门的验收事项，由牵头部门组织相关审批部门联合验收。窗口负责统一向项目单位反馈验收意见。

（4）市县（市、区）联动。对于列入市级政府投资计划的项目（无论是否跨县市区），相关用地、规划、环保等申报材料由窗口统一转市级职能部门办理。市级职能部门负责办理市、县（市、区）两级审批手续。

（四）推进项目审批信息化平台建设

依托现有资源，开发项目在线审批监管平台和手机客户端系统，完善政务服务中心网上办事大厅和中介服务超市，把项目审批流程涉及的审批事项、办理程序、审批数据等纳入平台，推进数字认证、电子审图和批文证照库建设，实行项目审批“平台受理、在线办理、动态跟踪、全程监管”，实现各阶段审批信息资源共享。健全完善市、县（市、区）两级行政审批工作协同机制，推进审批信息共享通道建设，实现审批数据共享、审批结果共享、审批行为共同监控。

（五）规范中介机构

1. 压减中介服务环节。全面清理项目审批涉及的中介服务事项，凡没有法定依据由中介机构出具的行政许可要件一律取消。各审批部门要依据国务院“简政放权放管结合优化服务”改革最新政策，及时调整、取消清单内的审批事项和中介服务环节。

2. 加强中介机构管理。参与政府投资项目评估评审服务的中介机构须在政务服务中心大厅备案。市政务服务中心管理办公室负责监管中介机构服务行为，完善中介机构信用档案，建立中介机构“黑名单”制度。对中介机构承担工程咨询、勘查、设计、造价、招标代理等事项，发生服务质量不合格或超出委托时限的，将该机构列入“黑名单”，在一定时限内依法限制或禁止承担政府投资项目中介服务。积极推进“一介多能”“一介到底”的新型中介服务模式。

3. 合理设定服务时限。一般情况下，由项目单位或委员会授权部门采用市场化方式委托中介机构提供评估评审服务。服务时限由项目单位依据项目性质与中介机构协商合理设定。涉及重大、特大项目的建设工程设计方案、修建性详细规划、施工图文件编制等中介服务时限可适当延长。

五、操作流程

（一）预备会阶段

1. 分类筛选项目。依据年度政府投资项目计划（草案），市发展改革委、项目单位共同筛选适用“一会三函”模式推进的项目。其他政府投资项目采取集中并行审批模式推进。

2. 确定审批清单。推进办负责组织相关审批部门填报年度政府投资项目审批清单，并抄送监察、审计、法制、住房城乡建设、政务服务管理等部门、单位备案。市发展改革委负责确定项目打包立项清单和勘察设计招标方案。区域化评估评审的事项由相关审查（审核）部门出具书面审查意见。各项目单位依据审批清单，制定项目推进方案。

年度政府投资项目计划正式下达后，推进办会同市发展改革委对项目审批清单进行调整。

（二）并行审批阶段

1. 审批服务。按照“一口进件、并行办理、限时办结、一口出件”的运行模式，由市政务服务中心管理办公室负责设立专门服务窗口受理政府投资项目申报材料，依据审批清单牵头协调各相关审批部门、项目单位办理手续。项目单位在各阶段的申报材料和审批结果通过窗口实现资源共享，减少公文往来耗时，提高部门审批效率。初步目标是，一般性政府投资项目审批流程用时控制在120个工作日左右。

2. 审批模式。预备会后，各审批部门、项目单位采用集中并行“1443”审批模式即“一集中、四并行、四同步、三联合”，启动项目审批流程。

（1）并行一：立项阶段（23个工作日）

牵头部门：市发展改革委

审批部门：市国土资源局、市城乡规划局、市环保局等

审批事项：项目可行性研究报告、节能审查意见；依法必须进行招标的相关工程建设项目招标范围、方式、组织形式核准。

操作流程：

①项目单位20个工作日内编制完成项目可行性研究报告、节能报告、招标方案或环境影响评价报告等，并送窗口。

②窗口将本阶段所有申报材料送达各审批部门。

③市国土资源局、市城乡规划局5个工作日内完成土地预审和项目选址意见书（含现场踏勘）审批，将批复文件送市发展改革委。

④市发展改革委3个工作日内完成项目立项批复，并将本阶段所有批复文件送返窗口。

市环保局在本阶段对环境敏感类项目的环境影响评价进行审批。其他项目的环境影响评价文件审批在施工许可阶段完成。

（2）并行二：用地规划阶段（90个工作日）

牵头部门：市国土资源局

审批部门：市城乡规划局等

审批事项：建设用地规划许可证核发、供地方案审批。

操作流程：

①市城乡规划局5个工作日内完成划拨用地规划条件核提，项目单位20个工作日内委托编制完成项目修建性详细规划方案，并送窗口。

②窗口将本阶段所有申报材料送达各审批部门。

③市城乡规划局20个工作日内牵头完成项目修建性详规方案审查、市级规划联审会议（规委会）审查、公示及核发建设用地规划许可证。市城乡规划局将批复文件抄送或网上推送市国土资源局。

对于涉及文物、交通、河道、水利、林业、供水、排水、通讯、热力、燃气等事项的，市城乡规划局负责牵头在本环节组织相关部门联合审查。

④使用储备土地、采用划拨方式的供地流程：市国土资源局牵头5个工作日内征求市城乡规划局的宗地规划条件，3个工作日内征求国家安全部门意见；5个工作日内完成相关县（市、区）政府（管委会）审查意见；5个工作日内完成市级行政审批会审意见。市政府批复划拨土地供地方案（一般为7个工作日）后，10个工作日内完成公示；在用地单位缴纳划拨价款后，5个工作日内完成核发划拨决定书并签订交地确认书，8个工作日内核发不动产权证书。市国土资源局负责将本阶段批复文件送返窗口。

使用储备土地、采用协议出让方式供地的项目，使用新增建设用地的项目按照上级国土部门规定程序报审。市国土资源局负责牵头在本环节组织相关部门联合踏勘。

在用地规划阶段完成项目修建性详细规划方案审查环节后并行转入：工程规划阶段（38个工作日）

牵头部门：市城乡规划局

审批部门：市国家安全局、市人防办等

审批事项：建设工程（含临时建设）规划许可证核发；涉及国家安全事项的建设项目审批。

操作流程：

①项目单位10个工作日内委托编制完成建设工程（含人防工程）设计方案，并送窗口。

②窗口将本阶段所有申报材料送达牵头部门。市城乡规划局25个工作日内同步完成建设工程设计方案审查、市级规划联审会议（规委会）审查、公示及核发建设工程规划许可证。

③市城乡规划局牵头组织各审批部门对设计方案开展联合审查，并将各部门审查意见统一送返窗口。市国家安全局3个工作日内完成涉及国家安全事项的建设项目审批；市人防办2个工作日内完成人防工程设计方案审查。

（3）并行三：施工许可阶段（120个工作日）

牵头部门：市住房城乡建设局（市水利局、市交通运输局等）

审批部门：市公安消防支队、市城市管理局、市气象局、市人防办等

审批（审查）事项：施工图设计

审查；建设工程消防设计审查；超限高层建筑工程抗震设防审查；应建防空地下室的民用建筑项目报建审批；防雷装置设计审核或高危行业防雷装置设计审核；结合民用建筑修建防空地下室设计审查；建筑工程施工许可证核发。

操作流程：

①项目单位依据市发展改革委批复的勘察设计招标方式，向市住房城乡建设局申请登录山东省建筑市场监管与诚信信息一体化平台、山东省建筑工程电子招标系统，办理招标备案，25个工作日内完成勘察设计招标。项目单位25个工作日内错茬完成工程勘察和初步设计编制；5个工作日内同步完成初步设计审查和财政投资概算评审；20个工作日内完成初步设计修改完善和施工图设计编制；15个工作日内同步完成施工图纸联合审查和招标控制价编制。

②市住房城乡建设局牵头组织各审批部门联合审查施工图纸。市住房城乡建设局5个工作日内完成超限高层建筑工程抗震设防审查、建设工程防雷装置设计审查、结合民用建筑修建防空地下室设计审查；市人防办3个工作日内完成人防工程防护部分施工图纸审查；有关审图机构15个工作日内完成施工图设计审查；市公安消防支队、市住房城乡建设局10个工作日内分别完成建设工程消防设计政策性审查和技术性审查。

③项目单位25个工作日内完成项目施工、监理招投标。

④市住房城乡建设局5个工作日内同步完成工程质量监督登记、安全监督手续，核发施工许可证；市人防办2个工作日内同步完成人防工程防护质量监督登记。因工程建设需要，市住房城乡建设局、市城市管理局5个工作日内同步完成拆除、改动、迁移供水、排水与污水处理设施审核，涉及城市绿地、树木审批，市政设施建设类审批。

（4）并行四：中介服务或技术审查事项（30个工作日）

审批清单列入的中介评估评审事项，如环境影响评价、压覆重要矿产资源评估、文物保护和考古许可、水土保持方案、洪水影响评价、航道通航条件影响评价等，在预备会后编制评估评审报告，在项目开工前由市政务服务中心管理办公室组织相关审批部门按时限要求完成审批。

（三）工程建设阶段（不计入审批流程用时）

政府投资项目实行变更审查制度。项目建设单位应严格按照批准的设计文件组织工程建设，原则上不得变更设计。

（四）竣工验收阶段（7个工作日）

牵头部门：市住房城乡建设局（市水利局、市交通运输局、市城市管理局等）

审批部门：市城乡规划局、市环保局、市公安消防支队、市人防办、市气象局、市水利局、市国家安全局、市安监局等。

审批（验收）事项：建筑工程竣工验收、节能验收；建设项目环境保护设施竣工验收；建设工程消防竣工验收；水土保持设施验收；人防工程防护部分验收；防雷装置竣工验收或高危行业防雷装置竣工验收；建设工程规划条件核实；涉及国家安全事项的建设项目验收；建设档案验收等。

操作流程：

①市住房城乡建设局7个工作日内完成竣工验收备案、建筑工程节能验收和城建档案验收；

②市城乡规划局5个工作日内完成竣工规划核实；

③市环保局3个工作日内完成环境保护设施竣工验收；

④市公安消防支队7个工作日内完成消防验收；

⑤市人防办2个工作日内完成人防工程防护部分验收；

⑥市水利局3个工作日内完成水土保持设施验收；

⑦市国家安全局2个工作日内完成涉及国家安全事项的建设项目验收。

六、保障机制

（一）明确责任分工。各审批部门负责继续梳理压减审批事项、审批环节和审批要件，对项目审批流程进行相应调整，规范审批程序，细化操作规程，提升审批效能。各项目单位负责如实记录并严格按照时限要求向委员会报送项目审批用时、中介服务用时、项目单位申报用时情况；报送项目估算、概算、预算、中标价、决算价格变动情况；报送中介服务费用支出情况。市政务服务中心管理办公室负责建立项目审批帮办工作机制，加强窗口人员审批业务培训，严格落实审批清单制度，为项目单位提供转办、申报、咨询等全流程综合协调服务。市财政局负责为政府投资项目审批流程再造工作提供资金保障。

（二）完善前期工作。项目单位要及早制定推进方案，审批部门要提前介入开展辅导培训，为理清申报程序、明确要件标准、缩短审批时限创造条件。市发展改革委牵头负责项目可行性论证等前期工作，市国土资源局牵头负责开展地质灾害危险性评估、压覆重要矿产资源评估和用地预审等前期工作；市城乡规划局牵头负责项目规划选址等前期工作；市住房城乡建设局等牵头负责项目初步设计审查、建设工程招标等前期工作。此外，项目单位还要及早协调工程咨询、环境影响评价、勘察、设计等各类中介机构，明确委托时限和质量要求，把前期工作做深做细，保证审批流程快速推进。

（三）制定实施细则。推进办负责协调市发展改革、财政、住房城乡建设、国土资源、城乡规划、环保、政务服务管理等有关部门，分别制定与实施方案配套的政府投资项目委员会议事规则、资金集中管理、中介机构管理、专家评审、联合踏勘、联合审图、联合验收等实施细则，为推进集中并行审批提供制度保障。

（四）强化审批监管。依据审批清单和在线审批监管平台，推进办负责挂图推进政府投资项目建设，推进信息与监察、督查、考核部门共享。挂图内容主要包括：项目单位申报时间点，审批部门接受、驳回和批复时间点，项目单位委托中介机构时间点，中介机构接受、出具评估评审报告时间点，项目评审论证、专家咨询、招投标公示时间点等。在审批要件齐全的前提下，审批部门要在限定时限内完成审批。对于因不可抗力或上级政策调整等原因逾期未完成审批的，审批部门应提前向委员会报备，并及时向项目单位说明原因；对于审批部门、项目单位无正当理由出现推进异常的，由委员会或指挥部责成相关职能部门介入调查后启动问责程序，相关责任人员应在5个工作日内调整工作岗位。

（五）严肃责任追究。各相关审批部门、项目单位要按照实施方案确定的审批流程、审批事项、审批环节及审批时限要求，认真抓好落实。有下列情形之一的，经委员会核实批准，由监察部门依法依纪问责：

1. 对已取消的审批事项，继续列入项目审批清单的；

2. 没有法律依据，擅自增加审批要件或中介服务等环节的；

3. 对符合条件、手续齐备，拒绝办理或者超时限办理的；

4. 对符合条件，不实行同步办理或联合审批的；

5. 无正当理由缺席联合审查、踏勘、验收等事项的；

6. 不执行首问负责制度、一次性告知制度的；

7. 不按时向委员会报送项目审批用时、中介服务用时、项目单位申报用时等情况的；不及时报送项目估算、概算、预算、中标价、决算价格变动情况以及中介服务费用支出等情况的；

8. 在完成本阶段审批事项后，在规定时限内没有及时向窗口提交下阶段审批事项申报材料的；

9. 无故缺席预备会议或在预备会议上不发表明确意见，且在审批流程中不按实施方案要求办理审批事项的；

10. 以政府投资项目审批流程再造为由，不履行或不正确履行本部门项目审批事中、事后监管责任的；

11. 不履行或不正确履行职责应当予以问责的其他情形。

（六）本方案试行期间，如存在和我市现行文件规定不一致之处，由市政府法制办会同相关部门提出实施方案修改意见，或按照规定程序修改相关文件。

《济宁市企业投资项目审批流程再造工作实施方案（试行）》

济政字〔2017〕113号文印发

为贯彻落实《中共中央国务院关于深化投融资体制改革的意见》(中发〔2016〕18号)、《国务院关于印发清理规范投资项目报建审批事项实施方案的通知》(国发〔2016〕29号)精神，加快政府职能转变，实现“审批更简、监管更强、服务更优”目标，结合我市实际，制定本实施方案。

一、总体要求

认真贯彻以人民为中心的发展思想，坚持问题导向，进一步优化企业投资项目审批流程，提升服务效能，精简审批环节，降低制度性交易成本，改善营商环境，全力打造“企业不跑干部跑”服务品牌，形成吸引投资的济宁新优势。

二、实施范围

本实施方案所称企业投资项目，是指企业在济宁市行政辖区内投资建设的固定资产项目，包括企业使用自筹资金的项目，以及使用自筹资金并申请使用政府投资补助或贷款贴息等项目。

三、基本原则

（一）创新服务，激发投资活力。实施企业投资项目审批全程无偿代办制度，在服务中实施管理，在管理中实现服务，激发社会投资潜力和创新活力，加快新旧动能转换，优化产业投资结构，让企业从改革实施中增强获得感。

（二）优化服务，提升审批效能。实施集中并行审批模式，简化审批环节，优化审批流程，缩短审批用时，以权力“减法”、服务“加法”激发市场“乘法”，最大限度降低企业投资成本。

（三）规范服务，强化有效监管。按照应纳尽纳原则，将政务服务事项纳入政务服务大厅办理，实行“前台统一受理、后台分类审批、统一窗口出件”的政务服务模式。深化“互联网+政务服务”，推动实体政务服务大厅与山东政务服务网(济宁市)融合发展。探索实施项目承诺审批制度、失信惩罚制度和信用共享制度，构建全流程覆盖、全方位监管的服务体系，尽快打通项目开工前“最后一公里”。

四、主要措施

（一）创新审批服务

1. 项目审批全程无偿代办制度。建立项目审批代办“四个一”工作机制，即：“一个项目，一张审批清单，一套推进方案，市、县、乡各1名项目审批代办服务专员”。市、县两级代办员在政务服务中心管理部门选用，乡级代办员在地方党政领导班子成员中选用。代办员原则上为科级及以上干部，优先在后备干部中选用。

2.“一窗综合受理”。整合政府投资项目服务窗口、企业投资项目服务窗口为基本建设项目窗口。项目审批涉及的各项申报材料由窗口“一口进件”，办结后由窗口“一口出件”。严格落实首问负责和一次性告知制度，对于申请材料不齐全或不符合法定形式的，审批部门应在驳回当日以书面形式一次性告知需补正的全部内容。

3. 个性化清单式审批。依据项目申请报告，政务服务中心管理部门负责组织各审批部门填报审批清单。审批部门对列入审批清单的审批事项、收费事项和中介服务事项负责。企业对项目申请报告的真实性、完整性和合法性负责。

4. 并行式审批。签订土地出让合同后，并行推进不同审批阶段的项目核准或备案、建设用地规划许可、建设工程规划许可、施工许可和审批清单列入的中介评估评审或技术审查等事项。

5. 同步式办理。核准(备案)阶

段同步办理项目核准或备案、建设用地规划许可证核发;施工许可阶段同步办理质量监督登记、安全监督手续、建设工程施工许可证核发。

6. 联合审查机制。在工程规划阶段联合审查规划方案;施工许可阶段联合审查施工图纸;竣工验收阶段联合验收。审批部门从事联合审图、踏勘、验收的工作人员要明确2人以上,实行A、B角补位制度。对于无故缺席联审活动的责任部门及责任人,由牵头部门提请同级政府启动问责程序。各阶段牵头部门对联审机制落实工作负总责。

(1)联合审图。修建性详细规划、工程设计方案或施工图完成后,由牵头部门组织相关审批部门联合审查,并统一向窗口反馈审查意见。

(2)联合踏勘。涉及两个以上部门进行现场踏勘的审批环节,由牵头部门组织联合踏勘,并统一向窗口反馈踏勘意见。

(3)联合验收。项目竣工后,对涉及住房城乡建设、城乡规划、环保、公安消防、人防、国家安全等部门的验收事项,由牵头部门组织联合验收,并统一向窗口反馈验收意见。

7. 市县联动。市级代办员负责市级权限范围内的项目核准或备案、用地、规划、建设、环保等审批事项,协办需向省、国家申报的项目审批事项;县级代办员全程负责企业投资项目审批事项,代办县级权限范围内的审批事项,协办需向市、省、国家申报的项目审批事项;乡级代办员重点负责项目落地进程中涉及的事项。

8. 拓宽服务渠道。健全完善项目审批服务数据共享机制,整合山东政务服务网(济宁市)、"12345"市长公开电话和各审批窗口服务热线,涉及项目审批的事项可通过多渠道查询,为投资者提供便利服务。

(二)降低项目投资成本

9. 审批收费全下限制度。除土地出让金、税金按国家规定执行外,其他涉及项目审批的收费事项,取消部门自由裁量权,一律执行收费标准下限。在公共资源交易平台上交易的公共资源类项目,原则上不收取费用。取消"房屋建筑和市政基础设施工程施工图设计文件审查"和"人防工程施工图设计文件审查"收费。

10. 项目投资优惠政策无差别对待制度。对于省和淮海经济区内各地级市以正式文件出台的、现行有效的投资优惠政策,企业出具相关证明后,审批部门报市政府同意后参照执行;对于国内其他地级市以正式文件出台的、现行有效的投资优惠政策,企业出具相关证明后,审批部门报市政府会议讨论通过后参照执行。审批部门要根据市政府意见及时制定或修改我市相关文件。

11. 推进区域化评估评审。加快落实市政府办公室《关于印发济宁市建设项目区域化评估评审工作实施方案的通知》(济政办字〔2016〕215号)要求,在明确功能定位基础上,以功能区或园区为单位,依据控制性规划,统一办理区域环境影响评价、地质灾害危险性评估、压覆重要矿产资源评估、水土保持方案、地震安全性评估、雷电灾害风险评估、考古勘探发掘和文物影响评估等事项。符合不进行单独评估评审的建设项目,由行政审批相对人提出使用区域化评估评审结果的申请,行政审批部门直接使用区域化评估评审结果。

(三)简化审批环节

12. 项目核准或备案。对关系国家安全、涉及全国重大生产力布局、战略性资源开发和重大公共利益等项目实行核准管理,其他项目实行备案管理。项目核准、备案机关及其他行政机关不得非法干预企业的投资自主权。

13. 两评合一。推行项目申请报告、节能报告"两评合一"。发展改革部门可以受理由同一中介机构提供的一份综合性报告。

14. 节能审查。对年综合能源消费量不满1000吨标准煤,且年电力消费量不满500万千瓦时的固定资产投资项目,不再进行节能审查。

15. 土地预审。对不涉及新增建设用地,在土地利用总体规划确定的城镇建设用地范围内使用已批准建设用地的项目,不再办理用地预审手续。

16. 工程规划许可。符合控规及规划条件的建设工程项目,在办理相关土地手续后,项目单位可以向城乡规划部门申请修建性详细规划方案和建设工程设计方案合并审查。

17. 防雷装置设计审核。气象部门承担的房屋建筑工程和市政基础设施工程防雷装置设计审核、竣工验收许可,整体纳入建筑工程施工图审查、竣工验收备案,统一由住房城乡建设部门监管。

18. 洪水影响评价。在洪泛区、蓄滞洪区内建设非防洪建设项目,在河道、湖泊管理范围内的建设项目,在施工许可前办理洪水影响评价审批。

19. 招标事项。不再审核备案制企业投资项目招标事项(包括招标范围、招标方式、招标组织形式)。依法采用公开招标方式且选择委托招标和全部招标的勘察、设计、监理等服务项目,在项目核准前可先行开展招标活动,不再单独核准。

20. 竣工验收。需分期投入生产或使用的建设工程项目,其相应的环境保护、安全等设施经验收审查后,主体工程可以申请竣工验收备案。

(四)深化审批体制机制改革

21. 市城乡规划局牵头探索推进"多规合一"信息联动平台。统筹国民经济和社会发展规划、城市总体规划和土地利用规划,加快建立以控制性详细规划为基础,融合环境保护、文物保护、综合交通、水资源、文化旅游、城市管理等"多规合一"的信息联动平台,构建定位清晰、功能互补、统一衔接的规划协调机制。

22. 市编办牵头继续深化行政审批制度改革。探索在有条件的县(市、区)开展行政许可相对集中试点。进一步优化涉及项目审批部门的职能配置,破解职责交叉、权责不清导致的审批环节多、效率低等问题。

23. 市政务服务中心管理办公室牵头推进"互联网+政务服务"。依托山东政务服务网(济宁市)和投资项目在线联合审批监管平台,统一网上办事大厅和窗口受理项目申报,统一使用在线平台生成的项目代码办理审批事项,以数据共享促进流程优化和业务协同。按照省统一部署,加快推动市、县两级跨部门业务系统的互联互通,推行申请材料、审批证照和批准文件电子化。完善"济宁政务服务"移动客户端建设,让更多的审批事项能够通过移动互联网办理。

（五）规范中介机构服务

24. 清理中介服务事项。严格执行国务院清理规范行政审批中介服务事项要求,凡没有法定依据由中介机构出具的行政许可要件一律取消。审批部门不得以任何形式要求企业委托特定中介机构提供服务。

25. 加强中介机构管理。政务服务中心管理部门负责牵头加快实体大厅和互联网"中介服务超市"建设,完善中介服务机构信用档案,强化服务监管,健全评价机制,建立诚信典型红名单和严重失信主体黑名单制度,为投资者提供有效咨询服务。

（六）试点承诺审批制度

26. 在鱼台县、邹城市试点企业投资项目承诺审批制度。对于已取得用地使用权的,有利于加快新旧动能转换的"新技术、新产业、新业态、新模式"类项目,在工程规划、施工许可、水土保持等环节,对于标准明确或可通过制定标准进行管理的审批事项,企业向相关审批部门出具承诺书,承诺其符合审批条件并在规定期限内提交材料、按标准进行规划建设后,启动项目建设。审批部门在规定期限内对企业履行承诺情况进行检查,发现其无法履行承诺的,依法予以处理,由企业承担违反承诺造成后果的法律责任和所有经济损失。依托社会公共信用平台,对于存在失信行为的企业,不得适用承诺审批制度模式。

五、操作流程

（一）集中预审

1. 填报审批清单。依据项目申请报告,政务服务中心管理部门负责在3个工作日内组织相关审批部门填报审批清单。发展改革、经济和信息化、国土资源、城乡规划、环保等审批部门须在清单中注明行业准入条件、集约用地控制标准、环保指标等相关政策规定以及该项目市、县两级审批权限分工情况。

2. 项目审批代办。经企业授权同意并签订委托协议后,代办员依据审批清单,采用集中并行审批模式启动审批流程。初步目标是,一般性企业投资项目审批流程用时28个工作日,其中行政审批17个工作日,技术评审、专家评审11个工作日。

（二）并行审批

1. 用地审批阶段(6个工作日)

牵头部门:国土资源部门

审批部门:城乡规划、国家安全、住房城乡建设部门等

审批事项:建设项目用地使用国有建设用地审查。

(1)以划拨方式供地操作流程:参照《济宁市政府投资项目审批流程再造工作实施方案》(济政字〔2017〕1号)用地规划阶段流程办理。

(2)以出让方式供地操作流程:国土资源部门2个工作日内同步征求城乡规划部门宗地规划条件和国家安全部门、住房城乡建设部门(装配式建筑项目)意见;国土资源部门3个工作日内编制供地方案并报同级政府。

(3)土地竞得人确定后,国土资源部门3个工作日内签发成交确认书并与受让人签订出让合同。受让人在缴纳土地出让金及相关税费后,核发不动产权证书。

(4)使用新增建设用地的项目按照规定程序报审。

国土资源部门负责牵头在本环节组织相关部门联合踏勘。

2. 企业凭土地出让合同并行转入以下审批流程:

并行一:核准(或备案)阶段(3个工作日)

牵头部门:发展改革部门

审批部门:经济和信息化、国土资源、城乡规划部门等

审批事项:权限内企业投资项目核准(或备案);建设用地规划许可。

操作流程:

(1)核准类项目:企业编制项目申请报告;发展改革部门3个工作日内完成核准批复。

(2)备案类的项目:企业在山东省政务服务网(济宁市)投资项目在线审批监管平台申请项目赋码,项目赋码即备案完成。

(3)企业持土地出让合同,同步向城乡规划部门申请建设用地规划许可,城乡规划部门在3个工作日内批复。

(4)企业技术改造项目核准或备案按照相关规定执行。

并行二:工程规划阶段(6个工作日)

牵头部门:城乡规划部门

审批部门:国家安全、人防部门等

审批(审查)事项:建设工程(含临时建设)规划许可证核发;涉及国家安全事项的建设项目审批;应建防空地下室的民用建筑项目报建审批。

操作流程:

(1)企业编制修建性详细规划和建设工程设计方案;城乡规划部门3个工作日内完成项目修建性详细规划和建设工程设计方案技术审查,国家安全部门2个工作日内完成涉及国家安全事项的建设项目审查,人防部门2个工作日内甄别项目是否需要履行人防义务并完成应建防空地下室的民用建筑项目报建审批;城乡规划部门3个工作日内核发工程规划许可证。对于项目修建性详细规划方案和建设工程设计方案确不适宜合并申报的,可分别报审。

(2)对于涉及文物、交通、河道、水利、林业、供水、排水、通讯、热力、燃气等审查事项的,城乡规划部门负责牵头在本环节组织相关部门联合审查。

并行三:施工许可阶段(8个工作日)

牵头部门:住房城乡建设部门等

审批部门:公安消防、城市管理、气象、人防、安监部门等

审批(审查)事项:施工图设计审查;建设工程消防设计审查;人防工程防护设计文件审查;房屋建筑工程和市政基础设施工程防雷装置设计审核;高危行业防雷装置设计审核;结合民用建筑修建防空地下室设计审查;生产、储存危险化学品和非煤矿山、储存烟花爆竹、金属冶炼建设项目安全审查;建筑工程施工许可证核发。

操作流程:

(1)依据项目类别(核准或备案)及资金来源情况,企业依法确定招标方式,完成工程勘察并编制施工图。

(2)住房城乡建设部门牵头组织联合审查施工图。住房城乡建设部门5个工作日内完成房屋建筑工程和市政基础设施工程防雷装置设计审核,

结合民用建筑修建防空地下室设计审查;气象部门3个工作日内完成高危行业防雷装置设计审核;人防部门3个工作日内完成人防工程防护部分施工图纸审查;有关审图机构5个工作日内完成施工图设计审查;公安消防、住房城乡建设部门5个工作日内分别完成建设工程消防设计政策性审查和技术性审查;安监部门5个工作日内完成生产、储存危险化学品和非煤矿山、储存烟花爆竹、金属冶炼建设项目安全审查。

(3)企业依法组织项目施工、监理招投标。

(4)住房城乡建设部门3个工作日内同步完成工程质量监督登记、安全监督手续,核发施工许可证;人防部门2个工作日内同步完成人防工程防护质量监督登记。

工业类等建筑工程施工许可核发由主管部门牵头按照相关规定办理。因工程建设需要,住房城乡建设、城市管理部门5个工作日内同步完成拆除、改动、迁移供水、排水与污水处理设施审核,涉及城市绿地、树木审批,市政设施建设类审批等。

并行四:中介评估评审服务(不计入审批流程用时)

签订土地出让合同后,依据审批清单,企业委托中介机构编制相关评估评审事项,委托时限由双方协商确定。在施工许可前,由政务服务中心管理部门组织相关审批部门按时限要求完成审批。企业对履行审批清单的完整性负责。

3. 竣工验收阶段(5个工作日)

牵头部门:住房城乡建设部门等

审批部门:城乡规划、环保、公安消防、人防、气象、水利、国家安全部门等

审批(验收)事项:建筑工程竣工验收、节能验收;建设项目环境保护设施竣工验收;建设工程消防竣工验收;水土保持设施验收;人防工程防护部分验收;防雷装置竣工验收或高危行业防雷装置竣工验收;建设工程竣工规划核实;涉及国家安全事项的建设项目验收;建设档案验收。

操作流程:

(1)住房城乡建设部门5个工作日内完成房屋建筑和市政基础设施类工程竣工验收备案、建筑工程节能验收和城建档案验收等;

(2)城乡规划部门5个工作日内完成竣工规划核实;

(3)环保部门3个工作日内完成环保设施竣工验收;

(4)公安消防部门5个工作日内完成消防验收;

(5)人防部门2个工作日内完成人防工程防护部分验收;

(6)水利部门2个工作日内完成水土保持设施验收;

(7)国家安全部门2个工作日内完成涉及国家安全事项的建设项目验收。

工业类等建筑工程竣工验收由主管部门牵头按照相关规定办理。

六、保障机制

(一)规范审批事项。严格按照国务院清理规范投资项目报建审批事项的要求,在事项法定、要件法定、权限法定、程序法定的前提下,对建设项目涉及的行政许可事项、中介服务事项等进一步精简优化。严禁违规抬高门槛、擅自增加要件、人为增加环节、随意增设前期手续等行为,对审批部门自行增加的审批条件和环节一律取消。

(二)制定实施细则。市政务服务中心管理办公室对企业投资项目审批流程再造工作负总责,制定并落实项目审批全程无偿代办、个性化清单审批制度实施细则,督导各审批阶段牵头部门及相关单位制定并落实配套实施细则,定期通报工作进展,适时提出工作建议,保障企业投资项目审批流程再造工作有序推进;市财政局牵头制定并落实项目审批行政事业性收费全下限制度实施细则;市物价局牵头制定并落实项目审批经营服务性收费全下限制度实施细则;市投资促进局牵头制定并落实投资优惠政策无差别对待制度实施细则;鱼台县、邹城市政府分别牵头制定并落实承诺审批制度实施细则。

(三)严格审批流程监管。政务服务中心管理部门牵头落实"企业不跑干部跑"的总体要求,履行项目审批代办主体责任,确保项目审批代办体系高效、有序运转。市、县级代办员要如实记录审批部门、中介机构服务用时及相关收费情况。对于项目无正当理由出现推进异常的,由政务服务中心管理部门或各审批阶段牵头部门提请同级政府启动问责程序,相关责任人员应在5个工作日内调整工作岗位。

(四)加强事中事后监管。各有关部门要依法加强对项目实施过程的监管,加大对项目建设单位、施工单位、监理单位和中介机构等违法违规行为的惩处力度,以更强的监管促进更好的放权和服务。发展改革部门牵头加快社会诚信体系建设,推进信息公开与共享,健全多部门协同监管和联合惩戒机制,构建"一处失信、处处受限"的信用惩戒格局,让失信者寸步难行。

(五)严肃责任追究。各相关部门要按照审批流程再造工作要求,认真抓好落实。有下列情形之一的,由监察部门依法依纪问责:

1. 不严格执行项目审批全程无偿代办制度、个性化审批清单制度、审批收费全下限制度、投资优惠政策无差别对待制度的;

2. 没有法律依据,擅自增加审批要件或中介服务等环节的;

3. 对符合条件、手续齐备,拒绝办理或者超时限办理的;

4. 对符合条件,不实行同步办理或联合审批(审查)的;

5. 无正当理由缺席联合审查、踏勘、验收等事项的;

6. 不如实、完整记录审批部门、中介机构服务用时及相关审批费用支出情况的;

7. 以企业投资项目审批流程再造为由,不履行或不正确履行本部门事中、事后监管责任的;

8. 不履行或不正确履行职责应当予以问责的其他情形。

企业投资项目审批管理问责方式、问责程序及问责结果运用,参照《济宁市政府投资项目审批管理问责办法》(济政推字〔2017〕1号)执行。

(六)本方案试行期间,如存在和我市现行文件规定不一致之处,由市政府法制办会同相关部门提出实施方案修改意见,或按照规定程序清理相关文件。

附:济宁市企业投资项目审批流程图

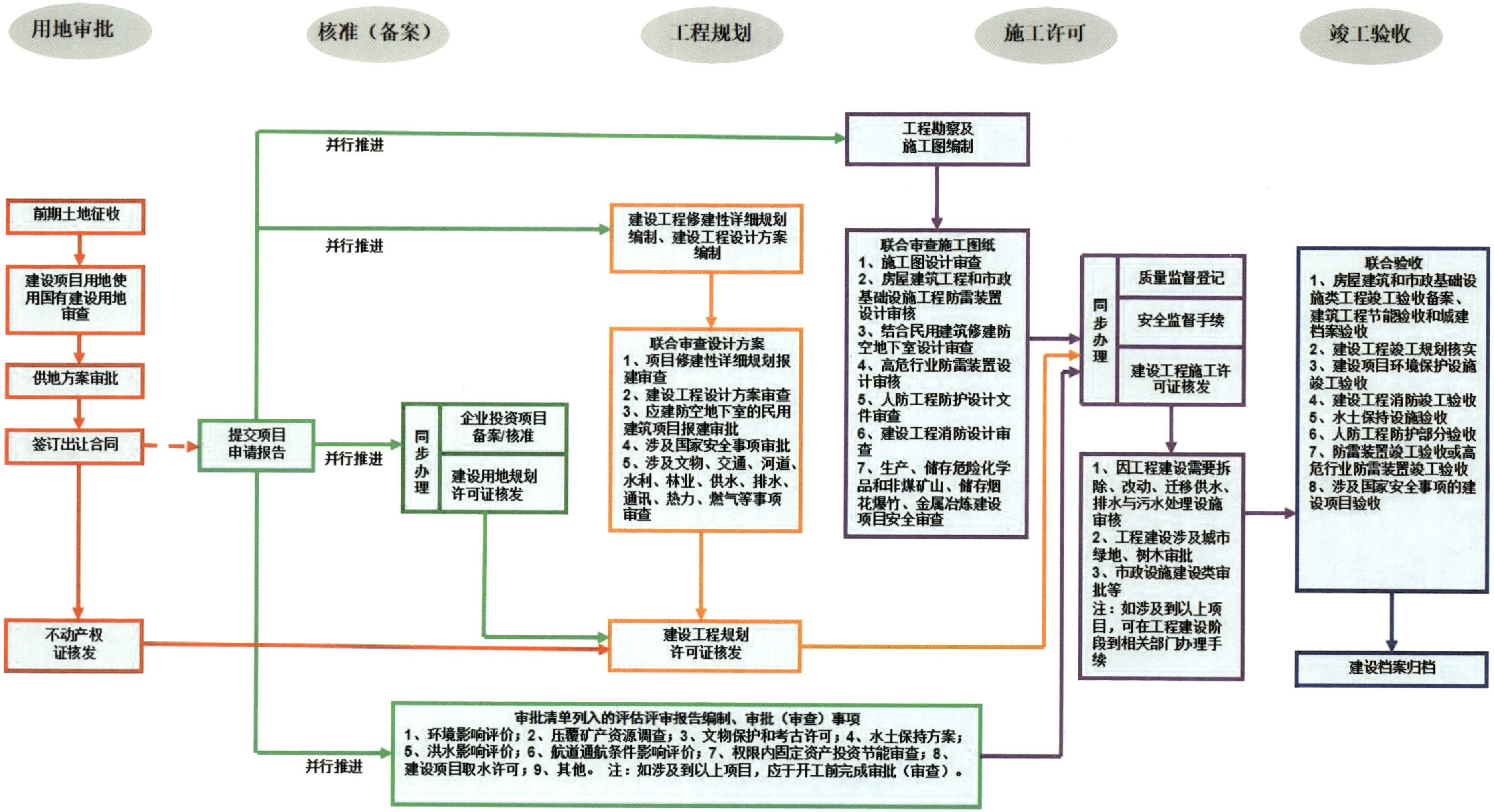

济宁市企业投资项目审批流程图

（市监察局实施全程行政监察）

《关于强化企业技术改造和“6501”培育工程加快新旧动能转换的若干意见》

济政字〔2017〕131号印发

为认真落实省委、省政府实施新旧动能转换重大工程决策部署，抢占新一轮竞争发展的制高点和主动权，进一步强化技术改造工作，扎实推进山东省信息技术产业基地建设，结合我市实际，现就强化企业技术改造和“6501”培育工程，加快新旧动能转换提出如下意见：

一、指导思想和主要目标

（一）指导思想。深度对接“中国制造2025”和“互联网+制造业”行动计划，抢抓实施新旧动能转换的重大机遇，按照市委、市政府“一二五六”总体发展思路，坚持治理结构与产业结构融合“双升”战略，坚持传统产业改造提升和新兴产业培育壮大“两轮驱动”，通过新技术、新产业、新业态、新模式，促进产业智慧化、智慧产业化、跨界融合化、品牌高端化，加快“个转企、企升规、规改股、股上市”，全力推进工业创新发展、转型升级、提质增效，把我市建成特色鲜明的新旧动能转换示范市，全国领先的信息经济强市和智慧经济创新城市。

（二）主要目标。从2017年到2021年，连续5年在全市实施新一轮高水平技术改造，投资结构明显优化，到2021年技术改造投资累计突破6000亿元，技术改造投资占工业投资的比重明显提高；技术装备水平显著提升，其中机器装备投入占技术改造投资的比重达50%以上，重点产业中60%的优势企业技术装备总体水平达到国内领先水平；先进产能比重、资源能源利用效率、清洁生产和企业安全水平显著提高。

实施“6501”培育工程，重点培育50家电子信息制造业示范企业，培育50家软件和信息服务业示范企业，培育50家两化融合示范企业，建成50条智能生产线，研发生产50个高端智能产品（装备），督导推进50个信息产业重点项目建设，指导建设1个智慧化示范工业园区。

二、实施新一轮高水平技术改造

（三）精准推进产业升级。发挥大数据作用，利用大数据分析现有市场主体在绿色环保、新兴战略、现代制造、高新技术等方面的产业分布，有针对性推进市场主体升级的同时，推进产业升级；产业升级要和市场主体的组织形式相一致，同企业承担的风险相一致。

（四）推动先进产能提质增效。引导企业围绕“两化”深度融合、提升生产效率、提高产品质量、增加产品技术含量和附加值实施技术改造。鼓励优势企业扩大生产规模，采用多种方式引进和购置国内外先进适用装备，淘汰老旧设备，树立技术改造成效标杆，发挥示范带动作用，提升行业整体装备水平。大力培育和扶持一批高新技术企业、科技小巨人企业、明星科技型小微企业，鼓励优势企业组建产业技术创新战略联盟，开展行业关键核心和共性技术联合攻坚，促进全产业链协同创新。推动信息产业、新材料、新能源、节能环保、生物医药等产业规模化发展，打造上中下游密切衔接、配套完善、具有核心知识产权支撑的战略性新兴产业体系。

（五）加强产学研合作及公共服务平台建设。推进公共研发和检测中心、生产力促进中心、高新技术孵化和产业化基地、研究实验基地与大型科学仪器设备共享平台、院士专家工作站、博士后工作站等公共创新平台建设；支持企业与国内外大学及科研机构开展技术开发、技术应用等合作，鼓励企业与高等院校、科研院所共建企业技术中心、重点（工程）实验室、工程（技术）研究中心等技术创新平台，提升技术创新实力，促进技术创新成果的转化及应用。

（六）推动产业集群协同技术改造。鼓励开发区、产业聚集区规划建设多层工业厂房和科技企业孵化器，供小微企业进行生产、研发、设计、经营多功能复合利用。依托各类开发区、产业集群内的重点产业、重点企业、重点产品、关键共性技术实施技术改造，推动大中小微企业以产业链进行协同技术改造及创新，选择若干优势产业关键环节进行“建链”“强链”“补链”改造与创新，做大做强产业集群，形成大企业“顶天立地”、小企业“铺天盖地”的产业发展格局。

（七）提升绿色制造及安全生产水平。支持企业运用国内外先进节能、节水、节材设备及工艺和工业产品绿色设计研发系统，提升资源能源综合利用水平，推动产业发展与生态环境保护协调统一。引导企业加大安全生产技术改造力度，优先支持安排技术工艺先进、有效消除重大安全隐患的技术改造项目，切实提高工业企业安全生产水平。

三、实施“6501”培育工程

（八）着力打造“四大高地”。突出“四大高地”特色，建设省信息技术产业基地。以华为、软通动力为代表的山东省大数据产业高地；以微软、中软国际为代表的山东省软件产业高地；以中兴通讯、中科曙光为代表的山东省智慧城市产业高地；以深圳先进院、诺博泰为代表的山东省智能终端产业高地。

（九）膨胀电子信息制造业规模。建设省信息技术产业基地，突出招引培育电子信息制造业，推动光伏、LED、光通信、集成电路、智能终端五大优势产业做大做强。在全市电子信息制造业企业中挑选50家有潜力的龙头企业进行重点培育，提供“一站式”服务，使其享受国家、省、市有关土地、资金、人才、市场、科技成果等方面的扶持政策。推动电力能源、交通、燃气、水务、环保及物流等多个领域最优的产业资源向50家龙头企业倾斜。帮助更多本地企业进入中国电子信息百强企业行列。力争到2021年，培育销售收入过百亿元企业1家，50—100亿企业3家，10—50亿企业10家，1—10亿企业30家。电子信息制造业主营业务收入突破800亿元。

（十）加快软件和信息服务业发展。吸引大型高端软件和现代信息服务业企业落户，全面推动全市软件和信息服务业发展壮大。鼓励软件和信息服务业企业加快发展，从全市软件和信息服务业企业中挑选50家进行重点培育，力争到2021年，培育销售收入过50亿元企业1家，10—50亿企业10家，1—10亿企业20家。软件和信息服务业主营业务收入突破200亿元。

（十一）培育两化融合示范企业。在全市传统企业中挑选50家企业实施信息化改造，推进信息技术在研发设计、生产控制、产品营销、企业管理等环节深度融合，基本实现装备智能化、设计数字化、生产自动化、管理现代化、营销服务网络化，培育和树立一批两化融合典型和标杆企业，以示范带动全市两化融合水平整体提升。

（十二）培育智能化生产线。在全市传统制造业企业中挑选50家自动化程度较高的生产线进行智能化改造，采用智能传感技术、先进制造集成技术、制造集成系统（MES）和集散控制系统（DCS）等，改造传统装备和生产工艺，实现生产过程的自动化、网络化、柔性化和智能化。

（十三）培育智能产品（装备）。推进智能传感器、高端工控软件、虚拟现实等信息技术与装备产品的融合应用，提升重点产品、重大装备的信息技术含量和附加值，抢占价值链的高端。在全市装备生产企业中挑选50个智能产品（装备）进行重点支持，力争到2021年，培育出10个在国内具有一定知名度的高端品牌，并通过高端品牌培育，扶持引导3—5家企业做大做强。

（十四）打造智慧化示范工业园区。从全市工业园区中挑选1个基础设施较好，功能较为完善的园区进行智能化改造。采用云计算、物联网、移动互联网等技术手段，全面整合园区内外的资源，利用园区运营管理服务平台提高园区管理效率，提升园区产业服务水平和居民生活服务水平，提高服务的明确性、高效性、灵活性和响应速度，使园区管理服务等更高效便捷，实现基础设施网络化、开发管理信息化、功能服务精准化和产业发展智慧化。

（十五）加快信息产业园区建设。制定出台《济宁市信息技术产业园区认定管理办法》，培育、认定一批市级信息技术产业园区。发展好集群化特色电子信息产业园区，吸引配套项目来我市投资，使我市电子信息产业形成若干具有竞争力的高科技工业园区，以高、新、尖的园区经济促进产业升级。把济宁高新区、任城区打造成全市信息产业发展的核心区，推进兖州电子元器件产业园、曲阜物联网产业园、邹城智能制造机器人产业园、微山光伏产业园、济宁经开区电子材料产业园、梁山教育资源大数据产业园等特色园区建设，形成一核多园的产业布局。

四、实施重点项目带动

（十六）加快重点项目建设。根据国家和省发布的工业企业投资指导目录，确定每年重点投资方向，编制我市《工业和技术改造项目导向目录》。实施大项目发展战略，按照“储备一批、建设一批、投产一批”的思路，每年组织实施100个重点技术改造项目、50个信息产业在建项目，实行动态管理、滚动实施。优先把重点技术改造项目、50个信息产业在建项目向国家、省推荐申报相关扶持。采取领导联挂、银企对接、专题协调等方式进行重点服务，力促项目尽快竣工投产，形成我市工业发展新的增长极。

五、强化保障措施

（十七）加强组织领导。充分发挥市工业企业技术改造指挥部统筹领导职能，协调项目立项、土地预审、选址意见、环评等前期工作的办理，协调解决项目建设中资金筹集、对上争取等问题。项目实施过程中实行县-镇-企三级联保，逐月调度技术改造投资进展情况，每季度召开一次调度分析会议，每半年到企业进行一次调研，确保重大技术改造项目顺利实施，早日投产达效。

市信息产业发展领导小组发挥领导协调作用，每季度调度通报“6501”培育工程开展情况，协调召开联席会议，现场办公，及时解决问题。成立全市“6501”培育工程专家咨询委员会，为全市“6501”培育工程提供决策咨询。建立市、县两级领导联合包保“6501”培育工程工作机制。各县（市、区）政府（管委会）要结合本地实际，制定切实可行的包保推进措施，积极落实相关政策。

（十八）加大政策扶持。积极争取国家、省试点和政策支持，同时加大市级财政政策支持力度，整合全市工业转型升级专项资金，重点支持企业技术改造和“6501”培育工程项目。

对符合国家产业政策鼓励类，当年内设备投资额达到2000万元及以上的技术改造项目或不新增建设用地、利用企业原有土地厂房实施技术改造、设备投资额达到1000万元及以上的“零土地”技术改造项目，在购置的生产性设备投入使用后，市级财政按设备机器投入额（以设备购置增值税发票确定数额）的3%给予补助，单个企业最高补助300万元。对开发区内的重大技术改造项目，市级财政每年拿出2000万元进行奖励。对列入“百企护航”企业的项目，优先予以支持。

鼓励企业实施“机器换人”工程，对符合购置机器人和智能化制造系统条件的企业，市财政按企业购置设备款的5%给予奖励，单个企业最高奖励100万元；对高危关键岗位使用特种机器人的，市财政按企业购置设备款的10%给予奖励，单个企业最高奖励200万元。

修订完善《鼓励信息产业加快发展若干政策》，将信息产业奖励资金列入年度财政预算，持续加大资金支持力度。制定“6501”示范评定标准，采取政府购买服务方式委托第三方机构每年进行年中和年底综合评定，对排名前10名的企业授予“济宁市‘6501’示范企业”称号，对排名前6名的县（市、区）进行奖励。

实行财政补贴助推企业上云。鼓励企业通过高速互联网络，便捷地获取云服务商提供的计算、存储、软件、数据等服务，提高资源配置效率、降低信息化建设成本、促进共享经济发展、加快新旧动能转换。积极推动我市企业基础设施上云、企业平台系统上云、企业业务应用上云。建立“上云企业出一点、云服务商让一点、各级财政补一点”联合激励机制，坚持“总额控制、先上后补、先到先补、补完为止”的原则。财政补贴以市县投入为主、省级综合奖补为辅。各级财政将“企业上云”列入产业扶持资金重点支持范围，用于“云服务券”财政补贴。鼓励云平台服务商实行优惠折扣等形式，共同推动“企业上云”发展。

（十九）实施动态管理。对百项重点技术改造项目、“6501”培育工程全过程实施动态管理，每年年初在县（市、区）申报的基础上，委托第三方评审确定百项重点技术改造项目、6个系列50名培育名单。对百项重点技术改造项目，逐月调度项目进展情况；每半年委托第三方对“6501”培育企业进行阶段评估，排名靠后的实行末位淘汰，由县（市、区）再行申报，全市统一评估递补。每月对相关工作进行调度通报，并及时下发《督办通知》。完善统计指标体系，强化统计、监测、分析和预警工作。

（二十）重视人才培训。将百项重点技术改造项目企业和“6501”重点培育企业负责人培训纳入全市企业家培训计划，采取政府购买服务的方式，委托专门培训机构，开办“制造业与互联网融合发展系列培训班”，积极邀请国内外专家学者和著名企业家来济，组织专题高层论坛，实施新一轮大规模的企业家培训。

（二十一）突出招大引强。瞄准产业高端，围绕建链、补链、强链精准招商，重点引进世界500强、国内500强的制造业企业，中国电子信息百强、软件百强等行业龙头企业。特别是明确100家大企业、大研发机构、大服务平台，制定一对一招商政策，实现招大引强的新突破。抓住国内外产业结构调整和产业转移的机遇，加强与央企和赛迪、赛宝、信通院等行业知名咨询顾问机构的沟通合作，利用它们丰富的产业资源为我市引进产业链延伸项目、高技术电子信息企业提供帮助。每年固定举办中国制造业与互联网融合发展高峰论坛和中国（济宁）工业电商大会，邀请国内外知名专家、企业家参加论坛、展览会、峰会等活动，积极组织和参加各类推介会，加大我市投资环境的宣传推介力度。

（二十二）营造良好氛围。加大宣传力度，运用广播、电视、报纸等传统媒体和网站、微博、微信等新媒体，定期发布工业企业技术改造、信息产业发展最新情况。建设济宁市工业云平台，整合国内外信息技术服务企业优质资源，集中为我市工业企业提供互联网和智能制造服务。重视行业协会建设，发挥行业协会、商会联系广泛、信息灵通的优势及桥梁纽带作用，支持国内信息产业行业协会来我市设立分支机构，加强在科研、咨询、项目对接、技术改造、市场开拓等领域合作。

（市委办公室　市政府办公室）